Melanges de l'Universite Saint-Joseph

Universite Saint-Joseph, Universite
Saint-Joseph Faculte orientale

MÉLANGES

DE LA

Faculté Orientale

UNIVERSITÉ SAINT-JOSEPH

BEYROUTH (Syrie)

MÉLANGES

DE LA

FACULTÉ ORIENTALE

VI

Pages

528 - XVI pp., VIII Planches, fig.

S'adresser au *Directeur des Mélanges de la Faculté Orientale*
Université Saint-Joseph, Beyrouth (Syrie)

ou à une des Librairies ci-dessous :

PARIS
Honoré Champion
5, Quai Malaquais

LONDRES
Luzac and Co.
46, Great Russell St., W. C.

LEIPZIG
Otto Harrassowitz
14, Querstrasse

1913

UN TRAITÉ DE MUSIQUE ARABE MODERNE

Préface, traduction française, texte et notes

PAR LE P. L. RONZEVALLE, S. J.

Préface du Traducteur.

Ce petit traité de musique arabe moderne a été publié par nous, avec de nombreuses notes et des appendices, en arabe, dans une série d'articles de la revue *Al-Machriq*, 2e année (1899), pp. 146, 218, 296, 408, 561, 629, 726, 883, 928, 1018, 1073. Ces articles ont été réunis en un tiré à part d'environ 80 pp. in-8°, édité par l'Imprimerie Catholique de Beyrouth (1).

Plusieurs musicologues non au courant de la langue arabe nous en ayant, depuis, demandé la traduction, nous nous sommes, sur leurs instances, décidé à la donner au public, du moins en ce qui concerne le texte de Mušāqa.

---

(1) Nous venons d'apprendre que l'édition de ce tiré à part est complètement épuisée. Force nous est donc, pour faire œuvre vraiment utile, de publier le texte original à la suite de cette traduction. Pour plus de commodité, nous intercalons dans le texte arabe les renvois à la pagination de la traduction. Les figures — sauf les exemples de transposition au chap. VII et le tableau improprement appelé par l'auteur fig. 9 — ne sont reproduites que dans la partie française, et dans l'ordre suivi par l'auteur.

Quant à nos remarques et additions parfois très étendues, sans nous astreindre à les reproduire intégralement, car plusieurs étaient œuvre de pure vulgarisation à l'usage des Orientaux, nous nous en sommes largement inspiré dans cette nouvelle édition, lorsqu'elles présentaient un véritable intérêt pour la connaissance exacte de la musique ou de l'instrumentation arabe moderne (1).

Nous espérons que cette traduction ne fera pas double emploi avec l'ancienne traduction anglaise du R. E. Smith, parue dans le *Journal of the American Oriental Society* Boston, 1849, et devenue presque introuvable par suite de son ancienneté.

*
* *

Quelques mots sur l'auteur de cette *Lettre* ne seront peut-être pas hors de propos. Michel Mušāqa naquit en 1800 au village de Rochmaya (Liban), de parents grecs-catholiques melchites. Son père Georges étant très en faveur auprès du fameux Emir Béchir Chéhab se transporta à Deir-el-Qamar, résidence de ce personnage. Là, le jeune Michel ne tarda pas à manifester de grandes dispositions pour les mathématiques, les sciences physiques et la médecine, et comme son père, il jouit de la faveur du redoutable Emir.

En 1846, à son retour d'Egypte où il avait suivi durant un an des cours de médecine à l'Ecole de Qaṣr 'Ainī, il quitta définitivement Deir-el-Qamar pour s'installer à Damas. Ses relations très étroites avec les Missionnaires américains l'y firent nommer consul des Etats-Unis ; il y embrassa même le protestantisme en 1848.

C'est probablement durant cette période qu'il composa son traité sur la Musique, lequel, en tout cas, n'est pas postérieur à 1849, date de la

(1) Le livre de Mušāqa n'ayant aucune note, le lecteur saura ainsi que toutes celles qui accompagnent la traduction ou le texte sont de nous. Il en est de même pour les passages entre crochets. — Notre introduction à la publication du texte de Mušāqa dans le *Machriq*, 2e année (1899), p. 146 seq. pourra peut-être intéresser les amateurs de musique orientale, suffisamment familiarisés avec la langue arabe. Nous nous permettons d'y renvoyer.

traduction du R. E. Smith. Par ailleurs, un passage de sa *Lettre* nous apprend que, dès 1820, dans un premier séjour à Damas, Mušāqa prenait part à des discussions passionnées sur l'Art musical, chez un Cheikh musulman des plus en vue pour ses connaissances scientifiques.

Mušāqa était né controversiste. Il provoqua ou eut à soutenir beaucoup de discussions avec les catholiques, et composa de nombreuses brochures sur les questions controversées. Il écrivit aussi, sur la demande de ses parents et amis, une histoire de son époque et surtout de sa famille, depuis la fin du 18e siècle jusqu'aux massacres de 1860. La 1re édition a pour titre الجواب على اقتراح الاحباب : « Réponse à une demande d'amis » ; une nouvelle édition en a été publiée en Egypte sous ce titre مشهد الاعيان بحوادث سوريا ولبنان : « Récit de témoins occulaires sur les événements de Syrie et du Liban »(1).

C'est grâce à 'Abd-ul-Qāder qu'il put échapper au couteau des massacreurs en 1860. Il mourut à Damas en 1888.

*
* *

Conformément à l'usage courant, l'auteur n'entre en matière qu'après un prologue (Basmala et Ḥamdala), où, en style de circonstance, c'est-à-dire avec force images, jeux de mots et calembours d'assez mauvais goût, il annonce qu'il va écrire ce qu'il sait sur la musique arabe, pour empêcher ce bel art, déjà en décadence, de se perdre totalement en Syrie.

Il attribue la première idée de ce travail à l'Emir Muḥammad Fâris Chéhab, à qui il le dédie, en l'intitulant « Epître Chéhabienne ». Nous jugeons inutile de donner la traduction de ce hors-d'œuvre.

Notre manuscrit, de date très récente (1887) et d'une belle écriture cursive, semble être l'œuvre d'un copiste absolument ignare en matière musicale. Nous avons été heureux de pouvoir le contrôler et le rectifier plus d'une fois d'après une autre copie, moins élégante mais plus fidèle

(1) Sur ses autres productions et sur son mérite, assez mince, comme écrivain, on peut consulter *Al-Machriq* (13e année, p. 137). Disons tout de suite que son style parfois lourd et enchevêtré rend la lecture de son travail sur la musique assez fastidieuse, et l'œuvre du traducteur difficile par endroit presque impossible. Voir le jugement analogue de J. P. N. Land, *Recherches sur l'histoire de la Gamme arabe*, Leide, Brill, 1884, p. 41, note.

que M. l'abbé Louis El-Khoury, musicologue et violoniste distingué a bien voulu mettre à notre disposition. Nous l'en remercions vivement, ainsi que de l'obligeance avec laquelle il nous a prêté, en plus d'une rencontre, le secours de ses lumières et de sa longue expérience en matière de musique orientale.

Un troisième Ms. se trouve à Damas : ce serait l'autographe même de l'auteur. Il ne nous pas été loisible de le consulter personnellement ; mais une personne compétente l'a parcouru à notre intention et n'y a relevé qu'une ou deux vraies améliorations de lecture. Enfin on vient de nous mettre entre les mains une quatrième copie, très peu soignée et assez incomplète. Nous y avons noté quelques variantes orthographiques.

*
* *

Ce serait sortir du cadre que nous nous sommes tracé que de vouloir entreprendre ici une critique détaillée de l'œuvre musicale de Mušāqa. Aussi bien ce travail a-t-il été déjà esquissé avec beaucoup de compétence par des musicologues européens à qui leur longue fréquentation des principaux musiciens et centres musicaux d'Orient a valu un sens très fin et une vraie intelligence du génie musical arabe.

Nous voulons parler de Dom J. Parisot, précédemment moine bénédictin et du R. P. M. Collangettes, Professeur de Physique à la Faculté française de Médecine de Beyrouth. Nous renvoyons à leurs travaux ceux de nos lecteurs qui voudraient se faire, au préalable, une idée du travail de réforme et de vulgarisation accompli par le musicologue syrien (1) ; car telle fut bien son œuvre : *retour* aux théories anciennes par l'emploi de simplifications, autorisées en principe par les essais de grands praticiens, comme Manṣūr ibn Ǵa'far surnommé Zalzal (antérieur au 8e s.) ; mais en même temps *extension* ou vulgarisation d'anciennes innovations, par la division arbitraire de l'octave en 24 quarts de ton uniformes.

(1) Dom J. Parisot, Moine Bénédictin, *Musique Orientale*, conférence etc. [Extrait de la *Tribune de Saint-Gervais*], Paris, aux Bureaux de la *Schola Cantorum*, 1898. M. Collangettes, s. J., *Etude sur la Musique arabe*, Journ. Asiat., 10e série, t. IV (1904), p. 416 seq.

Un des torts de Mušāqa fut, à notre avis, de fausser ainsi, bien que légèrement, un trop grand nombre de petits intervalles ; mais, par ailleurs, en préférant la répartition en 24 quarts de ton à celle en 17 degrés, introduite par Ṣafī ed-Dīn au 13e s. (1), il avait «plus de chances de reproduire les degrés de la gamme ancienne (Parisot, p. 16) » ceux notamment de l'illustre Al-Fārābī, qui a tant pris aux échelles enharmoniques des Grecs (2). A lire le travail que nous publions aujourd'hui, on ne peut conclure au juste si le système de Mušāqa peut lui être attribué comme son œuvre presque exclusive, ou s'il n'a été en cela qu'un heureux plagiaire. Il parle vaguement des « maîtres de l'art » sans donner leurs noms, sauf ceux des deux particiens de Damas dont il est question vers la fin de son traité.

Quoi qu'il en soit, sa petite synthèse de la théorie et de la pratique de la musique arabe a été œuvre utile soit aux européens à qui elle donne une idée suffisante de l'évolution subie par cet art jusqu'aux débuts du 19e s., soit aux orientaux qui peuvent, à son exemple, baser leur technique musicale sur des données rationnelles et non sur les seules leçons de la routine. Quelques-uns en ont déjà profité (3), et on compte déjà un certain nombre de petites brochures arabes, de provenance syrienne et surtout égyptienne où les auteurs s'essaient timidement à donner des leçons écrites de musique (nous ne parlons pas ici des informes factums consistant en traductions arabes de manuels de musique européenne). Mais avouons-

(1) Baron Carra de Vaux, *Le traité des rapports musicaux,.. par Safi-ed-Din*. Journ. Asiat. 8e série, t. XVIII (1890), p. 279 seq.

(2) L. Kosegarten, *Ali Ispahanensis Liber Cantilenarum magnus*, 1840.

(3) Dom Parisot (*op. cit.*, p. 17) dit que le traité de musique de Mušāqa « est le manuel pratique des musiciens de Syrie ». Nous avons déjà fait remarquer que les exemplaires manuscrits de cet ouvrage sont plutôt rares ; d'autre part le texte arabe n'a été édité par nous qu'en 1899, un an après la publication de la conférence du musicologue français ; quant à la traduction anglaise de Smith, nous ne sachions pas qu'elle ait eu une grande publicité ; l'aurait-elle obtenue, la langue elle-même eût été un obstacle à son utilisation, pour beaucoup d'Orientaux. Ce qui montre, d'ailleurs, que le livre et les méthodes de Mušāqa ne font pas loi pour tout, c'est que son *'ūd* (luth) à 7 cordes, dont il décrit le doigté et le maniement au chap. VI, 1re partie, est complétement tombé en désuétude, et universellement remplacé par le luth à 5 cordes. Voir nos figures comparatives, à l'endroit en question.

le sans détour, l'effort n'a pas été bien grand, et le progrès nul (1).

Les causes de cette stagnation sont multiples. C'est d'abord, jusqu'à ce jour, le manque absolu de notation musicale chez les orientaux et la difficulté très réelle d'en inventer une bien satisfaisante, vu le nombre d'intervalles de la gramme arabe actuelle, de ses modes et de ses rhythmes. Rien de plus fastidieux pour un auteur que *parler*, pour ainsi dire, tout au long un chant, au lieu de le noter par des signes brefs et clairs ; rien aussi de plus déconcertant pour un lecteur que d'interpréter un air écrit de la sorte. Il est étonnant que Mušāqa, dont l'esprit inventif s'est assez heureusement exercé dans les figures qui illustrent son texte, n'ait pas eu l'idée de secouer la vieille routine, et de faire comme les européens (dont, par ailleurs, il loue les méthodes simples et pratiques), en adoptant des signes, n'importe lesquels. Son travail en est resté extrêmement diminué, car enfin les 95 mélodies syriennes dont il entreprend la description dans la seconde partie de son travail, ne sont qu'ébauchées, sous une forme plutôt schématique, qui consiste à donner la tonique du morceau, l'intervalle le plus élevé et le plus bas où il peut atteindre avec les principaux degrés parcourus, et à indiquer les accidents (entendez quarts de ton) qui pourront survenir dans tel ou tel passage. C'est là donner une certaine idée de la mélodie ; mais la mélodie entière, avec son prélude, son développement et sa finale, on l'y chercherait en vain.

Le Rév. P. M. Collangettes a eu le courage d'affronter la grosse difficulté des 24 intervalles, dans ses récents travaux sur la musique arabe (cf. *loc. cit.*, p. 422 et 2ᵉ art. *Journ. As.*, 10ᵉ sér., t. VIII, p. 158 et 185 seq.). En combinant les notes rondes avec les notes losangées (Dom Parisot recourait aux signes + ou —), il est parvenu à transcrire les mélodies arabes avec toute la clarté dont elles sont susceptibles, tout en se contentant de la portée ordinaire. Il serait à souhaiter que sa méthode trouvât le

(1) Nous sommes heureux de faire une bonne exception pour l'Imām Djesba d'Alep, qui, au dire de notre savant confrère, le R. P. M. Collangettes, a déjà composé en arabe un volumineux et excellent traité sur le chant oriental, et n'attend qu'une occasion favorable de l'éditer.

plus large accueil, tant en Orient qu'en Occident, et servît de base commune à la codification du chant oriental, si réfractaire jusqu'à présent à toute systématisation technique (1).

Une seconde cause du peu de progrès des études musicales chez les Orientaux de nos jours, c'est que la culture de la musique arabe est restée l'apanage presque exclusif de praticiens, pour la plupart ignorants et illettrés (2). Le praticien fait de la musique, avant tout, son métier ; apprendre la musique, c'est, pour lui, arriver à chanter en vrai virtuose le plus d'airs possibles, ou bien devenir expert à toucher du عود *'ūd* (luth), du كمنجة *kamanǧah* (violon), ou du قانون *qānūn* (cithare). Or, pour cela, pas n'est besoin pour lui de livres et de méthodes écrites — qui, nous le répétons, n'existent presque pas.— Comme autrefois, il se met à l'école de tel ou tel maître, un Sī (= Sīdī) 'Abdo ou une Layla, en Egypte, un Cheikh Maḥmūd Kaḥḥāl à Damas, un Chukri Saouda, à Beyrouth et dans leur fréquentation assidue, dans la participation, comme exécutant, à leurs *naubé* ou concerts, il acquiert peu à peu l'habileté et la notoriété qui lui permettront aussi de se produire un jour en maître.

Nous ne le nions pas, nombreux sont les syriens, égyptiens, turcs ou arméniens sachant convenablement chanter ou exécuter sur un instrument à cordes des airs de leur pays : mais pour eux, encore plus que pour les musiciens de carrière, la musique est affaire de routine, et l'audition, avec quelques ébauches d'enseignement oral, font généralement tous les frais de leur éducation musicale. En un mot, les Traités de solfège oriental,

(1) Nous apprenons avec plaisir que le Dr Hornbosdt, Directeur de l'Institut Psychologique à l'Université de Berlin, vient de publier, de son côté, dans la *Zeitschrift der Internation. Musikgesellsehaft*, une méthode pour noter les chants dans le système non-diatonique. N'ayant pu nous procurer son article, nous avons le regret de ne pouvoir formuler aucun jugement sur sa manière.

(2) Sauf quelques honorables exceptions, notamment dans le clergé oriental, obligé, par office, de s'occuper de musique sacrée, selon les divers rites. Mais là aussi il est à craindre que la culture européenne de nombre d'ecclésiastiques et l'introduction journalière dans les églises d'Orient de l'harmonium à gamme tempérée occidentale, ne finissent par porter un très sérieux préjudice à la pureté du chant national. Il serait grand temps que nos constructeurs d'orgues songeassent à doter l'Orient d'instruments adaptés aux exigences de la gamme arabe.

les Traités de Mélodie, les *Méthodes* pour luth, violon, cithare, nāi (flûte primitive), ṭanbūr (mandoline à col allongé et à deux cordes), sont encore chose inconnue à l'oriental ! Tout cela est à créer presque de toutes pièces, car les simples descriptions de ces instruments et les maigres principes musicaux donnés par Mušāqa (cf. infra, 1re partie, ch. VI, et *passim*) sont loin d'être l'équivalent d'un traité d'Harmonie, de Plain-Chant, ou d'une bonne Méthode avec Exercices pour les diverses positions.

Une circonstance vient aggraver cette situation. C'est que la masse toujours grandissante des Orientaux élevés en Europe ou à l'européenne se désaffectionne du chant arabe, presque en raison directe de l'intensité de son éducation artistique et intellectuelle. Nous avons même rencontré le cas de jeunes syriens, pourvus d'une sérieuse instruction musicale et devenus vrais virtuoses comme pianistes ou violonistes, ne pouvant plus entendre, sans sourire ou hausser les épaules de pitié, l'exécution d'une mélodie ou d'un concert arabe. De tels cas sont, heureusement, assez rares, et on voit assez souvent les deux éducations musicales et intellectuelles se superposer sans trop se nuire ; mais on ne peut nier que, dans l'ensemble, l'introduction des coutumes, des goûts, des sciences européennes en Orient ne soit une cause d'arrêt et même de recul pour l'essor de la vraie musique orientale. Si les musicologues européens ne s'entendent pas pour adopter et imposer, par leur exemple, l'usage d'une notation aussi fidèle que possible de la gamme arabe, nous nous verrons de plus en plus inondés de ces productions hybrides où des musiciens de dixième ordre prétendent reproduire, en transcription purement européenne, des chants dont la richesse tonale, modale et rhythmique déborde de tous côtés le cadre par trop rigide de notre gamme, de nos clés et de nos mesures.

En outre, l'introduction en Orient de travaux en langue européenne, traitant avec compétence de musique orientale et fournissant la preuve palpable que cette musique est susceptible aussi d'être exactement notée, encouragerait peut-être les jeunes orientaux formés à l'européenne, à s'intéresser à leur art national. Ils liraient volontiers en français, en anglais ou en toute autre langue occidentale des traités théoriques et pratiques de musique orientale, et, pris d'un beau zèle, ils en feraient bénéficier leurs concitoyens, ignorants de ces langues, au moyen de traductions. Bien plus, il est à croire que, ne se contentant pas d'être plagiaires, ils voudraient aussi faire œuvre personnelle, soit en publiant des ouvrages dus à leur propre initiative, soit en s'exerçant à la composition orientale, chose par trop négligée de nos jours : car on dirait que tout le mérite des grands musiciens actuels d'Orient, consiste à pouvoir répéter avec le plus de brio possible ce que d'autres maîtres ont chanté ou exécuté avant eux.

De la sorte, l'œuvre de Mušāqa, reprise, développée et perfectionnée tant en Europe qu'en Asie ou en Afrique, aura échappé à la stérilité dont elle paraissait frappée (1).

---

(1) A ceux qui désireraient consulter une bibliographie détaillée sur la musique arabe, nous recommandons celle du R. P. Collangettes dans son premier article (*Etude sur la Musique arabe*, Journ. Asiat., 10ᵉ série, t. IV, chap. Iᵉʳ, p. 381 seq.). La première partie de ce chapitre : *Coup d'œil historique*, sera lue aussi avec grand intérêt et profit.

(TRADUCTION)

LETTRE SUR L'ART MUSICAL

par le Dr Michel Mušâqa

DÉDIÉE A L'ÉMIR CHÉHAB

AVANT-PROPOS (1)

Définition de la musique.

La musique fait partie des sciences exactes ; elle est une branche de la Physique. C'est un art qui a pour objet l'examen des conditions des sons musicaux, relativement à leur combinaison agréable ou désagréable; on y étudie aussi ce qui concerne les intervalles de temps plus ou moins longs compris entre les diverses notes. Chacun sait que la musique embrasse deux divisions : 1° la science de la composition ou le Chant, 2° la science du rhythme (2), appelée aussi Mesure.

Une note est un son se maintenant, un certain temps, au même degré de hauteur ou de gravité. Un morceau de musique est une combinaison de notes différant les unes des autres en hauteur, suivant des relations déterminées. La note est donc au chant ce que la lettre est à la parole. Quant au rhythme, c'est comme un régulateur qui maintient les exécutants dans

---

(1) Cet avant-propos est précédé de la Fâtiḥa (prologue), dont nous avons donné les idées maîtresses dans notre préface. p. 3, et que nous jngeons oiseux de nous exercer à traduire. Nous la conservons, bien entendu, dans le texte.

(2) Le mot *cadence* rendrait très exactement l'arabe إيقاع (وقع tomber). Nous préférons toutefois l'éviter, pour ne pas créer de confusion avec une autre signification de ce même terme, relative aux accords.

le même mouvement, et les empêche de se précéder ou de se suivre. On le bat en disant : *dom* (1) *taka*. Ce complexus est analogue aux pieds dont on se sert dans la mesure du vers. Il se compose, en effet, d'un temps faible, c.-à-d. d'une lettre accentuée suivie d'une lettre quiescente, puis d'un temps fort, ou deux lettres accentuées.

Le son est le résultat de tout mouvement vibratoire imprimé à un corps sonore. Les vibrations de ce corps produisent dans l'air des ondulations qui transportent le son à telle ou telle distance. Ce dernier parcourt dans sa marche environ 30 000 pics (2) par minute, ce qui revient à 500 pics par seconde ou par pulsation artérielle moyenne. Si donc on tirait un coup de canon à une certaine distance, nous verrions le feu de la pièce avant d'entendre la décharge, et il y aura eu entre les deux phénomènes un laps de temps correspondant aux données que nous venons d'indiquer. La même chose a lieu pour l'éclair et le tonnerre. En outre, si le nombre des vibrations d'un corps ne dépasse pas 32 vibrations à la seconde, on n'entend aucun son ; ce fait est établi par les expériences des savants européens de nos jours. Ainsi, si l'on tendait une corde sur un Qānūn ou sur un Ṭanbūr et qu'on vînt à la pincer, on entendrait le son de ses vibrations à la condition qu'il y en eût plus de 32 par seconde, sinon on ne percevrait rien ; si on continuait à tendre cette corde, le nombre de ses vibrations irait en augmentant, et le son perçu serait de plus en plus élevé. Quant au phénomène de l'ouïe, il est dû au choc des ondulations aériennes qui partent d'un corps sonore mis en vibration, et aboutissent aux organes auditifs propres à chaque animal.

---

(1) Beaucoup de musiciens arabes écrivent et prononcent plutôt *tom* ; cf. le traité intitulé *Ṣafīnat ul-Mulk* de l'Imām M. Šihāb ud-Dīn, et le *Rauḍ ul-Masarrāt* du Cheikh ʿOṯmān ul-Ǵundī.

(2) De πῆχυς, aune, coudée ; c'est bien aussi le sens du mot arabe *ḏirāʿ* bras. Cette mesure, encore très usitée en Orient, varie entre 67 et 75 cm, selon qu'elle sert à mesurer les étoffes ou à calculer les distances (ḏirāʿ miʿmārī ذراع معماري, aune d'architecte, de maçon). C'est bien de cette dernière qu'il s'agit ici.

1re PARTIE

Principes indispensables pour la connaissance de la musique. — Sept chapitres.

CHAPITRE Ier

Notions sur les sons musicaux appelés « Degrés ».

Le son, à ne considérer que sa nature, peut se répartir en un nombre d'échelles infini en puissance, quoique, en fait, ce sombre soit fini. Chacune de ces échelle est l'octave aiguë de l'échelle inférieure, et l'octave grave de l'échelle supérieure. Elles comprennent toutes 7 degrés superposés, appelés tons, et désignés par lès mots suivants : Yekkāh pour le 1er, ʿOšairān pour le 2e, ʿIrāq pour le 3e, Rast pour le 4e, Dūkāh pour le 5e, Sīkāh (1) pour le 6e, Ǵahārkāh pour le 7e. Cet ensemble s'appelle la première échelle ou la première gamme. Elle est suivie de la seconde, dont la 1re note est Nawa, la 2e Ḥusainī, la 3e Auǵ, la 4e Māhūr (2), la 5e Muḥaiyar, la 6e Buzrak (3), la 7e Māhūrān. Cette dernière est l'octave aiguë

---

(1) On entend d'ordinaire Sīgāh, Dūgāh etc., ce qui est plus conforme au persan d'où sont tirés la plupart de ces noms de degrés, ainsi que beaucoup de termes musicaux, (cf. *infra*, passim, surtout 2e partie : nomenclature des airs). La prononciation exacte de tous ces termes est douteuse, leur orthographe extrêmement variable. Mušāqa a été conséquent avec lui-même en conservant jusqu'au bout ses graphies initiales ; d'autres auteurs sont moins scrupuleux, quand ils écrivent indifféremment رست , رصد راست etc.

(2) Le prononciation courante est Māhōr ; on trouve aussi Māḫūr ماخور.

(3) Ou encore Buzruk, et peut-être plus exactement Buzurk.

de Gahārkāh et la limite de la seconde gamme. Au-dessus de cette dernière vient la troisième gamme, dont le 1er degré est l'octave aiguë de Nawa et s'appelle Ramal Tūtī, le 2° est l'octave de Ḥusaïnī, le 3e de Auǵ, le 4e de Māhūr, le 5e de Muḥaiyar, le 6e de Buzrak, le 7e de Māhūrān, où se termine la troisième gamme. On peut ainsi multiplier les échelles ascendantes, et en désigner les degrés par la répétition du mot octave. On dira donc : l'octave de l'octave, puis l'octave de l'octave de l'octave, et ainsi de suite à l'infini. On peut aussi multiplier les échelles descendantes ; en sorte qu'on peut appeler le degré inférieur à Yekkāh, l'octave grave de Ǵahārkāh; puis, le suivant, la grave de Sīkāh; le suivant, la grave de Dūkāh ; les suivants, les graves de Rast, de ʿIrāq, de ʿOšairān, enfin de Yekkāh, et ainsi de suite jusqu'à l'infini.

Quand nous disons que le premier degré de l'échelle est Yekkāh, nous ne prétendons pas que ce soit nécessaire, mais nous entendons par là uniquement qu'il a été librement choisi par la plupart des savants arabes. Peut-être en commençant par Yekkāh ont-ils cherché une certaine symétrie dans la disposition des degrés, car, de cette façon, on a toujours un grand intervalle suivi de deux petits, puis de nouveau un grand intervalle, etc., comme on le verra en son lieu. Or, si l'on avait commencé par un autre degré, on n'aurait pas obtenu le même ordre. Pour avoir cette disposition, j'ai imité les maîtres en adoptant la même série d'intervalles. D'autres commencent par Rast (1) ; les Grecs (2), eux, partent de Dūkāh ; on peut d'ailleurs commencer par n'importe quel degré, pourvu que l'échelle entière renferme sept degrés superposés, et que le huitième soit l'octave aiguë du premier. Cette octave est le double de sa grave en hauteur, mais elle n'a que la moitié de son intensité ; on sait, en effet, que l'octave aiguë d'un son est plus élevée que ce dernier, mais qu'en revanche elle est plus faible. Notons aussi que la voix humaine, pour passer naturellement de la tonique à l'aiguë et réciproquement, ne saurait donner plus de sept no-

(1) Expérience faite au moyen du diapason normal, le Yekkāh d'un luth (ʿūd) correspond d'ordinaire à notre Sol et le Rast au Do.

(2) Entendez les musicologues byzantins, appelés au chap. suivant les Grecs modernes.

tes ; c'est-à-dire que, si l'on partageait l'échelle en dix degrés, par exemple, au lieu de sept, la voix humaine ne pourrait passer sur ces dix notes qu'à grand' peine, et les sons qu'on percevrait seraient de ceux qui, naturellement, choquent nos oreilles. Il faut donc en conclure que la division de la gamme en sept degrés est une division naturelle, et que, partant, elle s'impose nécessairement,

Chap. II

De la division en Quarts de ton.

Les sept intervalles, dont il a été question au chapitre précédent, constituent comme une échelle, — un degré se superposant à l'autre. — Mais il faut remarquer que la distance de l'un à l'autre n'est pas la même pour tous ; pour les uns elle est plus considérable, pour les autres elle est moindre. Or ce point est un sujet de litige entres musiciens arabes et grecs. Les premiers, en effet, partagent la distance comprise entre chaque degré en deux catégories d'intervalles ou tons : le ton majeur et le ton mineur. Le ton majeur est celui qui, entre deux degrés voisins, embrasse quatre quarts ; le ton mineur n'en renferme que trois. On trouve le ton majeur de Yekkāh à 'Oš^{n}, puis de Rast à Dūkāh, enfin de Ǵahārkāh à Nawa ; quant au ton mineur, il est compris entre 'Oš^{n} et 'Irāq, puis entre 'Irāq et Rast, entre Dūkāh et Sīkāh, enfin entre S^{kh} et Ǵ^{kh}. Comme on le voit, à la première catégorie appartiennent trois intervalles formant un total de 12 quarts, quatre quarts par intervalle, et à la seconde, quatre intervalles embrassant aussi 12 quarts, trois quarts par intervalle, ce qui fait, pour les sept intervalles, 24 quarts.

Les grecs modernes au contraire, commencent leur gamme à D^{kh}, qu'ils appellent Pā, et ils la terminent à Māh^{r}, qui s'appelle chez eux Nī. Puis, ils répartissent les divers intervalles en trois catégories, et chaque intervalle, ils le partagent en minutes. Leur première catégorie renferme absolument les mêmes intervalles que la première des arabes, seulement ces intervalles sont, chez eux, partagés en douze minutes. La 2^{e}

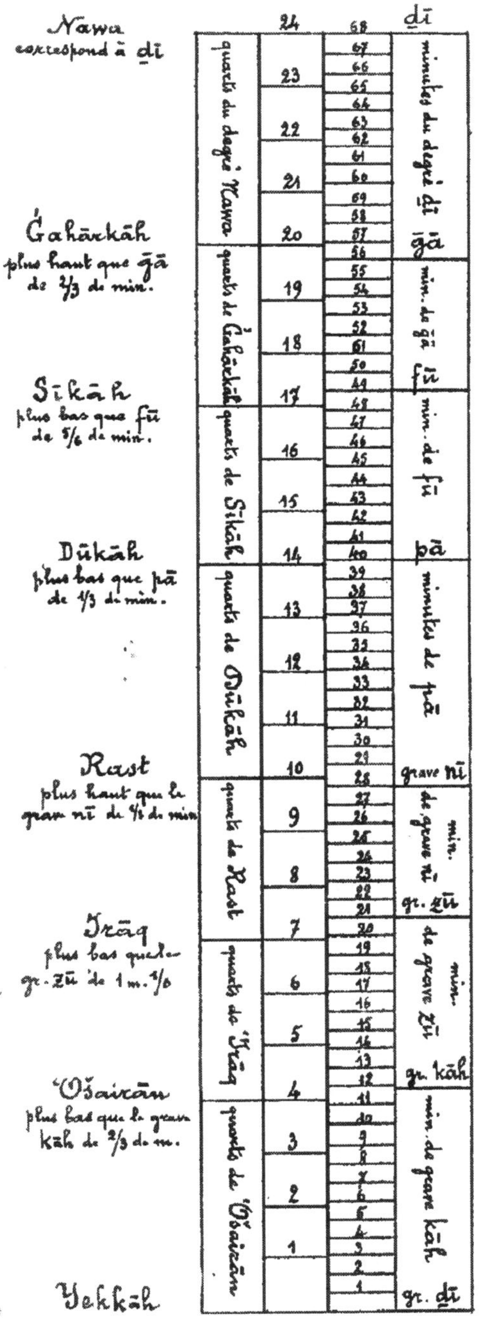

Nawa correspond à dī	24	68 67 66 65	dī
	23	64	minutes du degré dī
	22	63 62	
	21	61 60 59	
Gahārkāh plus haut que ḡā de 2/3 de min.	20	58 57 56	ḡā
	19	55 54 53	min. de ḡā
	18	52 51 50	
Sikāh plus bas que fū de 5/6 de min.	17	49 48	fū
	16	47 46 45	min. de fū
	15	44 43 42	
Dūkāh plus bas que pā de 1/3 de min.	14	41 40	pā
	13	39 38 37	minutes de pā
	12	36 35 34	
	11	33 32 31 30	
Rast plus haut que le grav nū de 4/5 de min	10	29 28	grave nū
	9	27 26	min. de grave nū
	8	25 24 23	
Ïrāq plus bas que le gr. zū de 1 m. 1/5	7	22 21 20	gr. zū
	6	19 18 17	min. de grave zū
	5	16 15 14 13	
'Oŝairān plus bas que le grav kāh de 2/3 de m.	4	12 11	gr. kāh
	3	10 9 8	min. de grave kāh
	2	7 6 5	
	1	4 3 2	
Yekkāh correspond au gr. di dī		1	gr. dī

Vertical labels in the inner columns (top to bottom): quarts du degré Nawa · quarts de Gahārkāh · quarts de Sikāh · quarts de Dūkāh · quarts de Rast · quarts de 'Irāq · quarts de 'Oŝairān

catégorie se compose de l'intervalle compris entre D^{kh} et S^{kh}, et entre Ḥosainī et Auǵ : entre ces divers degrés il y a neuf minutes ; la 3e catégorie comprend l'intervalle qui se trouve entre S^{kh} et $\acute{G}^{kh}$, puis entre Auǵ et $M\bar{a}h^{r}$; la distance entre ces degrés se partage en sept minutes (1). Au total, 68 minutes pour les sept degrés, dont la 1re catégorie, de 3 degrés, embrasse 38 minutes ; la 2e, de 2 degrés, embrasse 18 minutes, et la 3e, de deux degrés aussi, embrasse 14 minutes.

Chap. III

Différences entre les Tons et les Quarts de ton arabes et les Tons et Minutes des Grecs.

Nous venons de dire que, chez les Arabes, la gamme se partage en 24 quarts et chez les Grecs en 68 minutes. Il résulte de là que, entre ces deux échelles, il n'y a de correspondance réelle qu'en quatre endroits : 1° au degré Y^{kh}, car son dernier quart répond à la dernière minute du degré D̲ī ; c'est le son de la corde libre ; 2° au 6e quart, appelé le grave de ʿAǵam, car il correspond à la 17e minute, qui est la 5e du degré Zī ; 3° au 12e quart, appelé Zerklāh (2), qui a le son de la 34e minute, c.-à-d. de la 6e du degré Pā ; 4° au 18e quart, appelé Būsalīk, correspondant à la 51e minute, ou à la 2e du degré Gā. En dehors de ces quatre quarts, il n'y a pas de concordance parfaite, sinon aux octaves aiguës et graves des quarts et des minutes susdites.

Cela fait que les degrés arabes et grecs ne se correspondent pas parfaitement, mais seulement approximativement. Mettez, en effet, sur une même ligne le degré Y^{kh} et le grave du degré D̲ī, qui est le Y^{kh} pour les Grecs, puis faites de même pour le Nawa et le degré D̲ī, qui est le Nawa

(1) C'est le ton minime ; la catégorie précédente constitue celle des tons mineurs, et la première, celle des tons majeurs. Les noms de ces divers tons sont : πα, βου, γα, δι, κε, ζω, νη.

(2) D'autres écrivent Zenklāh.

des Grecs, complétez ensuite les deux tableaux que vous placerez en regard, en partageant l'un en 24 quarts, l'autre en 68 minutes, par des traits menés dans le sens de leur largeur et s'arrêtant à leur ligne de contact, vous verrez que les degrés intermédiaires entre Y^{kh} et Nawa ne correspondent pas exactement aux degrés compris entre le grave du degré Ḏī et ce degré lui-même. Vous vous apercevrez, au contraire, que ces degrés intermédiaires sont supérieurs ou inférieurs les uns aux autres tantôt de plus d'une minute, tantôt de moins. Tout ceci est représenté dans le tableau de la figure 8 de ce traité. La cause de ces différences est, d'abord, la division des degrés en deux catégories chez les Arabes, et en trois chez les Grecs ; puis il ne faut pas oublier qu'il y a 24 quarts de ton arabes et 68 minutes grecques. Or ces deux nombres ne se correspondent parfaitement qu'aux quatre endroits ci-dessus. D'où il suit que l'intervalle de six quarts de ton arabes égale celui de 17 minutes grecques ; c'est pourquoi le premier quart de chaque série de six est exactement sur la même ligne que la première minute de chaque série de 24. Cela est d'ailleurs indiqué dans le tableau en question.

Chap. IV

Division de l'Octave en deux Echelles semblables.

On a vu, par ce qui précède, quel est l'intervalle compris entre deux degrés consécutifs ; et il est facile de remarquer que l'octave entière se partage en deux échelles analogues, dont l'une commencerait à Y^{kh} pour finir à D^{kh}, et l'autre à Rast pour se prolonger jusqu'à Nawa. Chacune de ces échelles comprend donc cinq degrés; car, d'une part, les deux degrés de Rast et de D^{kh} appartiennent à chacune d'elles, d'autre part, le degré Nawa fait en même temps partie et de la 2e échelle de la première octave, et de la 1re échelle de la 2e octave. La symétrie parfaite entre ces deux échelles est due à ce que l'intervalle entre un degré et le degré voisin est le même dans l'une et dans l'autre. Même distance, en effet, entre Y^{kh} et 'Oš^n^ qu'entre Rast et D^{kh}, entre 'Oš^n^ et 'Irāq qu'entre D^{kh} et S^{kh}, entre 'Irāq et Rast qu'entre S^{kh} et $Ǵ^{kh}$, entre Rast et D^{kh} qu'entre $Ǵ^{kh}$ et Nawa ; aussi a-t-on le même rapport entre Y^{kh} et 'Oš^{n} qu'entre Rast et D^{kh}, entre 'Oš^{n} et 'Irāq qu'entre D^{kh} et S^{kh}, entre 'Irāq et Rast qu'entre S^{kh} et Ǵ^{kh}, entre Rast et D^{kh} qu'entre Ǵ^{kh} entre Nawa. Il suit de là que descendre la gamme de D^{kh} à Y^{kh} équivaut à la descendre de Nawa à Rast. Il y a donc correspondance entre le degré Rast et le degré N^{a}, entre D^{kh} et Ḥus^{nī}, entre S^{kh} et Auǵ enfin entre Ǵ^{kh} et Māh^{r} ; et si l'on prend l'un de ces degrés pour tonique, l'autre s'appelle sa quinte [son harmonique] (1), car c'est le plus saisissable des degrés concordants, si on fait abstraction de l'octave aiguë, car le rapport de ce degré à la tonique est, de tous, le plus simple. Faites résonner n'importe quelle note, puis son octave aiguë : vous obtiendrez la résonnance la plus douce pour l'oreille. Vient ensuite comme douceur le son de la quinte. Or, entre la quinte et sa tonique, il y a 14 quarts de ton. Si donc on demandait quel degré est à la quinte de S^{kh}, par exemple, qui est au 17e quart, ajoutez à 17 quatorze, c.-à-d. le nombre exprimant l'intervalle entre une quinte et sa tonique, et vous aurez au total 31. De ce nombre, retranchez 24 (nombre des quarts de la 1re octave), il vous restera 7. Ce chiffre correspond au degré Auǵ, de la 2e gamme. C'est donc Auǵ qui est la quinte de S^{kh}. Si c'est la quinte de 'Oš^{n} qu'on désirait connaître, rappelons-nous d'abord que ce degré est au 4e quart ; puis, à ce nombre ajoutons 14, et nous obtiendrons 18, rang occupé par Būsalīk. Ce dernier est donc la quinte cherchée. On opère de même pour obtenir tous les degrés et tous les quarts et pour connaître la position respective des quintes correspondant à chaque ton et quart de ton.

---

(1) Nous n'avons pas de terme pour rendre exactement le mot si expressif غمّاز employé ici par l'auteur. غمز signifie, en effet, faire signe à qqn, lui cligner de l'œil, *l'appeler* plus ou moins à la dérobée. Rien de plus vrai : la tonique *appelle* sa quinte, et vice versa.

Chap. V

Différences entre les Mélodies et répartition en Classes.

Les morceaux de musique peuvent différer sous quatre points de vue : 1° par rapport au degré qui est pris comme tonique ; 2° par rapport à la phrase musicale elle-même, la tonique restant la même ; 3° par suite d'altérations survenant à quelques degrés ; 4° par le fait qu'un morceau peut être mixte.

1re Classe. —Supposons que vous fassiez entendre, p. ex., le Rast d'un instrument, puis ʿIrāq, puis ʿOš^{n} , puis Y^{kh}, et que vous finissiez dans ce ton, cette série de sons serait différente de celle que vous obtiendriez si vous commenciez par D^{kh}, en descendant ensuite à Rast, ʿIrāq, pour finir sur ʿOš^{n}. Or, cette différence n'est nullement due à ce que le son de D^{kh}, par où vous avez commencé et celui de ʿOš^{n} , par où vous avez terminé, sont plus élevés que le degré Rast qui a été votre point de départ, et le degré Y^{kh} qui a été votre finale, dans la première opération. Pareille différence, en effet, concerne la science des niveaux musicaux, où il est question de la hauteur et de la gravité des sons, mais elle ne constitue pas une différence de mélodie ; car, encore une fois, une mélodie diffère d'une autre non par son ton plus ou moins élevé, mais pour les raisons que nous allons soigneusement exposer. Les voici :

Si, entre les divers degrés, l'intervalle était toujours le même, ils ne se distingueraient en rien ; car, alors, l'un pourrait se substituer à l'autre, et les différences entre les sons perçus seraient toujours égales, soit en montant soit en descendant. Mais comme, entre degrés, les intervalles sont différents, s'il arrive que le son les parcourt pour s'arrêter sur l'un d'eux, on constate des variations, lors de son passage et au moment où il s'arrête. Pour en revenir, en effet, à l'exemple précédent, autre chose est de commencer à Rast, pour descendre degré par degré jusqu'à Y^{kh}, autre chose de commencer à D^{kh}, pour terminer sur ʿOš^{n}. La première fois, en effet, après le 1er et le 2e degré, vous êtes descendu de trois quarts, et de quatre après le 3me, au lieu que, la 2e fois, vous avez baissé de quatre quarts après le 1er degré, et rien que de trois après le 2e et le 3e. Or, ces deux opérations ne sont pas symétriques, d'où variante dans les sons perçus. Voilà la vraie origine de ce qu'on appelle la 1re classe de mélodies. Chacun des degrés peut servir de tonique, et on a, à chaque fois, une mélodie à part, appelée du nom de sa tonique, par exemple Rast, D^{kh}, etc...

2e Classe. — C'est une subdivision de la première, car les degrés y conservent la même disposition que dans celle-ci ; mais elle en diffère en deux points : 1° dans la manière de passer d'un degré à l'autre ; 2° dans le degré par lequel on entre dans la mélodie. — Pour ce qui est de la première différence, il ne nous est pas loisible de l'exprimer par des mots, et les Arabes n'ont pas pour cela de signes conventionnels, tels que points et accents, contrairement aux Européens et aux Grecs qui, au moyen de notes conventionnelles, expriment clairement ces différences. Quant à la seconde différence, c.-à-d. au sujet de la note d'entrée, en voici un exemple : le degré D^{kh} est la tonique, dans le chant appelé Dūkāh et dans le Ṣaba (1). Or, dans le premier de ces deux, on commence le chant par Rast, puis on monte jusqu'à Nawa pour finir en D^{kh} ; tandis que, dans le Ṣaba, on entre par $\acute{G}^{kh}$ pour finir sur la même tonique. Nous éclaircirons, d'ailleurs, ce point, autant qu'il nous sera possible, quand nous donnerons *in extenso* la portée de chaque chant en particulier ; nous indiquerons aussi tout ce qu'il y faut transposer, en fait de tons et de quarts de ton.

3e Classe. — Il s'agit des accidents qui peuvent survenir à certains degrés. On en a un exemple dans le chant de Ḥiǵāz, dans lequel le degré $\acute{G}^{kh}$ s'altère, c.-à-d. qu'on ne l'emploie pas et qu'à sa place on se sert du quart appelé ḥiǵāz, intermédiaire entre $\acute{G}^{kh}$ et Nawa. On fait de même en descendant des notes supérieures : on ne passe pas par $\acute{G}^{kh}$, mais par le

(1) Quoique le mot s'écrive صبا nous n'allongeons pas, dans notre transcription, le second *a* (de même pour نوى), afin de nous conformer à la prononciation. Nous avons assez souvent entendu dire Ṣoba. —C'est là une des mélodies les plus connues, ayant pour tonique Dūkāh. Cf. IIe partie, c. V.

quart ḥigāz, soit en montant soit en descendant. Autre exemple : le Bayātī, dans lequel on laisse le degré Aug, pour lui substituer le quart 'agam.

4e Classe. — C'est celle des mélodies mixtes. Elles participent de la première ou de la seconde et de la troisième. Dans cette catégorie de chants, le son embrasse plus de sept degrés : on se sert alors de degrés appartenant à deux gammes, les uns à l'aigu les autres au grave. Le Muḥaiyar en fournit un exemple : c'est simplement le chant Dūkāh avec une portée double. On y joue d'abord le chant Dūkāh à l'octave du Dūkāh ; puis l'air se termine dans l'échelle inférieure, qui est précisément celle du Dūkāh. On en dirait autant de Šadd 'Arbān (1) : il embrasse deux chants Ḥigāz empruntés à deux octaves. Il en est de même pour le chant 'Ošairān : c'est presque le Bayātī (2). On y fait entendre l'air de Ḥusainī à la 2e octave, puis en jouant le Bayātī, on finit sur la mélodie 'Ošairān.

CHAP. VI

Disposition des instruments de musique, appelée Accordage (3).

Vu la multiplicité des instruments employés en musique et la différence de leurs genres, il est difficile d'expliquer la manière de disposer chacun d'eux. Nous nous bornerons à parler de la disposition de quelques-uns d'entre eux, les plus en vogue dans ces régions. Et d'abord, ces instruments se divisent en deux classes. La première concerne l'art de la cadence ou la Mesure, comme par exemple, la tymbale, le tambourin, les timbres, les cymbales et autres instruments semblables. Or, ceci n'a aucun trait à la science de la mélodie, mais bien à la mesure du temps. La 2e catégorie

(1) Chant ayant pour tonique Yekkāh ; cf. IIe partie.

(2) Ce dernier appartient aux airs à tonique Dūkāh, et renferme de nombreuses variétés.

(3) Le mot دوزان employé ici est d'origine turque, au moins quant à ses radicales دوز *dûz* : plat, uni, égal, d'où دوزتمك *duzetmek* : arranger, *ajuster*.

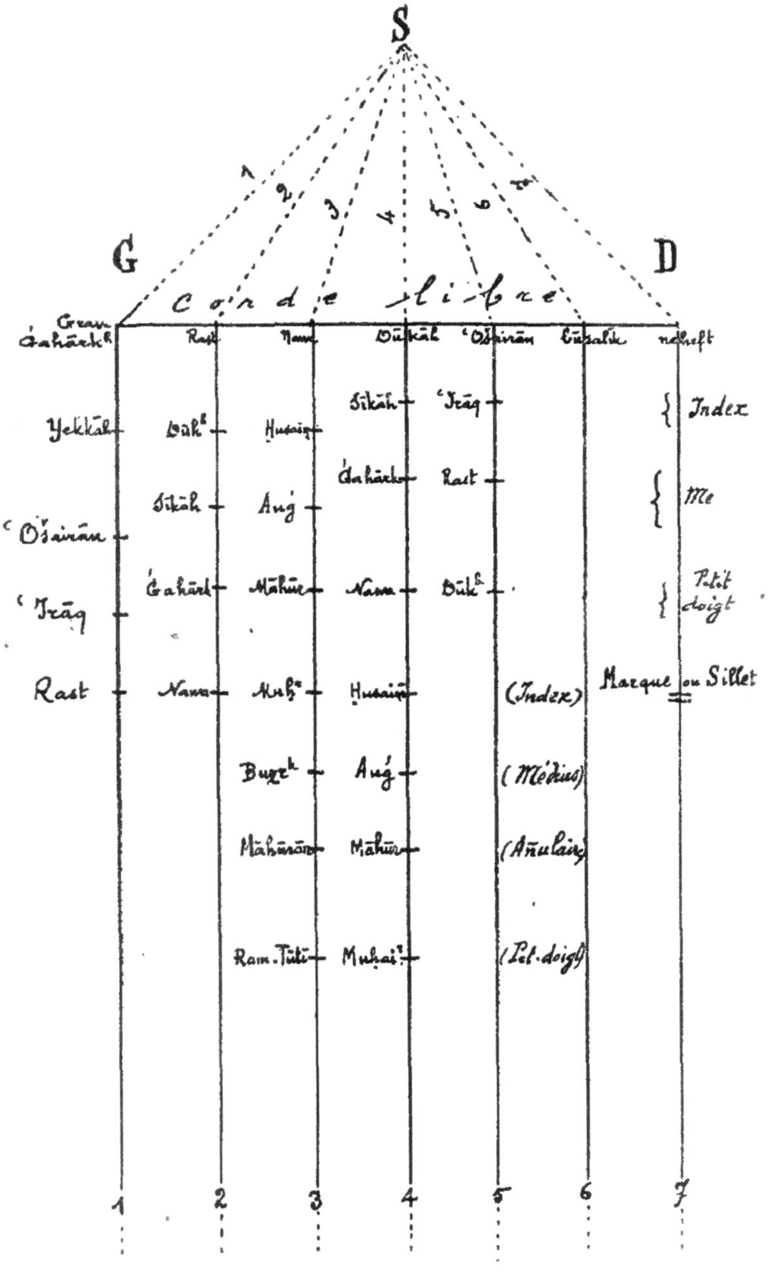

DOIGTÉ DU LUTH D'APRÈS L'AUTEUR

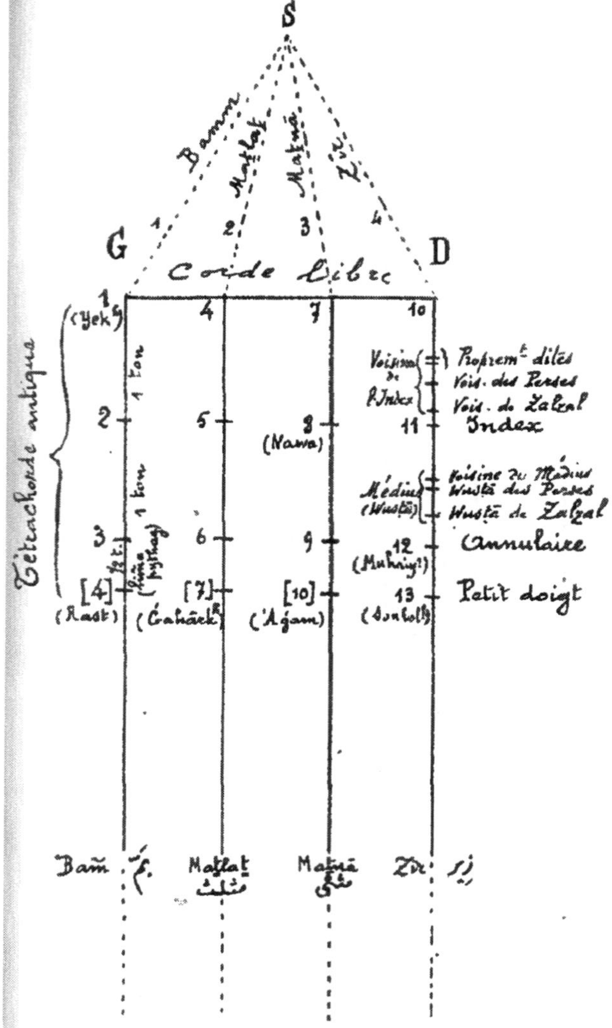

DOIGTÉ DU LUTH D'APRÈS AL-FĀRĀBĪ

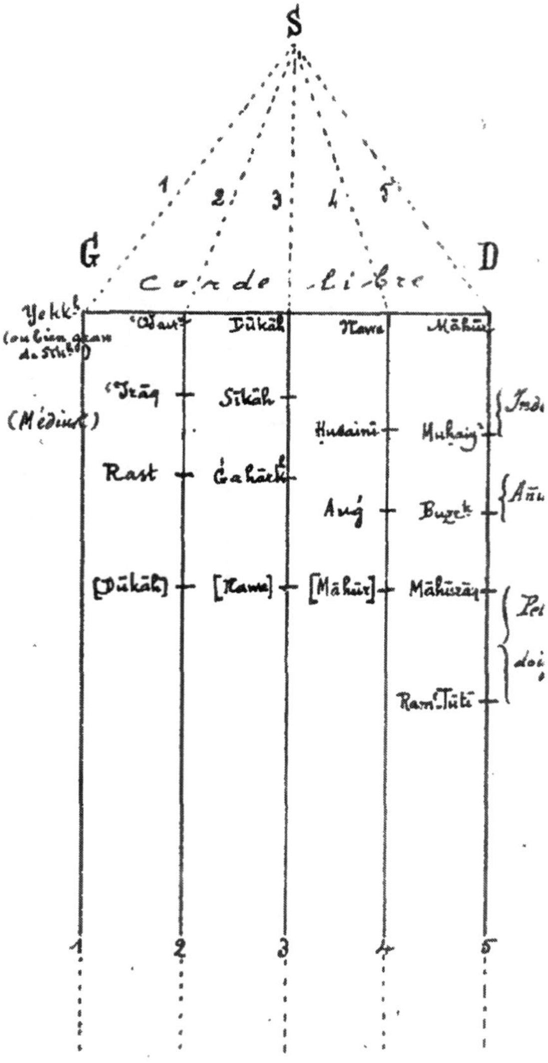

DOIGTÉ ACTUEL DU LUTH EN SYRIE

concerne les chants, et c'est celle qui est visée dans cette épître. Elle se subdivise en deux branches : instruments à corde et instruments à vent. Parmi les premiers, il en est sur lesquels on tend de la corde de boyau, d'autres sur lesquels on tend du fil de fer ; sur d'autres, c'est du crin de cheval ou quelque chose d'analogue. Nous allons dire un mot de ces deux sortes d'instruments, en commençant par les instruments à corde (1). L'un d'eux est

Le Luth (ʿūd) (2)

On y tend sept paires de cordes, différentes en épaisseur et en finesse (3). Dans chaque paire, les deux cordes sont amenées à avoir le même ton, ce qui rend le son plus intense quand on frappe cette paire. Sur ces sept paires, il en est quatre dont le musicien a à se servir le plus souvent ;

---

(1) Dorénavant, pour plus de rapidité, nous abrégerons ainsi : les degrés seront en général, désignés par la lettre initiale écrite en majuscule. Les voici dans leur ordre respectif pour les deux échelles : Y, ʿO, ʿI, R, D, S, Ǵ, N, Ḥ, A, M, Muḥ, Buzr, Māhn, Ram (T). Les quarts seront représentés en minuscules, comme suit : ḥoṣ, ʿaǧ, kawašt, zerkl, kurdī, būs, ʿarbāʾ ḥiǵ, neh, šahn, zawāl (sonbola). Les mots *qabb*, *tīk*, *nīm* sont abrégés et deviennent q, t, n.

(2) Au sujet du Luth et du Ṭanbūr (voir plus loin), on lira avec beaucoup de charme et de profit la belle étude de Daremberg-Saglio-Pottier dans le *Dict. des Antiq. grecques et rom.*, t. III, 2ᵉ p., p. 1437, col. 2, s. v. LYRA et 1450, col. 1: *Famille du Luth.*

(3) L'auteur fait remarquer, quelques lignes plus bas, que sur ces sept paires, il y en a trois qui sont rarement employées, ce qui pratiquement nous ramène, pour le nombre de cordes, au luth d'Al-Fārābī. Quoi qu'il en soit, la technique actuelle se contentant de cinq paires de cordes, on remarquera quelles fluctuations a subies la construction du plus populaire des instruments de musique orientale, au cours des siècles, et même dans l'espace d'un demi-siècle.

Nos lecteurs nous sauront peut-être gré de mettre sous leurs yeux une vue comparative de la tablature du ʿūd au temps d'Al-Fārābī (Xᵉ s.), de Mušāqa, et à l'heure actuelle. (Voir planche ci-contre).

On remarquera la symétrie parfaite de la tablature d'Al-Fārābī, procédant par tétrachordes, mais, en même temps, les complications qu'y introduisirent la tierce mineure, les « voisines, *muǵannabāt* » de l'index ou 2ᵉ majeure ; voir Parisot, *op. cit.*, p. 11-14, B. Carra de Vaux, *loc. cit.*, p. 335 seq., Collangettes 1ᵉʳ art., p. 204 seq. et notre appendice, dans le *Machriq*, p. 412-14 (p. 26-28 du tiré à part). Un mot seulement ici, sur l'origine de ces muǵannabāt مُجنّبات السّبّابة. Elle est due aux déplacements successifs

pour les trois autres, il en use rarement. On tend légèrement la première paire, à la gauche de l'instrument, et on lui fait rendre l'octave de Ǵ : on amène ensuite la 2e à donner R, la 3e N, la 4e D, la 5e 'O, la 6e B, la 7e neheft. Dans cette disposition, le son de chaque paire est dix quarts de ton au-dessus du son de la paire qui est à sa droite, ou de l'octave grave de ce son. La première, en effet, est dix quarts de ton plus haut que l'octave grave de la seconde, celle-ci dix quarts de ton plus haut que la grave de la troisième, cette dernière dix quarts au-dessus de la quatrième et ainsi du reste. Or, l'intervalle compris entre une paire et l'autre est tantôt de trois degrés, tantôt non, selon les degrés majeurs ou mineurs qui se trouvent d'une paire à l'autre.

N. B. — Quelques artistes font donner à la première paire le son de Y pour obtenir plus facilement cette note quand elle est exigée. Une autre raison est que, dans l'exécution, la première paire est la plus basse des quatre dont on se sert d'ordinaire. Si donc on y laisse tomber la plume avec laquelle on frappe les autres cordes, elle fait entendre un son (un bruissement) harmonique, surtout parce que la plupart des airs (1) partent de D ou de N. Or, dans ces cas, le son de la première paire est celui de la quinte de D et de l'octave de N.

---

subis par la tierce mineure *al-wusṭā* الوُسْطى (le médius). Primitivement au 1/6 de la corde, elle fut placée par les musiciens persans à la demi-distance entre l'index *as-sabbābah* السَبَّابة (2e majeure) et l'annulaire *al-binṣir* البِنْصِر (tierce majeure), aux 68/81 de la corde. Survint Zalzal—d'autres écrivent Zolzol—(Manṣūr ibn Ǵa'far) qui, au 8e s., remania encore le tétrachorde et confondit la tierce majeure et mineure en une tierce neutre, fixée aux 22/27 de la corde. A chacune de ces trois tierces mineures correspondit une note *additionnelle* différente (*az-zā'idah* الزائدة . la superflue). C'était, à l'origine, la note placée exactement *un ton* avant la tierce mineure, donc le *la bémol* ou le *ré bémol*, selon qu'on commence le tétrachorde à *sol* ou à *ut*. Les déplacements successifs effectués, au regard de la tierce mineure, par les Persans et par Zalzal, raprochèrent, quoique inégalement, cette note additionnelle de la 2e majeure (sabbābah), d'où l'expression : les *voisines* de l'index : *muǵannabāt* as-sabbābah.

(1) Ou, si l'on veut, des doigtés, des exécutions. Le mot عَمَل est devenu synonyme de نَغْمة, صَوْت, لَحْن, قَدّ pl. قدود, شغل qui, tous, veulent dire air, mélodie, chanson ; mais son sens premier vise plutôt le côté matériel d'une mélodie, c.-à-d. son exécution technique

En outre, à l'extrémité inférieure du manche de l'instrument et par-devant, on place un sillet (1), s'étendant transversalement sous les cordes. Ce sillet est en bois, mais sa couleur est différente de celle de la face de l'instrument. Il est placé dans le sens de la largeur, au-dessous des cordes ; et on prend soin qu'il se trouve exactement au point de rencontre du premier tiers, à partir de la tête de l'instrument, avec les deux tiers inférieurs ; autrement dit, à l'aide d'un compas ou d'un autre instrument de mesure, on partage en trois parties égales la distance comprise entre le sommet de l'instrument où on a la longueur de corde libre, et le chevalet (2) placé en travers, à l'extrémité inférieure de la face antérieure de l'instrument, où sont fixées les extrémités des cordes ; puis, on place le sillet au bout du premier tiers. Or, ce sillet présente deux avantages considérables. 1° Si on appuie de l'index (3) sur une paire quelconque et qu'on fasse vibrer cette paire, tout en maintenant la pression du doigt sur elle, à l'endroit du sillet, le son de cette paire est égal à celui de la paire libre qui vient im-

---

(1) Ce sillet ou touche, appelé دستان *dìstān*, — d'un mot persan, — a joué un grand rôle aux temps d'Al-Fārābī et de Ṣafī ud-Dīn, grâce à ses multiples positions, comme on peut le voir dans notre schéma. Il est actuellement tombé en désuétude. — Dans leur langage imagé, les Arabes appellent l'extrémité supérieure de l'instrument الرّاس ou الأنف *la tête*, *le nez*, et le manche عُنق *le cou*, ou سَاعِد *l'avant-bras*. *La poitrine* الصدر est la face antérieure, par opposition *au dos* الظهر. Le *plectre* ou instrument percuteur زخمة , مضراب est, en général, une grosse plume d'oiseau.

(2) En arabe : *le cheval*. Quand le chevalet est très bas, les praticiens l'appellent المشط *le peigne*.

(3) Le mot سبّابة qui, en arabe, rend notre *index*, a une bien curieuse origine, et évoque un des aspects les plus caractéristiques des anciennes mœurs bédouines. Comme l'a magistralement établi le Prof. Ignace Goldziher dans ses *Abhandlungen zur Arabischen Philologie*, 1re partie (voir la belle recension de De Goeje dans le *Journal Asiat.*, 9e série, t. VII (1896), p. 550-51), chez les anciens Arabes, le poète, avant d'être le ποιητής, le *nāẓim*, était surtout le شاعر , le « sachant », l'homme au courant, « doué de lumières surnaturelles, magiques », possédé de la Muse ou du Génie جنّ, qui l'animait de son souffle. Son occupation principale était de satiriser, d'insulter les ennemis du clan, ou ses propres ennemis الهجاء ou الهُجر, et son index, au moyen duquel il désignait sa victime, fut appelé l'*insulteur* (سَبَّ , o, insulter, faire des imprécations). Le terme a survécu !

médiatement au-dessus, ou à celui de son octave. Si donc vous pressez sur la première paire, à l'endroit du sillet et que vous pinciez cette corde, le son obtenu est le même que celui de la 2ᵉ paire au R ; de même, si vous appuyez sur le N [3ᵉ paire], vous obtiendriez l'octave de D ; la corde de D donne aussi, par ce procédé, l'octave de 'O. En opérant de la sorte sur les paires en question, on s'assure si l'instrument est bien ou mal accordé. 2° Supposez que l'exécutant veuille atteindre une octave, il ne le fait plus en posant le doigt à l'endroit ordinaire de l'octave, mais il transporte immédiatement sa main dans une position où il obtient un son d'octave dont la justesse ne fait aucun doute. Les quatre paires qui sont d'un usage plus fréquent pour le luth sont celles de R, N, D, 'O ; frappées à l'état libre, ells fournissent le son des quatre degrés de même nom qu'elles. Pour les autres degrés dont le joueur aurait besoin, il les tire de ces mêmes cordes, en les pressant du bout des doigts de sa main gauche.

Pour plus de clarté, nous allons indiquer la manière de monter, degré par degré, de l'octave grave à l'aiguë, et de descendre de l'aiguë à la grave. Le premier degré est Y. On le tire de la première paire, soit en la frappant, sans la presser, si elle a été accordée en Y, ou bien en la pressant de l'index si elle était accordée en grave de Ǵ. Vient ensuite 'O : on le tire de la 5ᵉ paire, en lui laissant toute sa longueur ; on en tire aussi 'I, en la pressant de l'index, et R, en se servant de l'annulaire, quoiqu'on puisse obtenir R de la 2ᵉ paire libre. On tire ensuite D de la 4ᵉ paire libre ; de la même paire on obtient aussi S et Ǵ, en pressant de l'index pour la première de ces notes et de l'annulaire pour la seconde. Le N se tire de la 3ᵉ paire libre ; cette corde donne aussi Ḥ, A, et M, quand on y appuie de l'index pour la première, de l'annulaire pour la seconde, et du petit doigt pour la troisième. Le musicien élève ensuite la main sur le col de l'instrument, jusqu'à l'endroit du sillet, que nous avons déjà dit être au premier tiers de l'instrument ; là, il presse de l'index sur la 3ᵉ paire, et il a ainsi Muḥ ; puis, du medius sur la même, et il obtient B ; puis, de l'annulaire, et il a Māhⁿ, enfin du petit doigt, ce qui lui donne l'octave de N, appelée Ram T. Il revient ainsi, degré par degré, jusqu'à Muḥ, et, arrêtant sa main à l'endroit du sillet, il tire M, une des notes aiguës fournies par la 4ᵉ paire, en pressant cette dernière de l'annulaire, puis A en appuyant du médius, puis Ḥ en appuyant de l'index. Il fait ensuite entendre N en faisant vibrer la 3e paire sur toute sa longueur, puis ramène sa main dans la première position, et descend tous les autres degrés, un à un, comme il les avait montés. Quant aux quarts dont il a besoin dans quelques airs de la troisième catégorie, il les obtient en avançant ou en reculant le doigt, par rapport aux endroits qu'il a accoutumé de presser sur la paire dont il veut tirer tel ou tel quart.

Le Violon européen

D'ordinaire on y tend quatre cordes, dont la première est sur la droite. C'est la plus grosse des cordes ; elle est enveloppée d'un mince fil de cuivre. Cette corde donne la grave de R (1). La 2e est moins grosse, et donne Y ; la 3e, encore moins grosse, donne D ; enfin la 4e est une corde ou une ficelle, à deux fils de soie enroulés ; elle est encore plus fine, et on l'amène à donner N. Le mécanisme, pour obtenir les degrés et les quarts autres que les précédents, est le même que pour le luth. On y arrive en pressant les cordes au moyen des doigts de la main gauche. Il y a encore

Le Violon arabe

On y tend deux faisceaux de crin de cheval. L'un — le plus mince — est du côté gauche, c.-à-d. à la gauche de l'instrument : on lui fait donner N ; l'autre, le plus gros, est à droite : on lui fait donner D, parfois aussi R. Le reste des degrés et des quarts se tire au moyen des doigts, comme il a déjà été dit. Cet instrument, du reste, quoique d'un son fort et agréable, n'a qu'une échelle incomplète ; aussi, le plus souvent, l'exécutant tire ses notes graves de l'octave aiguë, par exemple 'I, 'O, Y, qu'il exécute avec le doigté de A, Ḥ et N : il n'y a pas, en effet, sur l'instrument, de po-

(1) Il ressort de cette description que c'est plutôt de l'*alto* (de la *viole*) que parle ici Mušāqa, car la première corde — grave de l'*ut* — est à une quarte au-dessous du *sol* de notre violon ordinaire. C'est bien l'accord de la viole-alto : *ut - sol - ré - la*, sauf pour le dernier intervalle, qui n'est que d'une quarte au lieu d'une quinte, dans l'accord de Mušāqa.

sition qui fournisse ces notes. La plupart des joueurs de cet instrument sont obligés de porter avec eux un second violon, de petites dimensions, dont le D est amené à la hauteur du N du premier violon Toutefois, les défauts de cet instrument sont dissimulés par le son des autres instruments qui l'accompagnent dans l'exécution, ou bien par l'habileté de celui qui en joue, quand il exécute seul, car alors, il évite de jouer les notes qu'il serait difficile d'obtenir sur cet instrument (1). Il y a aussi

Le Tanbūr (2)

On attache sur le col de cet instrument des sillets en corde de boyau aux endroits qui fournissent les degrés et les quarts On y tend 8 cordes en fil de fer ; les quatre de droite donnent Y, celles de gauche N Pour l'exécution, le joueur obtient tous les degrés et les quarts nécessaires en pressant les fils du bout de ses doigts sur les sillets ménagés sur le col de l'instrument. On considère le tanbūr comme un des instruments de musique les plus complets, et les plus propres à l'exécution d'un morceau (3) Vient ensuite

---

(1) Ce violon arabe paraît bien être le succédané du « rebec » (ital *ribeca*, emprunté à l'arabe *rebāb* رباب qui a donné l'ancien français *rubèbe*, *rubeb*) Pour ce dernier, le nombre de cordes paraît avoir été très variable ; nos auteurs français parlent de trois cordes, disposées de quinte en quinte ; Al-Fārābī, dans Kosegarten, *Liber Cantilenarum*, p. 105 seq , lui en donne une ou deux, de grosseur généralement égale. (Voir le reste de sa description dans nos notes au texte arabe) — Le mot *kamanǵah*, violon, provient du mot persan کمان *kemán*, کمانه *kemáneh*, signifiant primitivement arc ou archet Le même terme a été emprunté par le turc, dans le sens même de violon

(2) Du grec πανδοῦρα, πάνδουρος, d'où *pandore* On rencontre aussi le terme *tanbūrah* (طنبورة πανδοῦρα), qui désigne un tanbūr de petites dimensions, p. ex en Egypte. En Turquie, au moins dans le langage courant, tanbūrâh est le seul terme usité. — La vocalisation classique serait tunbūr Nous avons préféré nous conformer à la prononciation courante

(3) Il nous paraît assez plausible que le ṭanbūr décrit ici par Mušāqa n'est autre que le « tanbūr oriental » dont parle Villoteau dans sa *Description de l'Egypte*, t. XIV, p 273, et qui comprend aussi deux octaves entières Al-Fārābī, *Liber Cantilenarum*, p. 89 seq , donne des détails sur les deux principales espèces de ṭanbūr, usitées de son

Le Qānūn

C'est un des instruments qui occupent la première place, pour le charme qu'ils procurent ; malgré cela, son maniement est très facile. Il a le son de deux instruments qui joueraient à la fois. En effet, l'exécutant a, étalés devant lui (1), quand il veut jouer, tous les degrés dont il peut avoir besoin, à l'octave grave et à l'aiguë ; or, ses deux mains étant disponibles, il joue, de la droite, sur cette octave, et de la gauche sur l'octave inférieure ; et le son qui en résulte est double : c'est celui de l'octave supérieure et de l'octave inférieure simultanément. Au surplus, chaque degré comprend trois cordes ; le son de l'instrument équivaut donc à celui de six violons fonctionnant ensemble. Voici la coutume pour la manière de l'accorder. On y fixe 24 degrés; chaque degré a pour lui trois cordes, égales en épaisseur ou en finesse ; en outre, les cordes de chaque degré sont plus grosses que celles qui sont au-dessus, et plus fines que celles qui sont au-dessous. Le plus souvent, on fait donner à la corde la plus élevée le son de Ḥ à l'octave aiguë ; certains lui font donner le son de l'octave de N. Ainsi

---

temps : le طنبور بَغدَادي ṭanbūr de Bagdad, à panse presque circulaire et à col très allongé, et le طنبور خُرَاسانِي ṭanbūr du Ḫorāsân (Perse), à panse en forme de demi-poire allongée, assez semblable à celle de la mandoline. L'un et l'autre sont à deux cordes. En 1899, pendant que nous travaillions à l'édition du texte de Mušāqa, nous eûmes la chance de rencontrer au village de Kfūr (Kasrawân, district du Liban), un bédouin joueur de ṭanbūr du Ḫorāsān. Nous pûmes l'interroger et le photographier à notre aise (cf. *Al-Machriq*, 1899, p. 563, où on voit le portrait du bédouin en posture d'exécutant).

(1) En toute rigueur d'expression, car l'instrument est posé à plat sur ses genoux. Cette sorte de cithare à caisse de résonnance (en turc سَنطور sanṭūr), est un instrument d'une grande richesse, soit pour le nombre de sons, soit pour leur qualité, soit enfin pour l'expression, que l'artiste peut très facilement graduer. Nous avons vu plus d'une fois des auditoires entiers, retenir pour ainsi dire leur souffle, pour ne manquer aucune note du *decrescendo-morendo* du musicien. L'instrument est en général pincé par deux pointes métalliques que l'artiste s'adapte au pouce et à l'index des deux mains ; parfois il se sert de grattoirs en barbe de baleine ; enfin, nous avons vu en Turquie d'Europe certains praticiens frapper les cordes au moyen de barres métalliques recourbées en forme de patins.

donc, on tend tous les degrés, l'un sous l'autre, par ordre : c.-à-d. que, si le degré supérieur est l'octave de Ḥ, celui qui vient immédiatement après sera l'octave de N ; le suivant, l'octave de Ǵ ; l'autre, l'octave de S ; et de la sorte, on descend. degré par degré, jusqu'au 24ᵉ, qui occupe la position de l'octave grave du grave de Ǵ . On voit par là que le Qānūn comprend trois gammes et trois degrés. La 1ʳᵉ de ces gammes va de l'octave grave du grave de Ǵ jusqu'au grave de S ; la 2ᵉ, du grave de S à S ; la 3ᵉ, de Ǵ à B ; et il reste encore au-dessus Māhⁿ , Ram, et l'aigu de Ḥ.

Cette disposition s'appelle l'accord royal. On veut dire par là qu'il est fondé sur des degrés entiers, sans mélanges de quarts. Que si l'on voulait exécuter un morceau renfermant des degrés altérés, on avise la corde du degré qui doit être transformé, et on la tend ou on la relâche de façon à obtenir le quart voulu. Comme exemple de la première opération, citons le chant de Ḥiǵāz : quand sa tonique est D, le degré Ǵ doit être modifié ; on le tend jusqu'à ce qu'il devienne ḥiǵāz. Un exemple pour la seconde opération, c'est le chant Bayātī, dans lequel le degré A est modifié ; on relâche sa corde, jusqu'à ce qu'elle donne le son de ʿaǵam.

Instruments à vent (1)

Il y en a beaucoup d'espèces : c'est le Nāy, le Kīraft, le Mizmār, le

(1) Al-Fārābī les appelle المَزَامير *al-mazāmīr*, pl. de مِزْمَار instrument à vent ; le même mot signifie aussi *psaume*, quoique, dans ce sens, le sing. مَزْمُور soit plus usité. On remarquera entre مَزْمُور et مِزْمَار la même relation qu'entre *psalmus et psalterion*. — L'expression, très courante à l'heure actuelle, آلات العَزف *ālāt ul-ʿazf* ou المَعَازف *al-maʿâzef*, qui devrait signifier aussi : instruments à vent, embrasse pratiquement tous les instruments de musique, sauf, à la rigueur, les *battertes* (tambours, tambourins, tymbales, cymbales, grosses caisses, etc.). Enfin, la locution آلات الطَّرَب *instruments de liesse*, nous semble la plus générale de toutes, et s'applique à tout l'ensemble d'un orchestre. Bien souvent آلات العَزف et آلات الطرب sont employées indifféremment pour « la musique, une musique » : fanfare, orchestre , نَوبة . Autre terme qui prend de plus en plus d'extension : الموسيقى la musique. — Pour les instruments à vent chez les anciens, cf. Daremberg-Saglio-Pottier, *op. cit.*, fasc. 45 (1911), p. 1596, col. 1, s. v. SYRINX.

Ṣurnāy [clarinette, musette], l'Arǧūn, le Ganāḥ et d'autres encore (1). Tous, sauf le dernier, sont percés de trous que le musicien bouche de l'extrémité de ses doigts, quand il joue ; il ouvre ceux dont il a besoin pour son jeu. Le plus souvent, on ménage ces ouvertures de façon à ce qu'elles donnent des degrés pleins, et si on a besoin de quarts, on ouvre, en souf-

---

(1) Les mots nāy, kīraft, ṣurnāy écrit aussi سرناي ou سورناي (Kosegarten, *op. cit.*, p. 101: سور fête, en persan), ou صورناي (en arabe صور, cor de chasse), sont persans d'origine. L'instrument appelé ارغون, mot que nous rendons par arǧūn (urǧūn) et non par *orgue* (le terme arabe pour ce dernier est le même, du grec ὄργανον, mais l'accent est sur la pénultième, úrǵun, sans allongement de l'ultième), existe encore au Liban et en Syrie ; il a conservé son nom, modifié en أرغول *arǧūl* : c'est un double pipeau, gros et allongé ; il y a encore la مسحورة *masḥūrah*, analogue, mais de dimensions moindres. La flûte traversière, comme on le voit, n'est pas explicitement mentionnée par Mušāqa, à moins qu'il n'ait voulu la désigner sous le nom de *mizmār*, ce dont nous doutons. L'oriental use surtout d'instruments à vent dans le genre du hautbois, de la musette (nāy et ṣurnāy, en turc زورنا *zurná*), du flageolet ou du chalumeau (يراع *tibia, fistula*), ce dernier, tenu comme la musette, mais avec une certaine inclinaison de gauche à droite, à partir de l'embouchure. Cette embouchure est des plus simples : c'est le bout supérieur de l'instrument ouvert à l'air libre, sans aucun accessoire. L'artiste tire le son en contractant d'une façon très caractéristique le coin droit de sa bouche. La douceur de cet instrument primitif est véritablement ravissante, quand on a affaire à un véritable praticien. Ceux qui ont assisté à une séance de derviches tourneurs à Constantinople, oublieront difficilement le charme indéfinissable qu'ils ont goûté à entendre cette flûte vraiment enchantée et enchanteresse, dirigeant, par ses modulations infiniment caressantes, le tournoiement mystérieux des derviches. En Syrie, le pipeau s'appelle منجيرة *minǵaïrah* ; le mot قرنيطة *qurnaïṭah*, dérivé de clarinette, s'applique à tous les instruments, du genre de ce dernier ; il s'étend à la flûte, appelée encore شبابة *šebābeh*, et au cornet ou autres cuivres, désignés aussi sous le nom de بوري *būrī*, du turc بورى ború, tuyau. L'usage existe encore en Syrie de faire venir, à la naissance d'un enfant, un joueur de grosse caisse (*ṭabbāl* de طبل ṭabl), et un joueur de nāy ou de qurnaïṭah, faire le plus de tapage possible devant la maison de l'accouchée. Enfin, le ǵanāḥ ne nous est connu, en Syrie, que sous forme de petite flûte de Pan (syrinx polycalame), série de pipeaux ou de sifflets d'inégale longueur, ficelés ensemble, et donnant une série aux intervalles plus ou moins arbitraires. Tel quel, c'est plutôt un jeu d'enfant.

N. B. —Toute cette terminologie arabe, ancienne et moderne, pour les instruments à vent, reste très confuse. Il n'y a guère lieu de s'en étonner, quand on songe aux con-

flant, une partie du trou pratiqué pour le degré qui est au-dessus de ce quart. Ceux qui cultivent cet art, ont des industries pour tirer de leur instrument les degrés et les quarts dont ils ont besoin : ils ferment certains trous, ils en ouvrent d'autres, et il en résulte des degrés et des quarts pour lesquels il n'y a pas dans les instruments de trou spécial. Le dernier de ces instruments, c.-à-d. le Ǵanāḥ est constitué par des tuyaux, rangés dans un collecteur qui presse sur leurs embouchures. Leurs extrémités sont de grandeurs différentes, de façon à ce que, quand on y souffle, les sons varient dans l'ordre même des degrés de l'octave. Mais ces explications sont déjà suffisantes pour un abrégé comme celui-ci.

Chap. VII

Manière d'exécuter un morceau dans un ton autre que l'original, appelée Transposition (1) ou changement à vue.

La nécessité oblige parfois les artistes à exécuter des chants dans des tons autres que ceux où ils ont été écrits primitivement. Tels sont, par exemple, les chants de Dūkāh et de Ḥiǧāz, dont la position primitive de leur tonique est le D ; or, le plus souvent, on les joue en N, afin que leur ton soit plus élevé et charme l'auditeur. Ceci est parfois indispensable, dans

---

jectures où on en est réduit, pour nombre d'instruments à vent ou à cordes, usités chez les anciens, ou même au moyen âge. Qui pourra jamais élucider, de façon satisfaisante, le v. 5 du chap. III de Daniel, spécialement pour les quatre derniers instruments : *In hora qua audieritis sonitum tubae et fistulae, et citharae, sambucae et psalterii et symphoniae* ? La cithare elle-même n'est-elle pas assimilée tantôt à la harpe, tantôt à la lyre, tantôt à un instrument à résonnance, analogue au qānūn ? Les différences entre le נֵבֶל et le כִּנּוֹר restent encore dans le vague, comme celles qui ont pu exister entre le psalterion et la cithare, mots dont la Vulgate se sert pour rendre ces termes hébraïques.

(1) Le mot arabe signifierait exactement : *action de façonner* et aussi *représentation, figuration*.

certains airs doubles, c.-à-d. dont la portée comprend deux gammes, et dont cependant la tonique est déjà à un degré élevé, p. ex. le chant de Ṣadd ʿArbān, difficile à exécuter avec D pour tonique car ; alors, le chanteur doit monter jusqu'à l'aigu de Ḥ, note, le plus souvent, impossible à atteindre, ou bien si on y atteint, ce n'est qu'à grand peine et, alors, elle est désagréable à entendre. Dans ces cas, on transpose le morceau, de sorte que sa tonique soit Y ou ʿO. On fait le plus souvent ainsi pour le chant de Muḥ; appartenant à cette échelle.

Si l'on veut jouer sur deux instruments, de ton originairement différent, p. ex. un grand qānūn — dont le son est bas et dont on ne pourrait tendre les cordes plus qu'elles ne le comportent, sans les briser— un grand qānūn, dis-je, et un petit kīraft, dont le son est naturellement élevé, leurs notes ne s'accorderont qu'à la condition, pour l'un des musiciens, de transposer, sur son instrument, le morceau qu'il veut exécuter, au ton qui s'harmonise avec celui du second instrument. Aussi bien, les artistes en musique doivent-ils être doués d'une intelligence parfaite des principes de l'art du chant, art fondé sur la connaissance des intervalles existant entre chaque degré, c.-à-d. du nombre de quarts qui séparent deux degrés ou un degré, de ceux qui lui sont supérieurs ou inférieurs. Cette connaissance permet au musicien de transposer un morceau dans n'importe quel ton.

Pour plus de clarté, nous donnons deux exemples à ce sujet : 1° Si l'on veut transformer le ton N en D, en d'autres termes si l'on veut jouer en s'appuyant sur N, ce qui se joue en prenant comme note fondamentale D, il faudra, pour y arriver, altérer deux degrés de l'octave, les degrés Ḥ et A, et cela, en abaissant chacun d'eux d'un quart de ton, de façon à ce que le premier devienne tīk hoṣār, et le second ʿaǵam. De la sorte, les intervalles des degrés, depuis N jusqu'à son octave aiguë, seront dans le rapport des intervalles depuis D jusqu'à son octave. En effet, le rapport de D à S est le même que celui de N à t. hoṣ ; de même le rapport de S à Ǵ est égal à celui de t. hoṣ à ʿaǵam ; celui de Ǵ à N. égal à celui de ʿaǵ à Māh ; le rapport de Ḥ à N égal à celui de Muḥ à Māh ; le rapport de A à Ḥ égal à celui de Buzr à Muḥ ; le rapport de A à Māh égal à celui de Māh^{n} à Ram T.

2° Si vous voulez changer N en R, de façon à exécuter un morceau du ton R en vous appuyant sur N, rappelez-vous l'explication donnée au chap. IV, qui était celle-ci : l'exécution d'un morceau, sur une quinte, est la même que celle de la quinte correspondante. Or, dans le paradigme choisi, N est la quinte du degré R, de même Ḥ pour D, A pour S, M pour Ǵ, Muḥ pour N. Donc, aucune altération pour ces degrés, car ils se correspondent. Quant à B et à M, ils ne correspondent pas exactement à Ḥ et à A, et ils sont altérés. Il faut donc hausser B pour en faire l'octave de Būsalīk, et de la sorte, il pourra tenir la place de Ḥ ; de même, il faut hausser d'un quart de ton le degré Māh^{n} pour en faire l'octave de n. ḥiǵāz, en remplacement de A. Ainsi, l'opération est complète.

La preuve de la justesse de ces deux opérations paraît manifestement dans les deux schémas qu'on voit ci-dessous.

1er Exemple Transposition de l'air de D au ton de N			**2e Exemple** Transposition de l'air de R au ton de N		
Degrés transposés	Quarts	Degrés primitifs	Degrés transposés	Quarts	Degrés Primitifs
Muḥ		Ram T	M		Ram T
t. šahn	24	oct. tīk ḥiǵ	t. neh	24	oct. t. ḥiǵ
šahn	23	» ḥiǵ	neh	23	» ḥiǵ
n. šahn	22	» nīm ḥiǵ	A	22	» n. ḥiǵ
M	21	Māhn	ʿaǵ	21	Māhn
t. neh	20	oct. t. būs	n. ʿaǵ	20	oct. t. būs
neh	19	» būs	Ḥ	19	» būs
A	18	Buzr	t. ḥoṣ	18	Buzr
ʿaǵ	17	sonb	ḥoṣ	17	sonb
n. ʿaǵ	16	n. sonb	n. ḥoṣ	16	n. sonb
Ḥ	15	Muḥ	N	15	Muḥ
t. ḥoṣ	14	t. šahn	t. ḥiǵ	14	t. šahn
ḥoṣ	13	šahn	ḥiǵ	13	šahn
n. ḥoṣ	12	n. šahn	n. ḥiǵ	12	n. šahn
N	11	M	Ǵ	11	M
t. ḥiǵ	10	t. neh	t. būs	10	t. neh
ḥiǵ	9	neh	bus	9	neh
n. ḥiǵ	8	A	S	8	ʿA
Ǵ	7	ʿaǵ	kurdī	7	ʿaǵ
t. būs	6	n. ʿaǵ	n. kurdī	6	n. ʿaǵ
būs	5	Ḥ	D	5	Ḥ
S	4	t. ḥoṣ	t. zerkl	4	t. ḥoṣ
kurdī	3	ḥoṣ	zerkl	3	ḥoṣ
n. kurdī	2	n. ḥoṣ	n. zerkl	2	n. ḥoṣ
D	1	N	R	1	N

Les maîtres de l'art musical ont encore imaginé deux cercles concentriques, portant, écrits sur leur circonférence, les noms des degrés, avec leur division en parties proportionnelles correspondantes. Par ce procédé, on est très facilement mis au courant des degrés qui doivent subir une altération, quand il s'agit de transposer un morceau dans un ton différent de l'original.

Voici la manière d'user de ces deux cercles : on fait tourner le cercle intérieur, jusqu'à ce que les degrés dont on veut changer l'un en l'autre soient en regard. On distingue alors la position de tous les degrés et de tous les quarts, on aperçoit aussi ceux d'entr'eux qui se correspondent, et ceux qui doivent être modifiés. Pour ces derniers, on les hausse ou bien on les baisse, selon que l'indique la concordance des divisions du cercle intérieur avec celles du cercle extérieur. Telle est cette opération. Nous avons, d'ailleurs, tracé ces deux cercles avec le plus de soin et d'exactitude possible dans les divisions, sous le titre de Fig 6 · *Le Cercle [enharmonique] arabe.*

2e PARTIE

Notions sur les Airs ayant pour tonique les divers degrés ; manière de les exécuter ; quarts à y employer.

Je dois dire d'abord que j'ai disposé les mélodies dans un ordre facile à saisir. Sans me préoccuper, en effet, de la relation entre un chant et l'autre, j'ai rassemblé dans le même chapitre les airs qui ont pour note fondamentale un même degré (1). A cet effet, j'ai divisé cette 2e section en onze chapitres, où j'ai réuni les airs connus, de nos jours, dans nos contrées syriennes. Il y en a 95

(1) L'auteur, évitant systématiquement d'entrer dans des considérations théoriques sur la genèse des *modes* musicaux, ce serait à nous, semble-t-il, de le compléter dans une question de cette importance Nous regrettons néanmoins de ne pouvoir le faire ici, pour ne pas donner à ces notes l'aspect d'un traité, et nous renvoyons le lecteur soit au travail du Baron Carra de Vaux, *Journal Asiat.*, loc. cit., p. 337, 338, soit à la lumineuse synthèse de Dom Parisot, *op cit*, p 17-20, soit au 2e art. du R P Collangettes, *Journ As*, 10e sér., t VIII, p 149 seq, 160 seq Nous nous permettons de renvoyer aussi à notre longue note dans le *Machriq*, t II (1899), p 726 (p. 37 du tiré à part), pour laquelle nous nous sommes partiellement inspirés des deux premiers travaux cités.

Voici toutefois, pour mémoire, les noms des dix *genres* musicaux constitués par la combinaison des trois intervalles différents du tétrachorde (la quarte) *ʿuššāq*, *nawa*,

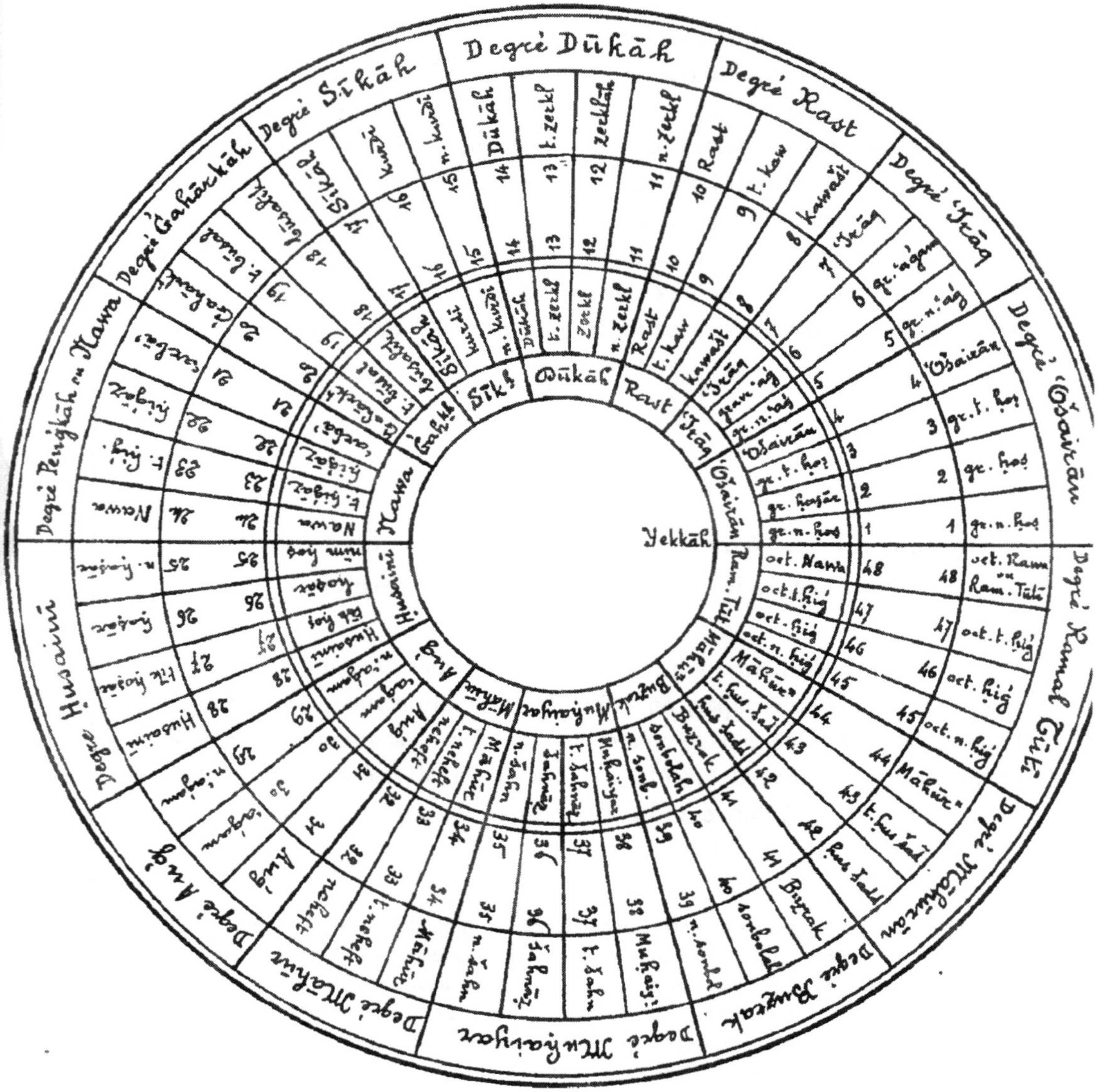

FIG. 6

CERCLE ENHARMONIQUE ARABE

Chap. I

Airs ayant pour tonique Yekkāh.

Ils sont au nombre de quatre : 1° le « Neheft des Arabes ». C'est N, M, puis neheft, puis t. ḥoṣār, puis N ; on descend ensuite degré par degré jusqu'au R. ; puis le grave de neh, appelé kawašt, puis le grave de t. ḥoṣ, puis Y. Cet ordre ne diffère de celui de ḥiǵāz N, que dans l'exécution, car ce dernier se joue sur l'octave grave.

2° « Šadd ʿarbān (1) ». En réalité, c'est le ḥiǵ. redoublé, c'est-à-dire embrassant deux octaves, pour rendre plus abordable au chanteur le niveau de la mélodie. On lui donne pour tonique Y. Voici cet air : N, ḥoṣ, N, M, neh, ḥoṣ, N, Muḥ, sonbolah, Muḥ, M, neh, ḥoṣ, N, Ǵ, kurdī, D, R, kaw, ʿO, Y.

---

būsalīk, rast, nūrūz (*nīrīz* ? cf. p. 41, l. 13), *ʿirāq, iṣfahān, buzurk, zīrfakand, rahāwī* (ou *mazmūm*) : عشاق . نوى . بوسليك . رست . نوروز (نيريز) . عراق . اصفهان . بزرك . زيرفكند . رهاوي (مزموم) .
Mais ces genres, à leur tour, peuvent se diversifier par la superposition de deux tétrachordes semblables, conjoints ou disjoints, selon que l'intervalle qui sert à compléter l'octave, se trouve placé après ou avant le 2e tétrachorde ; mais, comme il peut se trouver aussi avant le 1er, on a, pour chaque genre, une triple subdivision, donnant lieu à autant de *systèmes*. On aurait ainsi, pour les 10 genres réunis, 30 systèmes différents. De ces derniers, 18 seulement ont été définitivement adoptés, dont plusieurs ont gardé le nom même du genre. Ce sont : ʿuššāq, nawa, būsalīk, rast, ḥiǵāz, nūrūz, iṣfahān, zenklah (ou zenkuleh), rahāwī, zīrfakand, buzurk, maǵra' l-ḥusainī, neheft, ḥimār (l'âne), kawašt, kardānyā, ḥusainī, ʿirāq : عشاق . نوى . بوسليك . رست . حجاز . نوروز . اصفهان . زنكله . راهوي . زيرفكند . بزرك . مجرى الحسيني . نهفت . حمار . كوشت . كردانيا . حسيني . عراق . Les douze *maqāmāt* مقامات , analogues aux *tropes* grecs ou aux *tons* du plain-chant, n'ont pas d'autre origine. Cf. Land, *Recherches*..., p. 35 seq. On aimera, peut-être, avoir sous les yeux les variantes orthographiques suivantes, relevées dans l'article du Baron Carra de Vaux : راست , ابوسلك , نُرُوز , بُزُرْك , زَنگله , زيرافگند , گوشت , گَرْدَانِيَا , les quatre derniers mots avec le گ persan (*g* dur). Dans Land, on trouve, en outre, *ochāq*, *bousiliq* et *zenkoulch*.

(1) Ou ʿirbān, pluriel dialectal de عَرَبِي ? La recherche du sens exact du nom de plusieurs de ces mélodies n'aboutirait qu'à de pures conjectures. Comme pour les quarts de ton, nous avons relevé de notables divergences dans la graphie et la prononciation d'un bon nombre d'entre eux.

3° le « Neheft des Turcs ». Il suit de tous points l'ordre du M, que l'on transpose en Y ; il n'en diffère que dans l'exécution et dans le ton qui, ici, a été abaissé. On l'exécute en frappant N, Ḥ, ḥiǵ, būs, N, A, Ḥ, ḥiǵ, būs, D, R, 'I, 'O, Y.

4° le « Nawa appelé Y ». C'est aussi l'air de M joué en Y. On fait entendre N en appuyant, puis ḥiǵ, būs ; on descend ensuite jusqu'à 'I, puis R, 'I, 'O, Y.

Chap. II

Airs ayant pour tonique 'Os̆airān.

Il y en a trois : 1° le « 'O ». On l'obtient en exécutant d'abord l'air Bayātī, en commençant à Ḥ (ce qui sera développé au chap. des airs de D), puis N, Ǵ, ensuite būs, D, 'I, 'O.

2° le « 'Aǵam 'O ». On fait entendre d'abord l'air de Yazīd, comme on l'expliquera pour le degré D ; puis l'on descend jusqu'à 'O, où l'on s'arrête.

3° le « Symétrique de 'O ». C'est Ḥ, M, neh. redoublés (1) jusqu'à Ḥ, puis M ; on descend ensuite degré par degré en faisant entendre būs jusqu'à 'O.

Chap. III

Airs ayant pour tonique 'Irāq.

Ils sont huit : 1° le « 'I » (2). On commence par N, puis l'on descend graduellement jusqu'à 'I.

(1) C'est-à-dire joués aux deux octaves. Cf. *supra*, p. 35, 2°, et p. 20, 4e *classe*.

(2) Le 'Irāq est le mode grave et sérieux par excellence, propre aux airs guerriers ou religieux.

2° le « Sulṭān ‘I ». C'est N, ḥiǵ redoublés ; on descend ensuite par degrés jusqu'à ‘I ; puis l'on remonte jusqu'à M, pour redescendre par degrés à D. Il aurait peut-être été plus juste de le classer parmi les, airs qui finissent en D ; nous l'avons cependant inséré ici pour nous conformer à l'usage des maîtres ; de même, l'on verra encore des airs placés dans une catégorie qui n'est pas la leur ; mais on saura que notre but en cela a été de suivre les artistes en musique.

3° le « ‘I de Zamzam ». C'est ‘I, R, D, puis N. On descend ensuite par degrés jusqu'à ‘I, puis S en appuyant. jusqu'à D, puis on fait entendre ‘aǵam en appoggiature ; on va ensuite, par degrés, jusqu'à D, puis à S en appuyant, puis, degré par degré, jusqu'à Y, N, ensuite descente jusqu'à D.

4° l'« Opposé de ‘I ». C'est d'abord ‘I, puis R, D, Ǵ, puis S, D, R, ‘I.

5° le « Repos des esprits ». On joue d'abord N, ḥiǵ redoublés, puis D, kurdī, puis D, R, enfin kurdī, D, R, ‘I.

6° le « Repos des esprits, grec ». C'est le jeu de ḥiǵ jusqu'à R, puis D, kurdī, D, R. ‘I.

7° le « Ramal ». C'est N, Ǵ, ḥiǵ ; on fait entendre ensuite Ḥ en appoggiature, puis N, Ǵ redoublés avec t. būs, puis Ǵ, puis on joue N en appog., puis S en l'accentuant, D, R, ‘I.

8° le « Repos Šadī (1) ». C'est d'abord l'air de Ṣaba (2), avec une finale sur ‘I.

CHAP. IV

Airs ayant pour tonique Rast.

Il y en a neuf. Le 1er est le « Rast ». Jouez d'abord R, puis D et montez ensuite jusqu'à N. Vous redescendrez ensuite à R, et après avoir frappé S, vous vous arrêterez sur R.

Le 2e est le « Takrīr » (3). On joue d'abord N, puis ḥiǵ, S en appu-

---

(1) *Sic* dans notre Ms. A. Dans B شذى Šadā, probablement plus correct.

(2) Un des principaux airs ayant pour tonique Dūkāh (ré).

(3) *Sic* dans notre Ms A. Dans les autres, on lit تكرغ, ou تكريز , mot qui, prononcé à la turque, pourrait se lire تحريز.

yant, puis Ḥ, N, appuy. (1), puis ḥiǵ, S. D, R. — On voit par là que le degré Ǵ n'est pas employé dans cet air, mais qu'il est altéré et remplacé par le quart ḥiǵ.

Le 3ᵉ est le « Vrai Sāzkāh (2) ». On frappe d'abord fortement S, puis presse bus ; on joue ensuite D appuy., puis N, puis būs, D, 'O, 'I, R.

Le 4ᵉ est le « Mā' Rannā' ». C'est l'air de Ṣaba avec R pour tonique.

Le 5ᵉ s'appelle « Nišāwerk ». C'est d'abord N en appuyant, puis ḥiǵ, būs, D, R. Il y a donc altération du Ǵ et du S, qu'on remplace par les quarts ḥiǵ et būs. — Voilà ce qu'en disent les artistes. Pour moi, je le classerais parmi les airs ayant pour tonique Ǵ. On commencerait alors par M en appuyant, puis A, Ḥ, N, Ǵ. La conformité, en effet, entre cette notation et celle qui a cours, subsiste tout entière quant aux intervalles ; il y a seulement cette différence que la mienne écarte l'emploi des quarts de ton et n'introduit que des degrés complets. On m'objectera peut-être que, sous cette nouvelle forme, le degré A remplace le n. ḥiǵ, mais pas le ḥiǵ, ce qui entraîne la substitution de neh à A (3); il n'y aurait par conséquent pas grand avantage dans mon système, puis qu'on ne peut s'y passer des quarts de ton. Je réponds premièrement que la dénomination de ḥiǵ a été généralisée, et qu'elle comprend le nīm et le tīk ; secondement, à supposer même qu'elle ne les renferme pas, la notation reçue amène l'altération du Ǵ et du S, au lieu que celle que je propose ne modifierait que le A, ce qui est toujours plus facile à saisir.

Le 6ᵉ est le « Benǵkāh ». C'est d'abord N en appuyant, puis ḥiǵ, būs en appuyant, puis ḥiǵ, N, A app., puis Ḥ, N. app., ḥiǵ, būs app., Ǵ app.,

(1) Pour plus de simplicité, app. ou appuy. placés après une note signifieront : en appuyant. C'est notre traduction des deux notes arabes ظاهراً et مُظهِراً ; « en accentuant » a la même signification. Pour les mots بِتأْنٍ, تلويحاً, nous avons cru devoir les interpréter par « en appoggiature » d'après les indications données par Mʳ Chécri Saouda, praticien expert. Quant au mot مرغرغاً, aucun dictionnaire et, qui plus est, aucun artiste ni philologue n'a pu nous en donner l'explication. Ce qui prouve qu'il ne diffère pas beaucoup du précédent c'est que Mušāqa les emploie indifféremment dans un paragraphe. (2) Cf. p. 39, n. 1.

(3) Afin que l'intervalle entre M et la note suivante soit le même qu'entre N et ḥiǵ, c.-à-d. deux quarts de ton seulement.

puis S, D, R. On voit que, dans cette mélodie, on se passe d'abord de Ǵ et de S, puis, qu'on y a recours en finissant.

Le 7e est le « Sāzkāh (1) al-muta'āraf [le connu, le courant] ». Le voici : R, D, būs app., puis D, R, puis N app., puis Ḥ app., N, Ǵ, būs, D app., 'O, 'I, R. — Dans cette mélodie, il y a altération du S, auquel on substitue le quart būs. En réalité, cet air ne diffère de celui de Ǵ, que dans la manière dont on l'exécute. La succession des intervalles, en effet, est identique dans l'un et dans l'autre; car, de R à D, il y a le même rapport qu'entre Ǵ et N ; de même, entre D et būs, il y a même rapport qu'entre N et Ḥ ; nous en disons autant pour le rapport entre būs et Ǵ, et entre Ḥ et 'aǵam (dans l'air de Ǵ on emploie le quart 'aǵam au lieu du degré A) ; finalement, il y a entre Ǵ et N, la même relation qu'entre 'aǵ et M ; et entre N et Ḥ, la même qu'entre M et Muḥ.

Le 8e est le « Ḥiǵāzkāh ». Rast, puis N app., ensuite ḥoṣ, N app., puis Ǵ app., puis būs, t. zerklāh, R, Y, R. Telle est la forme que lui donnent les artistes de Constantinople. Il y a, dans cette mélodie, altération du D et du S, qui sont remplacés par t. zerkl et būs. Ce qu'il y a de clair dans ce chant, c'est que cette succession d'intervalles est précisément celle de l'air Ḥiǵāz (2), à la différence que le quart ḥiǵ devient n. ḥiǵ. Quand on le note ainsi, et qu'on lui donne pour tonique D, on a un bon résultat ; car, alors, le chant est d'une intelligence plus aisée, et il ne s'y modifie qu'un seul degré, celui de Ǵ

Le 9e est le « Šāwerk égyptien ». Ḥ app., N en dissimulant (3), puis 'arbā ou n. ḥiǵ avec būs, en appuyant sur tous les deux, puis D, R. Il eût mieux valu le classer parmi les dérivés du Ǵ : cela lui aurait laissé tous ses degrés entiers.

---

(1) *Sic* notre Ms. A ; B porte سازكاه , probablement fautif ; les autres سادكاه . En persan sāz ساز signifie instrument de musique.

(2) A tonique Dūkāh.

(3) A la sourdine, légèrement.

Chap. V

Airs ayant pour tonique Dūkāh.

Il y en a 41. Le 1er est D, appelé «'Uššāq ul-atrāk [les Amants chez les Turcs] ». Le voici : D, R ; D, R, trois fois ; puis N, Ǵ, S, D, D, D, R, D. On monte ensuite, degré par degré, jusqu'à Ḥ que l'on soutient ; puis 'aǵam, N, Ǵ app., puis S, D. La plupart des musiciens syriens font succéder cet air à celui de « Bayātī », au moyen de sa tonique D, et aussi, parce qu'on y fait entendre le quart 'aǵam au lieu du degré A. On en verra cependant la différence, quand il sera question du « Bayātī » et de ses espèces.

Le 2e est le « Ṣaba appelé Marākib ». Il consiste à appuyer sur Ǵ, puis à donner Ḥ en appoggiature, puis Ǵ, S, D.

Le 3e est le « Ṣaba Humāyūn ». R app., kurdī, D, R dissimulé ; puis Ǵ app., S, D. Dans cet air, on emploie le quart kurdī, non comme un intervalle faisant partie intégrante du chant, mais en appoggiature. Les degrés, en effet, qui le précèdent, et ceux qui le suivent, ne subissent aucune modification.

Le 4e est le « Ṣaba Čāwīš ». C'est Ǵ app., puis ḥiǵ, Ǵ appuyés, M app., puis šahnāz (1) en appoggiat., puis M, 'aǵam app., Ḥ, ḥiǵ, Ǵ, S D. Il ressort de là que les degrés A et N sont modifiés dans cet air, et qu'on leur substitue les quarts 'aǵ et ḥiǵ. De plus, à raison de l'altération du N, on ne peut employer sa quinte, qui est le degré Muḥ, mais bien le quart šahnāz en appog. : c'est, en effet, la quinte du ḥiǵ, qui avait remplacé le N. De nos jours, les chanteurs d'Egypte multiplient les mouvements empruntés à ce chant, quand ils exécutent celui de Ṣaba. Mais ils montent rarement jusqu'au M.

Le 5e est le «Nādī ». C'est d'abord N app., puis Ǵ, būs en dissimulant, puis D. Il y a altération du S, qui est remplacé par būs.

Le 6e est le «Bayātī 'Aǵamī». On fait entendre N en appuyant un peu,

---

(1) Al. šahnāz.

puis ʿaǵam en appuyant beaucoup ; puis Ḥ, N, Ǵ, ces deux derniers app., puis ʿaǵ, Ḥ, N, Ǵ, S, D. — Dans ce chant, il y a altération du A dont le ʿaǵam prend la place. Le voix ne s'y élève pas à des degrés supérieurs à ʿaǵ.

Le 7ᵉ est « Bayātī Nawa». C'est N app., puis n. ḥoṣ en trille ; puis N, Ǵ app., puis N, ḥoṣ, N, Ǵ, S app., puis ʿag, Ḥ, N, Ǵ, S, D. Il y a, dans ce chant, substitution du ʿaǵ à A. Quant à Ḥ, on le laisse tel quel, sauf qu'au commencement, on fait entendre n. ḥoṣ en appoggiature.

Le 8ᵉ est « Bayātī 'l-Ḥusainī ». C'est Ḥ app., puis n. ʿaǵ en trille, puis Ḥ, N, app., Ǵ, S app., N, Ḥ, puis on descend par degrés jusqu'à D. Dans ce chant aussi on n'emploie pas le degré A, ni ceux qui sont au-dessus ; mais on substitue à A le quart ʿaǵ. C'est le Bayātī connu de nos jours chez les habitants de Syrie ; en Egypte on l'appelle Nīrīz (1), quoiqu'en réalité ce dernier soit un air différent. Nous en parlerons plus bas (2).

Le 9ᵉ est « Šūrī Bayātī ». C'est N app., puis M, puis neh, puis t. ḥoṣ, puis N app., Ǵ, būs app., puis N, ḥoṣ, N, puis descente degré par degré jusqu'à R app., puis ʿaǵ, puis par degrés jusqu'à D. Cet air est composé de deux mélodies : la première, est le Ḥiǵ, prenant au degré N, au commencement. C'est, d'ailleurs, à cause de cela qu'on a dû recourir au ḥoṣ et au neheft, au lieu de Ḥ et A ; la 2ᵉ est le Bayātī 'l-ḥusainī à la fin, avec disparition, alors, du ḥoṣ et emploi à sa place du Ḥ, puis disparition du neh remplacé par ʿaǵ. Donc, à parler absolument, il n'y a d'altéré dans cet air que le degré A, remplacé d'abord par neh, puis par ʿaǵ.

Le 10ᵉ est « Ḏūrī Bayātī ». On joue d'abord N en soutenant, puis Muḥ, M, ʿaǵ, Ḥ, N, Ǵ, būs app., ʿaǵ, et l'on descend degré par degré à D. Le quart ʿaǵ y remplace le degré A ; quant à S, il n'y est pas toujours altéré ; au commencement on lui substitue bien būs, mais à la fin on joue S, en laissant de côté būs.

Le 11ᵉ est le « Yazīdkand ». Supposez que N devienne D, c.-à-d. alté-

---

(1) Al. Nīriz (cf. la Lettre *Rauḍ ul-Musarrāt*, p. 39); serait, peut-être, une corruption de نوروز « jour de l'an », en persan.

(2) C'est le 31ᵉ air de cette série Dūkāh, de beaucoup la plus étendue.

rez les degrés Ḥ et A et remplacez-les par les quarts ḥoṣ et 'aǵ, puis jouez sur ce ton l'air de Ṣ (1), en ajoutant Ǵ, S. 'aǵ, avec une descente graduelle jusqu'au vrai D. — Ainsi en parlent les praticiens. Pour moi, il me semble qu'il vaut mieux dire qu'on exécute l'air de Ṣaba en commençant par D, mais, qu'arrivé à Ǵ, on descend par degrés jusqu'à 'O. Ce que je propose, en effet, suit le même ordre que l'air reçu, mais la notation des praticiens est difficile à saisir pour un commençant ; il lui faut du travail, en effet, pour transposer l'air de Ṣaba au ton de N, et bien de la peine pour donner exactement les quarts de ton. Or ceci n'est pas nécessaire, du moment qu'on peut transposer ce chant et l'exécuter avec des degrés pleins. Je le prouve. En effet, le rapport de 'O à 'I est le même que de D à S ; celui de 'I à R, le même que de S à Ǵ ; celui de R à D, comme celui de Ǵ à N ; celui de de D à S, comme celui de N à ḥoṣ ; celui de S à Ǵ, comme celui de A à 'aǵ (2). Notons, en passant, que l'air de Ẓirfakand employé de nos jours en Syrie n'est autre que le Yazīdkand ; le vrai Ẓirfakand (3) est différent, comme il sera dit à son heure.

Le 12e est le «Ḥusainī». C'est Ḥ, Ǵ, N, Ḥ app., M, A en sourdine, puis N app., avec le quart ḥiǵ, puis N, Ḥ, M, A ; enfin l'on descend graduellement jusqu'à D. — *N. B.* Le quart ḥiǵ ne s'emploie pas toujours dans cet air. Son usage a lieu parfois, quand le chantre, descendant des degrés supérieurs vers ce quart, a l'intention de remonter ensuite vers ces degrés ; mais, quand quelqu'un veut descendre plus bas que ce quart, que ce soit pour s'arrêter sur la tonique, ou pour remonter à des notes supérieures, avant l'arrêt dans le ton, il lui faut descendre de N à Ǵ, puis plus bas, sans passer par ḥiǵ ; il fera de même en remontant de bas en haut : il passera per Ǵ sans toucher à ḥiǵ, comme ci-dessus.

Avis. — Quand nous disons, dans la notation d'un chant quelconque, « on descend à tel degré ou tel quart », et « on descend par degrés jusqu'à tel degré », nous entendons par là qu'il faut passer par les degrés parfaits, sans toucher aux quarts.

Le 13e est le «Chant de Ḥastīq (4)». A, ḥoṣ, puis N en sourdine, Ǵ, S, D.

---

(1) Il s'agit du Ṣaba Humāyūn.

(2) *Sic* omnes.

(3) Al. Ẓirafkand ou Zīrāfgand, etc.

(4) *Sic.* A ; B parte خسينك Ḫasīnek (?).

Le 14e est le « Būsalīk connu du vulgaire sous le nom de 'Uššāq » (1). C'est d'abord Ḥ, N, puis Ǵ, būs, D. Dans ce chant, le S est altéré et remplacé par bus.

Le 15e est « Ḥoṣār Būsalīk ». C'est Ḥ, ḥoṣ, répétés, puis Muḥ, šahn, puis A, ḥoṣ, Ǵ, būs, D. Il y a bien de la confusion dans cet air, à cause de l'altération des trois degrés S, N, M, remplacés par bus, ḥoṣ, šahn. J'ai vu quelques musiciens le jouer avec 'I pour tonique, afin d'échapper à cette confusion. Pour cela, on élève R d'un quart, ce qui le transforme en n. zerklāh, puis on baisse D d'un quart, ce qui donne t. zerklāh. En suivant cette disposition, le chant se rapproche de celui de 'I.

Le 16e est le « Chant de Ḥoṣār ». Il est analogue au précédent, sauf que le degré S reste toujours tel quel, sans qu'on ait à employer le quart būs.

Le 17e est le « Chant de Šahnāẓ ». C'est Muḥ et šahn répétés, puis A, Muḥ, šahn, puis Muḥ Ḥ, N, puis A, Ḥ. Après cela, on exécute l'air de ḥiǵ en entier, jusqu'à D. Il y a altération, dans ce chant, de Ǵ et M, remplacés par les deux quarts ḥiǵ et šahn.

Le 18e est « Šahnāẓ Būsalīk ». C'est l'air de šahn en entier, puis N, Ǵ, puis būs et D. On voit, par là, que le Šahnāẓ primitif est celui qui est accompagné du Ḥiǵāz ; celui-ci n'est donc pas un appendice du Būsalīk. Aussi, dans cet air [Būsalīk], il y a altération de S ; dans l'autre [Šahnāẓ] altération de Ǵ, et dans les deux, transformation du M. (2)

Le 19e est « Kurdī Ḥusainī ». C'est l'air de Ḥuṣ., dans lequel on substitue le quart kurdī à S, et où l'on descend à D et R.

---

(1) Comme le fait remarquer Ph. Land, dans ses *Recherches sur la Gamme arabe*, p. 36-37, bien souvent on donne le nom de 'Uššāq à des airs qui n'en sont pas, à proprement parler, parce que le 'uššāq était *comme le type normal de toutes ces maqāmāt, dont les autres diffèrent tantôt comme les tropes ou tons des Grecs et de notre moyen-âge, par le déplacement des deux demi-tons ensemble, tantôt comme les genres grecs, par des échanges d'intervalles, tout en conservant le cadre des deux tétrachordes liés suivis d'un ton*, à l'exception, dit Land, du bourzourk et du zirafkend.

(2) L'air Būsalīk est le 14e de la série à tonique Dūkāh. Quant à au Šahnāẓ, 17e de la même série, il subit l'altération du Ǵ par suite de l'intercalation de l'air Ḥiǵāz (cf. *infra*, p. 45), qui a cet accident à la clé.

Le 20e est le « Zirfakand ». M, A répétés, puis M, en descendant jusqu'à N, que l'on tient ; puis M, N, Ḥ, ces deux derniers en sourdine, puis A app., M, A, Ḥ, N app., puis 'aǵ en sourdine ; descendez ensuite par degrés jusqu'à S, jouez D, R, M avec Muḥ en appoggiature, puis descendez par degrés jusqu'à D. Il n'y a donc, dans cet air, aucune transformation de degré entier ; cependant, dans certains mouvements, on fait entendre le 'aǵ en appogiature, si on a commencé à descendre par ce quart, et non par un intervalle supérieur.

N. B. De nos jours, les maîtres de l'art en Egypte ne distinguent pas cet air, ainsi que le suivant et beaucoup d'autres encore, de l'air Ḥusainī (1). Cela est dû à ce qu'ils n'approfondissent pas les secrets de l'art, et que tous leurs soins se bornent à choisir les mots les plus harmonieux, et à rendre leurs mélodies tellement efféminées, qu'elles portent l'auditeur à la volupté et à l'oubli des règles de la bienséance. Rien d'étonnant qu'ils n'aient eu cure d'arriver à s'accorder sur les principes de l'art et sur leurs conséquences.

Le 21e est « Naǵdī 'l-Ḥusainī ». M app., puis une descente par degrés jusqu'à Ǵ, puis N, Ḥ, ensuite 'aǵ en appoggiat., puis on descend graduellement jusqu'à S, puis Ǵ, M, enfin une descente par degrés jusqu'à D. L'emploi du quart 'aǵ n'a lieu, dans cet air aussi, qu'en appoggiature, et cela, au moment où ce quart est la note la plus élevée d'où on part pour faire une descente.

Le 22e est « Ṣaba Ḥusainī ». Il consiste à considérer Ḥ comme D et à exécuter, avec cette tonique, l'air de Ṣaba. Après cela, on descend à N, Ǵ, et on achève par l'air de Ṣaba, avec le vrai D pour tonique.

Le 23e est le «Chant de Šurūkī (2)». Ḥ appuy., puis M et A en sourdine, Ḥ app., N, ḥiǵ. puis D ; enfin, on termine par l'air de Ṣaba. En commençant cette mélodie et en descendant des plus hautes notes, on emploie le quart ḥiǵ au lieu de Ǵ ; mais, dans la finale, cette substitution n'a pas lieu: on fait entendre Ǵ.

Le 24e est « le Chant de 'Urūb ». C'est l'air de Ḥiǵāz tout entier, au-

(1) 12e de la série.

(2) Notre Ms B : Našrūqī.

quel on ajoute une descente jusqu'à 'O, en remontant ensuite à D. Là encore, il y a corruption du Ǵ, remplacé par ḥiǵ.

Le 25ᵉ est le « Chant de Ḥiǵāz ». Dans celui-ci, on commence par appuyer sur N, puis on joue ḥiǵ, puis S, D. Dans cet air, comme dans le précédent, on substitue ḥiǵ à Ǵ. A notre époque, on joue cet air comme celui de 'Arbā' ; la plupart du temps, on y monte jusqu'à A et même audelà.

Le 26ᵉ est le « Chant de 'Arbā' ». On appuie d'abord sur N et sur 'arbā', en les redoublant, puis Ḥ app., puis N, puis 'arbā' app., puis S, D. Ici aussi Ǵ est changé en 'arbā'.

Le 27ᵉ est le « Chant de Iṣfahān ḥiǵāzī ». N vigoureusement, puis ḥiǵ, en les redoublant, puis Ḥ, N, ḥiǵ, S, enfin D. Le ḥiǵ tient ici aussi la place du Ǵ.

Le 28ᵉ est le « Chant de Šāwerk ». N app., puis Ḥ, puis N, 'arb, būs, D. Voilà ce qu'on en dit. Il serait cependant plus juste de le classer parmi les airs ayant pour tonique N. Dans ces conditions, il n'y aurait pas à recourir aux quarts de ton, puisque la mélodie est fournie toute entière par des tons entiers. D'ailleurs, pour s'en assurer, il n'y a qu'à calculer les rapports entre les divers intervalles : rien de plus clair pour quiconque est au courant des règles de l'art.

Le 29ᵉ est le « Chant de Mā Rannā 'r-rūmī [grec] » (1). C'est d'abord l'air de Šahnāz mentionné plus haut ; mais, à la dernière descente, on y ajoute l'air de Ṣaba, au lieu de Ḥiǵāz, qui est le finale du Šahnāz. De la sorte, il n'y a d'altéré, dans cet air, que le degré M, remplacé par le quart šahn (2).

Le 31ᵉ est le « Chant de Randīn ». M, neh, t. ḥoṣ, N, Ǵ ; on ajoute ensuite la finale du Bayātī, jusqu'à D. On a coutume de le noter ainsi. Mais cette notation exige l'altération de A et de Ḥ, remplacés par neh et t. ḥoṣ. Il est préférable de le ranger au nombre des airs 'O, ce qui le rend plus facile à saisir ; car, alors, il n'y a d'altéré que Ǵ, remplacé par t. ḥiǵ. Preuve : examinez les rapports. Pas besoin, d'ailleurs, d'y insister.

(1) Mušāqa écrit ما رنّا ; d'autres ont ماء.
(2) Voir la mélodie 17 de cotto série.

Le 32e est le « Chant de Bazīz (1) ». ʿAǵ vivement, M, Muḥ, ʿaǵ, Ḥ, ʿaǵ, N, Ǵ, kurdī, D. Si, après cette note, vous descendez à ʿO pour vous y arrêter, votre air s'appellera « ʿAǵam ʿO ». Il y a, dans ce chant, altération de A en ʿaǵ et de S en kurdī.

Le 33e est le « Chant de Bābā Ṭāher ». Muḥ, puis Buzrak en appog., puis Muḥ, M, A, puis M, A, Ḥ, N, puis Ḥ, N, Ǵ S, puis Ǵ, D, S, R. On termine par le ʿArazbāy. Il n'y a pas, dans ce chant, altération de degrés ; mais, en finissant, on touche le quart ʿaǵ, afin de ne pas aller plus haut.

Le 34e est le « chant de Muḥaiyar ». C'est Muḥ d'abord, puis l'air de Ṣaba, avec cette tonique ; on descend ensuite à D, qui sert de tonique à une nouvelle exécution du Ṣaba.

Le 35e est le « Correspondant de Muḥ ». Muḥ, puis descente par degrés jusqu'à N, puis le chant de Bayātī, puis N, jusqu'à D. Dans cet air, on fait entendre en appoggiature, et rien qu'à la fin, le quart ḥoṣ, puisque la mélodie se termine par le Bayātī.

Le 36e est le « Chant de ʿAkbarī ». R, S, puis n. kurdī, puis l'air de Ḥiǵāz, pour terminer, jusqu'à D. Dans le cours de son exécution, ce chant demande l'emploi de n. kurdī au lieu de D ; mais, dans la finale, le n. kurdī disparaît et on tombe sur D. Quant à Ǵ, il est altéré, et remplacé par ḥiǵ.

Le 37e est le « Chant de Ḡuḏḏal », avec ḍammah sur le ḡain, fatḥah sur le ḏāl déjà surmonté du redoublement ; ces deux lettres sont pointées et suivies d'un lām. Ce chant commence par celui de Ḥiǵ, auquel on ajoute R, puis kawašt ou le grave de neheft, puis le grave de t. ḥoṣ, puis Y ; on remonte ensuite jusqu'à D. En résumé, ce chant n'est autre chose que l'air de Ḥiǵ joué en D ; à la fin, on descend, avec les mouvements du Ḥiǵ, de R à N ou Y, puis on revient tomber sur D. Il en serait de même si on jouait l'air de Ḥiǵ en Ḥ, et, qu'à la fin, on descendît, à partir de D, pour revenir s'arrêter à Ḥ.

Le 38e est le « Chant de Zerklāh ». C'est une des mélodies qui ont un quart de ton pour tonique. Or, on a jugé plus commode de les ranger par-

---

(1) *Sic* nos Mss ; probablement pour Nīrīz نيريز , cf. *supra* p. 41, n. 1.

mi les airs qui ont pour base le degré voisin de ce quart de ton ; car elles sont peu nombreuses. Cela épargne la peine de leur réserver un chapitre spécial. Voici la notation de l'air en question : D, zerklāh redoublés, puis būs, ḥiǵ, N, puis ḥiǵ, būs, puis Ǵ en appuyant, puis būs, D, et on termine sur zerkl.

Le 39e est « Eskī Zerklāh (1). » C'est D, zerkl, 'I, zerkl, D ; on termine en jouant l'air de Ḥiǵ. En commençant, on emploie dans ce chant le quart zerkl au lieu de R ; à la fin, on emploie ḥiǵ à la place de Ǵ.

Le 40e est « 'Aǵam Būsalīk ». C'est l'air de 'Aǵam (2) avec son exécution ordinaire, puis, Ḥ, ensuite l'air de Būsal., en tombant, pour finir, sur D.

Le 41e est « Qarārkāh ». On joue d'abord l'air de Ṣaba jusqu'à D, puis zerkl, 'I, puis D. Dans cet air, il y a altération du Rast avec substitution de zerkl.

Chap. VI

Des airs qui ont pour tonique Sīkāh.

Il y en a 12. Le 1er est le « Chant de Sīkāh ». C'est S, puis R, puis S, puis N app., puis M, A, Ḥ, N, Ǵ, S. Aucun quart n'entre dans ce chant ; les praticiens d'Egypte y altèrent cependant Ḥ, qu'ils transforment en ḥoṣār.

Le 2e est le « Chant de Musta'ār ». Ḥ app., puis N, ḥiǵ, puis A app., puis n. 'aǵ, Ḥ, N, ḥiǵ, S ; on n'y descend pas jusqu'au R. On y remplace Ǵ par ḥiǵ. Quant à n. 'aǵ, on ne l'emploie qu'à la descente sur la tonique, après avoir arrêté le coup de plume sur A, car alors, on peut considérer [l'emploi de A] comme le commencement d'un [nouveau] mouvement. Il n'est pas permis, en effet, de lier le coup qui donne A à celui de 'aǵ, puis à celui de Ḥ ; cette liaison de trois notes, différemment espacées, dans l'intervalle qui sépare deux degrés, est absolument interdite, parce qu'elle est en contradiction avec la nature de la voix humaine : nous l'avons vu au Ch. 1er de la 1re partie.

---

(1) Expression turque signifiant Vieux Zerklāh.

(2) Placé par Mušāqa parmi les airs ayant pour tonique Auǵ (*infra*, p. 51).

Le 3ᵉ est le « Chant de Hizām » N app., puis hos, N, hiǵ, M, neh, puis hoṣ, N, Ǵ, S. On y emploie le quart hos et neh, au lieu de H et A. Quant au quart ḥiǵ, on y a recours au début, mais on s'en passe à la fin, en se servant du Ǵ.

Le 4ᵉ est le « Chant de Quḏāh » avec le ḏāl pointé et non redoublé. N app., puis ḥiǵ, puis H, N, Ǵ S, D, R, puis S. On emploie, au début de cet air, le quart de ton ḥiǵāz, mais on le laisse de côté, à la fin

Le 5ᵉ est le « Chant de Māyā (1) ». C'est un composé du Bayātī Nawa joué jusqu'à D, puis jusqu'à S.

Le 6ᵉ est le « Chant de Salmak » N app., puis N, Ǵ, puis n hos, N, Ǵ, S. Il y a altération, dans cet air, du H, remplacé par n. hos.

Le 7ᵉ est « Hoṣār Sīkāh » A app., n. 'aǵ, A, M, n sonbolah, Buzr, octave aiguë de 'arbā', Buzr, n sonbolah (2), M, A, puis on descend par degrés jusqu'à S. Cet air est très embrouillé, à cause de la multitude des q de t qui s'y présentent. Certains de ces quarts disparaissent après leur emploi ; c'est le n sonbol employé au lieu de Ḥ, mais on le laisse, à la fin, pour reprendre H. Si, au début, il n'y avait pas emploi de n 'aǵ, il aurait mieux valu, dans la notation de ce chant, dire qu'il commence par le chant de Ḥiǵ joué en A, et qu'il finit par le chant de S joué au ton de S. La considération des intervalles le prouve clairement.

Le 8ᵉ est le « Chant de Bentīkār » C'est H, puis M, A, H, N app., puis M. On descend ensuite, par degrés, jusqu'à S. Aucune altération de degrés dans cet air, il ne diffère d'ailleurs du Sīkāh que dans la manière dont il est exécuté : dans celui-ci, en effet, on commence par S et R, dans celui-là par A et M

Le 9ᵉ est « Naǵdī Sīkāh ». S, puis Ǵ, N, H, A, Ḥ, N, puis H, A, M, on tombe ensuite graduellement sur S. Cet air aussi ne diffère du S que par l'exécution.

Le 10ᵉ est « 'Aǵam Sīkāh ». On joue l'air 'Aǵam en s'arrêtant sur S.

Le 11ᵉ est le « Chant de Buzrak » appelé aussi « Voix de Dieu ». On

(1) On trouve aussi la graphie Māyah.

(2) Appelé aussi Zawāl Le sonbolah est à l'octave aiguë du kurdī.

joue d'abord B, puis M, sonbolah, puis B. On tombe ensuite par degrés sur S.

Le 12e est le « 'Iraq Bīġkāh (1) ». C'est d'abord N vivement, puis t. ḥoṣār, 'aġ, t. ḥoṣ, N, puis M, t. ḥoṣ, M, 'aġ, t. ḥoṣ, N, Ǵ, S. C'est ainsi qu'on le note ordinairement. Dans ces conditions, il y a deux degrés d'altérés : Ḥ et A, remplacés par t. ḥoṣ et 'aġ. N'eût-il pas été préférable de le classer au nombre des airs à base de 'I, de façon à n'avoir aucun degré altéré ? La preuve en est dans la comparaison des intervalles.

Chap. VII

Des airs qui ont pour tonique Ǵahārkāh.

On en compte 3.—1° le « Chant de Ǵ ». C'est Ǵ, N, Ǵ, M, 'aġ, Ḥ, N, Ǵ, S, D, R, puis M, 'aġ, Ḥ jusqu'à D, puis jusqu'à Ǵ. Il y a donc, au passage, emploi du quart de t. 'aġ, au lieu de 'A.

2° le « Chant de Šarankalah ». C'est Ǵ, N, G, S app., puis Ǵ, M, 'aġ, Ḥ, N, Ǵ. Il n'y a de différence entre cet air et le précédent, que dans l'exécution.

3° le « Chant de Māhūrān ». D'abord Māhn, puis une descente jusqu'à M, puis 'aġ, Ḥ, N, Ǵ. On n'y fait pas usage de A, mais on le remplace par 'aġ.

Chap. VIII

Des airs qui se jouent en Nawa.

Il y en a 5.—1° le « Chant de Nawa ». N, Ḥ, puis 'aġ, Ḥ, puis une descente par degrés jusqu'à D, en s'y arrêtant ; d'autres s'arrêtent sur N. Il y a modification de A, auquel on substitue 'aġ.

2° le « Chant de Nahāwend ». C'est N, Muḥ, 'aġ, Ḥ, N, Ǵ, N (ces deux derniers redoublés), Ǵ, kurdī, R, puis N. Deux degrés disparaissent complètement dans ce chant : M et D ; deux autres s'y altèrent : A et S ;

(1) *Sic* notre Ms A ; B et les autres, plus correctement : Bengkāh.

on les remplace par les q. de t. 'aǵ et kurdī. Les maîtres de l'art nous l'ont ainsi appris.

3º le « Petit chant de Nahāwend ». N, M, 'aǵ, Ḥ, N, ḥiǵ. C'est là sa notation habituelle. Certains musiciens le jouent en 'I ou en A, sans avoir alors à y employer de q. de t.

4º le « Chant Rahāwī ». C'est N, Ḥ, N, ḥiǵ, en redoublant les deux derniers, Ḥ, N, ḥiǵ, N. D'aucuns le jouent en S, *avec* (1) 'arbā' et n. kurdī. Les rapports musicaux restent les mêmes.

5º le « Chant de Nīšābūr ». N, puis Ḥ, A app., puis M, 'aǵ, Ḥ, N, ḥiǵ, būs, puis N. Les degrés S et Ǵ sont altérés dans cet air, et remplacés par būs et ḥiǵ. Quant à 'aǵ, on le fait entendre légèrement au lieu de A, rien qu'en descendant de M. — Il eût mieux valu classer cet air parmi les chants en R ; on se serait alors passé des q. de t., sauf en descendant de Ǵ à R : le quart alors employé eût été kurdī au lieu du degré S. Preuve : examen des intervalles.

Chap. IX

De l'air à base de Ḥusainī.

C'est le « Ḥusainī égyptien ». C'est M, A que l'on répète trois fois ; puis nīm Ṣaba (2) joué en Ḥ. On monte ensuite à M, d'où l'on descend par degrés jusqu'à Ǵ. On s'élève après cela jusqu'à Ḥ, pour descendre par degrés à R et pour s'arrêter ensuite à D. On remonte à M, puis on exécute l'air de Ṣaba en Ḥ, et l'on finit sur cette note. D'autres redescendent s'arrêter à D.

(1) Correction exigée par le sens et demandée par les autres Mss. Notre Ms A porte في, *en* 'arbā', ce qui ne donne aucun sens plausible. L'auteur a tout simplement voulu dire que, si l'on prend Sīkāh pour tonique, on aura les quarts de ton 'arbā' et nīm kurdī.

(2) Corriger : *l'air* de Ṣaba pour nīm Ṣ.

Chap. X

Des airs à base de Auǵ.

Les Persans en jouent 5.— 1° le « Chant de Auǵ ». C'est A, Ḥ app., puis ḥiǵ avec N, puis Ḥ, A, N, M, Muḥ, puis Buzrak et Muḥ en appoggiat., puis M, A ; on descend ensuite jusqu'à 'I. Aucune altération de degré. Quant au ḥiǵ, on ne le fait entendre que lorsque la voix part de N pour remonter ; quand, au contraire, on se met à redescendre, avec l'intention d'expirer sur la tonique, on ne passe pas sur ḥiǵ, mais sur Ǵ.

2° le « Chant de Bahlūn » (1). A, puis Ḥ, N, ḥiǵ, avec arrêt sur būs, puis retour à A.

3° le « Auǵ Dārā ». On joue le Auǵ en entier, puis n. šahnāz, puis A, n.'aǵ, N, Ǵ, S, puis n. kurdī, R, 'I, puis retour à A.

4° le « Auǵ Ḥoṣār ». On joue le Auǵ en haut, puis on descend à N ; on fait entendre vivement l'air de Šadd 'arbān (2), puis Ǵ, kurdī, 'I.

5° le « Chant Auǵ du Khorassān ». On joue l'air de Auǵ, puis celui de Ḥiǵāz, en s'arrêtant finalement sur D.

6° le « Chant de 'Aǵam ». C'est d'abord exactement l'air de Bazīz (3), à la fin duquel on revient s'arrêter sur 'aǵ. Je l'ai mentionné ici, uniquement parce que le quart 'aǵam fait partie du degré A.

Chap. XI

Des airs propres à Māhūr.

Il y en a 3. — 1° le « Chant de Māhūr ». C'est M, A, Ḥ, N, puis Ḥ, N, Ǵ, būs, D, R, puis S, M, en descendant jusqu'à R.

---

(1) Peut-être *Bahlawān* ; en turco-persan *Pehlevān*, lutteur, danseur de corde.
(2) Cf. les airs en Yekkāh.
(3) Pour Nīrīz ? (cf. *supra*, p. 46).

2° le « Kardānī (1) Gazālī ». On joue l'air de Mahūr sans būs, puis on fait entendre M, et on donne pour finale l'air de Bayātī.

3° le « Chant Ramal Tūtī », connu sous le nom d' « Octave supérieure de N». Il consiste à débuter par cette note en exécutant l'air de Ramal, dont nous avons parlé au n° 7 des airs à base de 'I ; puis on retombe sur M pour s'y arrêter.

Voilà ce que j'ai pu recueillir des chants actuellement en honneur chez nos artistes de Syrie. Il est très possible que les airs chantés de nos jours par les musiciens de Constantinople soient plus nombreux. Tout le monde sait, en effet, que les mélodies peuvent se multiplier à l'infini.

CONCLUSION

De quelques principes importants dans l'art musical.

J'ai parcouru bien des ouvrages sur la musique, et j'ai constaté qu'aucun de leurs auteurs n'avait entrepris d'indiquer à l'étudiant une méthode pour arriver, d'une façon positive, à une connaissance exacte des degrés. Tout ce que font ces auteurs, c'est de redire que le son, depuis la tonique jusqu'à l'octave, se divise en 24 quarts, que ces quarts sont contenus dans 7 degrés, dont les uns en renferment quatre, les autres trois, comme nous l'avons déjà dit. D'ailleurs, de cette connaissance il ne résulte aucune utilité pratique pour l'intelligence de l'élève ; mais c'est une notion spéculative dont peut tirer avantage celui qui a déjà des connaissances dans cet art, et dont l'oreille a déjà acquis la faculté de distinguer les notes, selon qu'elles s'élèvent ou s'abaissent, ou selon leurs rapports mutuels. Or, celui qui en est là, n'a pas, il est vrai, grand besoin de ces notions.

---

(1) Ou « Kardānyā ». C'est le nom d'un des 18 modes les plus usités chez les Arabes (cf. *supra*, p. 35, note).

théoriques ; toutefois, ces subtilités en font un homme orné de la science des principes de l'art.

En 1236 de l'hégire (1), j'étais venu à Damas, m'éloignant de mon domicile de Deir-el-Qamar, à la suite de certains troubles. J'en profitai pour étudier quelques branches des sciences auprès de mon maître, le Cheikh Moḥammed el-ʿAṭṭār, renommé pour ses connaissances dans les sciences rationnelles, pour ne parler pas des sciences historiques. J'assistai à de fréquentes discussions qui eurent lieu entre lui et ʿAbd-Allah Effdī Mühürdār sur les questions que je vais indiquer. Or, le Cheikh Moḥammed restait obstinément attaché à son opinion, jusqu'à ce qu'enfin, il reconnut la vérité, dans une lettre qu'il composa sur l'art musical. En effet, c'était ʿAbd-Allah qui avait raison dans les objections qu'il lui faisait, mais il ne pouvait lui apporter d'autre argument pour le convaincre, que celui-ci : « Si nous faisons ce que vous dites, le résultat de notre expérience ne s'accorderait pas avec les données de la question ».

Voici ce que pensait le Cheikh el-Aṭṭār. Il prenait une corde ou quelque chose d'analogue, qu'il attachait sur un instrument, le ṭanbūr, par exemple. Il la frappait dans toute sa longuenr, et appelait la note ainsi obtenue de la corde à l'état libre, Y. Il fixait ensuite un sillet en regard du milieu de cette corde, frappait la corde après l'avoir pressée à l'endroit du sillet, et appelait la note qu'il obtenait N, ou octave du Y. Il partageait ensuite l'intervalle compris entre ce sillet et le commencement de la corde libre, c.-à-d. l'endroit où elle est fixée, en 24 parties égales, et attachait un sillet entre chaque partie et la suivante. Il voulait alors qu'en pressant la corde à l'endroit du 1er sillet, et en la pinçant, elle produisît le son de l'octave grave de nīm ḥoṣār ; puis, au 2e sillet, la grave de ḥoṣ ; au 3e, la grave de tīk ḥoṣ ; au 4e, le degré ʿO ; au 5e, la grave de nīm ʿağam ; et ainsi de suite, en montant sillet par sillet : frapper la corde à la hauteur de chacun d'eux, c'était, d'après lui, tirer le son d'un des 24 quarts de ton ; quant au 24e sillet, il correspond au degré N ou l'octave de Y, note obtenue en frappant la corde libre. Il disait encore : partagez ce qui reste de corde entre le N et l'extrémité, en deux moitiés, vous aurez, au milieu,

(1) 1820 de J.-C.

l'octave de $\dot{N}$; puis, faites de même pour le reste, vous aurez l'octave de l'octave, et ainsi de suite à l'infini ; de plus, chacune de ces moitiés se subdivise en 24 parties égales, auxquelles on donne le nom des quarts et des degrés qui leur correspondent.

Voilà les assertions du Cheikh. Or il se méprenait, comme on peut le constater en soumettant cette méthode à l'expérience. De tout ce qu'il affirmait, on ne peut concéder que les points suivants : 1° au milieu de la corde, on a l'octave du son de la corde libre ; 2° toutes les fois qu'on partage le reste en deux, on obtient, au milieu, l'octave de l'octave, et cela indéfiniment. Or, pour faire toucher du doigt son erreur, il nous faut apporter une preuve péremptoire, avec laquelle le doute n'est plus possible.

1re Proposition.— La distance entre deux quarts de ton quelconques est en raison directe de la longueur de corde. Plus celle-ci est longue, plus l'intervalle entre deux quarts sera grand, et réciproquement. Ne voit-on pas, en effet, 1° que l'octave aiguë se trouve au milieu de la corde ; 2° que l'octave de celle-ci provient du milieu de sa moitié ? Par conséquent, pressez sur n'importe quel point de la corde, puis pincez-la, vous aurez une note qui sera l'octave grave de la note que vous obtiendriez, si vous pressiez la corde au milieu de la distance qui sépare le point que vous avez touché primitivement, et l'extrémité de la corde. Or cette distance renfermera toujours les 24 quarts de ton, qu'il soient longs ou brefs (1)

2e Proposition.—S'il a été établi, par ce qui précède, que la moitié de la corde primitive renferme les 24 q. de t., et que la moitié du reste (ou le quart du tout) renferme aussi 24 q. de t., octaves aiguës des précédents, il faut, de toute nécessité, que la mesure d'un quart quelconque de la 2e partie de la corde soit la moitié d'un quart de ton pris dans la 1re partie ; or cette diminution est due à la diminution de la longueur de corde.

Conclusion de tout ce qui précède.— La diminution de la longueur de corde entraîne celle de la mesure du q. de t. On sait, du reste, que la mesure du premier q. de t. s'obtient en prenant la corde à l'état libre. Pour les quarts suivants, la longueur de corde diminue, par rapport à chacun d'eux, d'une quantité égale à la longueur des quarts qui précèdent. Il faut donc que

(1) Quant à la longueur de corde.

la mesure de chaque quart diminue, relativement au quart qui le précède immédiatement, dans la proportion même où a diminué la longueur de corde qui a servi de mesure au quart précédent (1). Et ceci se reproduit jusqu'à ce qu'on arrive au 24e q. de t., terme de la 1re octave, situé au milieu de de la corde entière.

Il résulte de là que le 25e q. de t. a pour mesure la moitié de la mesure du premier ; de même, le 26e a pour mesure la moitié du second, et ainsi du reste, comme on peut le constater dans la fig. 1 de cette lettre. En voici l'explication. Soit un triangle rectangle ; l'un des côtés A B a une longueur quelconque ; l'autre A T est supposé avoir la longueur du premier quart de ton fourni par un ṭanbūr. De l'extrémité de la première perpendiculaire B, vous tracez l'hypoténuse qui aboutit en T, extrémité de l'autre perpendiculaire ; puis vous partagez en deux la 1re perpendiculaire A B ; soit G son milieu. Vous divisez ensuite la distance de G à A en 24 parties égales, et, aux points de division, vous menez des droites parallèles à la 2e perpendiculaire A T, jusqu'à leur rencontre avec l'hypoténuse T B. Ces droites vous fournissent la longueur des 24 q. de t., en supposant que le 2e côté A T représente la longueur du premier q. de t. Si après cela, vous voulez connaître la longueur respective des q. de t. de la 2e gamme, divisez en deux le reste de la 1re perpendiculaire, c. à. d. de G à B ; soit D le milieu. Vous n'avez alors qu'à partager G D en 24 parties égales, et à mener des parallèles comme ci-dessus, jusqu'à leur rencontre avec l'hypoténuse. Ces droites vous fournissent la longueur de ces q. de t ; et toutes les fois que vous partagez en deux le reste du grand côté, vous obtenez indéfiniment l'octave aiguë de l'échelle précédente.

Il ressort de cette figure que les longueurs des quarts de ton diminuent en progression géométrique, et nullement de la façon que voulait le Cheikh (2). Il prétendait que, de A à T, on avait les q. de t. de la 1re

---

(1) L'auteur aurait pu, pour être plus clair, parler ici de progression géométrique descendante.

(2) Ce sont les parallèles à A T, longueur de la corde libre, qui indiquent les longueurs, géométriquement décroissantes, de la corde, pour les 24 quarts de chaque gamme. Si on ne suit pas attentivement l'explication du Mušāqa, on risque, à une première inspection de cette figure 1, de lui attribuer précisément l'erreur qu'il reproche au

gamme, ou de Y à N, tous d'égale longueur ; et que de N à son octave, les q. de t. étaient de moitié moins longs que les premiers. Ceci, en effet, exigerait que la distance entre les degrés Ǵ et N fût le double de celle qui sépare N de H Or cela ne peut avoir lieu entre deux degrés symétriquement placés l'un au-dessus de l'autre, car pareille diminution demande bien l'intervalle d'une octave entière. Nous avons, en effet, montré qu'un quart de ton à l'octave aiguë équivaut, comme longueur, à la moitié de celle de son octave grave On saisit clairement maintenant l'erreur qui s'est glissée dans les assertions de notre Cheikh.

Aussi ai-je jugé bon de terminer ma lettre par une étude délicate de cette question, étude qui renfermera l'exposé des méthodes aptes à faire connaître avec exactitude, l'endroit précis de la corde d'où se tirent tous les tons sur un tanbūr Voici mes observations. Tout d'abord, j'ai suffisamment expliqué qu'au milieu de la corde, on a le son de l'octave supérieure du son de la corde entière · c'est là une vérité de raison, absolument indubitable ; de même, au milieu de la seconde moitié, on a l'octave aiguë de l'octave supérieure, pareillement, toutes les fois que vous divisez le reste, vous obtenez l'octave du reste de corde qui a été divisé. Cela étant, je dis que la première moitié, c'est la première gamme, comprenant 24 q. de t, depuis le Y jusqu'à N ; j'ajoute que la moitié de la 2e moitié primitive, c'est la 2e gamme, et qu'elle aussi renferme 24 q de t, depuis N jusqu'à son octave, appelée Ramal Tūtī Si donc nous partageons les deux moitiés en question en 24 parties, il arrivera nécessairement que chaque q de t, ou partie de la première échelle, sera le double des parties respectives de la seconde échelle : car le rapport des parties entre elles est égal au rapport de leurs doubles entre eux. D'après cela, la mesure du 1er quart de la 1re gamme égalera deux fois la mesure du 1er quart de la 2e gamme. de même, aussi, la longueur qui revient à chaque quart de l'octave supérieure vaudra la moitié de celle qui revient au quart correspondant de l'octave inférieure

Or, il a été établi avec preuve, que la longueur du q de t. dépend de

---

Cheikh, c.-à-d l'égalité dans la diminution de longueur de corde, pour les 24 quarts de ton.

FIG. 1

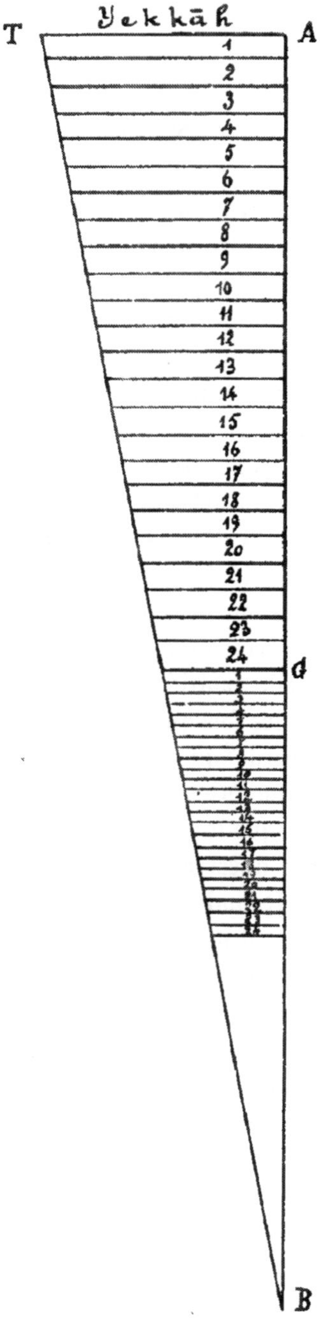

FIG. 2

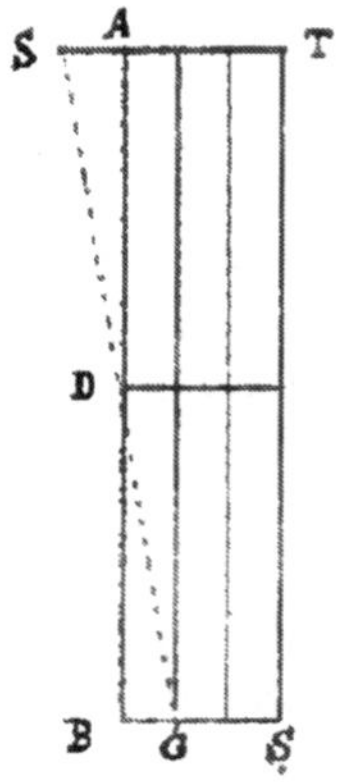

FIG. 3

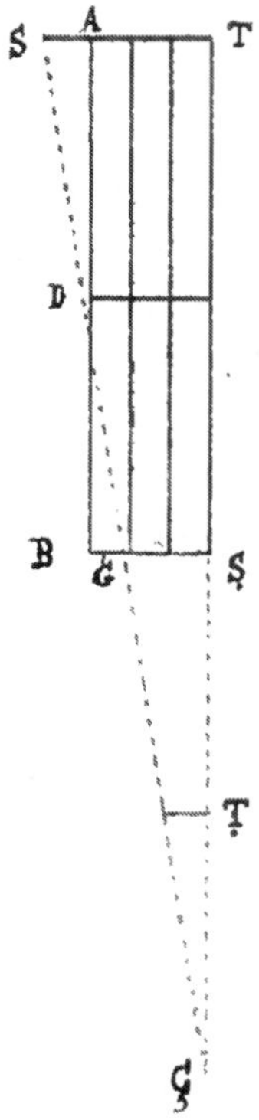

celle de la corde, d'où il suit nécessairement que le 1er q. de t. est le plus long de tous, et que celui qui vient après est plus court ; de la sorte, chaque quart décroît par rapport à celui qui le précède en progression géométrique, jusqu'à ce qu'on arrive à l'octave, qui vaut la moitié de la corde. La mesure du q. de t. qui tombe au milieu sera donc la moitié de la mesure du 1er q. de t. La même progression géométrique décroissante a évidemment lieu dans la 2e octave, puis dans la 3me, ce qui donne un triangle rectangle, tel qu'il a été représenté dans la figure 1 ci-dessus expliquée.

Il est aisé de voir maintenant que, si la longueur du 1er q. de t. de la 1re gamme est de 1 qīrāṭ (1), la longueur du 1er q. de t. de l'octave supérieure sera de 1/2 qīrāṭ.

Voici maintenant une méthode pour trouver arithmétiquement la longueur de chaque quart de ton. Multipliez le nombre 24 qui représente les q. de t. par lui-même, puis le produit encore par 24, et ainsi de suite, jusqu'à ce que le nombre 24 ait été 24 fois multiplié par lui-même, quel que soit le dernier résultat (dans la question présente, c'est un résultat qui donnera des fractions) ; divisez ensuite ce grand nombre par 24, le quotient sera la part du 1er quart de ton. Puis retranchez ce quotient du grand nombre, et divisez le reste par 24 (2). Prenez le quotient et soustrayez-le de ce qui reste du grand nombre, après en avoir enlevé la part du 1er q. de t., — car ce quotient était la part du 2e q. de t., — vous aurez un reste que vous diviserez par 24 ; le quotient sera la part du 3e q. de ton. Faites ensuite pour l'extraction des parts respectives des 24 q. de t. ce que vous avez fait pour le 1er et le 2e. Puis, additionnez toutes ces parts et retranchez-les du grand nombre primitif ; prenez le reste, et répartissez-le proportionnellement entre les diverses parts, de façon à ce que le nombre qui exprime la somme des parts (3) soit égal au grand nombre. Or, quel que soit le nombre qui revienne à chaque quart, son rapport au

(1) Qīrāṭ : la 24e partie d'une chose ; largeur d'un doigt.

(2) Pour la commodité du lecteur, je fais observer dès maintenant que le quotient de cette nouvelle division est le nombre qui revient au 2e q. de t. Mušāqa dit cela une ligne plus bas, ce qui cause une certaine obscurité.

(3) ainsi augmentées.

Fig. 9

		parties	parties
Depuis Yekkāh (corde libre), jusqu'à sa quinte Dūkāh			1148
Parties du degré 'Ošaïrān		368	
Grave nīm ḥoṣār	95		
grave »	93		
» tīk »	91		
'Ošaïrān	89		
Parties du degré 'Irāq		255	
Grave nīm 'aǵam	87		
grave »	85		
'Irāq	83		
Parties du degré Rast		237	
kawašt	81		
tīk »	79		
Rast	77		
Parties du degré Dūkāh		288	
nīm zerkhlāh	75		
»	73		
tīk »	71		
Dūkāh	69		

		parties	parties
Depuis Dūkāh quiute de Y, jusqu'à Nawa, oct. de la corde libre			580
Parties du degré Sıkāh		195	
nīm kurdī	67		
»	65		
Sīkāh	63		
Parties du degré Ǵahārkāh		177	
būsalīk	61		
tık »	59		
Ǵahārkāh	57		
Parties du degré Nawa		208	
nīm ḥiǵāz ('arbā')	55		
ḥiǵāz	53		
tīk »	51		
Nawa	49		
1re Octavo		somme	1728
2e Octave		»	1728
Longueur de corde utile sur le Luth ou le Ṭanbūr		»	3456

N. B. — Il est évident que Mušāqa n'a pas voulu tenir compte des décimales. Voir nos calculs et nos comparaisons entre les résultats obtenus par Mušāqa et ceux que donne la même méthode, appliquée aux degrés d'Al-Fārābī (*Machriq*, ibid., p. 1074-1076, [p. 67-69 du tiré à part]). Les différences sont minimes, et notre conclusion était que l'échelle de Mušāqa pouvait être appelée une *gamme tempérée*, par rapport à l'échelle diatonique d'Al-Fārābī.

grand nombre doit respectivement égaler le rapport de chaque quart de ton à la moitié de la longueur de corde de votre instrument.

Mais il sont rares les artistes en musique qui possèdent parfaitement les principes du calcul arithmétique ; aussi bien, la recherche de ces résultats par voie de calcul touche presque à l'impossible, spécialement dans cette question où les nombres, atteignant des milliers de mille, il est difficile à ceux qui sont peu versés dans les mathématiques de se rendre compte de leurs rapports. Au surplus, il faut avoir égard aux difficultés provenant du manque d'un instrument assez précis pour mesurer exactement les fractions de ces nombres. Pour toutes ces raisons, j'ai préféré donner ici, pour la recherche de ces longueurs, une méthode géométrique. Elle consiste à construire une figure géométrique d'où on tire les résultats voulus, au moyen de mesures, sans se fatiguer à chercher les rapports entre les nombres.

Je dis donc que la longueur de la face du ṭanbūr, depuis le commencement de la corde libre—au bout de l'instrument—jusqu'à l'extrémité de la corde libre, c.-à-d. jusqu'au chevalet, se divise en deux parties égales. La 1re partie, celle qui est vers la tête de l'instrument, renferme la 1re gamme, de Y à N ; quant à la 2e partie, si vous la divisez en deux, dans la direction du chevalet, vous aurez au milieu le son de l'octave de N. Or, cette nouvelle moitié, de N à son octave, renferme à son tour la 2e gamme, de N à son octave, qu'on appelle aussi Ramal Tūtī. Cette gamme est à l'octave supérieure de la précédente, comme nous l'avons longuement exposé plus haut.

Cela posé, je dis : puisque la gamme comprend 24 q. de t., et que la mesure du premier quart de la 2e gamme vaut la moitié de celle du 1er q. dans la 1re gamme, il suit de là, selon les lois de la géométrie, que si la 1/2 longueur de la face du ṭanbūr est 24 qīrāṭ, celle du 1er quart de la 1re gamme devra être 1 qī 1/3, et conséquemment celle du 1er quart de la 2e gamme 2/3 de qī, de façon à ce que la première soit le double de la seconde. Il ressort aussi de la fig. 2 que les quarts décroîtront en progression géométrique. [Explication de la figure] : A B T Ṣ = 1/2 longueur de la face du ṭanbūr ; de T à A il y a la longueur de 1 qīrāṭ, comme aussi de Ṣ à B. Si nous menons à partir de Ǵ, qui est au 2/3 d'un qīrāṭ, une droite passant par la lettre D située au milieu de la longueur de la figure, cette droite se terminera en S, à 1/3 de qīrāt de A. La distance de Ṣ à Ǵ sera donc la moitié de celle qui sépare T de S, et tout ce qui manque en B Ǵ D est ajouté en A S D. Or, cette construction nous donne un triangle rectangle, coupé au milieu d'un des côtés [de l'angle droit], T S. En effet, si vous prolongez le côté T Ṣ d'une longueur égale à lui-même jusqu'en Ç, de façon à ce que S soit au milieu de la ligne T Ç, si ensuite vous prolongez la ligne S D Ǵ d'une longueur égale et aboutissant directement à Ç, comme vous le voyez dans la fig. 3, vous aurez un triangle rectangle, dont l'un des côtés perpendiculaires sera T A S, l'autre T S Ç, et enfin l'hypoténuse S D Ǵ Ç La 1re moitié de la longueur de ce triangle, de T à Ṣ représente la 1re gamme, l'autre moitié va de S à Ç ; sa moitié sera donc en Ţ, et par conséquent de Ṣ à T, ce sera la seconde gamme Toutes les fois, d'ailleurs, que vous prendrez la moitié du reste, vous aurez indéfiniment une octave au-dessus de la précédente.

On voit par là que, toutes les fois qu'on veut partager la face d'un tanbūr, selon n'importe quel rapport des parties entre elles, il faudra toujours, conformément à cette figure, que la 1re partie soit augmentée du tiers Supposons qu'on veuille diviser l'instrument en tons majeurs, par exemple 'O et autres semblables. Ces tons renferment 4 quarts, équivalant au 1/6 de la 1/2 longueur de l'instrument ; ils seront représentés par les 4 qīrāt de cette longueur Le premier aura par conséquent 5 qīrāt 1/3, et le dernier 2 qī 2/3. Si on veut faire le partage en tons mineurs, comme 'I et autres semblables, comme ces degrés renferment 3 quarts, représentés par les 3 qī de la 1/2 longueur du tanbūr, le premier aura nécessairement 4 qī, et le dernier deux. En résumé : un ton majeur sera le 1/9 de la longueur totale de la face du tanbūr, et un ton mineur, une partie de la longueur totale (1).

Nous terminons ainsi l'explication des principes qui pouvaient nous amener à notre but, et nous pouvons maintenant exposer la manière de construire la figure qui nous fournira les mesures nécessaires pour fixer convenablement les sillets sur le tanbūr que l'on aura choisi.

---

(1) *Sic* les trois Mss de Beyrouth et celui de Damas (D).

Si l'on veut donc savoir la longueur qui revient, comme mesure, à chaque quart et à chaque degré, sur un instrument qu'on se propose de graduer, il faut construire un triangle rectangle (fig 4), dont l'un des côtés ait une longueur prise arbitrairement ; puis l'on partage ce côté, depuis le sommet de l'angle droit jusqu'à son milieu, en 24 parties qu'on appelle : la 1re qarār n. ḥoṣār(1), la 2e qarār ḥoṣ, la 3e q. t. ḥoṣ, la 4e 'O, et ainsi de suite, jusqu'à la 24e qui s'appellera N. Ensuite on divise la moitié de l'autre moitié en 24 autres parties, dont chacune égale à la moitié d'une des divisions précédentes, et on nomme la première n ḥoṣār, la 2e ḥoṣ, la 3e t. ḥoṣ, la 4e Ḥ, et ainsi de suite. La dernière division s'appellera Ram T, ou octave de N. Toutes ces parties, premières et secondes, sont au nombre de 48, commençant à n. ḥoṣ et finissant à Ram T, ce qui fait, en tout, deux octaves entières. Pas n'est besoin de parler d'autres octaves supérieures, car on s'y prendrait, pour les obtenir, de la même façon que pour celles-là ; autrement dit, toutes les fois que vous divisez le reste en deux, et que vous le partagez en 24 divisions, il en résulte une nouvelle gamme, octave aiguë de celle qui précède, et cela indéfiniment. Il n'est pas non plus question ici de Y, parce qu'il est donné par la corde entière, et n'exige pas qu'on fixe pour lui un sillet sur l'instrument.

On mène ensuite le second côté de l'angle droit, en lui donnant pour longueur le 1/9 de la longueur de la face du ṭanbūr. On fait, après cela, une marque aux 3/4 de sa longueur, de façon à avoir 1/12 de la longueur de corde; on en met une seconde, au premier quart de sa longueur, du côté du sommet de l'angle droit, de façon à séparer 1/36 de la longueur de corde. Cela fait, de l'extrémité du grand côté on tire trois droites ; la première aboutira à l'extrémité du petit côté : on l'appellera la ligne des degrés majeurs ; la seconde ira rencontrer les 3/4 de la longueur de ce petit côté, à l'endroit déjà marqué : on la nommera la ligne des degrés mineurs ; la 3me se terminera au quart du petit côté, et s'appellera la ligne des quarts.

Revenons maintenant aux divisions qui indiquent les 48 quarts de ton, marqués sur le grand côté. Du milieu de chacune de ces parties, on

---

(1) C'est-à-dire l'octave grave de n. ḥoṣār.

mène une perpendiculaire aboutissant à la ligne des quarts ; puis, de leurs deux extrémités, on mène deux droites, qui vont se rencontrer à l'extrémité supérieure de la perpendiculaire, sur la ligne des quarts. On forme ainsi un cône, dont la base est une portion du grand côté, et dont le sommet se trouve sur la ligne des quarts. Dans chacun de ces 48 cônes que vous construirez ainsi, la longueur de la perpendiculaire qui s'élèvera en leur milieu sera la mesure du quart de même nom que le cône, sur le ṭanbūr dont la longueur a servi de base à vos opérations. Quant à la connaissance de la longueur qui mesurera chaque degré pris isolément, elle peut être fournie par plusieurs méthodes. Mais pour ne pas les citer toutes, nous en indiquerons deux :

1° La somme des longueurs de tous les q. de t. renfermés dans un degré quelconque, équivaut à la longueur même de ce degré.

2° On peut l'obtenir, par construction, dans cette même figure. Commençons par 'O. C'est un des grands degrés, et il renferme 4 q. de t., dont le 1er est qar. n. ḥoṣ et le dernier 'O. Elevons en son milieu, c.-à-d. entre qar. ḥoṣ et qar. t. ḥoṣ une perpendiculaire qui aboutisse à la ligne des grands degrés (ligne joignant les extrémités des deux côtés de l'angle droit) ; puis, sur les côtés des (quatre) quarts, menons deux droites qui se rencontrent au sommet de la perpendiculaire, sur la ligne même des degrés majeurs. Nous ferons de même pour le degré 'I, sauf que la perpendiculaire élevée en son milieu ira aboutir à la ligne des degrés mineurs, car le 'I en est un, ne renfermant que trois q. de t. On continue la construction, de la même façon, pour tous les degrés : pour les degrés majeurs, on fait arriver la perpendiculaire élevée en leur milieu, à la ligne des tons majeurs ; pour les degrés mineurs, on fait arriver la perpendiculaire à la ligne correspondante. La construction amène donc à avoir quatorze cônes, représentant les deux gammes, ou quatorze degrés, sans compter Y qui provient de la corde entière. Les perpendiculaires élevées dans chaque cône représentent la longueur de mesure du degré renfermé dans ce cône. On obtient cette longueur par l'ouverture du compas, et c'est d'après elle qu'on fixe les sillets sur le manche de l'instrument. J'ai dessiné la construction en question, dans la fig. 4, en prenant pour base un ṭanbūr dont la face aurait 28 qīrāṭ : tout cela, pour être plus clair.

Nous avons suffisamment expliqué au chap. II de la 1re p. la différence qui existe entre les degrés arabes et les degrés des Grecs ; mais nous n'avons pas démontré si cette différence était positive, provenant de la nature même de leurs degrés ; en d'autres termes, si les Grecs, par exemple, baissent le ton à Ǵ relativement aux Arabes, ou si ce sont les Arabes qui, à ce même degré, élèvent le ton au-dessus des Grecs, de sorte que ce degré soit réellement diminué chez ceux-ci, augmenté chez ceux-là ; ou bien si la hauteur de la note émise étant la même chez les deux, la différence consisterait seulement dans une erreur d'opinion chez l'un des deux partis, erreur concernant la division du degré en minutes ou en quarts. Ce que nous disons de Ǵ s'applique aux autres degrés sur lesquels il y a dissentiment.

Or, le jugement en pareille matière est véritablement une des difficultés qui arrêtent les plus grands musiciens, s'ils n'ont pas, pour la résoudre, des règles géométriques. Pour les Arabes, ils n'ont pas d'autre argument, à l'appui de leur système, que cette affirmation : la gamme renferme 24 quarts de ton, répartis en degrés majeurs, renfermant 4 quarts de ton, et en degrés mineurs renfermant 3 q. de t. Quant aux Grecs, ils soutiennent que l'octave comprend 68 minutes, distribuées en tons majeurs qui en contiennent 12, en tons moyens qui en ont 9, et en tons mineurs qui en ont 7. Or, il n'y a pas non plus de preuve suffisante pour démontrer la vérité de cette assertion. Aussi, pour savoir au juste qui a raison, ai-je pris deux ṭanbūrs, dont j'ai disposé l'un selon les données de la fig. 4 ci-dessus, et l'autre suivant le système des Grecs. Puis, j'ai étudié expérimentalement, pour les divers degrés, la hauteur des sons émis par ces deux instruments, en exécutant sur l'un et sur l'autre des airs tellement connus, que l'habitude les a, pour ainsi dire, gravés dans la mémoire. Or j'ai trouvé que l'endroit précis qui fournit les divers degrés était le même chez les deux, que l'erreur était du côté des Arabes, dans leur partage en quarts de tons, et que la vraie division était celle des Grecs. Pour le montrer, j'ai construit la fig. 5 (1), analogue à la fig. 4 : aussi bien est-il inutile d'en répéter la

(1) Il n'y a pas eu moyen de nous procurer une copie de cette figure. Chose curieuse, les trois manuscrits que nous avons eus sous la main en sont également destitués. Au lecteur patient de la reconstituer.

description. Je mettrai seulement en évidence les points sur lesquels ces deux figures diffèrent. Et d'abord, le premier côté se divise en 68 minutes, réparties entre les degrés, selon le système des Grecs, précédemment développé. Quant au 2e côté, il doit égaler les 2/17 de la longueur de la face du ṭanbūr ; on le partagera en 12 parties. Par son extrémité, on mènera la ligne des degrés majeurs ; puis, aux 9/12 de sa longueur, la ligne des degrés moyens ; aux 7/12, la ligne des degrés mineurs ; aux 3/12, celle des quarts de ton arabes majeurs (1); enfin au 1/12, celle des minutes des Grecs. Ce n'est pas tout. Les 3/12, depuis le sommet de l'angle jusqu'à la ligne des q. de t., se divisent en 9 parties ; aux 7/9, on mènera la ligne des quarts mineurs, parce que les tons mineurs sont divisés en 7, et les Arabes les divisent en 3 quarts, comme les tons moyens ; or il faudrait que leurs quarts fussent moindres que les quarts de ton moyens ; leur rapport à ces derniers sont égaux au rapport de 7 parties à 9. Pour bien montrer l'illégitimité de la division des Arabes, j'ai construit un cercle grec que j'ai appelé fig. 7, analogue au cercle arabe dont jai parlé au chap. VII de la 1re partie. On s'en sert comme de ce dernier.

*
* *

Quelques mots maintenant sur les chants au moyen desquels les anciens musiciens disent qu'ils guérissaient les malades, grâce, pensaient-ils, à leur conformité avec les divers tempéraments. D'après eux, le Ġ est chaud et sec : il fait bouillonner le sang ; le A et le N seraient froids et secs : leurs contraires seraient D et Ḥ, car l'un et l'autre sont chauds et humides. Quant au R et au S, il les tiennent pour froids et humides. On choisirait donc parmi ces chants celui qui conviendrait le mieux aux diverses humeurs. Voici, quant à moi, ce que je pense sur ce sujet. L'homme est vivement impressionné à l'audition des mélodies vers lesquelles l'incline sa nature ; or cette propension ne vient pas du tempérament, mais de l'impression causée par l'habitude. Souvent, l'habitude se prend dès les pre-

(1) C.-à-d. appartenant à un degré majeur.

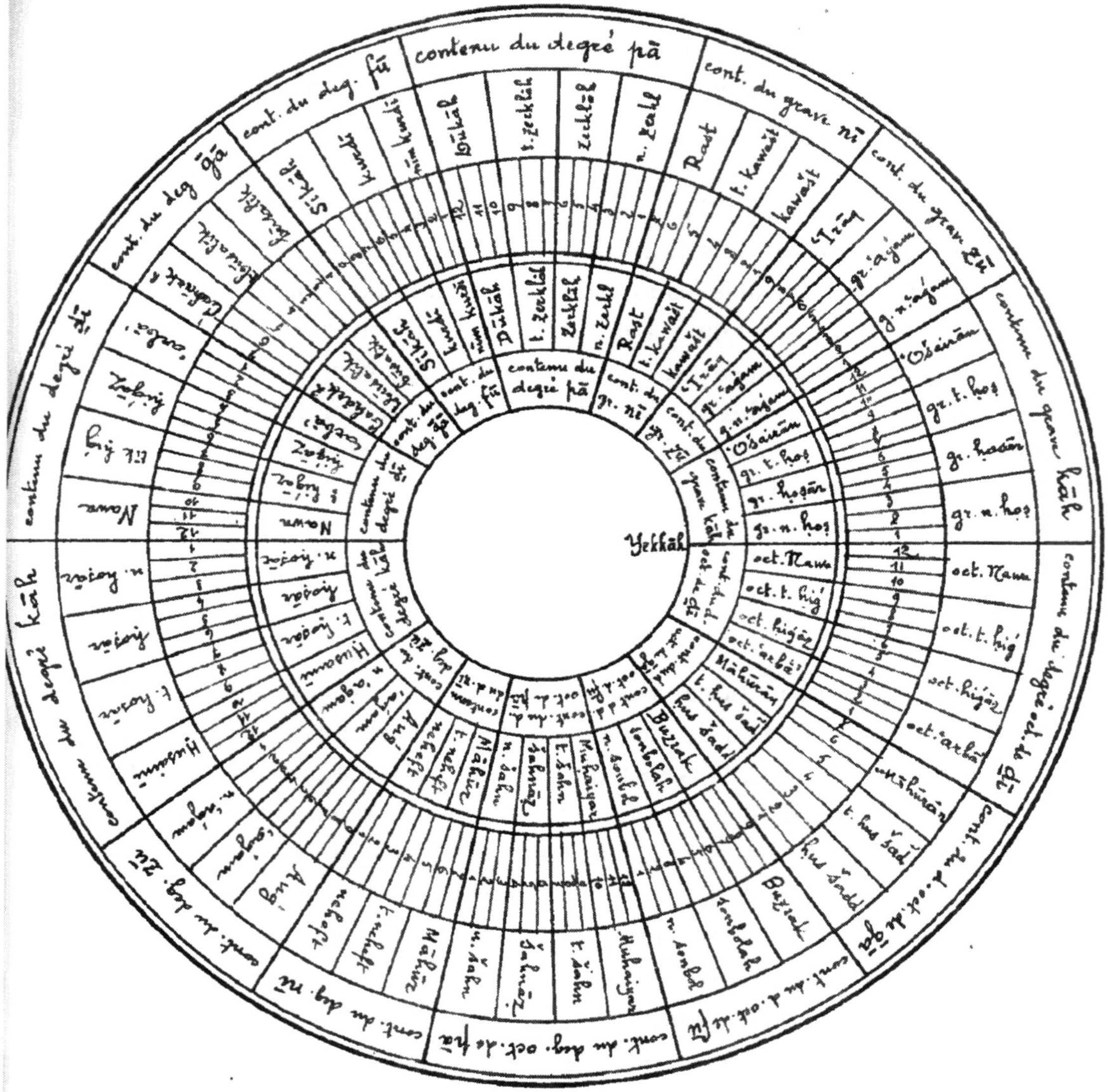

FIG. 7

CERCLE ENHARMONIQUE GREC COMPARÉ AU CERCLE ARABE

mières auditions, quand on commence à avoir l'usage de la raison ; ou bien elle provient de la passion dont quelqu'un aura été saisi, en entendant exécuter tel ou tel air, bien en harmonie avec une idée qu'il avait en tête, air qu'il n'aura pas cessé de répéter dans son imagination, au point de n'en pas aimer d'autre. De là résulte ce que le peuple a appelé le vers chantant [ritournelle, refrain] : je veux dire que chaque musicien a un faible pour un air spécial qu'il excelle à exécuter ; et, s'il lui arrive de se trouver seul, sans intention fixe, c'est cet air qu'il chante, de préférence à un autre, et s'il en chante un autre, c'est qu'il en a la volonté arrêtée. Ce qui, d'ailleurs, prouve la fausseté de tout ce qu'on a prétendu, c'est que nous voyons les hommes aimer à répéter des airs usités dans les pays où ils ont grandi en les entendant, sans se demander s'ils conviennent ou non à leur tempérament, — à supposer encore que le tempérament de l'un diffère de celui de l'autre. Dieu le sait mieux que nous !

FIN

Autres lois du Chant.

On connaît maintenant ce qui concerne l'art musical, par rapport aux mélodies considérées en elles-mêmes ; mais il faut avoir égard aussi à un autre point : c'est la facture d'un chant. Il y a, en effet, des mélodies qui sont assujetties à des lois : ce sont celles qui exigent dans la succession de leurs notes, des mouvements *circulaires* [des refrains, leitmotiv], tels que, lorsque le chanteur, en exécutant ces airs, arrive à la tonique, il se remet de nouveau à exécuter ces mêmes mouvements.

Le sujet parlé [le texte] (1) de ces sortes de motifs, c'est un morceau renfermant, symétriquement à ces refrains, des parties rhythmées, suivant la cadence de ces mouvements, et s'accordant avec eux dans leurs ressem-

(1) *Sic* dans A, où on lit nettement مَوضوعُه اللّفظي ; B : ... مَوضعُهُ , ce qui signifierait : le sens, la portée étymologique ; D : موضعها .

blances ou leurs différences (1). Ces pièces s'appellent « Ašġal » (2). Elles sont tantôt improvisées, tantôt empruntées aux diverses espèces de poésies, comme le Muwaššaḥ, le Zaǧal, etc... S'il y a une finale pour l'orchestre, on les appelle « Ukruk ». Il y en a aussi qui sont indépendantes. Ce sont celles qui suivent un mouvement arbitraire, et où rien n'est fixé. Quant au sujet(3), il peut être lui-même soumis à quelqu'un des mètres qui servent aux couplets, comme par exemple une pièce de vers ; mais il en est parfois aussi indépendant, par exemple une sourate du Coran. Dans l'une et l'autre variété, la mélodie court à volonté, et chacune comporte autant d'airs différents que l'habileté du musicien peut en inventer. Rien n'empêche d'adapter ces sujets à tous les airs possibles.

Parfois l'exécutant commence dans un ton, puis ils se transporte dans un autre, pour montrer son adresse dans le métier ; puis, en achevant, il retombe sur le ton primitif ; s'il ne le fait pas, c'est un défaut dans l'art. Dans cette dernière espèce, quand les paroles du chant sont sur un mètre quelconque, on l'appelle « Inšād », sinon on lui donne le nom de « Tartīl » [cantique]. Enfin, quand l'air est joué sur un instrument, s'il est soumis au mouvement des couplets, il se nomme « Bešraf » ; dans le cas contraire c'est le « Taqsīm ». (4)

Tout le monde sait que le but de l'art musical, c'est de charmer l'âme en lui faisant entendre ce qui s'harmonise avec ses goûts. Aussi bien, tels airs sont plus volontiers écoutés de tels auditeurs, comme cela a lieu pour les mets, les spectacles, et ainsi du reste.

*
* *

Cette harmonie avec les divers mouvements de l'âme n'est pas com-

---

(1) Nous traduisons matériellement ce passage, sans avoir pu en saisir le vrai sens.

(2) *Sic* A et B. Nous lirions plutôt اشغال Ašġāl, pl. de Šuġl, m.-à-m. travail, ou composition musicale. D a tout simplement شغل.

(3) Ici A et B portent également موضوع.

(4) A qui désirerait une description vivante et complète d'un concert arabe (*naubé*, en Algérie *nauba*), nous recommandons les pages suggestives de F. Salvador Daniel : *La Musique arabe ; ses rapports avec la Musique grecque et le Chant grégorien*. Alger, A. Jourdan, 1879, p. 39 seq.

plète, tant qu'il n'y a pas aussi parfaite harmonie entre les diverses parties du chant, dans leur manière de s'enchaîner. Il faut aussi qu'on n'y remarque aucune confusion. Or, quand le musicien est seul, cela ne peut avoir lieu ; mais, s'il exécute avec d'autres que lui, on peut présumer que le désordre va s'y mettre. Aussi, a-t-on a imaginé l'art de la mesure, pour préserver le concours des musiciens du trouble qui surgirait, si l'un précédait et si l'autre était en retard, dans l'exécution commune d'un chant. De cette façon, quoiqu'ils soient plusieurs ensemble, on dirait qu'il n'y en a qu'un. Mais il n'y avait pas à cet effet de règle, pouvant servir de base. On s'est alors arrêté à deux pieds, composés l'un d'une lettre accentuée et d'une lettre quiescente, l'autre de deux lettres accentuées. Le premier a été appelé « dom » ; le second « taka », conformément aux conventions des versificateurs, dans le choix qu'ils ont fait des deux pieds (1) : le léger [bref] et le grave [long] ; d'où, en les réunissant, la périphrase « *Lam ara* », tirée de cette formule de prosodie : « *Lam ara ʿalā ẓahri ǵabalin samakatan* » (2). Or, de ces deux pieds, on a composé des phrases d'un emploi analogue aux « tafāʿīl » [pieds] de la prosodie ; de plus, à chacune de ces formules on a donné un nom différent des autres, composé de «dom taka» ; p. ex: « dom taka taka dom taka » répété lui-même autant de fois que l'on voudra, à la façon du vers, qui se compose de pieds plusieurs fois répétés, afin qu'on puisse avoir une dénomination qui le distingue des autres mètres, comme le Ṭawīl, le Basīṭ, etc. (3).

---

(1) Exactement : parties ou éléments de pieds. — Décrit *tika* ; B ne vocalise pas.

(2) Cette formule mnémotechnique dont le sens est : « je n'ai jamais vu de poisson sur la croupe d'une montagne », renferme tous les éléments primitifs dont se composent les divers pieds de la prosodie arabe.

(3) Mušāqa ne fait qu'insinuer ici le علم الأصول ʿIlm ul-Uṣūl, science des principes), de la *cadence*, qui joue un si grand rôle dans la musique arabe. Les auteurs arabes modernes indiquent graphiquement le temps faible par ∘ et le temps fort par — ; le premier se bat de la main droite, le second de la gauche. Ces deux temps premiers, avec leurs dérivés : triple *tom* ∘°∘ ; double *taka* ═, et des silences plus ou moins prolongés, indiqués par un point, se ramifient en des rhythmes très variés, portant chacun un nom spécial. Nous espérons que notre savant confrère, le R. P. M. Collangettes, qui en a fait une étude approfondie, livrera bientôt au monde musical les résultats définitifs de son enquête.

En outre, les musiciens ont examiné la forme des diverses parties du chant pendant son exécution, et ils ont rapproché ces parties des diverses mesures qui peuvent leur convenir, comme la mesure à quatre, à cinq, à six [?] (1) etc., afin d'arriver à harmoniser les mouvements par les deux bouts. Si un artiste veut composer une mélodie sur une pièce en Muwaš-šaḥ etc., il lie cette pièce de vers à l'air qu'il a choisi ; il soumet ensuite les mouvements de sa mélodie à la mesure qui leur convient le plus, parmi les diverses sortes de rhythmes. Quant à l'invention de la mélodie elle-même, c'est le fruit d'un don naturel, auquel on n'arrive qu'avec beaucoup de peine. Tel, le talent de rimer chez les poètes. Or c'est Dieu, qui dans sa munificence, se fait le précepteur des humains, et il enrichit de ses dons qui il lui plaît.

*
* *

Dernier mot du pauvre serviteur de Dieu, Michel Mušāqa, Libanais, fils de Georges Mušāqa : voilà tout ce à quoi a pu atteindre l'exiguïté de mes connaissances. J'ose espérer que mes lecteurs voudront bien fermer les yeux sur la faiblesse de mes conceptions et suppléeront par eux-mêmes aux erreurs qui auront pu m'échapper. Dieu seul est à l'abri de tout défaut : à lui seul soit la gloire et l'élévation.

Colophon. — Nom du copiste : Sa'īd As'ad Zind. Date : 18 Octobre 1887.

---

(1) Exactement : à quart, à cinquième. Le dernier mot est شيز Šīz ; le contexte nous incline à croire que c'est tout simplement la corruption du persan شش *six*, phonétiquement transcrit en arabe, d'après une prononciation syrienne vulgaire. Une autre graphie fautive du même mot serait celle de la p. 39, l. 3 : « Sāzkāh ». La mélodie portant ce nom, venant après l'air de « Benǵkāh » (پنج *cinq* en persan, couramment prononcé et écrit بنچ par les Syriens), il est assez naturel de traduire par *six* la première partie de « Sāzkāh ».

(2) Voir aux *Additions* la variante finale du Ms de Damas et son colophon (1256 H. = 1840 J.-C.).

بسم الله الحي السرمدي

الحمد لله الذي جعل قانون الطرب ضِلعاً من دائرة العلوم الادبيَّة . واخرج من عيدان الاصول ثمارًا ترتاض بها النفوس فتطير اليها بجناح النخوة العربية . حمدًا يشنِّف السماع بدوزان الانغام المقابلة المنزَّهة عن المخالفة الزوريَّة . يُفيض راحة الارواح على نادي العشَّاق في تلك الحاضرة الطاهرة الانسيَّة . فيُزْلفهم الى أوج القرار . التي لا يُسمع فيها جواب النوى ولا يحجزها ركبُ الحصار (١

امَّا بعد ٢) فانَّ فنَّ الطرب قد ضربتهُ ايدي سبأ في هذا العصر . وداست ابراجهُ قدمُ العدَم . حتى صارت العربان فيهِ كالاكراد تهيم بين نجد العراق واصفهان العجم . وما زال كذلك لا يُنشَد لهُ حزام . ولا يُعمر لهُ ديوان ولا مقام . حتى اوقفهُ الزمان بالحضرة الشهابية . في بعض الديار الشاميَّة . فأخذ بيدهِ صَدْرُ تلك المجالس . الامير محمَّد فارس . وامر هذا العبد ان يُعيد ما درسَ من تلك الطلول . فامتثل امرهُ بالاجابة والقبول . لانها صناعة يُتوصَّل بها الى رضى الله في تسبيحهِ كما أمر نبيَّهُ داود عليهِ السلام . وقد اتخذتْ منها الاطباء تأثيراتٍ طبيعيَّة لاسترداد صحَّة الاجسام . ومن ثم خضتُ في لجَّة هذا البحر الزاخر . طامعاً في ادراك قرارهِ فلم اقع لهُ على آخر . هذا مع علمي بنفسي انني لست من فرسان هذا الميدان . الذين سبقوا ونالوا قصب الرهان . غير انني بتكرار البحث والمراجعة . قد تجلَّى عليَّ ما شاء الله من ذلك فوضعتُ هذه الرسالة الجامعة . وسمَّيتها بالرسالة الشهابية . في الصناعة الموسيقية . وقد رتَّبتها الى مقدَّمةٍ وبابَين يشتملان على ثمانية عشر فصلًا . ثم اردفتها بخاتمة الكتاب . والله الهادي الى طريق الصواب

---

١) قد ورد في هذه المقدَّمة ألغاز وكنايات عديدة اتخذها المؤلِّف من اسماء الابراج والارباع وسيأتي شرحها بالتفصيل في مطاوي الرسالة

٢) وفي النسخة الدمشقيَّة D : فيقول مؤلفها الفقير اليهِ تعالى ميخائيل ابن جرجس ابن ابراهيم مشاقة المسيحي مذهباً واللبناني مولدًا الخ

المقدمة (10)

في حقيقة الموسيقى

الموسيقى احد العلوم الرياضية وفرعٌ من العلم الطبيعي · وهي صناعة يُبحث فيها عن احوال النغم من جهة تأليفهِ اللذيذ والنافر · وعن احوال الازمنة المتخلّلة ١) بين النغمات من جهة الطول والقصر · فعُلم انها تتم بجزءَين · الاوّل علم التأليف وهو اللحن · والثاني علم الايقاع وهو المسمّى بالاصول · والنغمة صوت يلبث زماناً على حدٍّ من الحدَّة والثقَل · واللحن ما تألف من نَغَماتٍ بعضها يعلو او يسفل عن بعض على نِسَبٍ معلومة · والنغم للّحن كالاحرف للكلام · والايقاع هو الضابط للمنشدين معاً حتى لا يسبق احدهم الآخر (11) · ولا يتأخر عنهُ · ويعبّرون عنهُ بقولهم « دُمْ وتَكَ » (٢ وهو بمنزلة اجزاء العروض للشعر · مركّباً من سببٍ خفيف وهو عبارة عن متحركٍ فساكن · وسببٍ ثقيل وهو عبارةٌ عن متحرّكَين معاً والصوت هو ما يصدر عن كل حركة اهتزازيّة بجسمٍ رنَّان يُحدث في الهواء ارتجاجاً يسري فيهِ الى بُعدٍ ما · والصوت يقطع في سيره في كل دقيقة من الزمان مسافة ثلاثين الف ذراع تقريباً فيكون سيره في كل ثانية من الدقيقة او نبضة شريان معتدلة نحو خمسمائة ذراع فلو أُطلق مدفع على بعدٍ لرأينا اشتعالهُ قبل ان نسمع صوتهُ بزمن يساوي بعدهُ عنا على النسبة المتقدمة · وهكذا يكون في البرق والرعد · ثم اذا كان عدد اهتزازات الجسم في كل ثانية دقيقةٍ اثنين وثلاثين هزَّة او اقلّ من ذلك فلا يُسمع الصوت ابداً كما حقَّق ذلك المتأخرون من علماء الافرنج · فاذا شُدَّ وتر على قانون او طنبور ونُقر عليهِ فان اهتزَّ اكثر من اثنين وثلاثين هزَّة في كل ثانية الدقيقة امكن سماع صوته والّا فلا وكلّما شُدَّ اكثر زادت اهتزازاته عند النقر عليهِ وكان الصوت المسموع عنهُ اعظم · واما السمع فهو ناشئ من مصادمة تموُّجات الهواء الحاصلة من اهتزازات الجسم الرنَّان الى آلات السمع المخصوصة بذلك حيوان السامع

١) في A و B : المشتمله . —لقد ادخلنا في نصّ نسختي كلَيتنا بعض اصلاحات حسب نص النسخة الدمشقيَّة التي هي اقدم واكمل فلم نُنبّه اليها الا عند الضرورة (ارجع ايضا الملحق *Additions* في آخر هذه المقالة)

٢) والاغلب في يومنا تُمْ تَكَ .(راجع كتاب سفينة الملك للامام محمد شهاب الدين ورسالة روض المسرَّات للشيخ عثمان الجندي شاعر العائلة الخديوية سابقًا) . ومما يتبين من سفينة الملك ان التعبير عن الايقاع بمثل هتين اللفظتين حديث العهد وانَّهما استُخرجا عن كلمتي « دِيهْ وطاع ».والله أعلم

N. B. — Les chiffres gras entre parenthèses renvoient aux pages de la traduction.

الباب الاول (12)

في المبادئ اللازمة معرفتها للموسيقى وفيهِ سبعة فصول

الفصل الاول

في تقسيم الانغام المسمّاة ابراجاً

الصوت بحسب طبيعتهِ يُقسم الى مراتب غير متناهيــة بالقوَّة وإن تناهت بالفعـل وكل مرتبةٍ هي جواب لما دونها وقرار لما فوقها . ثم ان كل مرتبــة تُقسم الى سبعِ درجات الواحدة منها تعاو الاخرى وهذه الدرجات يسمُّونها ابراجاً . وقد وضعوا لها علامات تميّزهـا . فاولها يكاه . وثانيها عُشَيران . وثالثها عِراق . ورابعهـا رَست (١ . وخامسها دوكاه . وسادسها سيكاه . وسابعها جهاركاه (٢ . وهذه يقال لها المرتبة الاولى والديوان الاول . ثم يعلوها المرتبة الثانية : واوَّلها برج النوى . وثانيها الحُسَيني . وثالثها الاوج . ورابعهـا الماهور . وخامسها المُحَيَّر . وسادسها البُزرَك (٣ . وسابعها المـاهوران (13) وهو جواب الجهاركاه ونهاية المرتبة الثانية . ثم فوقها المرتبة الثالثة : واوَّلهـا جواب النوى المعروف بالرَّمل توتي . وثانيها جواب الحسيني . وثالثها جواب الأَوج . ورابعها جواب المـاهور . وخامسها جواب المُحيَّر . وسادسها جواب البُزرَك . وسابعها جواب الماهوران وهو نهاية المرتبة

---

١) ويروى راست ومعناه بالفارسية مستقيم وقد سمَّوه كذلك لان بهِ كانت العجم تبتدئ الديوان الطبيعي المعروف بالمقامة المستقيمة

٢) وكل من يكاه ودوكاه وسيكاه وجهاركاه كلات فارسية مركبة من اسماء الاعداد ١ و٢ و٣ و٤ ومن كلمة كاه بمعنى الموضع . وقد زاد بعضهم عليها : پنجكاه وششكاه وهفتكاه . وهـذا دأب من يبتدئون الديوان من الرست. فالرست حينئذٍ يساوي اليكاه والپنجكاه يساوي النوى والششكاه الحسيني والهفتكاه الاوج (راجع Villoteau: *Description de l'Egypte*, t. XIV, p. 15)

٣) ويلفظ ايضاً البُزْرك والبُزرُك

الثالثة (١ . وهكذا تتعدَّد المراتب صعوداً وتتسمَّى ابراجها بتكرار اضافة الجواب الى مثله . فيقال جواب الجواب . وجواب جواب الجواب . وهلمَّ جرًّا الى مـا لا نهاية لهُ . وتتعدَّد نزولًا ايضاً بحيث يمكن ان يُقال تحت اليكاه قرار جهاركاه . وتحتهُ قرار السيكاه . وتحتهُ قرار الدوكاه . وتحتهُ قرار الرست . وتحتهُ قرار العراق . وتحتهُ قرار العشيران . وتحته قرار اليكاه . وهكذا الى ما لا نهاية لهُ

واماً قولنا ان اول الابراج اليكاه فهذا ليس بضروري بل هو استحسان اختياري قـد وضعتهُ اكثر علماء العرب . ولعلّهم اختاروا الابتـداء بهِ طلباً للمناسبة في ترتيب الابراج بان يكون الاول برجاً كبيرًا يليهِ صغيران ثمَّ كبيرٌ وكذلـك ثمَّ وثمَّ الى النهايـة كما يظهر لك في محلّه . فلو كان الابتداء من غيره لم ينتظم هـذا الترتيب . ولذلك اقتفيتُ آثارهم في وضعهِ . وقد جعل بعضهم الابتداء من برج الرست . واما اليونان (٢ فجعـلوا اول الابراج الدوكا ويمكن الابتداء من اي برجٍ كان منها بحيث تصير المرتبة لسبعة ابراج الواحد فوق الاخر ويكون الثامن جواباً للاول وهذا الجواب هو ضعف القرار في الشدة ونصفهُ في الضخامة لان صوت الجواب اعلى من القرار الّا انهُ ارقّ منـهُ . ثم ان الصوت الانساني بحسب الطبيعة لا يكون الصعود بهِ من القرار الى الجواب والهبوط من الجواب الى القرار على اكثر من سبعـة ابراج (14) . اي لو قُسمت المرتبة الى عشرة ابراج مثلًا عوضاً عن قسمتها الى سبعة لم يكن يتأتى للصوت الانساني المرور عليهـا الّا بعنف شديد ويكون الصوت المسموع منها ممّا تنفر الطبيعة الانسانية عن سماعهِ . ومن ذلك يُعلم ان قسمة المرتبة الى سبعة ابراج هي امرٌ طبيعي لا بدَّ منهُ بالضرورة

الفصل الثاني

في تقسيم الارباع

ان السبعة الابراج المتقدّم بيانهـا في الفصل الاول هي كسلّم الدرجة فوق الاخرى فلم يكن البُعد متساوياً بل ان بعضها يبعد عن بعض اكثر وبعضها اقلّ . وهذه القضيَّة موضوع

---

١) ولم نعثر لهذه الجوابات على أسامٍ خاصَّة بيد ان ما تأخَّر منها نادر الاستعمال لحدّتهِ وعسر الوصول اليهِ على العود كما سنراه في باب العود وهكذا قُل فيما دون اليكاه من الابراج والقرارت

٢) يعني المتأخرين منهم منذ القرون المتوسطة الى يومنا

خلاف بين الموسيقيين من العرب واليونان فان العرب يقسمون البُعد الكائن بين الابراج الى رتبتين كبيرة وصغيرة فالكبيرة ما كان البعد فيها بين البرجين المتجاورَين اربعة ارباع . والصغيرة ما كان البعد فيهـا ثلاثة ارباع . فالاولى منهما هي من اليكاه الى العشيران ومن الرست الى الدوكاه ومن الجهاركاه الى النوى . والثانيـة من العشيران الى العراق ومن العراق الى الرست ومن الدوكاه الى السيكاه ومن السيكاه الى الجهاركاه . فتكون الرتبة الاولى ثلاثة ابراج تحتوي على اثني عشر ربعاً كل برج منهـا اربعة ارباع . والرتبة الثانية اربعة ابراج تحتوي على اثني عشر ربعاً كل برج منها ثلاثة ارباع . فتكون جملة ما تحتويه الابراج السبعة اربعة وعشرين ربعاً

واماً المتأخرون من اليونان فيجعلون اول الديوان برج الدوكاه المسمَّى عندهم « پا » ونهايتهُ الماهور المسمَّى عندهم « ني » . ويقسمون الابراج الى ثلاثة مراتب والبعد الكائن بين الابراج يقسمونهُ الى دقائق . فالرتبة الاولى عندهم هي عين الرتبة الاولى عند العرب لكنهم يقسمون البعد بين البرج منها والآخر الى اثنتي عشرة دقيقـة . والرتبة الثانية (15) هي من الدوكاه الى السيكاه ومن الحسيني الى الأوج . والبعد بين كل برج منها تسع دقائق . والرتبة الثالثة هي من السيكاه الى الجهاركاه ومن الاوج الى الماهور . والبعد بين كل برج منها سبع دقائق . فتكون جملة ما تحتويهِ الابراج السبعة ثمان وستين دقيقة . منها الرتبة الاولى ثلاثـة ابراج وتحتوي على ست وثلاثين دقيقة . والثانية برجان تحتوي على ثماني عشرة دقيقة . والثالثة برجان ايضاً تحتوي على اربع عشرة دقيقة

الفصل الثالث

في الفرق الكائن بين الابراج والارباع العربية والابراج والدقائق اليونانية

قد تقدَّم ان الديوان يُقسم عنـد العرب الى اربعة وعشرين ربعاً وعند اليونان الى ثماني وستين دقيقة ولهذا لم تحصل موافقة حقيقيَّة بينهما الَّا في اربعة مواضع . اولها برج اليكاه فان الربع الاخير منهُ مساوٍ للدقيقـة الاخيرة من برج ذي (١ التي هي مطلق الوتر . وثانيها الربع

١) فما مسمَّاه برج ذي فعلياً قرار برج ذي لان برج ذي مساوٍ للنوى الـذي هو جواب اليكاه

السادس المسمَّى قرار العجم فانهُ مساوٍ للدقيقة السابعة عشرة التي هي الدقيقة الخامسة من برج زو · وثالثها الربع الثاني عشر المسمَّى زركلاه فانهُ مساوٍ للدقيقــة الرابعة والثلاثين التي هي من برج پا · ورابعها الربع الثامن عشر المسمَّى بوسليك فانهُ مساوٍ للدقيقة الحادية والخمسين التي هي الثانية من برج غا · وفيما عدا هذه الاربعة لا يحصل مطابقة حقيقية الَّا في اجوبة الارباع والدقائق المذكورة وقراراتها · وانطباق الابراج العربية على اليونانيــة هو انطباق تقريبيٌ لا يقينيٌ فانك لو طبَّقت برج اليكاه على قرار برج ذي الذي هو اليكاه عند اليونانيــين وطبَّقت برج النوى عــلى برج ذي الذي هو برج (16) النوى عنـد اليونانيين مرسومَين في جدولَين متحاذيَين احدهما مقسوم الى اربعة وعشرين ربعاً والثاني الى ثماني وستين دقيقة ساحباً على عرض كل منهما خطوطاً تلتقي في محــلٍّ مماسّة الجدولين لظهر لك ان الابراج المتوسطة بين اليكاه والنوى لا تنطبق على الابراج المتوسطة بين قرار ذي وبين برج ذي انطباقاً تامًّا بل ان بعضها يعــلو او يسفل عن بعض تارةً اكثر من دقيقة وتارةً اقلّ كما ترى ذلك مرسوماً في الجدول الموضوع في آخر هذه الرسالة في الشكل الثامن (fig. 8) · وسبب هذا الاختلاف اولًا كون ابراج العرب رُتبتين وابراج اليونان ثلاث مراتب · ثانياً كون ارباع العرب اربعة وعشرين ودقائق اليونان ثمان وستين وهذان العددان لا يتوافقان في اكثر من الاربعة المواضع المذكورة ولهذا كانت كل ستَّة ارباع عربية تساوي سبع عشرة دقيقــة يونانية واول كلٍّ من الارباع الستة يستوي مع اول كل من السبع عشرة دقيقة كما هو معلَّم عليها في الجدول المذكور ·

الفصل الرابع

في قسمة الديوان الى ديوانَين متشاكلَين

قد عُلم بما تقدم بيانهُ البعد الكائن بــين كل برج وبرج على التوالي · فظهر ان الديوان ينقسم الى قسمين متشاكلين احدهمــا من اليكاه الى الدوكاه والثاني من الرست الى النوى

وكذلك ترى العشيران يقرب من قرار كه لا من كه عينهِ والعراق من قرار زو والرست من قرار ني · وسبب ذلك على مــا افادنا المؤلّف في الفصل السابق ان المتأخرين من اليونان كانوا يجعلون اوّل ديوانهم الدوكاه اي پا ثم ڤو ثم غا ثم ذي الذي هو النوى ثم كه اي الحسيني ثم زو اي الاوج ثم ني اي المــاهور ثم جواب پا اي المحيَّر ولما كان ديوانهم يبتدئ من الدوكاه فكلّ ما كان يقع تحت الدوكاه في ديوان العرب وجب ان يكون قرارًا لاحد الابراج اليونانية التي فوقهُ ·

فيكون كل قسم منهـا خمسة ابراج لان برَجي الرست والدوكاه يتوافقان مع القسمين (١ وهكذا برج النوى يتوافق مع القسم الثاني من الديوان الاوَّل ومع القسم الاول من الديوان الثاني . وهذه المشاكلة الكائنة بين القسمين هي لكون البُعد بين كل برج ومجـاوره من الابراج في كل قسم منهما متساوياً . لان البعد بين اليكاه والعشيران كالبعد بين الرست والدوكاه والبعد بين العشيران والعراق كالبعد بين الدوكاه والسيكاه والبعد بين العراق والرست كالبعد بين السيكاه والجهاركاه والبعد بين الرست والدوكاه كالبعد بين الجهاركاه والنوى(17) . ولهذا كانت نسبة اليكاه الى العشيران كنسبة الرست الى الدوكاه ونسبة العشيران الى العراق كنسبة الدوكاه الى السيكاه ونسبة العراق الى الرست كنسبة السيكاه الى الجهاركاه ونسبة الرست الى الدوكاه كنسبة الجهاركاه الى النوى . ولذلك صار العمل من الدوكاه الى اليكاه كالعمل من النوى الى الرست وحصلت المشاكلة بين برَجي الرست والنوى وبرَجي الدوكاه والحُسينيّ وبرجي السيكاه والاوج وبرجي الجهاركاه والماهور . فاذا كان اوَّلها قرار اللحن يسمون ثانيهما غمّازَهُ لانهُ اقرب الابراج المشابهة ما عدا برج الجواب فان نسبتهُ الى القرار اقرب النسب . فاذا نُقر على ايّ برج كان ونُقر بعده على جوابه كان الذّ النقرات للسامع . وبعده في اللذة النقر على الغمّاز . والبعد بين الغماز والقرار اربعة عشر ربعاً ابداً فاذا قيل اي برج هو غمّاز برج السيكاه مثلاً والسيكاه كائن في الربع السابع عشر . فأضف اليهِ اربعة عشر وهي مسافة بعد الغماز من قراره ٢) فتكون الجملة واحداً وثلاثين تطرح من ذلك اربعة وعشرين وهي مقدار الديوان الاوَّل فيبقى سبعة وهي محلّ برج الاوج من الديوان الثـاني وهو غمّاز السيكاه . واذا سُئل عن غمّاز العشيران والعشيران كائن في الربع الرابع فاستخراجهُ بان يُضاف اليـهِ اربعـة عشر ربعاً فتكون الجملة ثمانية عشر وهي محلّ ربع البوسليك الذي هو غمّازُه . وهكذا يجري العمل في اختبار جميع الابراج والارباع ويُعلم محـلّ غمّاز كل برج وكل ربع منها (٣

١) يريد انّ البرجَين يختصّان بكلا القسمين لانّ الدوكاه آخر القسم الاول والرست اوّل القسم الثاني

٢) في D : المقررّة

٣) نترى من هذه الامثلة انّ طرح الاربعة وعشرين يُستغنى عنه اذا كان المجموع السابق جمعهُ لا يتجاوز الاربعة وعشرين ربعاً

(18) الفصل الخامس

في افتراق الالحان عن بعضها واقتسامها الى انواع

اختلاف الالحان يكون على اربعة انواع : اوّلها اختلاف البرج الذي يقرّ عليهِ اللحن . والثاني اختلاف إجراء العَمَل مع كون القرار على البرج بعينهِ . والثالث فسادٌ يدخل على بعض الابراج . والرابع كون اللحن مزدوجاً

اما النوع الاول فكما لو نُقر مثلًا على برج الرست ثم على العراق ثم على العشيران ثم على اليكاه وقرَّ عليهِ لاختلف مسموعهُ عمّا لو نُقر على برج الدوكاه ثم على الرست ثم على العراق ثم على العشيران وقرَّ عليهِ . وهذا الاختلاف ليس هو ناشئاً من ارتفاع صوت برج الدوكاه الذي ابتُدئَ بالنقر عليهِ وصوت العشيران الذي قرَّ عليهِ عن برج الرست الذي ابتدئ منهُ وبرج اليكاه الذي قرَّ عليه بالعمل الاول لان هذا الفرق متعلّق بعِلْم الطبقة الذي يُبحث فيهِ عن ارتفاعها وانخفاضها . وذلك لا يتعلّق باختلاف الالحان لان اختلاف الالحان ليس بالارتفاع والانخفاض بل من الاسباب التي نسعى الان ببيانها فنقول : انهُ لوكان البعد بين الابراج متساوياً لم يكن بينها تمييزٌ لان كلًّا منها حينئذٍ يقوم مقام غيره وتكون الاصوات في جميعها متساوية في الصعود والنزول . لكنها لمّا كانت مختلفة الابعاد كان بمرور الصوت عليها وقراره على احدها يحصُل الاختلاف فيهِ حين المرور وحين القرار . لان في المثال المتقدّم بالنقر على برج الرست والهبوط برجاً برجاً الى اليكاه اختلافاً عن الابتداء من برج الدوكاه والوقوف على برج العشيران لانهُ في الاول (19) هبط في كل من البرجين الاول والثاني ثلاثة ارباع وفي البرج الثالث اربعة ارباع وفي كل من البرجين الثاني والثالث ثلاثة ارباع ولعدم المناسبة بين الهبوط الاوَّل والهبوط الثاني حصل الاختلاف في مسموع الصوت . وهذا هو اصل النوع الاول من الالحان ومنهُ كان القرار على كل برج لحناً على حِدَتهِ ويُسمّى ذلك اللحن باسم البرج الذي يُقرّ عليهِ كرست ودوكاه وغير ذلك

وامّا النوع الثاني فهو فرع النوع الاول اذ الابراج فيه ايضاً تكون على ترتيبها بعينهِ لكنهُ

يختلف عنهُ بامرين احدهما اختلاف إجراء العمل في الانتقال من برج الى آخر وثانيهما الدخول في اللحن . اما الاول فلا يمكن التعبير عنهُ بالكلام وليس عند العرب اصطلاح على علامات لهُ كالنُقط والحركات مثل اصطلاح الافرنج واليونان الذين يوضحون بهِ هذه الاختلافات (١ . واما الثاني الذي هو الدخول في اللحن فنقول ان برج الدوكاه مثلًا يكون عنه لحن الدوكاه ولحن الصبا(٢ فلحن الدوكاه يكون الدخول فيهِ من برج الوست ويصعد الى النوى ثم يكون قراره على برج الدوكاه . واما الصبا فيبتدئ من برج الجهاركاه ويقرّ على الدوكاه كما سنوضح ذلك بحسب الإمكان عند شرحنا حدّ كلّ لحنٍ بمفرده حيث نذكر النقرات المصوّرة لكلّ لحن من اي الابراج والارباع تكون .

واماّ النوع الثالث الذي هو فسادٌ يدخل على بعض الابراج فذلك كلحن الحجاز مثلًا فانهُ يُفسَد فيهِ برج الجهاركاه بمعنى انهُ الا يُستعمَل فيهِ ويقوم مقامَهُ ربع الحجاز المتوسط بين برجي الجهاركاه والنوى . وهكذا عند ما يُنزَل ممّا فوقهُ لا يُمرُّ عليهِ وفي كليهما يكون مرورهُ على ربع الحجاز لا على الجهاركاه (20) كما ان لحن البياتي ايضاً لا يستعمل فيهِ برج الاوج بل يقوم مقامهُ برج العجم .

اما النوع الرابع الذي هو كون اللحن مزدوجاً فانهُ يكون مركّباً من احد النوعين الاوّل والثاني ومن النوع الثالث . وهذا النوع يتناول فيهِ الصوت اكثر من سبعة ابراج اي انهُ يستعمل فيهِ ابراج من ديوانين جوابات وقرارات مثلهُ لحن المحيّر فانهُ لحن الدوكاه مكرّراً . لانهُ يعمل اولًا لحن الدوكاه من ديوان جواب الدوكاه ثم ينتهي العمل الى ديوان القرار الذي هو ديوان الدوكاه نفسهُ . وهكذا لحن شدّ عربان (٣ فانهُ من حجازين من ديوانَين . والعشيران يقرب ان يكون البياتي يُعمل من فوق الحسيني ثم ينتهي بالبياتي على العشيران (٤

---

١) فيضطرّ من ثم العرب كما اضطرّ مؤلفنا في باب الالحان ان يعبّروا عن الحانهم بالتفصيل موردين كل برج وربع بكامل اسمهِ ومظهرين الطول والقصر بكلماتٍ عديدة غريبة يعسر حفظها ويملّ استعمالها الكاتب والقارئ معاً . وهذا نقص واضح في فنّ الالحان العربية بيد ان اصلاحهُ سهل هينٌ فنرجو من احد احباب الموسيقى ان يقوم بهِ خدمةً للوطن (راجع ترطئتنا الافرنسية لهذه المقالة وجه 6)

٢) الصبا احد الالحان التي تقرّ على الدوكاه وهو المسمّى بالمراكب كما سيأتي

٣) احد الالحان الاربعة التي قرارها برج اليكاه وهو في الحقيقة لحن الحجاز مكرّرًا

٤) والبياتي من الحان برج الدوكاه ولهُ فروع كثيرة كالبياتي عجمي والبياتي نوى والبياتي حسيني الخ امّا لحن العشيران فعملهُ عمل لحن البياتي الّا انهُ يبتدئ من الحسيني وهو جواب العشيران

الفصل السادس

في ترتيب آلات الموسيقى المعروف بالدوزان

انهُ بحسب كثرة انواع الآلات المستعملة في فنّ الموسيقى واختلاف اشكالها يعسر شرح ترتيب جميعها ولذلك نقتصر على الكلام في ترتيب بعضها الاكثر شهرةً في هذه الاقاليم فنقول: ان هذه الآلات قسمان احدهما يختص بفنّ الايقاع اي الاصول كالطبل والدفّ والنقّارات والصنوج وما اشبه ذالك. وهذا لا يتعلّق بمعرفة الالحان بل هو متعلّق بقياس الزمان. والثاني(21) يختصّ بالالحان وهو المقصود بهذه الرسالة وهو نوعان ذوات اوتار وذوات نفخٍ. امّا ذوات الاوتار فمنها ما يشدُّون عليه وترًا ومنها ما يشدُّون عليه سلكاً من حديد او من نحاس ومنها ما يشدُّون عليه شيئاً من شعر الخيل ونحوها. ولنذكر شيئاً من هذه الآلات مبتدئين بذوات الاوتار فنقول: ان من ذوات الاوتار

العُود

يشدُّون عليه سبعة ازواج من الاوتار المختلفة الغلظ والدقّة. والزوج منها مشدود الوترين على نغمةٍ واحدة لاجل ضخامة صوت النقر عليهِ. واغلب استعمال الموسيقى يكون على اربعة ازواج منها(22) ويندر استعمال الثلاثة الازواج الاخرى(1 فالزوج الاوَّل من شمال العود يشدُّونهُ قليلًا ويجعلونهُ قرار الجهاركاه ثم يشدُّون الزوج الثاني للرست والثالث للنوى والرابع للدوكاه والخامس للعشيران والسادس للبوسليك والسابع للنهفت وبهذا الترتيب يكون صوت كل زوج منها يعلو عن صوت الزوج الذي عن يمينه او عن قرارهِ عشرة ارباع لان الاوَّل يعلو عن قرار الثاني عشرة ارباع والثاني يعلو عن قرار الثالث عشرة ارباع والثالث يعلو عن نفس الرابع عشرة ارباع وهكذا الى آخر الازواج. فهذا البعد الكائن بين الزوجين في بعضها

---

1) والاقتصار على اربعة اوتار شائع منذ زمن قديم عند اليونان. فاذا اضافوا شيئًا الى تلك الاوتار لم تجاوز الزيادة حدّ الوتر الواحد وهم يسمّونهُ الحادّ. وامّا معاصرونا من اهل الشام ولبنان فهم عادةً على استعمال خمسة اوتار يضيفون اليها وترًا سادسًا عند الحاجة.

يكون ثلاثة ابراج وفي بعضهـا لا يكون على حسب وقوع الابراج الكبيرة والصغيرة بين الزوجين

(تنبيه) اعلم ان بعض الموسيقيّين يشدّون الزوج الاوّل لليكاه قصدًا لسهولة مناولة هذا البرج عند احتياجهِ وكذلك بما انهُ وقت العمل يكون موضعهُ اسفل الازواج الاربعة التي يشتغلون عليها غالبًا فاذا اطلقت عليهِ الريشة التي يُتقَر بها عليها اعني على الاوتار يُسمع لهُ دويّ رخيم ولا سيما ان اكثر الاعمال تكون امّا من برج الدوكاه واما من برج النوى حيث يكون صوتهُ حينئذٍ مركز غمّازٍ للاوّل وقرارٍ للثاني . انتهى

(23) ثم انهم يجعلون علامةً على اسفل صدر عنق العود مستعرضة تحت الاوتار من خشبٍ لونهُ مخالف لِلون صدر العود يحكمون وضعهُ بمكان ملاقاة الثُلث الاول من رأس العـود بالثُلثَين الاسـفلين اي انهم يقسمون المسافة الكائنة بين مُطلق الوتر من رأس العود وبين الفَرَس المستعرضة على صدر اسفلهِ المربوط بهـا طرف الاوتار (١ الى ثلاثة اقسام متساوية بالبيكار وغيره من الآلات القياسيَّة ويجعلون هذه العلامة عند نهاية الثلث الاول . وهـذه العلامة تفيد امرَين مهمَّين: الاوَّل اذا جُسَّ بالسبَّابة على زوج من الازواج ونُقِر عليهِ مع بقاء السبَّابة جاسَّةً على ذلك الزوج فوق العلامة يكون صوته مثل مطلق الزوج الذي (24) فوقهُ او مثل جوابهِ فلو انهُ جُسَّ على الزوج الاول من محل العلامة ونُقر عليهِ لكان صوتهُ مماثلًا للزوج الذي هو الرست . وهكذا لو جُسَّ على النوى (٢ لكان صوتـهُ جوابًا للدوكاه ثم ان الدوكاه (٣ يصير بهذا العمل جوابًا للعشيران (٤ وبهذا العمل على الازواج المـذكورة يحصل امتحان صحَّة الدوزان وفسادهِ . الامر الثاني: انهُ اذا اراد الموسيقي ان يصعد بيدهِ الى الجواب

---

١) عنق العود ما بين جوفهِ ورأسهِ (او انفهِ) . والعنق غير مجوَّف وهو محل جسّ الاصابع على الاوتار اما الرأس فهو محل ملاقاة الازواج او الاوتار من فوق العود . والفرس هي في اسفل الآلة او في قاعدتهـا عليها تمرّ اطراف الاوتار متباينة الاماكن . واذا كانت الفرس قصيرة لا تكاد ترتفع عن صدر العود فلها اسم آخر وهو المشط . وهو اكثر استعمالًا للعود من الفرس . امّا العلامة في اسفل العنق فتسمَّى الدستان (sillet) . والدستان كلمة فارسية معرَّبة يراد بها كل علامة على عنق آلةٍ من ذوات الاوتار . بها يُشار اشارةً صريحة الى موضع جسّ الاصابع . والدساتين كثيرة على الطنبور . وهكذا كانت على العود . الّا ان ارباب الموسيقى استغنوا عنها في ممرّ الازمان

٢) يريد بذلك « وتر النوى » او الزوج الثالث . وتُحتمل في جميع النسخ قراءة « حبس» عوض « جسّ » بنفس المعنى

٣) اي الزوج الرابع . ٤) يعني الزوج الخامس

لا يشدّ بوضع اصابعهِ على محلّ الجواب لانهُ ينقلهـا حالًا الى محلّ الجواب الذي لا يرتاب في صحّتهِ. واما الازواج الاربعة التي يكون عنها اكثر العمل بالعود فهي الرست والنوى والدوكاه والعشيران . فهذه الاربعة الازواج اذا نُقر على مطلقها يكون عنهـا الاربعة الابراج المسمّاة باسمائها. واما بقيّة الابراج التي تلزم فيتناولها من الازواج نفسها بالجسّ عليها برؤوس الاصابع من يده اليُسرى . (راجع في الترجمة مقابلتنا بين اهمّ طرائق دوزان العود)

ولاجل زيادة الايضاح فلنُورد طريقة الصعود من القرار الى الجواب والهبوط من الجواب الى القرار برجاً برجاً فنقول: انّ الاوّل برج اليكاه وهذا يخرج من الزوج الاول إمّا بالنقر عليهِ مطلقاً اذا كان مشدوداً يكاه او محسوساً عليهِ بالسبّابة اذا كان مشدوداً قرار الجهاركاه. ثم العشيران يؤخذ مطلقاً من الزوج الخامس ومنهُ يؤخذ العراق مزموماً عليـهِ بالسبّابة والرست مزموماً عليهِ بالبِنْصِر وقد يؤخذ الرست من الزوج الثاني مطلقاً . ثم يؤخذ الدوكاه مطلقاً من الزوج الرابع والسيكاه والجهاركاه يؤخـذان محسوساً على اوّلها بالسبّابة وعلى ثانيهما بالبنصر ثم يؤخذ النوى مطلقاً من الزوج الثالث ويؤخذ الحسيني والاوج والماهور منهُ ايضاً بالجسّ عليهِ للاوّل بالسبابة وللثاني بالبنصر وللثالث بالخِنصر ثم يرفع الموسيقي يـدهُ على عنق العود الى مكان العلامة الكائنة في ثلثهِ الاول المتقدّم شرحها وهناك يجسّ على الزوج الثالث بالسبّابة فيكون المحيَّر ثم بالوسطى عليهِ ايضاً فيكون البزرك ثم بالبنصر فيكون المـاهوران ثم بالخنصر ايضاً فيكون جواب النوى المسمّى رَمَل توتي . وهكذا يرجع برجاً برجاً الى المحـير ويُبقي يدهُ عند العلامة ويتناول المـاهور من اجوبة الزوج الرابع بالجسّ عليهِ بالبنصر ثم الاوج منهُ ايضاً بالجسّ عليهِ بالوسطى (25) وكذلك الحسيني بالجسّ عليهِ بالسبابة . ثم يتناول النوى بالنقر على مطلق الثالث ويرجع بيده الى مكانها الاوّل وينزل في بقيّة الابراج برجاً برجاً حسب صعوده. واما الارباع التي يحتاج اليها في بعض الالحان الكائنة من النوع الثالث فيتناولها بتقديم اصابعهِ او تأخيرها عند الجسّ على الزوج الذي يراد اخذ ذلك الربع منهُ

الكمنجة الافرنجية

وعادتهم ان يشدُّوا عليها اربعة اوتار اوّلها من جهة اليمين وهو اغلظ الاوتار ملفوفاً عليهِ سلك دقيق من نحاس يجعلونهُ قرار الرست وثانيها وتر ارقّ منهُ يجعلونهُ يكاه وثالثها وتر ارقّ منهُ يجعلونهُ دوكاه ورابعهـا وتر او خيط مزدوج مبروم من حرير ادقّ منهنّ يجعلونهُ نوى .

والعمل في اخذ الابراج والارباع الباقية كالعمل في العود تؤخذ بالجسّ على الاوتار باصابع اليد اليسرى (١ . ومنها :

الكمنجة العربيّة

يشدّون عليها جزتين من شعر الخيل احداهما وهي الادقّ من جهة الشمال اي شمال الآلة (٢ ويجعلونها النوى والثانية وهي الاغلظ من جهة اليمين يجعلونها دوكاه واحياناً رست وبقيّة الابراج والارباع تؤخذ بالاصابع كما تقدّم . غير ان هذه الآلة وان كان صوتها شجياً مطرباً غير كاملة الترتيب واكثر الاحيان يضطر الموسيقي ان يأخذ ابراج القرار من الجواب كالعراق والعشيران واليكاه فيعملهنّ من الاول والحسينيّ والنوى اذ ليس محلّ لهنّ في الآلة

---

١) يظهر من هذا الكلام ان الكمنجة الفرنجية عند معاصري الدكتور مشاقه كانت اغلظ او اكبر قليلًا من الكمنجات الاعتياديّة المعروفة في ايّامنا . فان قرار الرست صوتُ اهبط من ان يُسمع في كمنجاتنا . وعلى كل حال فممّا لا ريب فيه ان رصفاءنا من الموسيقيين يدوزنون الكمنجة الفرنجية على الصورة الآتية :

٤	٣	٢	١
ماهور	نوى	دوكاه	يكاه

فاذا اعتبرت الابعاد في كلا الحالين رأيت ان دوزان الدكتور مشاقه يقرب من دوزان الاوروبيين الّا في البُعد بين الوتر الثالث والرابع فان البُعدين الاوّلين هما بعدان بالخمسة واما الثالث فبُعدٌ بالأربعة ولمزيد الايضاح اليك صورة الدوزان الاوربي :

mi	la	ré	sol
٤	٣	٢	١

٢) يذكّرنا وصف المؤلف للكمنجة العربية آلة من الآلات الطائرة الشهرة ألا وهي الرباب المعروف قديماً في انحاء الغرب باسم (Rebec) وهو كالكمنجة يُجسّ بقوس . فجاء اسم هذه القوس في رسالة كنز التُحَف على صورة «كمان» . ومنهُ اشتُقّت لفظة الكمنجة . فدونك ما كتب الفارابيّ عن الرباب مختصرًا قال : « وهذه الآلة . . . ربّما استُعمل فيها وتر واحد وربّما اثنان متساويا الغِلَظ وربّما استُعمل وتران متفاضلا الغلظ ويُجعل ازيدهما غلظاً حالهُ في هذه الآلة كحال المثلث في العود وحال الانقص غلظاً . . . كحال المثنى في العود . . . وفي اسفلها قائمة على خِلقة دبيبة الطنبور . . . واول الامكنة [التي تخرج منها النغم] مكان السبابة وهو على تسع ما بين الانف وبين الحاملة (chevalet) والثاني مكان الوسطى وذلك على سدس ما بين الانف والحاملة والثالث مكان البنصر وهو على تسع ما بين مكان السبابة والحاملة والرابع مكان الخنصر وهو على عشر ما بين مكان البنصر وبين الحاملة » . ويظهر لك من ذلك ان البعد بين المطلق ومكان الخنصر ليس البعد بالاربعة بل انهُ ينقص عنهُ بكثير . فهذه الآلة اذًا كالكمنجة العربية او ابنتها غير كاملة الترتيب اما الدساتين فلا استعمال لها فيها

(26) ليعملهنَّ منهُ . واكثر اربابها يضطرون ان يحملوا معهم كمنجة قصيرة يجعلون الدوكاه فيها بارتفاع النوى في الاولى . ولكن يستر منها هذه العيوب صوت بقية الآلات التي تصاحبها في العمل وراعة الذي يشتغل بهـا اذا كان منفردًا فيتجنَّب العمل من الابراج التي يعسر عليهِ اجراؤها عليها . ومنها :

الطنبور

يربطون على عنقـهِ دساتين من وتر على مكان كل برج وكل ربع ويشدُّون عليهِ غالباً ثمانية سلوك من حديد فالاربعة اليمنى يشدّونها يكّاه والاربعـة اليسرى يشدونها نوى والموسيقي وقت العمل يتناول كلَّ ما يحتاجهُ من الابراج والارباع بان يجسّ السلوك الحديدية باطراف انامله على الدساتين المربوطة على عنق الآلة . والطنبور يُعتبر من اتمّ الآلات الموسيقيَّة واصلحها للعمل

(27) القانون

وهو من الآلات التي هي في الطبقة العليا من الطرب (١ ومع ذلك فان العمل عليهِ سهل جدًا ويكون صوتهُ كصوت آلتين تشتغلان معاً لان العامـل بهِ في وقت العمل تكون جميع الابراج المحتاج اليها مع قراراتها وجواباتها مبسوطة قدّامهُ ويداهُ متفرغتان للعمل يشتغل باليد اليمنى على ذلك الديوان وباليسرى على قرارهِ فيكون المسموع من الآلة صوتين جواباً وقرارًا معاً . مع ان كل برج منهُ يحتوي على ثلاثـة اوتار فتكون عبارة عن صوت ستّ كمنجات تشتغل معاً . واماَّ صِفة دوزانهِ فقد جرت العادة بان يشدُّوا عليهِ اربعة وعشرين برجاً كل برج

---

١) لقد اصاب المؤلف في قولهِ: ان صوت القانون مطرب في النايـة وبهِ كان داود يسكن حميَّة شاول الثائرة والقانون كثير الاستعمال في الممالك التركية يسميهِ العامة «سَنْطُورًا» واستعمالهُ إمَّا بان يُنقر عليهِ بشيء من ريش الحوت (baleine) او من الحديد المسنون يُجعل في طرف السبابة او الوسطى من كلتا اليدين او بالضرب عليهِ بمقرعتين من المعدن يُجريهما الموسيقي على الاوتار وربّما تراهم يجسُّونهُ ايضاً باطراف اناملهم غيرَ انَّ هذا مختصّ بالقانون الكبير المارّ ذكره الشائع استعمالهُ في بلاد اوربة . اما عدد اوتار القانون عند الاقدمين من العرب فهو ستة وعشرون وترًا ليكون عدد نغماتهِ مساويًا لنغمات العود الكامل ذي الخمسة الاوتار

منها ثلاثة اوتار متساوية في الغلظ والدقّة ثمّ ان وتر كل برج اغلظ مما فوقهُ وادقّ مما تحتهُ وعلى الغالب يجعلون البرج الاعلى جواب الحسيني وبعضهم يجعلونهُ جواب النوى وهكذا (28) يشدّون كل برج تحت الآخر على الترتيب اي اذا جعلوا الاعلى جواب الحسيني يجعلون الذي تحتهُ جواب النوى وتحتهُ جواب الجهاركاه وتحتهُ جواب السيكاه وهكذا ينزلون برجاً برجاً الى البرج الرابع والعشرين فيكون موقعهُ قرار قرارِ الجهاركاه وبمقتضى ذلك يكون القانون محتوياً على ثلاثة دواوين وثلاثة ابراج اولها من قرار قرار الجهاركاه الى قرار السيكاه وثانيها من قرار الجهاركاه الى السيكاه وثالثها من الجهاركاه الى البزرك ويبقى فوقهُ الماهوران والرمل توتي وجواب الحسيني

وهذا الترتيب يسمّونهُ دوراناً سلطانياً يريدون بذلك انّهُ مرتّب على ابراج صحيحة لا ارباع فيها فاذا ارادوا عمل بعض الالحان التي يُفسد فيها بعض الابراج يعمدون الى ذلك البرج الذي يُفسد بذلك اللحن فيشدّونهُ او يرخونهُ عن اصلهِ ويجعلونهُ ذاك الربع المحتاج اليهِ . مثل الاول لحن الحجاز فانهُ اذا كان قراره الدوكاه يُفسد فيهِ برج الجهاركاه فيشدّونهُ حتى يكون حجازاً . ومثل الثاني لحن البياتي فانهُ يُفسد فيهِ برج الاوج فيُرخى حتى يكون عجماً

— آلات النفخ —

واما الآلات ذات النفخ فانواعها كثيرة منها الناي والكيرفت والمزمار (29) والصرناي والارغن والجناح وغيره وجميعها عدا الاخير منها يثقبونها ثقوباً يسدّها الموسيقي برؤوس انامله عند النفخ فيها ويفتح منها ما يحتاج اليهِ في عملهِ . وهذه الثقوب غالباً يحكمون وضعها ان تكون ابراجاً صحيحة واذا احتيج الى ربعٍ ما فعند المخ (30) يُفتح جزء من الثقب المجعول البرج الكائن فوق ذلك الربع . ولارباب هذه الصناعة احتيالات في استخراج بعض الابراج والارباع التي يحتاجون اليها بان يسدّوا بعض الثقوب ويفتحوا بعضها فتخرج ابراجٌ وارباعٌ لم يكن لها في الآلات ثقبٌ مخصوص . واما الاخير منها وهو الجناح فهذا يصنعونهُ من انابيب منظومة في جامعةٍ تجسّ على افواه تلك الانابيب التي يكون عمق قعرها متفاوتاً لكي يكون صوتها عند الصفير بها متفاوتاً كترتيب الابراج . وقد صار هذا الشرح كافياً لمثل هذا المختصر

الفصل السابع

في بيان كيفية عمل الالحان من غير مواضعها وهو المسمّى التصوير او قلب العيان

ان ارباب هذه الصناعة قد تُلجئهم الضرورة احياناً الى ان يُجروا ألحاناً من ابراج غير ابراجها الاصلية كلحن الدوكاه والحجاز مثلاً اللذَين اصل كون قرارها على برج الدوكاه فانهم اكثر الاحيان يجرونها عن برج النوى لكي ترتفع طبقتها وتلذّ السامع وقد يكون ذلك ضرورياً في(31) بعض الالحان المزدوجة التي يكون عملها يتناول ديوانين وقرارها على برجٍ عالٍ مثل لحن شدّ عربان الذي يعسر على المنشد ان ينشده بان يكون قراره على الدوكاه لانهُ حينئذٍ يضطر الى ان يصعد بصوتهِ الى جواب الحسيني الذي على الغالب يعجز صوت المنشد عن بلوغهِ وان بلغهُ فيكون ذلك بعنفٍ شديد ويكون سماعهُ غير لذيذ. ففي مثل هذه الواقعة يصوّرون اللحن المذكور بان يكون قراره برج اليكاه او برج العشيران كما انهم غالباً يعملون ايضاً لحن المحيَّر من هذا المحل

واما عندما يُراد إجراء العمل على آلتين مختلفتين من الطبقة في اصل وضعها كقانون كبيرٍ طبقتهُ منخفضة ولا يمكن شدّ اوتاره اكثر من احتمالها فتنهتك ومعهُ كيرفت قصير وهكذا تكون طبقتهُ عاليةً بالضرورة فحينئذٍ لا تتوافق ابراجهما الّا بان احدهما يصوّر اللحن المُراد اجراؤهُ من اي برجٍ في آلتهِ يطابق برج ذلك في الآلة الثانية ولذلك كان يلزم ارباب الصناعة الموسيقية الحذاقة التامّة في ضوابط فنّ اللحن المؤسَّس على معرفة ابعاد الابراج عن بعضها في كميّة الارباع بين كل برج وبرج ومما فوقهُ وتحتهُ لان بهذه المعرفة يتمكّن الموسيقي من تصوير كل لحن على اي برج اراده

ولاجل زيادة الايضاح نورد لذلك مثالين : الاول اذا أُريد إحالة برج النوى الى الدوكاه اي اذا أُريد ان يُعمل من على برج النوى ما يعمل عن برج الدوكاه يلزم لهذا العمل إفساد برجين من الديوان وهما برج الحسيني وبرج الاوج بان ينزل كلّ منهما ربعاً واحداً ليكون الاول تيك حصار والثاني عجماً . وحينئذٍ تكون ابعاد الابراج من النوى الى جوابهِ لان نسبة الدوكاه الى السيكاه كنسبة النوى الى تيك حصار ونسبة السيكاه الى الجهاركاه كنسبة تيك

حصار الى العجم ونسبة الجهاركاه الى النوى كنسبة العجم الى الماهور ونسبة الحسيني مع النوى كنسبة المحيَّر مع الماهور ونسبة الاوج مع الحسيني كنسبة البزرك مع المحيّر ونسبة الاوج الى الماهور كنسبة البزرك (١ الى الماهوران ونسبة الماهور الى المحيَّر كنسبة الماهوران الى الرمل توتي

(32)والمثال الثاني انهُ اذا أُريد احالة النوى الى الرست بان يعمل لحن الرست من برج النوى فقد تقدَّم التفصيل في الفصل الرابع ان العمل من برج الغمَّاز كالعمل من البرج الذي هو غمَّاز لهُ وفي هذا المثال كان النوى غمَّازاً لبرج الرست وهكذا الحسيني غمَّازٌ لبرج الدوكاه والاوج لبرج السيكاه والماهور لبرج الجهاركاه والمحيَّر لبرج النوى · فهذه الابراج لا يُفسد منها شيء لانها متناسبة وامَّا البزرك والماهوران فلا تصح نسبتها الى الحسيني والاوج بل يُفسَدان وحينئذٍ يلزم ان يُرفع البزرك ليصير جواب بوسليك ويقوم مقام الحسيني وهكذا ايضاً يُرفع برج الماهوران ربعاً واحداً ليصير جواب نيم حجاز ويقوم مقام الاوح وبذلك يتم العمل

وبرهان صحَّة العمل في المثالَين المذكورَين يظهر من هذَين الجدولَين الآتيين

---

١) وفي النُسَخ التي عندنا اختصار مشوّه للمعنى فاقتضى تصحيحهُ استناداً الى النسخة الدمشقيَّة

(33) المثال الاوّل

في تصوير لحن الدوكاه من على برج النوى

الابراج الاصلية	الارباع	الابراج المصوَّرة
رمل توتي		محيَّر
جواب تيك حجاز	٢٤	تيك شهناظ
جواب حجاز	٢٣	شهناظ
جواب نيم حجاز	٢٢	نيم شهناظ
ماهوران	٢١	ماهور
جواب تيك بوسليك	٢٠	تيك نخفت
جواب بوسليك	١٩	نخفت
بزرك	١٨	اوج
سنبله	١٧	عجم
نيم سنبله	١٦	نيم عجم
محيَّر	١٥	حسيني
تيك شهناظ	١٤	تيك حصار
شهناظ	١٣	حصار
نيم شهناظ	١٢	نيم حصار
ماهور	١١	نوى
تيك نخفت	١٠	تيك حجاز
نخفت	٩	حجاز
اوج	٨	نيم حجاز
عجم	٧	جهاركاه
نيم عجم	٦	تيك بوسليك
حسيني	٥	بوسليك
تيك حصار	٤	سيكاه
حصار	٣	كردي
نيم حصار	٢	نيم كردي
نوى	١	دوكاه

المثال الثاني

في تصوير لحن الرست من على برج النوى

الابراج الاصلية	الارباع	الابراج المصوَّرة
رمل توتي		ماهور
جواب تيك حجاز	٢٤	تيك نخفت
جواب حجاز	٢٣	نخفت
جواب نيم حجاز	٢٢	اوج
ماهوران	٢١	عجم
جواب تيك بوسليك	٢٠	نيم عجم
جواب بوسليك	١٩	حسيني
بزرك	١٨	تيك حصار
سنبله	١٧	حصار
نيم سنبله	١٦	نيم حصار
محيَّر	١٥	نوى
تيك شهناظ	١٤	تيك حجاز
شهناظ	١٣	حجاز
نيم شهناظ	١٢	نيم حجاز
ماهور	١١	جهاركاه
تيك نهفت	١٠	تيك بوسليك
نهفت	٩	بوسليك
اوج	٨	سيكاه
عجم	٧	كردي
نيم عجم	٦	نيم كردي
حسيني	٥	دوكاه
تيك حصار	٤	تيك زركلاه
حصار	٣	زركلاه
نيم حصار	٢	نيم زركلاه
نوى	١	رست

وقد وضع اهل هذه الصناعة دائرتين الواحده ضمن الاخرى مكتوباً على استدارة كل منها اسماء الابراج مع تقسيمها اقساماً متناسبة فبهذه الواسطة يُعلم بكل سهولة ما يُفسد من الابراج عند تصوير اللحن المراد تصويره من برجٍ غير برجهِ الاصلي. (34) وكيفية العمل بالدائرتين ان تُدير الدائرة الداخلة حتى يتوازى البرجان المطلوب تصوير احدهما من الآخر فحينئذٍ يظهر لك موقع كل برج وكل ربع وما يوافق منها وما يُفسد فما فُسِد ترفعهُ او تُنزّلهُ كما يظهر لك من مطابقة الدائرة الداخلة مع الخارجة وبذلك يتمّ العمل وقد رسمنا الدائرتين المذكورتين بغاية الاستحكام والضبط في التقسيم تحت عنوان الشكل السادس والدائرة العربيَّة كما سترى (fig. 6)

الباب الثاني

في تعريف الالحان التي تكون من على الابراج وكيفيَّة اجرائها وما استُعمل فيهِ من الارباع

اقول انني قد رتَّبت الالحان على وجهٍ يقرُب تناولهُ بان جمعت الالحان التي يكون قرارها على برجٍ واحد في فصلٍ واحد غير مراعٍ نسبة الالحان لبعضها ولهذا جعلتُ الباب احد عشر فصلًا جامعاً فيها الالحان المعروفة في عصرنا في بلادنا الشاميَّة وهي خمسة وتسعون لحناً

(35) الفصل الاول

في الالحان التي يكون قرارها برج اليكاه

الالحان التي يكون قرارها برج اليكاه اربعة : الاول « نهفت العرب » فانهُ نوى ماهور ثم نهفت ثم تيك حصار ثم نوى ثم تنزل برجاً برجاً الى الرست ثم قرار نهفت الذي يقال لهُ

كَوَشت ثم قرار تيك حصار ثم يكاه . فهذا الترتيب لا يفرق عن ترتيب حجاز النوى الا بالاحواء وانهُ يُعمل من القرار

الثاني « شدّ عربان » وهذا في الحقيقة لحن الحجاز مكرَّرًا من ديوانين لتسهيل الطبقة على المنشد (١ فيجعلون قراره على اليكاه هكذا : نوى حصار نوى ماهور نهفت حصار نوى محيَّر سنبلة محيَّر ماهور نهفت حصار نوى جهاركاه كردي دوكاه رست كوشت عشيران يكاه (٢

(36) الثالث « نهفت الاتراك » وترتيبهُ هو ترتيب الماهور بعينهِ يصوّرونهُ عن برج اليكاه وهو يختلف في الاحواء وانخفاض الطبقة فقط وذلك بان ينقروا : نوى حسيني حجاز بوسليك نوى اوج حسيني نوى حجاز بوسليك دوكاه رست عراق عشيران يكاه

الرابع « النوى المسمّى يكاه » فهو ايضاً ماهور مصوّر من اليكاه بان يُنقر : نوى مظهرًا ثم حجاز ثم بوسليك ثم ينزل الى برج العراق ثم رست عراق عشيران يكاه

الفصل الثاني

في الالحان التي يكون قرارها برج العشيران

الالحان التي يكون قرارها برج العشيران ثلاثة : الاوّل « العشيران » وهو ان يُعمَل البياتي من على برج الحسيني كما يأتي بيانهُ عند الكلام على الحان برج الدوكاه ثم نوى جهاركاه ثم بوسليك دوكاه رست عراق عشيران

والثاني « عجم عشيران » وهو ان يعمل العيريز كما يتبيَّن بعده في برج الدوكاه ثم ينزل الى برج العشيران ويقف عليهِ

والثالث « مقابل عشيران ». وهو حسيني ماهور نهفت مكرّرين الى الحسيني ثم ماهور ثم ينزل برجاً برجاً مع البوسليك الى العشيران

---

١) يريد بهِ اتحاد هذه الاصوات من ديوانين حوانات وقرارت (راجع الباب الاول ف ٥ في افتراق الالحان عن بعضها).

٢) ومعنى هذه الكلمات المتقطعة هو توالي الاصوات الواجب عملها على الموسيقي

الفصل الثالث

في الالحان التي يكون قرارها برج العراق

الالحان التي يكون قرارها برج العراق ثمانيـــة : الاوّل « العراق (١ » فانهُ نوى ثم ينزل برجاً برجاً الى العراق

(37) والثاني « سلطان عراق » فهو نوى حجاز مكرّرًا ثم ينزل برجاً برجاً الى العراق ويصعد الى الماهور ثم ينزل برجاً الى الدوكاه وقد كان الأنسب وضعهُ مع الالحان التي تقرّ على برج الدوكاه ولكن وضعناهُ هنا اتباعاً لاصطلاح ارباب هذا الفنّ وهكذا ترى بعض الالحان مختلفة الوضع فاعلم ان وَضْعنا لها اتباع لاهل الصناعة

والثالث « عراق زمزمي » فهو عراق رست دوكاه ثم نوى ثم تنزل برجاً برجاً الى العراق ثم سيكاه مُظهرًا الى الدوكاه ثم تلمّح العجم وتـنزل برجاً برجاً الى الدوكاه ثم سيكاه مظهرًا ثم تنزل برجاً برجاً الى اليكَّاه ثم رست ثم سيكاه ثم نوى ثم تنزل برجاً برجاً الى الدوكاه

والرابع « مخالف عراق » فهو عراق رست دوكاه جهاركاه ثم سيكاه دوكاه رست عراق

والخامس « راحة الارواح » فهو نوى حجاز مكرّرًا ثم دوكاه كردي ثم دوكاه رست ثم كردي دوكاه رست عراق

والسادس « راحة الارواح رومي » فهو عمل الحجاز الى الرستَ ثم دوكاه كردي ثم دوكاه رست عراق

والسابع « رَمَـل » فهو نوى جهاركاه مكرّرًا ثم نوى حجاز ثم تلمّح الحسيني ثم نوى جهاركاه مكرّرًا مع تيك بوسليك ثم جهاركاه وتلمّح النوى ثم سيكاه مظهرًا دوكاه رست عراق

والثامن « راحة شذى(٢) » فهو لحن الصبا (٣ ثم تقف على العراق

---

١) وهو من الالحان والادوار الرزينة الصارمة تصلح للحرب والدين

٢) وفي نسختنا A « شذي »

٣) والصبا من الالحان الدوكاه

الفصل الرابع

في الالحان التي يكون قرارها برج الرست

هي تسعة : الاوَّل « الرست » وهو ان تقرع برج الرست ثم الدوكاه وهكذا تصعد الى النوى ثم ترجع الى الرست ثم تقرع اليكاه وتقف على الرست

والثاني « النكريز (١ » وهو ان تبتدئ نوى ثم حجاز ثم سيكاه مظهرًا (38) ثم حسيني نوى مظهرًا ثم حجاز سيكاه دوكاه رست . ومن ذلك يعلم ان برج الجهاركاه لا يستعمل في هذا اللحن بل يفسد ويكون ربع الحجاز بديلًا عنهُ

والثالث « السازكاه ٢) الصحيح » وهو ان تقرع السيكاه مظهرًا وتدوس البوسليك وتظهر الدوكاه ثم النوى ثم البوسليك دوكاه عشيران عراق رست

والرابع « الماء رنًا » وهو لحن الصبا يقرّ على الرست

والخامس « نيشاورك » وهو نوى مظهرًا حجاز بوسليك دوكاه رست . ويُفسد في هذا اللحن برج الجهاركاه والسيكاه ويكون بديلًا منها ربع الحجاز وربع البوسليك . هذا تعريف ارباب الصناعة والذي اراه ان يكون هذا اللحن من الالحان التي يكون قرارها على برج الجهاركاه ويُبتدأ فيهِ من ماهور مظهرًا اوج حسيني نوى جهاركاه لان النسبة صحيحة بين ما رأيتهُ وبين ما ذكروهُ غير ان ما ذكرتهُ اقرب الى الفهم اذ يُستغنى بهِ عن الارباع ويكون الاستعمال من الابراج الصحيحة . ولمعترضٍ ان يقول انَّ برج الاوج في هذه الصورة يقوم مقام نيم حجاز ولا يقوم مقام الحجاز فيحتاج الامر الى استبدال الاوج بالنهفت (٣ وحينئذٍ لا يكون كثير فائدةٍ فيما ذكرتهُ اذ لا يُستغنى الامر معهُ عن استعمال الارباع . فاقول اوَّلًا انهم اطلقوا التعريف بالحجاز وهو شامل النيم والتيك . ثانياً اذا فرضنا عدم الشمول فان تعريفهم يُفسد بهِ برج الجهاركاه والسيكاه وما ذكرتهُ يُفسد به برج الاوج فقط وذلك اسهل ادراكاً

والسادس « بنجكاه » وهو من نوى مظهرًا ثم حجاز وبوسليك مظهرًا ثم حجاز نوى ثم اوج مظهرًا ثم حسيني نوى مظهرًا وحجاز بوسليك مظهرًا ثم جهاركاه مظهرًا (39) ثم

---

١) كذا في D وهو الصحيح . اما التكرير (A) والتكريز (B و C) فهما تصحيف

٢) راجع الحاشية الاولى من الصفحة التالية

٣) ليكون البعد بين الماهور والنغمة الثانية كما هو بين النوى والحجاز اعني بهِ ربعين فقط

سيكاه دوكاه رست . فظهر ان هذا اللحن يُستغنى فيهِ اوّلًا عن الجهاركاه والسيكاه ثم عند القرار يُحتاج اليهما

والسابع « السازكاه (١ المتعارَف » وهو رست دوكاه بوسليك مظهرًا ثم دوكاه رست ثم نوى مظهرًا ثم حسيني مظهرًا ثم نوى جهاركاه بوسليك دوكاه مظهرًا عشيران عراق رست . وفي هذا اللحن يُفسد برج السيكاه ويكون بديلًا منهُ ربع البوسليك وبالحقيقة انهُ لا يختلف عن لحن الجهاركاه الّا في الاجزاء فقط . واماً ترتيب الابراج في كليهما فهو على نسبة واحدة لان نسبة الرست الى الدوكاه كنسبة الجهاركاه الى النوى ونسبة الدوكاه الى البوسليك كنسبة النوى الى الحسيني ونسبة البوسليك الى الجهاركاه كنسبة الحسيني الى العجم لان لحن الجهاركاه يستعملون فيهِ ربع العجم بدلًا عن برج الاوج ثم ان نسبة الجهاركاه الى النوى كنسبة العجم الى الماهور ونسبة النوى الى الحسيني كنسبة الماهور الى المحيَّر

والثامن « حجازكاه » وهو رست ثم نوى مظهرًا ثم حصار ثم نوى مظهرًا ثم جهاركاه مظهرًا ثم بوسليك ثم تيك زركلاه ثم رست ثم يكاه رست . هكذا رسمتهُ علماء القسطنطينيَّة . وفي هذا اللحن يُفسد برج الدوكاه وبرج السيكاه ويكون عوضًا عنهما التيك زركلاه والبوسليك . والظاهر من هذا الترتيب انهُ ترتيب الابراج التي تلزم لاجزاء لحن الحجاز (٢ بعينها غير ان ربع الحجاز يكون نيم حجاز فاذا ترتَّب على هذه الصورة وجُعل قرارهُ من على برج الدوكاه يتحصل المقصود وذلك اقرب فهماً ولا يُفسد فيهِ سوى برج واحد وهو الجهاركاه

والتاسع « شاورك مصري » وهو حسيني مظهرًا واخفاء النوى ثم عرباء اي نيم حجاز وبوسليك مظهرَين ثم دوكاه رست وقد كان الاحسن ان يكون من فروع الجهاركاه فتبقى فيهِ الابراج صحيحة

---

١) كذا في A و C . اماً في غيرهما « سازكام » او « سازكار » . ونظنّ الاول اقرب الى الصواب وربما كان تحريفًا للفظة الفارسية « ششكاه » والدليل على ذلك ورود هذا اللحن بعد لحن « البنجكاه »

٢) والحجاز من الحان الدوكاه

(40) الفصل الخامس

في الالحان التي يكون قرارها على برج الدوكاه

هى واحد واربعون لحناً : الاول « الدوكاه المسمَّى عشَّاق الاتراك » وهو دوكاه رست دوكاه رست ثلاث مرار ثمَّ نوى جهاركاه سيكاه دوكاه دوكاه رست دوكاه ثم تصعد الى برج الحسيني برحاً برحاً مظهراً برج الحسيني ثم عجم ثم نوى وجهاركاه مظهراً ثم سيكاه دوكاه. وهذا اللحن يُلحِقهُ اكثر علماء البلاد الشامية بلحن البياتي بواسطة قراره على برج الدوكاه ولكونهِ يُستعمل فيهِ ربع العجم بدلًا من برج الاوج وسيظهر لك فرقهُ عند تعريف البياتي وانواعهِ

والثاني « الصبا المسمَّى بالركب ١) » وهو ان تُظهر الجهاركاه وتلمّح الحسيني ثم جهاركاه سيكاه دوكاه

والثالث « صبا همايون » وهو رست مظهراً كردي دوكاه رست مخفياً ثم جهاركاه مظهراً ثم سيكاه دوكاه . وهذا اللحن يكون استعمال ربع الكردي فيهِ ليس كبرج حقيقي موضوع لقيام اللحن بل تلميحاً منهُ لانَّ الابراج التي قبلهُ وبعده لا يبطل استعمال احدهما

والرابع « صبا چاويش » فهو جهاركاه مظهراً ثم حجاز جهاركاه مظهرَين ماهور مظهراً ثم شهناز (٢ ملمَّحاً ثم ماهور عجم مظهراً حسيني حجاز جهاركاه سيكاه دوكاه . فظهر ان هذا اللحن يُفسد فيهِ برج النوى وبرج الاوج ويُستبدل عنهما بربعَي الحجاز والعجم وبسبب فساد برج النوى يبطل استعمال عمَّارهِ الذي هو برج المحيَّر ويستعمل بدلًا منهُ ربع الشهناظ تلميحاً لانهُ جواز ربع ٣) الحجاز الذي قام مقام النوى . وفي عصرنا هذا يكثر المنشدون من اهل مصر الحركات من هذا اللحن عند انشادهم لحن الصبا غير انهم قلَّما يرتفعون بهِ الى الماهور

والخامس « النادي » وهو اظهار النوى ثم جهاركاه بوسليك مخفياً دوكاه فيفسد في هذا برج السيكاه ويستعمل بدلًا منهُ ربع البوسليك

---

١) كذا في B و C و D وورد في A : المراكب

٢) ويروى شهناز

٣) كذا في D. امَّا في النسختين المحفوظتين في مكتبتنا « برج الحجار » وهو خطاء مبين

والسادس « بياتي عجمي » وهو اظهار النوى قليلًا(41) ثم اظهار ربع العجم كثيرًا ثم حسيني ثم نوى جهاركاه مظهرَين ثم عجم حسيني نوى جهاركاه سيكاه دوكاه فيُفسَد في هذا اللحن برج الاوج ويكون بدلًا عنهُ ربع العجم ولا يصعد فيهِ الصوت الى ما فوق العجم من الابراج

والسابع « بياتي نوى » وهو اظهار النوى ثم نيم حصار مدغدغاً ١) ثم نوى جهاركاه مظهرًا ثم نوى ثم حصار ثم نوى جهاركاه سيكاه مظهرًا ثم عجم ثم حسيني نوى جهاركاه سيكاه دوكاه · وهذا اللحن يستبدل فيهِ الاوج بالعجم واما برج الحسيني فيبقى فيهِ على حاله غير انهُ يلمّح بهِ نيم حصار في الابتداء

والثامن « بيـاتي الحسيني » وهو حسيني مظهرًا ثم نيم عجم مدغدغاً ثم حسيني نوى مظهرًا جهاركاه سيكاه مظهرًا نوى حسيني ثم تنزل برجاً برجاً الى الدوكاه · وهذا اللحن ايضاً لا يستعمل فيهِ برج الاوج وما فوقهُ بل يُستبدل الاوج بربع العجم وهو البياتي المعرف عند اهل الشام في عصرنا هذا وعند اهل مصر يقال لهُ نيريز (١ واما النيريز في الحقيقة فهو غيره وسيأتي بيانهُ

والتاسع « الشوري بياتي » وهو اظهار النوى ثم مـاهور ثم ربع النهفت ثم تيك حصار ثم نوى مظهرًا جهاركاه بوسليك مظهرًا ثم نوى حصار ثم نوى ثم تنزل برجاً برجاً الى الرست مظهرًا ثم عجم ثم تنزل برجاً برجاً الى الدوكاه · فهذا اللحن مركَّب من لحنين احدهما الحجاز من على برج النوى عند الاستهلال وبسببهِ اقتضى الامر استعمال الحصار والنهفت بدلًا من الحسيني والاوج والثاني لحن البياتي الحسيني عند القرار وحينئذٍ يبطـل الحصار ويستعمل بدلًا منهُ الحسيني ويبطل النهفت ويُستعمل بدلًا منهُ العجم وفي هـذا اللحن لا يبطل مطلقاً سوى برج الاوج فيكون النهفت بدلًا منهُ اولًا والعجم ثانياً

والعاشر « ذوري بياتي » وهو اظهار النوى ثم محيَّر ثم ماهور عجم حسيني نوى ثم جهاركاه بوسليك مظهرًا ثم عجم ثم تنزل برجاً برجاً الى الدوكاه · وهذا اللحن يُستبدل فيه الاوج بربع العجم واما برج السيكاه فلا يبطل منهُ دائماً بل عند الاستهلال يُستعمل بدلًا منهُ البوسليك واما عند القرار فيستعمل السيكاه ويُهمل البوسليك

١) كذا في D اي مُزكزكاً من « دغدغه » اي حكّه حكاً خفيفاً . اما لفظة « مرغوغاً » (الواردة في باقي النسخ فليس لها نصيب" في اللغة

٢) او نيرز (راجع رسالة روض المسرات ص ٣٩)

والحادي عشر « اليزيذ كَنْد ١) » وهو ان تعتبر النوى دوكاه وذلك بابطال (42) برج الحسيني والاوج واستبدالهما بربعَي الحصار والعجم وتعمل من عليه لحن الصبا (٢ ثم جهاركاه سيكاه ثم عجم حصار نازلًا برجاً برجاً الى الدوكاه الاصلي . هكذا عرَّفتهُ ارباب هذه الصناعة والذي اراه في تعريفه ان يقال هو بان يُعمل الصبا من الدوكاه ثم ينزل من الجهاركاه برجاً برجاً الى العشيران لان ما ذكروه مَبنيّ على النسبة التي ذكرتها وتعريفهم يصعب فهمهُ على المتعلم لتكلّفهِ ان يصوّر الصبا من برج النوى ويتحمَّل مشقَّة ادراك الارباع ولا حاجة الى ذلك مع امكان تصوير اللحن المذكور واجزائه من الابراج الصحيحة . وبرهانهُ ان نسبة العشيران الى العراق كنسبة الدوكاه الى السيكاه ونسبة العراق الى الرست كنسبة السيكاه الى الجهاركاه ونسبة الرست الى الدوكاه كنسبة الجهاركاه الى النوى ونسبة الدوكاه الى السيكاه كنسبة النوى الى الحصار ونسبة السيكاه الى الجهاركاه كنسبة الاوج الى العجم (٣ واعلم ان لحن الظرفكند (٤ الذي يستعملهُ اهل عصرنا في البلاد الشامية فهو لحن اليزيذ كَند بعينه والظرفكند غير هذا كما يأتي بيانهُ في محلّهِ

والثاني عشر « الحسيني » وهو حسيني جهاركاه نوى حسيني مطهراً ثم ماهور اوج مخفيَّين ثم نوى مظهراً مع ربع الحجاز ثم نوى حسيني ثم ماهور ثم اوج ثم تنزل برجاً برجاً الى الدوكاه . واعلم ان ربع الحجاز لا يستعمل دائماً في هذا اللحن لكن استعمالهُ احياناً عندما يكون المنشد هابطاً اليهِ من الابراج التي فوقهُ وقاصداً الرجوع منهُ الى مافوقهُ واما من كان قاصداً النزول الى ما دونهُ سواء كان يقصد القرار ونهاية الحركة ام يقصد الرجوع الى ما هو اعلى منهُ قبل القرار فحينئذٍ يلزم ان ينزل من برج النوى الى الجهاركاه ثم الى ما دون ذلك ولا يتعرَّض لربع الحجاز وهكذا عند الصعود من الادنى الى الاعلى فيمرّ على الجهاركاه ولا يتعرَّض لهُ كما تقدَّم

(تنبيه) متى قلنا عند تعريف احد الالحان « تنزل الى برج او ربع كذا » و « تنزل

---

١) كذا في A و B و C. وفي D : زيركند

٢) لانك اذا صوَّرت لحن الصبا من على النوى وجب ان يكون البُعد بين النوى وما بعده ربعين اي حصار والبعد بين الحصار وما بعده اربعة ارباع اي عجم لان الصبا على ما قد سبق يستعمل دوكاه ثم كردي ثم جهاركاه . والصبا هنا صبا همايون

٣) كذا في جميع النسخ

٤) او الزرفكند وايضا زيرافكند

برجاً برجاً الى برج كذا » فالمراد بهذا النزول هو النزول على الابراج الصحيحة دون الارباع

والثالث عشر « لحن حستيك ١) » وهو حسيني حصار ثم نوى مخفياً ثم جهاركاه ثم سيكاه دوكاه

(43) والرابع عشر « البوسليك المشهور عند عامة القوم بالعشاق » (٢ وهو حسيني نوى جهاركاه بوسليك دوكاه وهذا اللحن يفسد فيه برج السيكاه ويكون بديلاً منهُ ربع البوسليك

والخامس عشر « حصار بوسليك » وهو حسيني حصار مكرّرَين ثم محيَّر ثم شهناظ ثم اوج ثم حسيني حصار جهاركاه بوسليك دوكاه . وهذا اللحن في غاية التشويش لانهُ يُفسد فيه ثلاثة ابراج وهي السيكاه والنوى والماهور ويكون البوسليك والحصار والشهناظ بدلاً منها وقد رأيتُ بعض الموسيقيين يصوّر هذا اللحن من برج العراق هرباً من هذا التشويش وذلك بان يرفع برج الرست ربعاً واحداً ويجعلهُ نيم زركلاه وينزل الدوكاه ربعاً واحداً ويجعلهُ تيك زركلاه ويجريه على هذا الدوزان ويقرّبهُ الى العراق

والسادس عشر « لحن الحصار » وهذا اللحن كالذي قبلهُ غير ان برج السيكاه يكون فيه على حالةٍ ولا يُستعمل فيه ربع البوسليك

والسابع عشر « لحن الشهناظ » وهو محيَّر مع ربع الشهناظ مكرّرَين ثم اوج ثم محير شهناظ ثم محير حسيني ثم نوى ثم اوج ثم حسيني ثم اجراء لحن الحجاز بتمامه الى الدوكاه . وهذا اللحن يُفسد فيه برج الجهاركاه وبرج الماهور ويكون بديلاً منهما ربع الحجاز وربع الشهناظ

والثامن عشر « شهناظ بوسليك » وهو لحن الشهناظ بتمامه ثم نوى جهاركاه وبوسليك دوكاه . فعُلِمَ من ذلك ان لحن الشهناظ الاصليّ هو ما كان معهُ لحن الحجاز وهكذا لا يكون

---

١) ويُحتمل ان يكون « حسنيك » (C) لعدم اكتراث الناسخ لدقّة التنقيط وفي نسختنا الثانية « خسينك » امّا النسخة D فلم يتسنَّ لنا مراجعتها بهذا الخصوص

٢) فكثيراً ما تراهم يطلقون اسم العشّاق على الحان ليست من هذا الدور وسبب ذلك شهرة العشاق واهميته لانهُ على ما يروي لاند في تأليفهِ على الديوان العربي Land : *Recherches sur la Gamme arabe*, p. 36-37 كمثالٍ قياسي لكل المقامات التي لا تختلف عنهُ الا بانتقال نصفَي الطنيني معاً كما في الادوار اليونانية والكنسيّة او بتبديل بعض الابعاد في الجمع التام المنفصل. غير ان الظرفكند وغيره تنحرف عن تلك المماثلة انحرافاً يُذكر

الحجاز ذيل البوسليك ولذلك يُفسد في هذا اللحن برج السيكاه وفي ذاك برج الجهاركاه وفي كليهما برج الماهور (١

والتاسع عشر «كردى حسيني» وهو لحن الحسيني لكن يُستعمل فيه ربع الكردي بدلًا عن السيكاه وينزل الى برج الدوكاه مع الرست

(44) العشرون «الطرفكند» وهو ماهور اوج مكرَّرَين ثم ماهور الى النوى مظهرًا ثم ماهور ثم نوى وحسيني مخفيَّين ثم اوج مظهرًا ثم ماهور اوج حسيني نوى مظهرًا ثم عجم مخفيًا ثم تنزل برجًا برجًا الى السيكاه ثم دوكاه رست ثم ماهور مع تلميح المحير ثم تنزل برجًا برجًا الى الدوكاه . وفي هذا اللحن لا يُستبدل شيء من الابراج الصحيحة لكن في بعض الحركات يُلمَّح العجم اذا كان ابتداء النزول منهُ لا ممَّا فوقهُ

(تنبيه) هذا اللحن مع اللحن الذي يليه حتى ان الحانًا اخرى في عصرنا هذا لا تميّزها ارباب الموسيقى عصر عن لحن الحسيني(٢ وذلك لعدم تعمُّقهم في هذا الفنّ ولان اكثر عنايتهم بتنميق الالفاظ والتخنُّث في التلحين على وجه يحرّك السامع الى التهتُّك والخروج عن الادب ولذلك لم يصرفوا عنايتهم الى اتقان اصول الفنّ وفروعه

والحادي والعشرون «نجدي الحسيني» وهو ماهور مظهرًا ثم تنزل برجًا برجًا الى الجهاركاه ثم نوى وحسيني ثم تلمّح العجم وتنزل برجًا برجًا الى السيكاه ثم جهاركاه ثم ماهور وتنزل برجًا برجًا الى الدوكاه وفي هذا اللحن ايضًا لا يكون استعمال ربع العجم الَّا تلميحًا عندما يكون الربع المذكور اعلى محل تنزل منهُ الى ما دونهُ

والثاني والعشرون «صبا حسيني» وهو ان تجعل الحسيني بمنزلة الدوكاه وتعمل من عليه لحن الصبا ثم تنزل نوى جهاركاه وتختم بلحن الصبا على برج الدوكاه الاصلي

والثالث والعشرون «لحن الشروقي(٣» وهو حسيني مظهرًا ثم ماهور اوج مخفيين حسيني مظهرًا نوى وحجاز ثم دوكاه ثم نختم بلحن الصبا . وهذا اللحن عند استهلاله والهبوط فيهِ من

---

١) يريد بهِ ان البوسليك (وهو اللحن الرابع عشر من الدوكاه) يُفسد فيهِ السيكاه وان الشهناز يفسد فيهِ برج الجهاركاه لان الشهناز كما قال يُعمَل فيهِ لحن الحجاز وسرى في هذا الاخير افساد الجهاركاه

٢) والحسيني الثاني عشر من الحان الدوكاه وقد مرَّ بيانهُ

٣) وفي نسختنا الثانية «شروقي»

الاعلى قد يُستعمل ربع الحجاز بدلًا من الجهاركاه وعند الختام يبطل ذلك الاستبدال ويكون العمل من برج الجهاركاه

الرابع والعشرون « لحن العروب » وهذا لحن الحجاز بتمامه ثم (45) تنزل الى برج العشيران ثم ترجع الى الدوكاه. وهذا اللحن يُفسد فيهِ برج الجهاركاه ويكون بديلًا عنهُ ربع الحجاز

الخامس والعشرون « لحن الحجاز » وهو اظهار النوى ثم حجاز ثم سيكاه دوكاه · وهذا اللحن كالذي قبلهُ يُستبدل فيهِ برج الجهاركاه بربع الحجاز واما اهل عصرنا فيُجرون الحجاز اجراء لحن العرباء وفي اكثر اعماله يصعدون بهِ الى برج الاوج والى ما فوقهُ ايضاً

السادس والعشرون « لحن العرباء » وهو نوى مظهرًا مع العرباء اي نيم حجاز مكرَّرَين ثم حسيني مظهرًا ثم نوى ثم عرباء مظهرًا ثم سيكاه دوكاه · وهذا اللحن ايضاً يستبدل فيهِ برج الجهاركاه بالعرباء

السابع والعشرون « لحن الاصفهان الحجازي » وهو نوى مظهرًا ثم حجاز مكرَّرَين ثم حسيني نوى حجاز سيكاه ثم حسيني نوى حجاز ثم سيكاه ثم دوكاه وهذا اللحن ايضاً يُستعمل فيهِ ربع الحجاز بديلًا عن الجهاركاه

الثامن والعشرون « لحن الشاورك » وهو نوى مظهرًا ثم حسيني ثم نوى ثم عرباء ثم بوسليك دوكاه · هكذا عرَّفوه والاصوَب ان هذا اللحن من الالحان التي تكون على برج النوى وحينئذٍ لا حاجة الى استعمال الارباع لانهُ يخرج من الابراج الصحيحة وبامتحان النِسَب يتَّضح ما ذكرناه وذلك لا يخفى على من لهُ بصيرة في هذا الفن

التاسع والعشرون « لحن الماء رنًّا الرومي » وهو لحن الشهناظ المتقدّم بيانهُ وعند الهبوط الى القرار يُستعمَل لحن الصبا بدلًا من لحن الحجاز الذي يتمّمون به لحن الشهناظ ولهذا لا يُفسد في هذا اللحن سوى برج الماهور الذي يكون ربع الشهناظ بديلًا عنهُ (١

الثلاثون « لحن العَرَزباي » وهو ماهور مظهرًا ثم عجم ثم حسيني ثم ماهور ثم حسيني نوى جهاركاه ثم عجم حسيني نوى الى الدوكاه · وهذا اللحن يُفسد فيهِ برج الاوج ويكون بديلًا عنهُ ربع العجم

الحادي والثلاثون « لحن الرندين » وهو ماهور نهفت تيك حصار نوى جهاركاه ثم يُسلّم

---

١) راجع اللحن السابع عشر من هذا الفصل

تسليم البياتي الى الدوكاه (١ . هكذا عرّفوه ومقتضى هــذا التعريف يُفسد فيه برجا الاوج والحسيني ويكون بدلهما ربعا النهفت والتيك حصار والاصوب ان يجعلوا هذا اللحن من فروع العشيران لان ذلك اقرب الى الفهم اذ لا يُفسد فيه الّا برج الجهاركاه ويكون بديلًا عنهُ تيك الحجاز وبرهانهُ امتحان النسب ولا حاجة الى تكراره

(46) الثاني والثلاثون «لحن النيريز (٢ » وهو عجم مظهرًا ماهور محير عجم حسيني عجم نوى جهاركاه كردي دوكاه واماً اذا نزلتَ بعد ذلك الى العشيران ووقفت عليه فيقــال لهُ حينئذٍ «عجم عشيران» وهذا يُستبدل فيه الاوج بالعجم والسيكاه بالكردي .

الثالث والثلاثون «لحن بابا ٣) طاهر» وهــو محير وتلميح البزرك ثم محير ماهور اوج ثم ماهور اوج حسيني نوى ثم حسيني نوى جهاركاه سيكاه ثم جهاركاه دوكاه سيكاه رست ثم يُسلّم تسليم العرزباي وهذا اللحن لا يُفسد فيه شيءٌ من الاوراج ولكن عند التسليم يُستعمل ربع العجم بحيث لا يصعد الى ما فوق

الرابع والثلاثون «لحن المحيّر» هو محير يعمل من عليهِ صبا ثم تنزل الى الدوكاه وتعمل من عليهِ صبا [راجع الملحق *Additions*]

الخامس والثلاثون «مقابل محيّر» وهو محيّر ثم تنزل برجاً برجاً الى النوى ثم بياتي نوى الى الدوكاه . وهذا اللحن عند التسليم فقط يُدعدغ فيهِ ربع الحصار بسبب ختامهِ بالبياتي

السادس والثلاثون «لحن العكبري» وهو رست سيكاه ثم نيم كردي الى الرست ثم تختم بلحن الحجاز الى الدوكاه . وهــذا اللحن عند العبور فيهِ يُستعمل نيم الكردي بدل الدوكاه وعند التسليم يبطل نيم الكردي ويقرّ على الدوكاه واما برج الجهاركاه فيفسد فيكون ربع الحجاز بدلًا منهُ

السابع والثلاثون «لحن الغُذَّل» بضمّ الغــين وفتح الذال المشدَّدة معجمتين بعدهما لام وهو ان تعمل اعمــال الحجاز ثم رست ثم كوشت اي قرار نهفت ثم قرار تيــك حصار ثم ثم يكّاه ثم ترجع الى الدوكاه . وملخَّص هــذا اللحن انهُ لحن الحجاز من الدوكاه وعند التسليم ينزل فيهِ بحركة حجــاز من على الرست نوى اي اليكاه ويرجع يقف على الدوكاه

---

١) التسليم هو الانتهاء والخروج من اللحن

٢) كذا في D . وفي نُسَخنا البيروتية : بريز وهو تحريف ٣) في C : بابا

وهكذا يحصل لو جعلت لحن الحجاز من برج الحسيني ونزلت عند التسليم بحركة حجاز من على برج الدوكاه ورجعت واقفاً على برج الحسيني

الثامن والثلاثون « لحن الزركلاه » وهو من الالحان التي يكون قرارها على احد الارباع وقد استُحسن وضع كلٍّ منها (47) مع الالحان التي تكون من على البرج المجاور لذلك الربع لانها قليلة العدد فاستُغنيَ بذلك عن وضع باب مخصوص لتعريفها . وهذا اللحن الذي نحن في الكلام عنهُ فهو دوكاه زركلاه مكرَّرًا ثم بوسليك حجاز نوى ثم حجاز بوسليك ثم تظهر الجهاركاه ثم بوسليك دوكاه وتقف على ربع الزركلاه

التاسع والثلاثون « اسكي زركلاه (١ » وهو دوكاه زركلاه عراق زركلاه دوكاه وتختم باعمال الحجاز . وهذا اللحن يُستعمل فيهِ عند الدخول فيهِ ربع الزركلاه بديلًا عن برج الرست ثم عند التسليم يُستعمَل فيهِ ربع الحجاز بديلًا عن برج الجهاركاه

الاربعون « عجم بوسليك » وهو لحن العجم (٢ واعمالهُ ثم حسيني واعمال لحن البوسليك وبالتسليم على برج الدوكاه

الحادي والاربعون « قراركاه ٣) » وهو اعمال لحن الصبا الى الدوكاه ثم زركلاه عراق ثم دوكاه وفي هذا اللحن يُفسد برج الرست ويكون بديلًا عنهُ ربع الزركلاه

الفصل السادس

في الالحان التي يكون قرارها برج السيكاه

هي اثنا عشر لحناً : الاوَّل « لحن السيكاه » وهو سيكاه ثم رست ثم سيكاه ثم نوى مظهرًا ثم ماهور اوج حسيني نوى جهاركاه سيكاه . وهذا اللحن لا يستعمل فيهِ شيء من الارباع ولكن ارباب الموسيقى في مصر يفسدون فيهِ برج الحسيني ويستبدلونهُ بربع الحصار

---

١) اي زركلاه القديم في اللغة التركية

٢) وهو من الحان برج الاوج حسب تقسيم المؤلّف

٣) كذا في A و B و C . و في D : قرادوكا

والثاني «لحـن المستعار» وهو حسيني مظهراً ثم نوى حجاز ثم اوج مظهراً ثم نيم عجم حسيني نوى حجاز سيكاه ولا يُنزل فيهِ الى برج الرست وهـذا اللحن يُستعمل فيهِ ربع الحجار بديلًا عن الجهاركاه واما نيم العجم فلا يكون استعمالهُ الا عند الهبوط الى القرار بعـد انفصال النقرة على برج الاوج ويكون ذلك باعتبار ابتداء الحركة ولا يصح ان تردف نقرة الاوج بالعجم وتردفهما بنقرة الحسيني لان ارداف ثلاث نقرات متباينة في البعد من مسافـة برجين لا يصحّ ابدًا وهو مخالف لطبيعة الصوت الانساني كما تقدَّم بيانهُ في الفصل الاوَّل من الباب الاول .

(48) الثالث «لحن الحرام ١)» وهو نوى مظهراً ثم حصار نوى حجاز ماهور نهفت ثم حصار نوى جهاركاه سيكاه وهذا اللحن يُستعمل فيهِ ربع الحصار والنهفت بديلًا عن برج الحسيني والاوج واما ربع الحجاز فيستعمل اولًا عند الاستهلال ثم يبطل عند التسليم ويكون العمل من برح الجهاركاه

الرابع «لحن الحدام» بالدال المعجمة المخفَّفة وهو نوى مظهراً ثم حجار ثم حسيني نوى جهاركاه سيكاه دوكاه رست ثم سيكاه وهذا اللحن يُستعمل فيهِ ربع الحجار عند الابتداء ويبطل عند التسليم

الخامس «لحن المايا ٢)» وهو تركيب بياتي النوى الى الدوكاه ثم الى السيكاه

السادس «لحن السَلمَك» وهو نوى مظهراً ثم نيم حصار ثم نوى جهـاركاه ثم نيم حصار نوى جهاركاه سيكاه وفي هـذا اللحن يُفسد برح الحسيني ويكون بديلًا عنهُ ربع نيم حصار

السابع «حصـار سيكاه» وهو اوج مظهراً نيم عجم اوج ماهور نيم سنبلة (٣ بزرك جواب العرباء بزرك نيم سنبلة ماهور اوج ثم تنزل برجاً برجاً الى السيكاه وهذا اللحن في غاية الاشتباك لكثرة استعمال الارباع فيهِ وبعضها يبطل من بعد استعمالهِ وذلك ان النيم سنبلة يُستعمل بديلًا عن المحيّر وجواب العرباء بدلًا من الماهوران واماَ نيم العجم فيُستعمل عند الاستهلال بدلًا من الحسيني ثم عند التسليم يبطل ويُستعمل برح الحسيني ولولا استعمال النيم عجم عند

١) كذا في B و C . وفي D . حدم . امَّا في A . قرام او قراح وهو تصحيف واضح
٢) ويقال ايضاً مايه او ماياه (D)
٣) والسنبلة كما ذكر جواب الكردي

الاستهلال لكان الاوفق في بيان هذا اللحن ان يُقال انهُ يبتدئ بلحن الحجاز مصوّرًا عن برج الاوج وينتهي بلحن السيكاه من برج السيكاه واذا اعتبرت النسب يظهر لك ذلك

الثامن « لحن بنتيكار ١) » وهو اوج ثم ماهور اوج حسيني نوى مظهرًا ثم ماهور وتنزل برجاً برجاً الى السيكاه. وهذا اللحن لا يفسد فيهِ شيء من الابراج واختلافهُ عن لحن السيكاه انّما هو في الاجزاء فقط لان الدخول في لحن السيكاه من برجَي السيكاه والرست وفي هذا يكون من برجَي الاوج والماهور

التاسع « نجدي سيكاه » وهو سيكاه ثم جهاركاه نوى حسيني اوج حسيني نوى ثم حسيني اوج وماهور ثم تنزل برجاً برجاً الى السيكاه وهذا اللحن ايضاً يختلف عن لحن السيكاه في الاجزاء فقط.

العاشر « عجم السيكاه » وهو اعمال العجم ويقف على السيكاه

الحادي عشر « لحن البزرك » ويقال لهُ صلوت الله ٢) وهو (49) بزرك ثم ماهور ثم سنبلة ثم بزرك وتنزل برجاً برجاً الى السيكاه

الثاني عشر « عراق البنجكاه » وهو نوى مظهرًا ثم تيك حصار عجم تيك حصار نوى ثم ماهور تيك حصار ماهور عجم تيك حصار نوى جهاركاه سيكاه وهكذا عرّفوه وعلى مقتضى تعريفهم يفسد فيهِ برجا الحسيني والاوج ويكون بديلًا عنهما التيك حصار والعجم وقد كان الصواب ان يجعلوا هذا اللحن من الالحان التي قرارها برج العراق وحينئذٍ لا يفسد فيهِ شيء من الابراج وبرهانهُ مقابلة النسب

الفصل السابع

في الالحان التي يكون قرارها على برج جهاركاه

هي ثلاثة : الاول « لحن الجهاركاه » وهو جهاركاه نوى جهاركاه ماهور عجم حسيني نوى جهاركاه سيكاه دوكاه رست ثم ماهور عجم حسيني الى الدوكاه الى الجهاركاه وهذا اللحن قد يستعمل فيهِ ربع العجم بدلًا من برج الاوج.

---

١) كذا في A و B و C. وقد ورد في D : بَستبنكار (؟)
٢) كذا في D. امّا في باقي النُسخ نيروى : صوت الله

الثاني «لحن الزركله ١)» وهو جهاركاه نوى جهاركاه سيكاه مظهراً ثم جهاركاه ماهور عجم حسيني نوى جهاركاه وهذا اللحن يختلف عمَّا قبلهُ في الاجراء فقط

الثالث «لحن الماهوران» وهو ماهوران ثم تنزل الى الماهور ثم عجم حسيني نوى جهاركاه وهذا اللحن لا يُستعمل فيهِ برج الاوج ويكون بديلًا منهُ ربع العجم

الفصل الثامن

في الالحان الكائنة من برج النوى

هي خمسة : الاول «لحن النوى» وهو نوى حسيني ثم عجم حسيني ثم تنزل برجاً برجاً الى الدوكاه وتقف عليهِ وبعضهم يقفون على النوى. وفي هذا اللحن يُفسد برج الاوج ويكون ربع العجم بديلًا عنهُ

والثاني «لحن النهاوند» وهو نوى محيَّر عجم حسيني نوى جهاركاه نوى مكرَّرَين جهاركاه كردي رست ثم نوى · وهذا اللحن يُتلف فيهِ برجان اصلًا وهما الماهور والدوكاه ويفسد فيهِ برجان وهما الاوج والسيكاه (50) وستبدلان بربعَي العجم والكردي. هكذا عرَّفتهُ ارباب هذا الفنّ

الثالث «لحن النهاوند الصغير» وهو نوى ماهور عجم حسيني نوى حجاز هكذا عرَّفوهُ ومن الموسيقيين من يعمل هذا اللحن من على برج العراق والاوج من غير استعمال الارباع

الرابع «لحن الرهاوي» وهو نوى حسيني نوى حجاز مكرَّرَين حسيني نوى حجاز نوى ومنهم من يعمل هذا اللحن من برج السيكاه مع ٢) العرباء ونيم الكردي والنسبة بذلك واحدة

الخامس «لحن نيشابور» وهو نوى ثم حسيني اوج مظهراً ثم ماهور عجم حسيني نوى حجاز بوسليك ثم نوى وهذا اللحن يُفسد فيهِ السيكاه والجهاركاه ويكون بدلًا منهما ربع

---

١) كذا D . وفي النسخ البيروتيَّة : الشركله

٢) كذا وفي B و C و D بكلّ صواب . اما A ويُقرأ فيه «من» خلافاً للمطلوب

البوسليك وربع الحجاز. واماً ربع العجم فقد يُستعمَل بديلًا عن الاوج عند الهبوط من الماهور فقط وكان الاصوَب في تعريفهِ ان يُجعل مع الحان برج الرست وحينئذٍ لا حاجة الى الارباع الّا عند الهبوط من الجهاركاه الى الرست فيستعمل ربع الكردي بدلًا من السيكاه والبرهان على ذلك هو امتحان النسب

الفصل التاسع

في اللحن الكائن من برج الحسيني

هو « الحسيني المصري » وهو ماهور اوج مكرَّرًا ثلاث مرار ثم نيم الصبا (١ من برج الحسيني ثم يصعد الى الماهور وينزل الى برج الجهاركاه برجاً برجاً ثم يصعد الى الحسيني وينزل برجاً برجاً الى الرست ويقف على الدوكاه ثم يصعد الى الماهور ويعمل الصبا من برج الحسيني ويقف عليهِ وبعضهم يرجع الى الدوكاه ويقف عليهِ

(51) الفصل العاشر

في الالحان الكائنة من برج الاوج

هي خمسة عدا العجم٢) : الاول « لحن الاوج » وهو اوج حسيني مظهرًا ثم حجاز مع النوى ثم حسيني اوج نوى ماهور محيَّر ثم تلمّح البزرك مع المحيّر ثم ماهور اوج ثم تنزل برجاً برجاً الى العراق. وفي هذا اللحن لا يفسد شيءٌ من الابراج واستعمال ربع الحجاز فيهِ انّما هو عندما يكون العمل من برج النوى فصاعدًا. ولكن عندما يكون النزول بقصد التسليم على القرار لا يكون المرور على ربع الحجاز بل على برج الجهاركاه

الثاني « لحن البهلوان (٣ » وهو اوج ثم حسيني نوى حجاز وتقف على البوسليك ثم ترجع الى الاوج

---

١) غلط . والصحيح : لحن الصبا

٢) كذا في D صوابًا . اما في غيرهِ : « عدد العجم » ممّا يُستغلق لنا معناه

٣) كذا في D . وروى في A و B و C : « البهلون » خطأ

الثالث «اوج دارة» وهو اعمال الاوج بتمامه ثم نيم شهناظ ثم اوج نيم عجم نوى جهاركاه سيكاه ثم نيم كردي رست عراق ثم ترجع الى الاوج

الرابع «اوج حصار ١)» وهو اعمال الاوج من فوق وتنزل الى النوى وتظهر لحن شد عربان (٢ ثم جهاركاه كردي عراق

الخامس «لحن اوج خراسان» وهو اعمال الاوج ثم اعمال الحجاز وتقف على الدوكاه

السادس «لحن العجم» وهو عين لحن النيرير ثم ترجع وتقف على ربع العجم وانما ذكرناهُ هنا لان ربع العجم هو جزء من برج الاوج

الفصل الحادي عشر

في الالحان المختصّة بالماهور

هي ثلاثة : الاول «لحن الماهور» وهو ماهور اوج حسيني نوى ثم حسيني نوى جهاركاه بوسليك دوكاه رست ثم سيكاه ماهور الى الرست

(52) الثاني «كارداني عربي (٣» وهو اعمال الماهور من غير بوسليك ثم ماهور ثم تسلّم تسليم البياتي

الثالث «لحن رمل توتي» المعروف بجواب النوى وهو ان تبتدئ من جواب النوى وتعمل اعمال لحن الرمل المتقدّم بيانهُ في العدد السابع من الحان برج العراق وتقف على الماهور

هذا ما انتهى الينا من الالحان المتداولة في عصرنا هذا عند علماء البلاد الشاميّة ولعلّ الالحان المعروفة الآن عند علماء القسطنطينيّة اكثر عدداً من ذلك لانّ تفريع الالحان عديم النهاية كما لا يخفى

---

١) وفي D : حصاري

٢) راجع الالحان التي قرارها اليكاه

٣) ويروى كردانيا وهو احد الاجناس الثانية عشر المستعملة عند الاقدمين والمتأخرين من العرب (راجع الباب الثاني العدد ١) . امّا لفظة « عربي » فهي في باقي النسخ : « عربي »

الخاتمة

في اصول مُعتبرة في هذه الصناعة

اني قد اطّلعت على مؤلّفات كثيرة في فن الموسيقى ولم اجد احداً من مؤلّفيها تعرّض لذكر طريقة يتوصّل بها الطالب الى معرفة حقيقة الابراج فعلياً سوى ما ذكروه من ان الصوت يُقسم من قرارهِ الى جوابهِ الى اربعة وعشرين ربعاً وان هذه الارباع كائنة ضمن سبعة ابراج وهذه بعضها ضمنهُ اربعة ارباع وبعضها ثلاثة كما مرّ في اوّل هذه الرسالة . وهذا التعريف لا يتعلّق منهُ افادة فعليّة بذهن المتعلّم بل هو كلام نظريّ يستفيد بهِ من كان ذا علمٍ بهذا الفنّ وحصلت في سماعه الملكة التي بها يقدر على تمييز النغمات في ارتفاعها وانخفاضها ونسبتها الى بعضها ومن كانت هذه صفتهُ لم يكن كثير الحاجة الى هذا التعريف غير ان معرفتهُ بهذه الدقائق تجعلهُ مزيّناً بمعرفة مباني هذا الفنّ

وقد كنت في سنة ١٢٣٦ ﻫ قدمتُ على مدينة دمشق مبايناً وطني بدير القمر لفتنةٍ وقعت في بلادي واغتنمتُ الفرصة في درس بعض الفنون على استاذي الشيخ محمّد العطّار المشهور في العلوم العقليّة فضلاً عن النقليّة وحضرتُ مشاجرات كثيرة جرت بينهُ وبين عبدالله افندي مهردار في المباحث الآتي ذكرها . والشيخ محمّد لا يزال مصرّاً على رأيهِ حتى اثبته ١) في رسالته التي في فنّ الموسيقى على ان عبدالله كان يصيب فيما يعترض بهِ الّا انهُ لا يقدر ان يأتي ببرهانٍ يُقنعهُ سوى انهُ كان يقول : لو عملنا كما تقول لم يكن خارج العمل مطابقاً الدعوى . وصورة ما رآه الشيخ العطّار ان يُشدّ وترٌ او ما اشبههُ على آلةٍ كالطنبور مثلاً ويُقرع فتسمّى النغمة الحاصلة من ذلك القرع على مطلقه يكّاه . ثم يُربط في ما يجازي منتصف ذلك الوتر دستان فتُسمّى النغمة الحاصلة عند قرع ذلك الوتر اذا ضُغط على ذلك الدستان نوى وهو جواب اليكّاه ثم يقسم ما بين ذلك الدستان ومبتدأ مطلق الوتر اي مكان شدّه اربعة وعشرين قسماً متساوياً

١) كذا في D صواباً . وفي غيره : إنتبه . – بخصوص بعض اصلاحات ادخلناها على نصّ C,B,A وفقاً للنسخة الدمشقيّة راجع الملحق *Additions*

ويُربط ما بين كل قسم وما يليه دستان فاذا ضُغط على ظهر الوتر من ظهر الدستان وقُرع عليه تكون نغمة قرار نيم حصار وعلى الثاني قرار حصار وعلى الثالث قرار تيك حصار وعلى الرابع برج العشيران وعلى الخامس قرار نيم العجم وهكذا يصعد على التوالي دستاناً فدستاناً فبالقرع على الوتر عند كلٍ منها تكون نغمة ربع من الارباع الاربعة والعشرين على وعند الدستان الرابع والعشرين يكون برج النوى الذي هو جواب اليكاه الخارج من القرع على مطلق الوتر ثم يُنصّف ما بين النوى ومنتهى الوتر وعند النصف يكون جواب النوى وهكذا يُنصَّف الباقي فيكون جوابَ جوابٍ الى ما لا نهاية لهُ وكلّ نصفٍ يُقسم الى اربعة وعشرين قسماً متساوية وتسمّى هذه الاقسام باسماء الارباع والابراج الواقعة عليها

هذا ما اعتمد صحّتهُ الشيخ المذكور وهو سهوٌ منه كما يظهر من امتحان هذه الطريقة بالعمل ولم يُسلَّم ما ذكره سوى انهُ عند المنتصف يكون جواب المطلق فكلما قُسم الباقي الى نصفين يكون عند النصف جواب الجواب الى ما لا نهاية لهُ ولاجل ايضاح الخطإ في ذلك يلزم ان نقيم البرهان القاطع الذي لا ريب معهُ

مقدمة اولى

ان البعد بين كلّ ربعين يكون باعتبار طول الوتر وقصره فكلّما كان الوتر اطول كان البعد بين الربعين اكثر وكلّما كان الوتر اقصر كان البعد بين الربعين اقلّ . ألا ترى انه في الاول كان الجواب عند النصف من الوتر والثاني كان عند نصف نصفه فاذًا ايّ محلّ من الوتر حبستَ عليهِ وقرعتهُ تكون نغمتهُ قرارًا للنغمة التي تحصل من الجسّ على المنتصف الكائن بين المحلّ الذي حبست عليه اوّلًا وبين منتهى الوتر وهذه المسافة دائماً تتضمّن الاربعة وعشرين ربعاً طويلة كانت ام قصيرة

مقدمة ثانية

اذا كان ثبت ممّا تقرّر ان نصف الوتر الاول يحتوي على الاربعة وعشرين ربعاً وان النصف ممّا بقي وهو ربع جميع الوتر يحتوي ايضاً على الاربعة وعشرين ربعاً جوابِ الاول وجب من هذا ان يكون مقياس الربع من القسم الثاني بقدر نصف مقياس الربع من القسم

الاول وهذا النقصان حاصل من دخول القصر على طول الوتر. النتيجة إذ قد تقدَّم ان قصر الوتر موجب لقصر مقياس الربع ومن المعلوم ان الربع الاول يكون مقياسهُ باعتبار ان الوتر كائن على غاية طولهِ. واماَّ الارباع التي بعدهُ فكل منها قد نقص طول الوتر بالنسبة اليهِ بمقدار طول القياس مقياس ما تقدَّمهُ من الارباع ولذلك وجب ان كل ربع ينقص مقدار قياسه عن الربع الذي تقدَّمهُ بنسبة نقصان طول الوتر الذي هو مقدار قياس الربع المتقدّم عليهِ حتى ينتهي الامر الى الاربعة وعشرين ربعاً التي هي نهاية الديوان الاول الكائن عند منتصف طول الوتر وحينئذٍ ترى ان الربع الخامس والعشرين صار مقياسهُ نصف مقياس الاوَّل (١ وهكذا يصير السادس والعشرون نصف مقياس الثاني وهلمَّ جرًّا كما يظهر لك ذلك من الشكل الاوَّل المرسوم في هذه الرسالة وهو ان ترسم مثلَّثاً قائم الزاوية طول احدى قائمتيهِ (٢ «اب» على قدر ما شئت وطول الثانية «ات» تفرضهُ طول الربع الاول من الطنبور وتسحب خطًّا على وتر الزاوية من رأس القائمة الاولى وهو «ب» الى رأس الثانية وهو «ت» ثم تنصّف القائمة الاولى من «ب» الى «ا» فيكون نصفها «ج» فتقسم من «ج» الى «ا» اربعة وعشرين قسماً متساوياً وتسحب على هذه الاقسام خطوطاً موازية للقائمة الثانية وهي «ات» حتى تتلاقى الخطوط مع الخط المسحوب على وتر الزاوية من «ت» الى «ب» فهذه الخطوط هي موقع طول كلٍّ من الارباع الاربعة والعشرين باعتبار ان القائمة الثانية التي هي «ات» هي طول الربع الاول ثم ان شئت ان تعلم طول ارباع الديوان الثاني فتنصف الباقي من القائمة الاولى من «ج» الى «ب» فيكون النصف «د» فتقسم ما بين «ج» و «د» اربعة وعشرين قسماً متساوية وتسحب عليها خطوطاً متوازية كما عملتَ اوَّلًا فعند تلاقي كلٍ منها بالخط المسحوب على وتر الزاوية يكون طول مقياسه وكلّما نصَّفتَ الباقي من القائمة الاولى يخرج جواب الجواب الى ما لا نهاية لهُ فبهذا الشكل اتضح ان الارباع يتناقص مقياسها على نسبةٍ هندسية لا كما ذكر الشيخ من «ات» ارباع الديوان الاوَّل من اليكاه الى النوى

١) والحق يقال ان الربع الخامس والعشرين في الشكل هو الخط المكتوب عليهِ ٢٤ لاننا تركنا الخط الاول بدون رقم لليكاه وليس احد يجهل ان الديوان الكامل محتوٍ على ٢٥ نغمة و ٢٦ ربعاً او بعدًا (على تقسيم صاحب الكتاب)

٢) يريد بهِ احد ضلعَي الزاوية القائمة. وفي جميع النُسخ : قائمتهِ

يكون طول قياسها متساوياً وانهُ من النوى الى جوابهِ تكون الارباع مثل نصف الاولى لان هذا يستلزم ان يكون البعد بين برجي الجهاركاه والنوى ضعف ما بين النوى والحسيني وهذا لا يكون بين برجين متماثلين متجاورَين بل ان هذا التناقص يقتضي بُعد ديوانٍ كامل لما تبيَّن من ان الربع بالجواب هو مثل نصف قراره فظهر من ذلك وقوع الخلل على ما ذهب اليهِ شيخنا المشار اليهِ ولذلك استحسنتُ ان اختم رسالتي هذه ببحثٍ لطيف في هذا المعنى يتضمَّن بيان الطرق الموصلة الى معرفة حقيقة موقع نغمة كل ربع وكل برج في ذلك الوتر المشدود على الطنبور موضحاً ذلك بالبراهين الهندسية والحسابية وذلك مما يحتاج الى فكرٍ ثاقب وتأملٍ دقيق

فاقول انهُ قد تقدَّم الشرح الكافي انهُ عند منتصف الوتر يكون جواب مطلقهِ وهذا امر معلوم بالعقل لا ريب فيهِ . ثم ان النصف الثاني يكون عند نصفه جواب الجواب وهكذا كلَّما نصَّفت الباقي يكون جواب ما نصَّفتهُ واذا تقرَّر هذا فنقول ان النصف الاول هو الديوان الاول المحتوي على اربعة وعشرين ربعاً من اليكاه الى النوى ونصف الثاني هو الديوان الثاني وهو يحتوي ايضاً على اربعة وعشرين ربعاً من النوى الى جوابهِ الذي يقال لهُ رمل توتي فاذا قسمنا كلًّا من القسمين المذكورين الى اربعة وعشرين قسماً كان بالضرورة مقياس كل ربعٍ اي قسمٍ من اقسام القسم الاوَّل ضعف كل قسم من اقسام القسم الثاني لان نسبة الاجزاء الى الاجزاء كنسبة الاضعاف الى الاضعاف وعلى هذا يكون قياس الربع الاول من الديوان الاول مثل ضعف القسم الاوَّل من الديوان الثاني . وهكذا كل قسم من ارباع الجواب يكون مثل نصف قسم الربع الذي يقابلهُ من ارباع القرار . واذ قد ثبت بالبرهان ان طول الربع متعلِّق بطول الوتر وجب ان يكون الربع الاول أطول الارباع والذي يليه اقصر منهُ . وهكذا كل ربع يقصر عمَّا قبلهُ على نسبةٍ هندسيَّة الى الجواب الذي هو نصف الوتر فيكون قياس الربع الواقع عند النصف مثل نصف قياس الربع الاول وهكذا يؤْخذ في التناقص بالديوان الثاني والثالث فيتكوَّن من ذلك مثلَّث قائم الزاوية وهو مرسوم في الشكل الاول المتقدّم شرحهُ آنفاً . فعلى هذا لو كان طول الربع الاول من الديوان الاول قيراطاً واحداً لكان طول الربع الاول من الديوان الثاني نصف قيراط . واما وجه استخراج معرفة طول كل ربع بالطريقة الحسابية فهو ان نضرب الاربعة وعشرين ربعاً في مثلها وتضرب الحاصل في اربعة وعشرين وهلمَّ جرًّا الى ان يبلغ الضرب في الاربعة وعشرين ربعاً اربع وعشرين مرَّة مهما بلغ العدد فهو مخرج الكسر

لهذه المسألة وحينئذٍ تقسم هذا المخرج على اربعة وعشرين فخارج القسمة هو سهام الربع الاوّل فتطرحه من المخرج فما بقي تقسمهُ على اربعة وعشرين وخارج القسمة ايضاً تطرحهُ مما بقي من المخرج بعد طرح سهام الاول لانها سهام الربع الثاني وما بقي ايضاً تقسمهُ على اربعة وعشرين وخارج القسمة ايضاً هي سهام الربع الثالث وتفعل كما فعلت بالاول والثاني حتى تستخرج سهام الاربعة وعشرين ربعاً ثم تجمع هذه السهام وتطرحها من اصل المخرج وما بقي من المخرج تردّهُ على السهام بعمل النسبة لتكون كميّة مجموع السهام كمقدار المخرج . ومهما بلغت سهام كل ربع فنسبتها الى المخرج كنسبة مقياس طول ذاك الربع الى طول نصف الوتر المشدود على الآلة ولما كان يندر وجود العارفين بضوابط فنّ الحساب من ارباب صناعة الموسيقى كان استخراج ذلك بوجه حسابي يقرب من المستحيل لاسيما ان هذه المسألة تبلغ اعدادها الوفَ الوفٍ كثيرة فيعسر على الغير الحاذقين في فنّ الحساب ادراك نسبة اعدادها . هذا عدا التعسُّرات التي تحصل من عدم وجود آلةٍ مدققة تعين على ضبط قياس كسوراتها فلذلك اخترت ان اورد لاستخراجها طريقة هندسيّة بان يُرسم شكل هندسي تؤخذ منهُ النتيجة المقصودة بواسطة المقياس من غير تكلُّف لمعرفة نسبة الاعداد

فاقول ان طول فُسحة الطنبور من مبتدا مطلق الوتر عند رأس الآلة الى منتهى الوتر المطلق اعني الى حدّ الجحش يُقسَم الى قسمين متساويين . فالقسم الاول منهما الذي هو من جهة رأس الالة يحتوي على الديوان الاول من اليكاه الى النوى . والقسم الثاني اذا نصّفت ما بينهُ وبين الجحش فعند المنتصف يكون جواب النوى وهذا النصف الذي هو من النوى الى جوابهِ يحتوي ايضاً على الديوان الثاني من النوى الى جوابه الذي يقال لهُ ايضاً رمل توتى وذلك جواب الديوان الاول كما تقرَّر من تفصيل ذلك آنفاً . واذا عُلم ذلك فنقول : بما ان الديوان يحتوي على اربعة وعشرين ربعاً ومقياس الربع الاول من الديوان الثاني يكون مثل نصف مقياس الربع الاول من الديوان الاول فوجب من هذا بمقتضى البرهان الهندسي انهُ اذا كان طول نصف فسحة الطنبور اربعة وعشرين قيراطاً يكون الربع الاول من الديوان الاول قيراطاً وثلث القيراط والربع الاوّل من الديوان الثاني ثُلثي القيراط ليكون الاول ضعف الثاني ويكون تناقص الارباع عن بعضها على نسبة هندسيّة كما يتضح ذلك من الشكل الثاني فان نصف طول فسحة الطنبور « ا ب ت ث » ومن « ت » الى « ا » قيراط واحد ومن « ث » الى « ب » قيراط واحد ايضاً . فاذا سحبنا خطّاً مستقيماً من « ج » الواقع على ثلثي القيراط

مارًّا على لفظة « د » التي هي نصف طول الشكل كانت نهايتهُ عند « س » بعيدًا عن « ا » ثلث قيراط فيكون من « ث » الى « ج » نصف المسافة من « ت » الى « س » والذي نقص من « ب ج د » زاد في « ا س د » تحصل من هـذا الشكل مثلث قائم الزاوية مقطوع على نصف قائمةٍ التي هي من « ت » الى « ث » اذ لو وصلت الخطّ « ت ث » بخط مثله الى « ص » بحيث تصير « ث » في منتصف الخط بين « ت ص » ثم وصلت الخط « س د ح » بخط مثلهِ على استقامة التلاقي في « ص » كما يظهر لك من الشكل الثالث فيكون مثلّث قائم الزاوية احدى قائمتيه « ث ا س » والاخرى « ت ث ص » ووترها « س د ج ص » فهـذا المثلّث نصفهُ الاول من « ت » الى « ث » وهو الديوان الاول ونصفهُ الاخر من « ث » الى « ص » فاذًا نصفهُ عند « ط » يكون من « ث » الى « ط » الديوان الثاني وهكذا كلما نصّفت البـاقي يكون جواب الجواب الى ما لا نهاية لهُ . ومن ذلك يُعلم انهُ اذا اردتَ قسمة فسحة الطنبور على اي نوعٍ كان من الاقسام تكون قسمتها بمقتضى هذا الشكل بان يكون القسم الاول زائدًا مقدار ثلث اصلهِ فاذا كانت القسمة الى ابراج كبرى كبرج العشيران وامثالهِ فضمنهُ اربعة ارباع هي سدس نصف فسحة الطنبور عبارة عن اربعة قراريط منهـا فيلزم ان يكون الاول خمسة قراريط وثُلث القيراط والاخير قيراطين وثلثي القـيراط واذا كانت القسمة الى ابراج صغرى كبرج العراق وامثاله فضمنهُ ثلاثة ارباع عبـارة عن ثلاثة قراريط من نصف فسحة الطنبور فيلزم ان يكون اربعة قراريط والاخير قيراطين

وفي الاجمال نقول ان البرج الكبير يكون جزءًا من تسعة اجراء من كلّ طول فسحة الطنبور والصغير جزءًا من ستة اجراء كل الفسحة . وعا انا قد انتهينا من شرح المبادئ الموصّلة الى الغرض المقصود ساغ لنا ان نشرح كيفيَّة رسم الشكل المقتضى رسمهِ لاجل ان يؤخذ منهُ قياس رباط ذاك الطنبور المراد ربطهُ

فنقول انهُ لاجل استنتاج معرفة واقع طول كل قياس ربعٍ من الارباع وكل برج من الابراج في ذلك الطنبور المراد ربطـه يلزم رسم مثلّث قائم الزاوية كما تراه في الشكل الرابع بان ترسم طول احدى قائمتيهِ ما شئت ثم تقسم من الزاوية الى نصفهـا اربعة وعشرين قسماً مسمّياً اولها قرار نيم حصار وثانيها قرار حصار وثالثها قرار تيك حصار ورابعها عشيران وهكذا على التوالي فيكون القسم الرابع والعشرون نوى . ثم تنصّف الثاني وتقسمهُ الى اربعة وعشرين قسماً فيكون القسم منها مثل نصف القسم من الاقسام الاولى وتسمّي القسم الاول نيم حصار

والثاني حصارًا والثالث تيك حصار والرابع حسينيًا وهكذا على التوالي فيكون القسم الاخير منها رمل توتي الذي هو جواب النوى. فجميع الاقسام الاولى والثانية ثمانية واربعون قسماً اولها قرار نيم حصار وآخرها رمل توتي وذلك ديوانان كاملان. ولا حاجة لذكر دواوين أُخرى من الجوابات لان العمل فيها متساو لانك كلما نصّفت الباقي وقسمته الى اربعة وعشرين قسماً

الشكل التاسع

اجزاء	اجزاء	اجزاء	
١١٤٨			من مطلق الوتر يكاه الى غمازه الدوكاه
	٣٦٨		اجزاء برج العشيران
		٩٥	قرار نيم حصار
		٩٣	قرار حصار
		٩١	قرار تيك حصار
		٨٩	عشيران
	٢٥٥		اجزاء برج العراق
		٨٧	قرار نيم عجم
		٨٥	قرار عجم
		٨٣	عراق
	٢٣٧		اجزاء برج الرست
		٨١	كوشت
		٧٩	تيك كوشت
		٧٧	رست
	٢٨٨		اجزاء برج الدوكاه
		٧٥	نيم زركلاه
		٧٣	زركلاه
		٧١	تيك زركلاه
		٦٩	دوكاه

اجزاء	اجزاء	اجزاء	
٥٨٠			من غمازه الدوكاه الى النوى جواب المطلق
	١٩٥		اجزاء برج السيكاه
		٦٧	نيم كردي
		٦٥	كردي
		٦٣	سيكاه
	١٧٧		اجزاء برج الجهاركاه
		٦١	بوسليك
		٥٩	تيك بوسليك
		٥٧	جهاركاه
	٢٠٨		اجزاء برج النوى
		٥٥	نيم حجاز وهو العرباء
		٥٣	حجاز
		٥١	تيك حجاز
		٤٩	نوى
١٧٢٨	اجمالي		الديوان الاول
١٧٢٨	اجمالي		الديوان الثاني
٣٤٥٦	اجمالي		فسحة العود او الطنبور

يحصل منهُ ديوان جواباً لما قبلهُ الى ما لا نهاية لهُ . ولم نتعرَّض هنا لذكر اليكاه لانهُ يخرج من مطلق الوتر ولا يلزم لهُ ربط دستان (١. ثم ترسم القائمة الثانية بحيث طولها يكون جزءًا واحدًا من تسعة اجزاء من طول فسحة الطنبور المراد ربطه ثم تضع علامة على ثلاثة ارباع طولها ليكون جزءًا واحدًا من اثني عشر جزءًا من طول فسحة الطنبور وعلامة ثانية على ربعها الاوَّل من جهة الزاوية ليكون جزءًا واحدًا من ستة وثلاثين جزءًا من طول فسحة الطنبور وحينئذٍ تسحب ثلاثة خطوط مستقيمة من رأس القائمة الاولى احدها ينتهي في رأس القائمة الثانية ويسمَّى خطّ الابراج الكبرى وثانيها ينتهي عند ثلاثة ارباعها المعلَّم عليهِ ويسمَّى خط الابراج الصغرى وثالثها ينتهي عند ربعها الاول ويسمَّى خط الارباع ثم ترجع الى اقسام الارباع الثانية والاربعين المقسَّمة على القائمة الاولى فكل قسم منها تقيم في وسطهِ خطًّا عموديًّا واصلًا الى خط الارباع وتسحب من جانبهِ خطَّين يلتقيان في رأس العمود عند خط الارباع فيصير مخروطاً قاعدتــه جزء من القائمــة الاولى ورأسهُ عند خط الارباع فكل مخروط من هذه المخروطات الثمانية والاربعين التي ترسمها يكون طول العمود القائم في وسطهِ هو طول قياس ذلك الربع المسمَّى باسمهِ في ذلك الطنبور الذي بنيتَ العمل على قياس طوله . ثم ان معرفة طول مقياس كل برج على حدتهِ لهــا طُرق كثيرة لا حاجة الى ذكر جميعها بل نذكر لذلك طريقتين الاول منهما هو ان مجموع طول الارباع الكائنة ضمن ذلك البرج هو عين طوله والثاني ان يؤخذ رسماً من الشكل بعينهِ مبتدئاً من برج العشيران فانهُ من الابراج الكبرى وضمنهُ اربعة ارباع اولها قرار نيم حصار وآخرها ربع العشيران فتقيم في وسطها ما بين ربعَي قرار الحصار وقرار تيك الحصار خطًّا عموديًّا واصلًا الى خطّ الابراج الكبرى المسحوب من رأس القائمة الواحدة الى رأس القائمة الاخرى وتسحب من جانبي الاربعة الارباع خطَّين يلتقيــان في رأس العمود عند خط الابراج الكبرى . وهكذا تفعل في برج العراق غير ان الخطّ العمودي الذي تقيمهُ في وسطهِ توصلهُ الى خطّ الابراج الصغرى لانهُ منها وليس ضمنهُ الَّا ثلاثة ارباع ثم يجري العمل على هذه الصورة في جميع الابراج فالكبير منها تصل عمودَه المتوسط بخط الكبرى والصغير منهــا تصلهُ بخط الصغرى فيتمّ العمل برسم اربعة عشر مخروطاً هي الديوانان الاربعة عشر برجاً عــدا اليكاه

---

١) والى هــذا الموضع يرجع ما قد سمَّاه صاحب الرسالة بالشكل التاسع (راجع الصفحة السابقة) يوضح فيهِ بالارقام نسبة الارباع الى بعضها ويمكن ان نعتبره توطئةً لما يسرده المؤلف في هذا الباب من البراهين الهندسيَّة والحسابيَّة

فانهُ مطلق الوتر والاعمدة المنصوبة في كل مخروقٍ طولها هو طول قياس ذلك البرج الذي هي ضمنهُ فتأخذ طول العمود بفتحة البيكار وعلى قدره تربط الدستان على عنق الطنبور

وقد رسمت لك الصورة المذكورة في الشكل الرابع مبنية على طنبور فسحتهُ ثمانية وعشرون قيراطاً وذلك لاجل زيادة الايضاح ثم انهُ قد تقدَّم الشرح في الفصل الثاني من الباب الاول عن الفرق الكائن بين الابراج العربية والابراج اليونانية ولم نبيّن هل ان هذا الفرق بينهم حقيقي لنفس الابراج اي ان اليونان مثلًا يخفضون صوتهم في برج الجهاركاه عن العرب ام العرب يرفعون صوتهم فيهِ عن اليونان حتى يكون ناقصاً عن اليونان او زائداً عند العرب بالفعل ام ان مخرج صوت البرج عند الفريقين متساوٍ والاختلاف من خطأ احدهما في ما اعتمده من تقسيم اجزاء الابراج اي الدقائق والارباع وهكذا بقيَّة الابراج الواقع الاختلاف عليها . فبالحقيقة ان الحكم في هذه القضية من المشكلات التي تقف عندها فحول الموسيقيين اذ لم يكن عندهم بعض اصول هندسية . هذا والعرب لم يأتوا بدليل لاثبات رأيهم سوى قولهم ان الديوان يحتوي على اربعة وعشرين ربعاً مقسومة الى ابراج كبرى ضمن البرج منها اربعة ارباع والى ابراج صغرى ضمن البرج منها ثلاثة ارباع واما اليونان فقالوا ان الديوان يحتوي على ثمان وستين دقيقة مقسومة الى ابراج كبرى ضمن البرج منها اثنتا عشرة دقيقة والى ابراج وسطى ضمن البرج منها تسع دقائق والى ابراج صغرى ضمن البرج منها سبع دقائق فهذاالقول لا يقوم منهُ دليل كافٍ لمعرفة الحقيقة . ولاجل الوقوف على الصحيح من القولَين عمدتُ الى الطنبورَين وربطت احدهما بموجب رسم الشكل الرابع المتقدم بيانه وربطت الثاني مقسَّماً على اصطلاح اليونان وامتحنت عليهما مخارج صوت الابراج فعلياً مجرياً على كل منهما بعض الحان راسخة في الذهن والصوت من تقرير الملكة . فوجدت ان موقع مخرج الابراج عند الفريقين في رتبة واحدة وان الخطأ انما هو من تقسيم الارباع عند العرب وان الصحيح هو تقسيم اليونان ولذلك رسمت الشكل الخامس وهو كالشكل الرابع ولا حاجة الى تكرار بيانهِ غير اني أُوضح الفرق الكائن بينهما فقط وذلك اولًا ان القائمة الاولى يُقسم نصفها الى ثمان وستين دقيقة تتوزَّع على الابراج حسب ترتيب اليونان المشروح آنفاً . ثانياً ان القائمة الثانية يكون طولها جزئين من سبعة عشر جزءًا من طول فسحة الطنبور وتقسم على اثني عشر قسماً فمن رأسها يُسحب خط الابراج الكبرى ومن تسعة اجزاء منها يُسحب خطّ الابراج الوسطى ومن سبعة اجزاء منها خط الابراج الصغرى ومن ثلاثة اجزاء منها خط الارباع العربية الكبرى

ومن جزء واحد منها خط الدقائق اليونانية · ثم ان الثلاثة الاجزاء من الزاوية الى خط الارباع تُقسم الى تسعة اجزاء فمن سبعةٍ منها يُسحب خط الارباع الصغرى لان الابراج الصغرى سبعة اقسامٍ والعرب يقسمونها الى ثلاثة ارباع مثل الوسطى فوجب ان تكون ارباعها اصغر من ارباع الوسطى ونسبتها اليها نسبة سبعة اقسام الى تسعة ولبيان عدم صحّة تقسيم العرب قد رسمتُ دائرةً يونانية وعنونتها بالشكل السابع مثل الدائرة العربية المتقدّم الكلام عليها في الفصل السابع من الباب الاول والعمل بها كما يُعمل بتلك

ولنذكر طرفاً مما ذكرتهُ قدماء الموسيقيين من الالحان التي كانوا يعالجون المرضى بسماعها معتبرين موافقتها لأمزجة الناس وذلك ان الجهاركاه حارٌ يابس مهيّج الدم والاوج والنوى باردان يابسان وعكسها الحسيني والدوكاه فكلٌّ منهما حارٌ رطب وكل من الرست والسيكاه بارد رطب فيختار منها ما يوافق المزاج · والذي اراه في هذا المعنى ان الانسان ينتعش بسماع اللحن الذي يميل طبعهُ اليهِ وهذا الميل ليس من المزاج بل من تقرير العادة وربما تقرّرت العادة من اول مسموعات الانسان عند ابتداء ادراكهِ او من ولوع حصل لهُ بسماعهِ تلحين بعض النشائد موافقاً لغرضٍ ما كان قائماً في ذهنهِ فما زال يردّد ذلك اللحن في مخيّلتهِ حتى صار لا يهوى غيره · ومن ذلك نشأ ما تعبّر عنهُ العامة ببيت النغم وهو ان كل منشدٍ لا بدَّ أن يكون لهُ ميل خاصٌ الى بعض الالحان يحسن الانشاد فيهِ اكثر من غيره واذا خلا بنفسهِ على غير قصد يترنم به دون غيرهِ فلا ينشد غيرَه الّا عن قصدٍ · والذي ينفي صحّة ما ذكروهُ اننا نرى الناس يميلون الى استعمال الالحان المتداولة في بلادهم التي نشأُوا بها على سماعهم من غير اعتبار الموافقة المزاجيّة لجواز ان يختلف مزاج احدهم عن الآخر والله اعلم بالصواب

تتمّة

في احكام أُخَر للالحان

قد علمتَ ما يتعلّق بهذه الصناعة من اعتبار الالحان بحسب الذات واعلم انهُ لا بدَّ من اعتبار آخر لها بحسب الصنعة فان منها ما هو مقيّد وهو ما التزم في اجزائهِ حركات دوريّة اذا بلغ

بها الى القرار عاد اليها بعينها وموضوعهُ (١ اللفظي مـا الترم فيهِ بازاء تلك الحركات اجزاء موزونة من الكلام تدور دَوْر الحركات مطابقةً لها في اتفاقها واختلافها ويقال لهُ «الشغل (٢» وهو قد يكون مرتجلًا في وضعهِ وقد يكون مأخوذًا من فنون الشعر كالموشَّح والزجل وغيرهما فان وُضع خاتمة لنوبتهِ قيل لهُ « أكرك » ومنهـا ما هو مطلق وهو ما يجري على حركات اختياريَّة لا يلزم شيء منها . واما موضوعهُ فقد يكون ملتزماً في نفسهِ اوزاناً دوريَّة كقطعة من الشعر وقد لا يكون ملتزماً كسورةٍ من القرآن. وكلاهما يجري عليهِ اللحن بحسب الاختيار فيُحتمَل من اختلاف الالحان عليهِ قدر ما تحتمل صناعة المتصرِّف فيهِ حتى لا يمتنع اجزاؤهُ على جميع الالحان الموسيقيَّة . وربَّما اخذ في اللحن ثم انتقل منهُ الى لحن آخر افتناناً في العام ثم عاد اليهِ عند القرار فان لم يعد كان عبثاً في الصناعة. والترنم الموزون من ذلـك يقال لهُ « انشاد » ولغيرهِ « ترتيل » واذا جرى اللحـن على الآلة فان كان مقيداً بحركاتٍ دوريَّة قيـل لهُ « بشرَف » والَّا فهو «تقسيم»

ولا يخفى ان الغرض من هذه الصناعة إحداث طرَبٍ في النفس بسماع ما يوافق هواها . ولذلك كان بعض الالحان اطيب سماعاً عند بعض السامعين دون بعض كما يكون في الاطعمة والمناظر ونحوها . وهذه الموافقة لا تتمّ بالنسبة الى هوى النفس مـا لم تتمّ بالنسبة الى اجزاء اللحن في انتسابها وسلامتها من التشويش وهذا انما يُطرَد عند انفراد المغني بنفسهِ فاذا اشترك مع غيره وقعت مظنَّة التشويش فوضعوا فنّ الاصول لصيانة هذه المشاركة عن تشويش السابق والتأخّر من المشتركين في الغناء حتى يكون مجموعهم كواحد. ولما لم يكن لهُ دستور يُبنى عليهِ فوضعوا لهُ جزئين يتركَّب احدهما من حركة فسكون والآخر من حركتين فعـبَّروا عن الاول بقولهم « دُمْ » وعن الثاني بقولهم « تَكَ (٣ » جرياً على اصطلاح العروضيين في وضع السببَين الخفيف والثقيل ومن ثم جمعُها بقولهم « لَمْ أرَ » مقتطعاً (٤ من قول العروضيين « لم أرَ على ظهرِ جبلٍ سمكةً » وركَّبوا من هذين الجزئين جُملًا في الاستعمال كتفاعيل العروض ووضعوا لكلّ جملة فيها اسماً يميّزها عمَّا سواها يركّبونهُ من دُمْ وتَكَ نحو : دُمْ تَكَ تَكَ دُمْ تَك

١) في D : موضعها وفي B و C : موضعهُ
٢) كذا في A و B و C. وقد ورد في D : شغل
٣) ويروى في D : تِكَ
٤) كذا في الجميع

مكرَّرةً بعينها الى النهاية كما يتركّب بيت الشعر من التفاعيل المكرَّرة مسمىً بما يُميِّز بحرهُ عن غيرهِ كالطويل والبسيط ونحوهما . غير انهم نظروا هيئة اجزاء اللحن عند اجرائهِ فقابلوها بما يوافقها من الاصول كالربع والخمس والشيز ١) وغير ذلك قصدًا للمطابقة بين الحركات من الطرفين . فاذا اراد احدهم ان يُنشئ تلحيناً لموشَّحٍ او غيرهِ ربطهُ على اللحن الذي يختاره ثم جعل لحركاتهِ ضابطاً ممَّا يوافقهُ من الاصول . واماًّ اختراع هذا الانشاء فهو ملكة طبيعيَّة لا يتوصَّل اليها الَّا باجتهاد كملكة النظم عند الشعراء . فالله علَّم بفضلهِ وخصَّ بمواهبهِ من يشاء

قال مؤلّفهُ الفقير اليهِ تعالى ميخائيل بن جرجس مشاقة اللبناني هذا ما انتهت اليهِ معرفتي القاصرة وانا ارجو من مطالعيهِ غضّ الطرف عمَّا فيهِ من ضعف العبارة واصلاح ما فيهِ من الخلل فجلّ من لا عيب فيهِ وعلا

---

١) كذا فى B ونظنّه اقرب الى الصواب (اعني اللفظة الفارسيّة « شش») من A و C اللذين يرويان « شبز »

Additions et Corrections.

Nous avons eu la bonne fortune, tandis que cet article était en cours d'impression, de pouvoir consulter à nouveau le Ms du Curé Louis B. El-Khoury (C) et de profiter d'une collation plus approfondie faite à notre intention sur le Ms de Damas (D). Nous consignons ici le résultat de cette double revision, regrettant de n'avoir pu en faire bénéficier que partiellement le texte ou les notes de notre article. Nous rappelons que notre 1re édition de cette *Lettre* (*Al-Machriq*, 2e année) a été faite sur les Mss A (1887. — Bibliothèque Orientale de l'Université) et C (1867). Le Ms B (1897), récemment entré à notre Bibliothèque, nous a paru, en plus d'une rencontre, plus proche de D (1840) que les deux précédents. Plus d'une fois aussi — mais toujours sur des points de minime importance— A, B et C s'accordent contre D, ce qui prouverait que Mušāqa a retouché son propre Ms quand les premières copies en étaient déjà faites. Nous avons généralement préféré suivre D dans le texte arabe.

Pour simplifier, nous signalons les erreurs typographiques avec les améliorations de lecture.

p. 3, l. 12 : lisez « oculaires ».

p. 4, l. 11 : le texte de B est complet, mais plusieurs figures sont défectueuses. Petite écriture, imitant le ta'līq, et d'une lecture difficile.

p. 10, l. 9 (les titres comptés), cf. p. 70, l. 2 : A, B, C : النغمة ; D : النغم.

» l. 4, cf. p. 70, l. 4 : A, B, C : المشتملة : D : المتخللة.

p. 11, l. 6, cf. » l. 9 : A, B, C : يحدث ; D : يصدر.

p. 12, Chap. 1er, cf. p. 71 : B, C, D : في تقسيم ; A : في تقدير. Corriger, en conséquence « Notions sur les sons musicaux » en « Division en sons ».

p. 17, l. 15, cf. p. 75, note 2 : C comme ajoute القرّة « l'intervalle *fixe* ».

p. 19, avant-dern. l., cf. p. 77, l. 11 : D change ainsi le texte à partir du mot Nawa : وعندما يصدر الصوت من اليكاه الى ما فوقه لا يمرّ على برج الجهاركاه وهكذا عندما ينزل مما فوقه لايمرّ عليه . Nous pensons que c'est là une addition postérieure, et plutôt une glose.

p. 20, l. 1, cf. p. 77, l. 12 : A, B, C : ربع الحجازيّة ; D : ربع الحجاز.

p. 23, l. 13, cf. p. 79, 3e paragr. et *passim* : B, C, D : plutôt حبس que جسّ au sens d'*appuyer sur* ; A, lecture douteuse. — Dans D, en regard de ce passage, glose marginale purement explicative.

p. 31, dern. l. : la traduction est faite d'après A, B, C et elle est fautive. Nous avons rétabli le vrai texte d'après D, cf. p. 85, l. 3 à partir du 2e mot.

p. 36, l. 11 : au lieu de « Yazīd » (A, B, C), lire « Nīrīz » (D).

p. 37, l. 11 : après « Y » ajouter, avec C, D : « puis R, S ».

« l. 17 : après « G » ajouter, avec A, B, C : « redoublés, puis N ». D abrège considérablement ; après le mot « redoublés » il saute à « avec t. būs ».

« l. 20 : C comme B : شذى.

« l. 26 : D contre A, B, C change « S » en « Y ».

« l. 27 : B et D avec raison نكريز (le ك disparaît dans la prononciation turque ; A تكريد ; C تكريز .

p. 38, note 1, l. 5 : corriger d'abord la faute d'impression et lire مرغوغة. Cette dernière leçon est celle de A, B, C, D seul a la vraie lecture : مُدَغدغة de دغدغ chatouiller, ce qui confirme notre hypothèse sur le sens plausible de l'inusité مرعوغة.

p. 39, note 1, l. 1 : C aussi : « Sāzkāh », pour D, nous n'avons pu vérifier.

p. 40, l. 4, vers la fin : corriger ainsi : « N, Ǵ, S, D, R, D ». Le Ms D porte « N, Ǵ, S, D, R, R, D »

« l. 10 : B C, D : الركب, contre A : المراكب.

p. 41, dern. l. et p. 42, l. 15 : D seul : دوركند, les deux fois

p. 42, l. 6, cf 94, l. 5 : A, B, C : مُنيَر pour تمي.— Note 4 : C حسيك ; D (?).

p. 43, l. 5 : après « A » le Ms D ajoute « Ḥ », qui n'est pas dans les trois autres.

« l. 15 : après « šahn » D supprime Muh, qu'on trouve dans les autres.

p. 44, l. 15 : D lit اتقان *perfectionnement*, au lieu de اتفاق action de s'accorder (A, B, C).

« l. 26 : C comme A : شروقي ; D (?)

p. 46, l. 1 : après « Muh » D seul ajoute « M ».

« l. 2 : D supprime « 'aǵ ».

« l. 5 : C seul lit بابا pour بابا.

« l. 6 à partir du milieu : D seul : « puis Ḥ, N, Ǵ, S, D, R ».

« l. 10, cf. p. 98, l. 12 : à partir du mot « Saba », D diffère sensiblement des trois autres : تعمل من عليه الصبا باعتباره كدبو الدوكاه وتنزل الى الحسيني وتعتبره ايضا كالدوكاه وتعمل من عليه صبا ثم تنزل الى الدوكاه وتعمل من عليه صبا.

« l. 16 : après « n. kurdī » D ajoute « jusqu'à R ».

« note 1 : C comme A et B : « Bazīz », fautif. D a confirmé notre conjecture : بيزير.

p. 47, l. 11 : D seul : قرادهطا.

p. 48, l. 5 : changer « Quḏāḥ » A قرام ou قراح ; B et C حدام ; D حدم. Nous pensons que c'est B et C qui sont dans le vrai

« l. 21, D seul بستيكار (lecture douteuse)

« dern. l. : « صلوة الله « Prière de Dieu ».

« note 1 : « ماياه.

p. 49, l. 14 : D seul الزنكلاه. Il est possible que, dans A, B, C, الشرنكلاه soit une graphie défectueuse pour الزنكلا (en turc ژ = j français).

p. 51, l. 3 : D seul : عدا العجم, ce qui signifierait « il y en a cinq, défalcation faite du 'Agam » ce qui est matériellement exact ; tous les autres عدد العجم. — l. 11 : lisez « Dārah ».

« l. 9 et note 1 : D بهلوان, confirme notre conjecture, contre A, B, C.

« l. 13 : D lit « Ḥoṣārī ».

p. 52, l. 1 : D seul : عربي, contre A, B, C : غزالي.

p. 53, l. 10 : « : أثبتّه, « « : انتبه. Nous donnons raison à D, et corrigeons : « au point de l'affirmer ouvertement dans une lettre ».

« 3e avant-dern. l. : B, C, D ajoutent على التوالي, « l'un après l'autre ».

p. 54, l. 8 : à partir de « 2° toutes les fois », le texte de B et D diffère matériellement de A et C (que nous avons traduit), sans que le sens ait à en souffrir : وهكذا النصف الباقي يكون عند نصفه جواب الجواب وكأنما قسم الباقي الى نصفين يكون عند النصف الجواب الى ما ... . Cf. p. 106, l. 10.

p. 56, l. 4 et 5 : D seul : متجاورين « voisins », au lieu de متجاوزين « placés l'un au-dessus de l'autre ».

p. 57, l. 14 fin, cf. p. 108, av.-d. l. : D ajoute, sans changer le sens, avant « هلمّ جرّا » : ايضًا ثم تضرب الحاصل من ذلك ايضًا في اربعة وعشرين...

p. 59, l. 19 : dans D, après « de Y à N » correction ou glose marginale avec abréviation du texte. Sens identique.

p. 65, note 1 : C comme B : مرضه.

p. 66, l. 1 et note 2 : C avec A et B : اشتغل. — l. 18 : A et C : يُشرّف.

p. 67, note 1 : C avec A : تَكّ.

p. 68, l. 10, cf. p. 116, l. 6 : après le mot « poètes الشعراء », finale plus développée dans D : فلا يُعطي علم الموسيقى قُدرةً عليه كما لا يُعطي علم العروض قُدرةً على نظم الشعر فسبحان الذي عمّ [علّم ?] الناس بفضلهِ وخصّ بمواهبهِ من يشاء .

« Colophon de D : وكان الفراغ من تحريرها بقلم مؤلفها المذكور بمدينة دمشق الشام في عشيّة يوم الاثنين لخمسة (sic) خاوت من شهر جمادى الاخر (sic) سنة ١٢٥٦ [1840]. Ce serait donc l'autographe même de Mušāqa, avec ses retouches personnelles.

« Colophon de C : وكان الفراغ من نساختهِ نهار (ici 4 ou 5 mots effacés) دخل بملك الاثنين في ٢٦ خلون من شهر اذار سنة ١٨٦٧ (1867) بقلم آخر عبادهِ تعالى حبيب الياس الحداد...

« Colophon de B : Date : 1897 = 28 Ša'bān 1314 H. — Sans nom.

p. 69, l. 1 : dans le grand titre, corriger السرمدي, imprimé par erreur, au lieu de الناطق que portent les quatre Mss.

« Le Ms D nous a donné la clé pour l'explication de plusieurs passages de ce prologue (non traduit par nous), incompréhensibles dans A, B, C où on retrouve des graphies identiquement défectueuses :

« l. 3 : au lieu de بدوران « par l'accord », A, B, C écrivent fautivement به وزان.

« l. 4 : au lieu de دوريّة « violente et fausse », A, B, C portent ردوية qui n'a aucun sens.

« l. 5 : après ارج ajouter le mot دار (omis par oubli), qui est dans le seul D, et que réclame le genre du relatif التي

« l. 8 : au lieu de كالاكراد « comme les Kurdes », qui va très bien au sens, A, B, C lisent كالاستمرار, non-sens.

« l. 9 : dans A, on a يَنشُد, dans C يُنشَد ; B ne vocalise pas ; D (?). Nous préférons la leçon de A, le mot حرام indiquant un chant.

« l. 13 : A, B, C ont معجّة, fautif, pour لُجّة (D)

« note 2 : la phrase ajoutée dans D, après اما بعد (l. 6), se trouve presque textuellement dans A B C comme clausule finale, cf pp. 68 et 116

N B. — Nous apprenons avec plaisir que M. Chucri Saouda (cf. p 7) et M. Wadia Sabra, diplômé du Conservatoire de Paris, s'occupent ensemble de musique orientale, surtout pour la composition de nouvelles melodies. Nous souhaitons vivement que leurs travaux dans ce domaine se tiennent fidèlement dans les traditions du *pur chant oriental*, non influencé par le goût européen

Index des mots techniques.

(N. B. —*Pl. mob.* renvoie à la Planche laissée mobile pour la commodité du lecteur. Le nombre entre parenthèses renvoie aux *Additions et Corrections*).

Index des noms propres de personnes

I

ÉTUDES DE PHILOLOGIE SÉMITIQUE (suite) (1)

par

le P. Paul Joüon, s. j.

I

Des consonnes aspirées et en particulier de la sifflante aspirée (S^h) en sémitique. — Comparaisons avec l'indo-européen. — Formes primitives du causatif, du pronom de la 3e personne, de l'article, en sémitique.

Une consonne aspirée, telle qu'on l'entend ici, est une consonne quelconque (2) suivie de l'aspiration *h* ; par exemple un *p* aspiré est $p + h$, phonème que l'on transcrit d'ordinaire *ph*, mais que je transcrirai p^h, pour éviter toute confusion entre ce *p* aspiré et le *p* spirant ($ph = f$).

L'existence d'aspirées à côté de non-aspirées (à occlusion ferme) est statuée par les linguistes pour un très grand nombre de consonnes de l'indo-européen commun. Brugmann (3) admet des aspirées non seulement

(1) Voir *Mélanges*, t. V[1], p. 355.

(2) Y compris les semi-voyelles *y*, *w* en fonction consonantique. — Je ne vois pas pourquoi Sacleux (*Essai de phonétique avec son application à l'étude des idiomes africains*, p. 131) exclut les semi-voyelles. Le *w* aspiré s'entend, par exemple, dans certaine prononciation de l'anglais *what*, *who* ;— **wespera*, devenu ἑσπέρα, a dû passer par **whespera*, de même ἧπαρ par *yhēpar* (= sk. *yakrt*).

(3) *Abrégé de grammaire comparée des langues indo-européennes* (1905), p. 54.

pour les occlusives (labiales, dentales, palatales, vélaires pures, labiovélaires), mais encore pour les sifflantes *(s^h, z^h)* et les interdentales *(t^h, d^h)*. En outre, certaines langues de la famille indo-européenne ont développé, d'une façon indépendante, des consonnes aspirées. C'est principalement le grec (surtout au stade primitif et archaïque) qui a développé toute une série de consonnes aspirées, dont bon nombre, il est vrai, ont disparu plus tard. Il semble qu'à une certaine époque presque toutes les consonnes du grec pouvaient s'aspirer (1). Phénomène probablement très rare (2), l'*r* initial était aspiré, et cela encore à la période historique (ῥ = r^h) v. g. ῥήτωρ = *rhetor*. Les graphies épigraphiques ρh, λh, μh (3) indiquent clairement, à mon avis, une prononciation aspirée de ρ, λ, μ. — Quand la semi-voyelle *y* devient *h* (esprit rude) à l'initiale, elle a dû passer par le stade y^h (4).

Enfin, et c'est le point qui nous intéresse particulièrement ici, il a dû exister en grec, à une certaine époque, un *s* aspiré *(s^h)*. Cet *s* aspiré me semble postulé par la loi « rigoureuse » (5) de l'*s* indo-européen à l'initiale devant voyelle devenant *h* en grec : type sūs > ὗς. De même que l'alternance *p*, *h* dans deux dialectes fait conclure à l'existence d'un phonème *ph* dans la langue-mère (6), ainsi de l'alternance *s*, *h* nous pouvons conclure légitimement à l'existence d'un phonème s^h qui s'est dissocié soit en

---

(1) Mais inégalement selon les dialectes. La force de l'aspiration a dû également varier ; cf. V. Henry : *Précis de gramm. comp. du grec et du latin*[6], § 78.

(2) L'*r* aspiré existe en somali (cf. Reinisch : *Somali Sprache* p. 12 : « Die Aussprache von *rh* (= *h*-haltiges *r*) habe ich im Anlaut vor einem Vokal und im Inlaut zwischen zwei Vokalen (auch) beobachtet...). — Il existe en hindoustani un *r* lingual aspiré ; cf. J. Vinson : *Manuel de la langue hindoustani* (1899), p. 10.

(3) Cf. Brugmann, p. 207. Il ne signale pas vb, non plus que Kühner - Blass[3] : *Ausführliche Grammatik der Griech. Sprache*, I, 58. — Pour l'aspiration d'une ténue après σ, μ, ν cf. Kühner, I, 265.

(4) De même pour la semi-voyelle *w* ; mais celle-ci devient rarement *h* ; cf. Kühner, p. 81 ; V. Henry, *ibid.* § 39.

(5) V. Henry, *ibid.* § 68.

(6) Ainsi, de l'alternance indo-europ. *p*, armén. *h* (type πῦρ = *hur*) on conclut à un stade p^h, v. g. *p^hur* (cf. Meillet : *Esquisse d'une gramm. comparée de l'arménien classique*, p. 11).

s, soit en *h* (1). — L'*s* initial devient également *h* en iranien et en arménien ; comparer latin *senex*, zend *hanō*, armén. *hin*. — Dans le domaine roman, on peut signaler en andalou un *h* provenant d'un *s* latin (cf. Bourciez : *Eléments de linguistique romane*, § 340 *a*). — En arménien existent la mi-occlusive sifflante sourde aspirée ts^h et la chuintante correspondante $t\check{s}^h$ (Meillet : *Esquisse...*, pp. XVII et 6). — En sanscrit, *s* final, à la pause, devient *h* sourd et bref ; de même *r* (cf. V. Henry : *Eléments de sanscrit*, § 42).

Si l'existence de consonnes aspirées n'est nullement rare, comme on le voit, il faut constater d'autre part que l'existence de ces phonèmes est souvent éphémère. Ainsi le grec, qui a passé par un stade extraordinaire d'aspiration, n'a plus actuellement aucune consonne aspirée (2). Déjà à l'époque historique p^h, t^h, k^h étaient devenues des spirantes : *ph*, *th*, *kh*. A cela rien d'étonnant ; une consonne aspirée, v. g. p^h, est essentiellement instable : les deux éléments associés $p + h$ sont très exposés soit à se combiner et à produire la spirante *ph*, soit à se dissocier et à produire soit *p* soit *h* (3).

Pour l'explication phonétique du phénomène, en particulier en ce qui concerne *s* qui nous intéresse ici spécialement, il suffira de rappeler avec L. Roudet que « toutes les fricatives sourdes peuvent se transformer en *h* lorsque le canal buccal s'ouvre assez pour que l'on n'entende plus que le bruit fricatif de l'air à travers les cordes vocales » (4).

---

(1) Un indice du caractère aspiré du σ se trouve encore dans la graphie des anciennes inscriptions ΧΣ à côté de ΚΣ, ΦΣ à côté de ΠΣ pour suppléer à ξ, ψ qui n'existaient pas encore ; cf. Kühner, I, 59. — Mais on ne saurait alléguer Platon (*Cratyle*, 427 a) en faveur du caractère aspiré de σ à l'époque de Platon. L'épithète πνευματῶδες appliquée à σ (ainsi qu'à φ, ψ, ζ) ne signifie pas *aspiré* (= δασύ), comme on comprend parfois, mais *venteux, soufflé, produisant beaucoup de souffle*. S'il avait voulu parler d'*aspiration*, Platon aurait évidemment nommé θ, χ, ρ.

(2) L'esprit rude (*h*) a même disparu du grec moderne. — Mais certains dialectes néo-grecs, ont développé de *nouvelles* aspirées ; ainsi, à Chio, une consonne redoublée peut devenir consonne aspirée (cf. H. Pernot : *Phonétique des parlers de Chio*, pp. 409 *sqq.*).

(3) Pour les langues bantoues, voir Sacleux, pp. 132 sq.

(4) L. Roudet : *Eléments de phonétique générale* (1910), § 157, 5° ; comparer

D'après Meillet (1), le passage de *s* à *h* serait « un simple phénomène d'ouverture de la consonne ».

Ces remarques sur les aspirées dans le domaine indo-européen nous aideront dans l'examen du sémitique. Tout d'abord le fait qu'on ne signale pas dans les dialectes sémitiques actuellement existants de vraies *consonnes aspirées* analogues à celles de l'indo-européen, ne préjuge rien sur l'état primitif Que dirait-on si de l'absence de consonnes aspirées en grec moderne on voulait conclure à leur absence en grec ancien ? La présence de spirantes dans une langue doit toujours faire *soupçonner* l'existence antérieure d'aspirées correspondantes (2). La spiration en effet se produit surtout de deux façons : soit par la combinaison d'une occlusive avec *h*, soit par l'amollissement de l'occlusion. Ces deux causes de spiration se sont produites, si je ne me trompe, en sémitique. La seconde est bien connue : quand une occlusive est précédée d'une voyelle, l'occlusion de la bouche tend à se relâcher, d'où spiration Ainsi s'explique la spiration des *begadkefat* en araméen et en hébreu (3) Outres ces spirantes, probablement d'origine tardive, dont la cause n'est pas douteuse, il existe en sémitique d'autres spirantes, qui sont dues, je crois, à une toute autre cause ; telles les spirantes de l'arabe ث, ف, ذ, ظ, غ Comme les sons spirants ne sont pas primitifs, ni en sémitique ni en indo-européen, il reste que ces phonèmes proviennent d'aspirées primitives, (ou quasi-primitives) soit t^h, p^h, d^h etc Ainsi à côté du *t* non-aspiré existait un t^h aspiré qui est devenu spirant (*ṯ*) en arabe et probablement en sémitique commun ; à côté du *p*

---

§ 68. — Dans le cas de consonne suivie d'une voyelle « lorsque les vibrations laryngiennes ne commencent qu'un instant *après* la détente, la consonne peut être appelée *aspirée* Il semble alors en effet qu'on entend une légère aspiration après la consonne » (§ 63, 6°), cf § 77, 5°.

(1) *Les dialectes indo-européens* (1908), p 86

(2) La prononciation spirante de β γ, δ en grec moderne provient de ce que les *mediae* étaient prononcées avec une légère aspiration (b^h etc.). cf Kuhner-Blass I³, 66 approuvé par P Kretschmer dans l'*Einleitung in die Altertumswissenschaft* de Gercke et Norden, I, 190

(3) Cf Brockelmann : *Grundriss der vergleich. Gramm der semit Sprachen*, I, 204

non-aspiré (1) existait un p^h aspiré qui est devenu *f* en arabe. De même pour les autres spirantes (2).

L'existence d'occlusives aspirées en sémitique étant admise, il n'y a pas lieu de s'étonner que le sémitique ait aussi possédé, comme l'indo-européen (3), une sifflante aspirée. Sans doute cette sifflante aspirée a disparu elle aussi, comme toutes les consonnes aspirées, mais elle a laissé des traces de son existence, comme nous allons le voir.

On trouve en sémitique, dans deux cas au moins, une très curieuse alternance *š* (*s*), *h* qui a vivement intrigué les linguistes. Dans les pronoms de la 3ᵉ personne, à la consonne *h* de l'ensemble des dialectes répond en assyrien *š* (en minéen *s*). Dans la conjugaison causative, à côté de la préformante *ha* (*'a*), on trouve *ša* (*sa*) (4). Le seul fait que l'alternance *h*, *š* se présente dans deux cas si entièrement différents indique assez clairement qu'elle n'est pas fortuite. Et cependant Brockelmann (I, 302, 530) nie, après d'autres, qu'il y ait un rapport d'origine entre *š* (*s*) et *h* (5). Comme l'autorité du *Grundriss* est grande, l'opinion de Brockelmann est en passe de s'imposer sans plus de discussion ; il n'est donc pas inopportun de faire valoir la probabilité de l'opinion contraire (6). L'explication phonétique de l'alternance *š* (*s*), *h* est en effet très simple : il suffit de statuer un *s* aspiré (*s^h*), devenu d'une part *š*, d'autre part *h* (7).

A ces deux cas reconnus par plusieurs auteurs, on peut, je crois, en

(1) L'arabe a perdu même le *p* non-aspiré.

(2) L'idée que Brockelmann (I, 43) se fait des aspirées en sémitique primitif est toute différente.

(3) Cf. Brugmann, *Abrégé*, pp. 54, 203.

(4) Détail des préformantes du causatif : *ha* hébreu, sabéen ; *'a* arabe, araméen ;— *ša* : assyrien, araméen [assez rare], hébreu [très rare] ; *sa* minéen, arabe [rare], araméen [rare].

(5) Il est téméraire d'affirmer, comme Ungnad (*WZKM*, 20, 169), que le passage de *š* à *h* est « phonétiquement inconcevable ». H. Pernot (*Phonétique des parlers de Chio*, p. 284 n.), signale des exemples de *š* presque identiques à *h*. — Mais si le passage de *š* à *h* est difficile, celui de *s^h* à *h* est extrêmement facile.

(6) Zimmern (*Vergl. Gramm. der semit. Sprachen*, pp. 29, 57, 67, 88) admet cette probabilité ; de même Wright (*Compar. Grammar*, p. 60).

(7) Comparer en indo-européen, **s^hūs* devenant *sūs* et ὗς.

ajouter quelques autres plus ou moins probables. L'article hébreu ה et la particule relative שׁ (1) semblent bien être originairement le même mot (2). Tous deux procèdent d'une forme primitive *$s^h a$ à sens démonstratif (3), devenue normalement d'une part *ša*, d'autre part *ha*. On remarquera que la voyelle de ה et de שׁ *a* (*ä*) est suivie du redoublement (4). — Chose remarquable, le correspondant assyrien *ša* n'a évolué franchement ni vers l'article ni vers le relatif ; il est resté sémantiquement indifférencié. Tantôt il équivaut à un pronom ou article possessif *(celui de, le... de)* (5), tantôt à un pronom relatif (6). — Le rapport logique de l'article et du relatif est, on le sait, très étroit. Ainsi, au dernier stade de l'hébreu biblique, l'article était sur le point de devenir un relatif (déterminé) ; voir surtout 1 Ch. 29, 8, 17 ; Esd. 8, 25 ; 10, 17, et l'exposé probable de l'évolution dans Kropat : *Syntax der Chronik*, p. 66. — L'identité originaire de ה et שׁ serait un nouvel argument en faveur de l'opinion qui statue *ha* comme forme propre de l'article hébreu (Hüpfeld, Stade, Barth, Kautzsch, Brockelmann etc.) (7).

---

(1) Laquelle n'a rien à voir avec אֲשֶׁר. Voir le remarquable article de Bergsträsser (*ZAW*, t. 29, 40 sqq.), et *infra* II (p. 128 sqq.).

(2) Je trouve, après coup, que l'iranisant Hüsing, à propos de Αλασιωτας = phén. Alahiotas, émet l'idée que l'article hébreu ה et le relatif assyrien *ša* sont le même mot ; cf. *Memnon*, III (1909), p. 91.

(3) Ce *$s^h a$ a donc le même thème que la forme primitive du pronom de la 3ᵉ personne $s^h u$. Le pronom de la 3ᵉ personne étant originairement démonstratif (faible), en sémitique comme en indo-européen (cf. Brockelmann I, 302), on peut conclure à l'identité probable du pronom de la 3ᵉ personne *hu*, *šu*, de l'article *ha* et du relatif *ša*. Le pronom de la 3ᵉ personne serait une forme étendue, avec différenciation générique, du démonstratif primitif *$s^h a$. Donc hébr.-assyr. *ša* est à hébr. *ha* dans le même rapport que assyr. *šu* à hébr. *hu*. — Le rapport de *ša* à *šu* est admis par Muss-Arnolt (s. v. *ša*).

(4) Le ä ordinaire de שֶׁ, au lieu de *a*, est sans doute dû à l'influence de la chuintante.

(5) De même שׁ en phénicien (*CIS*, I, 139 = Cooke, 39, 2) et en araméen ancien (Nerab, 1, 1; 2, 1).

(6) Cf. Ungnad : *Babyl. - Assyr. Grammatik*, § 13. — Dans le code d'Hammurabi on a *šu*, forme identique au pronom de la 3ᵉ p. masc. (cf. Brock., I, 326).

(7) L'analogie de l'indo-européen est si frappante qu'on pourrait vraiment se demander si elle est fortuite : le démonstratif **so* devient v. g. skr. *sa*, gr. ὁ (sans doute par l'intermédiaire *$s^h o$). — Cf. Brugmann : *Abrégé*... p. 422.

L'alternance *š* (*s*), *h* se trouve également dans quelques racines trilittères. Le cas très clair de سلك שלך هلك a été signalé il y a longtemps déjà par Ewald (1). D'une forme **s*ʰ*lk* procèdent très normalement سلك *marcher, aller*, et avec différenciation sémantique هلك *s'en aller* (au sens péjoratif), *périr* (2) ; הלך *aller* ; השליך *lancer, jeter* (3). Le *s*ʰ a donc ici ses trois aboutissements normaux : *š, s, h*.

Je signalerais encore comme doublets probables en arabe سرم et هرم *couper en morceaux* ; سرع et هرع *se hâter* (4). — Ces cas ont leur parallèle dans le changement de *s* en *h* en mehri v. g. dans *hudd* « boucher », *haqšu* « abreuver », *hitt* « six », *hoba* « sept » (cf Brock., I, 132).

La probabilité qu'ici *h* vient de **s*ʰ est d'autant plus grande que dans plusieurs cas (notamment causatif et pronom) on trouve, à côté de *š* et *h*, *s* ce troisième aboutissement phonétique possible de *s*ʰ (5).

Le fait qu'une même langue possède à la fois le causatif en *š* (*s*) et le causatif en *h* (ʾ) ne saurait faire difficulté (6). D'une part, la dualité de la forme pourrait s'expliquer par une différence dialectale. D'autre part, il est fort possible que telle langue sentant encore la parenté originaire de *š* et *h* ait utilisé la dualité des formes comme moyen de différenciation sémantique. Ainsi il semble bien que le syriaque donne des nuances un peu différentes au *Afʿel* et au *Šafʿel*, v. g. ܐܘܕܥ *faire connaître* et ܫܘܕܥ *indiquer, mentionner* ; ܐܘܚܪ *tarder* et ܫܘܚܪ *retarder qn., hésiter* ; ܐܘܫܛ *étendre la main* et ܫܘܫܛ *ordonner, consacrer* ; ܐܥܒܕ *faire travailler, agir* et ܫܥܒܕ *faire*

---

(1) *Hebr. Gramm.*, § 117 *c* ; cf. Wright : *Compar. Grammar*, p. 61.

(2) Comparer ذهب *s'en aller*, employé parfois au sens de *mourir*.

(3) Proprement *faire arriver, faire parvenir*. Même sémantique dans ألقى *jeter* (proprement *faire arriver*) ; cf. *mittere* : *envoyer* et *jeter* ; fr. *envoyer* une balle, une pierre.

(4) هرع est rapporté par Brockelmann (I, 532) au causatif de راع *être agité*. Peut-être en est-il de même de سرع.

(5) Pour le causatif on a, en syriaque, *safʿel* à côté de *šafʿel* ; en arabe on a *s* dans le réfléchi *istafʿala* (cf. Brock., I, 522) et dans quelques *safʿala* à côté de *ʾafʿala* et (rare) *hafʿala*.

(6) En particulier contre H. Möller : *Semitisch und Indogermanisch*, I, *Konsonanten*, p. 244.

esclave (1). — En arabe il y a différenciation dans ألقى *jeter* et سلقى *jeter à la renverse*.

J'arrive au cas spécial du mehri auquel on a attaché tant d'importance. Dans ce dialecte de l'Arabie méridonale, le pronom de la 3ᵉ personne est en *h* au masculin *(he, hi)*, en *s* au féminin *(se, si)*. On a voulu voir dans cette alternance une survivance de l'état primitif, et l'on a statué comme formes primitives du sémitique : m. **hū'a*, f. **šī'a* (Brock., I, 303). Il est singulièrement hardi de tirer une conclusion, pour le sémitique primitif, d'un fait aussi isolé et peut-être récent. Ce qu'on peut conclure de l'alternance du mehri, c'est que *s* et *h* procèdent d'une forme commune s^h. Ce s^h peut être le s^h du sémitique commun, mais il peut aussi avoir été développé, indépendamment, d'un *s* non-aspiré (2). Le mehri a dissocié s^h en *h* et *s*, et utilisé les deux produits de la dissociation comme moyen de différenciation sémantique des deux genres. La chose est d'autant plus probable que le mehri, au contre des autres langues sémitiques, a la même voyelle pour les deux genres ; la consonne seule est différenciante.

De l'ensemble des langues sémitiques on peut conclure, malgré le mehri, que la forme primitive du pronom personnel de la 3ᵉ personne est : m. *s^h*ū'a*, f. *s^h*īa*, dont le s^h a abouti soit à *š*, *s*, soit à *h*.

II

Remarques sur les relatifs de l'hébreu אשר et שׁ.

Ces quelques remarques ne visent nullement à reprendre à fond des questions traitées plusieurs fois en ces derniers temps ; elles supposent connues du lecteur les conclusions assez communément admises aujour-

---

(1) Cf. R. Duval : *Traité de gramm. syriaque*, p. 183.

(2) C'est ainsi que le passage de *s* (s^h) à *h* en brittonique est un fait récent et indépendant, d'après Meillet : *Introduction à l'étude comparative des langues indo-européennes*[2], p. 66.

d'hui et notamment celles de Bergsträsser dans son remarquable article *Das hebraeische Praefix* ש (*ZAW*, 29, 40-56).

Avec Bergsträsser on peut considérer comme démontré que la particule relative אשׁר n'a rien de commun avec la particule relative ש (1). Le relatif ש (= assyr. *ša*) a dû exister de tout temps en hébreu dans la langue parlée. Dans la langue littéraire il a été supplanté presque complètement par אשׁר avant l'exil. Après l'exil, il se trouve dans des écrits qui admettent des expressions du langage parlé : le Cantique des Cantiques et les Psaumes Ma'lōt (à l'exclusion de אשׁר), l'Ecclésiaste (ש 68 fois ; אשׁר 89 fois) ; on le trouve très rarement dans les Chroniques et Esdras. Enfin, à l'époque post-biblique (Mišna) le ש du langage parlé supplante complètement le littéraire אשׁר.

On peut se demander comment s'est opérée, dans l'hébreu biblique, la supplantation du relatif général שׁ, qui suffisait parfaitement, par le relatif אשׁר qui originairement ne s'employait qu'au sens local, comme en assyrien (2), conformément au sens propre de אשׁר (= assyr. *ašru*, cst. *ašar* ; aram. אתרא ; ar. أثر) *lieu, place* (3). On conçoit que dans des propositions relatives à sens local on ait préféré (4) au relatif très général ש *que*, un relatif à sens local *lieu que, lieu de, où*. Ainsi une idée telle que « la terre *où* tu es, est sainte » s'exprimait de préférence avec אשׁר. Sous l'influence de la construction de שׁ qui comporte un mot de rappel (عائد), pro-

(1) Voir cependant les doutes de Breckelmann : *Grundriss*, II, 566.

(2) Cf. Muss-Arnolt : *Assyr. Woerterbuch*, s. v. *ša*.

(3) Le sens de l'arabe *trace, marque* semble bien être le sens premier (avec Nöldeke : *ZDMG* 40, 728), d'où probablement *lieu marqué* ; *lieu déterminé, précis* ; *endroit* ; *lieu*. C'est sans doute au stade *lieu précis, endroit* que אשׁר est devenu relatif local. — De même *vestigium* a abouti à *lieu marqué, déterminé, précis* : « eodem vestigio remanere » (Caes.) *rester en place* ; « in suo vestigio mori » (Liv.) *mourir à son poste*. Si l'on statue *lieu* comme sens premier de אשׁר, on expliquera difficilement le sens *trace* de l'arabe et celui de *trace de pas, pas* de l'hébreu אשׁור ; sans compter qu'une notion aussi abstraite que *lieu* ne peut guère être le sens primitif. — A la généralisation de אשׁר au sens de *lieu*, il est intéressant de comparer la généralisation du Pl. آثار au sens d'*effets* (meubles, hardes) dans Edrisi (cf. Dozy *s. v.*).

(4) Mais cette préférence ne s'imposait nullement ; et de fait on trouve ש au sens local : Eccl. 1,7 ; 11, 3 מקום ש ; Ps. 122, 4 שׁשׁם.

nom, adverbe etc., v. g. « la terre *que* (שׁ) tu es *là* est sainte », on se mit à employer également un mot de rappel dans les phrases avec אשׁר , soit « la terre *lieu que* (= *où*) tu es *là* est sainte ». Ce mot de rappel était sans doute plus ou moins pléonastique tant qu'on garda le sentiment de la valeur propre de אשׁר (1). Mais vint un jour où précisément à cause de l'emploi du mot de rappel (2), le sens local de אשׁר se décolora entièrement ; dès lors אשׁר fut une pure particule de liaison à sens aussi incolore et abstrait que שׁ (= *que*). A partir de ce moment אשׁר devint envahissant : on l'employa, sans doute d'abord comme élégance, dans des phrases à sens temporel (3), puis dans des phrases quelconques (4). Ainsi s'explique, me semble-t-il, comment l'antique et populaire שׁ a été supplanté dans la littérature par אשׁר .

* *
*

Si le relatif שׁ n'a rien de commun avec אשׁר est-il apparenté à d'autres mots ? Brockelmann (I, 323) voit dans ce שׁ le correspondant du *t* de

---

(1) En assyrien, il n'y a pas de mot de rappel après *ašar* dans les exemples donnés par Delitzsch *s. v.*

(2) A cette cause qui est, je crois, la principale et la première en date s'en ajoutèrent dans la suite deux autres : 1) l'hébreu perdit l'emploi de אשׁר comme substantif au sens de *lieu* (non l'assyrien) ; 2) la ressemblance extérieure des deux particules אשׁר et שׁ donna l'impression que c'étaient deux formes du même mot.

(3) Le *temps* est très souvent traité à l'analogie de l'*espace*, v. g. « le jour où (= quand) je le vis ». — Remarquer en néo-hébreu l'expression כל מקום שׁ au sens temporel de *aussi longtemps que* v.g. Ḥullīn 1,7 כל מקום שׁיׁשׁ מיאון אין הליצה « tant qu'il y a refus, il n'y a pas Haliṣa ». — Au développement sémantique de אשׁר il est intéressant de comparer celui de حيث dont le sens primitif est probablement *lieu* (Brock. II, 533) ; il est devenu particule adverbiale relative locale *là où*, *où*, puis temporelle, enfin causale. Ce mot aurait pu facilement, comme אשׁר , devenir une pure *nota relationis*.

(4) Le *wo* de l'allemand dialectal dans v. g. « der Fremde, *wo* du *mit ihm* gegessen hast » (pour *mit wem*) n'est pas comparable à אשׁר quant à l'origine, ce *wo* n'ayant jamais signifié *où*. Mais un parallèle frappant se trouve dans le ποῦ du grec moderne (*quelque part, en quelque endroit*) devenu particule relative, v. g. ὁ γιατρὸς ποῦ τὸν ἔστειλα « le médecin que j'ai envoyé » (proprement « le médecin *que* j'ai envoyé *lui* ») ; cf. J. H. Moulton : *A grammar of New Testament Greek*² (1906), p. 94.

ﻧِ (= שמה). J'ai essayé de montrer plus haut (1) que l'élément relatif שׁ et l'article ה sont apparentés et proviennent tous deux d'un démonstratif primitif *s^ha (avec s aspiré). A la différenciation du primitif *s^ha en article et en relatif répond, au dernier stade de l'hébreu biblique, le phénomène inverse de l'article ה devenant un relatif (2).

* * *

On dit couramment qu'en hébreu, comme en arabe, le relatif ne devait, originairement, s'employer qu'avec un nom déterminé. Cette affirmation me semble tout à fait inexacte. Le relatif arabe الذي ne peut pas s'employer après un nom indéterminé par la raison bien simple qu'il est lui-même déterminé. Mais אשׁר et שׁ sont-ils dans le même cas ? Le relatif אשׁר, originairement *lieu de*, ne comporte en lui-même aucune détermination ; rien ne pouvait donc empêcher son emploi avec un nom indéterminé. Quant au relatif שׁ, c'est originairement un démonstratif, mais un démonstratif *faible*, exactement comme le mot apparenté *šu* qui sert de pronom de la 3e personne en assyrien. Or un démonstratif faible tel que *šu* = הוא n'est que faiblement déterminé et peut parfaitement se rapporter à un nom indéterminé. Donc, du fait de son origine, שׁ ne demande nullement à n'être employé qu'avec un nom déterminé (3).

Si nous examinons les textes, nous voyons, en fait, que אשׁר et שׁ s'emploient, comme on devait s'y attendre d'après leur origine, aussi bien avec un nom indéterminé qu'avec un nom déterminé (4). Une idée telle que « *un* roi qui n'avait pas connu Joseph » s'exprime nécessairement par

(1) P. 126.

(2) *Ibid.*

(3) En assyrien *ša* s'emploie très bien sans détermination (cf. Ungnad : *Babyl.-Assyr. Gramm.*, § 16 *a*).

(4) Si ה avait réussi à se développer complètement comme relatif (v. plus haut), il n'aurait pu naturellement s'employer qu'avec détermination, comme الذي.

מלך אשר׳ (Ex. 1, 8) ou מלך ש׳ (1). Les textes de prose où le relatif est omis, sont extrêmement rares et probablement fautifs (2). Ainsi, parmi les textes allégués, 1 Ch. 29,1 est certainement fautif (l. אשר au lieu de אחד) et 2 Ch. 28, 9 l'est probablement (l. ועד avec LXX) (3).

* * *

Sievers (*Metr. Studien*, I, 195), approuvé par Bergsträsser (p. 43) croit, pour une raison de métrique, que dans certains vers on a postérieurement substitué par purisme אשר à שׁ, ce qui rendrait le vers faux. Sievers suppose donc que אשר était dissyllabique au point de vue métrique. Contre cette supposition on peut faire remarquer que dans l'application des lois rythmiques de l'hébreu des mots tels que שְׁמוֹ , שַׁחַר , כֶּסֶף et même כְּנַעַן sont traités comme de purs monosyllabes, au même titre que v. g. נָא (4). Donc אֲשֶׁר *pouvait* fort bien être un monosyllabe au point de vue métrique tout comme שׁ. Un argument très fort en faveur de cette équivalence métrique, c'est que dans le Cantique et les Psaumes Ma'lōt on trouve exclusivement שׁ, et dans tout le reste de la poésie biblique (5)

---

(1) Voir des exemples dans König, § 380 *t*. — Avec שׁ, lequel se rencontre seulement dans 137 textes, les cas du nom indéterminé sont très rares ; Bergsträsser (p. 46) en compte 5. Il n'est peut-être pas inutile de faire remarquer qu'on a beaucoup plus rarement l'occasion d'employer un nom indéterminé qu'un nom déterminé. La rareté de אשר et de שׁ après un nom indéterminé tient simplement à la rareté du nom indéterminé.

(2) Dans le cas de propositions *génitives*, on ne peut pas parler d'*omission* du relatif (Voir Kropat : *Syntax der Chronik*, p. 66).

(3) Dans 1 Ch. 12, 23 ; 2 Ch. 15, 11 le relatif manque après un nom déterminé, mais fautivement. Dans les deux cas il faut restituer un relatif, et probablement le relatif rare et tardif ה qui a pu facilement tomber, par haplographie, devant le ה du verbe ; comparer ההקדיש (1 Ch. 26, 28), ההכין (2 Ch. 29, 36), ההרימו (Esd. 8, 25), ההושיבו (Esd. 10, 14, 17).

(4) Cf. Gesenius-Kautzsch, § 20 *c*.

(5) A l'exception toutefois des chap. 2 et 4 des Lamentations : אשר 2, 17, 22 ; 4, 20 ; — שׁ 2, 15, 16 ; 4, 9. La raison du choix semble ici d'ordre syntaxique.

exclusivement אשר. Il serait étonnant que, si les deux mots avaient eu des valeurs prosodiques différentes, les nécessités du vers n'eussent jamais obligé les poètes à employer tantôt אשר, tantôt שׁ.

III

Sur les noms de nombre en sémitique.

Les nombres cardinaux constituent dans la plupart des langues une catégorie grammaticale *sui generis* qui tient à la fois du substantif et de l'adjectif. De ce caractère mixte naissent quantité de particularités morphologiques ou syntaxiques. L'idée représentée par le nombre cardinal peut être rendue indifféremment par un adjectif ou par un substantif, v.g.: *dix* et *dizaine, mille* et *millier, cent hommes* et *un cent d'œufs*. Etant donné la nature logique du nombre, on peut prévoir *a priori* qu'un nombre grammaticalement substantif pourra facilement évoluer vers l'adjectif et inversement, et aussi qu'à un nombre substantif pourra facilement se substituer un nombre adjectif et inversement (1).

On trouve, dans les langues sémitiques, pour exprimer les nombres cardinaux, des substantifs et des adjectifs ; mais on peut dire qu'en fait aucun n'est purement substantif ni purement adjectif. Il y a eu contamination mutuelle des uns par les autres (2).

Comme point de départ des quelques considérations qui vont suivre, nous prendrons l'état réel de la numération tel qu'il nous apparaît surtout en arabe ancien, en hébreu et en araméen. La concordance est si parfaite sur les points principaux dans ces trois langues qu'elle peut être considé-

(1) Pour l'indo-européen, voir K. Brugmann : *Abrégé de grammaire comparée des langues indo-européennes* (1905), §§ 441 sqq. Noter en particulier ce fait : 5-10 en indo-européen sont des adjectifs ; leur place a été prise en slave par des substantifs.

(2) La place du nombre (avant ou après le nom) n'est pas un critère sûr pour déterminer son caractère substantival ou adjectival ; comparer le cas des démonstratifs, v. g. هذا الرَّجُل et زَيْدٌ هذا.

rée comme représentant très probablement le sémitique commun (1).

1 - 2. Les deux premiers nombres ont, plus que tous les autres, un caractère adjectival. Comme les adjectifs il distinguent un masculin et un féminin, et s'accordent en genre avec le nom auquel ils se rapportent.

3 - 10. Ces nombres sont au contraire de vrais substantifs collectifs (2). Chacun d'eux a une double forme : féminine et masculine, v. g. arabe ثَلاثَةٌ, ثَلاثٌ. En forgeant les collectifs français correspondants, on aurait des formes telles que : une **troisaine*, un **troisain*. Pour chacun de ces nombres la forme féminine est calquée sur la forme masculine avec simple addition de la finale du féminin. Il n'y a qu'une seule exception, pour le nombre 10. Au lieu d'avoir عَشْرَةٌ*, comme le demanderait l'analogie, on a عَشَرَةٌ. L'*a* de la seconde consonne est adventice ; il s'est développé probablement sous l'influence de l'*r* qui suit (3). Cet *a* se trouve également en hébreu עֲשָׂרָה, en éthiopien *'ašartu* et en assyrien *'eš(e)rit* : il est donc très ancien et appartient probablement au sémitique commun.

Une particularité notable des nombres 3-10 et qui remonte au sémitique commun, c'est que le collectif féminin s'emploie avec les noms masculins et le collectif masculin avec les noms féminins, soit : *une dizaine d'hommes* et *un *dizain de femmes*. On a essayé de bien des manières d'expliquer ce curieux phénomène. Aucune solution n'a pu jusqu'ici s'imposer, et peut-être serait-il chimérique de rechercher une raison nécessitante (4).

(1) J. Barth, dans sa récente théorie sur la numération, considère au contraire, l'éthiopien comme ayant gardé plus fidèlement l'état primitif (*Sprachwissenschaftliche Untersuchungen*, II, p. 2 sqq.).

(2) Non pas des *abstraits*, comme on dit généralement.

(3) Comparer Brockelmann : *Grundriss* I, p. 486. — Une autre explication est proposée par Reckendorf dans *ZDMG* 65, 558.

(4) Künstlinger (*WZKM* 9, 214) a proposé une explication bizarre. Pour échapper aux suites funestes attachées à l'action de calculer, d'après les Sémites (cf. v. g. 2 Sam. 24, 1 sq.), on aurait volontairement inverti les genres. Le phénomène se rapprocherait de l'euphémisme du type *clairvoyant* pour *aveugle*.— Mayer Lambert (*Comptes rendus des séances de l'Académie des Inscriptions et Belles-Lettres*, 1912, p. 61 sqq.) admet, après beaucoup d'autres, que les nombres à finale féminine sont en réalité des masculins et les autres en réalité des féminins ; puis il rapproche fort ingénieuse-

Le phénomène semble relever surtout de la psychologie linguistique, et peut-être faut-il y voir principalement une recherche esthétique de dissymétrie. C'est au fond la raison alléguée par le vieux Schultens : *non injucunda connubia* ! Une autre raison, d'ordre réflexe, c'est que la langue aura voulu mettre ainsi dans un plus grand relief le caractère substantival des nombres 3-10, par opposition aux adjectifs 1-2 et aussi, aux nombres 11 sqq. qui, nous le montrerons, sont des adjectifs. Enfin, si l'on suppose que la forme féminine est plus naturelle pour exprimer l'idée de collectivité (1), on pourrait penser que le collectif féminin a été réservé aux noms du genre masculin comme *genus potius* (2).

Après ces collectifs on a naturellement le nom qui suit au pluriel, et au génitif. Le génitif a ici sa valeur la plus ordinaire en sémitique comme en indo-européen, celle de partitif.

11 - 19. Ces nombres sont composés de deux mots étroitement unis, si étroitement qu'en araméen ils s'écrivent comme un mot unique. Les nombres des unités sont les mêmes que plus haut et s'emploient de la même façon : on emploie le collectif féminin si le nom est masculin et inversement. Quant au nombre exprimant l'idée de 10, il a des formes nouvelles, l'une masculine, l'autre féminine, toutes deux différentes des formes employées pour le collectif 10. Ces deux nouvelles formes, c'est là un point remarquable et non remarqué, sont originairement des *adjectifs*. *A priori* on devait s'y attendre : l'existence de quatre substantifs pour 10

---

ment ce fait qu'en arabe la plupart des noms féminins perdent leur terminaison féminine au pluriel, p. e. *firqat*, pl. *firaq* ; — inversement les noms masc., quand ils désignent des hommes, prennent généralement une terminaison féminine, p. e. *kātib*, pl. *katabat*. — Voir aussi la théorie ingénieuse de H. Bauer, *ZDMG*, 66, 267.

(1) Remarquer en particulier ce fait que les collectifs et les pluriels internes (conçus comme des collectifs) prennent l'adjectif au féminin : v. g. غنم راعية , جبال راسية .

(2) L'arabe affecte assez souvent aux deux formes, masculine et féminine, d'un collectif une nuance particulière de sens ; ainsi فرقة, se dit d'une *troupe d'hommes* et فرق d'un *troupeau de bêtes* ; جرم d'une *troupe d'hommes* et جرمة d'un *troupeau de chameaux*.

Outre la question de la répartition des deux formes, on peut poser celle du pourquoi de leur création même. Je soupçonne que la création d'une double forme, mascu-

serait vraiment un luxe exagéré ! Examinons d'abord la forme du masculin: *'asar*, ar. عَشَرٌ, héb. עָשָׂר. C'est précisément la même forme (*qatal*) que l'adjectif *'aḥad*. Le nombre 11 au masculin est donc formé de deux adjectifs *qatal* : *'aḥad 'asar* (= un [et] dix). La forme *qatal* peut former des adjectifs et des substantifs. Si le *qatal* adjectif est rare en arabe, il est par contre fréquent en hébreu (1). De plus, *'asar* s'oppose au substantif *'asr*, dont la forme (*qatl*) n'est pas originairement adjectivale (2) ; il ressort *in concreto* de cette opposition que la langue conçoit *'asar* comme un adjectif. — *'asar* s'oppose à *'asr* comme fr. *dix* s'opposerait à **dizain*.

Pour la forme correspondante du féminin, l'arabe ne concorde plus avec l'hébreu et l'araméen ; et avant d'aller plus loin il faut chercher où se trouve l'état primitif. Selon toute vraisemblance c'est l'hébreu עֲשָׂרָה (= aram. ܥܣܪܐ) qui reproduit ici le sémitique commun. Cette forme est la transformation hébraïque normale d'une forme primitive *'asray*, *'asrā*, laquelle aurait donné en arabe عَشْرَى*. Comme la finale féminine *ay* est très rare en hébreu (3) (et en araméen), sa présence dans עֲשָׂרָה ne peut s'expliquer que par son caractère primitif. Or la forme féminine فَعْلَى est fréquemment adjectivale. En arabe فَعْلَى forme le féminin normal de l'adjectif فَعْلَان, v. g. غَضْبَان, fém. غَضْبَى. Les noms d'animaux en *ay*, assez nombreux en arabe et en araméen, sont probablement à l'origine des épithètes féminines, v. g. جَمَزَى *sautant* (âne) (4) ; سَلْوَى *caille* (= ܣܠܘܝ = שְׂלָו) me semble

line et féminine, pour les collectifs 3-10 est due à l'influence de la double forme adjectivale de 10, dont il va être question. A l'analogie de l'adjectif masculin et féminin de 10, on aura créé une double forme d'abord pour le collectif 10, puis pour les collectifs 3-9.

(1) Cf. *Mélanges*, t. V[1], p. 402.

(2) Cf. *ibid.* p. 401.

(3) Cf. Barth : *Nominalbildung*, § 237. L'hébreu a masculinisé (à l'analogie de la finale masc. ay = ה ֶ) אַרְבֶּה *sauterelles* (originairement collectif féminin) et אַרְיֵה *lion* lequel est aussi originairement collectif féminin, à en juger d'après l'éthiopien *'arwē* (cf. Dillmann *s. v.*)— Cf. Brockelmann : *Grundriss*, I, p. 412. — Dans la tradition babylonienne (cf. Kahle : *Masor. Text der Babyl. Juden*, p. 77) on a ordinairement *'asrǫ*, dans laquelle l'*ǫ* est un assombrissement de l'ā de *'asrā(y)*.

(4) Cf. Barth : *Nominalbildung*, § 233 b, I α.

signifier « la grasse » (1). Du reste l'analogie demande qu'à la forme adjectivale primitive du masculin *'aḥad 'asar* corresponde une forme féminine adjectivale. Donc *'asray* est primitif et adjectival. La forme première de l'arabe devait donc être أَحَدَى عَشَرَ* dont les deux composants (2) sont de la même forme فَعَلَى, tout comme les deux composants أَحَد عَشَر sont de la même forme فَعَل. — Comment expliquer que l'arabe ait perdu la forme adjectivale عَشَرَى* et l'ait remplacée par عَشْرَة (3) qui a l'apparence d'un substantif ? L'*ā* long de *'aśrā* s'est abrégé dans 11 احدى عشرة probablement sous l'influence du collectif 10 immédiatement précédent عَشَرَة. L'abrègement d'un *ā* final n'est pas sans exemples : c'est ainsi que le pluriel brisé فُرادَى « un à un » se trouve aussi avec *ă* final bref فُرَاد (4). Dans certains cas, la langue hésite entre *ă* et *ā*, v. g. أَجْنَل et أَجْنَلَة *troupe*. Barth a signalé en particulier les deux formations parallèles *qatalat* et *qatalā(y)* (5). Il peut y avoir là une question d'accent.

En résumé, le sémitique possède quatre formes pour le nombre 10 : un collectif masculin *'asr*, un collectif féminin *'asarat* ; un adjectif masculin *'asar*, un adjectif féminin *'asrā(y)* (6). En composition, c'est-à-dire à partir de 11, c'est l'adjectif qu'on emploie, et naturellement on l'accorde avec le genre du nom auquel il se rapporte (7). Dans 13 sqq. le second composant étant adjectif, le composé est nécessairement adjectival, tout comme 11 et 12, dont les deux composants sont des adjectifs. Quel est le

---

(1) Cf. اسْتَى *être gras* (*mouton*).

(2) أَحَدَى* est devenu normalement إِحْدَى (Brockelmann : *Grundriss*, I, p. 252).

(3) On trouve aussi les formes عَشْرَة et عَشَرَة : on voit par là l'inconsistance et donc le caractère non primitif de l'arabe sur ce point.

(4) Barth : *Sprachw. Unters.* II, p. 16.

(5) *Nominalbildung.* § 57 *b* ; cf. § 233 *b* I.

(6) En imitant ces formations en français on aurait **dizain, dizaine* ; adj. masc. *dix* ; adj. fém. *dixe. — *Onze* se dit en sémitique : masc. *un et dix* ; fém. *une et dixe* ; — *treize* se dit : masc. *troisaine et dix* ; fém. *troisain et dixe*. — Qui sait s'il n'existait pas primitivement des adjectifs pour 3-9, que la langue aurait plus tard rejetés comme un luxe inutile ? — L'éthiopien ayant perdu l'adjectif 10, exprime 11 par : masc. *dizaine et un*; fém. *dizain et une* ; 13 par : masc. *dizaine et troisaine* ; fém. *dizain et troisain*.

(7) On peut conclure, inversement, de l'accord du *dix* avec le nom à son caractère adjectival.

caractère de la composition ? A notre avis il n'y a pas, comme on le dit généralement (1), *construction* au génitif : *un de dix, une de dixe ; troisaine de dix, troisain de dixe,* mais bien copulation virtuelle : *un (et) dix* etc., comme en français *dix-sept, dix-huit* etc. Ce caractère copulatif ressort assez clairement du caractère adjectival de *ʿasar, ʿasrā(y).* Il ressort également des formes normales de l'hébreu שְׁנֵים עָשָׂר, שְׁלֹשָׁה עָשָׂר, שְׁמֹנֶה עֶשְׂרֵה etc. dans lesquelles le premier mot n'est pas *construit* au génitif sur le second, mais seulement étroitement uni à lui. A cause de cette union très étroite on a les formes abrégées שְׁנֵים, שְׁתֵּים au lieu de שְׁנַיִם, שְׁתַּיִם. Dans v.g. אַחַד עָשָׂר, אַחַת עֶשְׂרֵה... אַחַד, אַחַת sont des formes désaccentuées, *semblables* à celles de l'état construit du génitif, mais le rapport n'est pas celui du génitif (2).

Le caractère adjectival des formes *ʿasar, ʿasrā(y)* et par conséquent des nombres 11 sqq. dont elles forment le second composant peut aider à faire comprendre pourquoi la syntaxe arabe traite les nombres 11 sqq. d'une tout autre façon que 3-10. Tandis qu'après 3-10 on met le nom au génitif pluriel, v. g. ثلاثةُ رِجالٍ *une troisaine d'hommes,* on met le nom qui suit 11 sqq. à l'accusatif singulier (3), v. g. : ثلاثةَ عشرَ رَجُلاً = *treize* (en catégorie) *homme.* Cette construction est évidemment symétrique de l'interrogatif كَمْ v. g. : كَمْ رَجُلاً *combien* (en catégorie) *homme* ? (4). Elle s'ex-

---

(1) Voir surtout Reckendorf : *Die syntaktischen Verhaeltnisse des Arabischen*, t. II, p. 267 ; et dans *ZDMG*, 65, 550, 555.

(2) On sait qu'en hébreu la forme *désaccentuée* dite *état construit* s'emploie dans bien d'autres cas que dans celui du génitif v. g. מקום אשר ; שמחת בקציר etc. (ef. Ges.-Kautzsch, § 130).

(3) Cet accusatif est universellement expliqué comme *tamyīz* (v. g. Wright[3], t. II, p. 124). Seule la grammaire de Socin-Brockelmann (6e éd., 1909, § 112 Anm.) le rattache à l'accusatif des verbes de *plénitude*, mais probablement à tort. Le fait que le nom reste indéterminé même quand le nombre est déterminé (الثلاثةَ عشرَ ابنًا) ne peut s'expliquer que par le tamyīz. Seul l'accusatif du tamyīz est toujours indéterminé. Dans le *Grundriss* (II, 277), Brockelmann fait rentrer cet accusatif dans la catégorie des « Akkusative der allgemeinen Beziehung » (p. 267), sans préciser.

(4) Cf. Ḥariri, ملحة الاعراب dans Sacy : *Anthologie grammaticale*, p. 355 (151). — De même on pourrait dire قومٌ كثيرٌ رجلاً « tribu *nombreuse* en homme(s) » avec l'acc. de tamyīz.

plique mieux, semble-t-il, si les nombres 11 sqq. sont des adjectifs (1). S'ils étaient substantifs, on ne voit pas pourquoi on n'aurait pas continué pour 11 sqq. la construction au génitif de 3-10.

20, 30 etc. — Ces nombres sont conçus en quelque sorte comme des puissances de 10, de 3, 4 sqq. — Le nombre 20 avait en sémitique commun une forme de duel : c'était le duel de 10. Les nombres 30, 40 sqq. étaient formés comme des pluriels de 3, 4 sqq. Du fait de leur origine, ces nombres sont donc des substantifs au pluriel (ou au duel). Mais pour la syntaxe, ils sont traités comme les adjectifs 11-19 (accusatif tamyīz).

100, 1000 sont au contraire de purs collectifs comme 3-10. Mais chacun d'eux n'a qu'une forme, qui est féminine pour 100 (ar. مِئة) et masculine pour 1000 (ar. أَلف). Il est difficile de dire quel était leur traitement syntaxique primitif. Leur traitement en arabe classique donne une impression d'hybridité : on met, très logiquement, le nom qui suit au génitif comme pour 3-10, mais au lieu du pluriel on met le singulier comme pour 11 sqq. Une raison possible de ce singulier, c'est qu'avec ces grands nombres l'esprit considère les êtres comptés comme un groupe ou une espèce plutôt que comme des unités individuelles, ainsi مِئَةُ رجلٍ peut s'expliquer : *une centaine du* (groupe) *homme* (2).

IV

Les doublets pluriels שָׂדוֹת, שָׂדִים* etc.

L'existence de la forme masculine du pluriel a été mise en doute par

---

(1) Bien que le secondaire عَشْرَةٌ n'ait pas la forme d'un adjectif, il est traité exactement comme l'adjectif masculin عَشَر.

(2) Comparer la distinction du *pluriel de peu* (3-10) et du *pluriel de beaucoup*. (جَمع القِلّة et جَمع الكَثْرة). — Dans la formule employée pour les dates du mois *tant de nuits restant*, « les Arabes emploient le verbe au *pluriel* féminin quand le nombre est petit (v. g. لاربع خلون), et au *singulier* féminin quand le nombre est grand (v. g. لاحدى عشرة خلت) ». Hariri, dans Sacy : *Anthologie grammaticale*, p.90. Hariri donne une règle analogue pour le pronom suffixe fém. 3e pers. et l'adjectif, selon que le nombre est petit ou grand (p. 91) v. g. ايّام معدودة (= *nombreux*) et مَعدودات (= *peu nombreux*).

Stade (1) et par Barth (2). König (3) maintient au contraire l'existence d'un שְׂדֵי état construit (4) pluriel de שָׂדֶה. Il est vrai que dans tous les textes où l'on trouve שְׂדֵי on pourrait lire שְׂדֵ(ה) sans détriment pour le sens, car שׂדה s'emploie également au sens collectif : *les champs* (5). Mais les exemples de שׂדי sont trop nombreux pour qu'on ait le droit de les déclarer tous fautifs. Dans Ruth on a 5 fois שׂדי מואב (1, 1, 2, 6 *a*, 22; 2, 6) et seulement 2 fois שׂדה מואב (1, 6 *b*; 4, 3). Il est infiniment probable que שׂדי est la vraie leçon, et que שׂדה s'est introduit deux fois, grâce à son emploi très fréquent dans la Bible. Dans Gen. 41, 48 ; Jos. 21, 12; 1 Ch. 6, 41 il faut probablement lire aussi שׂדי (LXX) au lieu du singulier שׂדה (cf. Néh. 12, 44) ; de même encore dans Lév. 25, 34 (LXX) comme dans 2 Ch. 31, 19. Je trouve, par contre, seulement deux textes (1 R. 2, 26; Prov. 23, 10) où il faut lire שׂדה au lieu de שׂדי; car pour l'idée de *champs (particuliers)* on devrait avoir שׂדות, comme il ressort des considérations qui vont suivre.

שׂדים * et שׂדות ne sont pas de purs synonymes. En examinant les textes de près, on voit que שׂדים est employé dans un sens général et collectif : *les champs* i. e. *la campagne,* tandis que שׂדות signifie les *champs particuliers, les propriétés agricoles particulières.* שׂדות est donc ce que j'appellerais un *plurale unitatum,* dont le *nomen singulare unitatis* correspondant n'existe pas, mais a un équivalent exact dans חלקת השׂדה (Ruth 2, 3; et 6 fois) (6).

La différence sémantique entre les deux pluriels apparaît bien dans Mich. 2, 2 et 4. Au v. 2, certains Israélites cupides enlèvent à leurs frères des *champs particuliers* (שׂדות) et des maisons. Au v. 4, l'envahisseur

---

(1) *Hebr. Gramm.,* § 322 *c* N, et dans son *Hebr. Woerterbuch.*

(2) *ZDMG,* t. 43, p. 351 N.

(3) *Lehrgebaeude,* t. II, p. 77.

(4) C'est par hasard si l'état absolu שְׂדִים* ne se rencontre pas. שְׂדֵי se trouve seulement 13 fois dans le TM, dont deux fois avec suffixe.

(5) En néo-hébreu שָׂדֶה est toujours construit comme un féminin (*ZAW*, 25, 338). Mais alors ne vocalisait-on pas avec l'â du féminin ?

(6) Comparer l'arabe de Syrie *'arḍa* « un territoire » (Landberg : *Proverbes,* 139, 15).

s'empare de tout le territoire : « nos campagnes » i. e. « notre pays » (שׂדינו) (1).

שׂדות n'a jamais le sens collectif de *campagne*, mais désigne toujours des *portions de terre cultivée, des champs particuliers*, v. g. : 1 S. 8, 14 « vos *champs*, vos vignes, vos oliviers » ; 1 S. 22, 7 « donnera-t-il des *champs* et des vignes ? » ; Jér. 6, 12 « maisons, *champs*, femmes » (2).

שׂדים n'est jamais employé pour désigner des champs particuliers, mais a toujours le sens général ou collectif *les champs, la campagne*, v. g.: שׂדי מואב *le pays de Moab* (3).

*
* *

Une distinction analogue existe, je crois, pour le doublet pluriel אלמים . אלמות *gerbes*. La distinction est bien marquée dans Gen. 37, 7 *a* et *b*. Pour des *gerbes* en général on a אלמים (lier *des gerbes*), mais pour des *gerbes particulières* on a אלמות (*vos gerbes* [des frères de Joseph]). Ce dernier pluriel serait donc un *plurale unitatum*.

*
* *

Ce sont là des vestiges d'une distinction qui a peut-être eu, à un stade antérieur de la langue, une certaine extension. Comme elle était d'une médiocre utilité, elle se sera facilement effacée. Peut-être était-ce cette distinction qui différenciait originairement שׁנים et שׁנות *années*. Plus tard la forme masculine שׁנים (4) supplanta שׁנות dans la langue parlée et en prose, et cette dernière forme fut réservée à la poésie. En arabe, où le dou-

---

(1) Le singulier שׂדנו serait possible, mais le pluriel est attesté par la LXX et la Peshitto.

(2) Voir les autres textes dans la Concordance.

(3) Probablement, d'une façon spéciale, le *pays cultivé*. Contraster ערבות מואב *les steppes de Moab* (Nomb. 22, 1 etc.).

(4) La forme masculine a peut-être été favorisée par ימים ; cf. v. g. le groupe ימים ושׁנים Gen. 1, 14.

blet existe aussi, سنرات signifie spécialement *quelques années* (1). Dans Ibn Sa'd (IV, 2 p. 54, l. 12) on a سنرات « pendant *quelques* années », immédiatement après في ثلاث سنين . — *Lisān*, t. 17, p. 394, l. — 1 :

عُتِّقَتْ في القِلال من بيتِ راسٍ سنواتٍ وما سَبَتْها التِجارُ

« Le vin a vieilli dans les jarres de Bayt Rās *des années*, et les marchands ne l'ont pas emporté ».

Dans un document historique (2) de 1710, on trouve عشر سنرات .

Comme en hébreu, la forme masculine est la plus usuelle. Dans le Coran on ne trouve pas سنرات .

مئات *centaines*, beaucoup moins usuel que مئون est employé au sens de « quelques centaines » dans un vers cité par Yaqūt (IV, 181, l. 15) : أدنى عطيته إيّاى مِئاتُ *(sic)* (3) « le moins qu'il me donnera, c'est des centaines ».

* * *

La distinction entre le pluriel en *īm* et le pluriel en *ōṯ* serait analogue à celle qui existe en arabe entre le pluriel sain et le pluriel brisé. Le pluriel sain est un *plurale unitatum* et le pluriel brisé un *plurale collectivum* (4).

V

Verbes a 1re radicale *m* secondaire, en arabe, hébreu, araméen.

Dans son intéressant article *Ueber einige sekundaere Verba im Ara-*

(1) Cf. Nöldeke : *Neue Beitraege* (1910), p. 126, à qui j'emprunte les trois références qui suivent.

(2) *Mél. de la Fac. Orientale*, t. II, p. 414, l. - 1.

(3) Dans Fleischer : *Kleinere Schriften*, I, 335.

(4) Wright : *Arabic Grammar*³, I, p. 233. D'où l'explication de ce fait que, dans le cas où un nom possède à la fois un pluriel sain et un pluriel brisé, le pluriel sain s'emploie quand il s'agit d'un petit nombre (3-10), sans doute parce qu'avec un petit nombre la distinction des unités reste présente à l'esprit (cf. *ibid.* p. 234).

bischen (1) A. Mez a groupé un certain nombre de verbes à 1re radicale *s* secondaire, 1e *h*, 1e ', 1e *n* ; 2e *t* ; 1e *ṭ*. Je groupe ici quelques verbes à 1e rad. *m* secondaire. Ces verbes sont sans doute dérivés d'une forme nominale (substantif, adjectif, ou participe) sans qu'on puisse le plus souvent indiquer la forme précise qui a servi de point de départ.

مجد appartient au même groupe que جدّ *être excellent (en dignité, richesse)* ; جيّد *bon, excellent, généreux dans ses dons* ; جدى *don généreux*, à base GD. مجد signifie *bon* et, par spécialisation de sens, *illustre* ; مجّد =*déclarer bon*, d'où *louer, glorifier*. En hébreu מֶגֶד est spécialisé au sens de *bon fruit, fruit excellent* ; de même en araméen מגדא (Dalman), ܡܓܕܐ.

مرع *pâture, pâturage* se rattache à رعى *paître*, sans doute par مَرْعًى *pâturage*.

Les sens de مطل, *allonger, accorder un délai,* indiquent la racine طول.

مكن *être stable, ferme, solide* etc. appartient à كان *être stable, ferme* (cf. כון) devenu, par affaiblissement progressif du sens (2), *être*.

L'étymologie de منح *accorder*, héb. מנחה *don, tribut* est discutée. Peut-être la racine a-t-elle d'abord le sens de *concéder* ; cf. منيحة *bien concédé en usufruit*. Dans ce cas on pourrait penser à l'hifil de נוח soit au sens de *laisser là*, d'où l'on serait passé à l'idée de *concéder* et spécialement *concéder à qn. un bien*, soit au sens de *placer, mettre*, d'où *donner*; cf. lat. *dare* : *placer* et *donner* ; *locare* : *placer* et *louer* ; angl. *to bestow* : *placer* et *donner, accorder* ; en hébreu נתן 1) *mettre* ; 2) *donner* ; שׂוּם *placer* et (parfois v.g. Nb. 6,26) *donner* ; שׁפת *mettre, donner* ; جعل *mettre, donner*.

مهن *être vil* se rattache à هان *être léger, facile, vil*.

Dans le syriaque ܡܚܠ *être faible, débile* le *m* est certainement d'origine secondaire, comme le montrent les formes ܚܠ et hébr. חלה (Cf. Ges.-Buhl *s. v.)*.

Le néo-hébreu מחל *permettre* etc. est rattaché par Fleischer (dans Levy : *Nhb. WB.* II, 308) à la racine *ḥll*, avec raison, semble-t-il.

---

(1) Dans *Orientalische Studien Noeldeke* (1906) I, 249-254.

(2) Cf. Brockelmann : *Grundriss*, II, 107.

VI

« Louer » = déclarer bon (beau, excellent).

Une manière assez fréquente d'exprimer l'idée de *louer* en sémitique est *déclarer* (*qn.* ou *qc.*) *bon* (*beau, excellent* etc.).

Racine *ḥmd*. Le sens premier est *bon-beau*. Il apparaît encore en hébreu v.g. Gn. 2, 9 ; 3, 6. En arabe حَمِيد = *bon, honnête*, etc. ; أَحْمَدَ =*trouver bon, excellent* ; حمد *déclarer bon, louer*. مَنْزِلٌ حَمِدٌ = *séjour bon, convenable* ; cf. ארץ חמדה « beau pays » (Ps. 106,24 etc.). Les lexicographes arabes ont exagéré le sens secondaire *louer* au détriment du sens premier. Dans la racine *mgd* (dont le *m* est d'origine secondaire), comme dans les autres formes à base GD جود , جدّ le sens premier est *bon*. مَجِيد signifie en particulier *excellent, grand, noble, libéral* ; مَجَّدَ = *déclarer excellent, louer, glorifier*. מגד est peu développé en hébreu, mais le sens fondamental se reconnaît fort bien, malgré la spécialisation de l'emploi : מֶגֶד = *fruit excellent* (cf. *supra*, p. 143).

Racine شكر. Le sens fondamental est *bon, abondant, généreux* ; d'où *louer* (= *déclarer bon, généreux*). De *louer* on est passé au sens de *remercier* (de même pour حمد) (1).

Racine araméenne שבח , ܫܒܚ. (L'hébreu שבח et l'arabe سَبَّحَ proviennent de l'araméen). Le sens premier est *beau, bon*. Il apparaît encore fort bien en syriaque : ܫܘܒܚܐ *pulchritudo*. Le sens propre de ܫܒܺܝܚ est *pulcher* (comparer les formes *qatīl* : حَمِيد, مَجِيد) et non *laudatus* (= ܡܫܰܒܚܐ) ; voir v. g. Peshitto de Job 41, 14 « son corps est *beau* » ; Ps. 127, 3 « *belle* vigne ». Pour le néo-hébreu et l'araméen juif, cf. Levy (*Nhb. WB.*) v.g. יש שבח עצים בפת « die *Güte* des Holzes ist im Brote enthalten » ; השביח *verbessern, meliorieren*.

Ce même développement sémantique si naturel se retrouve encore dans l'aram. קלס ܩܠܣ *louer*, lequel d'après l'étymologie la plus probable vient du grec καλῶς (cf. Brockelmann : *Lex. syriacum*, s. v.).

(1) L'hébreu שָׂכָר *salaire* ne semble avoir aucun rapport avec شكر .

VII

La double construction de אסף et רפא (*guérir*).

Les deux verbes usuels en hébreu pour *guérir d'une maladie* sont רפא et אסף. — רפא signifie proprement *donner des soins, soigner*, et par extension *guérir* (1). On trouve רפא avec מן de la maladie : « Je te guérirai de tes blessures » (Jér. 30, 17), construction très naturelle ; on le trouve aussi avec מן du malade : Lév. 14, 3 נרפא נגע הצרעת מן־הצרוע *lepra sanata est* (longe) *a leproso*. Cette seconde construction est étrange.

אסף qui signifie proprement *enlever*, se trouve construit très naturellement avec l'accusatif de la maladie : 2 R. 5, 11 « et il enlèvera la lèpre ». Si l'on voulait mentionner le malade il faudrait évidemment מן : « enlever *d*'un malade une maladie ». Or, aux versets 3, 6, 7 on trouve : יאסף אתו מצרעתו « *enlever* quelqu'un *de* sa maladie », construction bien étrange.

L'explication de la seconde construction de רפא et de אסף repose, je crois, sur un phénomène de contamination mutuelle. Les deux verbes usuels pour exprimer l'idée de *guérir* se sont communiqué mutuellement leur sens propre et leur construction. Les constructions normales

guérir quelqu'un *d*'une maladie ;
enlever *de* quelqu'un une maladie ;

ont produit, par confusion de רפא et de אסף :

guérir (= enlever) *de* quelqu'un une maladie (Lév. 14, 3)
enlever (= guérir) quelqu'un *d*'une maladie (2 R. 5, 3, 6, 7).

On peut comparer une intéressante contamination du français : *il me souvient* est devenu dans la bouche du peuple *je me souviens*, sous l'influence de *je me rappelle* ; — *je me le rappelle* est devenu dans la bouche du peuple *je m'en rappelle*, sous l'influence de *je m'en souviens* (2).

Mars 1913

(1) Les deux sens sont opposés dans Jér. 17, 14 : « *Panse-moi*, Jéhovah, et je guérirai ; — secours-moi, et je serai sauvé ». On se demande ce que peut bien vouloir dire la traduction : « Guéris-moi, et je guérirai ».

(2) Cf. A. Darmesteter : *La vie des mots*, p. 119.

TABLE

II

ARABICA

par

le P. Paul Joüon, s. j.

I

Explication du sens passé de لَمْ يَفْعَلْ.

Ce curieux phénomène de temps « converti », analogue à celui du « waw conversif » de l'hébreu, a été diversement expliqué (1)

Si je ne me trompe, l'explication doit être cherchée dans le traitement des seules propositions où لم يفعل est obligatoire, à savoir les propositions conditionnelles.

Soit une proposition telle que : « S'il se lève, je me lèverai ». Pour la rendre, l'arabe emploie divers types de phrase dont les deux plus fréquents sont · 1er type (parfait à la protase et à l'apodose) إن قام قمتُ ; — 2e type (jussif à la protase et à l'apodose) إن يقمْ أقمْ. Malgré la différence des temps employés, la langue ne met pratiquement aucune différence de sens entre les deux types.

Veut-on introduire la négation à la protase ou à l'apodose (v. g. « S'il ne se lève pas, je ne me lèverai pas ») il faut obligatoirement employer le jussif (comme dans le second type) avec لم, v. g. : إن لم يقمْ لم أقمْ. Mais, chose curieuse, cette phrase négative, qui, pour les formes verbales, est cal-

(1) H Bauer (*Die Tempora im semitischen*, p 30) y voit un reste de l'emploi « atemporel » de l'imparfait.

quée sur le 2e type positif, a été sentie, au point de vue des valeurs temporelles, comme correspondant au 1er type ; à savoir لم يقمْ et لمْ أقمْ ont été sentis comme des passés, exactement comme les parfaits قام et قمتُ. Comment s'expliquer ce curieux *transitus* ? Sans doute, d'une façon générale, la synonymie pratique des deux types positifs l'a favorisé ; mais c'est, je crois, le type de phrase où l'apodose seule est négative qui a donné le coup décisif. Dans ce type de phrase إن قام لمْ أقمْ (1) l'apodose négative لم أقم est évidemment symétrique de l'apodose قمتُ du 1er type positif ; en conséquence, on a senti ce لم أقم comme équivalant, pour le temps, au parfait قمتُ. Ce même résultat a pu encore être favorisé par la tendance de l'arabe à donner au verbe de l'apodose la même forme temporelle qu'au verbe de la protase (2) ; en conséquence l'apodose لم أقم a été sentie comme ayant la valeur temporelle du parfait de la protase إن قام.

Une fois que لم اقم, dans ces phrases, fut senti comme un passé, on a naturellement associé le sens du passé avec le لم, attribuant à celui-ci, comme instinctivement, une sorte de force *conversive*. Dès lors لم يقتل devenait un quasi-synonyme de ما قتلَ. Très souvent لمْ يقتلْ est employé exactement avec le sens de ما قتل ; mais dans certains cas il a une nuance plus énergique ou plus absolue, qui lui vient de ce que لمْ renferme le *ma* emphatique (3).

Si cette explication paraît satisfaisante, il faut conclure que le sens passé de لم يقتلْ n'a pas une origine archaïque, remontant à une époque où le *yaqtul* aurait été « atemporel », mais que c'est au contraire un phénomène d'origine secondaire (4). On le trouve déjà dans l'inscription de Nemara (328 ap. J.-C.) : لمْ يبلغ.

---

(1) La construction inverse إن يقمْ لم أقم est peu employée.

(2) Ainsi dans le 1er type positif, le parfait de l'apodose ne s'explique que par l'attraction du parfait de la protase.

(3) Cf. Brockelmann : *Grundriss*, II, 182.

(4) يفعل dans لم يفعل est senti par le peuple commo étrange ; les demi-lettrés, voulant employer la négation لم, qu'ils trouvent distinguée, disent parfois لمْ فعلَ.

II

Forme adjectivale *qatil*, en arabe, dans les racines ע"י

Barth (*Nominalbildung*, p 20) et Brockelmann (*Grundriss*, I, 337), traitant de la forme *qatil*, mentionnent bien le cas des racines à 2e radicale *w* (ע"ו) (v g. **gawir* = جار), mais ne disent rien des racines à 2e radicale *y* (ע"י). Et pourtant il serait étrange que la forme si fréquente *qatil* ne fût pas représentée dans les racines ע"י, assez fréquentes en arabe.

On sait qu'une forme verbale telle que **hayiba* devient en arabe هابَ « il a craint » On s'attendrait donc à trouver des adjectifs verbaux, ou des adjectifs *qatil* avec la forme قال parmi les racines قيل. En réalité, on en trouve quelques-uns, v.g. شاع à côté de شائع *public, notoire* ; صاف à côté de صائف *chaud* (été), فال à côté de فائل et فيل *faible* (de jugement) Ces formes, on le voit, se confondent avec les *qatil* des racines ע"ו, v.g. جار *voisin*. On peut même se demander, vu la rareté relative des قال dans les ע"י, si, dans les exemples précédents, la racine n'existait pas *aussi* comme ע"ו, ou si la forme n'a pas été transportée des ע"ו aux ע"י. Quoiqu'il en soit, la forme *qatil* des ע"י me paraît être représentée d'ordinaire (sinon toujours) par la forme قَيْل. Ainsi **qayil* aurait été réduit à قال dans les formes verbales et à قَيْل dans les formes nominales (1)

De toutes les langues sémitiques l'arabe est la seule où la forme *qatl* soit relativement fréquente comme adjectif (ou adjectif verbal). On peut donc soupçonner *a priori* que plusieurs de ces *qatl* sont d'origine secondaire J'ai essayé de montrer (2) que de nombreux adjectifs **qatul* ont été réduits à قَتْل. La réduction de **qatil* à قَتْل n'est pas rare non plus ; elle est même de règle dans les racines ע"ע ; v g. شَرّ au sens adjectival de *mauvais* (fém. شَرَّة), à côté de شَرِير, est un adjectif *qatil* ; tandis que le substantif شَرّ est un *qatl* primitif (3).

---

(1) On sait qu'en hébreu, le verbe et le nom ne reçoivent pas toujours le même traitement phonétique

(2) Cf. *Melanges de la Faculté Orientale*, t V[1], p 402.

(3) *Ibid.*

De même, croyons-nous, les *qatl* adjectivaux des racines ע״י (i.e. قَيْل) sont une réduction de *qatil*. En regardant ces قَيْل adjectivaux comme des *qatl* primitifs, il faudrait conclure que la forme adjectivale *qatil* n'est pas représentée dans la plupart des racines ע״י, ce qui est invraisemblable. Voici une liste (qui ne vise pas à être complète) de formes قَيْل qui sont originairement des *qatil :*

خَيْر au sens adjectival de *bon* (avec un fém. خَيْرَة), à côté de خَيِّر (= *qatīl*) est certainement un adjectif *qatil*, exactement comme son antonyme شَرّ *mauvais*, cité plus haut. (On remarquera le parallélisme des formes des deux antonymes). Au contraire خَيْر *bien*, comme substantif, est un *qatl*.

ضَيْق au sens adjectival d'*étroit*, à côté de ضَيِّق et ضائِق, ne peut être qu'un adjectif *qatil*, tandis que le substantif ضَيْق est un *qatl*.

Sont encore originairement des *qatil* :

سَيْل *qui coule par torrents* (eau) (distinct du maṣdar سَيْل employé aussi comme substantif : *torrent*) v.g. ماء سَيْل = سائِل (cf. Lane).

ضَيْف (avec un fém. ضَيْفَة) *qui reçoit l'hospitalité*, synonyme de نَزِيل.

دَيْش (à côté de دَيِّش) *qui a beaucoup de feuilles.*

دَيْق et رائِق *ce qui est mangé à jeun ;* دَيْق et دَيِّق *le meilleur d'une chose.* (rac. روق ou ريق).

شَيْخ *vieux, ancien* (avec un fém. شَيْخَة) ; comparer les formes adjectivales شابّ, صَبِيّ.

طَيْر *volatile, oiseau* et طائِر.

عَيّ *impuissant* et عَيِيّ.

غَيْب *ce qui est caché* et غائِب.

لَيْن *doux, mou* et لَيِّن.

Cette même forme قَيْل des ע״י a pénétré dans les ע״ו, de même que, peut-être, la forme قال des ע״ו a pénétré dans les ע״י (v. plus haut). On a, dans les ע״ו :

مَيْت *mort*, à côté de مَيِّت et مائِت ; cf. l'antonyme حَيّ *vivant* (= *qatil*).

قَيْد *qui se laisse mener, docile*, à côté de قَيِّد.

هَيْن *facile*, à côté de هَيِّن.

سَيْء *mauvais*, à côté de سَيِّء.

On remarquera les nombreux cas où se présente le doublet قَيْل — قَيِّل (i.e. *qatil*—*qatīl*). Dans la plupart des cas, c'est قَيِّل qui est la forme la plus usitée. Nous savons, par ailleurs, que l'adjectif *qatil* a été fortement concurrencé, en arabe, par des formes plus pleines (1).

Chose curieuse ; les grammairiens arabes, au lieu de voir dans les formes قِيل une réduction de *qayil* sous l'influence de l'accent initial, y ont vu un *allègement* (تخفيف) de la forme قَيِل. D'après M. Hartmann (2), ce serait une réduction de قائل .

III

La préposition ب dans أجاب, نَدَب, زَيب

On a signalé depuis longtemps le cas intéressant de la soudure de la préposition ب avec le verbe جاء , f. يَجي , dans le verbe جاب , f. يَجيب *apporter* du dialecte syrien (3) On sait qu'en arabe *venir avec qc* a fini par aboutir au sens simple d'*apporter*. Le point de départ de la formation du verbe syrien est sans doute l'impératif ; *ǵi' b...* est devenu *ǵīb* « apporte », d'où l'on a déduit un futur *yaǵīb*, d'où un parfait *ǵāb*.

Le classique اجاب *répondre* s'explique peut-être de la même manière. On trouve assez souvent des expressions telles que اتى بكلمة *venir avec tel mot* i e. *dire tel mot*. جاء بشيء signifie notamment *he said, gave utterance, or uttered a thing* comme اتى ب (Lane)(4) Le verbe aurait signifié d'abord *dire*, puis aurait été spécialisé au sens de *dire à son tour, dire en retour, répondre ;* comparer hébreu ענה dont le sens premier (probablement *intendere* [*verbis*]) ne présente à l'origine aucune idée de mouvement en retour. — Mais comment a-t-on la forme أفعل ? On peut songer au procès suivant : *yaǵī' b* serait devenu *yaǵīb*. L'ī long aura provoqué l'altération en *yuǵīb* (futur افعل), d'où l'on aura déduit un parfait اجاب . Contraster en syrien

(1) Cf *Mélanges*, *ibid*., p. 400

(2) *Mitteilungen des Sem für Orient Sprachen*, t, 9 (1906), p. 172 et cf *der Islam Orient*, t. II p 445

(3) Cf. Brockelmann . *Grundriss*, I, 290, qui cite encore *tāb* de *atā bi* dans le dialecte de 'Omān

(4) V g Cor 14, 11 جاء بالافك *dire* un mensonge.

yurīd (de اراد) *yerīd, yarīd,* d'où l'on a déduit un parfait *rād* (d'après Landberg : *Proverbes de Syrie,* p. 11, où beaucoup d'exemples de ce type).

Comme le mot أَخْبَث est ancien en araméen, il faut croire que le phénomène que nous supposons s'est produit à une date très reculée.

Le verbe ندب aux sens d'*inviter* etc. et de *faire une lamentation* (1), me semble provenir de ندى ب *appeler qn. Inviter qn.* c'est l'*appeler à venir ou à faire qc.* L'autre sens usuel est expliqué également par *appeler* : ندبت الميت *She* (a wailing woman) *called upon the dead man, praising him, and saying* وَافلاناهْ and وَاهَنَاهْ, *Alas for such a one*! and *Alas for thee*! or *she, as it were, called upon the dead man, enumerating his good qualities and actions, as though he heard her* (Lane). On sait que les verbes *appeler qn., crier après qn.* se construisent très ordinairement avec ب (ب de l'*objet*), v.g. outre ندى : هتف, هيّت, صرخ, دعا, صاح, etc. Le verbe ندب une fois créé et détaché de ندى aura été spécialisé aux sens d'*appeler qn. à faire qc.* = *inviter*, et d'*appeler un mort* = *faire une lamentation.*

Dans وَيْل le ل est la préposition ل soudée à وَيْ, comme le fait justement remarquer Brockelmann (I, 291). Peut-être faut-il admettre aussi que dans وَيْب *malheur* ! *pitié* ! etc. le ب est la préposition ب (ب de l'*objet*).

IV

بَيْن يَدَيْ *devant.*

On sait que بين يدي « entre les bras (*ou* mains) de » s'emploie couramment pour *devant* ; on dira par exemple, بين يدي الفسطاط « *devant* la tente » et au sens temporel, v. g. « Le Coran est la confirmation des (Ecritures révélées) *avant* lui » تصديق الذي بين يديه (Cor. 12, 111). L'emploi est trop connu pour qu'il soit utile de multiplier les exemples. Le point de départ de cet emploi curieux doit être un cas où un individu se trouvant *dans les bras*

(1) Ce ندب n'a aucun rapport avec héb. נדב. Mais l'hébreu a pour correspondant en arabe une seconde racine ندب *être actif, vif, alerte, habile, excellent.* Une troisième racine ندب signifie *cicatrice.*

d'un autre, donne l'impression très nette d'être *devant* lui Ce cas ne serait-il pas celui du cavalier ayant un homme en croupe ? Le cavalier d'avant est bien « entre les bras » et « devant » le cavalier d'arrière. Il est raconté dans un «hadīth»(Bokhāri, Caire, éd. vocalisée, t 4, p. ٣٢١, 1—5, éd Krehl, t. 3, p. ٤٢, 1 5) qu'en entrant à Médine, lors de l'hégire, Mahomet avait en croupe Abou Bekr. Les gens de Médine, qui ne connaissaient pas encore Mahomet, demandent à Abou Bekr : من هذا الرجل الذي بَين يديك « Quel est cet homme qui est *entre tes bras* (= devant toi) ? » Le cas de deux individus montés sur le même chameau ou le même cheval devait se présenter fort souvent chez des nomades, il a donc pu facilement être le point de départ occasionnel d'une évolution sémantique. C'est ainsi que la racine la plus usuelle pour *monter en croupe* ردف a suggéré l'idée de *second, lieutenant d'un roi* ردف الملك.

V

ذِكْر DANS CORAN 21,105

Cor. 21, 105. ولقــد كتبنا في الزبور من بعد الذكر انّ الارضَ يرِثُها عبادِيَ الصالحون « nous avons écrit dans les *Psaumes*, (qui sont) après le *dhkr*, que la terre aura pour héritiers mes serviteurs justes». Dans ce texte coranique—le seul qui contienne une citation littérale de la Bible (1) — que signifie le mot ذِكْر ? Avec le commentateur Bayḍāwi on comprend généralement la *Tôra*. Mais quand Mahomet veut parler du livre de Moïse il dit toujours التوراة. De plus, voulant indiquer ici d'une façon précise, à ceux qui voudraient vérifier sa citation, où se trouvent les *Psaumes*, il ne peut guère dire qu'ils sont après la *Tôra*, puisqu'ils viennent en réalité après la seconde partie de la Bible hébraïque, à savoir les נביאים « Prophètes », laquelle comprend, comme on sait, *Josué, Samuel*, les *Rois* et les *Prophètes* proprement dits. En réalité, c'est bien la *prophétie* (les נביאים) qui est désignée par le mot ذكر dans l'indication précise donnée ici : « après le *dhkr* » Ce sens de *pro-*

---

(1) = Ps 37, 29 צדיקים יירשׁו־ארץ .

phétie est parfaitement conforme à l'emploi de la racine ذكر dans le Coran. ذكّر y est employé au sens prophétique d'*avertir* en annonçant des promesses ou des menaces, à peu près comme انذر, sauf que ce dernier mot a toujours une nuance péjorative : *avertir* en menaçant de châtiments (antonyme : بشّر). Le rôle du *prophète*, tel que le conçoit Mahomet, est en effet d'*avertir*, d'être un *avertisseur* نذير. Il emploie une fois, pour exprimer cette idée, la racine non-péjorative ذكر : « Avertis ! Tu n'es qu'un avertisseur ! » ذكّر انّما انت مذكّر (88, 21). Le Coran est un *avertissement* ذِكْر (v.g. 54, 17), entendez un *avertissement prophétique*, descendu (15,6) du ciel, autrement dit une *prophétie* au sens indiqué. C'est à l'analogie de ce sens que Mahomet a pu désigner la seconde partie de la Bible hébraïque, les נביאים par ذكر « la Prophétie », c'est-à-dire la « collection des prophéties ».

Dans 16, 45 (= 21, 7) les Juifs sont désignés par اهل الذكر. Avec Bayḍâwi, on explique par اهل الكتاب « gens du Livre ». C'est là encore une interprétation inexacte. Il faut traduire « gens de la Prophétie ». Et ce sens est parfaitement justifié par le contexte : « Nous n'avons envoyé avant toi que des hommes à qui nous faisions des révélations : demandez-le aux gens de la *Prophétie*, si vous ne le savez pas ! » Mahomet sait que le don de prophétie (نبوّة) a été commun chez les Israélites (v.g. 45, 15) ; or les détails concernant ces prophètes d'Israël se trouvent dans la seconde partie de la Bible, les נביאים. Il donne ici une sorte de référence à l'appui de son dire : pour vous renseigner sur les prophètes mes prédécesseurs, adressez-vous à ceux qui gardent « les Prophéties ».

Outre la توراة et le زبور, Mahomet a donc connu et mentionné la seconde partie de la Bible hébraïque, les נביאים (Cf. Luc 24, 44 : ἐν τῷ νόμῳ Μωϋσέως καὶ προφήταις καὶ ψαλμοῖς).

On s'attendrait à ce que Mahomet eût désigné les נביאים par نبوّة plutôt que par ذكر. En fait نبوّة (5 fois seulement dans le Coran) est toujours employé au sens de *don de prophétie, qualité de prophète,* jamais au sens d'*une prophétie*.

VI

A PROPOS DE عصر (CORAN 12,49).

La racine correspondant à hébreu עזר se présente en arabe sous les trois formes عذر, عزر et عصر. Pour عذر Barth (*ZDMG*, t. 43, p. 184) et Landberg (*Ḥaḍram.* p. 170) ont montré que le sens premier est *aider, aider contre, défendre contre*, d'où secondairement *excuser*. La forme عزر existe *aussi* au sens d'*aider, assister, fortifier* (cf. Lane). Enfin عصر au sens d'*aider* se trouve dans Coran 12, 49 : ثُمَّ يَأْتِي مِن بَعْدِ ذَلِكَ عَامٌ فِيهِ يُغَاثُ النَّاسُ وَفِيهِ يَعْصِرُونَ. Le dernier mot est vocalisé يَعْصِرُونَ dans le texte reçu, mais la variante يُعْصَرُونَ au passif (faisant suite au passif يُغَاثُ) me semble s'imposer. Le mot, avec ses variantes, est compris de quantité de manières (cf. Lane) : *presser* (v.g. raisin, olives) ; *presser* (le pis des vaches); *récolter* (les produits de la terre), *se prêter mutuellement aide* ou *secours* (Bayḍāwi) ; *être gratifié de pluie*; *être sain et sauf*; *avoir recours pour refuge* ou *protection*. La vocalisation يَعْصِرُونَ avec le sens *presser* (s.-e. raisin) a été, je crois, suggérée par l'emploi de عصر au v. 36 : « Je *pressais* du raisin », et aussi, peut-être, par le sens d'*être gratifié de pluie* qu'on suppose ici à يُغَاثُ. Or il ne peut s'agir de pluie. En effet, la pluie est fort rare dans une grande partie de l'Egypte, et l'était encore davantage autrefois ; de plus, Mahomet ne pouvait guère l'ignorer (1), les récoltes de céréales (et c'est d'elles seules qu'il s'agit dans l'histoire de Joseph) ne dépendent pas de la pluie, mais uniquement de la crue du Nil. Donc يُغَاثُ signifie certainement ici *seront secourus* (غوث) (2).

---

(1) Contre Nöldeke, art. *Korân* dans *Oriental. Skizzen* (1892), p. 33 [et dans l'*Encyclopedia Britannica*].

(2) Du reste, غَيْثٌ *pluie abondante*, spécialement attribuée à Dieu, n'est qu'une spécialisation concrète du sens *secours*, donc (*pluie de*) *secours*, *pluie providentielle*. On sait à quel point l'existence de l'Arabe dépend de ce *secours* divin. Le même procès sémantique *secours* > *pluie* se trouve pour نَصَرَ *aider* ; donner la *pluie* [Dieu], نَصْر *pluie*, et نَشَّ (cf. Lane). Dans Cor. 7, 55 رحمة *bonté* est employé métaphoriquement pour *pluie* (Bayḍ.) : « C'est Lui qui envoie les vents avant-coureurs de sa *bonté*... ». En Ḥadramout, *raḥme* désigne la pluie (Van den Berg : *Le Ḥaḍramout*, p. 233, cité dans Jacob : *Altarab. Beduinenleben*, p. 87).

Le membre وفيه يعصرون parallèle à فيه يغاث الناس a exactement le même sens. Il faut donc comprendre : « Puis, après (les sept années de disette), viendra une année dans laquelle on recevra *aide* et *secours* ». Le sens de *secours*, on l'a vu, a été noté par Bayḍāwi (1). Il existe donc une racine عصر = عزر, عذر. L'alternance *z*, *ṣ*, on le sait, est fréquente dans tout le domaine sémitique (2).

VII

Etymologie d'arabe *finǧān* (persan *pingān*).

Paul Horn (*Neupersische Schriftsprache*, dans le *Grundriss der iranischen Philologie* de W. Geiger et E. Kuhn, I² p. 6) rattache فنجان *(finǧān) tasse*, spécialement *tasse à café* (3) (cf. Dozy *s.v.*) au grec πίναξ *plat, assiette*.

Le mot *finǧān* semble bien identique au tamoul *pingân* employé au sens d'*assiette* (cf. J. Vinson : *Manuel de la langue tamoule* (1903), p. 21). Or ce mot tamoul, d'après le sinologue A. Vissière (cité dans Vinson), vient probablement des mots chinois *ping-ngân* « tranquilité, paix » qui composent une « inscription peinte sur les assiettes et les autres ustensiles domestiques en Chine ». Si l'étymologie donnée par A. Vissière est correcte, elle doit valoir aussi pour le persan et l'arabe.

VIII

زمن et زمان.

L'arabe a emprunté le mot *zaman* « temps » à l'araméen. Etant don-

---

(1) Il faut probablement distinguer trois racines عصر : I *presser* (= עצר) ; II *secours*, d'où probablement *protection, refuge* (= عذر , عزر , עזר) ; III *temps précis, temps propre de qc.*, d'où *nubilité* (d'une fille), *maturité* (d'une moisson). Comparer les divers sens de καιρός.

(2) Voir v.g. les exemples cités dans Barth : *Wurzeluntersuchungen*, p. 15 ; Landberg : *Ḥaḍramout*, p. 596.

(3) Aussi *finǧāl* chez les Arabes du Nord ; cf. Landberg : *Ḥaḍramout*, p. 460.

né qu'en araméen (זְמַן , زَمْن) l'*a* est bref, l'arabe aura sans doute employé d'abord la forme زَمَن. L'allongement de l'*a* final (زمان) est peut-être dû à l'association fréquente de *zaman* « temps » avec مكان « lieu » v.g. اسم الزمان والمكان. Voir de nombreux cas analogues dans l'intéressant article de Barth : *Formangleichung bei begrifflichen Korrespondenzen* (dans *Orient. Studien Noeldeke,* II, 787-796).

IX

Racine أيد.

Dans son étude très soignée du mot *yad,* Nöldeke rattache avec raison à يد le verbe آدى *aider* (*Neue Beitraege,* p. 114) (1). Au même mot يد doit se rattacher, je crois, le verbe آيد, qui signifie également *aider*. La forme إيد est fréquente dans les dialectes arabes et coexiste parfois avec يد (*ibid.* p. 115). Ainsi la forme فاعل de يد, à savoir يادى, qui ne s'emploie pas au sens d'*aider*, est suppléée par آدى et آيد. Ces formes sont avec يد, ايد dans le même rapport sémantique que les synonymes ساعد, عاضد avec ساعِد *avant-bras,* عَضُد *haut du bras.* L'idée est prêter *main*-forte à qn., lui donner un coup de *main* = l'*aider*.

De آيد *aider, secourir, fortifier* on a dégagé l'idée de *force*, d'où آد *être fort,* أيّد *fortifier.*

X

Racines *ml* en arabe.

L'arabe possède une base primitive *ml* ayant le sens de *long*. Cette base primitive se retrouve dans les racines trilittères مال, ملى, امل, مهل, dans lesquelles le sens fondamental de *long* se dégage assez facilement.

---

(1) Je pense que ادّى *faire tenir qc. à qn., payer ; faire parvenir qc. à qn.* est également dénominatif de يد, comme ידה *lancer* l'est probablement d'après Buhl. — Peut-être même أداة *outil, instrument* est-il originairement « ce qu'on tient en main » ; cf. lat. *manubrium.*

Dans ملى il est très apparent ; il y a seulement spécialisation du sens : مَلَاوَة , مَلِيّ *long espace de temps ;* les formes verbales ont les significations spéciales de *jouir longtemps, supporter longtemps ;* أملى *lâcher (= allonger) la bride (au chameau).* — مَلّ signifie *être long,* en parlant d'un voyage. La *longueur* exagérée d'une action, par sa monotonie et son uniformité, crée cette forme spéciale de l'*ennui* pour laquelle beaucoup de langues n'ont pas de mot spécial, mais qui se trouve par exemple dans l'allemand *langweilig* etc. مَلّ offre exactement le même sens que *langweilig* etc. — Dans les deux sens usuels de أمل *espérer* et *méditer* on retrouve encore l'idée de *longueur.* Il s'agit originairement d'espérance à *longue* échéance, de *longue* considération (cf. Lane). — L'analogie de sens me fait rattacher مهل à la base primitive *ml* (1). L'idée de *longueur* s'est développée au sens de *lenteur* (cf. être *long* à faire une chose = être *lent*). Le sens de *délai* est également un développement très naturel de celui de *longueur.* On le trouve dans la racine طول *long,* v.g. طاول *accorder un délai* (2), et dans la racine مدّ *étendu, prolongé,* v.g. مدّ *accorder un délai.*

Mars 1913.

---

(1) Autres exemples de *h* comme deuxième radicale secondaire : عهد = עוד, ܪܘܗܩܐ = רוק, ܒܗܬ = בוש, جهد = جدّ, רהיט (*solive*) = ܪܗܛܐ.

(2) De même dans la racine مطل où le *m* est secondaire; cf. *supra*, p. 143.

TABLE

III

NOTES DE LEXICOGRAPHIE HÉBRAIQUE (suite) (1)

par

le P. Paul Joüon, s. j.

I

L'hébraïsme באזני.

Cette locution fréquente dans la phraséologie hébraïque n'offre pas de difficulté spéciale, mais il n'est pas sans intérêt d'examiner dans quels cas on l'emploie. באזני est une expression symétrique à לעיני « au yeux de, à la vue de » (2). Mais tandis que les emplois de לעיני se retrouvent à peu près identiquement dans nos langues, באזני a reçu, en hébreu, une extension très particulière. Naturellement l'idée est toujours celle d'*entendre*, comme dans 1 Sam. 15, 14 où le parallélisme montre bien la synonymie des expressions : מה קול הצאן הזה באזני וקול הבקר אשר אנכי שׁומע : « Qu'est-ce que ce bêlement de moutons (qui est) *dans mes oreilles*, et ce mugissement de bœufs que *j'entends* ? ».

On trouve une seule fois l'expression שׂום באזני (Ex. 17, 14) ; la nuance paraît être très spéciale et équivaloir à « dire de vive voix » (3) ; ce

(1) Voir *Mélanges*, t. V², p. 405.

(2) בעיני est toujours pris au sens figuré : « dans l'estimation de ».

(3) La nuance *inculquer* n'est pas justifiée par le contexte ; l'objet de la communication est telle qu'il n'y a pas lieu de l'*inculquer*.

sens me semble ressortir de l'opposition avec כתב. Je comprends ainsi : « *Ecris* (i.e. le récit de la victoire sur Amalec, vv. 8-12) comme document dans le livre, et *dis de vive voix* à Josué (ces paroles) : J'effacerai entièrement le souvenir d'Amalec de dessous les cieux ».

Quand il s'agit de paroles dites באזני פ׳, les *oreilles* sont ordinairement celles de la personne à laquelle s'adresse le discours. Mais dans certains cas, ce sont les oreilles d'une personne prise pour témoin (auriculaire) de ce qu'on dit, v.g. Gen. 23, 10 : « Efron répondit à Abraham *aux oreilles* des fils de Ḥet ». Dans nos langues la présence n'est guère envisagée que comme visuelle ; l'hébreu distingue la présence visuelle (לעיני) et la présence auditive באזני. Voir encore vv. 13, 16 ; Ez. 9, 1, 5 ; 1 Ch. 28, 8 (Dieu comme témoin auriculaire) ; peut-être aussi Jug. 17, 2 (qui peut rentrer dans le cas suivant). Enfin, il peut s'agir des oreilles d'une personne qui de fait a entendu indépendamment de l'intention de celui qui parle, v.g. 2 Sam. 18,12 : « A nos oreilles (i.e. en notre présence [auditive]) le roi a donné cet ordre à toi, à Abišaï et à Ittaï... ». Voir encore Nomb. 14, 28, probablement aussi Is. 49, 20.

« Dire dans les oreilles de qn. » est naturellement toujours plus emphatique que « dire à qn. » ; c'est « dire et se faire entendre » ou simplement « se faire entendre ». Voir, par exemple, Ex. 10, 2 תספר באזני בנך ובן בנך : « *tu feras entendre* le récit (des hauts faits de Jéhovah en Egypte) à ton fils et à ton petit-fils ». On emploie la locution pour demander instamment à se faire entendre, v.g. Gen. 44, 18 ; 1 Sam. 25, 24 : « Que ta servante, de grâce, puisse *se faire entendre* de toi, et écoute les paroles de ta servante » (1).

La locution emphatique est particulièrement de mise quand il s'agit d'une communication faite à une foule, v.g. Dt. 5, 1 ; 31, 28, 30.

On lit באזני non seulement la Loi (Dt. 31, 11), ou un livre (Jér. 36, 15), mais encore une simple lettre (Jér. 29, 29).

Enfin, et cet usage est assez remarquable, on emploie באזני quand il s'agit de *rapporter* à un autre les paroles de quelqu'un : Gen. 20, 8; 50, 4

(1) Les deux membres sont à peu près synonymes, comme dans 1 Sam. 15, 14, cité plus haut.

: « veuillez porter aux oreilles de Pharaon ces paroles » (trad. Z. Kahn) ; 1 Sam. 8,21 : « Samuel écouta les paroles du peuple et les rapporta à Jéhovah » ; 1 Sam. 18, 23 : « les serviteurs de Saül rapportèrent ces paroles à David ». C'est là, probablement, la seule manière d'exprimer cette idée.

Remarquons en finissant que דבר באזני n'est jamais synonyme de השמיע. Ce dernier verbe a toujours des sens spéciaux. On l'emploie : 1) comme terme musical ; 2) en parlant de la voix, d'un bruit. Quand il est employé avec דבר « parole » ou un mot analogue, le sens est à peu près synonyme de הגיד qui lui est fréquemment associé ; la nuance est donc « faire connaître », « annoncer », « verkündigen » (Buhl) ; v.g. : 1 Sam. 9, 27 ; Dt. 4, 10 ; — avec מצוה : Dt. 30, 12, 13.

II

הוֹאִיל

Le développement sémantique indiqué dans les dictionnaires modernes et, en conséquence, l'interprétation de certains textes ne semblent pas très satisfaisants. Les anciennes versions traduisent le plus souvent (trop souvent, je l'avoue) par *commencer*. Ce sens très simple paraît bien être, en effet, le sens fondamental. L'arabe اوّل *premier* (forme افعل d'une racine وال = יאל) s'emploie couramment, on le sait, au sens de *commencement* (1). Ce sens est généralement reconnu dans Deut. 1, 5 : « Moïse *commença* à exposer la Loi » (LXX, Vulg., Peš.). Il faut l'admettre aussi dans Ex. 2, 21 : « Moïse *commença* à habiter » i.e. « s'établit » (LXX : κατῳκίσθη) et dans Jug. 17, 11. Ce sens seul donne à 1 Sam. 12, 22 toute sa force : « Jéhovah n'abandonnera pas son peuple, par égard pour son grand nom, car il a *commencé* à faire de vous son peuple ». C'est la pensée très biblique que Dieu doit à sa gloire de continuer en faveur d'Israël ce qu'il a commencé.

---

(1) V.g. اوّل القصيدة le *commencement* du poème ; في اوّل سنة احدى عشرة au *commencement* de l'an 11 (Bar Hebraeus : *Hist. dyn.* éd. Salhani, p. ١٦٨) ; مدينة تستر وهى آخر البسيط واوّل الجبال la ville de Tostor se trouve à la fin de la plaine et au *commencement* des montagnes (Ibn Baṭouṭah, t. II, p. 23).

הואיל est employé au sens de *recommencer* dans Gen. 18, 27, 31 : « Voici que je *recommence* à parler à mon Seigneur » (cf. Saadia : امعنت في الكلام *je continue à parler*). הואיל répond exactement à ויוסף עוד du v. 29. Il n'y a pas lieu de s'étonner que l'hébreu emploie le même verbe pour *commencer* et *recommencer*. L'hébreu, comme l'arabe, néglige assez souvent l'expression formelle de la nuance itérative *re-*. Ainsi בנה *bâtir* s'emploie aussi pour *rebâtir* (v.g. Amos 9, 14) (1) ; קנה *acquérir, acheter* pour *racheter* (Ex. 15, 16) ; חיה *vivre* pour *revivre, ressusciter*.

Du sens *recommencer* on a passé à celui de *continuer*. Les deux notions sont connexes, et l'on pourra remarquer dans beaucoup de langues que tel mot est employé à la fois pour l'itération et pour la continuation, ainsi fr. *encore*, all. *noch*. En hébreu עוד s'emploie non seulement pour *adhuc*, mais encore pour *rursus, iterum*. Semblablement הוסיף (avec infinitif) signifie *continuer* et *recommencer*. הואיל a clairement le sens de *continuer* dans trois textes où l'on n'a pu le méconnaître que sous l'influence d'une fausse idée étymologique. Josué 17, 12 (= Jug. 1, 27) : « Les enfants de Manassé ne purent pas entrer en possession de ces villes, et les Cananéens *continuèrent* à habiter dans ce pays ». De même Jug. 1, 35 : « Les Amoréens *continuèrent* à habiter la montagne de Ḥèrès ». Jos. 7, 7 signifie simplement : « Plût à Dieu que nous eussions *continué* d'habiter au-delà du Jourdain ! » (LXX : Καὶ εἰ κατεμείναμεν καὶ κατῳκίσθημεν). Le sens *continuer* est si clair, dans ces textes, qu'Abou'l Walîd en a fait (à tort) le sens fondamental de la racine : معناه الامعان في الشي والتمادى. Saadia traduit par امعن *prolonger, continuer* Gen. 18, 27, 31 ; Ex. 2, 21 ; Deut. 1, 5.

Enfin on trouve 7 fois notre verbe au sens de *daigner*, et, chose à remarquer, toujours avec une nuance volitive : 5 fois à l'impératif (Jug. 19, 6 ; 2 S. 7, 9 ; 2 R. 5, 23 ; 6, 3 ; Job 6, 28), 1 fois au jussif (Job 6, 9), 1 fois au parfait précatif (2) (1 Ch. 17, 27, au lieu de l'impér. du passage parallèle 2 S. 7, 9). Le fait que le sens *daigner* ne se rencontre qu'avec

---

(1) De même en arabe بنى ، عمّر, par exemple dans les inscriptions. בנה au sens de *rebâtir* se trouve aussi dans les inscriptions phéniciennes et araméennes.

(2) Kropat : *Syntax der Chronik*, p. 16 ; cf. König : *Syntax*, § 173.

une nuance volitive me confirme dans l'idée que ce sens est secondaire (contre Qimḥi, Brown etc.). *Daigner* est probablement une spécialisation du sens *commencer* appliqué à la volonté : *se mettre à, se décider à*, et, avec une nuance de politesse, *daigner*, v.g. 2 R. 5, 23 : « Daigne accepter deux kikkar ! ».

C'est peut-être à cause du développement du sens secondaire *daigner* que הוֹאִיל est peu usuel au sens de *commencer, recommencer, continuer*. Pour *commencer* le verbe usuel est הֵחֵל, pour *recommencer* שׁוּב, pour *continuer* הוֹסִיף.

Il est notable que la racine ואל (יאל) n'a laissé en arabe qu'une seule forme usuelle أوّل *premier*, de même qu'en hébreu elle n'a laissé que le hifil הוֹאִיל. Ce hifil rentre probablement dans la vaste catégorie des hifil à sens adverbial : *faire en premier lieu = commencer*.

III

זלעפה

L'idée de *chose brûlante* qu'on suppose généralement à ce mot n'est pas justifiée. Elle n'apparaît pas dans les anciennes versions. Rashi l'admet dans son commentaire *in* Lam. 5, 10 (= שׂריפה), mais non Ibn Ezra, qui comprend « tempête » (סערה). Le mot n'étant qu'un développement de זעף (idée d'*agitation, violence, irritation, indignation*), il n'y a pas lieu de chercher pour זלעפה des sens notablement différents. Ps. 11, 6 signifie « vent violent », nullement « vent brûlant » ; Lam. 5, 10 : « les violences i.e. les tourments de la faim » ; Ps. 119, 53 « l'indignation ». Le sens de *chose brûlante* serait radicalement exclu par ס, 43, 17 זלעפות צפון (si vera lectio) qui ne peut absolument pas se traduire avec Knabenbauer « ventus urens aquilonis » !

IV

חרץ (Ex. 11, 7 ; Jos. 10, 21)

La traduction actuellement reçue : « Et contre les Israélites pas un chien n'*affilera* sa langue » ; « Et contre les Israélites pas un homme n'*affila* sa langue » laisse rêveur. L'expression חרץ לשון faisait déjà difficulté pour la LXX, qui a traduit *aboyer* (cf. aussi Judith 11, 19). Ce verbe חרץ semble bien être un mot archaïque et rare signifiant tout simplement *mouvoir, remuer* (probablement avec une nuance de *rapidité*). Ce sens est celui de la version samaritaine. Il est donné expressément par Abou'l Walîd (1) et par Qimḥi. Malgré l'obscurité du texte, חרץ dans 2 Sam. 5, 24, semble signifier *se mouvoir (rapidement)* ou peut-être *se hâter*. A cette même racine חרץ *mouvoir* il faut rattacher, avec Abou'l Walîd et Qimḥi le participe חרוץ *actif, diligent, empressé*, sens qui n'est qu'une extension d'un sens premier *qui se remue*. Dans Prov. 10, 4 ; 12, 24 חרוץ est précisément opposé à כף רמיה « main *inerte, inactive* ». L'idée d'*actif, diligent* est volontiers associée à celle de *mouvement rapide* ; cf. v.g. شَمَّرِيّ, نَشِيط.

V

חתה = خثي

Le verbe חתה ne s'employant que pour une opération relative à la *braise* (2) ne peut être que dénominatif d'un nom signifiant *braise* (comp. en français *tisonner* et *tison*). De même, l'instrumental מחתה *brasier* est un vase ou un instrument à contenir de la *braise* (3). Le substantif signifiant *braise*, qui est supposé par ces deux formations, n'existe pas dans la Bible hébraïque. Mais nous avons, je crois, son correspondant dans l'arabe خِثْي *fiente* (des grands animaux). On sait que la fiente desséchée est un combustible qui s'impose dans beaucoup de pays, par exemple dans certaines

---

(1) *Uṣûl* s. v. חרץ : معناه الحركة ويصلح ان يكون مشتقّاً من هذا قوله ונפש חרוצים תדשן اي المتصرّفين المتحرّكين في طلب المعاش (Prov. 13, 4).

(2) Dans les trois seuls textes bibliques (Is. 30, 14 ; Pr. 6, 27 ; 25, 22) il s'agit toujours de *transporter* de la braise. En néo-hébreu et en araméen, on a le sens de *remuer*, d'*enlever* la braise ; cf. Levy : *Nhb. WB.*

(3) Dans Ex. 27, 3 ; 38, 3 ; Lév. 16, 12 et probablement aussi Nomb. 16, 6, מחתה désigne un vase à *transporter* la braise. Dans Ex. 25, 38 il s'agit, semble-t-il, d'un *éteignoir* ou *étouffoir*.

régions de l'Arabie. L'emploi du جذي comme combustible a dû être bien usuel pour qu'on ait songé à former le dénominatif اجذى « allumer le جذي ». En hébreu, le mot aura pris le sens de *combustible en ignition, braise.*

VI

טָהֳרָה COMME INFINITIF.

Tous les lexicographes notent l'emploi de טֻמְאָה comme infinitif (v.g. Lév. 15, 32) (1). Mais on n'a pas noté l'emploi de son antonyme טהרה comme infinitif (également forme *qutlah*, cf. Stade, § 619 *g*). Cependant טהרה est certainement l'infinitif qal de טהר dans Lév. 13, 7 לטהרתו. Nous avons là un exemple typique de l'emploi du ל + infinitif, après un verbe, constituant une liaison vague qui équivaut pour nous à un simple *et* (2) : «... après qu'il s'est montré au prêtre *et est devenu pur* ». Comparer l'emploi infinitif de לטמאה dans Lév. 15, 32.

Outre Lév. 13, 7 où l'emploi de טהרה comme infinitif est certain, il y a d'autres cas où il est probable : Lév. 13, 35 ; 14, 2, 23, 32 ; 15, 13 ; Nomb. 6, 9 ✝.

VII

יָד = *jet* (NOMBRES 35, 17-18 ; EZ. 39, 9).

Dans ces textes יָד n'est pas le mot bien connu désignant la *main*, mais un nom verbal de la racine 1 ידה *jeter, lancer*. Dans Nombres 35, 17-18 il s'agit de déterminer juridiquement la qualité de *meurtrier* (רוֹצֵחַ). D'après le contexte, est déclaré *meurtrier*, au point de vue juridique, celui qui tue avec un instrument qui peut être qualifié d'*arme* :

(1) Les Naqdanim ont vocalisé טָמְ' quand le mot est employé comme infinitif, et טֻמְ' (*u* voyelle normale après la labiale *m*, cf. König, II, 512) quand le mot est employé comme substantif. On peut se demander si la distinction n'est pas artificielle.

(2) Le sens est bien donné par Ehrlich, Hoffmann, Zadoc Kahn.

« 17. S'il le frappe avec une pierre de *jet*, apte à donner la mort, et s'il meurt : c'est un meurtrier.. 18. S'il le frappe avec un instrument de *jet* en bois, apte à donner la mort, et s'il meurt : c'est un meurtrier ». *Pierre de main* n'offre pas de sens acceptable, qu'on interprète *pierre qu'on tient en main* ou *pierre assez grande pour remplir la main* (1). Il s'agit d'une pierre pouvant être qualifiée d'arme, une pierre de *jet* : telles les pierres « très lisses » destinées à être lancées avec une fronde (1 Sam. 17, 40). Le verbe ידה *lancer* est précisément employé avec אבן dans Lam. 3,53 ויּדו אבן *ils ont lancé des pierres* : c'est probablement une expression propre.

De même, au v. 18 כלי עץ יד ne peut signifier *un instrument en bois de main*, tout instrument de ce genre devant être nécessairement tenu en main. De même encore dans Ez. 39, 9 מקל יד ne signifie pas *bâton de main*, tout bâton étant nécessairement tenu en main. D'après le contexte, il s'agit évidemment d'une arme : c'est un *bâton de jet*, un javelot (2). Le mot est associé à רמח qui désigne la *lance longue*. Rien de plus facile que de transformer un vulgaire bâton en une arme redoutable, en un javelot, en taillant l'extrémité en pointe ou en la munissant d'une pointe de fer. On a alors un מקל יד. Le מקל de David allant combattre Goliath (1 Sam. 17, 40) était certainement une arme. Le מטה que Jonathas tient à la main pendant une expédition guerrière (1 Sam. 14,43) est probablement aussi une arme. Les trois שבט dont Joab perce Absalom sont des bâtons pointus, des javelots (3).

Ce mot יד *jet*, étant rare, et peut-être archaïque, a été confondu avec son homophone יד *main* (4) par les versions et peut-être même par la langue à ses derniers stades. Du reste le verbe ידה *jeter, lancer* était destiné à péricliter : phonétiquement, à cause de l'existence de l'usuel ידה *louer* ; graphiquement, à cause de l'existence du synonyme ירה *lancer* (5).

---

(1) Dans ce sens, on aurait plutôt כַּף.

(2) Targum : אעי מורנין *ligna jaculorum*.

(3) Le TM n'est donc ici aucunement suspect. Ceux qui ont voulu corriger en שְׁלָחִים n'ont pas remarqué combien facilement le bâton devient une arme, un bâton de *jet*.

(4) Du reste ידה *lancer* est probablement dénominatif de יך *main* (cf. Buhl).

(5) On sait que le ד et le ר sont graphiquement très semblables, et à certaines épo-

VIII

מעד

Le sens *chanceler* communément reçu ne satisfait pas à tous les textes et a peu d'appui dans les anciennes versions. C'est sans doute parce que le mot se trouve cinq fois employé en parlant des pieds qu'on y a vu le sens de *chanceler*. Le sens paraît être plutôt *être faible, débilité* ; ainsi a compris la Septante 2 S. 22, 37 (= Ps. 18, 37) ; Ps. 26, 1. Dans Ps. 69, 24, où il s'agit des reins, le sens de *chanceler* est impossible ; il faut traduire « affaiblis *ou* paralyse leurs reins ». On restitue avec raison מעד (au lieu de עמד) dans Ez. 29, 7 : « tu as ‘ paralysé ’ tous les reins ».

IX

נעורים AU SENS DE *célibat*.

Le procès sémantique de *garçon* : 1) *jeune enfant, jeune homme* ; 2) *homme non marié* se trouve en beaucoup de langues. Le sens de *célibataire* a été relevé avec raison par Ehrlich pour נער dans Ex. 33, 11. Si Josué a le droit de ne quitter jamais l'intérieur du Tabernacle, c'est qu'il est נער *célibataire* ; Moïse au contraire, étant marié, n'a pas ce droit.

Le dérivé נעורים signifie ordinairement *jeunesse* ; mais dans quelques cas il semble bien avoir le sens secondaire de *célibat, virginité*. Comme bien souvent, le sens ordinaire a fait négliger le sens plus rare ; dans quelques cas cependant les versions ont fait droit au sens moins usuel.

Dans Nb. 30, 4, à propos de l'annulation d'un vœu fait par une femme non mariée et vivant chez son père, נעורים ne signifie pas la *jeunesse*, qui n'a rien à faire ici, mais l'*état de jeune fille* i. e. *le célibat*, impliquant

---

ques (v.g. dans les papyrus araméens d'Eléphantine) indiscernables. Cf. Sachau : *Aramaetsche Papyrus.. aus Elephantine* (1911), p. 12 : « Es ist keine Möglichkeit, in der Schrift von Elephantine zwischen ד und ר zu unterscheiden, man kann überall promiscue lesen ».

sujétion au père, quel que soit l'âge de la fille. Il faut donc comprendre : « Si une femme émet un vœu... dans la maison de son père, étant (encore) *célibataire* (ou *vierge*) ».

Dans les expressions אשת נעורים , אלֻף נ׳ , בעל נ׳ , le mot נעורים désigne également le *célibat* ou la *virginité* plutôt que la *jeunesse*. אשת נ׳ (Is. 54, 6 ; Prov. 5, 18 ; Mal. 2, 14, 15) est la femme qu'on a épousée, lorsqu'on était célibataire, et donc, en cas de second mariage, la *première* femme. De même בעל נעורים (Joël 1, 8) est le mari épousé par une vierge, et donc le premier mari ; le sens de *célibat, virginité* a été bien vu ici par la LXX (παρθενικόν) et l'arabe de la Polyglotte. De même dans Jér. 3, 4 (אלֻף נעורים) la LXX, la Vulgate, l'arabe traduisent נ׳ par *virginité* (1).

שדי נעוריך (Ez. 23, 21) est rendu par « ton sein virginal » dans la traduction Zadoc Kahn, avec raison ce me semble.

Enfin, malgré l'obscurité du contexte de Jér. 31, 19, חרפת נ׳ signifie probablement « l'opprobre de mon célibat ». Car la *jeunesse* ne constitue pas un opprobre ; et dans Is. 54, 4 בשת עלומיך signifie certainement « la honte de ton *célibat* » (2), comme le montre le parallélisme : « l'opprobre de ton *veuvage* ».

Le sens de *célibat, virginité* paraît donc assez bien établi. Inutile d'ajouter que נעורים n'a pas le sens précis et technique de בתולים .

X

עִוֵּר AU SENS DE *borgne*.

En arabe اعور est toujours employé au sens de *borgne*. En hébreu עִוֵּר signifie d'ordinaire *aveugle* (des deux yeux), mais parfois *aveugle d'un seul œil, borgne*. Dans Lév. 21, 18 on défend d'admettre aux fonctions du sacerdoce un *ʿiwwęr ;* la défense serait bien inutile pour un aveugle, elle vise donc le borgne. Parmi les animaux ayant une tare les rendant impropres aux sacrifices, les *ʿiwwęr* sont inclus (Lév. 22, 22 ; Deut. 15, 21 ;

(1) Mais non dans Prov. 2, 17.

(2) Ce sens de עלומים a été négligé par les lexicographes.

Mal. 1, 8). La défense est beaucoup plus pratique pour les animaux borgnes que pour les animaux aveugles ; en tout cas, les borgnes sont visés par la loi. Dans l'histoire de 1 Sam. 5, 6 sqq. עִוֵּר désigne plutôt des borgnes que des aveugles.—Pour le néo-hébreu, cf. Jastrow *s.v.*: « *'iwwer* means both blind of one eye as well as of both ». En syriaque on trouve aussi parfois ܥܘܝܪܐ au sens de *borgne* ; cf. P. Smith *s. v.*

Nous pouvons conclure qu'en hébreu ancien עִוֵּר pouvait désigner la privation des deux yeux ou d'un seul.

Le sens premier de la racine עור semble être *enfoncé, creux.* عَوِرَ *être borgne* est expliqué par certains lexicographes arabes *avoir l'œil enfoncé dans l'orbite.* La racine serait donc apparentée à غار *enfoncé, déprimé* qui se dit en particulier de l'œil *enfoncé* dans son orbite. En appliquant ce sens d'*enfoncé* à un seul œil ou aux deux, on obtient le sens de *borgne* ou d'*aveugle* ; on peut enfin s'abstenir de préciser soigneusement, et c'est le cas en hébreu.

A ce phénomène intéressant de sémantique on peut comparer celui que présente un mot à sens également privatif, *orphelin.* Dans plusieurs langues ce mot désigne l'enfant qui a perdu soit son père et sa mère, soit le père seulement, soit même la mère seulement.

XI

Piel שִׁמַּע

Le piel שִׁמַּע ne se trouve que dans 1 Sam. 15, 4 ; 23, 8. Budde (*in h. l.*) suspecte cette vocalisation et propose de lire le hifil. Comme le doute de Budde a été enregistré dans Ges.-Buhl[15], il n'est peut-être pas inutile de montrer qu'il ne repose sur aucun fondement. Le sens, dans les deux cas est, en effet, très spécial : « faire une annonce, une proclamation » en vue d'un rassemblement d'hommes. Or le piel se retrouve en néo-hébreu avec ce même sens : « faire une annonce, une proclamation » notamment en vue d'une assemblée (voir les textes dans Levy ou mieux dans Jastrow). Qimḥi (s. v.) explique 1 Sam. 23, 8 par « réunir, rassembler » ; la traduction est un peu libre, mais le sens est exact. D'après Siegfried-Stade ce serait un terme technique militaire. C'est, en tout cas, un terme assez spécial. Comment l'expliquer ? Comme la forme piel est très souvent dénominative, je croirais que שִׁמַּע est dénominatif du substantif שְׁמוּעָה au sens spécial d' « annonce, proclamation » en vue d'un rassemblement, qu'il a clairement dans Jér. 49, 14 ; Abd. 1 ; שִׁמַּע serait donc proprement « faire la שְׁמוּעָה ».

RACINES

I

Racine בגד

On hésite sur le point de savoir si בגד *vêtement de dessus* et בגד *perfidie, infidélité, trahison* appartiennent à la même racine. Le fait que dans l'arabe du sud, on trouve également les deux significations « couverture, manteau » et « tromperie, ruse » (1) porterait à croire que la racine est unique. Peut-être pourrait-on reconstituer ainsi le développement sémantique. Le sens de la racine serait *bigarré, à plusieurs couleurs.* Le بجاد est originairement une pièce d'étoffe *rayée,* donc à deux couleurs (ou plus) ; de même بُرْجُد qui appartient à la racine بجد (avec le *r* de renforcement). En hébreu, בגד est devenu, par généralisation du sens, tout *vêtement de dessus* (2).

L'idée de *bigarrure,* de *variété de couleurs* (surtout *dualité* de couleurs) a probablement suggéré l'idée de *ruse, fourberie, tromperie, infidélité* qu'a prise la racine en hébreu et dans l'arabe du sud. On peut comparer pour ce procès sémantique : rac. بقع « bicolore » (blanc et noir), d'où باقعة « habile, rusé » ; ποικίλος « varié, bigarré, rusé » ; *vafer,* originairement « bigarré » (3) (cf. varius), d'où « rusé, fourbe, trompeur ».

---

(1) Cf. Landberg : *Etudes sur les dialectes de l'Arabie méridionale,* t. II, Daṯînah, p. 364 sqq.

(2) Le *'abā'* des bédouins modernes est ordinairement à raies.

(3) Bréal et Bailly : *Dict. étym. latin,* s. v.

II

Racine חמד

On attribue généralement à חמד le sens premier de *désirer* et l'on ramène les autres sens à cette idée ; v.g. חמודות signifierait *desiderabilia*. Les lexicographes arabes donnent à حمد le sens fondamental de *louer*, et s'efforcent d'expliquer par cette idée les autres sens. Dans les deux cas, on a pris pour le sens premier la signification la plus usuelle. En réalité la racine *ḥmd* exprime l'idée de *bonté, beauté, excellence ;* tous les autres sens, en particulier *louer* (en arabe), *désirer* (en ḥébreu) se ramènent très facilement et très logiquement à ce sens.

Notre plus ancien texte est une glose cananéenne des lettres de Tell el Amarna, où l'hébreu יָפֶה *beau* est expliqué par חמוד (1). Le sens *beau, bon, excellent* est encore très apparent en hébreu. Dans Gen. 2, 9 נחמד signifie clairement *beau* : « toute sorte d'arbres *beaux* (2) à voir et bons à manger ». Dans Is. 52, 2, après תֹּאַר et הדר le verbe חמד peut avoir le sens *trouver beau* plutôt que le sens secondaire *trouver agréable.*

Le sens primitif se retrouve plus clairement dans les substantifs. חֶמֶד signifie toujours et uniquement *beauté*, v.g. בחורי חמד *beaux jeunes gens* (Ez. 23, 6). C'est également le sens de la forme féminine correspondante חֶמְדָה v.g. ארץ חמדה *beau pays* (Jér. 3, 19) ; כלי חמדה *vases beaux* ou *magnifiques* (plutôt que *précieux*). L'expression unique וילך בלא חמדה (1 Ch. 21, 20) signifie, à mon avis : « il s'en alla (mourut) *ignominieusement, in dedecore* ». Le substantif חמודות a, par rapport à חֶמֶד, חֶמְדָה, une nuance intensive (3) : *beauté, bonté excellente ; excellence.* Les כלי חמודות (2 Ch.

(1) Lettre 138, l. 126 (éd. Knudtzon). — Cf. Böhl : *Die Sprache der Amarnabriefe* (1909), p. 86 : « *ḫa-mu-du* = חמוד ; Glosse zu *ia-pu* = יפה ; also Erläuterung eines Hebraismus durch einen anderen von ähnlicher Bedeutung ».

(2) LXX : ὡραῖον ; Vulg. : *pulchrum* ; Saadia : حَسَن . Mais le Targum et la Peshitto comprennent *désirable.*

(3) Cf. Ges.-Kautzsch, § 124 *c.*

20, 25) sont des *vases très beaux, excellents.* Dans Dan. 10, 3 לחם חמודות n'est nullement du *pain de désirs,* comme traduisent les versions, mais du *pain excellent* (1). Daniel, durant ses trois semaines de pénitence, se contente d'un pain grossier ; il s'interdit le pain délicat, la viande et le vin. Au v. 11 du même chapitre, le mot n'a pas un autre sens : איש חמודות signifie simplement *homme excellent,* nullement *homme de désirs* ! Le sens *homme excellent* est donné par Abou'lWalîd (ذو الفخر) et Qimḥi (בעל המעלות הגדולות והמדות הטובות). Enfin מחמדים signifie *belles choses, magnificences* dans Is. 64, 10 ; Joël 4, 5 ; Lam. 1, 10 ; 2 Ch. 36, 19.

Du sens fondamental *beau, bon, excellent* découlent très naturellement les autres sens usités en hébreu : *agréable, trouver agréable,* d'où *avoir plaisir à, aimer,* d'où *désirer, convoiter* (2).

En arabe, c'est un autre sens secondaire *louer* qui a semblé, parce que très usuel, être le sens premier. Mais le sens fondamental est certainement le même qu'en hébreu, bien qu'il soit moins apparent. Remarquons que la vocalisation حمد , يحمَد est celle d'un verbe statif ; le sens primitif était sans doute *être bon, excellent,* d'où l'on a passé à *trouver bon, déclarer bon, louer* (cf. *supra,* p. 144). Le sens premier *bon* apparaît dans lés expressions أحمد الارضَ *trouver un pays bon, convenable,* مَنزِلٌ حَمِدٌ, مَنزِلةٌ حَمِدَةٌ *lieu de séjour bon, convenable* (ainsi expliqué par le Tāǵ el ʿArūs). Le sens de *louable* qu'on veut trouver partout ne convient certainement pas ici. On peut se demander si v.g. حَمِيد ne signifie pas directement *excellent,* plutôt que *digne de louange.*

Le sens de *remerciment, reconnaissance* de l'arabe se ramène également à l'idée de *bonté* : *déclarer bon, reconnaître comme bon* (3).

Ce n'est donc pas *bon* qui vient de *désirable* ou de *louable,* mais c'est

---

(1) Ce sens a été bien vu par Qimḥi *s. u.* : לחם חשוב ונחמד « pain précieux et excellent ».

(2) Cf. all. Lust : *plaisir* et *désir* ; Gelüst : seulement *désir.* — En araméen juif et en syro-palestinien on trouve seulement le sens secondaire de *désir.* Peut-être ces deux dialectes ont-ils emprunté le mot à l'hébreu ; il ne se trouve pas dans les autres dialectes araméens.

(3) Pour plusieurs des sens énumérés ci-dessus, on peut comparer le procès sémantique de استحسن : *trouver beau, bon* ; *approuver, louer* ; *aimer à, prendre plaisir à.*

inversement *désirable, louable,* qui viennent de l'idée première et simple de *bon.* Une raison qui a pu accréditer le procès *désirable, bon* chez les lexicographes modernes, c'est peut-être qu'on croyait avoir reconnu un procès semblable dans נָאוֶה *beau,* qu'on rapportait à אוה *désirer.* Mais cette étymologie est sémantiquement difficile, et dans aucun texte le sens *désirable* n'apparaît. Nöldeke qui l'avait admise autrefois, l'a rejetée dans ses *Neue Beitraege* (1910), p. 191.

III

Deux racines יתר.

Les lexicographes n'admettent qu'une seule racine יתר, mais on ne voit pas bien comment l'idée de *corde,* surtout de *corde tendue* et celle d'*abondant, surabondant,* de *rester* sont apparentées. Mieux vaut donc, semble-t-il, distinguer en hébreu (et en araméen) deux racines יתר : I יתר, d'où יֶתֶר *corde* = ܝܬܪܐ = وَتَر ; II יתר *être (sur)abondant, de trop, de reste* = ܡܘܬܪܐ. En néo-hébreu on a aussi la forme ותר « reichlich sein » (Dalman). A cette seconde racine יתר correspond probablement l'arabe ثرّ *abondance, surabondance, richesse,* et probablement aussi, je crois وفر *abondance, surabondance.* L'alternance *ṯ* > *f* ne saurait faire difficulté ; elle est fréquente en sémitique (cf. Brockelmann, I, 130) comme dans le domaine indo-européen. Le sens premier de cette racine *(sur)abondance* se trouve çà et là en hébreu, mais cette langue connaît surtout un développement sémantique ultérieur. De *surabondant, surplus,* on est passé à *reste par excès,* puis simplement *reste* (cf. τὸ περισσόν). Il est à remarquer que dans l'arabe postérieur وفر a également évolué vers l'idée de *reste.* On trouve par exemple dans les *Mille et une nuits* وفّر au sens d'*épargner, faire des économies* (1).

(1) Cf. Derenbourg et Spiro : *Chrestom. arabe* (1885), p. 16, l. 1... توفّرعليّ « je me trouve avoir économisé... » (Al-Anbari) ; Cheikho : *Chrestom. arabica,* p. 234, 1 شربة من برّة توفّر الجرّة « un verre d'eau pris ailleurs épargne la jarre » (proverbe d'Egypte) ; voir aussi Dozy, *s. v.*

IV

Racine עוד

Les lexicographes groupent sous la racine bien connue עוד *déclarer solennellement* etc. quelques formes isolées dont le rapport avec cette racine est extrêmement douteux.

Le piel עִוְּדֻנִי (Ps. 119, 61) signifie *enlacer* d'après la LXX, la Peshitto et la version arabe de la Polyglotte de Londres. C'est bien du reste le sens qui ressort du contexte (non simplement *entourer*, comme on traduit souvent). Mais le mot est isolé ; on lui cherche en vain des analogues.

La forme יְעוֹדֵד (Ps. 146, 9) est également une forme isolée (car dans 147, 6 il faut lire, je crois, מרומם avec la Peshitto). Le sens est mal déterminé : LXX ἀναλήψεται « se charger de » ; Tg. יסבר « prendre soin de » (cf. Targum de 1 R. 17, 4) ; Peš. ܡܬܪܣܐ « nourrir ». Le sens d'*erigere*, communément admis (déjà dans Qimḥi [s. v. עדד], qui ajoute, il est vrai, que son père admettait le sens « secourir, soutenir ») est inconnu des versions et doit provenir de l'interprétation de Ps. 20, 9 נתעודד, mot qu'on a pris pour un synonyme de קמנו qui précède. De fait, le contexte demande bien un synonyme de קמנו (cf. LXX ἀνωρθώθημεν), mais ce synonyme ne peut guère être נתעודד ; car on ne voit pas comment cette forme pourrait avoir un sens si différent de יעודד au Ps. 146, 9. Peut-être, mais ce n'est là qu'une pure conjecture, pourrait-on lire une forme נתעמד* au sens de *se maintenir* (cf. התיצב).

En laissant de côté les deux textes suspects Ps. 20, 9 et 147, 6, il reste le יעודד de 146, 9 dont le sens est probablement *prendre soin de*. Le rapport de ce sens avec ceux de la racine usuelle עוד n'apparaît pas. Du reste la forme pourrait se rapporter à une racine עדד, comme le supposent Abou'l Walīd et Qimḥi.

V

Racines פלא et פלה

L'étude historique et critique de la racine פלא offre plus d'une surprise. La Septante y voit, dans la plupart des textes, l'idée d'*admiration*, d'*étonnement*. Le Targum traduit très ordinairement par des mots de la racine פרש *séparer, distinguer*. Les modernes acceptent généralement ces deux idées et les combinent de diverses manières. Le sens primitif de la racine פלא en hébreu biblique me paraît être : *haut*, *élevé*, et par généralisation, *grand* (1). Cette idée apparaît assez rarement dans les anciennes versions, mais cette rareté même semble indiquer alors un effort vers une traduction étymologique. On voudrait ici, sans viser à être complet, mettre en lumière ce sens primitif et éclaircir, à l'occasion, quelques textes difficiles ou diversement interprétés.

Partons d'un texte de prose où le sens d'*élevé*, bien qu'il soit obvie, a été pourtant méconnu, Deut. 30, 11 : כי המצוה הזאת... לא־נפלאת היא ממך ולא רחקה היא : « ce précepte... n'est pas trop *élevé* pour toi, ni trop éloigné ». Le parallélisme demande une qualité concrète relative à l'espace, comme רחק. Les vv. 12-13 viennent confirmer la justesse de cette vue, en développant les deux termes : « il n'est pas dans les cieux... », voilà pour l'*élévation* ; « il n'est pas au-delà des mers... », voilà pour l'*éloignement*. Traduire ici par le sens secondaire et abstrait de *difficile*, c'est manifestement gâter le style de l'original. La LXX a ὑπέρογκος « énorme, très grand, démesuré » (2). Le Targum traduit מפרשא *séparé*, d'aprés l'étymologie qu'il suppose à פלא (= פלה).

Dans Ps. 131, 1 נפלאות ne peut être qu'un synonyme, probablement intensif, de גדולות : « je n'ai pas marché dans les choses *grandes*, ni dans

(1) Après être arrivé à cette conclusion, j'ai constaté avec plaisir qu'Abou'l Walîd (*Kitâb el Uṣûl*), dans son trop court article sur la racine פלא, ramène toutes ses explications à l'idée de *grand* : عظم. Qimḥi, au contraire, s'en tient à l'idée de *séparation* פרשה, comme le Targum.

(2) Ce mot traduit quatre fois פלא et une fois (Ex. 18,23) גדול.

les choses trop *élevées* pour moi » ; Sym., Théod. : ἐν ὑπερβάλλουσι ὑπὲρ ἐμέ. On trouve la même synonymie parallélique dans Job 5, 9.

Nombr. 6, 2 : יַפְלִא לִנְדֹּר נֶדֶר signifie « agir *grandement* en faisant le vœu (de nazīr) », « faire *grandement*, i. e. *généreusement*, ce vœu » (1). La LXX rend fort bien le sens adverbial du hifil par μεγάλως.

En s'en tenant à ce sens premier de la racine, on explique facilement 2 Sam. 1, 26 : « ton amour était pour moi plus *élevé* ou plus *grand* que l'amour des femmes » ; ar. Polygl. Lond. : افضل. On peut comparer un emploi analogue du synonyme גָּדַל dans 1 Sam. 26, 24 : גדלה נפשך בעיני « ta vie a été *grande* dans mon appréciation ». Par analogie avec 2 Sam. 1,26, נפלה (abusivement pour נפלא) avec מִן doit signifier dans Ex. 33, 16 : « je serai plus *grand*, moi et ton peuple, que tout peuple vivant sur la surface de la terre ».

Dans Jug. 13, 18, l'adjectif פִּלְאִי doit représenter la même idée que מפליא au v. 19 « qui agit *grandement* ». Je traduirais donc : « Pourquoi me demandes-tu mon nom qui est *Grand* ? ». Nous aurions donc ici un nom divin analogue à עֶלְיוֹן (2).

Dans Deut. 28, 59, הִפְלִיא מַכּוֹת exprime évidemment la même idée que מַכּוֹת גְּדֹלוֹת qui suit.

Ps. 31, 22 : הִפְלִיא חסד ne diffère pas de הגדיל חסד (Gen. 19, 19 ÷) « faire *grande* la bonté » sinon, peut-être, par une nuance intensive ou poétique.

Dans Ps. 136, 4 נִפְלָאוֹת גְּדוֹלוֹת l'un des deux synonymes est une ajoute qui rompt le mètre. C'est probablement נִפְלָאוֹת qui est primitif : גדולות était destiné soit à le remplacer, soit à l'expliquer.

Dan. 11, 36 דִּבֶּר נִפְלָאוֹת est synonyme de l'araméen מַלִּל רַבְרְבָן (7, 8) : « dire des choses *grandes* ou *énormes* » מִלַּיָּא רַבְרְבָתָא (7, 11). L'expression est synonyme de דבר גדולות Ps. 12, 4. Dans Dan. 8, 24 ; 12, 6, le sens est probablement aussi *grandes choses*.

---

(1) Cf. *Mélanges*, t. V², p. 415. Comparer Jug. 13, 19 מפליא לַעֲשׂוֹת « qui fait de *grandes* choses » ; voir *infra*.

(2) Je restitue ce même adjectif פִּלְאִי « grand » dans Is. 9, 5. Ce sens va très bien au contexte, et forme, comme גִּבּוֹר, un contraste excellent avec יֶלֶד. Le פלא du TM a dans la Bible le sens collectif de « grandes actions ». La LXX a sans doute lu un adjectif : A : θαυμαστός ; B : μεγάλης (βουλῆς).

ס, 3, 21 פלאות ממך אל תדרוש « n'étudie pas les choses trop *élevées* pour toi » (1) ; Vulg. : « *Altiora* te ne quaesieris ». On trouve dans les traductions des Pères μειζότερα, *majora* (Smend).

Ps. 77, 12, le collectif פֶּלֶא est synonyme de מעללים « grandes actions, hauts faits » (2).

Il est remarquable que le qal de la racine פלא ne se trouve pas dans la Bible. A en juger d'après le hifil « faire grand », le qal devait être statif et signifier « être élevé, grand ». Le sens du nifal, qui devait être originairement « se faire grand, s'élever », s'est atténué, comme il arrive souvent, en la nuance passive « devenir, être grand, élevé » ; le nifal aura supplanté le qal en en prenant le sens (3). L'adjectif est פְּלִיא, de la forme *qatīl* comme נקי, צעיר etc. Mais cet adjectif a été maltraité par les massorètes. On le trouve seulement comme qeré dans Ps. 139, 6. Il faut le restituer dans Jug. 13, 18 et aussi, comme nous l'avons vu, dans Is. 9, 5. Le bizarre פִּלְאִי du ketîb de Jug. 13, 18 ; Ps. 139, 6 serait un adjectif relatif formé sur פֶּלֶא « grandes actions » ! L'erreur du ketîb s'explique facilement. Le texte primitif portait seulement les consonnes פלא, comme dans Is. 9, 5. Un scribe, voulant indiquer qu'il fallait lire la forme adjectivale *qatīl* aura placé un י sur le א ; un second scribe mit ce י à l'alignement, mais à une place indue. Le sens de l'adjectif פליא est *élevé, grand*. Dans Ps. 139, 6 ce sens ressort clairement du parallélisme avec נשגב : « Ta science est trop *haute* pour moi ; elle est *inaccessible*, je ne puis la saisir ».

On voit, d'après tout ce qui précède, que la racine פלא, soit dans ses formes verbales, soit dans ses formes nominales (4), garde encore assez

---

(1) On attendrait plutôt un participe ou un adjectif, soit נפלא (Smend), soit פליא. Ce proverbe de Ben Sira est cité ainsi dans *Gen. Rabba*, s. 8, 8 d : בגדול ממך אל תדרוש (Levy, s. v. מופלא).

(2) פלא est toujours collectif et se dit des « grandes actions » de Jéhovah en faveur de son peuple.

(3) Comparer les doublets français tels que : endroit éloigné (= lointain) ; montagne élevée (= haute), vallée resserrée (= étroite).

(4) מִפְלָאוֹת (Job. 37, 16) est très suspect ; la traduction *magnas* de la Vulgate semble étymologique.

souvent le sens de *haut, grand, élevé*. Même en hébreu talmudique où le sens de *merveilleux, miraculeux* est fréquent, la racine conserve encore parfois son sens premier. Dans les deux derniers exemples cités par Levy (s. v. פֶּלֶא) le sens de *miracle* est même impossible. (La bonté que Dieu inspire à Booz pour Ruth n'est pas un *miracle*, non plus que le fait que Peleth a dû son salut à sa femme).

S'il n'y a pas, je crois, dans la Bible hébraïque, un seul texte où le sens d'*étonnant, merveilleux, miraculeux* s'impose (1), il faut reconnaître que cette nuance d'idée est facilement suggérée par l'emploi fréquent de נפלאות , פֶּלֶא pour désigner les « grandes actions » de Jéhovah en faveur d'Israël, ces « grandes actions » ayant été en fait *étonnantes, merveilleuses, miraculeuses* (2). Dans nombre de cas la traduction par un mot comme *étonnant, admirable* ne choque pas ; elle n'est qu'un extra-sens (3). Cette manière de traduire, ayant été trouvée commode, fut étendue à des textes qui la supportent mal ou même pas du tout. Dans ס 43, 35 on trouve פלאות avec le sens très clair de choses *étonnantes, merveilleuses*. En néo-hébreu on trouve פלא au sens de *miracle* proprement dit. En hébreu biblique le mot propre pour miracle est מופת ; on emploie de préférence אות quand il s'agit du miracle considéré comme *signe*.

Le Targum traduit presque systématiquement les formes de la racine פלא par des formes de la racine פרש *séparer, distinguer*, ce qui produit parfois un sens bizarre. Il me semble que, par cette traduction, le Targum a voulu rendre aussi fidèlement que possible une racine peu claire pour lui, en employant le procédé étymologique. Malheureusement le sens de *séparation, distinction* que le Targum suppose à פלא est une pure confusion avec פלה .

(1) Cf. Ehrlich : *Randglossen, in* Juges 13, 18.

(2) Comparer, par ex., Ex. 3, 20 נפלאות avec 4, 21 מופתים. Dans Ps. 105, 5 נפלאות est suivi de מופתים.

(3) En examinant la Concordance de la Septante, on est stupéfait de l'abus que fait cette version des mots θαυμάζω, θαυμαστός etc. Cette traduction est d'autant plus contraire au style de l'hébreu qu'il n'y a pas de mot propre dans la Bible pour *admirer* ; *s'étonner* (תמה) est assez rare ; mais *être stupéfait* (שמם , תמה) est, par contre, assez fréquent.

Dans le Targum, les נפלאות de Jéhovah sont des פרישן, des « actions *distinguées* », spéciales à Jéhovah ; et par association d'idées, le mot a fini par prendre le sens de *miracles* (1). C'est sans doute du Targum qu'il a passé avec ce sens dans la Peshitto, puis dans la littérature syriaque. On le trouve, par ex., dans Ex. 11, 9 où l'hébreu (et aussi le Targum) porte cependant מופת (2). Le mot ܦܘܪܫܢܐ est d'ailleurs resté assez peu courant ; Bar Bahlul et Bar 'Ali croient devoir l'expliquer : مفردات , مفصلات، ايات.

Le sens *étonnant*, *merveilleux*, qui ne s'est développé que tardivement, n'est pas le seul qu'ait produit le sens premier de *haut*, *grand*. L'image concrète d'*élevé* a servi, et cela très anciennement, à exprimer l'idée abstraite de *difficile* (3), v. g. Gen. 18, 14 : « Y a-t-il quelque chose de trop *difficile* pour Jéhovah ? » ; Deut. 17, 8 : « Si une chose est trop *difficile* pour toi à juger » (4); ici la traduction étymologique d'Abou'l Walīd semble inélégante : اذا تعاظمك امر ما في الحكم. Dans d'autres cas on peut hésiter entre le sens premier et le sens dérivé, v.g. dans Prov. 30, 18 : « Trois choses me *surpassent* (ou : sont trop *difficiles* pour moi) et quatre me sont inconnues : la trace de l'aigle dans les cieux... ». Dans ס 3,21 cité plus haut, on peut comprendre « les choses trop difficiles pour toi », mais rien n'oblige à effacer l'image d'*élevé*.

Il est d'autant plus étonnant que le Targum se soit laissé hypnotiser par le sens *séparer*, *distinguer* que פלא n'a pas ce sens en araméen juif.

En hébreu on trouve la forme פלה *séparer*, *distinguer* seulement dans les passages suivants : Ex. 8, 8 ; 9, 4 ; 11, 7 (hifil). Dans Ex. 33, 16 (v. *supra*) ; Ps. 4, 4 ; 17, 7 פלה est pour פלא (5). Quant à פלא , je crois qu'on ne le rencontre nulle part pour פלה *séparer*.

---

(1) Le mot פרישא serait-il exclusivement targumique ? Tous les exemples cités par Jastrow dans son *Dictionary* sont tirés du Targum.

(2) On trouve encore ܦܘܪܫܢܐ dans ס 11, 4 ; 48, 14 pour héb. פלאות, sans doute par intention étymologique.

(3) Comparer *arduus* : « qui se dresse, élevé, difficile » (Bréal et Bailly : *Dict. étym. latin*).

(4) Le mot néo-hébreu מופלא, comme titre de dignité judiciaire, me semble fabriqué artificiellement d'après Deut. 17, 8 ; cf. Levy, *sub* 3°.

(5) Ps. 139, 14 נפליתי est probablement fautif (peut-être dû à l'influence de

Dans une étude précédente sur le sens de פלא dans quelques textes difficiles (1) j'avais tablé sur le TM pour Lév. 22, 21 ; 27, 2 ; Nomb. 15, 3, 8. Après une étude d'ensemble sur la racine, le פלא du TM me semble à présent très suspect. Je crois qu'il faut lire partout מלא et que פלא est une correction systématique d'un scribe d'après l'analogie de Nomb. 6, 2 « celui qui fait *généreusement* le vœu de nazîr » (voir *supra*). Dans ce dernier texte הפליא est parfaitement justifié, car le vœu de nazîr supposait certes de la *grandeur* d'âme, de la *générosité*. On ne peut en dire autant des vœux quelconques dont il est question dans les autres textes ; de plus il s'y agit non plus de faire un vœu, mais de l'accomplir. Je lirais donc מלא . On ne trouve pas, il est vrai, ce verbe en parlant de l'accomplissement d'un vœu ; mais comme on l'emploie en parlant de l'accomplissement d'une parole, d'un projet (Ps. 20, 4), d'une demande (Ps. 20, 5), on ne voit pas pourquoi on n'a pas pu l'employer aussi pour un vœu. En conséquence, je traduirais Lév. 22, 21: « celui qui offre une victime de pacifique à Jéhovah, soit en *accomplissement* d'un vœu, soit en offrande spontanée... » i. e. soit qu'il y soit obligé par un vœu, soit qu'il le fasse spontanément. L'ensemble de Lév. 27, 2 paraît altéré ; en tout cas ימלא נדר semble préférable à ינדר נדר lu par la LXX. Nomb. 15, 3 donne la même distinction que Lév. 22, 21, donc lire למלא et remplacer ב par ל devant נדבה . Le texte de Nomb. 15, 8 est lacuneux et en désordre ; je rétablis ainsi : ...או זבח שלמים למלא נדר או לנדבה , à l'analogie de Lév. 22, 21.

* * *

Le sens primitif de פלא n'expliquerait-il pas le mot נפילים « géants », dont l'étymologie est si discutée ? (2). Plusieurs auteurs avaient pensé à פלא en lui supposant le sens de *séparation* : les נפילים seraient des *separati*, d'où *distincti, insignes*(?). Mais quoi de plus naturel que d'appeler les géants

נפלאים qui suit). Je lirais le verbe poétique פעלת : « tu as *fait* des choses effrayantes » ; cf. Peshitto.

(1) *Mélanges*, t. V², 415 sq.

(2) Voir König : *Lehrgebaeude*, II, 135.— Boissier (*OLZ*, 1910, p. 196) rapproche assyr. *napālu*, synonyme de *gabāru*, donc *nefīlīm* = *gibbōrīm*.

« les grands, les hauts » ? Le mot pourrait être une déformation de כפלאים, peut-être sous l'influence d'une étymologie populaire. Peut-être aussi a-t-il existé une racine כפל apparentée à פלא.

*
* *

En résumé, la racine פלא a pour sens primitif, ou du moins premier, *être haut, élevé, grand*. De ce sens premier dérivent directement l'idée de *difficile, impossible* et celle de *merveilleux, miraculeux*.

Au point de vue chronologique, on trouve la racine à tous les stades de la langue. Comme on la rencontre surtout en poésie et dans la prose élevée, il est probable que l'usage lui avait donné une nuance plus ou moins emphatique. Souvent elle représente un sens intensif par rapport à גבה ou גדל.

*
* *

Les racines פל avec א, י ou ו comme 3e radicale sont, en sémitique, au nombre de trois, au moins.

I : racine signifiant *être haut, grand* : héb. פלא avec les sens dérivés *difficile* (à comprendre, à faire) ; *étonnant, merveilleux* (surtout en néo-hébreu). Peut-être faut-il rattacher à l'idée de *grand* l'arabe فلاة *désert* (peut-être *grand espace* ; comp. l'arabe vulg. فلا l'*espace*, l'*atmosphère*). Peut-être doit-on rattacher à l'idée de *difficile* (à comprendre) ܦܠܐܬܐ *énigme* (1) ; *allégorie, parabole* etc., et à ce dernier sens l'emploi de פלא en jud.-aram. pour *se moquer* (cf. v.g. Jér. 24, 9 *dare in parabolam*).

II : racine signifiant *séparer* : héb. פלה (rare) ; فلى *sevrer* un enfant ; éthiop. ፈለየ *séparer* ; peut-être aram. פלא *fendre* etc.

III : racine signifiant *chercher*, spécialement *chercher les poux* : syr. ܦܠܐ ; jud.-aram. et néo-héb. פלא ; ar. فلى.

Mars 1913.

---

(1) C'est peut-être cette idée de *difficile* (*à comprendre*), *caché* (*à l'intelligence*) qui explique la traduction de פלא par *cacher* qu'on trouve çà et là dans les versions, v.g. LXX : Jér. 32, 17, 27 ; Targum (et Saadia) : Gen. 18, 24 ; Peš. : Deut. 30, 11.

TABLE

IV

NOTES DE CRITIQUE TEXTUELLE (suite) (1)

(Ancien Testament)

par le P. Paul Joüon, s. j.

PSAUMES

Ps. 9, 10 (cf. 10, 1). — לְעִתּוֹת בַּצָּרָה. Les deux mots font difficulté. Le pluriel ordinaire de עֵת *temps* est עִתִּים. On trouve une seule fois עִתּוֹת au sens de *destinées, sort* (Ps. 31, 16). — בַּצָּרָה *sécheresse* ou *disette* ne va pas au contexte. La double difficulté serait levée en lisant simplement לְעֵת הַצָּרָה « au temps de l'angoisse » ; cf. Job. 38, 23 לְעֵת צָר.

* *

Ps. 9, 21. — מוֹרָה, soit qu'on comprenne « terreur » ou « instructeur » ne va pas au contexte. Je proposerais de lire מוֹטָה « joug ». Au lieu du לְ, il faut probablement lire עַל avec LXX : « mets un joug sur eux ». Le choix du verbe שִׁית est alors parfaitement justifié ; cf. Ex. 33, 4. — Les « Nations » des Ps. 9 et 10 sont des populations vivant, au moins en partie, sur le territoire d'Israël et maltraitant par la force et par la ruse (9, 16), le peuple élu. La prière du psalmiste va donc à souhaiter qu'Is-

(1) Voir *Mélanges*, t. V[2], p. 447.

raël puisse dominer ces Nations qui le persécutent. Dans 10, 16 le Psalmiste espère que les Nations disparaîtront du pays de Jéhovah.

* *

Ps. 10, 6. — Les mots לא ברע « pas dans le malheur » supposent qu'une expression telle que « dans le bonheur » précédait. Il suffit de vocaliser אשר « bonheur », mot probablement poétique (Gen. 30, 13 †) et de restituer un ב. L'altération du texte massorétique vient probablement de ce que le copiste n'a pas pensé à אשר au sens de « bonheur ». — Comparer l'expression inverse dans Jér. 44, 27 : לרעה ולא לטובה. Il est bien possible qu'il faille, dans notre texte aussi, lire un ו devant לא. Je lirais donc באשר ולא ברע « dans le bonheur, et non dans le malheur ».

* *

Ps. 12, 5. — נגביר est diversement interprété. J'y verrais ici un dénominatif de גביר *maître* : « nous sommes maîtres de notre langue ». Le sens s'harmonise bien avec ce qui suit : « nos lèvres sont en notre pouvoir ; qui est notre seigneur ? ». Le ל devant לשוננו est parfaitement possible (cf. Gen. 27, 29) ; inutile de corriger en על.

* *

Ps. 15, 4.—Lire בעיני י׳ et ימאס : « celui qui est méprisable aux yeux de 'Jéhovah', il le dédaigne ; ceux qui craignent Jéhovah, il les honore. — נשבע להרע pourrait signifier « il jure à son désavantage » (cf. Lév. 5, 4), mais l'idée serait ici par trop spéciale ; il faut donc lire לרעהו avec LXX (comme au v. 3) : « Il fait un serment à son prochain, et ne change pas ». ימיר *changer* paraît ici bien faible ; on attendrait un verbe comme « il ne parjure pas ; il ne viole pas son serment ».

* *

Ps. 18, 13. — נגה *éclat de la lumière* est probablement une mauvaise dittographie du mot suivant נגדו. Après l'insistance sur les *ténèbres* au v. précédent, נגה paraît étrange. — Au lieu de עביו lire plutôt עבים avec la Septante.

Ps. 18, 30. — L'excellente correction de Lagarde גדר (pour גדוד) ne suffit pas pour obtenir un sens parfait. ארץ fait difficulté, même en vocalisant אֹרֶץ avec Baethgen, car on n'*écrase* pas un mur. Je lis le mot propre pour *faire une brèche* dans la muraille אפרץ. « Par toi 'je fais une brèche' dans le 'mur', par mon Dieu j'escalade la muraille ». Le verset énumère les deux opérations possibles : la brèche et l'escalade. Comp. Cor. 18, 96 : « Ils ne purent ni escalader la muraille ni la percer ».

**

Ps. 18, 46. — Si חרג (hapax) est authentique, peut-être faut-il le rapprocher de حرج ; le sens serait donc : « ils *sortent* de leurs forteresses ».

**

Ps. 19, 11. — רב après מזהב ומפז est choquant et rompt le parallélisme. C'est peut-être une dittographie verticale du רב qui se trouve au verset suivant.

**

Ps. 19, 14. — En adoptant au v. 13 l'excellente correction de Briggs שגגות « péchés d'inadvertance » au lieu de שגיאות (hapax), on s'attend à voir mentionner, au v. 14, les péchés volontaires et formels, les péchés de rébellion contre Dieu et sa loi. Or en néo-hébreu aux שגגות s'opposent les זדונות « péchés délibérés, péchés de rébellion » (cf. Levy : *Nhb. WB*, s. vv. זדון, שגגה). C'est, je crois, le mot qu'il faut lire au lieu du TM זדים qui, dans la Bible, signifie toujours les *rebelles* (contre Dieu) i. e. les *impies*. Après שגגות et נסתרות du v. 13 on attend un substantif en ות. Peut-être qu'un scribe aura pensé que le sujet de ימשלו ne pouvait être que des personnes. Mais tout le parallélisme et le choix du verbe חשך demandent un mot signifiant *péchés*. Le texte, ainsi corrigé, est intéressant en ce qu'il donne déjà la distinction entre שגגה et זדון (Comparer v. g. *Pirqê Aboth* 4, 16 שגגת תלמוד עולה זדון « une faute d'inadvertance dans l'enseignement est comptée comme faute délibérée »). Je traduis v. 14 « Des 'péchés délibérés ' surtout préserve ton serviteur ! Qu'ils ne me dominent pas ! Ainsi je serai juste, exempt de faute grave ».

* *

Ps 24, 6. — זה דור fait difficulté, car dans ce qui précède il n'a pas été question de *génération*, mais de *récompense*. Je lirais זה גרל . « C'est là le ' partage ' de ceux qui le cherchent.. »

* *

Ps. 26, 4. — נעלמים signifierait « des (hommes) cachés », ce qui est bien obscur. Avec la LXX, il faut lire, conformément au parallélisme, un mot signifiant *pécheurs*, soit מַעֲלִים , cf Ps 71, 4 où ce verbe est rendu précisément par παρανομεῖν.

* *

Ps 27, 4. — חזות בנעם יהוה « contempler les charmes de Jéhovah » est une pensée magnifique, mais rentre-t-elle bien dans la tonalité du psaume ? Le parallélisme me fait soupçonner qu'il est tombé un בית devant יהוה « pour contempler les charmes de ' la maison' de Jéhovah, pour contempler (?) son temple ». בית sera peut-être tombé sous l'influence du בית qui précède.

* *

Ps. 28, 3. — Après און il y a une lacune révélée par μὴ συναπολέσῃς με de la LXX. — De plus, le parallélisme demande qu'à בלבבם « dans leur cœur » s'oppose un בפיהם « dans leur bouche » comme dans le texte analogue de Jér 9, 7. Ce בפיהם doit sans doute se placer après דברי .

* *

Ps 29, 6. — וירקידם signifie « et il les fit bondir » Le texte est gravement altéré. Ce passé ne convient pas du tout au tableau qui représente les diverses actions de Jéhovah comme présentes. Le suffixe ם se rapporte aux cèdres dont le psalmiste vient de parler, mais l'image de cèdres *brisés* que Jéhovah fait ensuite bondir est étrange Je restitue d'après le parallélisme קול יהוה ירקיד ההרים (cf Ps. 114, 4) :

'Voix de Jéhovah' qui fait bondir 'les montagnes' comme des veaux,
Le Liban et l'Hermon comme de jeunes buffles

Le verset serait donc construit comme les vv. 5 et 8 où le psalmiste met d'abord un nom commun, puis un nom propre les cèdres les cèdres du Liban ; — le désert .. le désert de Qadesh.

* *

Ps 31, 13. — היתי ככלי אבד « je suis devenu comme un vase perdu » est difficilement intelligible, d'autant qu'un vase perdu ou égaré peut fort bien être un vase précieux Peut-être faut-il lire ככלב « comme un 'chien' errant ». La comparaison devient alors saisissante, surtout si l'on pense au misérable chien des rues en Orient — Pour אבד au sens d'*errer* cf. 1 Sam 9, 3, 20 ; Jér. 50, 6 , Ez. 34, 4, 16 , Ps 119, 176

**

Ps. 33, 7 — Après la correction נד (= נאד) « outre », communément reçue d'après les versions, le כ, né sans doute de la lecture נֵד « digue », doit être corrigé en ב, conformément au sens et au parallélisme. — אוצרות *réserves, magasins de réserves* ne va pas au contexte Les « abîmes », en effet, ne sont pas comme les vents (135, 7 ; Jér. 10, 13), la pluie (Deut. 28, 12), la neige et la grêle (Job 38, 22) que Dieu tient en réserve comme dans des magasins et qu'il en fait sortir quand il lui plaît Je lis צררות *sacs* qui forme un excellent parallélisme avec נד *outre* צרור signifie toujours une sorte de sac, qu'on serre (צרר) avec des liens Il faut lire les verbes au parfait comme au v. 6, avec Aquila, Symmaque), car il s'agit ici de l'action unique et passée de la création. Je traduirais donc « Il a ressemblé 'dans une outre' les eaux de la mer, il a mis les océans dans des 'sacs'.

* *

Ps. 33, 9. — ויעמד paraît suspect dans ce contexte (עמד a un autre sens dans Is 48, 13; Ps. 119, 90) Avec la LXX il faut lire un mot tel que *être fait, être créé*, soit וַיֵּעָשׂ au nifal (cf v. 6). ויעמד du TM est peut-être dittographique de תעמד au v 11

Ps. 35, 14. — Au v. 13 le psalmiste dit combien il s'affligeait pendant les maladies de ses ennemis, au v. 14, pour donner une idée de la profondeur de son affliction il emploie des comparaisons. La seconde est parfaitement claire : « comme dans le deuil d'une mère » ; mais la première est défigurée dans le TM « comme un ami, comme un frère ». On n'a pas le droit de traduire « comme *pour* un ami . », et du reste il manquerait un mot tel que *infortune*, *malheur* etc : « comme dans le *malheur* de... ». Ce sens, réclamé par le parallélisme, s'obtient facilement en lisant ח au lieu de כ, et en coupant en conséquence . כרעת אח « comme dans le malheur d'un frère » (cf. v 26 רעתי « mon malheur »). Pour le ב sous-entendu devant רעה et devant אבל (= *deuil*, cf Baethgen), comparer v.g. Lév. 15, 26 כטמאת ; Ps. 95, 8 כמריבה ; 106, 9 כמדבר . Je traduis :

Comme dans le 'malheur' d'un fière — j'allais çà et là,
comme dans le deuil d'une mère — tristement penché

**

Ps 35, 16. — On a essayé d'amender בחנפי de diverses manières On me permettra d'en proposer une autre, d'après le parallélisme. Le verset commencerait comme v 15 par « dans ma chute », soit בנפלי . Un scribe ayant omis le ל (בנפי) on aura essayé de regagner un sens en ajoutant un ח En lisant לעגו לעג et חרקו (Wellhausen) on obtient le sens : « 'Dans ma chute' ils ne faisaient que se moquer ; contre moi ils grinçaient des dents »

**

Ps. 39, 2 — Au lieu de דרכי « mes voies » qui va médiocrement au contexte, je lirais plutôt דברי « mes paroles » · « Je veux veiller à mes 'paroles' pour ne pas pécher par ma langue ».

**

Ps 41, 2 — משכיל signifie « *celui qui considère, fait attention au* pauvre », Peš ܕܚܐܪ; *qui intuetur* L'expression est étrange par sa faiblesse , on attendrait v g. *qui a pitié, qui a compassion*, etc De plus, il ne saurait ici être question de bonté envers les pauvres ou envers tel pauvre individuel, car dans tout le psaume, comme dans bien d'autres, le « pauvre » est Israel souffrant, et on ne voit pas qui pourrait bien être le consolateur d'Israel souffrant, tout au plus pourrait-on penser à Jéhovah lui-même ! Du reste dans le psaume il n'est pas fait mention de consolateur Je crois que le mot משכיל a été déplacé. Il faisait partie du titre du psaume. Ayant été omis par un scribe, on le replaça sous la ligne du titre, de là il pénétra dans la ligne suivante. L'hypothèse est d'autant plus probable que les psaumes 41-45 sont des משכיל. On a signalé des erreurs analogues relatives au titre, v g. Ps 48, 15 עַל־מוּת, 104, 35 הללו יה.

En restituant, avec LXX, אביון qui a pu facilement tomber au voisinage de ביום, je lirais donc אשרי הדל ואביון (cf 72, 13) Le « pauvre », c'est-à-dire l'Israel fidèle (cf. v. 13), étant toujours persécuté et honni à cause de sa fidélité à Jéhovah, on comprend que le psalmiste le proclame « bienheureux ».

* *

Ps 48, 5. — עברו est suspect. Le mot pourrait signifier « ils s'avancèrent » (sens assez fréquent), et c'est ainsi qu'on traduit généralement (Baethgen, Briggs, etc.) Mais il pourrait signifier aussi « ils disparurent » (Zadoc Kahn). Faute de contexte suffisant le sens reste indéterminé. Il y a donc probablement une faute. Je lis חברו « se coalisèrent » qui va bien après נועדו. Comparer Gen. 14, 3 (*rois* coalisés) ; Ps. 122, 3 (חבר avec יחדיו) Le Targum a אתחברו, mais, chose curieuse, ce mot traduit נועדו.

* *

Ps. 50, 14, 15, 23 — Tandis que dans le passage vv 7-15 Dieu parle à la 1re personne, le v 14 est rédigé à la 3e ; il y a là quelque chose d'anormal. Les vv. 14-15 ont souffert. D'autre part, le v. 23 semble être une répétition fautive et mutilée de 14-15 ; l'idée, du reste, n'est pas à sa place ici, à la fin des reproches adressés à l' « impie »

Au v. 14, au lieu de לאלהים je lis לי « à moi » Ce לי aura été pris par un copiste pour l'abréviation de ליהוה, lequel sera devenu plus tard לאלהים, comme dans tous les psaumes élohistes לעליון aura été ajouté pour le parallélisme, consécutivement à cette première faute L'apodose répondant à la protase זבח se trouve à la fin du v 15. l. וְכַבְּדֵנִי, conformément à la syntaxe (cf. 23 יכבדני pour 'וכ). Le sens est donc : « 14 Immole (seulement) le sacrifice de louange et acquitte-toi du (sacrifice) par toi voué, et (ainsi) tu m'honoreras 15 Alors tu pourras m'invoquer au jour de l'angoisse et je te délivrerai »

Le תודה et le נדר sont ici des sacrifices, les deux seuls que Jéhovah réclame et dont il se contentera. Il ne peut s'agir d'omettre tout sacrifice (cf. Briggs)

Pour se rendre compte du rapport du v. 23 avec les vv 14*-15, il suffit de les comparer graphiquement :

14* זבח לי תודה ושלם נדריך וכבדני . 15 וקרא ביום'
23 זבח תודה וש ם דר ך יכבדני . א רא בישע

Le v 23 suppose un état déplorable du manuscrit. L'altération du ms devait même commencer à פן du v 22 Les mots פן אטרף ואין מציל « de peur que je ne *déchire* sans qu'il y ait personne pour délivrer », pris du Ps. 7, 3, ne conviennent pas à Dieu ; un scribe aura cru les deviner.

**

Ps 51, 4. — הרבה (ketib), en tête de phrase, serait étrange. Il faut lire הרב (qeré), impératif apocopé, mais pour observer la construction normale il faut lire לכבסני, ce qui a du reste l'avantage de tenir compte de l'élément ה du TM.

**

Ps. 69, 20. — נגדך, en parallélisme avec ידעת, est excellent (cf 51, 5) ; c'est צוררי qu'il faut corriger. Je lis צרותי « mes angoisses ». כלמתי, déjà condamné par les métriciens, doit disparaître. כלמתי et כלצררי seraient deux essais de reproduction de כלצרתי* mal écrit.

**

Ps. 74, 4.— שאגו « ils ont rugi » est étrange. On attend devant בקרב un verbe comme *entrer, pénétrer* ; peut-être faut-il lire tout simplement באו : « Tes ennemis sont 'entrés' à l'intérieur de ton lieu de réunion (= le

Temple) » — אתות est impossible ! Je lis בתוכו « au milieu du (Temple) », qui répond à בקרב.

**

Ps 76, 2, 4 — On éprouve quelque scrupule à toucher au premier mot d'un morceau, et pourtant le נודע (v. 2) qui commence le psaume est très probablement fautif. נודע (au participe, demandé par le parallélisme) signifierait *qui s'est fait connaître*. Ce sens est possible en soi, mais ne va guère au contexte Je crois qu'il faut lire נורא *redoutable* qui est le mot caractéristique du psaume. Dans les 12 versets de ce court poème on le trouve cinq fois (en comptant la correction proposée), dont 3 fois en tête de strophe. La 1re strophe (2-4, terminée par סלה), la 2e strophe (5-7 l נורא avec Baethgen) et la 3e strophe (8-10, terminée par סלה ; le premier אתה supprimé par Buhl [*Bible Kittel*]), commencent par נורא, la 4e strophe contient deux fois ce même mot. Le psaume 76 est donc le psaume « Redoutable » κατ' ἐξοχήν Au v 12 Dieu est même appelé simplement הנורא* (au lieu de מורא ; cf *Trad. Kautzsch*[3]) Pour juger de l'état de certains de nos textes, il n'est pas inutile de remarquer que sur ces cinq נורא, trois ont été défigurés par les copistes, alors que le mot est esthétiquement essentiel !

Au v. 2 la correction נורא est donc suggérée par la symétrie strophique et recommandée par le contexte. Il faut remarquer de plus que נורא donne un très bon parallélisme avec גדול, auquel on le trouve souvent associé (99, 3 ; Deut. 1, 19 ; 7, 21 , Joel 2, 11 ; 1 Ch. 16, 25 etc.).

Au v. 4 רשפי־קשת « flammes de l'arc » est invraisemblable, je lis אשפה וקשת « carquois et arc » qui fait un bon parallélisme avec « bouclier et épée ».

**

Ps. 78, 38. — יעיר donne à la phrase ce sens étrange : « il n'*excitera* pas toute sa colère » Peut-être faut-il lire יערה (de ערה *verser entièrement*) : « il ne 'répandra' pas toute sa colère » (cf. 141, 8 ; Is. 53, 12 ; 32, 15). L'expression serait analogue à שפך חמה

Ps. 89, 16. — תרועה fait difficulté. S'il s'agit de *cris de joie*, le mot ne va pas avec ידע ; veut-on y voir des *cris liturgiques* (?), cela regarderait les prêtres, non le peuple (עם) Je lis תורתך : « Heureux le peuple qui connaît 'ta loi', ô Jéhovah ; c'est à la lumière de ta face qu'ils marchent ». הלך indique la *conduite* morale, éclairée par la loi de Dieu Les mots תורה et הלך sont précisément associés au v. 31.

* *

Ps 102, 14. — כי עת לחננה כי בא מועד Ces mots rappellent Agg. 1,2 לא עת בא עת בית יהוה להבנות au point qu'on peut demander si, au lieu de לחננה, il ne faut pas lire כהבנות . La *pitié* de Jéhovah pour Sion consiste, en effet, dans sa *reconstruction* (cf v v 15, 17) On aurait ainsi l'avantage d'un terme plus concret et celui de ne pas répéter une idée déjà exprimée par רחם .

* *

Ps 104, 26. — אניות « les navires » est déplacé dans ce contexte où il s'agit uniquement d'animaux. De plus, « Léviathan » semble faire partie d'une catégorie d'êtres précédemment nommés Je lis תנינים : « Là circulent 'les monstres marins', ce Léviathan que tu as créé pour jouer avec lui ».

* *

Ps. 107, 10. — La symétrie des deux stiques fait attendre, dans le second, deux synonymes Or עני *misère, humiliation, oppression* ne va guère avec l'objet matériel ברזל *fer*. Peut-être faut-il lire כבלי ברזל « entraves de fer » (cf. 149, 8) ou כבל וברזל (cf 105, 18).

* *

Ps 107, 25.—Le verbe עמד en parlant d'un « vent de tempête » ne peut absolument pas signifier *s'élever* ! — יעמד signifierait bien plutôt ici que le vent s'*arrêta, cessa* de souffler. Je lis וַיָּעוֹר « s'éleva » qui est le mot propre , cf. Jér. 25, 32 סער יעור .

Ps. 129, 6. — Au lieu de שָׁלַף, je lirais, faute de mieux, בשל *mûrir* (cf. Joël 4, 13) qui a deux lettres en commun avec שָׁלַף. En tout cas « mûrir » est le mot qu'on attend : « avant de *mûrir*, (l'herbe) est desséchée ».

* *

Ps. 132, 1 (1 Chr. 22, 14). — עֻנּוֹתוֹ (infinitif pual) : le sens serait *être opprimé* ou peut-être *s'humilier*. Mais dans la suite il est parlé de la peine, du souci que prend David pour l'arche de Jéhovah, nullement de souffrance ou d'humiliation. Je lis עִנְיָנוֹ : « Rappelle-toi, Jéhovah, David et tous ses 'soucis' (pour l'arche) ».

Je lis ce même mot ענין 1 Ch. 22, 14 au lieu de l'impossible עני, lequel signifie toujours *misère, humiliation, oppression*, mais non v.g. *pauvreté* (qui du reste ne va pas au contexte), ni *travail pénible, peine, souci*. Ces derniers sens sont au contraire ceux qu'a ענין dans l'Ecclésiaste. Curtis (dans l'*International Critical Commentary*) fait remarquer avec raison que le texte parallèle 1 Ch. 29, 2 appuie le sens *travail dur* ou *pénible*, mais il a tort d'attribuer ce sens à עני.

* *

Ps. 137, 8. — Le mot בבל est probablement à supprimer, car le mot סלע (v. 9) conviendrait très mal à Babylone, située dans une plaine d'alluvions ; il convient très bien, au contraire, à Edom, dont une ville s'appelait même הסלע (cf. 2 R. 14, 7). De plus, à l'époque du psaume, Babylone appartenait aux Perses, qui avaient rendu Israël à son existence nationale ; une malédiction contre Babylone est donc ici peu vraisemblable. La malédiction des vv. 7-9 concerne uniquement Edom.

* *

Ps. 141, 4. — מנעמיהם (hapax) doit être, si je ne me trompe, rayé du dictionnaire. On lui donne le sens de « mets délicieux ». Mais la racine נעם ne peut pas plus s'employer de la *douceur* des mets en hébreu qu'en arabe ou en araméen. Le TM étant reconnu fautif, on penserait assez naturellement au mot bien connu מטעמים « mets savoureux, ragoût », graphiquement très voisin (1). Mais l'altération du texte primitif paraît être beaucoup plus profonde, à en juger par la LXX qui a lu בחוריהם « leurs hommes d'élite » Comme le verbe לחם « manger du pain » est dénominatif de לֶחֶם « pain » (2) et que le seul objet qu'on trouve avec ce verbe est לחם (Prov. 4, 17 ; 9, 5 , 23, 6), c'est probablement בלחמהם qu'il faut restituer. Il est utile de remarquer que le ב est ici *participatif* (3), non *partitif* ; de même dans Prov. 9, 5 בלחמי ; ביין . Le sens est donc : « je ne *participerai* pas à leur pain » i e « à leurs repas » La traduction syriaque ܠܐ ܐܠܥܘܣ ܥܡܗܘܢ « je ne mangerai pas avec eux » est un peu libre, mais rend bien le sens

* *

Ps. 144, 12-14. — Ces trois versets qui ne se rattachent pas au v. 11 constituent un fragment isolé provenant sans doute d'un morceau plus étendu Le texte offre de très grandes difficultés de détail. Les remarques qui suivent voudraient faire ressortir certaines impossibilités du TM et proposer quelques essais de restauration.

Tout d'abord le TM, qui applique aux Israélites cette petite description de la félicité terrestre, semble bien avoir raison contre la LXX qui l'applique aux « étrangers » du v. 11 Tous les traits conviennent parfaitement aux Israélites, et la mention du temple (au v. 12) ne peut guère s'entendre que du temple de Jérusalem. Une traduction littérale du TM en montrera les nombreuses incohérences . « 12. (que) nos fils sont comme des plantations qu'on a fait grandir en leur jeunesse, nos filles comme des angles, qu'on a coupés, similitude de temple. 13. Nos greniers sont pleins, ils laissent sortir d'espèce à espèce. Nos moutons deviennent des mille et des dix mille, dans nos rues. 14. Nos bœufs sont chargés. Il n'y a pas de brèche, et il n'y a pas de sortie (?), et il n'y a pas de clameur dans nos places ». Plusieurs mots sont gravement altérés, et de plus il y a des lacunes et des transpositions

V. 12. זויות (cf. Zach 9, 15 ÷) ne peut signifier que « angles », nul-

---

(1) On pourrait objecter que le contexte n'appelle pas des mets *savoureux*

(2) Dt. 32, 24 est fautif et très obscur.

(3) Voir *Mélanges*, t. IV, p 1 · ב au sens de *participation a.*

lement « piliers d'angle » ou « colonnes » ou « cariatides ». Le mot est clairement impossible Le mot suivant מחטבות est également impossible, car חטב ne peut signifier que « abattre, couper du *bois* ». Je crois que le texte primitif portait כזיתים « comme des oliviers », et que la mélecture de ce mot est le point de départ d'autres altérations. Les זיתים forment un bon parallélisme avec נטעים du stique précédent. On a une comparaison toute semblable Ps. 52, 10 « Je suis comme un olivier verdoyant dans la maison de Dieu » ; cf. 128, 3. Au lieu de מחטבות je lirais בחצרות « dans les parvis » comme dans 92, 14 « plantés dans la maison de Jéhovah, dans les parvis de notre Dieu ». — תבנית est probablement une altération de בית (le premier ת dittographique du ת final précédent). Il faut donc lire בית אלהים ; le mot היכל serait alors un doublet, ou une glose ou une correction postérieure. — Si la finale du second stique est bien « dans les parvis de la maison de Dieu », בנעוריהם qui formerait un très médiocre parallélisme, devient encore plus suspect. — Il faut peut-être lire avec Ehrlich כנטעי מְגְדָּלִים que je comprendrais « comme des plantations de parterres ». — Le sens probable du verset serait donc :

Nos fils sont comme des plantations de parterres dans.....
Nos filles sont comme des oliviers dans les parvis de la maison de [Dieu.

V. 13. זן « espèce » est très douteux ; le זו ou זה lu par la LXX ne donne pas un sens beaucoup meilleur. — La forme passive מרובבוֹת après מאליפות « qui produit des mille », doit, je pense, être corrigée en מרובבות « qui produit des dix mille ». — בחוצוֹתינו est probablement authentique et doit appartenir à un stique formant parallélisme avec ברחבתינו ; on sait que les deux mots sont souvent employés ensemble חוצות peut, il est vrai, signifier « déserts » (Prov. 8, 26 ; Job. 5, 10), mais on ne dirait pas facilement ici « *nos* déserts ».

V. 14. אלופינו׳ doit former le stique répondant à צאננו. Le mot מסבלים « chargés » ne donne pas de sens acceptable : on attendrait un mot exprimant le grand nombre des bœufs ou leur fécondité. אין פרץ ואין יוצאת sont les bribes d'un vers dont chaque stique a été amputé de son dernier mot, soit :

Il n'y a pas de brèche (dans nos murs),
ni de fissure (?) (dans nos tours).

Le יוֹצֵאת du TM est donc probablement à corriger.
Enfin le dernier vers devait être :

(Il n'y a pas de....) dans nos rues [14 בחוצותינו]
ni de clameur dans nos places.

* *

Ps. 147, 6. — מְעוֹדֵד « établissant » ou « rétablissant » donne un sens médiocre et un parallélisme plus médiocre encore. L'antithèse avec מַשְׁפִּיל « abaissant » postule מְרוֹמֵם « élevant » : « Jéhovah 'relève' les humbles ; il abaisse à terre les impies ». La conjecture est confirmée par la Peshitto: ܡܪܝܡ. Peut-être le TM est-il dû à l'influence de מְעוֹדֵד de 146, 9 (lequel resterait ainsi hapax), probablement « prenant soin de » (1).

* *

Ps. 147, 9. — « Il donne aux bêtes leur nourriture ; aux petits du corbeau qui appellent ». C'est ainsi qu'on comprend généralement le texte massorétique. D'autres comprennent « qui appellent Jéhovah » ; d'autres « qui (ré)clament leur nourriture ». D'après le parallélisme, אשר יקראו doit être à l'accusatif d'objet comme לַחְמָהּ et équivaloir, pour le sens, à ce mot. Je traduis donc : « Il donne... aux petits du corbeau ce qu'ils réclament » i. e. leur nourriture. L'addition d'un suffixe (avec ou sans préposition) n'est nullement nécessaire, surtout en poésie.

* *

Ps. 147, 15. — עַד fait difficulté, et Perles (*JQR*, 1911, t. 2, p. 125) voudrait y voir une glose. — Peut-être pourrait-on lire על מהרה « en rapidité » pour « rapidement ». On sait en effet que עַל sert à former des expressions adverbiales (cf. Buhl, s. v. עַל 3,*e* ; Brown, col. 754 *(e)*), v.g. עַל נְקַלָּה « facilement » ; de même en arabe, v.g. على مهل « lentement ». Malheureusement על מהרה* n'est pas documenté. Il vaut donc mieux recourir

(1) Cf. *supra*, p. 175.

à une autre hypothèse. On pourrait lire קל מהרה « vite, rapidement » i. e. « très rapidement » comme dans Joël 4,4 (cf. Is. 5, 26 מהרה קל). La lecture קל, bien que graphiquement plus éloignée du TM que ne serait כל, a l'avantage d'être documentée par un texte biblique.

* *

Ps. 147, 17. — Le verset semble gravement altéré. Tout d'abord l'expression משליך קרחו « *jetant* sa gelée » est bizarre. Il faut très probablement lire השלח comme au v. 15, avec l'article comme aux vv. 14, 15, 16. La conjecture de Derenbourg מים יעמדו « les eaux s'arrêtent » (dans Baethgen, sans référence) paraît excellente. Mais que faire de l'invraisemblable כפתים « comme des bouchées de pain » ? Les eaux « qui s'arrêtent », puis recommencent à couler (v. 18) sont sans doute les eaux des fleuves. Je lirais donc בנהרים : « Il 'envoie' sa gelée 'contre les fleuves' ; devant son froid les 'eaux s'arrêtent' ». Le suffixe de ימסם au v. 18, qui autrement fait difficulté, se rapporte aux נהרים : « Il envoie sa parole et les fait fondre ; il fait souffler son vent et les eaux coulent ».

* *

Ps. 148, 6. — Il est étonnant que les critiques qui lisent le pluriel יעברו n'aient pas vu que le mot s'oppose à ויעמידם,

Il les a *fixés* (les astres ou les cieux) pour la durée des siècles ;

Il a donné une loi : ils ne *passeront* pas.

Cf. Matt. 24, 35 où Delitzsch et Salkinson traduisent tous deux παρελεύσεται etc. par יעברו.

RUTH

Ruth 1, 13. — עגן, qui ne se trouve qu'ici, ne peut guère signifier, d'après le contexte, que *se continere* (1), *garder la continence.* Dans la Mišna, on l'emploie en parlant de la continence imposée à la femme d'un mari disparu, mais dont la mort n'est pas assurée.

---

(1) Cf. 1 Cor. 7, 9 : quod si non se continent nubant (Vulg.).

Le מן de מכם est généralement mal compris. Le sens est : « Je suis *trop* malheureuse *pour* vous » i. e. « Mon malheur est *trop* grand *pour* que vous le partagiez ». Le מן a exactement le même sens au v. 12 : « Je suis *trop* vieille *pour* me (re)marier » (1). De même Gen. 32, 11 : « Je suis *trop* petit *pour* toutes les bienveillances et pour toute la bonté (2) dont tu as usé envers ton serviteur ». Dans ces exemples, מן exprime bien le comparatif, mais entre deux termes d'ordre différent (3). L'hébreu ne distingue pas formellement *plus grand que moi* et *trop grand pour moi ;* les deux idées s'expriment par רב ממני (4).

A titre de document pouvant intéresser la linguistique générale, on me permettra de rapprocher le phénomène intéressant de la contamination syntaxique de *plus* et *trop*, observé dans le langage d'un enfant qui, à une question qu'on lui posait, répondit : « Tu m'en demandes *trop que* j'en sais », contamination évidente des deux constructions : « Tu m'en demandes *plus que* je n'en sais » et « Tu m'en demandes *trop pour* moi ».

Ruth 1, 13 se traduira donc ainsi : « Pourriez-vous donc attendre jusqu'à ce qu'ils soient adultes ? Pourriez-vous donc vivre dans la continence et (5) ne pas vous (re)marier ? Non, mes filles ! Mon malheur est trop grand pour vous ; car le bras de Jéhovah est sorti contre moi ».

**

Ruth 1, 21. — TM ענה ב *témoigner contre* ne va pas au contexte. D'autre part ענה *opprimer, humilier* ne peut pas se construire avec ב ; de plus, ce sens n'est pas tout à fait celui qu'on attend. Je lirais עשה ב *il a agi contre moi, il m'a (mal)traité*, avec le ב d'hostilité (cf. Jér. 18, 23 ;

(1) היתה לאיש signifie *elle s'est mariée, nupsit*, en parlant de la femme.

(2) Pour ce sens de אמת cf. *Mélanges*, t. V¹, p. 406.

(3) V. g. Ruth 1, 13 se réduit à la proposition elliptique : « Je suis plus vieille que le mariage » i. e. « Mon âge est plus grand que [l'âge convenable pour] le mariage ».

(4) En arabe, la construction avec مِن n'est possible qu'avec un verbe ou un maṣdar, v.g. « Il est *trop* généreux *pour* le combattre » = هو اكرم من ان يقاتله ou من مُقاتلته . Autrement il faut على , v.g. « Trop grand pour moi, trop petit pour moi » = اكبر عليّ , اصغر عليّ .

(5) Le לְ avec infinitif équivaut ici, comme très souvent, à la copule simple *et*, sans aucune nuance de finalité (cf. *supra*, p. 166).

Dan. 11, 7) (1). Cette locution assez rare aura pu être facilement méconnue par un copiste, d'où l'altération (peut-être intentionnelle) en ענה.

* *

Ruth 2, 1. — Le ketib מְיֻדָּע n'est pas bon, car ce mot désigne uniquement les *amis*. Il faut lire, avec le qeré, מוֹדַע *affinis, parent par alliance,* dont l'intensif מוֹדַעַת *proche parent (proxime affinis)* (2) se trouve 3, 2.

לאישה ne signifie pas *de son mari,* mais bien *par son mari* (cf. 2 Sam. 3, 2 : son premier-né *par* Aḥinoam). En effet, Booz est l'*affinis* de Noémi, et le *cognatus* d'Elimélek. L'auteur spécifie que Booz est l'*affinis* de Noémi *par son mari,* parce que toute autre affinité n'aurait pas fait de Booz un *goël* de Noémi et de Ruth.

* *

Ruth 2, 2. — ואלקטה בשבלים. Le ב ne peut guère avoir ici un sens local : « je glanerai *parmi* les épis ». Le sens n'est pas, non plus, partitif, car on aurait מן : je glanerai *des* épis ». C'est un ב *participatif* (3) : « je glanerai *aux* épis » i. e. « je travaillerai au glanage des épis ». L'expression de Ruth laisse entendre qu'il pourra y avoir d'autres glaneuses avec elle. Le glanage semble avoir été très largement pratiqué chez les Israélites.

* *

Ruth 2, 7. — עֳמָרִים *javelles* est impossible, car le glanage consiste à

(1) Cf. le ب péjoratif de فعل به *(mal)traiter qn.* ; صنع به صنيعًا قبيحًا *he did to him an evil, or a foul, deed* contrastant avec صنع اليه معروفًا *he did to him a benefit, favour,* or *kind act* (Lane). —Cf. des expressions telles que لأفعلنّ بك ولأصنعنّ *je te (mal)traiterai !* ; فعل بهم تلك الافاعيل *il les (mal)traita de la façon qu'on sait.* (Ibn Ṭiqṭaqa, dans Sacy : *Chrest. ar.* I, pp. ١٢, ٤٦).

(2) Pour cette distinction entre מוֹדַע et מוֹדַעַת, cf. R. Duval : *Traité de gramm. syriaque*, p. 236, qui cite Abou'l Walîd: *Kitāb el 'ousoul*, col. 277, d'après lequel le ת de la seconde forme lui donne une nuance intensive. Cf. קוֹהֶלֶת *contionator*, également avec nuance intensive.

(3) Cf. *Mélanges*, t. IV, p. 1.

ramasser des épis isolés, non des javelles ! Je lis עֳמִירִים *tiges (avec épi), épis,* à peu près synonyme de שבלים (v. 2). Bien que עמיר soit ailleurs collectif, l'existence d'un pluriel n'a rien d'improbable. C'est ainsi que le collectif קציר se trouve une fois au pluriel (Ps 80, 12) Pour *javelle*, on ne trouve pas, dans le livre de Ruth, עֹמר (1), mais צבת (v. 15). — Le ב est *participatif* comme au v. 2 : « Permets-moi de travailler au glanage et au ramassage des épis ».

La fin du verset est diversement restituée. La meilleure correction graphique לא שבתה מעט ne rend pas suffisamment compte du בית du TM Je lirais לא שבתה שבת מעט « elle ne s'est pas accordé (même) un petit repos ». Pour le groupe שׁבת שבת cf. Lév. 23, 32 , 25, 2

* *

Ruth 2, 8-9. — דבק ne se trouve construit avec עם qu'ici et au v 21, dans la bouche de Booz : c'est peut-être un provincialisme ou un solécisme recueilli par le très artiste auteur de *Ruth*. Pour son compte, l'auteur écrit correctement דבק ב (1, 14 ; 2, 23).

כה est très suspect, car le sens local d'*ici* est redondant après מזה et avant עם נערתי. Je lis כי *mais*, qu'on attend nécessairement. Le ו, en conséquence, doit probablement disparaître.

Le dernier mot du v. 8 נערתי et le début du v. 9 font difficulté Il manque un verbe devant עיניך, car on ne trouve de proposition nominale qu'avec des souhaits usuels (cf. Konig, § 355 *l*) Il faut donc ajouter תהיינה « Que tes yeux *soient* fixés sur le champ qu'ils moissonneront » (2). — Par contre, le ת de נערתי (v. 8) me semble à supprimer. Le MS portait peut-être נערי ת' en abrégé ; l'abréviation mal résolue aura donné notre TM. On est étonné de voir mentionnées ici des *servantes* faisant la moisson. Jusqu'ici il n'a été question que de *serviteurs* masculins occupés à la moisson, vv. 2, 3, 4, 7. De même au v. 9, on a נערים. Au v. 21 où Ruth cite à Noémi les paroles mêmes de Booz (du v. 8) on a נערים ! S'il y avait à la fois

(1) Au v. 15 עמרים du TM est fautif (v. *infra*)

(2) תהי serait possible, mais exceptionnel.

des serviteurs et des servantes à faire la moisson, Booz aurait dit à Ruth d'aller boire avec les servantes, plutôt qu'avec les serviteurs (v. 9), et Ruth se serait assise à côté des servantes et non à côté des serviteurs (v. 14) Les נערות semblent bien être des intruses qui doivent leur existence à la faute de copiste signalée plus haut. Une fois introduites au v. 8, les נערות se sont propagées 2, 22, 23 et 3, 2 Dans les deux derniers textes, le נערים primitif a été corrigé en נערות pour harmoniser avec le verset parallèle 2, 8. Au v 22 les *servantes* sont particulièrement choquantes, car Ruth vient de parler de *serviteurs*, et si Ruth peut craindre d'être molestée, c'est bien de la part des serviteurs (cf. v. 9) et non des servantes.

Naturellement, au v. 9 *a* le suffixe féminin de אחריהן est consécutif à la graphie נערתי du v 8.

Nous avons ici un exemple intéressant de la propagation logique d'une erreur graphique.

* *

Ruth 2, 13. — לא אהיה est un cas aussi remarquable que peu remarqué Je ne le trouve pas signalé par Kautzsch, Konig, Driver, Davidson, ni même par Ewald (cf. *Ausfuhrl. Lehrbuch*[7], § 298 *a*). On traduit couramment « je ne *suis* pas (même) comme une de tes servantes ». Mais l'auteur de Ruth, suivant exactement l'usage de l'hébreu ancien dans l'emploi des temps, aurait sûrement exprimé « je ne *suis* pas » par לא הייתי. Le temps présent du verbe *être*, au sens *statif*, doit en effet se rendre par היה, comme pour tout autre verbe *statif*, v g Gen 46, 37 « tes serviteurs *sont* pasteurs.. » = היו. De même, avec une négation, Gen. 42, 31 « nous ne *sommes* pas des espions » = לא היינו מרגלים. Il en est de même en arabe ancien. Dans Coran 12, 73, les frères de Joseph répondent : « Nous ne sommes pas des voleurs » = ما كنّا سارقين (1). Si donc אהיה du TM de Ruth est authentique— et rien n'autorise à le suspecter—il doit avoir une nuance modale, telle que *je ne veux pas être, je ne prétends pas être,* et c'est bien

---

(1) Dans sa Grammaire arabe, § 658, Ewald cite des exemples de كان au sens du présent, le cas n'est fréquent qu'avec une négation.

là le sens demandé par le contexte : « Puissé-je trouver grâce à tes yeux (1), mon seigneur, parce que tu m'as consolée et parce que tes paroles ont réconforté le cœur de ta servante, bien que je ne prétende pas être (même) (2) comme une quelconque (3) de tes servantes ». Ruth ne dit pas qu'elle n'*est* pas comme une servante de Booz, ce qui serait un truisme, mais qu'elle ne se *prétend* (4) pas telle, ce qui est l'expression délicate d'une vraie humilité

De même, dans Isaie 3, 7, לא אהיה a une nuance modale : « Je ne prétends pas être chirurgien » ou « Je ne veux pas être...» (5).

* *

Ruth 2, 14. — צבט (hapax !), rapproché de ضبط , signifierait *saisir*. Cette nuance forte de *prendre* n'a aucune raison d'être ici. Avec LXX βουνίζω *amonceler*, je lis le verbe צבר *amonceler*, qui convient très bien à la nature du mets en question, des grains grillés : « et Booz lui servit un monceau de grains grillés ». La Vulgate a lu le verbe au féminin ותצבר, ce qui est au moins aussi bon. — צבט est donc à éliminer des dictionnaires.

* *

Ruth 2, 15. — עֳמָרִים est fautif, ici comme au v. 7 (v. *supra*). Le בין appelle un nom de personnes (6). Je lis עֹמְרִים* *ceux qui font les javelles, javeleurs*. Le qal n'étant pas documenté, on pourrait lire le participe piel comme dans Ps 129, 7 †, mais comme le piel, dans ce vers, peut être dû à une nécessité rythmique, l'existence d'un qal n'a rien d'improbable (cf.

(1) Ces mots, constituant une formule de politesse, ne préparent pas nécessairement une demande Ici Ruth remercie et ne demande rien

(2) La nuance *même* est souvent négligee en hébreu , cf. Konig : *Stilistik*, p. 197.

(3) Cf Luc 15, 19 : ποίησόν με ὡς ἕνα τῶν μισθίων σου

(4) LXX ἔσομαι — Cf all « Er *will* mich gesehen haben » = « Il *pretend* m'avoir vu »

(5) Trad. Kautzsch[3] · Ich mag nicht Wundarzt sein

(6) Cf Vulgate : etiamsi *vobiscum* metere voluerit

בצר ، קָצַר). On voit que parmi les קוצרים *moissonneurs* (originairement *ceux qui coupent*), on distinguait les *javeleurs*. C'est naturellement aux *javeleurs* que s'adresse l'ordre de Booz. Ainsi apparaît bien, dans sa gradation, la bienveillance de Booz : il engage d'abord Ruth à glaner *à la suite* (אחרי) des moissonneurs (vv. 7, 9), puis *parmi* (בין) les javeleurs (v. 15) ; enfin les javeleurs laisseront tomber des épis (v. 16) à l'intention de Ruth.

* *

Ruth 2, 16. — מן הצבתים « vous laisserez tomber *quelque chose* des javelles » est insuffisant et équivoque. Le verbe שלל *piller, dépouiller* est impossible ici Je lis שבלים תַּשְׁלוּ « vous laisserez tomber, pour elle, des épis des javelles ». On a שבלים au v. 2. Le verbe נשל est le mot propre pour un objet qui tombe doucement (v g les olives tombant des arbres, Deut. 19, 5) ; il est à la fois intransitif et transitif. La Septante (βαστάζοντες βαστάζατε αὐτῇ, καί γε παραβάλλοντες παραβαλεῖτε αὐτῇ) a une traduction double. La première répond, je crois, à un סבל תסבלו et la seconde à un נשל תשלו

* *

Ruth 3, 12. — Il y a double surcharge Le texte primitif portait simplement ועתה כי אם « et maintenant, assurément je suis goel ». Le sens *assurément* de כי אם (cf Brown, p. 475), n'étant pas très fréquent, a pu être méconnu par un copiste qui aura écrit אמנם Puis la leçon primitive aura été rétablie Peut-être aussi y a-t-il eu d'abord dittographie de כי אם , puis ajoute de גם .

* *

Ruth 4, 11. — Le TM וקרא שם « et invoque *un* nom » ne donne pas de sens La correction וְיִקָּרֵא שמך « et ton nom sera *prononcé* » (1) est mauvaise ; elle brise violemment le parallélisme (2). Le parallélisme si forte-

---

(1) Le sens *celebrer* n'est pas documenté

(2) Sans compter qu'il faudrait un jussif וְיִקְרָא

ment rythmé des deux membres exige un verbe ayant le même temps que ועשה et un sens analogue. Je lis l'impératif קְנֵה : « Fais-toi richesse en Ephrata, — Acquiers gloire à Bethléem ! ». On souhaite à Booz richesse et gloire dans sa postérité. Pour עשה חיל *acquérir de la richesse*, cf. Prov. 31, 29 ; Ez. 28, 4 ; Deut. 8, 17, 18. — *Acquérir de la gloire* se dit עשה לו שם et une fois עשה שם avec ellipse du ל . C'est sans doute pour ne pas répéter עשה que l'auteur a préféré ici le synonyme קנה .

Le קרא du TM a pu s'introduire sous l'influence du יקרא du v. 14, lequel, du reste, n'a pas le sens *être célèbre* (v. *infra*).

* *

Ruth 4, 14. — Le TM peut être correct, malgré une certaine incohérence. Le גאל est ici l'enfant qui vient de naître (Nowack, etc.), mais le suffixe de שמו ne se rapporte pas à l'enfant ; il se rapporte à celui dont les fils étaient morts sans postérité et qui avait failli voir son nom périr en Israël, à savoir l'aïeul Elimélek (cf. v. 3). Le texte, du reste, gagnerait beaucoup en clarté, si on lisait שם המת comme au v. 10. — Le jussif וְיִקָּרֵא est un volitif indirect, avec nuance de finalité ou de consécution (1). La phrase ויקרא שמו exprime exactement la même idée que ולא יכרת שם המת du v. 10. Je traduis donc : « Béni soit Jéhovah, qui a fait aujourd'hui qu'un goël ne te manquât pas, de sorte que le nom de (ton mari) sera prononcé en Israël ». Le sens *être célèbre* qu'on donne à נקרא שם (v.g. Brown 2, *a*) n'est pas documenté ; on veut dire simplement que le nom d'Elimélek sera prononcé dans les généalogies.

* *

Ruth 4, 17. — Il serait étrange que les voisines aient donné son nom au fils de Ruth, d'autant qu'il n'y a aucun rapport entre ce nom עֹבֵד et leur parole : « Il est né un fils à Noémi ». C'est bien plutôt Noémi, dont l'auteur met ici en relief le rôle maternel sans rien dire de Ruth ni de Booz, qui aura donné son nom à l'enfant qui sauvait de l'oubli le nom de son mari. L'action de Noémi mettant l'enfant sur son sein a sans doute

(1) On peut avoir un jussif de ce genre même après un indicatif, v. g. Lam. 1,19.

une portée symbolique. Noémi veut indiquer par là qu'elle le considère comme le fils direct de son mari, l'enfant est légalement le fils du mari de Noémi auquel il est rattaché immédiatement par l'*adoption* (1) de Noémi, non du mari de Ruth Le personnage important en effet, dans l'histoire de Ruth, celui dont le nom doit être perpétué (4, 14) c'est le chef de la famille, Elimélek (4, 3) mari de Noémi, non Mahlon mari de Ruth — Le TM est en désordre Il faut rattacher immédiatement au v. 16 la parole que disent les voisines, en voyant la vieille Noémi remplir les fonctions de mère. « Il est né un fils à Noémi » (avec la Peshitto). Donc lire ותאמרנה « et les voisines *dirent* ». Puis ותקרא « et *elle* (Noémi) lui donna pour nom 'Obed »

VARIA

Genèse 3, 6. — תאוה *objet de désir* n'est pas absolument impossible en ce contexte, mais il est grandement improbable Ce substantif encadré entre deux adjectifs (טוב et נחמד) est choquant en hébreu, comme il le serait en toute langue. Le ת est fautif pour נ. Je lis נאוה *beau* (cf. Cant. 1,5; 2, 14, 4, 3, 6, 4) : « Et la femme vit que (le fruit de) l'arbre était bon à manger, 'beau' à voir, agréable à considérer ». La Septante, la Vulgate, Saadia ont un adjectif.

* *

Exode 15, 11. — Le mot תהלת est impossible. Comme la racine פלא est souvent associée à la racine synonyme גדל (2), je crois qu'il faut restituer גדלת. Au lieu de נורא, il faut lire un verbe de sens analogue à עשה, je lirais בורא, verbe alternant souvent avec עשה, v g Is. 45, 7 : עשה שלום ובורא רע dont la construction ressemble précisément à notre texte Le sens est donc : « créant de grandes choses, faisant de grandes actions ».

---

(1) Cf Kohler *Die Adoptionsform von Ruth* 4, 16 (*ZAW*, 29, 312)
(2) Job 5, 9; 9, 10; cf. *supra*, p 177

Lévitique 25, 35. — מוט *chanceler* ne se trouve, en dehors de ce verset, que dans des textes poétiques ; de ce chef il est donc ici très suspect. De plus, une expression telle que « la *main* chancelle » est aussi bizarre en hébreu qu'elle le serait dans nos langues. C'est le *pied* qui chancelle (Ps. 38, 17 etc.) et, par analogie, toute chose qui est censée avoir un *pied*, v.g. une montagne (Ps. 46, 3) (1). Je lis ולא מצאה ידו « et si sa main 'n'atteint' (plus) » i. e. *s'il devient impuissant,* et ici, d'après le contexte, *s'il devient incapable pécuniairement, s'il n'a plus de ressources.* La leçon de notre TM provient, je crois, de ce qu'un scribe a sauté la négation לא. Pour regagner un sens convenable un autre scribe aura modifié מצאה en מטה (2). La LXX (ἀδυνατήσῃ) (3) a probablement lu le texte que nous proposons. לא מצא est précisément traduit par ἀδυνατεῖν dans Job 32, 3. *La main assez longue,* ou *pas assez longue, pour atteindre* est un idiotisme exprimant la puissance, ou l'impuissance. מצאה יד a ici exactement le même sens que השיג יד dans le texte analogue 25, 47 et que הגיע יד 5, 7. L'incapacité pécuniaire, l'indigence est encore exprimée par לא מצאה יד 12, 8 ; 25, 8 (4).

Le mot גר n'étant jamais employé (au contre de תושב) au sens spécial de *colon-travailleur,* il faut sûrement lire שכיר *mercenaire,* et faire précéder le mot d'un כ (avec *Bible* Kittel)

* *

Isaie 30, 1. — לעשות עצה du TM ne peut signifier que « *exécuter* un dessein » (cf Buhl, s v עשה, 2 k) D'autre part, le contexte demande assez

(1) On pourrait il est vrai, supposer à יד le sens de *puissance, fortune* (trad. Zadoc Kahn), mais le v. analogue 47 est défavorable à cette supposition

(2) Aquila a peut-etre lu חטא, à en juger d'après la citation d'Hesychius *culpaverit* dans Field *Hexapla.*

(3) Parmi les variantes de la grande édition de Cambridge (Brooke et Mc Lean), remarquer ου δυναμηση ; v Lat · *non potuerit.*

(4) Le sens fondamental de la racine מצא semble être *parvenir a, atteindre,* d'où 1) *parvenir a un objet cherché = trouver* (héb), 2) au point de vue de la difficulté de l'obtention *pouvoir* (syr), 3) au point de vue du terme : *arriver, venir* (éthiop) (mais مضى *s'en aller !*) ; 5) au point de vue de l'exécution امضى : *mener a bon terme* .

clairement « *former* un dessein », comme beaucoup traduisent d'instinct. J'en conclus qu'il faut lire לְעַצֵּת עֵצָה « former un dessein ». Cette correction si simple est confirmée par la construction du membre parallèle לִנְסֹךְ מַסֵּכָה L'infinitif עֲצַת est formé רְשֹׁת, שֶׁבֶת etc.

* *

Isaïe 44, 9.— Deux mots mal vocalisés rendent le verset d'une intelligence difficile. Au lieu de יֹצְרֵי *fabricants*, je lis יִצְרֵי *ouvrages*. L'idée que les idoles ne sont que néant est très biblique ; on ne voit pas, au contraire, pourquoi le prophète insisterait sur le néant des fabricants d'idoles Au lieu de חֲמוּדֵיהֶם qui signifierait, dit-on, *leurs idoles chéries* ou *leurs beaux ouvrages*, je lis חֹמְדֵיהֶם « ceux qui les aiment » (cf. 1, 29)

. Les 'ouvrages' sculptés sont tous néant,
et 'ceux qui les aiment' n'en auront nul profit.

* *

Jérémie 3, 16. — Ce texte célèbre a été lu d'une façon bien plus satisfaisante par la LXX que par les Naqdanim. La LXX a lu harmonieusement tous les verbes au singulier Avec cette version l. לֹא יִפָּקֵד *non visitabitur* i. e. « on ne s'apercevra pas de son absence » (1) De même, il faut lire le verbe זכר au singulier ; mais à quelle forme ? Non pas au nifal יִזָּכֵר, comme on fait généralement, car le ב qui suit ne serait pas justifié Le ב ne s'emploie pas avec le qal ni avec le temps passif correspondant, le nifal Il s'emploie au contraire avec le hifil (2) (הזכיר ב = *mentionner*) Donc il *pouvait* s'employer aussi avec le passif correspondant, le hofal. Le contexte postule absolument le hofal יֻזְכַּר ou 'יֻ *il n'en sera pas fait mention.* C'est donc une forme à ajouter aux dictionnaires. Les Naqdanim en lisant le verbe au pluriel auraient dû au moins vocaliser יַזְכִּירוּ à cause du ב, d'autant que le qal *on ne s'en souviendra plus* n'ajoute rien à la pensée

(1) Je trouve après coup cette correction dans Ehrlich (*Randglossen*, t. IV (1912) *in h l*)

(2) Mais pas « souvent », comme le dit Brown, *s v.* ב, IV *c*. Je trouve seulement Is. 48, 1 et (בשם) Jos 23, 7, Ps 20, 8, Am. 6, 10.

précédente *on n'y pensera plus.* — Je traduis : « On ne dira plus : « Arche de l'alliance de Jéhovah ! » ; on n'y pensera plus, on n'en fera plus 'mention', on ne la regrettera plus, on n'en fabriquera plus ».

* *

Job 21, 10. —Le hifil יַגְעִל ne se trouve qu'ici. D'après le qal *rejeter avec dégoût*, on conjecture des sens plus ou moins bizarres que Brown résume ainsi: *(the bull) doth not cause* or *allow* (the cow) *to reject as loathesome,* ou bien *cast away* (semen) ou encore *shew aversion.* Je lirais ייגע qui procure un excellent parallélisme : « Son taureau saillit et ne 's'épuise' pas, sa vache met bas et n'est pas stérile ».

* *

Job 38, 5. — ממד (hapax) est étrange et ne va guère avec שם (les textes réunis par Brown, s. v. שום 3 *f*, ne sont pas semblables). Je lirais מוסדיה qui continue bien le v. 4 : « Qui a posé ses 'fondements', si tu le sais ; qui a tendu sur elle le cordeau ? ».

* *

Lam. 1, 3. — בין־המְּצָרים a été vocalisé par les Naqdanim comme si le mot était le pluriel de מֵצַר *chose étroite* (antonyme de מֶרְחָב Ps. 118, 5) On traduit *angoisses* ou *lieux étroits, défilés* (1) ; dans les deux cas le sens obtenu est médiocre. Je vocalise מִצְרִים (cf. Gen. 12, 12) « Egyptiens », qui précise le גוים du stique *a*. On voit l'importance de cette lecture pour l'intelligence du morceau Notre « lamentation » suppose la situation historique décrite dans Jér. 44, 11 sqq. : les Judéens réfugiés en Egypte sont menacés, par le prophète, du *glaive* et d'autres fléaux (vv. 12, 27). Lam. 1, 3 parle des Judéens qui ne pouvant supporter la misère (2) qui suivit la ruine de Jérusalem préférèrent s'exiler en Egypte : « Juda s'est exilée pour fuir l'oppression et l'excès de la servitude ; elle s'est établie parmi

(1) En fait, le mot n'est documenté que par Ps 118, 5 où il a le sens local. Dans Ps 116, 3 מצרי est suspect pour plusieurs raisons.

(2) Cf. encore Jér. 42, 14.

les nations, mais sans y trouver le repos ; tous ses persécuteurs l'ont atteinte chez les 'Egyptiens' ». L'Egypte est encore nommée dans la prière du chap 5 (v. 6), mais dans un texte peu clair.

* *

Lam. 4, 10 — לברות fait sérieuse difficulté La suggestion originale de Perles qui voit ici l'assyrien *labartu* « ogresse » réunira difficilement les suffrages Je proposerais de lire לקברות « (les mères affamées) sont devenues des 'tombeaux' pour (leurs enfants) ». Des images analogues se rencontrent un peu partout. On cite, par exemple, d'Ennius (ap Prisc 6,683) : « Vulturis in silvis miserum mandebat homonem. Heu quam crudeli condebat membra sepulcro ». Dans la Bible elle-même, Jér. 20, 17 « que ma mère fût devenue pour moi un tombeau » (cf Job 10, 18-19).

* *

Ecclésiaste 7, 26 — היא est faible et plat ; on attend un mot analogue à « cœur » et à « bras ». Perles (*JQR* (1911) t. II, 131) lit אשׁר אשׁריה , mais אשׁר est poétique et signifie *pas* plutôt que *pied*. De plus, il serait étrange que les pieds soient nommés ici avant le cœur et les bras. Le mot attendu est « les yeux ». Cf Cant 4, 9 , Judith 9, 13 « capiatur *laqueo oculorum* suorum in me » ; 10, 17 « captus est in *oculis* suis Holofernes ». En lisant עיניה le sens devient · « .. la femme dont 'les yeux' sont des pièges, le cœur des rets, les bras des chaînes ».

Mars 1913.

TABLE

Psaumes : 9, 10 ; 9, 21 ; 10, 6 ; 12, 5 ; 15, 4 , 18, 13 ; 18, 30 ; 18, 46 ; 19, 11 ; 19, 14 ; 24, 6 , 26, 4 ; 27, 4 ; 28, 3 , 29, 6 ; 31, 13 ; 33, 7 ; 33, 9 ; 35, 14 ; 35, 16 , 39, 2 , 41, 2 ; 48, 5 ; 50, 14, 15, 23 ; 51, 4 , 69, 20 ; 74, 4 ; 76, 2, 4 , 78, 38 ; 89, 16 ; 102, 14 ; 104, 26 ; 107, 10 ; 107, 25 ; 129, 6 , 132, 1 (1 Chr. 22, 14) ; 137, 8 ; 141, 4 ; 144, 12-14 , 147, 6 , 147, 9 ; 147, 15 , 147, 17 ; 148, 6.

Ruth : 1, 13 ; 1, 21 ; 2, 1 ; 2, 2 ; 2, 7 , 2, 8-9 ; 2, 13 ; 2, 14 ; 2, 15 , 2, 16 ; 3, 12 , 4, 11 ; 4, 14 ; 4, 17.

Varia : Gen. 3, 6 , Ex. 15, 11 ; Lév. 25, 35 ; Isaie 30, 1 ; 44, 9 , Jér 3, 16 ; Job 21, 10 , 38, 5 , Lam. 1, 3 ; 4, 10 ; Ecclésiaste 7, 26.

TABLE GÉNÉRALE

CATALOGUE RAISONNÉ

DES MANUSCRITS HISTORIQUES

de la Bibliothèque Orientale

de l'Université St Joseph

par le P. L. CHEIKHO, S. J.

I. — MANUSCRITS CHRÉTIENS

1

Papier. Reliure en bois recouvert de cuir noir. Hauteur 31 cm. ; largeur 21 cm. 192 feuillets, 19 lignes. Sans date ; XVIIe siècle. Les dernières lignes, d'une plume récente (N° de cote 87).

كتاب التاريخ المجموع على التحقيق والتصديق تأليف البطريرك افتيشيوس المكنّى بسعيد بن بطريق كتبهُ الى اخيهِ عيسى في معرفة التواريخ الكليّة ·

C'est la fameuse Histoire du patriarche Melchite d'Alexandrie, Sa'īd Ibn Batrīq, plus connu sous le nom d'Eutychius († 328 H. = 938 J.-C.) ; elle porte souvent le titre de نظم الجوهر *Collier de perles*. On en trouve plusieurs copies dans les diverses Bibliothèques d'Europe, notamment à Paris (Mss Arabes, n°s 287-293). Publiée une première fois à Oxford par Pocock, en 1658, avec une traduction latine, elle a été rééditée par nous en 1906-1909 dans le *Corpus Scriptorum Orientalium* (série III, t. VI et VII). Notre Ms a servi de base à cette édition. Ces Annales embrassent l'Histoire Universelle jusqu'à l'année 326 de l'Hégire (936 de J.-C.).

Les dernières lignes du Ms nous apprennent que l'auteur fut nommé patriarche en 321 de l'Hégire (933 de J.-C.) ; elle sont, croyons-nous, de la main de Paul Za'īm, fils du fameux patriarche grec-melchite Macaire (XVIIe siècle) qui a copié tout l'ouvrage. Ce Ms a été acheté à Alep en 1886.

2

Papier Reliure en toile bleue et carton Hauteur 23 cm. ; largeur 18 cm et demi 395 pages, 19 lignes. Ecriture moderne sans date ; XIXe siècle (N° de cote 160)

التاريخ الذي صنّفه يوحنّا بن سعد (sic) الانطاكي تابعاً لتاريخ سعيد بن البطريق

Cette Histoire fait suite à celle d'Eutychius. L'auteur se nomme d'ordinaire يحيى بن سعيد الانطاكي . Il s'est proposé de continuer l'Histoire d'Ibn Batrīq, de l'année 326 H (948 de J -C) où elle s'est arrêtée, jusqu'à l'année 425 H (1035 de J -C), époque où vivait l'auteur. Ce dernier ne nous est guère connu que par un passage d'Ibn Abī Oseibi'a (*Histoire des Médecins*, éd. du Caire, II, 87). D'après cet écrivain, Yaḥiā Ibn Sa'īd serait parent, peut-être le neveu (نسيب) d'Ibn Batrīq ; son *Histoire* serait appelée تاريخ الذيل. Quoi qu'il en soit, ces Annales qui embrassent une période de 87 ans sont fort intéressantes, tant pour l'Histoire profane du Bas-Empire et de la Dynastie des Fatimites, que pour l'Histoire religieuse de l'Orient chrétien, à une époque des plus obscures M. Carra de Vaux a joint cet ouvrage à notre édition d'Eutychius (II, 91-273) avec les variantes de deux autres Mss (292-331) Nous avons nous-même donné en Appendice (331-363) les diverses leçons et additions de notre copie, qui appartenait alors à la bibliothèque d'une école orthodoxe et nous a été depuis vendue. Cette copie a été probablement faite vers 1850 par l'archimandrite Ǧibrīl Ǵebārah sur un ancien Ms de la Bibliothèque des Grecs-Orthodoxes de Damas Le cachet de l'archimandrite est sur le recto du 1er feuillet.

3

Papier Demi-reliure en cuir noir et carton multicolore Hauteur 27 cm , largeur 18 cm 106 feuillets, 23 lignes. Sans date , XVIe ou XVIIe siècle (N° de cote 90).

كتاب العنوان المكلّل بفضائل الحكمة المتوّج بانواع الفلسفة المدوح بحقائق المعرفة لاغابيوس بن قسطنطين الرومي المنبجي .

Cette Histoire est une curieuse compilation qui va du commencement du monde jusqu'au temps de l'auteur, Agapius fils de Constantin, contemporain d'Eutychius, et comme lui grec-melchite. Mais il vivait aux confins du monde grec, non loin des pays où avait fleuri la littérature syriaque, à Manbiǵ (Hiérapolis), dont il était évêque. Aussi, sa langue arabe porte-t-elle le cachet des influences helléniques et araméennes qu'il eut naturellement à subir. Le musulman Mas'oûdī l'a connu (*Livre de l'Avertissement*, éd. Carra de Vaux, p. 212 ; texte arabe, éd. de Goeje, p. 154) et l'appelle de son nom arabe ou arabisé (محبوب). Notre Manuscrit ne renferme que la 1re partie de cette Histoire, c.-à-d. jusqu'à Théodose le Jeune, et se termine brusquement au milieu d'une phrase. Les mots et tout particulièrement les noms propres sont souvent défigurés. Ce même fragment se retrouve dans plusieurs Bibliothèques, à Jérusalem, à Oxford, au Sinaï; toujours presque aussi incorrect que le nôtre, et, chose curieuse, brusquement coupé au cours de la même phrase. La 2e partie n'est connue que par un Manuscrit unique, actuellement à Florence, mais malheureusement incomplet : il s'arrête au caliphat du prince Abbasside al-Mahdī, 2e moitié du VIIIe siècle. Nous avons édité (1907-1912) les deux parties dans la Collection du *Corpus Scriptorum Orientalium* (série III, t. V) (1). Notre Ms provient d'un libraire de Ḥoms, auquel nous l'avons acheté en 1906.

4

Papier. Reliure en cuir noir usé. Hauteur 33 cm. ; largeur 22 cm. 193 pages, 23 lignes. Ecrit en 1819 par deux Libanais, Ẓāhir Zakarīyah et Elie Mon'im. (N° de cote 91).

C'est une autre copie de l'Histoire précédente, fourmillant, comme elle, d'erreurs de toute sorte et se terminant au même membre de phrase.

(1) Cet ouvrage est également en cours de publication dans la Patrologie Orientale de Mgr Graffin.

Nous avons recueilli, dans notre édition, les quelques variantes qu'elle contenait. Cet exemplaire nous a été vendu à Beyrouth en 1898.

5

Papier. Reliure moderne en toile noire et chagrin Hauteur 26 cm. ; largeur 19 cm 999 pages, 20 lignes XIXe siècle. (N° de cote 120).

كتاب سيرة الآباء البطاركة لساويرس بن المقفّع اسقف الأشمونين.

C'est une copie récente de l'Histoire des Patriarches d'Alexandrie par l'évêque Jacobite Sévère Ibn al-Moqaffa' (vers la fin du Xe siècle), avec les Notices des Patriarches qui, parmi les coptes, occupèrent le siège d'Alexandrie jusqu'à la mort du 74e patriarche, Jean Abu'l-Magd (1216). Ces Notices sont l'œuvre de plusieurs écrivains, comme Maouhoūb Ibn Mansoūr, Marqos Ibn Zor'a, Jean Ibn Ṣā'id, etc. Cette copie a été faite en 1880 sur le Ms du Vatican 620 L'ouvrage est publié simultanément par M. Seybold (*Corpus Script Orient*) et M. Evetts (*Patrologia Orientalis*)

6

Papier Demi-reliure en cuir et papier colorié Hauteur 27 cm. ; largeur 21 cm. 188 feuillets, 15 lignes XVIIIe siècle (N° de cote 161).

تاريخ الشيخ المكين جرجس بن العميد.

C'est la partie de l'Histoire d'Ibn al-'Amīd († 672 H. = 1273 J.-C.), qui va de l'Hégire jusqu'à la mort du caliphe al-Moustansir billāh (512-1118) L'auteur dit, dans sa Préface, qu'il veut résumer la grande Histoire de Tabarī et la continuer. Il y ajoute les faits les plus saillants de l'Histoire ecclésiastique, surtout en Egypte, et termine par l'histoire de sa famille, en commençant par son bisaieul, at-Ṭayyib Ibn Yoūsof, marchand syrien de Takrīt, ville de Mésopotamie sur le Tigre. Cet ouvrage, tel qu'il se présente dans notre Ms, a été publié, avec une traduction latine, par Erpénius à Leide, en 1625. Notre Ms est plus correct que l'imprimé ; on lit, à la fin de la dernière page وقد فرغت من تحريره غرّة شعبان ١٢٢٩ من الهجرة في كلكتة وانا الحالي عمر بن محمّد آل ابراهيم الحسيني. Une note finale, d'une plume plus récente (datée de 1853), nous apprend que l'ouvrage a été copié pour l'usage de

M. W. Nassau Lees. Il a été acheté à Londres en 1891. La 1re partie, qui commence à la création du monde, n'a jamais été publiée ; il en existe diverses copies à Rome, à Paris et au Caire chez les Coptes Jacobites.

7

Papier fort. Reliure en cuir noir avec dessins et arabesques. Hauteur 22 cm. ; largeur 16 cm. 500 pages, 19 lignes. XVIIIe siècle. (N° de cote 162).

C'est une autre copie de la même Histoire. Le titre, à la première page, est ainsi conçu :

كتاب تاريخ المسلمين من صاحب شريعة الاسلام ابي قاسم محمّد الى الدولة الاتابكيّة

تأليف الشيخ المكين جرجس بن العميد بن الياس بن ابي المكارم بن ابي الطيّب ·

Le manuscrit provient d'une famille grecque-orthodoxe de Syrie. Il a été acheté en 1910.

8

Papier. Reliure en carton avec dos en parchemin et titre doré. Hauteur 20 cm. ; largeur 13 cm. 188 pages, 16 lignes. Copie récente, 1887. (N° de cote 103).

كتاب النحلة لسليمان مطران الرها ·

Salomon, qui est ici désigné comme évêque d'Edesse, a été, en réalité, évêque nestorien de Bassora et vivait dans la 1re moitié du XIIIe siècle. Son ouvrage intitulé « l'Abeille » a été écrit en syriaque et publié avec traduction et notes par l'orientaliste anglais E. W. Budge à Oxford, en 1886 (*The Book of the Bee*). C'est une compilation, en 60 chapitres, sur plusieurs questions historiques se rapportant à l'Ancien et au Nouveau Testament. Les Apocryphes y entrent pour une bonne part. On connaît plusieurs traductions arabes de cet ouvrage. Celle-ci a été faite, semble-t-il, par des Jacobites et adaptée à leur secte ; elle n'a que 56 chapitres, dont le dernier traite de l'Antéchrist. L'original de notre copie se trouve au monastère syrien de Scharfé, où il a été apporté, en 1767, par Mgr Michel Garwé, évêque jacobite d'Alep, devenu le 1er Patriarche des Syriens-Catholiques. (Cfr. *Al-Machriq*, III, p. 913 seqq).

9

Papier, Reliure en cuir et toile rouges. Hauteur 25 cm.; largeur 19 cm. 218 pages, 20 lignes. XIXe siècle. (N° de cote 163).

تاريخ ابي شاكر بطرس بن ابي كرم بن المهذب المعروف بابن الراهب

Ibn ar-Rāhib écrivait vers 1260 ; il était donc contemporain d'Ibn al-'Amīd, dont il était aussi le compatriote et le coreligionnaire. Son Histoire, qui est un résumé en forme de tableaux synoptiques, débute à Adam et s'arrête à son époque ; elle embrasse les deux histoires, religieuse et profane. Notre copie a été faite sur l'unique exemplaire autrefois connu (Mai, *Nova Collectio*, IV, n° 166). Le célèbre Maronite Abraham al Ḥaqlānī (Ecchellensis) en avait donné une traduction latine en 1651, à Paris, sous le titre de « Chronicon Orientale », dans la Collection des Ecrivains Byzantins. Rééditée en 1664 par Cramoisy, cette traduction fut revue et complétée à Venise, en 1729, par le fameux Joseph Simon Assemani. Mais le texte arabe était resté inédit. Nous l'avons publié à Beyrouth dans le *Corpus Scriptorum Orientalium* avec la traduction latine d'Assemani, revisée et annotée par nous, en 1903. Un voyage que nous fîmes à Londres, vers cette époque, nous convainquit que cette Histoire d'Ibn ar-Rāhib faisait autrefois partie d'un autre ouvrage plus considérable appelé كتاب التواريخ, et dont il existe une copie complète au British Museum (cf. *Supplement of the Catalogue of the Arabic Manuscripts*, p. 24), datée de 1789. C'est une sorte de *Ratio Temporum*, à l'usage des Coptes, et qui mériterait d'être publiée en entier.

10

Papier. Reliure en toile rouge et carton. 24 Pages. Détaché du volume précédent. (N° de cote 30).

كتاب المجامع السبعة وسبب اجتماعها وشرح ما جرى فيها

Cet ouvrage, du même auteur que le précédent, contient l'histoire des sept premiers Conciles œcuméniques. En bon Jacobite, Ibn ar-Rāhib défend

Dioscore et falsifie l'histoire du Concile de Chalcédoine. L'original de cette copie est daté de l'année 1023 des Martyrs, 706 de l'Hégire (1306 de J.-C)

11

Papier Reliure en cuir brun ; avec dessins gravés Hauteur 28 cm ; largeur 19 cm 205 feuillets, 19 lignes. Belle écriture Nashī XVII° siècle (N° de cote 164).

كتاب تاريخ الروم العجيب المجيد وهو من عهد آدم الى ايّام قسطنطين السعيد

Dans la Préface de cet ouvrage, le fameux patriarche d'Antioche Macaire Za'īm nous apprend qu'ayant lu en grec l'Histoire de Dorothée, évêque de Monembasie, composée à la prière de Néophyte d'Héraclée (plus tard patriarche de Constantinople), et imprimée à Venise en 1637 par les soins du Vayvode de Valachie Alexandre, il en fut charmé et résolut, de concert avec le prêtre Joseph al-Mousawwir (le Peintre), de traduire la partie de cette Histoire qui s'étend depuis Constantin le Grand jusqu'au sultan Mourad IV (1). Le prêtre Joseph étant mort, Macaire mit lui-même la dernière main à l'ouvrage qu'il intitula الدرّ المنظوم في اخبار ملوك الروم. Puis il voulut compléter son œuvre par la traduction de la première partie, depuis Adam jusqu'à Constantin C'est le volume dont nous donnons la description. Cette copie est très soignée, elle remonte, croyons-nous, à l'époque de Macaire lui-même, bien qu'elle ne soit pas datée C'est à Alep qu'elle a été achetée, en 1910, par les soins de nos Missionnaires résidant en cette ville.

12

Papier fort Demi-reliure en chagrin et carton colorié. Hauteur 31 cm et demi, largeur 22 cm 304 pages, 23 lignes Ecriture Nashī, daté de 1790 (N° de cote 165a).

كتاب الدرّ المنظوم في اخبار ملوك الروم

C'est la seconde partie de l'ouvrage décrit plus haut La Préface manque dans notre Manuscrit ; nous l'avons copiée d'après un Ms d'Alep.

---

(1) Mourad IV régna de 1623 à 1639.

C'est encore Macaire qui l'a composée, mais il y assure que cette traduction a été faite par le prêtre Joseph al-Mouṣawwir avec l'aide de son propre fils, l'archidiacre Paul Za'īm, et que cette traduction a été terminée l'année même de son élection au siège patriarcal d'Antioche, c.-à-d. en 1648. De plus, dans cette même préface, Macaire n'attribue plus l'ouvrage à Dorothée, évêque de Monembasie, mais à Mathieu Tzigala ou Cigala. Il est probable qu'il s'agit d'une recension avec additions, faites par ce dernier, à l'ouvrage de Dorothée. Le Baron von Rosen a discuté longuement ce problème dans ses *Notices sommaires sur les Manuscrits arabes du Musée Asiatique* (Mss 89 et 90). On lit à la fin de notre copie : قد كمل الكتاب بعون الله تعالى بيد القس سمعان صبّاغ احد رهبان دير المخلّص سنة ١٧٩٠ مسيحية. Cette copie a été achetée à Beyrouth en 1893.

13

Papier. Reliure en cuir noir. Hauteur 30 cm. ; largeur 20 cm. 476 pages, 19 lignes, XVIIe siècle. Ecriture Nashī. (N° de cote 165b).

C'est le même ouvrage que le précédent, mais plus ancien et mieux soigné. Il présente cependant plusieurs lacunes, notamment au commencement et à la fin. Il provient d'Alep.

14

Papier. Reliure en parchemin et carton, titre doré sur fond rouge. Hauteur 20 cm. ; largeur 13 cm. 160 + 88 pages, 15 lignes. Copié en 1885. (N° de cote 166).

Ce Ms. contient deux ouvrages :

1° كتاب الخلاصة الوافية في تاريخ بطاركة انطاكية. Cette Histoire des Patriarches d'Antioche porte divers autres titres تاريخ بطاركة الكرسي الانطاكي ou encore تاريخ الآباء بطاركة انطاكية ; elle a été primitivement composée par le Patriarche Macaire Za'īm, puis complétée par le prêtre Miḫā'īl Boreik auquel elle est généralement attribuée. Celui-ci l'a conduite jusqu'au 147e patriarche, Daniel, qui occupa le siège d'Antioche en 1767. Son récit a subi bien des modifications ; notre copie a été faite sur un exemplaire qui provient du patriarcat grec-orthodoxe de Damas. En 1903, elle a été éditée au Caire, avec un supplément de 3 ou 4 pages sur les Patriarches du siècle dernier. Cette édition est mal faite et diffère beaucoup de notre Manuscrit Boreik s'y montre ennemi de l'Union avec l'Eglise de Rome.

2° Autre ouvrage ; sans titre. En voici le début نستدي نوضح عن شرطونيّات الدين تذهبوا اوّلاً بمذهب اللاتينيين. C'est l'Histoire de la scission survenue parmi les Grecs melchites de Syrie, par suite du retour à l'Eglise romaine, au XVII° s , d'un certain nombre d'entre eux et de l'indépendance obtenue par la communauté grecque-catholique. L'auteur n'est pas nommé, mais tout porte à croire que c'est encore Miḫā'īl Boreik qui raconte cette histoire, à son point de vue. Le récit va de 1532 à 1792 Même provenance que l'ouvrage précédent.

15

Papier. Demi-reliure en cuir noir et carton Hauteur 20 cm , largeur 14 cm et demi. Ecriture Karšūnī ; 211 pages, 20 lignes XVII° siècle (N° de cote 167)

Chants historiques sur les Maronites, leurs fêtes et les saints vénérés au Liban Ces chants, au nombre d'une douzaine, sont pour la plupart composés par Gabriel Qilā'ī, évêque maronite († 1516) Le 1er chant, sur l'origine de la nation maronite, est incomplet ; il y manque deux ou trois feuilles au début Ces chants populaires, prétendus historiques, ont beaucoup contribué à divulguer les légendes qui ont cours au Liban sur les origines de la nation Maronite , on peut lire a ce sujet les ouvrages de Mgr Joseph Daoud et de Mgr Joseph Darian, imprimés tous les deux au Caire. Ces airs sont rhythmés (زجليات) et composés en langue vulgaire. Voici le commencement du 3e, où l'auteur se fait connaître :

(p. 47) عبدكم يا اخوتي دار واختبار ‏ ‏ ‏ ‏ سكن القرى والمدن والبرّ والقفار
ولد في بلاد الشام معاملة طرابلوس ‏ ‏ ‏ ‏ واتعلّم بالكتب جوّات البحار
بلسان يوناني بيجهر حكمته ‏ ‏ ‏ ‏ مع علم افرنجي وسيع القفار
وُجدتْ بهو اساس العلوم جميعهم ‏ ‏ ‏ ‏ فيلسوفي وتيولوجي بهِ اختبار
من سائر الالسن اليهِ منتقله ‏ ‏ ‏ ‏ في الروح وفي التورجمان
زي البشار ايضاً بهو اصناف الحسابات ناصحة ‏ ‏ ‏ ‏ يبقى الدهر ميدروع (?) مقدار . .

Un de ces chants a plus d'intérêt que les autres : il décrit la prise de Chypre par les Musulmans, en 1570, et les atrocités qui s'y commirent à cette occasion. Mais ce poème est postérieur à Ibn Qilā'i et dénote un témoin oculaire. A la fin de l'ouvrage, on lit la date du Ms et le nom du copiste : كمل هذا الكتاب المدائح . . . على يد انطانيوس ابن بو منصور حنّا من بيت فريجى من قرية كفردبيان بجبل لبنـــان وانكتب في دير مار انطونيوس قزحيّا المحروس في ٢٣ آذار سنـة ١٦٤٨ والناظر يذكر لمعلمي المطران يوحنّا الصمْرجبيلي" التاعب على ضعفي في العلم

16

Papier. Demi-reliure en parchemin et carton colorié ; titre doré sur fond rouge. Hauteur 20 cm. ; largeur 13 cm. 212 pages, 15 lignes. Ecriture moderne ; daté de 1887. (N° de cote 168).

C'est une copie de l'ouvrage précédent en caractères arabes.

17

Papier fort. Demi-reliure récente en chagrin et carton colorié. Hauteur 21 cm. et demi ; largeur 15 cm. 131 pages, 16 lignes. Daté de 1710. (N° de cote 169).

مجموع زيارات طورسينا الذي تردّد فيه الله تعالى مع كل ما فيه وما يليه

Nous avons décrit cet ouvrage, en 1907, dans le 2e volume des *Mélanges* de la Faculté Orientale (p. 407-421). Nous en avons extrait une liste des Archevêques du Sinaï, que nous avons essayé de compléter jusqu'à nos jours. Depuis, dans un compte rendu du R. P. Petit, des PP. de l'Assomption, aujourd'hui archevêque d'Athènes (*Echos d'Orient*, 1908, XI, 127), notre attention a été portée sur l'original grec de cet ouvrage qui ne serait autre que l'*Office de Sainte Catherine et le Guide du pèlerinage du Mont Sinaï*, imprimé pour la première fois à Tirgoviste en 1710, c.-à-d. l'année même de la date de notre Ms. Ce *Guide* aurait été ensuite plusieurs fois réédité, notamment en 1773, 1778 et, pour la cinquième fois, en 1817. N'ayant pas à notre disposition l'original grec, nous ne pouvons faire la comparaison avec notre Ms. Ce qui est certain, c'est qu'il existe une traduction arabe d'un guide un peu différent du nôtre ; on en trouve un exemplaire au British Museum (*Catalog. Mss. Orient. Arab., Cod. Christ.*, n° XXXIII, p. 49) ; il a pour titre تحفة خطيرة شريفة وترفة (وطرفة) يسيرة

مسيرة اهل الله الاقدس جبل سينا المقدس trad. du grec en arabe en 1774, par le diacre اكاكيوس الدمشقي الاصل السيناني. Ce titre, avec la description qu'on en donne, répondent mieux au *Guide* grec imprimé en 1773, et dont il est la traduction. Notre Ms semble différent. C'est, croyons-nous, la traduction d'un autre *Guide* grec. Ces deux *Guides* sont mentionnés en note dans le Catalogue des Mss du British Museum (*l. c.*) Voici le titre de celui dont le nôtre serait la traduction · Βιβλίον περιέχον τὴν ἀκολουθίαν τῆς ἁγίας Αἰκατερίνης τό τε προσκυνητάριον τοῦ ἁγίου Ὄρους Σινὰ μετὰ τῶν πέριξ καὶ πάντων τῶν ἐν αὐτῷ καὶ περὶ αὐτὸ Ἐνετίῃσι, ᾳ ψκζ'. Notre Ms a été acheté à Beyrouth en 1905

18

Papier. Reliure orientale en cuir jaune, sur le dos, et rouge avec dessins, sur les côtés et la languette. Hauteur 27 cm ; largeur 18 cm 587 pages, 20 lignes. XVIIIe siècle. Ecriture Nashī, titres en rouge (N° de cote 170)

اخبار ما هو محتوي في الكتب المقدسة بالمختصر

C'est le fameux ouvrage de « l'Histoire du Vieux et du Nouveau Testament » de Nicolas Fontaine (1625-1709), plus connue sous le nom de Bible de Royaumont. Cette traduction est probablement l'œuvre d'un Missionnaire, peut-être une première recension de la traduction du Père Pierre Fromage. L'arabe est assez coulant, mais dénote une main étrangère, il est d'une correction médiocre. Cette copie a été achetée à Beyrouth, vers 1880.

19

Papier fort. Reliure orientale moderne en cuir noir et papier jaune. Hauteur 29 cm. ; largeur 21 1/2 cm. 460 pages, 21 lignes. XVIIIe siècle. Ecriture Nashī, titres en rouge (N° de cote 171).

Autre copie de l'ouvrage précédent, achetée à Alep en 1886. Le commencement et la fin manquent.

19

Papier fort. Reliure orientale en cuir noir et dessins. Hauteur 22 cm. ; largeur 16 cm. 298 pages, 21 lignes XVIIIe siècle. Ecriture Nashī, titres en rouge et liste des chapitres en gros caractères. (N° de cote 172)

اخبار العهد القديم

C'est la première partie de la Bible de Royaumont. Contenant l'Histoire de l'Ancien Testament ; mais cette recension est différente de la précédente. Elle s'ouvre par une préface du traducteur, le P. Pierre Fromage († 1740), où il dit qu'il a entrepris cette traduction pour fournir aux catholiques d'Orient de nouvelles armes contre les erreurs qui s'y propagent. Il y fait allusion aux ouvrages autrefois publiés par le Père Michel Nau. Cette préface est suivie de la Table des 174 chapitres dont se compose l'histoire. L'arabe est plus soigné ; il est possible que cette recension ait été faite sous les yeux du traducteur par le fameux ʿAbdallah Zāḫir. On lit, à la fin de la dernière page : وهو بملك احقر كهنة بيعة الله الفقير القس يوسف ياقيت الدرياني. Cette traduction a été revue et imprimée à notre Imprimerie Catholique, en 1870 et en 1873. L'autre partie, qui contient l'Histoire du Nouveau Testament, a été traduite à nouveau et publiée, sous le titre de اخبار العهد الجديد par M. Georges Zouaïn, en 1873, à la même Imprimerie.

20

Papier fort. Reliure en parchemin et papier avec titre doré sur rouge. Hauteur 23 cm. ; largeur 16 cm. 216 feuillets, 19 lignes. Ecriture Nasḫī, œuvre de deux copistes différents (XVIIIe et XIXe siècle). Chapitres intervertis par le fait de la reliure. (N° de cote 173).

Autre copie du même ouvrage. On lit sous le titre من مَنّ مَنّ مَنّ على عبده الدليل (sic) الطون يوسف باسيل. Ces deux copies proviennent d'une vente faite à Alep en 1886.

21

Papier fort. Reliure orientale en cuir avec dessins et titre doré. Hauteur 22 cm. ; largeur 16 cm. 531 pages, 19 lignes. Ecriture Nasḫī. XIXe siècle. (N° de cote 174).

سبع مقالات بخصوص التاريخ الكنائسي للسيّد كلاوديوس فلوري

L'abbé Fleury (1640-1723) a mis, en tête de quelques volumes de son *Histoire Ecclésiastique*, des études historiques et philosophiques sur les différentes périodes des âges de l'Eglise. Un prêtre grec-catholique d'Alep, nommé Qass Ǵirǵis Ṭaḥḥān, a recueilli ces études préliminaires et les a traduites en arabe, au XVIIIᵉ siècle. On lit au bas de la dernière page

وكان النجاز من تساحة هذا الكتاب يوم الجمعة تاسع وعشرى شهر آذار سنة ستة وخمسين وثمانمائة والف

لتتحدُث الالهي بيد الفقر العباد ابرهيم بن حنّا بن جرجس صروف الدمشقي موطنًا والارثذكسي مذهبًا وهو رسم احيو

فضل الله صرُوف   Notre Ms a été acheté à Beyrouth, en 1894

22

Papier fort Reliure fatiguée en cuir noir et dessins Hauteur 32 cm ; largeur 22 cm. 127 pages, 25 lignes. Ecriture Nasḫī, fin du XVIIIᵉ siècle. Dernières lignes plus récentes. (Nᵒ de cote 175).

الكتاب الثاني في تواريخ اورسي

C'est la 2ᵉ partie du premier volume de l'Histoire d'Orsi. Le cardinal Jos Augustin Orsi, né à Florence en 1692, étudia chez les Jésuites et entra dans l'Ordre des Dominicains Clément XIII le revêtit de la pourpre en 1759 ; il mourut deux ans après. Son histoire ecclésiastique, composée surtout pour réfuter celle de l'abbé Fleury, raconte les commencements de l'Eglise jusqu'à l'année 600 de J.-C. Elle n'a pas moins de 22 volumes. Le P Becchetti O. P. l'a continuée jusqu'à la fin du XVIIIᵉ siècle. Cette histoire a été toute entière traduite de l'italien en arabe par un prêtre grec-uni du clergé d'Alep, l'abbé Antoine Sabbāġ, dans la 2ᵉ moitié du XVIIIᵉ siècle On en trouve trois ou quatre exemplaires complets à Alep. Le style est assez correct, mais peu élégant. Ce volume et les six suivants ont été vendus à Beyrouth et à Alep ces vingt dernières années. La partie présente contient l'histoire des Apôtres, depuis environ l'an 50 de J.-C. jusqu'à la mort de Sᵗ Jean ; on lit, à la fin de la dernière page. انتهى المجلّد الاول

في ١٥ حلت من آذار سنة ١٧٦٩   هذا الكتاب وقف دير المخلص كاتبه الحقير انطون بولاد

23

Papier. Demi-reliure en étoffe et en papier Hauteur 21 cm. ; largeur 15 cm. 200 pages, 22 lignes Ecriture Nasḫī, commencement du XIXᵉ siècle Sans date Le commencement manque (Nᵒ de cote 203)

التاريح الكنائسيّ

C'est un volume d'histoire ecclésiastique, sans titre ni nom d'auteur, probablement celle du Cardinal Orsi décrite plus haut. On y trouve l'Histoire de l'Eglise au 2e siècle, depuis Hadrien jusqu'à Septime Sévère.

24

Papier fort. Reliure orientale en cuir noir avec dessins. Hauteur 22 cm. ; largeur 16 cm. 728 pages, 22 lignes. Ecriture Nashī. XIXe siècle. (N° de cote 176).

Le troisième volume de la traduction de l'Histoire d'Orsi. Il va depuis Tertullien et les Montanistes jusqu'à Dioclétien. On lit, à la dernière page :
انتهى الكتاب على يد احقر الورى حنا ابن بطرس اصفر تمّ في ١٩ حزيران سنة ١٨٢٠

25

Papier fort. Reliure orientale en cuir noir avec dessins. Hauteur 31 cm. ; largeur 11 cm. 404 pages, 25 lignes. Ecriture Nashī soignée, titres et pagination en rouge. XVIIIe siècle. (N° de cote 177).

Traduction par le même auteur du quatrième volume de l'Histoire susdite, — de Dioclétien à Constantin (300 à 320). On lit, à la page du titre : وقف دير المخلّص مشموشة كاتبهُ القس انطون برلاد , et, à la fin de la dernière page :
تمّ . . يوم السبت ٢٢ خلت من شهر كانون الثاني لسنة ١٧٨٨ مسيحية . . قوبل بغاية التدقيق على النسخة الاصليّة .

26

Papier fort. Reliure orientale en cuir noir avec dessins. Hauteur 21 1/2 cm. ; largeur 15 cm. 473 pages, 19 lignes. Ecriture Nashī. XVIIIe siècle. (N° de cote 178).

C'est le VIe volume de la traduction, par le curé Antoine Ṣabbāg, de l'Histoire d'Orsi : il embrasse les années 350 à 363, depuis la mort de Constance jusqu'à celle de Julien l'Apostat. Une note finale de la main du curé Antoine Rabbath, datée de 1855, atteste que la dernière page était déchirée et que probablement les Musulmans avaient volé ce Manuscrit, lors des troubles d'Alep.

27

Papier. Reliure, écriture, date et mesures identiques au n° 25. 407 pages, 25 lignes. (N° de cote 179).

Second copie du VIe volume. On lit, au bas de la dernière page, ce qui suit : تمّ الكتاب . . . في ٢٤ كانون الثاني سنة ١٧٨٩ . وقف دير المخلّص مشموشة et, au verso قرأهُ الخوري روفايل معصب puis ; قرأهُ القس اغوستينوس عون .

28

Papier fort. Reliure Orientale moderne avec languette et lignes géométriques ; titre en or. Hauteur 22 1/2 cm.; largeur 16 cm 237 feuillet, 14 lignes. Ecriture Nasḫī, avec titres en rouge XVIIIe siècle (N° de cote 180)

Histoire générale du monde, depuis Adam jusqu'au IVe siècle de l'ère chrétienne. Nous n'avons aucune donnée sur l'auteur ; d'après quelques passages du livre, on peut assurer qu'il est grec-melchite non uni ; il traite (p. 222r et 233v) les Maronites de « monothélites », et n'admet pas la procession du St Esprit du Fils (*ibidem*), ni le pain azyme pour la Messe (170v). Après quelques préliminaires, en partie disparus, sur le Calendrier et les saisons de l'annee, l'auteur aborde le récit de la création du monde et de l'homme ; puis l'histoire des deux Testaments jusqu'à Constantin, non sans y mêler force légendes empruntées aux apocryphes grecs et aux historiens byzantins. Beaucoup de ces légendes se retrouvent dans les deux Histoires d'Eutychius et de Mahboub al-Manbiǧī que nous avons éditées. D'autres semblent empruntées à des sources moins connues, par ex sur les rois Mages (p 150r) appelés · Houma, roi de la partie orientale inférieure (هوما ملك الارك ومملكته اسفل المشرق), Rouḫa, roi de Saba, et Qirām, roi du Sinai ; sur la fuite de St Jean au désert, après avoir été consacré Pontife par Zacharie son père, qu'Hérode fait tuer (161r) ; sur le parfum dont Magdeleine oignit les pieds du Sauveur (170v) etc. etc. Parfois l'auteur se pose des questions théologiques ou bibliques et y répond avec une certaine érudition, avec des citations de Pères Grecs. Les 40 derniers feuillets sont consacrés à l'histoire des principales hérésies qui ont troublé l'Eglise, avec une réfutation partielle du Nestorianisme, du Dyophyzisme et du Monothélisme, ainsi que la solution d'un certain nombre de difficultés théologiques Aux feuillets 233-235, a été inséré le traité de Paul Rāhib, évêque de Sidon, sur la Trinité et l'Incarnation que nous avons publié dans *Al-Machriq* (I, 840)

Puis, suit une autre finale terminée par la date de l'année 1743 Vient ensuite un double tableau pour les empêchements de mariage d'après l'église grecque. Dans les deux derniers feuillets se trouvent deux notes historiques : la 1re relate des événements qui se passèrent, en 1158 de l'hégire, à Killis et ʿOzāz au nord d'Alep ; l'auteur l'annonce en ces termes:

تاريخ ابن الحمّال في سنة ٧٢٥٣ لآدم وللمسيح سنة ١٧٤٥ وللهجرة ١١٥٨

Nous avons cru d'abord que c'était là le nom de l'auteur de cette histoire. Mais ce qui suit, au recto de la page 256, laisse entendre que le nom d'Ibn al-Ḥammāl est le nom du Pacha dont l'auteur raconte les exactions, les dernières luttes et la mort. En voici les premières lignes : حدث في ١١٥٨ للهجرة الاسلاميّة في مدينة كلس من جهة الباشا ابن الحمّال لمّا كانت كلّس في يدهِ مالكها ثامن (؟) زود ظلمو وجوره وظلم بطال آغا العندابي (العينتابي) الذي من مدينة عنداب (عين تاب) فقامت فتنة في البلاد وهربوا من كان من حاشيتو وقتل من الجملة ابن حاج ناصر حاج باكير آغا

L'auteur raconte ensuite les incidents de la lutte qui eut lieu entre le Pacha et les Kurdes, puis le sac de la ville de ʿAzāz. Killis allait subir le même sort, quand le Pacha mourut subitement, le Samedi-Saint de cette année, et fut transporté à Alep où on l'enterra au cimetière du Cheikh Abou Bakr. La seconde note est d'une main plus récente ; elle est relative à d'autres luttes qui survinrent, sous Tāmer Pacha, en l'an d'Alexandre 2097 (1786 de J.-C). — Le style de l'histoire est convenable, mais la copie est très fautive.

29

Papier. Reliure en toile et carton noirs. Hauteur 26 cm. ; largeur 21 cm. 174 pages, 26 à 28 lignes. Ecriture moderne, 1903. (N° de cote 181).

كتاب سياحة الخوري الياس الموصلي

Ce volume contient deux ouvrages : 1° (p. 1-154) le récit de voyage du premier oriental en Amérique, le prêtre chaldéen Elie ʿAmmoun al-Mauṣilī de Bagdād, de 1675 à 1683. L'auteur, après avoir parcouru l'Italie, la France et l'Espagne, obtient de Charles II de s'embarquer sur les vaisseaux du roi pour l'Amérique méridionale, où il parcourt successivement la Colombie, l'Equateur, le Pérou, la Bolivie, l'Argentine et le Chili. De retour à Lima, il poursuit ses voyages, visite le Mexique et l'Amérique centrale, d'où il retourne en Europe. D'Espagne il se rend à Rome, en 1689, où il est l'objet des faveurs d'Innocent XI. Ce récit, très attachant et fort instructif, a été publié par le P. Rabbath dans notre revue *Al-Machriq* avec une carte, des notes et des tables, puis tiré à part. Notre copie a été faite à Alep sur l'unique Manuscrit connu de ce voyage si curieux. On y lit, au-dessous du titre : وهو كتاب [حنا بن دياب ?] بن جرالیل بن يوسف قرمز في ٥ كانون الثاني سنة ١٨١٧ Ce Ms est actuellement à l'évêché syrien catholique d'Alep. Le P. Antoine Rabbath n'en a tiré que le journal de voyage de l'auteur (pages 1-75), avec quelques extraits sur le *Crétois Pedro*, compagnon de Francisco Pizzaro, le premier conquérant du Pérou, et sur les traditions chrétiennes en Amérique avant Christophe Colomb Il reste une quarantaine de pages inédites, où l'auteur a résumé, en 17 chapitres, les historiens espagnols et notamment l'Histoire de l'Amérique du Sud de Comara. On trouvera, dans *Al-Machriq* (IX, 1906, 470-474), quelques nouveaux détails sur le prêtre Elie 'Ammoun qui publia à Rome, à l'Imprimerie de la Propagande, en 1692, un livre de prières pour les Orientaux (1) A la fin de l'ouvrage, il énumère les titres dont il a été honoré dans la capitale du monde catholique, où il a été nommé archidiacre de l'église de Bagdâd, protonotaire apostolique, staurophore de St Pierre, Comte palatin, prêtre de la chapelle du roi d'Espagne

2° (p 154-174) Autre récit de l'ambassade de Sa'îd Pacha, envoyé du Sultan Ahmad III auprès de Louis XV, vers la fin de 1132 de l'hégire (1720) L'ambassadeur turc raconte en détail son voyage de Toulon à Paris, décrit les merveilles de cette capitale et s'étend sur les audiences qu'il obtint du Roi et sur les attentions dont il fut l'objet. Nous comptons publier prochainement ce curieux voyage dans notre revue *Al-Machriq*.

30

Papier Reliure fatiguée en toile et papier. Hauteur 16 cm , largeur 12 cm 145 pages, 15 lignes Sans date ; XVIIIe siècle. (N° de cote 182).

تاريخ ارتداد جماعة تلّرمن (تلّ ارمن) وماردين الى الايمان الكاثوليكي

C'est l'histoire très intéressante de l'église de Mardine au commencement du XVIIIe siècle, et du retour au catholicisme des Jacobites de cette ville, traduite en partie, en 1896, par le R. P. Fr. S Scheil O P , dans la Revue de l'Orient Chrétien (p. 42-88) Le récit commence en 1700, quel-

(1) Cf Schnurrer *Bibliotheca arabica*, n° 264

ques années après que le P. Michel Nau s. j. eût évangélisé cette ville, apostolat qui lui procura la gloire de souffrir la bastonnade et la prison pour le nom de J.-C. Ce fut un prêtre arménien, Malkoun Tāzbāz, élève de la Propagande, plus tard évêque et confesseur de la foi, qui renouvela cet apostolat non seulement parmi les Arméniens ses congénères, mais encore parmi les Syriens Jacobites. Il en convertit un grand nombre. C'est à un de ces convertis, appelé Elie Ibn Kozeir, que nous devons les détails très vécus de cette histoire, écrite avec verve et humour dans le dialecte de Mardine. Nous avons publié l'original arabe de ce récit dans la revue *Al-Machriq* (XII, 1909, p. 589 suiv.) avec des notes, d'après notre Ms, cadeau du curé arménien Sukias Tcherrian de Mardine. Plus heureux que le P. Scheil, dont la copie s'arrêtait au point le plus intéressant, nous avons pu combler la lacune de sa traduction, grâce à un prêtre syrien catholique de Nabk, l'abbé Ya'qoûb Halouaǵī, qui en possédait une copie plus complète. On y trouve une foule de renseignements historiques sur le catholicisme en Mésopotamie et sur les sectes qui y régnaient. Depuis, le P. Rabbath a trouvé, chez le même curé Ya'qoûb, un feuillet qui peut servir d'introduction historique à ce récit. Nous reproduisons ces lignes pour les sauver de l'oubli :

نبتدي بعون الله وحسن توفيقه ونكتب تاريخ ارتداد جماعة تآرمن (تل ارمن) وماردين الى الايمان الكاثوليكي الدي كان قبلًا اصل ايمان اجدادهم المأخوذ رأساً من نفس رسل المسيح الذين لم يكونوا اريوسيين ومكدونيوسيين ولا نساطرة ويعقوبيين ولا اوطاخيين ولا بيلموت وفحامين ولا فرمسون ودهريين . بل كانوا مثلنا قاتوليقيين حسب شهادة رسالاتهم المعنونة بالقاتوليقية من يعقوب الرسول (ص ١) والقديس يهوذا الرسول (ص ١)

وكان دالك عن يد مثلث الرحمة ماكون ورتبيت بن مقدسي موراد طازباز وكان اصلهم من بلد العجم وقد هاجروا ربّما خوفاً من التركن (التسركن) حسب احوال تلك الازمنة مع الارمن الكاثوليك وغيرهم ارمن لم يكن في ماردين كاثوليك الّا كام (كم) بيت سريان متخفيين يعترفون ويتناولون عند الكلدان سرًّا مثل بيت الخوري توما وعيلة شماس سليمان وبيت اخيه ورسان وعيلة شمّاس سفر ابن حنّا عطّار وبيت الشمّاس عبد النور . ولو علمنا بغيرهم ايضاً لدكرناهم باسمائهم وهولاي المذكورين كانوا كاثوليك قبل مجي البطريرك

اندراوس اخيجان ليسجل فرمان بطريركيتهِ في ديار بكر وفي ماردين الذي على يدهِ صار ايضاً كم بيت كاثوليك مثل بيت سعيد وبيت رومي وبيت بوصيك وبيت دوقماق . وحضوره كان سنة ١٦٦٢ ولكن جميع هذه العيلات المذكورة عمادهم وتكليلهم ودفنتهم ايضاً كانت عند اليعاقبة. ولاجل اخذ التمون اي الايراد منهم فكان البطريرك عمسيح (عبد المسيح) ساكتاً عليهم دون اضطهاد

كذلك عيلة مقدسي موراد طازباز كانوا يعمّدون ويدفنون عند الارمن لكنهم يعترفون ويتناولون فطيرهم عند البادري الكرمليتاني (1 الذي كان يصلي في بيته الواقع فوق كنيسة الكلدان من طرف الشرق . والبادري المذكور كان اخذ ملكون ورتابيت اذ كان شاباً تقي السيرة وطالباً العلم فاوصله الى رومية العظمى وصار يدرس في مدرسة انتشار الايمان المقدس وبعدما اكمل علمه رسموه قسيساً فجاء نزل في بيت ابيه . ولما صارت الناس تمضي وتسلّم عليهِ قام قسوس الارمن واخذوا معهم بعض الخواجكية ومضوا سلموا عليهِ وكلفوه ايضاً لينزل ثاني يوم ويقدس في كنيستهم

وفي صباح اليوم الثاني نزل الورتبيت فقدَّس عندهم وطلع الجميع من البيعة مسرورين فارحين عليهِ وصار هو يلاطفهم ويقول: « ايش فرق بيننا وبينكم » وصار يكلّم بعضاً من القسوس ويساعدهم ويقول لهم: « ما بالكم تشتغلون بالصنعة وانتم كهنة الله » . وبقي معهم بهذه المسايرة زماناً قليلاً . واذ جاءه الخبر من رومية ان يمضي الى اطراف موش ووان والقرص (وكرس) وارزروم يجول هناك ويزرع كلمة الايمان على قدر الامكان مدة قصيرة كانوا قد عينوها لهُ ثم يرجع عاجلاً لبيت ابيهِ الى ان يأتيه الامر الثاني من قداسة الحبر الاعظم فمضى حسب الامر ودار تلك البلاد وكان يتلمذ منهم سرًّا. ففي تذليس تلمذ قسيساً وفي انكوريا (انقرة) تلمذ ورتبيتاً وتلمذ قسيساً في موش . ولما وصل الى سيس تلمذ هناك ايضاً مطراناً سرًّا ورجع الى ديار بكر فتلمذ قسيساً آخر . ولمّا اكمل رسالتهُ والزمان المعين لها رجع الى ماردين . فعندما وصلها ورد لهُ الامر الثاني بان يرجع الى بلد سيس ويُرسم هناك مطراناً من يد المطران تلميذه المأذون لهُ بذلك من قداسة الحبر الاعظم وبعدما يرسم يحضر الى رومية ليأخذ بركة تثبيته من الاب الاقدس حسب القاعدة

(1) Les Carmes et les Capucins ont eu une Mission à Mardine, vers la fin du XVIIe siècle. Ces derniers y sont encore actuellement; quant aux Carmes, ils y sont restés jusque vers 1856.

بناء على ذلك قام نزل الى تارمن (تلّ ارمن) يترقب لهُ من كروان ماضي على درب حلب لكي يسافر معه حيث موقع القرية على درب الكراوين المقبلة من اطراف بغداد والموصل. وتارمن كانت خربانة يوم خراب دُنَيصر وكفرتوت ولم يبقَ فيها من البنيان القديم الّا مغارة الناقوس قبل سقوط الصاعقة عليها حسبما سمعناه نحن من الاشخاص ذاتهم الذين كانوا شاهدوا المغارة باعينهم. والذين اتوا وسكنوا في هذه القرية كانوا مهاجرين من كركوك وچلطاوس وقد كان صدر من يدهم قتيلين لاجل حفظ ناموسهم. وكانوا بدون كاهن ولا كنيسة. وقد كان اتفق يوماً مرَّ عليهم احد الپواتر (اي المرسلين) ماضٍ لبلـد الموصل. فلمّا سألهم عن مذهبهم قالوا: نحن نصارى ارمن. فقال لهم: اتصيرون كاثوليك. فقالوا: نعم اذا كانوا نصارى نصير كاثوليك. فقـال لهم: أَلكم كنيسة. فقالوا: «ومن اين الكنيسة ونحن اناس غرباء ترانا مهاجرين لاجل قتيلين ارادا دوس ناموسنا. والغيرة قد ساقت بنا لترك الوطن والاملاك واتصلنا لهذه القرية الخربانة. وقد عمرنا لنا هذه البيوت وسكناها مع عيالنا وكل منا يصلي في بيتهِ». فتحنَّن عليهم ذاك البادري متأسفاً ثم اعطاهم مقداراً من الدراهم ليبتنوا لهم بيت صلاة وسافر.

واما اهل القرية فقاموا بنوا لهم بيعة من خشب في راس التل من طرف الشرق وسموها مريانا. وهذه البيعة كانت قبل مجيء البادري الثاني الذي بنى لهم كنيسة مار جرجس الحاضرة برخصة اغات اكليكية (sic)

31

Papier. Demi-cartonnage. Hauteur 22 cm.; largeur 17 cm. 61 pages, 24 lignes serrées. Ecriture moderne. (N° de cote 183).

C'est la copie de l'ouvrage précédent qui complète toutes ses lacunes et qui contient les détails de l'introduction citée plus haut.

32

Papier fort. Reliure orientale en cuir. Hauteur 21 cm.; largeur 15 cm. 264 pages, 19 lignes. Ecriture soignée, XVIIIe siècle. (N° de cote 184).

كتاب ديوان البدع

C'est l'histoire des principales hérésies qui ont désolé l'Eglise catholique, depuis les Apôtres jusqu'à l'époque de l'auteur, qui est le fameux évêque maronite d'Alep Germanos Farhat († 1732) dont l'abbé Georges Manache a publié, en 1904, la monographie dans *Al-Machriq* (VII, 45 suiv.). Après une longue table alphabétique en 19 pages des noms des hérésiarques dont il raconte la vie et les erreurs, l'auteur commence ainsi sa préface : الحمد لله المبدي في بيعته الايمان المسدّد وبثّه في كل امّة. والمهدي اليه بتدّى نداء ائمّة رساو خير الائمّة من كان يخبط في عشواء ضلاله وحط الشاردين عن لقم محجّة الحقّ في الطامة المدلهمّة . متمسكين اولاً في ديجور الكفر وثانياً في دجن البدع المظلمة .. Puis il nous apprend qu'il a tiré ses renseignements sur les hérésies de différentes sources qu'il ne désigne pas. Il ajoute qu'à cette première partie il en a joint une seconde sur les Conciles œcuméniques ou provinciaux qui ont condamné les erreurs des hérétiques. Dans la première partie, il passe en revue les noms de 226 hérésiarques Il faut noter que les trois derniers dont il parle ne sont pas à proprement parler fauteurs d'hérésies Bien plus, le premier d'entre eux est même un fervent catholique, c'est l'évêque Euthyme Ṣaifi dont nous avons raconté la vie sainte et les œuvres apostoliques (*Al-Machriq*, XIV, 1911, p. 641-658). Farhat en le comptant au nombre des hérésiarques a cédé, croyons-nous, à une rivalité de rite. Rome a fait plus d'une fois l'éloge de Ṣaifi, bien qu'on n'ait pas approuvé quelques innovations qu'il avait voulu introduire dans la liturgie et les usages des Grecs. — Le second est le patriarche Melchite Athanase IV Dabbās (1688-1723), dont l'union avec Rome est très contestée et qui a beaucoup varié dans sa conduite. D'après les lettres des missionnaires, il aurait franchement reconnu l'autorité du Souverain Pontife à sa mort. Quant au troisième, Chrysanthe de Morée († 1731), devenu patriarche schismatique de Jérusalem et ennemi des catholiques, c'est plutôt un apostat qu'un hérésiarque. Notre Ms se termine ainsi : قد تمّ نسخ هذا الكتاب في اليوم الخامس والعشرين من شهر اشباط من شهور سنة الف وسبعماية وثمانية وسبعين للتجسّد الالهي بيد يوسف ولد المرحوم القس ميخايل صاجاتي

Ce volume a été acheté à Alep, en 1911.

33

Papier Reliure en toile et carton. Hauteur 15 cm , largeur 10 cm 30 pages, 17 lignes. XVIIIe siècle (N° de cote 185)

سلسلة بطاركة الموارنة للبطريرك اسطفان الدويهي

Ce petit Ms, acheté à Alep en 1895, est écrit de la main de Mgr Farḥat ci-dessus nommé. Il contient la liste des Patriarches Maronites d'Antioche, dressée par le Patriarche Etienne Douaïhī († 1704) avec quelques renseignements sur ceux des derniers siècles. Farḥat y a ajouté quelques détails sur Douaïhi et ses deux successeurs Gabriel Blouzaoui (1704-1705) et Ya'qoub 'Awwād dont il blâme la conduite. M. Rachīd Chartounī a publié cet ouvrage, avec des notes, en 1898, dans *Al-Machriq* (I, p. 247 etc.), puis il l'a réédité, avec des additions, en 1902, à notre Imprimerie Catholique. Il a utilisé notre copie ainsi que deux autres Manuscrits.

34

Papier fort. Reliure en toile et papier de couleurs. Hauteur 19 cm.; largeur 13 1/2 cm. 40 feuillets, 17 lignes. Belle écriture Nashī, excellente encre noire et rouge. XVIIIe siècle. (N° de cote 186).

زيارة الاماكن المقدّسة

Pélerinage aux Saints Lieux d'un catholique d'Alep, nommé Elie Ġadban, en 1755. Le Ms est peut-être l'autographe de l'auteur. Il a été acheté à Beyrouth en 1907. En voici les premières lignes : انه لمّا كان في سنة الف وسبعمائة وخمسة وخمسين مسيحيّة في اليوم الثالث من شهر نيسان توجّهتُ انا العبد الاثيم الياس غضبان من مدينة حلب الى زيارة الاماكن المقدّسة في مدينة اورشليم حيث سيّدنا تردّد بالجسد وفعل العجائب ثمّ اقتبل الصليب وقد حررتُ كلما رأيتهُ يومياً على المنوال الآتي بيانهُ . Suit le détail de son itinéraire, d'Alep jusqu'à son retour, étape par étape. Ce voyage, entrepris par voie de terre par Alep, Ḥamah, Ḥoms, Beyrouth, se poursuit sur la côte après une visite faite au monastère de Bkerké, alors fameux par la réputation, encore intacte, de la religieuse Hindiyé (p. 3r) (رحنا الى دير بكركي المعروف بدير الامّ هنديّة). Avant de passer à Ṣaïda, le pélerin visite le couvent de St Sauveur et le patriarche Cyrille Ṭânâs qui s'y était réfugié (وزرت سيّدنا البطريرك كيرلّس كيرلّس لانهُ صرايته بالقرب من الدير). A St Jean d'Acre, notre voyageur reste sept jours l'hôte du Consul anglais, avant de s'embarquer pour Jaffa. On peut conjecturer de là que ce n'était pas un pélerin vulgaire ; cela ressort de plusieurs autres distinctions dont il est l'objet partout où il passe. D'après un passage de son récit (p. 10ʳ), il est accompagné, depuis Beyrouth, par deux religieux grecs-catholiques de Choueir, les PP. Démétrius et Joseph, ce qui montre qu'il est lui-même de leur rite. A son retour de Jérusalem, il parcourt la Galilée, longe à nouveau la côte après la visite du Carmel, fait un tour au Liban pour voir les monastères grecs-catholiques de Mar Icha'ia et de Choueir, puis s'embarque à Beyrouth pour Lattaquiéh et rentre à Alep par le chemin d'Edleb La seconde partie de l'ouvrage, de beaucoup la plus longue (p. 9ʳ à 40ʳ), est consacrée à la description des Sanctuaires que l'auteur a visités. On y trouve nombre de renseignements utiles pour l'histoire de cette époque.

35

Papier. Cahier broché Hauteur 21 cm , largeur 15 cm 14 pages, 25 lignes Ecriture moderne (N° de cote 187)

رحلة خليل صبّاغ الى طورسينا

C'est une copie, faite par nous du Manuscrit de Paris n° 313 (*cf* de Slane, *Catalogue des Mss. arabes*, p 87) Il contient le récit du voyage de Ḫalil Ṣabbāġ au Mont Sinai, en 1753 ; nous l'avons publié dans *Al-Machriq*, en 1904, (VII, 958 suiv.) Une autre description de voyage au Sinai, œuvre du diacre Ephrem, sera mentionnée dans deux autres Mss historiques décrits plus bas ; elle a été également publiée par nous dans *Al-Machriq*, en 1906 (IX, p. 736 suiv.). Le professeur Ignace Guidi en a donné une traduction latine d'après deux Mss différents (*Revue Biblique*, 1906, p 433-442).

36

Papier. Reliure moderne en toile Hauteur 20 cm ; largeur 16 cm. 329 pages, 16 lignes XVIIIᵉ siècle (N° de cote 188)

تاريخ البطريرك اسطفان الدويهي

Le Patriarche Etienne Douaihi (✝ 1704) a composé une Histoire religieuse et profane qui commence aux Croisades et se termine à l'année 1698. On en trouve quelques rares exemplaires. Celui-ci a été copié par le Cheikh Ṭannous Chidiāq, auteur de l'Histoire du Liban, qui a jugé bon, en 1840, de retoucher l'original et de l'abréger, comme il avertit dans sa Préface : يقول راجي المولى الرزّاق طنوّس بن يوسف الشدياق الحقير الواني . الحدثي الماروني اللبناني . لمّا رأيتُ تاريخ البطرك اسطفان الدويهيّ الماروني الهدناني. صادق الاخبار والروايات . سبّاق غايات. الّا انهُ قد خالط اخبار الكنائس والرهبان . واوجز حوادث الاكابر والاعيان . واودعهُ احاديث لا يلزم ايداعها. وقصصاً يجذب الملل سماعها. حذفتُ ما خالف المطلوب. وابقيتُ ما طابق المرغوب , وتبعتُ ما قدّم فيهِ واخّر , ولم ابقِ فيهِ سوى الجوهر. وثقفتُ جملهُ ومفرداتهِ . واعربت غوامض معجماتهِ . وكان ذلك سنة ١٨٤٠ . La partie profane de cette Histoire a été utilisée par le même Chidiāq. M. Rachīd Chartounī a publié surtout la partie religieuse, dans l'Histoire des Maronites. Notre copie a appartenu à un parent du cheikh Ṭannous, le nommé Ẓahir Mansour Chidiāq, mort depuis peu (1908).

37

Papier avec encadrement. Demi-reliure. Hauteur 20 cm. ; largeur 13 cm. 142 pages, 21 lignes. Ecriture moderne. (N° de cote 189).

Recueil de 62 pièces ou lettres relatives aux affaires des Grecs Catholiques d'Alep, entre les années 1720 et 1760. C'est en partie l'histoire de la formation du rite grec-catholique et des luttes qu'il a eues à subir avec le schisme. Ces pièces émanées d'évêques, de patriarches et de notables sont, croyons-nous, l'œuvre de Ni'meh Ibn Thomas dont la vie a été publiée par l'abbé G. Manache dans *Al-Machriq* (V, p. 396 suiv.) ; elles témoignent de l'esprit cultivé de l'auteur. Ces documents ont été tirés des archives de l'évêché grec-catholique d'Alep.

38

Papier. Reliure en toile et cartonnage. Hauteur 18 cm. ; largeur 31 cm. 167 pages, 13 lignes. Ecriture moderne (1905). (N° de cote 190).

تاريخ دير رومية نافيجلّا

Le couvent de Rome, connu sous le nom de N.-D. de la Navicelle (*Al-Machriq*, IV p. 566), a été concédé par Clément XII, en 1734, à la Congrégation des Basiliens Choueirites. Depuis lors, il y eut une communauté de cet Ordre qui résida dans la Ville Sainte. C'est l'histoire de ce couvent que raconte l'auteur de cet ouvrage, le P. Constantin Traboulos d'Alep, qui habita ce couvent, de 1768 à 1773 Son récit commence en 1729, à l'arrivée de Mgr Néophyte Nasri, évêque de Ṣaidnaia et Choueiite (1). Il ne se fait pas faute de faire des digressions sur ce qui se passe à Rome et particulièrement sur les Orientaux qui s'y trouvent, entre autres Assemani (p 49 et 140) Souvent il raconte les nouvelles venues de Syrie, par ex sur la fameuse voyante Hindiyé (p. 72-75), les délégations en Syrie du Père Dominicain Lansa (p. 105-107) et de M. Bossu Lazariste (p. 113-117). Son récit se termine en 1773, année de la suppression de la Cie de Jésus, au sujet de laquelle il relate les racontars qui se répétaient à Rome. Le Ms original, sur lequel a été faite cette copie, est à Alep entre les mains d'un des prêtres du collège grec-catholique de cette ville.

39

Papier Demi-reliure en toile et cartonnage Hauteur 27 cm , largeur 13 1/2 cm. 107 pages, 23 lignes. Ecriture moderne très serrée. (N° de cote 191).

اعمال الخوريّة العربان الارمن في حلب

En 1752, le P. François Causset établissait à Alep, pour les jeunes gens du rite arménien catholique, une Congrégation de la Ste Vierge sous le titre de l'Immaculée Conception. Bientôt le P. Gabriel Desorgues en prenait la direction . il la garda plus de 22 ans. Ce Manuscrit contient l'histoire détaillée de cette œuvre pieuse, très intéressante pour l'histoire religieuse d'Alep au XVIIIe siècle. On y trouve, sur les individus et les choses, des détails qu'on chercherait en vain ailleurs. C'est le P. J -B. Afker s. j. qui a mis la main sur ce diaire et qui nous l'a fait copier.

40

Papier. Cahier rouge broché. Hauteur 22 cm ; largeur 17 cm 174 pages, 19 lignes serrées. Ecriture moderne, XIXe siècle. (N° de cote 192).

تاريخ ابرهيم صبّاغ

Ce cahier contient deux ouvrages qui sont, si nous ne nous trompons,

---

(1) Cf *Al-Machriq*, III, p. 1068 et Rabbath *Documents inédits pour servir à l'Histoire du X^ne en Orient*, I, p 597-621 (tiré à part)

de la plume de Michel Ṣabbāğ, compagnon de travail du Baron S. de Sacy et mort en 1816. Le premier (p. 1-38) raconte l'histoire de la famille Ṣabbāğ, et particulièrement d'Ibrahim Ṣabbāğ, ministre du fameux 'Omar al-Dahir qui s'était emparé de St Jean d'Acre et y resta longtemps maître absolu de la Galilée. Le second, (p. 39-114), est un récit des faits et gestes de 'Omar, depuis ses premières années jusqu'à sa mort, en 1785. L'auteur entre dans beaucoup de détails comme un homme qui a été mêlé aux événements ou qui les tient de première main. Ces deux ouvrages se retrouvent, en feuilles dépareillées, dans la Bibliothèque de Munich qui les a achetés, avec tous les livres de Quatremère. Les directeurs de cette Bibliothèque nous ont gracieusement prêté ces précieux papiers.

41

Papier. Cahier comme le précédent. 117 pages, 24 lignes Même écriture. (N° de cote 193).

تاريخ الرهبنة الحنّاويّة الملقّبة بالشويريّة

Nous avons, dans ce Ms, une histoire de l'Ordre Basilien grec-catholique, établi en 1713 au couvent de Choueir dans le Liban. L'auteur est déjà connu en Europe par son ouvrage sur la Théogonie des Druzes, traduit et publié en 1863 par H. Guys; il s'appelle Ḥananiya Mounaiyar, né à Zouq (Liban) en 1757, et religieux de Choueir à partir de 1774. La date de sa mort se place vers 1820. Auteur de poésies diverses et d'un recueil de proverbes, H. Mounaiyar est surtout connu par ses deux ouvrages historiques, aujourd'hui presque introuvables. Le premier est une histoire religieuse de son Ordre et le second une histoire profane du district libanais appelé Chouf. C'est du premier de ces ouvrages qu'il s'agit ici. L'auteur commence par résumer en une dizaine de pages une autre histoire, composée par l'évêque Agabios, qui détaillait les origines de l'Ordre, de 1713 à 1773. Le reste est de la rédaction de Mounaiyar et va jusqu'en 1804, année de la mort du fameux tyran Aḥmad Pacha al-Ġazzār, dont il stigmatise la vie en deux poésies finales. Cette histoire, sorte d'Annales relatant les multiples événements qui désolèrent la Syrie durant cette période, est par là même d'un intérêt général et mérite à ce titre d'être publiée. Le style en est correct et le récit bien mené Notre copie a été faite sur un Ms conservé dans une ancienne famille du Liban.

42

Papier encadré Cahier broché Hauteur 20 cm., largeur 13 cm. 174 pages, 16 lignes. Même écriture, XIXe siècle. (N° de cote 194)

كتاب الدرّ المرصوف في تاريخ الشوف

C'est l'histoire profane du P Mounaiyar mentionnée plus haut. Le district libanais du Chouf, où se mêlent des éléments ethniques toujours en hostilité et où la diversité des religions avive encore les antipathies de race, a été, au cours des derniers siècles, le théâtre de sanglantes luttes dont il est souvent difficile de suivre la marche. Le Père Mounaiyar, plus que tout autre, a eu le mérite d'étudier avec soin et de raconter clairement les événements qui s'y déroulèrent, depuis les princes Chéhāb, successeurs des Maʿn en 1109 (1697), jusqu'à la mort de Ǵazzār en 1219 (1804). Bien que le Chouf soit l'objectif spécial de l'auteur, il ne se désintéresse pas du reste du Liban et même de la Syrie et de l'Egypte Cette histoire complète donc heureusement l'ouvrage précédent. Ces deux recueils ont été largement utilisés par les deux historiens postérieurs, l'émir Haidar et le Cheikh Ṭannous Chidiāq. Notre Ms est incomplet il ne va que jusqu'à 1213 (1798). L'original, plus complet, se trouve chez M. Salīm Bāz, président du tribunal libanais.

A la fin de cette copie, se trouvent trois récits historiques (12 pages) tirés d'un Ms de Damas (XIXe siècle) : l'un raconte le sac du monastère de Mar Yaʿqoub à Qāra, dans la province de Damas. L'événement se place au XVIIe siècle : une troupe de Turcs pilla le couvent et massacra les religieux au nombre de 120. Le second récit décrit la lutte de Faḫr ed-Dīn Maʿn contre le gouvernement turc, ainsi que la prise et la mort de Faḫr ed-Dīn. Le 3e contient le récit de la conquête de la Syrie par le Sultan Sélim I, en 1517.

43

Papier fort. Reliure en cuir noir avec dessins. Hauteur 23 cm. ; largeur 17 cm. 233 pages, 16 lignes avec notes marginales, encre noire et rouge. XIXe siècle (1825). Ecriture soignée. (N° de cote 195).

كتاب في المائة سنة الاولى من تجسُّد المسيح المخلّص

Ces Annales du premier siècle de Jésus-Christ ont été écrites en grec par l'évêque de Bulgarie Eugène Bulgarios (1716-1806), écrivain de renom. Le traducteur arabe de l'ouvrage s'appelle القس عيسى بيترو الاورشليميّ ainsi qu'il appert de l'Avant-titre, où il est dit que ce travail a été terminé en 1817. A la dernière page, on lit ce qui suit : وكان الفراغ من نساخة هذا التاريخ البهيّ في اليوم السادس من شهر حزيران سنة ١٨٢٥ مسيحية بيد العبد الخاطئ الذليل جبرائيل موسى ميداني بروطو بسلطى (πρωτοψάλτης) كنيسة المريميّة بدمشق المحميّة الارثدكسي مذهبًا والدمشقي موطنًا.
Ce Ms a été acheté à Beyrouth d'une famille orthodoxe.

44

Papier. Reliure en cuir noir fatigué. Hauteur 25 cm. ; largeur 17 cm. 130 pages, 25 lignes. Ecriture moderne soignée. XIXe siècle (1828). Encre noire et rouge. (N° de cote 196).

قصّة احمد باشا الجزّار

Cette histoire du fameux Bosniaque, Aḥmad Pacha al-Ġazzār, est très complète : elle embrasse toute l'époque de sa vie et donne des détails très circonstanciés sur les fonctions qu'il reçut ou s'attribua, surtout depuis qu'il se tailla, à Saida et à St Jean d'Acre, une sorte de principauté indépendante et exerça les cruautés et les exactions qu'on connaît, jusqu'à sa mort (1219=1804). Un supplément sur les événements qui suivirent, jusqu'en 1225=1810, termine cette histoire. Elle est écrite en un style assez élégant et reproduit les différents firmans que la Porte lui accorda ou écrivit à l'occasion des événements de Syrie. Cette histoire a été composée, croyons-nous, par un chrétien, mêlé à l'administration de la Syrie ou du Liban à cette époque. Son nom n'y est indiqué nulle part. A notre avis, elle serait du fameux Nicolas Turk, catholique du rite grec-uni, au service de l'émir Bachir Chéhāb et connu par d'autres histoires (1) Dans son avant-propos, il déclare qu'il extrait la vie de Ġazzār d'un ouvrage plus considérable, d'une histoire universelle qu'il aurait composée, c.-à-d une histoire universelle de l'hégire à son temps, et dont nous n'avons aucune connaissance. Voici le texte . يبتدئ بعون الله تعالى بشرح قصّة احمد باشا الجزّار . وما حصل عليه بمدّة حياته من العزّ والاقتدار والرفعة والافتخار . ثمّ نصب ما ابداه من المظالم . وما سفك من دماء العوالم . وما صدر منهُ من الخيانات وما تجدّد في ايالته من المكوسات واقامته على اعلى المراتب السنيّة ثمانية وعشرين عاماً ونصف سنويّة جالساً بسدّة الوزارة بشوكة قائمة ونعمة دائمة الى حين وفاته ونهاية حياته . وقد رمتُ بهذا المختصر الذي انتخبته من تاريخنا المحكم من عدّة تواريخ صادقة المحتوية على جميع الحوادث الماضية من ابتداء ظهور الاسلام الى تاريخ الآن والمرقوم بها جميع اخبار الدول المتقدمة دولة بعد دولة وما اقتضى بينهم من الحروب المهولة ومن تملّك في عصره وزمانه وما حدث في وقته واوانه ثمّ عن تملّك القسطنطينيّة من آل عثمان الى هذا الوقت والاوان .

Ces lignes feraient presque croire qu'il s'agit d'un extrait remanié de l'histoire de l'Emir Haidar Chihāb (voir n° 48) Voici la note du copiste à la dernière page : قد علّقهُ بيده الفانية احقر الورى مخاييل لطفي الحمصي وقد تمّ (تمّت) نهايتهُ في اليوم الخامس والعشرون (sic) من شهر ايّار من شهور سنة ١٨٢٨ للتجسّد الالهي في مقام القسطنطينيّة المحروسة . Ce Manuscrit a appartenu au Baron S. de Sacy ; nous l'avons acheté, dans une librairie de Londres, en 1891. Une découpure, tirée du Catalogue de la Bibliothèque de « de Sacy » et collée sur l'intérieur de la couverture, fait foi que ce Ms portait la cote 316 Au bas, une autre découpure porte le nom du « Ch Perrão de Castermann ». Au dernier feuillet en blanc, on lit : « Offert à M. le Baron de Sacy par M A. Jaubert »

45

Papier encadré Reliure en parchemin et cartonnage, avec titre doré sur rouge. Hauteur 20 cm ; largeur 14 cm 1136 pages, 11 lignes. Ecriture moderne, XIXe siècle (N° de cote 197)

تاريخ سليمان باشا لابراهيم عورا.

Fils d'un des écrivains catholiques au service de Gazzār à St Jean d'Acre, nommé Michel ʿAurā qui eut plus d'une fois à subir les caprices et les violences du maître, Ibrahim ʿAurā suivit la carrière de son père qui avait été son premier maître et mourut, en 1863, à Beyrouth (2) Nous

(1) Voir sa Notice dans notre *Histoire de la Littérature arabe au XIXe siecle*, I, p. 18-19 et 36-40

(2) Cf. *Hist. de la Littérature arabe au XIXe siècle*, I, p. 106

avons trouvé, chez son fils Ḥanna ʽAurā, cette histoire de Soleiman Pacha gouverneur de St Jean d'Acre et de Ṣaida ; elle forme comme la suite de l'histoire de Ǵazzār, dont Soleiman était l'un des Mamluks, et fait connaître en détail les événements qui marquèrent les 20 premières années du XIXe siècle, jusqu'à la mort de Soleiman en 1819. On y trouve beaucoup de renseignements sur les choses et les hommes de l'époque, en particulier sur les Grecs-catholiques. Notre Ms est une simple copie de l'original. A la fin, on y a joint une table détaillée de l'ouvrage.

46

Papier fort. Demi-reliure en toile et cartonnage. Hauteur 25 cm. ; largeur 20 cm. 206 pages, 14 lignes (18 dans les 30 dernières pages). XIXe siècle, deux écritures différentes. (N° de cote 198).

تاريخ حوادث الشام ولبنان من السنة ١١٩٧ الى ١٢٥٧ هجريّة

Copie récente d'un Ms arabe du British Museum (Cf. Catalogus Codicum Orientalium Museï Britannici — *Cod. arab.*, n° 944). L'auteur se nomme Michel de Damas (مخايل الدمشقيّ) ; c'est une sorte de pseudonyme qui cache en partie, selon nous, le nom du Dr Michel Michāqa, selon d'autres, le nom de Michel Kaḥīl. Quoi qu'il en soit, cette œuvre est d'un écrivain grec-catholique sérieux, très au courant des événements qu'il raconte et mêlé lui-même aux affaires administratives. C'est un mémoire secret qu'il écrit sur l'histoire contemporaine de Syrie et du Liban, depuis l'année 1782 jusqu'à 1841 ; il le destinait probablement à un consul étranger. Cela expliquerait pourquoi l'auteur écrit très simplement sans aucun apprêt de langage, mais librement et en détail, et comment on n'en connaît pas d'autre copie que celle du Musée Britannique. A la fin de cette copie, on lit pourtant qu'elle a été transcrite sur l'original de l'auteur, en Octobre 1843, c.-à-d. deux ans après qu'il l'eut terminée.

Le P. L. Malouf a publié cet ouvrage, avec quelques notes, dans notre revue *Al-Machriq*, XV, 1912. Il y a ajouté, dans un tiré à part, un abrégé des chapitres et une Table des noms propres.

47

Papier fort. Reliure en cuir noir avec dessins. Hauteur 21 cm., largeur 16 cm. 150 pages, 23 lignes. Encre noire et rouge. Ecriture Nasḫī, XIXe siècle (1835) (N° de cote 199)

تاريخ الشمّاس انطونيوس ابن الشيخ ابي خطّار العينطوريني

L'auteur nous avertit, dans sa préface, qu'il a commencé cette histoire en 1819. C'est plutôt une compilation qu'une œuvre historique proprement dite, on y trouve divers documents, réunis sans grande critique, sur la Turquie, les familles princières ou Cheikhs du Liban, la nation Maronite, ses patriarches, ses couvents de religieux et quelques événements où elle s'est trouvée mêlée. Nous en avons déjà extrait le chapitre sur les familles du Liban (*Al-Machriq*, IV, 1901, p. 769 et 830)

48 - 50

Papier encadré. Reliure en parchemin et carton, avec titre doré sur rouge. Hauteur 20 cm.; largeur 13 cm. Trois volumes, pages 482, 521 et 990, 15 lignes. Ecriture Nasḫī, datée de 1887, encre rouge et noire (N°s de cote 200-202)

كتاب الغرر الحسان في تاريخ حوادث الزمان

C'est la fameuse Histoire de l'émir Haidar Chihāb (1177-1251 H = 1763-1839 J.-C.), fils de l'émir chrétien du Liban Ahmad Chihāb. L'auteur, mêlé incidemment aux événements qui amenèrent la chute des Chihāb, a mené généralement une vie retirée, se consacrant de préférence à l'étude et aux bonnes œuvres qui firent bénir son nom. Son Histoire embrasse toute la période islamique et se divise en trois parties : 1°) La première, plus générale, commence à l'Hégire et va jusqu'à la domination des Princes Ma'n (XVIe siècle). Cette section de l'ouvrage est tirée à peu près exclusivement d'auteurs connus, tels que Ibn al-Aṯīr, Mas'oudi, Aboul Fidā', Barhebræus et Baronius. 2°) La seconde embrasse l'histoire des Ma'n et des Chihāb, jusqu'à la domination de l'émir Bachir le Grand, 1227 H = 1812. 3°) La troisième décrit les événements subséquents jusqu'à l'invasion de la Syrie par Méhémet Ali et son fils Ibrahim Pacha

Les deux dernières parties sont les plus originales. Malheureusement ce procédé annalistique, appliqué à une histoire aussi compliquée, enlève beaucoup de charme au récit. L'ouvrage a été publié, en 1900, au Caire, par M. N. Moġabġab. Cette édition manque de critique ; l'éditeur n'a pas craint d'insérer des additions dans le texte ; enfin aucune table qui permette de se retrouver. Notre copie, faite sur l'original conservé chez l'émir 'Abbās à Chyyāḥ, diffère de l'édition imprimée pour le fond comme pour la forme. Il serait à souhaiter que l'édition manquée fût reprise, à cause de l'importance de cette histoire et du grand nombre de documents que l'auteur y a amassés. Notre copie porte, à la fin, le nom de M. Sa'īd Zind, un de nos professeurs, auquel nous avions confié le soin de transcrire l'ouvrage ; sa copie est très soignée.

51

Papier. Reliure en cuir brun et papier colorié. Hauteur 34 1/2 cm. ; largeur 23 cm. 152 pages, 29 lignes. Ecriture moderne (1896). (N° de cote 204).

تاريخ الكنيسة الشرقيّة الكلدانيّة

L'évêque chaldéen de Mardine, Elie Milos († 1909), est l'auteur de cette histoire de l'Eglise Chaldéenne, qui commence au début de l'ère chrétienne et s'arrête au milieu du VIe siècle. Son principal mérite est d'avoir utilisé bon nombre de sources chaldéennes et d'ouvrages rares, dont il avait enrichi sa bibliothèque. Son intention était de poursuivre cette histoire jusqu'à l'époque moderne. Il était réservé à S. G. l'archevêque de Séert, Mgr Addi Scher, de réaliser cette idée. Notre copie a été faite sur l'original à Mardine. On lit, au bas de la dernière page : قد كمل نسخ هذا الكتاب في اليوم الخامس عشر من شهر نيسان سنة ١٨٩٦ بيد الفقير حبيب بن سعدو بشرو

52

Papier encadré. Broché avec une couverture jaune. Hauteur 19 1/2 cm. ; largeur 13 cm. 107 pages, 19 lignes. Ecriture récente, sans date. (N° de cote 205).

تاريخ الطائفة الكلدانيّة

C'est une autre histoire, civile et religieuse, de la nation chaldéenne.

L'auteur, R. I. Baho, médecin, se nomme, vers la fin de l'ouvrage. Voici comment il explique la composition de son histoire (p. 102) :

قال العبد الفقير الى ربه الشماس روفائيل ابرهيم باهو الطبيب اني اذ رأيت كل طائفة تجدّ وتسعى في الاطلاع على تاريخ اصلها وحفظها فاتّقدت فيّ نيران الغيرة.. فابتدأت افتش على تاريخ طائفتي الكلدانيّة الكاثوليكيّة .. واذا كنتُ خادماً عند الخوري يوسف شمعون الالقوشيّ . اخذت اطالع الكتب القديمة الموجودة في كنيستنا الكلدانيّة وكلّما رأيتُ فيها مناسباً حرّرتهُ حرفيّاً وجعلتُ احول وافتش على غيرها عند العوام وغيرهم وكل من وجدتُ عندهُ نسخة او شيئاً في هذا المعنى حرّرتهُ ولهذا فان الكتاب جاء غير مرتّب وقد تعبت فيهِ جدّاً. ولم احرّر شيئاً جديداً على اللسان بل كلّما وجدتهُ في الكتب القديمة وقد ابتدأتُ في الكتابة في ١٦ آب سنة ١٨٩٢ وانتهيتُ في ٢٢ ايلول سنة ١٩٠٠... وعدا اني جمعتُ كتباً من بلدتي صرتُ افتش في البلاد ايضاً فحصلتُ كتاباً من قرية قرەقوش قرب الموصل وآخر من سعرت وآخر من الجزيرة كتب عتيقة لم تنقص عن ٦٧٢ سنة ومنهم ازيد حتى ٩٨٦ سنة والباقي ما بين الاثنين

Ces renseignements si précieux sont complétés en partie, dans la préface, par la liste des auteurs dont il a copié ou traduit des extraits Un certain nombre de ces sources nous sont totalement inconnues. Voici comment s'exprime l'auteur : وهذا التاريخ قد ترجمتهُ من الحرف السرياني الشرقي الى الحرف العربي تسهيلاً لبني وطني وقد جمعتُ ذلك من كتب المؤرخين الصادقين نخصّ بالذكر منهم يوحنّا الراهب النسطوري في الجيل السابع القسّ دانيال بن القس دنحا في الجيل الثامن . القسّ اسرائيل في الجيل عينهِ وفيهِ توما الراهب ومار ايليا اسقف نصيبين في الجيل التاسع والشمّاس جبرائيل ويوسف وابرام مؤرخي النساطرة في الجيل العاشر وسهاك ورتابيد الارمني في الجيل العاشر وباسيل الاوّل جاثليق الارمن في الجيل الحادي عشر والاسقف ابريمو القبطي في الجيل الثاني عشر ويوحنّا الاسقف الروماني في الجيل العاشر ونيقولا الاسقف اليوناني في الجيل الحادي عشر ويوسف جاثليق الموارنة في الجيل الثاني عشر ويوحنّا الراهب الماروني في الجيل الثالث عشر ومار شليطا ومار اسحاق مؤرخي النساطرة في الجيل الرابع عشر وقس على هؤلاء المؤرخين المشهورين وغيرهم من ائمة محمّد في زمان الخلفاء العباسيين في مملكة بابل ولم نأتِ بذكرهم . Malheureusement cette nomenclature sommaire ne suffit point à faire connaître les Manuscrits dont l'auteur s'est servi. Nous nous demandons quel fond on peut faire sur des détails, tirés d'auteurs qui s'échelonnent entre le VIIe et le XIVe siècle, et dont les extraits ont été amalgamés sans distinction de provenance. Mais, si ces Manuscrits existent encore, les amateurs d'histoire orientale peuvent s'attendre à d'agréables surprises.

La compilation dont nous parlons se divise en 23 chapitres, consacrés aux origines chrétiennes de la nation Chaldéenne, à son extension jusqu'aux confins de l'Asie, ses phases diverses de prospérité et de décadence, sa liturgie, son calendrier, etc. etc. Les statistiques pourtant nous paraissent exagérées.

53

Papier. Simple brochage. Hauteur 20 cm. ; largeur 13 cm. 32 pages, 17 lignes. Ecriture moderne, XIXe siècle (1896). (N° de cote 206).

تقويم قديم للكنيسة الكلدانيّة

C'est une statistique de l'église nestorienne, copiée sur un Ms du XVIIIe siècle, chez les Chaldéens de Mardine. L'auteur et la date de l'ouvrage ne sont pas connus. Malgré ses exagérations évidentes, cet opuscule, assez riche en renseignements inédits, a été publié à notre Imprimerie de Beyrouth, en 1909, par l'abbé Pierre ʿAziz, aujourd'hui évêque de Salamast en Perse.

54

Papier fort. Reliure en cuir et en carton. Hauteur 24 cm. ; largeur 17 cm. Deux parties en un volume, 306 et 364 pages, 13 lignes. Ecriture Nastaʿliq, XIXe siècle (1896). (N° de cote 207).

تاريخ كنسي قديم

Cette Histoire est l'œuvre d'un Nestorien du XIIe-XIIIe siècle. C'est une histoire de l'église, depuis J.-C. jusqu'à l'époque de l'auteur : elle est surtout riche en détails sur l'église chaldéenne, son influence, son étendue, ses martyrs, ses hommes célèbres par la sainteté de leur vie et leurs institutions monastiques. L'original de ce Manuscrit était conservé à Diarbékir, où nous l'avons vu. Il a été, depuis, transféré à Mossoul à la Bibliothèque Patriarcale, d'où nous en avons tiré une copie, grâce à l'abbé P. Naṣrī. Malheureusement le texte présente plusieurs lacunes. Mgr Addi Scher, archevêque Chaldéen de Séert, les a comblées en partie, avec des fragments de sa Bibliothèque épiscopale, dans l'édition de ce précieux document qu'il a commencée (*Patrologia Orientalis* de Mgr Graffin t. IV, V et VII, texte avec une traduction française et des notes).

55

Papier. Reliure en cuir jaune et étoffe. Hauteur 21 cm. ; largeur 16 cm. 259 pages, 17 lignes. Ecriture Nashī. Daté de 1852. (N° de cote 208).

كتاب التاريخ

Cet ouvrage est un cours d'Histoire ancienne : il commence à Adam et se termine aux Arabes avant l'Islam, en passant par les différents peuples qui ont joué un rôle historique. Il s'ouvre par des considérations générales sur l'utilité de l'histoire, ses lois et ses divisions. L'auteur ne se nomme pas ; mais c'est un oriental formé par des Européens. Son style est assez correct. Voici un extrait d'une note qui termine l'ouvrage avant les Tables (p. 252) et qui nous renseigne sur sa provenance et son copiste : قال الفقير لمولاه اسعد مخائيل شاهين طراد انني لمّا رأيتُ انّ هذا الكتاب مفيدًا (sic) وكنتُ مقبلًا على مطالعتهِ في مدرسة عبيه همّمتُ لنقلهِ... وقد وجدتُ كثيرًا من الاخبار مستحقّة الاعتبار قلتُ بختامهِ هذي الاشعار :

أيا راغبًا نشر الحديث الذي انطوى لتعلم عن فرسٍ ومصرٍ ونينوى
وعن ذكر أعراب وعن اهل بابلٍ وعن كل ذي جبنٍ وعن كل ذي قوى...
فطالع بذا التاريخ دومًا ولا تكن كسولاً فهذا كلّما قلتُ قد روى...

في ٢٢ ايار سنة ١٨٥٢ مسيحيّة. Ce Ms a été acheté, en 1910, à Beyrouth.

56

Papier. Demi-reliure en cuir noir et cartonnage. Hauteur 20 cm. ; largeur 15 cm. 222 pages, 18 lignes. Ecriture courante, sans date. XIX° siècle. (N° de cote 209).

Autre copie du même ouvrage, achetée à Beyrouth en 1881. Les Tables et la note finale manquent ; par contre il y a un Avant-Propos sur la philosophie de l'histoire. Il débute ainsi : الحمد لله الذي زيّن جيد التواريخ بقلائد قدرتهِ ومعجزاتهِ ورصّع جبين الدهر بدُرر حكمتهِ المعربة عن ذاتهِ وصفاتهِ...

57

Papier. Demi-reliure fatiguée en étoffe et cartonnage. Hauteur 22 1/2 cm. ; largeur 18 cm. 32 feuillets, 22 lignes. Ecriture Nashī. Sans date, milieu du XIX° siècle. (N° de cote 210).

مجموع تاريخي

Ce recueil contient des listes chronologiques des Papes, des empereurs romains, des empereurs de Byzance et des principales dynasties d'Europe. Suivent différentes données sur les peuples anciens, les conciles œcuméniques ou particuliers. La seconde moitié résume l'Histoire des

Maronites d'aprés Ibn Qilaʿī (XVIe siècle) ; suivent quelques renseignements sur les anciens couvents, sur le pays de Ǵebaïl (Byblos) et la famille Baṣbouṣ dans le district de ʿAqourah. Cette famille, originaire de Damas, aurait été, d'après l'auteur, convertie par le disciple Ananias et se serait réfugiée au Liban pour éviter la persécution des Juifs, quoiqu'elle gouvernât la capitale de la Syrie. On trouve ensuite, en huit pages serrées, la descendance de la famille aux deux derniers siècles. Le volume se termine par la mention de quelques saints honorés au Liban.

58

Papier. Demi-reliure en cuir et carton. Titre doré sur le dos. Hauteur 16 cm. ; largeur 11 cm. 437 pages, 15 lignes. Ecriture récente (1881). (N° de cote 211).

المقاطيع العربيّة من المكتبة الشرقيّة

La *Bibliotheca Orientalis* d'Assemani renferme un grand nombre d'extraits d'auteurs arabes chrétiens, la plupart fort intéressants. Un copiste syrien nous les a transcrits en un volume spécial.

59

Papier fort. Reliure fatiguée en cuir noir avec dessins. Hauteur 15 1/2 cm. ; largeur 11 cm. 305 pages, 15 lignes. Ecriture Nasḫī ; milieu du XIXe siècle, vers la fin, de différentes mains plus récentes. (N° de cote 212).

مجمع الازهار من حديقة الاعطار

On lit, sous ce titre, le nom de نقوم ميخائيل صقال. C'est vraisemblablement l'auteur ou plutôt le compilateur. Dans la préface anonyme qui suit la table, on nous avertit que l'ouvrage est un tissu d'extraits, disposés en 15 chapitres, où domine l'histoire moderne. Les plus intéressants sont ceux qui racontent avec détail, les événements d'Alep et de Damas, en 1850 et 1860, lors du double soulèvement des Musulmans contre les chrétiens. Un autre chapitre curieux (p. 61-137) donne une partie du journal de voyage de l'évêque Maronite Checri Ḥakīm en France et en Espagne, en 1748. Les dernières pages notent des faits très récents, postérieurs à 1870. Le Ms a été vendu par un Alépin, en 1910.

60

Papier. Reliure fatiguée en cuir. Hauteur 19 cm , largeur 14 cm 101 pages, 17 lignes. Ecriture courante moderne (1880). (N° de cote 213).

Histoire populaire, prose et vers, en arabe moderne, des luttes de Joseph Karam avec le 1er gouverneur du Liban Daoud Pacha (1861-1868). L'auteur n'est pas nommé Son récit rappelle les chansons des bardes et des troubadours, et, à titre de folk-lore, mériterait d'être publié. Les 15 dernières pages racontent les gestes de deux autres libanais, 'Aqourī et Ġazāl, avec Roustom Pacha (1873-1883) On lit, sous le titre initial, le nom du copiste : نسخها يوسف دواص انطون روفائيل من دلبتا. Acheté à Beyrouth, en 1907.

61

Papier. Cahier broché Hauteur 21 cm ; largeur 15 cm 36 pages, 21 lignes Ecriture récente (1903) (N° de cote 214)

مختصر تاريخ الرهبانيّة الانطونيّة

On trouve dans cet opuscule un abrégé de l'Histoire de l'Ordre Maronite de St Antoine Qozhaiya, depuis ses origines, en 1694, jusqu'à nos jours, avec la liste des Supérieurs Généraux et une notice abrégée sur chacun des couvents de l'Ordre. L'auteur est un moine Antonin

62

Papier rayé Cahier cartonné Hauteur 15 cm. ; largeur 11 1/2 cm. 40 pages, 15 lignes Ecriture moderne (1907) (N° de cote 215)

تاريخ ديار ربيعة

Encore une compilation historique tirée, d'après l'auteur qui ne se nomme pas, d'historiens fort peu connus. Ce sont : زخريا الكفرتوثي والشمّاس شمعون النصيبيني ومار شموئيل الكوكبي وتاريخ الاخ موسى الذي من مدينة قطف الزهور اعني رأس العين وكتاب الشمّاس ناحوم التدياني. On y trouve un certain nombre de renseignements, géographiques et historiques, sur la partie de la Mésopotamie qui s'étend au sud de Diarbékir et à l'est d'Edesse, principalement Nisibe, Mardine, Dāra et le mont Masius. Plusieurs détails nous semblent légendaires. Ce Ms provient de Mardine.

63

Papier. Reliure en cuir doré sur les côtés. Hauteur 20 1/2 cm. ; largeur 15 cm. 352 pages, 19 lignes. Ecriture Nashī soignée ; sans date : fin du XVIIIe siècle, excepté la dernière page, récente. (N° de cote 126).

كتـــاب العبرانيين المسمّى كتاب المكابيين المنسوب الى ايوسبّوس ويسمّى يوسف ابن كريون

Histoire des Juifs, attribuée à Joseph ben Gorion, faussement confondu avec l'historien Flavius Josèphe (cf. *The Jewish Encyclopedia*, VII, 259). Elle est divisée en huit parties. Après un résumé très succinct des premiers âges historiques, l'auteur passe à la destruction de Jérusalem sous Nabuchodonosor, puis à Cyrus et à Alexandre. C'est la matière de la première partie. Les autres parties, de beaucoup les plus longues, s'étendent sur les événements qui se passèrent depuis les Séleucides jusqu'à la ruine de Jérusalem par Titus. L'histoire du siège de Jérusalem est assez bien résumée d'après le *de Bello Judaico*. Le style de cette traduction est très correct et même élégant ; on reconnaît un homme versé dans la langue arabe. M. G. de Slane (*Catalogue des Mss Arabes*, p. 342 n° 1906) en décrivant un exemplaire de cet ouvrage renvoie à Ḥāǧ Ḫalfa (II, 121), où cet auteur décrit, semble-t-il, le même livre. Voici son texte : تـــاريخ بني اسرائيـــل ليوسف بن جريون الاسرائيليّ الهارونيّ المؤرخ من احبـــار ارم عُني بنقلو من العبرانيّة الى العربيّة زكريّا بن سعيد اليمني الاسرائيلي وهو في مجلّد. Le traducteur de cette histoire serait donc Zakariya Ibn Sa'īd, juif yéménite. On peut lire, dans l'Encyclopédie juive de New-York (XII, 648), une courte notice sur cet auteur du Xe ou XIe siècle et sur l'ouvrage qui nous occupe.

Cette traduction a été publiée à Beyrouth, en 1872, et rééditée en 1908 sans notes ni préface. Quelques passages diffèrent de notre copie. Notre Ms provient d'une vente à Beyrouth, en 1907.

64

Papier. Reliure usée. Hauteur 24 cm. ; largeur 18 cm. 255 pages, 21 lignes. Ecriture Nashī, datée de 1801. (N° de cote 217).

Même ouvrage, présentant les mêmes particularités que le précédent et les mêmes différences d'avec l'édition de Beyrouth On y trouve également le passage relatif à St Jean Baptiste, mais non le témoignage sur Notre-Seigneur, que l'imprimé donne en ces termes (p. 214) ·

« وكان ايضاً في هذا الوقت رجل حكيم اسمهُ يسوع ان كان جائزاً ان يدعى انساناً وكان صانعاً عجائب كثيرة ومعلماً للذين ارادوا ان يتعلّموا الحقّ وكان لهُ تلاميذ كثيرين (sic) من اليهود والامم هو المسيح الذي اشتكى عليهِ رؤساؤنا واكابر امّتنا وسلّمهُ بيلاطوس النبطي للصلب ومع هذا كان الذين تبعوهُ من الابتداء لم يتركوهُ وقد ظهر اليهِ حياً ثالثة ايام بعد صلبهِ كما كان قد تنبأ بعض الانبيا وصنع معجزات أخر ولم يزل الى يومنا هذا بعض الناس يدعون مسيحيين الذين يعترفون بهِ رئيساً لهم »

65

Papier Simple brochage Hauteur 18 cm ; largeur 12 cm 32 pages, 14 lignes Ecriture moderne, milieu du XIXe siècle (No de cote 218)

احوال بيروت من السنة ١٨٤٨ الى ١٨٥٢

C'est une petite chronique intéressante sur les événements qui se sont passés à Beyrouth, de 1848 à 1852. L'auteur en est un grec orthodoxe. A la dernière page, une plume plus récente relate la mort de l'évêque grec-catholique Agabios. le 21 Mai 1878, et la nomination de son successeur, Malatios Fakkāk, en 1881.

66

Papier. Cahier broché. Hauteur 19 cm., largeur 11 cm 16 pages, 18 lignes Ecriture moderne, XIXe siècle (No de cote 219)

احوال النصارى في الشام من بعد حرب القريم

Le commencement et la fin de cet opuscule manquent. Ce devait être le récit des événements de 1860 Ce qui nous en reste décrit l'état des chrétiens après la guerre de Crimée, et passe ensuite aux causes qui firent éclater les massacres de cette époque L'auteur semble bien au courant de ce qu'il raconte Ces deux derniers opuscules ont été vendus par une famille orthodoxe, en 1905.

II. — MANUSCRITS MUSULMANS

a) Histoire universelle ou générale

67

Papier fort. Reliure orientale en cuir rouge avec languette et dessins dorés. Hauteur 32 cm. ; largeur 22 cm. 457 pages, 25 lignes. Ecriture moderne, sans date: XIXe siècle. (N° de cote 130).

تاريخ المسعودي

C'est l'Histoire universelle bien connue de Mas'ūdi († 345 =956), intitulée مروج الذهب *(Les Prairies d'Or)*, éditée plusieurs fois au Caire et traduite par Barbier de Meynard et Pavet de Courteille. Notre Manuscrit renferme un peu plus de la moitié de l'ouvrage, jusqu'au règne de 'Abd al-Malik Ibn Marwān. On peut en tirer des variantes et des corrections pour une nouvelle édition. L'ouvrage a été acheté aux héritiers de Nicolas Siouti : il avait fait faire cette copie en 1862, comme l'indique une note, placée au bas du titre.

68

Papier. Reliure orientale en cuir multicolore et languette. Hauteur 21 cm. ; largeur 15 cm. 184 feuillets, 20 lignes. Ecriture Nashī, XVIIe siècle. (N° de cote 131).

روضة المناظر في اخبار الاوائل والاواخر

Cette histoire universelle a pour auteur Zaïn ad-Dīn abu'l Walīd Muḥammad Ibn Šiḥna (749-815 = 1348-1412) ; il s'inspire des historiens musulmans précédents ou même les copie. Il conduit ses Annales jusqu'à l'année de l'hégire 806 (1403 de J.-C.). On trouve plusieurs copies de ce Manuscrit dans les grandes Bibliothèques d'Europe (cf. Brockelmann, *Geschichte d. arab. Litteratur*, II, 142). Au Caire, on en a fait une édition, publiée en marge des volumes VII, VIII et IX de l'Histoire d'Ibn al Aṯīr (1290). Notre Manuscrit est très soigné ; on y trouve plusieurs notes supplémentaires sur les marges et les feuilles qui précèdent ou suivent la copie. On lit, à la dernière page, que ce Ms a été copié en 1074 (1663), pour l'usage d'un grand personnage, sur une autre copie datée de 991 (1583). Acheté à Damas, en 1910.

69 - 70

Papier. Reliure orientale avec dessins gravés sur les côtés et la languette. Hauteur 31 cm. ; largeur 21 cm. Deux volumes 410 feuillets, 25 lignes et 327 à 27 lignes. Deux écritures différentes dans chaque volume ; le second a un encadrement en rouge. XVIIe siècle, sans date. (N° de cote 132).

تاريخ الخميس في انفس النفيس

L'auteur de cette Histoire est de Diarbékir (العلامة حسين بن محمد بن حسن الديار بكري) ; il vivait à la Mecque, au XVIe siècle ; sa mort eut lieu vers 1582. Il commence à la création, poursuit par l'histoire des Patriarches et des Prophètes. Il passe ensuite à l'Arabie, à ses tribus, à ses légendes et à ses fables, pour arriver à l'Islam, son Prophète et ses successeurs. La dernière partie est consacrée à l'histoire des dynasties Ommayade, ʻAbbaside, Fatimite et Ayyoubite, avec un abrégé très succinct des Mamlūks d'Egypte et de l'empire turc jusqu'au règne d'Amurat III (1574-1595). On trouve, dans la Préface, la liste des ouvrages où l'auteur a puisé. Cette histoire a été publiée au Caire, en 1283 (1866), en deux volumes, puis rééditée en 1302 (1884). Notre Ms a été acheté à Beyrouth en 1900. On lit, à la fin du 1er volume : وقد استكتبة (sic) هذا التاريخ المبارك النبوي المحمدي لنفسي ولمن شاء الله تعالى من بعدي. وانا الفقير الحقير الحاج عبد الرزاق ابن المرحوم الشيخ سليمان ; suit la date, illisible.

71

Papier. Reliure fatiguée en cuir et cartonnage. Hauteur 29 1/2 cm. ; largeur 19 cm. 609 pages, 31 lignes serrées en écriture persane. Fin du XVIe siècle. Le commencement manque. (N° de cote 133).

كتاب العيلم الزاخر في احوال الاوائل والاواخر

Ḥāǵ Ḫalfa (IV, 281) mentionne ainsi ce livre : كتاب العيلم الزاخر في احوال الاوائل والاواخر تاريخ كبير في مجلدين المولى الفاضل ابي محمد مصطفى ابن السيد الحسيني المعروف بجنابي. Au frontispice de notre Ms, son nom est donné autrement المولى مصطفى بن السيد حسن

الرومي avec la date de sa mort 999 H. (1590/1). L'ouvrage entier comprend, d'après Ḥāǵ Ḫalfa, 82 chapitres qui correspondent à autant de dynasties différentes. Notre Ms commence brusquement avec les derniers événements de la 34e dynastie, celle des Toulonides. Le 35e chapitre est consacré aux Ṭaǧǧites d'Egypte qui précédèrent les Faṭimites. C'est avec ce même chapitre que commence le Ms de l'Institut des Langues Orientales, longuement décrit par feu le Baron V. Rosen (*Catalogue des Manuscrits de l'Institut des Langues orientales*, p. 25-26); mais, contrairement à notre *Codex*, il est numéroté 39, au lieu de 35, et porterait ainsi le nombre des chapitres à 86, contrairement à ce qu'assure Ḥāǵ Ḫalfa. Quoi qu'il en soit, cette partie de l'histoire de Ǵannābī est fort utile pour la connaissance de toutes ces dynasties musulmanes qui s'étaient rendues indépendantes, depuis l'Asie Antérieure jusqu'à l'Extrême Orient, et dont il est si difficile de débrouiller l'histoire. C'est à cet ouvrage que nous avons emprunté une partie des renseignements que nous avons mis en œuvre dans notre article intitulé: « Un dernier Echo des Croisades (*Mélanges de la Faculté Orièntale*, I, p. 302-375). A mesure que ces dynasties se rapprochent du temps de l'auteur, les détails deviennent plus abondants. Son histoire des Sultans Ottomans est même diffuse et le style grandiloquent : c'est sa manière de faire sa cour au pouvoir. Le dernier chapitre s'occupe des fameux Ismaïliens de Perse. On lit, à la fin de la dernière page : تمّ الجزء المبارك . . . في اواخر جمادى الآخرة احد شهور سنة ثمان بعد الالف من الهجرة

Ce Ms. a été acheté à Londres, en 1891, chez un libraire.

72

Papier fort. Reliure orientale récente en étoffe et papier colorié avec languette. Hauteur 22 cm. ; largeur 16 cm. 155 feuillets, 27 lignes. Ecriture courante avec encre noire et rouge, XIXe siècle. (N° de cote 134).

اخبار الدُّول وآثار الأُوَل

Abul 'Abbās Aḥmad Ibn Yousof, né à Damas d'une famille originaire de Caramanie (938-1019 = 1532-1611), s'est proposé d'écrire une histoire universelle. En 55 chapitres et près de 200 sections, il passe en revue l'histoire de toutes les dynasties connues, en commençant par les premiers Patriarches et les Prophètes. L'histoire de l'Islam suit immédiatement, les dynasties principales d'abord, puis les autres, sans grand ordre. Ainsi les dynasties arabes préislamiques ne viennent qu'après les Mamlūks d'Egypte. Les rois des Indes, de Chine, de Grèce et d'Egypte sont rejetés à la fin ; la liste est close par les rois d'Israel. Une dernière partie est réservée à la géographie. Le tout est fort superficiel. L'ouvrage a été lithographié à Bağdād en 1282 H (1865), puis imprimé en 1290 en marge des cinq premiers vol. de l'Histoire d'Ibn al Atīr Notre Ms, acheté à Damas, en 1901, ne contient qu'une bonne moitié de l'ouvrage, c.-à-d. jusqu'à la dynastie Samānite de la Transoxiane.

73

Papier fort, un peu endommagé par l'humidité Demi-reliure récente en cuir et cartonnage avec titre doré. Hauteur 20 cm , largeur 14 cm. 164 feuillets, 21 lignes. Ecriture Nasḫī, XVIIe siècle. Le commencement et la fin manquent (N° de cote 135).

C'est la seconde partie de l'ouvrage précédent, d'écriture, d'époque et de provenance différentes. Le volume commence avec l'histoire de l'empire ottoman et se termine à l'article géographique consacré à Iconium (قونية) Acheté à Damas, en 1905.

74

Papier fort avec filets rouges d'encadrement. Reliure en cuir avec dorures anciennes sur les côtés et titre nouveau doré sur le dos Hauteur 31 cm ; largeur 22 cm. 303 feuillets, 31 lignes Ecriture du Ḥigāz, XIXe siècle (N° de cote 136).

كتاب سمط النجوم العوالي في ابناء الاوائل والتوالي

Cet ouvrage a été composé par un Mecquois, professeur au Haram de la ville du Prophète, il s'appelle 'Abd al-Malik Ibn al 'Husein al 'Iṣāmī (1049-1111 = 1639-1699) Suivant l'usage, il fait partir son histoire des origines du monde et des premiers Patriarches, mais il passe bientôt à l'histoire arabe préislamique, pour arriver à Mahomet et à ses successeurs immédiats jusqu'à 'Alī et à ses deux fils, Hasan et Ḥusein. L'auteur dresse, dans la préface, la liste d'une centaine d'ouvrages qu'il a consultés. Notre Ms date de l'année 1258 (1842) et a été copié, à la Mecque, par un certain Ḫulfān Ibn Muḥammad pour son Cheikh Abou ʿAbdallah Ibn Ǵamāl. Une partie de la Table initiale a disparu. Nous l'avons acheté à Londres chez un libraire, en 1891 On en trouve d'autres exemplaires à Londres, à Berlin et au Caire (Cf. Brockelmann, *Gesch. d. arab. Litteratur*, II, 384).

b) Histoire musulmane générale

75

Papier. Reliure en cuir rouge foncé et cartonnage. Titre doré sur le dos. Hauteur 23 cm. ; largeur 18 cm. 258 feuillets, 14 lignes. Copie moderne, XIXe siècle. (N° de cote 137).

كتاب خلاصة الذهب المسبوك في تاريخ الاولياء والملوك

Cette histoire détaillée des deux caliphats Ommayyade et ʿAbbaside, commence au règne de Walīd I (705-715) et se termine à la mort de Mostaʿsim (1258). L'auteur se nomme dans une poésie en mètre rajaz ainsi conçue :

أَلَّفَهُ بحرُ العلومِ الزاخرِ   بدرُ التصانيف المنيرِ الزاهرِ (1)
الاربجيُّ الصاحبُ المعظَّمُ   ربُّ الاحاجي والعلومِ العلَمُ
سنبطُ قنيتو الاربليُّ النسبِ   حاوي المعاني وعيون الادبِ
المتقنُ التأليفِ والتصنيفِ   من غير تبديلٍ ولا تحريفِ
لا زالتِ الآداب منهُ تُقتَبَسْ   فغُصنَ الآداب فينا قد غرسْ

Malgré nos recherches, nous n'avons trouvé nulle part mention de ce « ʿAbd ar Raḥman Sanbaṭ Qanīto d'Irbil», nom fort curieux et très exotique. Son histoire elle-même n'est pas connue. Ḥāǵ Ḫalfa ne la mentionne pas et aucune Bibliothèque d'Europe ne la signale. En parlant du Caliphe Mostaʿsim, l'auteur rapporte un mot de son Cheikh Ibn as-Sâʿī, mort en 673 = 1275 et auteur d'une Histoire des Caliphes. Il nous donne par là un renseignement historique sur son propre compte.

(1) Ici, en marge et à l'encre rouge, le nom de ʿAbd ar Raḥmān.

Quant à son histoire, elle procède par caliphat. L'auteur commence par un portrait physique et moral de chaque Caliphe, puis il raconte son rôle politique et sa vie privée Il passe ensuite à ses ministres, à sa famille et à ses employés dont il dresse la liste

Notre Ms est un cadeau de la famille Habīb Abéla de Saida. Voici ce qu'on lit, à la dernière page : وكان الفراغ من تعليقه على يد اضعف عباد الله تعالى واحوجهم الى رحمته. عبد الاحد كرجي القاطن يومئذٍ بمدينة صيداء... وذلك في الساعة الثالثة والنصف من ليل نهار الخميس الذي صباحه يوم الجمعة السادس من شهر آب سنة الف وثمانمائة وثمان وخمسين مسيحية. وهذه النسخة منقولة عن نسخة تاريخها يوم الخميس سابع ذي الحجة سنة تسع واربعين وسبعمائة هـ (١٣٤٨م) بمقام ماردين المحروسة بيد محمد بن محمد بن ابي بكر بن همران السحاري (السحاري ؟) الاصل الماردي المنشأ Une autre note en marge est ainsi conçue ان هذا الكتاب برسم جناب مالكه الخواجا حبيب ابيلا قونصلوس دولة اسبانيا بصيدا المحترم اقتناه بماله لحاله ومطالعة من يشاء من المستفيدين صح. Quand cet ouvrage est tombé entre nos mains, en 1883, nous n'en connaissions pas d'autre exemplaire. Deux ans après, l'ouvrage paraissait à Beyrouth. à l'Imprimerie orthodoxe, sans nom d'éditeur, d'après un Ms sur lequel on ne donne aucun renseignement On n'y trouve ni note ni référence, mais seulement une table alphabétique des noms propres et un simple tableau des Caliphes Les vers que nous avons cités et la note finale manquent aussi Nous avons cependant des raisons de croire que notre copie et l'imprimé proviennent d'un Ms unique ; les quelques légères différences qui s'y rencontrent s'expliquent par des fautes de copiste. A la page 173 de l'édition beyrouthine. on dit que le Ms avait une feuille en blanc qu'on a remplacée par un passage tiré d'un autre historien. Notre Ms, à ce même endroit (p. 213r), ne parle pas de feuille en blanc, mais d'un passage devenu illisible par suite de l'usure du texte Voici la note en question :

هنا يوجد شرح من اصل الكتاب لم تمكن كتابته بهذه النسخة لعدم امكان قراءته من اصله لانه داثر.

76

Papier encadré d'un filet double. Reliure moderne en parchemin et cartonnage avec titre doré sur rouge Hauteur 20 cm , largeur 13 cm. 532 pages, 20 lignes Ecriture moderne encre noire et rouge, XIXe siècle. (N° de cote 138).

تاريخ المسلمين

Cette histoire commence, au milieu des événements de l'année 13 de l'hégire (635 J.-C.), avec la conquête de Boṣra, capitale du Ḥaurân, et la mort d'Abou Bakr et se termine aussi au milieu d'un récit sur l'année 763 H (1362). Elle a été copiée, en 1883, sur un ancien Ms de la Bibliothèque de Mr Gébran Abéla († 1898).

L'auteur nous est inconnu et rien dans son récit ne laisse deviner son identité. Ces Annales relatent beaucoup de faits, mais très brièvement.

77

Papier. Reliure fatiguée, avec dessins. Hauteur 25 cm. ; largeur 19 cm. 116 feuillets, 25 lignes. Ecriture moderne (1856). (N° de cote 139).

قصص الخلفاء وفكاهاتهم

C'est une Histoire des six premiers Caliphes ʿAbbasīdes, avec force anecdotes sur leur compte, tirées le plus souvent d'auteurs connus, tels que Ṭabarī, Masʿoudî, Abou'l Farağ et autres. Le style se rapproche parfois du langage vulgaire ; il est possible que le compilateur anonyme de ces récits soit un chrétien. C'est de Ṣaida que provient ce Ms.

78

Papier fort, déjà usé ou taché en partie. Reliure en cuir luisant. Hauteur 20 cm. ; largeur 15 cm. 196 pages. La fin manque. Ecriture Nasḫī, XVIe ou XVIIe siècle. (N° de cote 140).

كتاب منتخب الزمان في تاريخ الخلفاء والعلماء والاعيان

C'est la seconde partie d'une Histoire des Caliphes et des hommes célèbres. Voici les premières lignes du titre : بسم الحيّ الابدى السرمديّ الــذي لايدرك وهو بدو وينبوع كلّ خير بو نبتدي بنسخ الجزء من كتاب الثاني من منتخب الزمــان في تاريخ الخلفاء والعلماء والاعيان وهو يحتوي تاريخ الخلفـــاء المصريين الفاطميين وبني ايوّب والاتراك الى يومنا هذا على سبيل الاختصار دون الاسهاب والاكثار تصنيف الفقير الى الله تعالى احمد بن علي ابن المغربي احمد ابن الحريري عفا الله عنهُ . .

Nous avons vainement cherché à savoir quel est cet Ibn al-Ḥarīrī, auteur de cet ouvrage. En Europe, nulle Bibliothèque ne contient un autre exemplaire de cette Histoire, que les écrivains modernes orientaux ont cependant citée plus d'une fois. Il est probable que l'auteur à vécu au XIVe ou au XVe siècle. Parlant, en effet, du Sultan Kutbugā, en 698 (1299), et de son entrée à Hama, l'auteur signale, à ses côtes, à la prière du Vendredi, le Cheikh Ḥasan Ibn al-Harīrī, probablement son parent. L'auteur serait donc syrien Cela expliquerait aussi l'étendue que prennent, dans son récit, les choses de Syrie.

Ce volume commence aux Fatimites, sur lesquels il donne quelques détails curieux, en particulier sur le fameux dieu des Druzes, al Hakim. Les Croisades y sont signalées avec quelques détails Il continue ensuite l'histoire des Ayyoubites, puis celle des Mamlūks jusqu'à l'année 710 environ (1310)

Notre volume se termine par l'invasion et la mort du Khan tartare, Ġazān fils d'Arġoun. Ce Ms est un cadeau des Cheikhs Farid et Philippe Khāzen

•

79

Papier tacheté par l'eau Reliure orientale, avec dessins et titre doré sur le cuir Hauteur 26 cm ; largeur 16 cm. 189 feuillets, 23 lignes. Ecriture soignée, encadrée de trois filets dont un jaune. Plusieurs dessins en couleur dans le texte. XVIII° siècle (1715) (N° de cote 141)

كتاب بغية الخاطر ونزهة الناظر

Ce titre se lit aussi sur la couverture, avec le nom de l'auteur en partie effacé ; il est mieux conservé à l'intérieur : تأليف سيدنا الشيخ محمد بن مصطفى الشهير بكاني et, sur la couverture : رحمة الله , en long, sur deux côtés d'un dessin : كل شي هالك الا وجهه et, au bas du dessin : كتاب في التاريخ والادب سنة ١٣١٢. C'est la date de cette reliure exotique Dans une longue préface, l'auteur, Mohammad Kāni, sur lequel nous n'avons trouvé aucun renseignement, nous apprend qu'un prince, dont le nom est donné sous forme de logogriphe, l'a engagé à écrire cette histoire Il énumère ensuite une trentaine de sources bibliographiques ; cette liste est suivie des titres des chapitres et sections de l'ouvrage Le premier chapitre en 8 sections (60 feuillets) renferme l'histoire du Prophète de l'Arabie, de ses compagnons et de ses premiers successeurs. Le second chapitre en 3 sections (ff 60-189) comprend l'histoire des Omayyades, des 'Abbasīdes et des Sultans Ottomans, dont le dernier nommé est le Sultan Amurat IV (1623-1639) La dernière section de ce chapitre est la plus intéressante, car elle contient l'histoire des Sultans et des gouverneurs du Yémen sous les Turcs Deux autres chapitres en six sections étaient annoncés dans la préface, mais l'auteur termine sans y faire la moindre allusion Il est probable qu'il y a renoncé. D'ailleurs ces chapitres auraient été, à en juger par leurs titres, des hors-d'œuvre. L'auteur semble donc originaire du Yémen et c'est aux détails qu'il donne sur ce pays que son œuvre doit son originalité Voici la finale du copiste.

تمّ الكتاب بعون الملك التوّاب يوم الجمعة ثمانية ايّام خلت من جمادى الاوّل سنة ١١٢٧ من هجرة النبي عليه الصلاة والسلام على يد افقر العباد واقلّهم في الزاد عبد الوهاب بن رحيم (SIC) بن ادريس عفى الله عنهم كتبه لولي الاحباب الاكرم حسين ابن محمّد بن حسن ايّده الله بالعزّ والكرامة بجاه من ظلّله الله بالغمامة امين

Acheté chez un libraire de Damas, en 1897.

c) Histoire de dynasties particulières

80

Papier Reliure orientale en cuir avec dorures dessins et titre doré sur rouge. Hauteur 21 cm, largeur 12 cm 200 pages, 21 lignes Écriture Nashī, commencement du XVIIIe siècle (N° de cote 142).

كتاب الاكوار والادوار

L'auteur de cet ouvrage s'appelle عبد الرحمان بن محمّد بن علي البسطامي ; né à Antioche, il mourut à Brousse, en 856 (1452) C'est un écrivain fécond à en juger par le nombre considérable d'ouvrages à lui attribués par Ḥāǵǵ Ḫalfa ou conservés dans les Bibliothèques d'Europe (cf Brockelmann, *Gesch d arab Liter*, II, 231-232) Le présent ouvrage est une compilation de cinq opuscules de l'auteur sur divers sujets d'histoire musulmane et dynasties particulières On y trouve aussi différentes autres mentions de Prophètes, de Caliphes, de Sultans, d'hommes célèbres, de personnages religieux au cours de chaque siècle Le tout forme un amalgame difficile à déterminer. Ce Ms a été acheté à Damas, en 1909. Le copiste, Aḥmad Ibn Muḥammad al-Qādir, a noté à la fin qu'il a transcrit l'ouvrage sur l'original en 1117 H (1705).

81

Papier fort et glacé. Reliure en étoffe et cartonnage. Hauteur 21 cm., largeur 15 cm. 66 feuillets, 22 lignes. Écriture Nasḫī, encre noire et rouge. Les 3 derniers feuillets sont d'une main plus récente. Le commencement manque. XVIIIe siècle (N° de cote 113).

تاريخ ائمّة صنعاء

Les Imāms de Sanʿā se réclament de ʿAlī. Ils secouèrent le joug des Ottomans, à la fin du XVIe siècle, et gardèrent le pouvoir près de deux siècles. C'est l'Histoire de ces Imāms, de leurs luttes et de leurs actions, qui est racontée dans cet ouvrage : il va de l'année 997 à 1050 (1588-1640). L'auteur anonyme annonce la suite de son ouvrage dans les dernières lignes du Ms. Il ne doit manquer que peu de chose au commencement, puisque le Ms prélude par les événements qui précédèrent l'autonomie du Yémen sous l'émir Qāsim Mansour (1000-1029 = 1591-1629). Ce Ms a été vendu à Damas, en 1907.

82

Papier. Reliure en cuir rouge avec arabesques et languette. Hauteur 20 cm., larg. 15 cm. 31 feuillets, 17 lignes. Écriture Nasḫī soignée, en deux colonnes, encadrements et dessins de couleurs. Sans date, XVIIIe siècle (N° de cote 144a).

نفح الصور

Le titre est accompagné du nom de l'auteur, le Sayyed Yaḥia al-ʿAbbāsī, d'ailleurs inconnu. Son ouvrage contient, en vers du mètre *ramal*, l'Histoire des 7 premiers Imāms de Sanʿā mentionnés plus haut (1000 à 1095=1591-1684) avec diverses digressions sur leurs enfants, leur parenté, et des poésies composées en leur honneur. On lit, au bas de la dernière page : برسم سيدي الصنو الفقيه الاديب الاريب الآخذ من خصال الكمال بنصيب جمال الدين علي بن احمد بن قاسم الساعي الحرلاني (sic) وفقه الله Nous n'avons trouvé nulle part mention de cet ouvrage

83

Papier fort. Reliure moderne en cuir et cartonnage avec titre doré. Hauteur 32 cm ; largeur 21 cm. 336 pages, 26 lignes. Écriture Maġribine, encre noire et rouge. XVIIIe siècle. (N° de cote 144 b)

تاريخ ابن الشمّاع

Ce Ms, précieux legs de feu Mr Goguyer, renferme l'Histoire des Almohades, des Hafsides, des Sultans du Maroc, des Beys de Tunis, des Deys d'Alger et des Sultans Ottomans Elle est intéressante, surtout pour les derniers siècles : elle finit à l'année 1139 (1726) Quant à l'auteur, Ibn aś-Śammāʿ, nous n'avons pu trouver aucun détail sur son compte. Une partie de son Histoire est signalée dans le Catalogue des Mss Arabes de Paris (de Slane, n° 3553[2]), mais sans aucun détail historique Brockelmann n'en parle pas.

84

Papier fort Reliure orientale en cuir rouge avec languette et dessins. Hauteur 32 cm. ; largeur 22 cm 160 feuillets, 33 lignes Ecriture Maġribine, XIXe siècle (1854) (N° de cote 145)

الكتاب الباشي

C'est l'Histoire des Beys de Tunis, au XVIIIe siècle, par le Vizir al-Ḥāǵ Ḥammoudah Ibn ʿAbd al-ʿAzīz. Elle commence ainsi : الحمد لله مؤيّد من قام بنصرة دينه وممدّ من احسن السيرة بنصرة تمكينه L'auteur nous apprend qu'il a entrepris son histoire à l'instigation de son maître, ʿAlī-Bey (1759-1782). Après avoir rappelé les événements qui aboutirent à l'indépendance des Beys de Tunis et les diverses luttes qui troublèrent alors l'Afrique septentrionale, l'historien esquisse les règnes de Husein-ben-ʿAlī (1702-1742), de son neveu ʿAlī-Pacha (1735- 1756), de Mohammad fils de Husein (1756-1759), pour s'étendre longuement sur le règne de ʿAlī-Bey, frère de Mohammad, qui se distingua par sa sagesse et ses belles actions. Cette histoire a dû être terminée avant 1782, année de la mort de ʿAlī-Bey. Notre Ms a été copié en 1271 (1854) Il en existe un autre exemplaire au British Museum (*Catalog Manuscr. Or.*, n° 950). Celui-ci nous vient de feu M. Goguyer qui nous a légué sa bibliothèque à sa mort (1910)

d) Historiens turcs

85

Papier Reliure en toile Hauteur 30 cm. ; largeur 19 cm. 43 feuillets, 20 à 30 lignes Ecriture turque, XVIIe siècle (1653), avec des ronds en couleur. (N° de cote 146)

ترجمة كتاب الانساب

Cet ouvrage est en turc. Il contient les généalogies des Patriarches, des Prophètes, des dynasties perses, arabes et turques Les noms des personnages sont écrits dans des cercles de diverses couleurs et rattachés, pour les dynasties, à d'autres ronds latéraux qui indiquent les enfants ou les successeurs Entre ces ronds sont intercalées des notes explicatives sur chaque individu ou dynastie, d'après les idées musulmanes. La liste se termine par les Sultans Ottomans, dont le dernier nommé est Mahomet IV (1649-1687). Nous n'avons pu en déterminer l'auteur ou plutôt le traducteur turc, car l'original semble avoir été en arabe. Le Ms a été vendu à Damas, en 1893.

86

Papier fort Reliure moderne en cuir noir et cartonnage avec titre doré sur le dos Hauteur 21 cm., largeur 15 cm 161 pages, 19 lignes Ecriture turque, encre noire et rouge, XVIIe siècle (1621) (N° de cote 147).

سير انبياء وخبر خلفاء وسلاطين

C'est une Histoire turque des Prophètes, des Caliphes et Sultans Ottomans. Les premières feuilles manquent, le Ms commence, avec les rois Mamlūks d'Egypte, en l'an 649 H (1251). L'Histoire Ottomane est assez développée. Après chaque règne, vient une liste des personnages qui s'y rendirent célèbres, avec la date de leur mort. On trouve, à la marge, beaucoup de notes et d'additions Le dernier Sultan dont il est parlé est Soleiman II le Magnifique (1520-1565).

Le nom de l'auteur, si l'on en croit une note marginale, serait « Sālih Effendi » nous n'avons sur cet écrivain aucun renseignement Un auteur célèbre de ce nom a vécu au XVIII° siècle, c.-à-d. deux siècles plus tard Nous croyons que c'est plutôt le livre intitulé تاريخ كوجك نشانجي dont l'auteur est Mohammad, secrétaire de Soleiman II (cf *Catalog Codic Or Bibl. Acad Lugduno Batavæ*, III, 20, cod 934).

Notre Ms se termine sur ces lignes du copiste (p. 160) · تمّت بعناية الملك المعين حرّره افقر الورى عبد الرحمن بن زكريا في اليوم الاحد وعشرين شهر رمضان المبارك من شهور سنة ثلثين والف من الهجرة النبوية عليه افضل التحية اللهم اغفر لنا ذنوبنا . Suivent deux autres pages supplémentaires Le Ms a été acheté à Beyrouth, en 1907, avec les deux suivants.

87

Papier fort Demi-reliure orientale fatiguée en cuir et carton Hauteur 20 cm largeur 14 1/2 cm. 255 pages, 15 lignes Ecriture turque, encre noire et rouge XVII° siècle (1641). (N° de cote 148).

C'est une copie de l'ouvrage turc précédent, mais plus récente d'une trentaine d'années Malgré une lacune de quelques feuilles, elle est plus complète de 50 pages. Le Ms commence au milieu du chapitre consacré à Moise et à Aaron , puis vient l'histoire des prophètes postérieurs jusqu'à Jésus-Christ. On passe ensuite à l'Islam, en commençant par Mahomet et ses successeurs. On donne après cela, en abrégé, l'histoire des Omayyades, des 'Abbasides, des Fatimites, des Ayyoubites, des Mamlūks et des Sultans Ottomans. Les onze derniers feuillets, qui manquaient à la copie précédente, contiennent l'histoire des rois persans, depuis Kyomert jusqu'à l'hégire, puis des rois grecs et des empereurs romains jusqu'à Héraclius Le nom de l'auteur manque. Le copiste finit ainsi تمّ الكتاب في اواسط ذي القعدة الشريفة سنة خمسين والف غفر الله لصاحبه ولكاتبه .

88

Papier. Reliure orientale en cuir rouge et carton Hauteur 21 cm . largeur 15 cm 302 pages, 17 lignes Ecriture turque, encre noire et rouge, XVIII° siècle (1750) (N° de cote 149)

مراقيد اوليا، — تواريخ هزار فن — مرآت العوالم — واقعة نامه

C'est un recueil turc de quatre livres historiques

1°) مراقيد اوليا، (p. 1-66) contient 180 courtes notices historiques de Prophètes, de saints personnages dont les tombeaux sont révérés dans divers lieux. Il commence par Osée (يوشع), dont il place le tombeau à Bagdād, et finit par le Cheikh Sandal (الوليّ الاكمل الشيخ صندل). L'ouvrage est anonyme. Le copiste termine par ces mots (قد وقع الفراغ في بلد قسطنطينيّة عن يد منلا مصطفى كاتب لحم في شهر صفر الخير سنة اربع وستين ومائة والف).

2°) تواريخ هزار فن (p 68-224) L'auteur se nomme ainsi, dans sa Préface حسين بن جعفر الاستانكومي الشهير بهزار فن تواريخ. Son ouvrage est un abrégé de l'histoire des Perses, depuis Kyomert jusqu'à l'Islam ; il y insère les récits islamiques sur les Prophètes, en commençant par Idrīs (Hénoch ?) Cette Histoire est suivie de celles des dynasties musulmanes, comme dans le n° précédent, dont parfois il reproduit les termes. L'histoire ottomane va jusqu'à Mahomet IV (1649-1687) Les 38 dernières pages sont consacrées à l'histoire du Bas-Empire, à partir de la conversion de Constantin le Grand jusqu'à la chute de Constantinople en 1453 Le copiste est le même, il signe ainsi قد وقع الفراغ من هذه النسخة في اليوم الثالث من دو (sic) القعدة في سنة اربع وستين ومائة والف عن يد احقر العباد منلا مصطفى بن منلا بكر ديار بكرلي الشهير بكاتب لحم. Quant à l'auteur et à son ouvrage, nous n'avons pu les retrouver ailleurs.

3°) تواريخ مرآت العوالم (p. 225-251) C'est la fameuse histoire de ʿAlī Effendi (عالي افندي), mort en 1008 H (1599), où la fiction joue le plus grand rôle. Il l'avait composée pour Mourad III, en 995 (1587). Voici comment elle est jugée par Ḥāǧ Ḫalfa (V, 484) مرآة العوالم تركي مختصر لعالي افندي ذكر فيه ابتداء الخلق وما قبل ذلك من الاوهام والاباطيل التي نشأت من الجهل وقلّة العقل وعدم الوقوف على النقل الصحيح كما في كتب الاخبار من الهذيان والاكثار.

4°) واقعة نامهٔ مرحوم ويسي افندي (p 255-290), Oueis ou Weisi est un écrivain turc célèbre († 1037=1627). Ce livre, composé sous forme d'un songe, met en scène les Prophètes et les grands hommes de l'antiquité qui exposent, dans un dialogue philosophique, les causes de la décadence des empires. L'ouvrage a été publié au Caire en 1252 (1837).

5°) Les dix dernières pages contiennent un traité anonyme sur les jours fastes et néfastes. Le copiste est toujours le même

e) Histoire de Patriarches ou de Prophètes

89

Papier fort Reliure récente en cuir noir et cartonnage Titre doré Hauteur 22 cm , largeur 16 cm. 120 feuillets, 15 lignes Le commencement et la fin manquent Belle écriture Nashi, encre noire et rouge Sans date, XVIIe siecle. (N° de cote 150)

كتاب المجالس في قصص الانبياء.

Les *Ma'galis al-Inbyia* ne manquent pas dans les Bibliothèques de Berlin, de Paris et de Londres; mais aucun des Mss de ces Bibliothèques ne répond à la description du nôtre. Ces Magalis sont sous forme de Ḫot-ba dans les mosquées, en un style recherché avec des vers et des bouts-rimés. Le premier Maglis, qui traitait probablement d'Adam, a presque complètement disparu Les chapitres suivants sont. 2° Cain et Abel (ff 10r). 3° Hénoch ou Idris (ff 11r) 4° Noé (ff 19r). 5° Houd et les 'Adites (ff 24r) 6° Ṣāliḥ et les Tamoudites (ff 28r) suivi de l'histoire d'Iblīs avec Adam (ff 33v) 7° Abraham (ff 38v). 8° Histoire de la Ka'ba (ff 43v). 9° Ismael (ff 47v) 10° Lot (ff 55v). 11° Dou l'Qarnein (ff 60r). 12° Joseph (ff 67v) 13° Job (ff 88r) 14° Šo'aib ou Jethro (ff 94r) 15° et 16° Moise, ses débuts et ses communications célestes (ff 99v). 17° Moise et le Ḫiḍr (ff 111v). 18° Balaam (ff 118r) Ce chapitre n'est pas terminé. Dans tous ces récits, l'histoire biblique est altérée d'après le Coran et les légendes fantastiques des Arabes Ce Ms a été acheté à Damas, en 1908.

90

Papier de diverses qualités. Demi-reliure fatiguee en cuir et cartonnage Hauteur 21 cm ; largeur 14 cm 431 feuillets, 17 et 18 lignes. Le commencement et la fin manquent Ecritures de deux ou trois sortes, XVIIe et XVIIIe siècle (N° de cote 151)

قصص الانبياء لابن منبه

Ce titre est d'une main plus récente : on a dû l'écrire à cause de la mention fréquente du fameux légendiste Wahb Ibn Monnabih. Nous croyons que cet ouvrage est plutôt le مجالس الابرار ومسالك الاخيار du Cheikh Ahmad Ibn ar-Roumī († 1040 = 1631). La description de ce livre, telle qu'elle est donnée par Hāg Halfa (V, 380) et Ahlwardt, dans le *Catalogue des Mss arabes de Berlin* (nos 8845 et 8846), se vérifie pour notre Ms. Les Magālis qui doivent être cent, ne sont pas numérotés au commencement, ils le sont seulement au feuillet 348v, qui porte le no 54. Le dernier Maglis (ff 428) est le 69e : il n'est pas terminé. Ces légendes de Patriarches et de Prophètes sont ramassées un peu partout. L'auteur puise dans le Coran, le Hadīt, le Habar, l'histoire religieuse musulmane, les apocryphes chrétiens ou rabbiniques, sans aucune critique. Notre Ms provient de la Bibliothèque d'un cheikh alépin, vendue à Beyrouth en 1911.

91

Papier fort. Reliure récente en cuir noir et cartonnage. Hauteur 25 cm, largeur 17 cm. 249 pages, 23 lignes. Ecriture Nashī, XIVe siècle (1366) (No de cote 151).

تاريخ بني اسرائيل ووقائعهم مع انبيائهم

Ce titre, donné à la première page, n'est pas exact. L'ouvrage est connu sous le nom de عرائس المجالس في قصص الانبيا par Abou Ishāq Ahmad Ibn Mohammad at-Ta'labī († 427=1036). On en trouve plusieurs copies dans les Bibliothèques d'Europe et différentes éditions imprimées au Caire (Brockelmann, *G d ar Litt*, I, 350). Notre Ms, acheté à un musulman de Naplouse, en 1912, n'a que la 2e moitié de l'ouvrage et commence vers la fin du chapitre consacré à Josué ; il peut servir à corriger plusieurs fautes des éditions d'Egypte. On sait que cette Histoire des Patriarches et des Prophètes est on ne peut plus riche en récits légendaires de toutes sortes, c'est là cependant que la plupart des Musulmans puisent leurs renseignements sur l'histoire biblique, sur Jésus-Christ et les époques qui précédèrent l'Islam jusqu'à Mahomet. Notre copie a été terminée, le 11 de Doul Higga 767 (1366), par Isma'il Ibn Ibrahim Ibn Qaisar al-Hanafi

92

Papier fort Demi-reliure en toile noire usée et cartonnage vert Hauteur 21 cm ; largeur 14 cm 138 pages, 19 lignes Ecriture Nashī, encre noire et rouge, XVIIe siècle (1694). (N° de cote 152)

قصّة سيّدنا يوسف عليه السلام

L'histoire de Joseph, avec les détails curieux que le Coran y a ajoutés, a souvent inspiré les écrivains musulmans. On en trouve de nombreux spécimens dans les Bibliothèques orientales d'Europe. Berlin (n°s 8953-8961), Paris (n°s 1933-1944), etc. Notre Ms est anonyme, mais il ressemble à celui qui y est décrit sous le nom de Muḥammad Ibn Abi'l 'Abbās Aḥmad al-Muqrī Le commencement cependant n'est pas le même. En voici les premiers mots : الحمد لله الذي نزّه عن الامثال والاشباه وسخّر الرياح والمياه لا مانع لما اعطاه ولا مبقي لما افناه. Le récit ne se suit pas régulièrement. L'auteur y introduit mille détails qui n'ont aucun rapport avec le sujet A propos de Joseph lui-même, sont rapportées bien des anecdotes puériles, parfois saugrenues : c'est un fonds inépuisable de contes puisés à toutes les sources apocryphes. Il termine par ces curieux renseignements (p 137). قيل انّ اليهود كانوا يكتبون قصّة يوسف بمياه الذهب المحلول في الواح الفضّة البيضاء وكانوا يعلّقونها بسلاسل الذهب في بيوتهم لعظم شأنها قال نبيّنا صلعم من سمع سورة يوسف وقصّته ولم يبكي (sic) حزنا عليه فلا بكت عيناه. On sait pourtant comment le Coran a abîmé cette histoire et lui a enlevé tout son parfum Le copiste de ce Ms se nomme. احمد بن الحاجي محمّد الامام بجامع حاتون. La date de sa copie porte (sic) في الخامس والعشرين من شهر صفر الخير من شهور سنة ستة ومائة والف من الهجرة النبويّة. Ce Ms a été vendu à Damas, en 1905.

93

Papier glacé Demi-reliure en cuir rouge et cartonnage jaune Hauteur 23 cm ; largeur 18 cm. 147 pages, 17 lignes Belle écriture Nashī, encre noire et rouge Sans date, XIXe siècle. (N° de cote 153).

بغية السائلين

C'est l'ouvrage le plus considérable de ce volume qui commence par deux contes (p 1-20) sur les prétendus miracles de Mahomet : le premier contient l'histoire d'un certain Ǧābir Ibn 'Abd al-Lât le Ǧorhomite, qui vient à Mahomet pour éprouver sa mission divine et la reconnaît aux signes qu'il opère, le second est encore plus curieux. il racoute comment Mahomet délivra un chameau et une gazelle qui étaient venus implorer son secours contre la cruauté de leur maître. (Cf Rieu, *Supplement of the Arabic Mss in the Br. Museum*, n° 501, fol. 202-29) Le Boḡiat as-Sāilīn se compose de 39 chapitres féconds en légendes (p. 20-147) sur la Création, les merveilles du paradis et l'histoire des Patriarches, des Prophètes, avec les légendes de St Georges, des martyrs de Naǵrān et des Sept Dormants. Le dernier chapitre est consacré à l'histoire d'un certain Rabbin Balouqia qui découvre en un vieux Codex la description du prophète arabe, longtemps avant sa naissance, et qui trouve, dans une île, un serpent, du nom de Balḥa, qui lui indique l'époque de sa venue. Cet ouvrage n'est signalé nulle part Acheté à Damas, en 1910.

f) Histoire de Mahomet

94

Papier glacé. Simple brochage Hauteur 18 cm, largeur 12 cm 18 pages, 15 lignes avec dessins et encadrement de couleurs Jolie écriture Nasḫī, rouge et noire, XVIIIe siècle (1713). (N° de cote 154)

نُزْهة النظر ونُخبة الفِكَر بشجرة نسب .. خير البشر

C'est un arbre généalogique, artistiquement disposé, de Mahomet, de sa parenté et de ses aïeux jusqu'à ʿAdnān. Cet arbre comprend, outre la descendance directe, les lignes indirectes des fils et petits-fils de chacune des souches Des cercles de couleurs et de diamètres différents font connaître les degrés de parenté La moitié inférieure de la page est réservée aux remarques sur chacun des aïeux mentionnés, leurs noms, qualités, mérites, d'après des auteurs anciens. Ce joli Manuscrit, acheté à Damas en 1896, ne porte pas de nom d'auteur L'écrivain anonyme ouvre ainsi sa préface: الحمد لله الذي وجب وجودهُ وعمّ الانام فضلهُ وجودهُ . المنزّه عن صاحبه وعن ولد المتفرّد في حكمه وهو الواحد الاحد الذي اصطفى محمّدًا صلعم من خلاصة العرب. وكان لنسبه فيهم اشرف نسب . Puis il nous apprend qu'il a dressé cet arbre généalogique pour la Bibliothèque d'un grand personnage qu'il désigne ainsi برسم حزانة المقام الاعظم والجناب الاكرم خادم الدولة العلية وسلاحدار السلطنة الاحمدية مولانا يوسف آغا . A la dernière page, en dehors du texte, le copiste — qui peut être aussi l'auteur de l'ouvrage — termine ainsi وكان الفراغ من تعليق هذا الجزء اللطيف والسفر الشريف يوم الجمعة رابع شوّال المبارك سنة اربع وعشرين ومائة والف احسن الله ختامها على يد العبد الفقير الحقير احمد بن محمّد الشويز بالحموي الكاتب بدمشق الشام عفى الله لهما الملك العلام امين .

95

Papier fort en partie encadré Demi-reliure en toile violette et cartonnage vert Hauteur 21 1/2 cm ; largeur 15 cm 41 feuillets, 23 lignes Ecriture Nashī, encre noire et rouge, XVIIIe siècle (N° de cote 154 bis).

خلاصة سير سيّد البشر

Cet ouvrage, dont l'auteur est Mohibbaddīn Abou'l 'Abbās Ahmad Ibn 'Abdallah at-Ṭabarī (615-694 = 1218-1295), est un abrégé de la vie de Mahomet en 24 chapitres (cf. Ḥāǧ Ḫalfa, III, 165 et de Slane, *Cat. de Paris*, n° 1546[3]). Dans la Préface, le contenu est bien décrit en ces termes : هذا مختصر فيه ذكر نسب رسول الله صلعم وميلاده ونبذ من غزواته واحواله وحجه وعمره واسمائه وصفاته وبعض مكارم اخلاقه ومعجزاته وذكر ازواجه وبنيه وبناته واعمامه وعمّاته وذكر خدمه وحيوانه ونعمه وسلاحه واثاثه وثيابه ووفاته . جمعته من اثني عشر مؤلفا من بين كبير انتخبته وصغير اختصرته Le copiste (ff 25) se nomme : مصطفى بن محمّد العسويي الريدي , à la date de 1183 (1769). Le reste de l'ouvrage contient une épître sur les mérites d'Abou Bakr (25[v]), puis différentes traditions mahométanes sur l'autre vie, enfin (38[r]) les recommandations de Mahomet à 'Alī Acheté à Beyrouth, 1910.

96

Papier avec encadrement rouge Demi-reliure en toile et cartonnage vert. Hauteur 21 1/2 cm ; largeur 15 1/2 cm. 116 pages, 23 lignes. Ecriture Nashī, encre noire et rouge, XIXe siècle (1813) (N° de cote 155).

كتاب شمائل النبيّ

Cet ouvrage sur les belles qualités du Prophète a pour auteur ابو عيسى محمّد بن عيسى بن سورة الترمذي (+ 279 = 892) ; les copies en sont nombreuses dans les Bibliothèques d'Europe Mais les recensions varient d'après les divers anneaux de la chaîne qui remonte à Tirmidī. Notre Ms serait une recension de l'année 484 H (1091), faite à Médine, sous la dictée d'un certain Abou'l Qāsim 'Abdallah Ibn Ṭāhir at-Tamīmī, venu de Balḫ En fait de belles qualités, on donne naturellement la première place aux avantages physiques et aux choses matérielles. L'ouvrage a été copié à Tunis, en 1228, le 11 Ǵumāda premier (1813) ; nous l'avons acheté, cette année 1913, à Beyrouth.

97

Papier fort avec double encadrement, dont un en or. Des enluminures, à la première et à la dernière page Reliure en velours avec dessins en or sur les côtés et la languette Hauteur 20 1/2 cm , largeur 15 cm 295 feuillets, sans les Tables, 21 lignes. Ecriture Nasḫī très soignée, encre noire et rouge, XVIII° siècle (1767) (N° de cote 156)

الشفا. في تعريف حقوق المصطفى

C'est une des vies de Mahomet les plus répandues , elle a pour auteur الامام الحافظ ابو الفضل عياض بن موسى القاضي اليحصبي († 544=1149). Hāǵ Ḫalfa la décrit longuement dans son Lexicon (IV, 56-58) et assure qu'on n'en a pas composé de pareille dans l'Islam On la trouve dans toutes les Bibliothèques d'Europe et d'Orient ; elle a été plus d'une fois imprimée au Caire. Notre Ms est princier : c'est un modèle d'écriture ; il devait être destiné à quelque grand personnage. Nous l'avons acheté à Beyrouth à un musulman, en 1911. Le copiste qui l'a écrit a signé, le 21 Muḥarram 1811 ; il s'appelle(?) حافظ ابرهيم بن عثمان ابرهيم الأدون بالاوثاني في بلدة (sic) المسمّاة بمستورن Cette finale est suivie d'une notice sur l'auteur, tirée de قلائد العقيان. Sur les marges, beaucoup de notes et de corrections proprement écrites.

98

Papier jaunâtre avec deux filets rouges d'encadrement. Reliure en cuir violet avec dorure sur les côtés et la languette Enluminure sur la première page. Hauteur 23 cm ; largeur 16 cm. 587 pages, 21 lignes. Ecriture imitée du persan, encre noire et rouge. Sans date, XIX° siècle, (N° de cote 157)

Autre exemplaire, moins riche, de l'ouvrage précédent, acheté en 1912 à Beyrouth et copié par le Molla Isma'il al-Boḫārī pour 'Izzat Pacha, comme en fait foi la note en turc de la dernière page.

99

Papier fort Reliure en cuir rouge foncé et cartonnage jaune colorié Hauteur 20 cm., largeur 15 cm. 205 pages, 21 lignes Ecriture Nashī, XVIIIe siècle (1730) (N° de cote 158)

كتاب معراج النبيّ

C'est l'histoire de la fameuse ascension de Mahomet au ciel, avec les détails les plus fantastiques sur le ciel, ses habitants et ses merveilles. L'auteur se nomme نجم الدين محمّد بن احمد الغيطي (✝ 984 = 1576). A Paris (*Catalogue* de Slane, n° 1985), on en possède une copie. Notre Ms a été acheté, cette année 1913, à Beyrouth, il date de la fin de Raǵab 1142. Le copiste s'appelle اسمعيل ابن الحاج حايمه الحموي الشافعي .

100

Papier Reliure fatiguée en cuir et cartonnage Hauteur 18 cm ; largeur 13 cm 127 pages, 17 lignes Ecriture Nasta'līq. XVIIe siècle (1627) (N° de cote 159).

مولد النبيّ ومعجزاته ومعراجه

Ce titre n'est pas clairement donné. L'auteur serait, d'après une note de la première page et un texte final, un certain Waliy ad-Dīn Effendi, qu'il ne nous a pas été possible d'identifier. L'ouvrage commence ainsi : الحمد لله الذي انشأ العالم من العدم ونوّره بنور قدسه من الظلم . وصوّر النور وجعله بشيرًا ونذيرًا لخير الامم . هو النبي الاميّ للعرب والعجم . C'est une vie légendaire de Mahomet où sont entassées les merveilles les plus invraisemblables et souvent les plus puériles sur le Prophète d'Arabie, qu'on nous représente, dès la première page, comme une émanation de Dieu et sa lumière. Le copiste qui a transcrit ce Ms, en 1037 H (1627), s'appelle Mahmoud Ibn Rasoul. Acheté à Beyrouth, en 1911

101

Papier fort Simple brochage avec couverture rouge Hauteur 22 cm ; largeur 16 cm 150 pages, 21 lignes. Ecriture Nashī du Ḥiǵāz, XVIIIe siècle. Le commencement et la fin manquent (N° de cote 160)

شرح سيرة الرسول

Le titre est conjectural Commentaire historique et philologique de l'histoire de Mahomet, analogue à celui de Souhailī (Rieu, *Supplement to the Catalogue of Arabic Mss in the Br Museum*, n° 504), mais de rédaction différente. On peut en tirer plus d'une remarque utile pour la connaissance de l'Arabie. Le Ms provient du Ḥiǵāz, mais il a été vendu à Beyrouth en 1911

102

Papier fort Reliure moderne en cuir et cartonnage Hauteur 23 cm. ; largeur 16 cm 68 feuillets, 13 lignes Ecriture Maǵribine, XIX° siècle (1857). Le commencement manque (N° de cote 161)

كتاب فتوح مكـة

Ce titre, donné par le copiste à la dernière page, ne correspond pas au contenu du volume. Les trois premières pages conservées terminent un ouvrage indéterminé, où il est question de J.-C. annonçant à ses Apôtres la venue de Mahomet (sic). L'opuscule suivant traite de l'ascension nocturne de Mahomet au ciel, dans le sens du livre décrit plus haut (n° 99). Ouvrage acheté à Ṣaida, en 1883.

103

Papier fort Reliure orientale en cuir rouge et papier colorié. Hauteur 20 cm ; largeur 15 cm 108 pages, 21 lignes. Ecriture Nasḫī, encre rouge et noire, XVII° siècle (1682) (N° de cote 162).

الدرّة المكلّلة في فتوح مكّـة المشرّفة المكنّة

C'est l'histoire légendaire bien connue, en prose mêlée de vers, de la conquête de la Mecque par Mahomet, elle a été publiée souvent au Caire. Abou'l Hasan al-Bakrī aṣ-Ṣiddiqī, qui en est l'auteur, a vécu au XVII° siècle. Notre Ms diffère sensiblement de l'imprimé ; il a été copié, en 1093 H, par le nommé Darwīš, fils du Cheiḫ Muntaṣir de Damanhour. Acheté à Aden, en 1895.

ĝ) Histoire des premiers Caliphes et des Compagnons de Mahomet

104

Papier fort Reliure orientale en étoffe noire et papier de couleur Hauteur 21 cm., largeur 15 cm. Ecriture Nashī, encre noire et rouge Sans date, XVIIe siècle (N° de cote 163)

كتاب الصواعق المحرقة لاخوان الشياطين اهل الضلالة والابتداع والزندقة

C'est le même ouvrage que Hāĝ Ḫalfa (IV, 110) a intitulé: (sic) الصوارق المحرقة على اهل الرفض والزندقة et dont il donne l'incipit, conforme à celui de notre Manuscrit. Il place la mort de son auteur شهاب الدين احمد بن حجر الهيثمي en 973 H (1665) et la première composition de l'ouvrage en 950 (1543). C'est une apologie des quatres premiers Caliphes, successeurs de Mahomet Le Prophète a aussi une bonne part dans cette œuvre, où la mentalité musulmane apparaît dans tout son jour L'histoire s'y mêle trop souvent de récits fabuleux. La mort de Husein est aussi racontée en de longues pages. Ce Ms est d'acquisition récente (1912)

105

Papier fort, avec filet d'encadrement Reliure moderne en cuir et cartonnage, titre doré sur le dos Hauteur 22 cm., largeur 16 cm Ecriture Nashī XVIIIe siecle (1789) La première feuille manque. (N° de cote 164)

مطمح الآمال الموقظ لجهلة العمّال من سنّة الضلال

L'auteur, d'après une note récente qui a disparu malheureusement à la reliure, se nommait سيدنا المهدي لدين الله, mais nous doutons fort de la réalité de ce nom. A la page 125 (cf. 139), une lettre d'Imām nous donne le nom de son aieul, ʿAbdallah Ibn al-Muhallah Ibn Saʿīd Ibn ʿAlī an-Nisāī. D'autres passages montrent que l'auteur vivait au XVIIe siècle. Quoi qu'il en soit, son ouvrage est consacré aux Imāms, descendants de ʿAlī. Après quelques pages sur le Prophète et ses qualités, l'auteur passe à ʿAlī, dont il décrit les mérites, puis aux Imāms, issus de lui, et à leur descendance. C'est donc l'œuvre d'un Chyite. La copie a été terminée, le 5 de Dou'l-Qa'dah 1194 (1780). Ce Ms a été acheté à Bagdād, en 1895.

106

Papier fort, en grande partie tacheté par l'eau ou l'humidité. Reliure moderne en cuir et papier colorié, titre doré sur le dos. Hauteur 21 1/2 cm, largeur 15 1/2 cm. 135 feuillets, 24 lignes. Ecriture Nashī, XVIII° siècle (1716) (N° de cote 165).

مجموع لطيف وتحفة ظريف (sic)

Le principal ouvrage de ce recueil est le premier (ff 1-77), intitulé المجالس المجتمعة في بعض مناقب الخلفاء الاربعة qui a pour auteur le Cheikh 'Abd ar-Rahmān Ibn Muhammad as-Saffourī. Ce n'est donc pas, comme l'ont cru Ahlwardt (*Catalogue de Berlin*, n°s 9695 et 9696) et Brockelmann (*Gesch. d. arab. Litt.*, II, 178), le même que l'auteur de نزهة المجالس, appelé 'Abd ar-Rahmān Ibn 'Abd as-Salām as-Saffourī. Cet opuscule contient la longue énumération des qualités et des vertus des quatre premiers successeurs de Mahomet, sans oublier naturellement le Prophète, Fāṯima, sa fille, a aussi sa bonne part d'éloges. Le copiste signe (77^v) الحاج عبد الرحمان الحافظ المدني التالي الشاذلي, le 10 Ǵoumādah premier 1128 (1716).

Les autres ouvrages sont les suivants 1° (ff 78-99) اصول الرزق في حصول الرزق de Ǵalāl ad-Dīn as-Soyoutī (✝ 911 = 1505), formulaires très variés de prières musulmanes infailliblement exaucées. — 2° (ff 100-114) الامداد والاستعداد ليوم الحشر والمعاد par al-Ǧazzālī (✝ 505=1111), traité ascétique pour se préparer au dernier jugement — 3° (ff. 115-122) ايها الولد, traité moral bien connu du même auteur, publié par Hammer.—4° et 5° (ff 122-135) Miscellanea, préceptes légaux, recettes médicales, etc. Le tout transcrit par le même copiste. Acheté à Beyrouth, en 1912.

107

Papier fort, jaunâtre, maculé. Reliure moderne en toile et cartonnage. Hauteur 20 1/2 cm, largeur 15 1/2 cm. 51 feuillets, 13 à 20 lignes. Ecritures diverses du XVIIIe et XIXe siècle. Le commencement manque. (N° de cote 166).

فتوحات اسلاميّة

Récit romanesque des conquêtes musulmanes, sous les premiers Caliphes, et particulièrement de l'Egypte et de la Syrie ; il ressemble beaucoup au faux Wāqidī. Provient d'une librairie de Beyrouth, acquis en 1908.

108

Papier fort, taches d'eau. Reliure moderne en cuir noir et cartonnage, titre doré sur le dos. Hauteur 27 1/2 cm ; largeur 19 cm. 149 feuillets, 23 lignes. Ecriture Nashī, encre noire et rouge. Sans date, XVIIIe siècle (N° de cote 167).

كتاب الاستيعاب في معرفة الاصحاب

Ouvrage considérable sur les compagnons de Mahomet, rédigé sous forme de Dictionnaire alphabétique, d'après l'alphabet Maġribin : exception toutefois est faite pour le Prophète de l'Islam qui ouvre le volume. L'auteur est un Cordovan, Abou 'Omar Iousof Ibn 'Abdallah an-Namarī al-Qourtoubī (368-463 = 978-1071). Ḥāǧ Ḫalfa (I, 276) a compté 3500 notices dans cet ouvrage ; dans l'édition faite aux Indes, à Haidarabad en 1319 (1902), le chiffre des notices atteint même 3585. Notre Ms ne contient que la 1re moitié de l'ouvrage (1540 notices); il est soigneusement écrit et donne de bonnes variantes sur le texte imprimé. Il provient d'une bibliothèque de Damas, vendue à Beyrouth en 1909.

109

Papier fort. Reliure orientale en cuir rouge et cartonnage avec languette jaune. Hauteur 23 cm ; largeur 17 cm. 410 pages, 17 lignes. Ecriture Nashī archaïque. Sans date, XVe ou XVIe siècle (N° de cote 168).

إعلام الاصابة بأعلام الصحابة

Résumé de l'ouvrage précédent par Mohammad Ibn Ya'qoub Ibn Mohammad Ibn Aḥmad al-Ḫalīlī, auteur du XIVe siècle. Il existe de cet abrégé un Manuscrit complet à la Bibliothèque Khédiviale (*Catalogue*, 2e éd., p. 227) où l'on dit qu'al-Ḫalīlī, en résumant l'ouvrage primitif, l'a mis en ordre alphabétique d'après l'alphabet courant des Orientaux. Ce n'est pas le cas de notre Ms qui garde l'ordre choisi par an-Namarī. Nous avons même remarqué dans notre copie des notices qu'on ne trouve pas dans l'original Mais elle est incomplète ; le commencement et la fin manquent Elle débute par la notice de ناجية et se termine par celle de ثغر بن الشماس (nos 1317-2307). Provient de la même vente de 1909.

110

Papier Reliure orientale en cuir et cartonnage avec languette. Hauteur 16 cm. ; largeur 11 cm. 116 feuillets, 19 lignes. Écriture Nashī, encre noire et rouge, XVIIIe siècle (1757) (N° de cote 169).

الدرّ الثمين في شرح اسماء البدريين

Badr est le nom de la localité où, grâce à un guet-apens, Mahomet remporta sa fameuse victoire sur les Qoreichites. Le présent ouvrage donne, par ordre alphabétique, les noms des combattants qui prirent part à ce glorieux fait d'armes, avec une courte notice sur chacun d'entre eux. L'auteur, Ṭah Ibn Muhanna al-Ǵabrīnī al-Halabī (1084-1178 = 1673-1764), avertit dans sa préface qu'il s'est fondé sur la liste donnée par le Cheikh ʿAbd al-Laṭīf al-Biqāʿī al-Himsī al-Misrī, il insère dans sa rédaction l'avant-propos de son prédécesseur, en encre rouge, et le commente, puis vient son propre travail qui consiste à fixer les voyelles du nom de chacun des Badrites, au nombre de 313, et à lui consacrer quelques lignes d'histoire. Notre copie a été terminée, le 16 Šaʿbān 1171 (1757). Acheté à Damas, en 1901.

b) Monographies d'hommes célèbres

111

Papier fort Reliure en cuir et etoffe noirs Hauteur 18 cm , largeur 14 cm. 154 pages, 13 lignes Belle écriture Nashī Sans date, XVIe siècle (N° de cote 170)

(مقتل الحسين)

L'ouvrage ne porte qu'un titre au crayon · c'est l'histoire très passionnée de la mort de Husein, fils du Caliphe ʿAlī, ainsi que celle des événements qui l'ont accompagnée. L'auteur n'est pas nommé, mais c'est certainement un ʿAlide ; car, pour lui, rien n'égale le malheur de cette mort. Les miracles, les prophéties les plus singulières viennent en rendre témoignage. L'évêque de Naǵrān, le fameux Qoss Ibn Sāʿidah, l'aurait même prédite (p. 78):

وقال قسّ بن ساعدة الايادي رحمهُ الله قبل مبعث النبيّ عليهِ السلام :

تخلّف المقداد منهم عصبةٌ   ثارت بصفّينَ وفي يوم الجمَل
والتزم الثارَ الحسينُ بعدَهُ   واحتشدوا على ابنه حتى قُتِلْ

Les vers suivants auraient été trouvés gravés sur une tablette en or, dans l'église de Naǵrān, avant l'Islam:

اترجو امّةٌ قتلت حسيناً   شفاعةَ جدّهِ يوم الحسابِ
لقد قدموا عليه بحكم جورٍ   فخالفَ حكمُهم حكمَ الكتابِ
ستلقى يا يزيدُ غدًا عذاباً   من الرحمانِ يا لك من عذابِ

L'écrivain s'appuie, pour toute autorité, sur un certain ابو مخنف لوط بن يحيى الازديّ عن يحيى بن معبد . Acheté à Baġdād, en 1895.

112

Papier fort et glacé. Reliure récente en cuir rouge et cartonnage colorié, avec titre au dos. Hauteur 24 cm. ; largeur 18 cm. ; 178 feuillets, 17 lignes. Belle écriture Nasḫī, encre noire et rouge ; titres en ṯuluṯ avec quelques ornementations. Sans date. XIVe ou XVe siècle. La préface a disparu à moitié, la fin manque. (N° de cote 171).

سيرة عمر بن عبد العزيز

Ce titre, sous cette forme, est conjectural. Nous avons là une vie du fameux Caliphe Omayyade ʿOmar Ibn ʿAbd al-ʿAzīz (717-720), faite, sinon avec beaucoup de critique, du moins avec goût. Le nom de l'auteur a disparu avec le premier feuillet. Serait-ce l'ouvrage intitulé : اخبار عمر بن عبد العزيز لابي بكر محمّد بن الحسن الآجرّيّ المتوفى سنة ٣٦٠ , signalé par Ḥāǵ Ḫalfa (I,188) ou peut-être (id. VI, 155-156) مناقب عمر بن عبد العزيز لابي الفرج ابن الجوزي : c'est possible. Voici les titres abrégés des 12 chapitres dont se compose cette monographie : 1° في ذكر نسبه ومولده . 2° في ذكر ديانته ومذهبه ومحبّته العلماء والصالحين . 3° في ذكر قوله الحق

وصدق مناصحته للخلفاء من قبله 4° في ذكر سيرته وعدله 5°. في ذكر من عزله من العمّال لجورهم وولاية من ولّاه منهم 6° في ذكر زهده 7° في ذكر حلمه وتواضعه وكرمه 8° في ذكر خطبه ومواعظه ووصاياه 9°. في ذكر آدابه وغزارة علمه . 10° في ذكر ما تمثّل به من الشعر وما قاله وما مُدح به . 11° في ذكر مرض موته وذكر سيرته مع اهله. 12° في ذكر ميراثه والمختار من مراثيه ووصيّته . C'est donc une biographie très complète, telle qu'on en rencontre peu chez les auteurs musulmans ; malheureusement notre Ms ne dépasse pas la moitié du 6e chapitre Malgré cela, on y trouve un grand nombre de lettres, de discours, de pièces émanées de ce Caliphe Il y a lieu de se demander quelle valeur ont tous ces documents. Notre Ms, acheté à Damas en 1900, semble inconnu

113

Papier fort avec trois filets d'encadrement. Reliure moderne en cuir rouge, doré sur le dos, et étoffe Hauteur 20 cm , largeur 15 cm 266 feuillets, 17 lignes. Magnifique écriture Nashī, encre noire et rouge La première feuille, qui était enluminée de dorures, est à moitié déchirée Le dernier feuillet manque (N° de cote 172)

التاريخ اليمينيّ

C'est la fameuse histoire du Sultan de Ġazna, Yamīn ad-Daulah Maḥmoud al-Ġaznawī († 421 = 1030) , elle a été composée, en un style fort recherché, par Abou Naṣr Muhammad al-'Otbī († 427 = 1036). Ce style de parade lui a acquis une grande célébrité. Elle a eu même l'honneur d'un commentaire philologique et littéraire par Ahmad Ibn 'Alī al-'Oṭmānī al-Mannīnī († 1172=1759). Il a été publié au Caire, en 1286 (1869), sous le nom : الفتح الوهبي على تاريخ ابي نصر العتبي . Notre Ms provient de notre résidence de Damas , il nous a été cédé en 1885. Il est très soigné ; souvent les voyelles ont été marquées

114

Papier Reliure en etoffe noire Hauteur 24 cm ; largeur 16 1/2 cm 51 feuillets, 27 lignes. Ecriture Nashī, XIXe siècle (1811). La première page est enluminée, les autres sont encadrées d'or et portent diverses ornementations également en or. (N° de cote 173)

عقد الجمان وشذور الياقوت والمرجان في المرايا التي يدلّ عليها اسم سليمان

Dans notre *Histoire de la Littérature arabe au XIXe siècle* (I, 20-22), nous avons fait connaître l'auteur, appelé السيد احمد البربير. Il a énuméré dans cet ouvrage les mérites de Soleiman Pacha, gouverneur de Syrie (voir, plus haut, le n° 45) ; puis, élargissant son cadre, il a recueilli tout ce qu'il a pu sur les homonymes du Pacha, à commencer par le roi Salomon. La philologie, la littérature agrémentent l'ouvrage, non moins que l'histoire. Ce Ms était évidemment destiné à être offert au gouverneur qu'on flatte ainsi en lui rappelant les gloires de son nom. Ce doit être l'autographe de l'auteur : il l'aurait écrit l'année même de sa mort, 1811. Le volume se termine sur une poésie en l'honneur de Soleiman Pacha ; en voici les derniers vers et la finale :

وله انتهى هذا الكتـا ب فزيــد في اكرامه
فبدأتــه وختمتُــه بمديح عز مقامــه
فمن اقتضى تاريخــه "ناجاه مسك ختامــه" (سنة ١٢٢٦)

والله المسئول ان يديم لدولة ذاك الوزير كمال النظام. بجاه سيدنا محمــد من كان للخلق مبدأ وللانبياء ختام

Acheté à Beyrouth, en 1901.

f) Recueils biographiques

115

Papier fort. Reliure orientale moderne en cuir foncé avec languette. Hauteur 31 cm. ; largeur 21 cm. 150 feuillets, 29 lignes. Ecriture Nasḫī, encre noire et rouge, nombreuses notes marginales. Les titres sont inscrits dans des cercles rouges. Le commencement et la fin manquent. (N° de cote 174).

(مجموع تراجم الادباء)

Ce titre, qu'on lit sur le dos, est conjectural. La majeure partie de l'ouvrage renferme, de fait, des notices d'hommes célèbres, dont les noms sont inscrits, en marge, dans des cercles rouges ; on en compte environ 200. Mais ces notices sont rattachées en général à l'histoire de Caliphes 'Abbasides des Xe, XIe et XIIe siècles. Ce serait ainsi une Histoire de Caliphes, comme l'a dit le Dr Josef Horovitz, qui a donné une courte notice de cet ouvrage dans les *Mitteilungen des Seminars fur Orientalische Sprachen*, 1907, II Abt., p 30, n° 36 On y trouve aussi l'histoire des princes Bouides et des Sultans Seldjoucides. Les Notices biographiques sont assez étendues. Parmi les auteurs cités en témoignage se trouvent des écrivains du XIIIe siècle, tel Ibn Ḫillikān, voire du XIVe et du XVe siècle, comme Ibn Śiḥnah. L'auteur vivait donc à une époque postérieure ; mais nous ne pouvons l'identifier, car le commencement et la fin de l'ouvrage manquent. Ce Ms a été acheté à Mossoul, en 1895.

116

Papier fort, tirant sur le jaune Reliure orientale fatiguée, cuir avec rosaces sur les côtés et la languette Hauteur 25 cm., largeur 18 cm 344 pages, 23 lignes Ecriture Nasḫī, encre noire et rouge, titres marginaux en rouge XIVe siecle (N° de cote 175)

كتاب طبقات الشافعيّة لجمال الدين الاسنوي

L'auteur, ابو محمّد عبد الرحيم بن الحسن بن علي الاسنوي القرشي الاموي, vivait au XIVe siècle († 1370). Son ouvrage est un des plus estimés pour l'histoire des célébrités du rite Śafi'īte. On en trouve de nombreux exemplaires dans les Biblioth. orientales. Notre Ms, très soigné, date de l'époque de l'auteur. Le copiste, qui ne se nomme pas, dit avoir confronté, en 1380, sa copie avec une autre copie revisée par l'auteur . بلغت مقابلتهٔ على نسخة قُرئت على المصنف وعليها خطّهُ فصحّ ذلك وذلك في مجالس متعدّدة آخرها صبيحة يوم الاحد من شهر ذي الحجّة الحرام سنة اثنتين وثمانين وسبعماية. Différentes notes font connaître les possesseurs de ce Ms ; nous l'avons acheté à Mossoul, en 1895

117

Papier fort, lisse, avec filet d'encadrement, maculé par l'eau. Reliure orientale en cuir rouge Hauteur 18 cm ; largeur 13 1/2 cm 276 pages, 15 lignes Ecriture Nasḫī approchant de la calligraphie persane, XVe siècle. (N° de cote 176)

رسالة فى اجارة الاقطاع — تراجم طبقات الحنفيّة

Les deux ouvrages contenus dans ce volume sont : 1° une consultation juridique du Cheikh Śams ad-Dīn al-Qounī sur une question de location de fief militaire, d'après le rapport de son disciple ابو الفضل زين الدين والملك القاسم بن عبدالله بن قطلو بغا, en 972 H (1564), comme celui-ci l'a noté (p. 116-117) : هذا آخر ما وجد بخط مصنّفه الشيخ قاسم بن قطلوبغا. . وتمّ ذلك في عاشر ربيع الثاني سنة ٩٧٢ النبويّة المحمّديّة (Cf. Ḥāǧ Ḥalfa, I,156)—2° un traité historique de ce même Ibn Qutlūbuġa († 879=1474) : c'est une histoire des célébrités du rite Ḥanifite, par ordre alphabétique. Flügel a publié cet ouvrage, en 1862, sous le titre de : تاج التراجم في طبقات الحنفيّة. Acheté à Beyrouth, en 1909.

118

Papier lisse glacé. Reliure européenne seignée, cuir et étoffe verts. Hauteur 30 cm. ; largeur 20 1/2 cm. 341 feuillets, 21 lignes. Ecriture distinguée, encadrement composé de lignes en couleur. Sans date, XVIII° siècle. Le nom de M. J. O' Kinealy est marqué plusieurs fois sur la couverture intérieure : l'ouvrage a dû lui appartenir. Nous l'avons acheté à un libraire de Leipzig, en 1905. (N° de cote 177).

سلافة العصر في محاسن اعيان العصر.

Tel est le vrai titre de l'ouvrage, donné dans la préface (ff. 8r) ; celui qui se lit sur le dos du Ms en caractères européens — محاسن الحرمَيْن — n'est qu'un titre de chapitre. L'auteur nous avertit, dans son avant-propos, qu'il a composé cet ouvrage pour faire suite à celui de Ḫafāǧī, intitulé ريحانة الاوليا. Il fait connaître les poètes du XVII° siècle, qu'il répartit en cinq classes d'après les pays où ils ont fleuri. Naturellement il commence par « les deux Sanctuaires de l'Islam », la Mecque et Médine ; puis viennent ensemble ceux de la Syrie et de l'Egypte, puis le Yémen, la Perse et l'Iraq et enfin le Nord de l'Afrique ou Maġrib. . Les notices, comme celles de Ḫafāǧī, sont des morceaux de haute littérature, très maigres pour l'histoire. Chaque notice s'accompagne de plusieurs extraits de poésies, destinés à donner un échantillon du talent du poète en question. L'auteur de cet ouvrage s'appelle السيّد صدر الدين علي خان بن احمد بن معصوم بن ابراهيم الامام المدني الحسيني الحسني ; il mourut à Śīrāz en 1104 H (1692) ; on a fait au Caire, il y a six ans, une édition très peu critique de son livre, sous le titre de : سلافة العصر في محاسن الشعراء في كل مصر. Il manque une feuille à notre copie.

119

Papier, en partie tacheté. Reliure moderne en étoffe et cartonnage, titre doré sur le dos. Hauteur 17 cm , largeur 13 cm 235 feuillets, 17 lignes Ecriture Nasḫī, encre noire et rouge, titres rouges en marge. Sans date, XVIIIe siècle (N° de cote 178).

الشقائق النعمانية في علماء الدولة العثمانية

Cet ouvrage a pour auteur un professeur turc, qui enseigna dans différentes Médresseh de Constantinople au XVIe siècle, ابو الخير عصام الدين احمد بن مصلح الدين مصطفى طاشكبري زاده (✝ 968 H=1560). Il donne, en 10 séries, des notices sur plus de 500 Musulmans, Ulémas ou Ṣoufis, qui ont joui d'une certaine notoriété sous les Sultans Ottomans, aux XVe et XVIe siècles. Précieux recueil de matériaux pour la connaissance de cette époque encore bien obscure. Ce livre n'a eu qu'une édition, d'ailleurs très incommode, imprimée en marge d'une édition d'Ibn Ḫillikān, publiée à Boulaq en 1299 H (1881-1882). Notre Ms est très soigné : les dix derniers feuillets manquent Au commencement, bonne Table des noms propres Acheté à Damas, en 1900.

120

Papier Reliure orientale fatiguée, ornementations sur les cotés et la languette Hauteur 28 cm. ; largeur 20 cm 284 feuillets, 29 lignes Ecriture Nasḫī, encre noire et rouge, XVIIe siècle (1616). (N° de cote 179)

كتاب لواقح الانوار في طبقات الاخيار

Ce sont des biographies de saints personnages musulmans, Derwiches, Soufis, etc, par ابو المواهب عبد الوهّاب بن احمد بن علي الشّعراني الانصاري الشافعي , lui-même Ṣoufi au Caire (✝ 973 = 1565). Cet ouvrage a été plus d'une fois édité au Caire. On lit, à la fin de notre Ms : وكان الفراغ من كتابة هذه الطبقات يوم الثلاثاء ثالث عشر ربيع الثاني من شهور سنة ستّة عشر بعد الالف على يد... محمّد بن احمد الدمشوري بلداً الشافعي مذهباً . Acheté à Beyrouth, en 1907.

121 - 122

Papier fort. Reliure orientale en cuir avec dessins sur les côtés et la languette. Deux volumes, hauteur 21 cm. ; largeur 15 cm. 241 et 240 feuillets, 24 lignes Ecriture Nasḫī, encre noire et rouge, souvent marquée de points-voyelles, XVII° siècle (1647) (N°s de cote 180 et 181).

Même ouvrage que le précédent. A la fin du second volume, on déclare que l'auteur a terminé son ouvrage, en 957 (1550), au Caire Puis vient la note du copiste : وكان الفراغ من كتابة هذه النسخة المباركة يوم الاربعا المبارك سادس عشر ذي الحجة الحرام ختام سنة سبعة وخمسين والف كتبه محمد المعروف بتاج العارفين ابن محمد بن احمد الدري (?). Acheté a Alep, en 1911

123

Papier jaunâtre, un peu gâté par l'humidité Reliure orientale en cuir rougeâtre et carton coloré Hauteur 26 cm. ; largeur 18 cm 566 pages, 30 lignes Ecriture Nasḫī, encre noire et rouge, les lettres manquent souvent de points, XVI° siècle Il manque quelques feuilles au commencement et à la fin. (N° de cote 182).

تراجم العلماء

Le titre marqué sur le dos est ainsi conçu : قطعة تاريخ البغدادي وهي تراجم العلماء. Cela donnerait à croire que ce volume fait partie d'une grande histoire, dont l'auteur serait un Bağdadien. Quel est cet historien de Bağdād ? rien ne le laisse deviner. Mais il a dû vivre au XVI° siècle, il parle (p. 8) de son passage par le Caire et d'une Igāzeh qui lui y fut accordée par un des Docteurs en 912 ((1506), ailleurs, il parle d'un second voyage dans cette ville, en 922 (1512). On trouve, dans un autre endroit, mention de l'année 936 (1529-1530). Son ouvrage donne par ordre alphabétique 296 notices de Cheikhs, parmi lesquels il en désigne 136 comme شيوخ الاجازة, et 155 comme شيوخ السماع. Il ressort de là que l'auteur a voulu faire connaître les maîtres qu'il a entendus dans les différents milieux scientifiques qu'il fréquenta, et ceux qui lui auraient accordé l'Igāzeh ou diplôme qui atteste sa capacité dans les sciences juridiques et religieuses dont il a suivi les cours. Il ne manque au commencement que trois notices ; à la fin, il manque également peu de chose. M Joseph Horovitz a décrit imparfaitement ce Ms (*Mitteilungen d Sem. f. Orient Sprachen,* 1907, II Abt, p 47 n° 46)

124

Papier ; mouillures, assez nombreuses. Reliure orientale fatiguée en étoffe et cartonnage avec rosaces sur les côtés Hauteur 29 cm ; largeur 19 cm, 429 pages, 19 lignes, abondantes notes marginales Écriture persane distinguée, XVI° siècle (1586). (N° de cote 183)

طبقات الصوفيّة للاجامي

C'est le fameux ouvrage du mystique persan, Nour ad-Dīn ʻAbd ar-Raḥmān Ibn Aḥmad Ǵāmī (1414-1492) : biographies de Soufis ou mystiques de l'Islam, rédigées en persan Nous n'avons pu nous assurer si ce texte important a été publié Notre Ms est d'une excellente conservation, bien que daté de 994 H. Vendu à Beyrouth, 1910.

125

Papier moderne, encadrement imprimé Reliure récente en parchemin et cartonnage de couleur, titre doré sur cuir rouge. Hauteur 20 cm , largeur 15 cm 76 pages, 14 lignes. Écriture récente, XIX° siècle (1887). (N° de cote 184).

نسبة آل تنوخ من كتاب صدق الاخبار

Histoire des émirs Tanouḫs, princes du district libanais nommé Al-Ǵarb, à l'ouest de Ṣaida et de Beyrouth Ces princes étaient druses ; druse aussi est leur historien, Hamza Ibn Aḥmad al-Faqīh Ibn Sbāṭ qui a vécu à la fin du XV° siècle. Il s'est inspiré souvent de l'*Histoire de Beyrouth* de Ṣāliḥ Ibn Yaḥia, que nous avons publiée en 1899. On n'y trouve guère de renseignements nouveaux, si ce n'est sur les quelques années qui suivirent la mort de Ṣaliḥ Ce Ms a été copié, en 1887, sur un Ms appartenant à M. Chucri Abéla de Ṣaida. Copie d'un de nos professeurs, M. Saʻīd Zind

126

Papier récent. Simple brochage Hauteur 20 1/2 cm ; largeur 13 cm. 208 pages, 18 lignes. Écriture moderne très récente (N° de cote 186).

نزهة الخاطر وبهجة الناظر

Cet ouvrage a été décrit par le Baron V Rosen (*Mss Arabes de l'Institut des Langues Orientales*, n° 51, p. 27) Il contient la liste, avec courtes notices, des Qāḍis ou juges de Damas, depuis les premiers temps de l'Islam jusqu'à l'époque de l'auteur qui se nomme شرف الدين موسى ابن جمال الدين

يوسف بن ايّوب الانطاكي الشافعي الدمشقيّ (1539-1590). Notre copie a été faite sur un Ms, propriété de la famille Moudawwar à Beyrouth, à la fin duquel on lit ce qui suit : وقد وافق بعون الملك العلّام الفراغ من نسخ هذه النبــذة المباركة نهار الاربعاء غرّة ذي الحجّة الحرام سنة ١١٩٩ وذلك بامر مولانا الفرد الهمام . . . السيّد الشريف محمّد افندي خليل مفتي الاسلام حالاً . . . على يد . . محمّد ابن الشيخ ابرهيم العجلاني. D'où il résulte que le Ms en question est de l'an 1785 et que c'est l'abrégé d'un autre ouvrage plus considérable aujourd'hui perdu. Tel qu'il est, il peut fournir quelques bons renseignements sur Damas avant l'époque turque.

127

Papier, tacheté par l'eau. Reliure orientale moderne on cuir et cartonnage simple. Hauteur 21 cm. ; largeur 15 cm. 79 feuillets, 20 lignes. Ecriture Nashī, encre noire et rouge. Sans date, XIXe siècle. Le commencement et la fin manquent. (N° de cote 187).

تراجم اعيان الدنيا الحسان

Ce titre se lit au haut de la première page, marquée du chiffre 91. La pagination se poursuit jusqu'au feuillet 169. L'ouvrage est assez récent: d'après une note marginale du feuillet 149r, l'auteur l'aurait composé en 1268 (1851), cependant le papier accuse une date antérieure. On y trouve rassemblées les notices des hommes célèbres de l'Islam, classés en différentes séries d'après leur profession ou leur dignité. Notre Ms commence vers le milieu du chapitre VII, consacré aux Traditionistes et aux Philologues. Les chapitres suivants passent en revue les Poètes (92r-98v), les hommes généreux et les avares (98v-106v), les hommes courageux et les timides (106v-109r), les faux prophètes et les incrédules (109v-116r), les extatiques (المجاذيب) musulmans (116r-118v), les médecins (119r-120v), les aliénés et les monstres (121r-126r), les chefs de partis (126r-134v), les Caliphes et les Sultans, en commençant par les Omaiyades : le dernier Sultan nommé est Maḥmoud Khan II (1805-1839) (134v-149r); puis les Vizirs, les Emirs, les Cheikhs de l'Islam, les Qāḍis (149r-158v), les hérésiarques, les bouffons et les amoureux (158r-169). Le Ms se termine au milieu du ch. XXV. Ces notices sont en général assez maigres ; rien de bien neuf. Acheté à Beyrouth, en 1911.

128

Papier fort ; les feuillets de la première moitié sont encadrés d'un filet rouge. Reliure moderne en cuir et cartonnage noirs, titre doré sur le dos. Hauteur 21 1/2 cm. ; largeur 16 cm. 59 pages, 21 lignes. Ecritures diverses de la seconde moitié du XVII° siècle. (N° de cote 188).

اجازات العلماء

Ce titre répond mieux au contenu que celui qu'on lit sur le dos du livre اقوال الصوفيين . L'ouvrage est un modèle des Igâzeh ou Diplômes, accordés par les Cheikhs autorisés à tout profane qui veut, à son tour, passer maître. Quel est le profane en question ? il est difficile de l'extraire de ce fatras moitié historique, moitié juridique que nous avons lu plus d'une fois pour en débrouiller le contenu. L'écrivain, après une longue préface, énumère les Imāms qu'il a connus et qui l'ont diplômé à la Mecque, à Ṣan'ā et autres villes ; il rappelle leur mérite ainsi que les livres qu'il a étudiés sous leur direction et donne des spécimens de leur correspondance et des diplômes écrits de leur main. L'auteur écrivait en 1089 H (1678) ; l'ouvrage se termine en 1102 (1690). Acheté à Mascate, en 1895.

129

Papier. Reliure orientale moderne en cuir et papier colorié. Hauteur 21 cm. ; largeur 14 cm. Deux parties en un volume, 174 et 119 pages, 21 lignes. Ecriture moderne, encre rouge et noire, XIX° siècle. (N° de cote 189).

كتاب المسك الاذفر في نشر مزايا رجال القرن الثاني عشر والثالث عشر .

Biographies de 130 à 140 Musulmans, célèbres surtout dans l'Iraq aux deux derniers siècles. L'auteur, le Saiyed Na'mān Ḫaïr ad-Dīn al-Alousī, appartient à une famille d'écrivains bien connus à Baġdād ; il a lui-même composé un certain nombre d'ouvrages religieux et juridiques. Le présent volume, consacré à des notices biographiques, nous a servi pour notre *Histoire de la Littérature arabe au XIX° siècle*. Il est encore inédit. Notre copie a été faite en 1305 (1890). Nous l'avons achetée à Baġdād, en 1895.

j) Histoire de provinces ou de villes.

130

Papier de luxe, avec large bordure de dessins imprimés en or et couleur rouge. Reliure en maroquin, doré sur tranche. Hauteur 32 cm, largeur 21 cm. 266 feuillets, 15 lignes Belle écriture Nashī, encre noire et rouge, XIXe siècle (N° de cote 190)

كتاب تاريخ الجزيرة

Le vrai titre de cet ouvrage n'est pas donné dans le Ms C'est en réalité la seconde partie de l'Histoire d'Ibn Śaddād Abou 'Abdallab 'Izz ad-Dīn Muhammad Ibn Ibrahīm al-Halabī († 684 = 1285), intitulée الاعلاق الخطيرة في تاريخ الشام والجزيرة Hāğ Ḫalfa (I, 360) a confondu notre auteur avec le fameux Ibn Śaddād Abou'l Mahāsin Yousof, auteur de la vie de Saladin. La première partie de cette Histoire, qui traite de la Syrie, est longuement décrite par Rieu dans la Catalogue des Mss Arabes du Brit. Museum (n° 1323, p. 613-614) Le reste de l'ouvrage contient l'Histoire de la Mésopotamie : c'est la matière de la copie que nous décrivons. La Bibliothèque de Berlin, (*Arab Hss*, IX, p 294-297) en possède un exemplaire Ahlwardt en a donné une description très détaillée ; nous y renvoyons les Orientalistes. Notre Ms est identique à celui de Berlin : il n'en diffère que par le colophon final qui est de la main de l'alépin Rizqallah Ḥassoun († 1882), comme, du reste, la copie tout entière. Voici ce qu'il écrit : وقد نسخه لنفسه رزق الله بن نعمة الله حسون الحلبي مولدًا واللندني هجرةً وكان الفراغ منه في الثاني والعشرين من حزيران سنة ست وسبعين وثمانمائة والف للميلاد وفق سنة ١٢٩٣ للهجرة المحمدية وقد نقل بحروفه عن نسخة عتيقة مكتوب في آخرها ما نصّه وكان الفراغ منه بكرة نهار السبت خامس عشر رجب في سنة تسع وتسعين وسبعمائة على يد اضعف العباد الراجي عفو ربّه وغفرانه سليمان بن غازي الايوبي رحم الله من ترحّم عليهم (sic) ودعا لهم بالمغفرة ولسائر المسلمين امين يا ربّ العالمين والحمد لله والصلاة على سيّد العالمين . Qu'est devenu le Ms sur lequel Rizqallah Hassoun a transcrit sa belle copie ? Nous l'ignorons, mais il est certain que ce manuscrit était indépendant de celui de Berlin bien plus récent Notre copie elle-même a été décrite par M. J. Horovitz dans son travail sur les Mss historiques d'Orient (*Mitt. d. Sem. f. Orient. Sprachen*, 1907, II Abt p 30, n°s 25-26) Un de nos Missionnaires, originaire d'Alep, a hérité de ce volume, ainsi que de quelques autres, à la mort de R. Ḥassoun.

131

Papier avec filets d'encadrement rouge et bleu. Reliure orientale en cuir rouge, rosaces vertes et dorures diverses sur les côtés et la languette. Hauteur 22 cm, largeur 18 cm 386 pages, 20 lignes. Ecriture Maǵribine, XIX°. (N° de cote 191).

كتاب الانيس المطرب بروضة القرطاس في اخبار ملوك المغرب وتاريخ فاس

Nous devons ce Ms à la générosité de feu M. Goguyer Il contient l'histoire de Fez et des différentes dynasties, Idrissite, Zenéta, Almoravide, Almohade, Mérianide qui ont successivement régné, du VIII° au XIV° siècle, sur le Maroc. L'auteur était un musulman de Grenade, l'Imām Abou Mohammad Sālih Ibn 'Abd al-Ḥalīm ; il termine son récit à l'année 1326 Son histoire, justement estimée, a été publiée avec une traduction latine par Torneberg à Upsala. M. A. Beaumier en a donné une traduction française, en 1860, à Paris. Notre copie est très soignée.

132

Papier. Reliure orientale en cuir et cartonnage Hauteur 23 cm ; largeur 18 cm 285 pages, 19 lignes Ecriture Nasḫī, encre noire et rouge, XVIII° siècle. Les titres sont en ṭoulot (N° de cote 192).

كتاب الدرّ المنتخب في تاريخ حلب

C'est l'ouvrage qu'a édité, à notre Imprimerie Catholique en 1909, M. Joseph Elian Sarkis, sous le nom du Cheikh ul-Islām Mohibb ad-Dīn-Abou'l-Fadl Mohammad Ibn Śihnah C'est là, en effet, le nom d'auteur qu'on lit au frontispice. Mais une double préface vient bientôt modifier cette première attribution, des renseignements qu'elle fournit, il résulte que l'auteur a combiné deux histoires d'Alep, l'une de Kamāl ad-Dīn Ibn al-'Adīm, intitulée بغية الطلب في تاريخ حلب, avec emprunts à l'Histoire d'Ibn Śaddād (الاعلاق الخطيرة) décrite plus haut ; l'autre de Mohibb ad-Dīn Ibn Śiḥnah, qui a pour titre نزهة النواظر في روض المناظر. Le nom du compilateur ne se trouve nulle part. Ne serait-ce pas ابو الحسن علي بن محمّد الحريري المعروف بابن حطيب الناصريّة (†843 = 1439), mentionné par Hāǵ Ḫalfa (II, 60 et III, 191) comme auteur d'un supplément à l'Histoire de Kamāl ad-Dīn ? C'est plus que vraisemblable De plus, on trouve dans cette recension des additions attribuées à un auteur postérieur, nommé ابو اليمن المعروف بالبتروني الحنفي المدرّس بمدرسة خسرو باشا بحلب en 1035 (1625). Il y a même des citations d'auteurs chrétiens, tels que Eutychius, Mahboub al-Manbiǵī, Yahia Ibn Sa'īd, Ibn al-'Amīd, un certain Abou Elias, etc Tout cela fait supposer qu'un auteur chrétien a passé par là. A la page 206 de notre Ms (p. 203 de l'imprimé) l'énigme s'éclaircit · on y lit, en effet, une référence au livre traduit par Macarios d'Antioche et que nous avons décrit au n° 12 Or cette référence est donnée à la première personne في تاريخنا الرومي الذي استخرجناه للعربي وسمّيناه الدر المنظوم في اخبار ملوك الروم . Plus de doute, l'ouvrage sous sa dernière forme est du Patriarche d'Antioche Macarios Ibn Za'īm On s'explique dès lors la citation grecque (p. 204) Χριστὸς μεθ'ἡμῶν, στῆτε Ce Ms a été acheté à Alep en 1900. Le Musée Britannique en possède deux exemplaires (Rieu, *Catalog. Codic. Mus. Britan* , p. 433 et 617)

133

Papier fort. Reliure orientale en cuir avec dessins Hauteur 21 cm ; largeur 15 cm. 203 pages, 17 lignes. Ecriture Nasẖī, encre noire et rouge, XIX° siècle (1824) (N° de cote 193)

المنتخب من تاريخ حلب لابن شحنة

Ce titre est plus clairement donné dans le frontispice du Ms suivant. On lit en tête de la première page : هذه نبذة انتخبها العلّامة زين الدين احمد بن علي بن الحسين بن علي المعروف بالشعيفي من تاريخ العلّامة اقضى القضاة ابن الوليد بن شحنة الحلبي وهي خمسة وعشرون بابا

C'est une édition réduite de l'Histoire d'Alep d'Ibn Šiḥnah. On n'y trouve point les citations nombreuses d'auteurs musulmans et chrétiens qui figurent dans l'ouvrage décrit au numéro précédent, mais c'est le même ordre et le nombre de chapitres est le même aussi L'auteur de ce choix, Zain ad-Dīn Ahmad aš-Šu'aifī, est inconnu.

Ce volume contient, en outre, divers autres ouvrages. 1° (p. 124-152) Une description des Saints-Lieux par un catholique du XVII° ou XVIII° siècle. — 2° (p. 153-157) Description très banale des églises et des couvents de Russie et de Valachie par le métropolite 'Isā, disciple du Patriarche Joachim (cf. de Slane, *Mss Arab. de la Bibl. Nat. de Paris* n° 312[3]). — 3°(p 157-168) Description du Sinaï par le diacre Ephrem (XVIIe siècle), publiée par nous dans *Al-Machriq* (1906, XI, p. 736 et 794) et traduite en français par le Professeur Guidi dans la *Revue Biblique*, (1906, p 433-442). — 4° (p. 169-173) Description de Rome et de Constantinople (cf. de Slane, n° 312 [7 et 8]) — 5° Le contenu du reste du volume est le même que celui du Ms de Paris (n° 312[10-13]). — 6° (p. 174-204) Les funérailles d'Alexandre, les 30 Merveilles du monde, le Testament de Loqmān, le Testament de Hāriṯ Ibn Ka'b, plus quelques sentences et des fables, tirées en partie de Loqmān. Une note finale donnait la date du Ms (1824) ainsi que le nom du copiste (il a été gratté) Il se lit à la page 164 : شكرالله عبود الروم الكاثوليكي Acheté à Alep, en 1885

134

Papier fort. Reliure fatiguée en cuir brun avec dessins Hauteur 22 cm , largeur 16 cm. 302 pages, 18 lignes Ecriture Nashī, encre noire et rouge, de la même main que l'ouvrage précédent Sans date, XIXe siècle (N° de cote 194)

Autre exemplaire de l'ouvrage précédent · c.-à-d. l'Histoire d'Alep, avec quelques citations et notes en plus ; puis les descriptions des Lieux-Saints, des Couvents de Russie et de Valachie, du Sinaï, de Rome, de Constantinople ; les Merveilles du monde, etc. Il s'y trouve, en outre, une description d'Antioche (237-253), du Temple de Salomon (p. 254-258), de la citadelle d'Alep (p 287-296) , enfin, diverses notes marginales. On lit à la dernière page : قد انتقل الى ذمّة الخوري الياس ريّات الطيب ومنه انتقل الى ولده ميخائيل طيب في سنة ١٢٤٣ (١٨٢٧) . Acheté à Alep comme le précédent

135

Papier photographique. Broché. Hauteur 18 cm , largeur 13 cm 130 feuillets (N° de cote 195).

كتاب تاريخ بيروت

Reproduction photographique de l'Histoire de Beyrouth par Sālih Ibn Yahia d'après le Ms unique de la Bibliothèque Nationale de Paris 1670. Nous avons publié cet ouvrage, en 1898, avec des notes, dans *Al-Machriq* d'abord, puis à part, avec des additions et des Tables. Un supplément de dix feuillets, qui nous avait paru incomplet, n'était en réalité que brouillé : une étude plus attentive de l'original nous a permis de retrouver l'ordre des feuillets intervertis par la maladresse du relieur. Ce Supplément a paru dans les *Mélanges de la Faculté Orientale* (t. I, 1906, p. 303-315) avec une traduction française (p 334-359).

136

Papier fort Reliure moderne en cuir et cartonnage colorié avec titre doré Hauteur 25 cm., largeur 18 cm. 116 pages, 20 à 28 lignes. Ecritures diverses, XIXe siècle, (1895) (N° de cote 196).

نبذة من تاريخ الموصل

Cette histoire de Mossoul est une introduction à un ouvrage plus considérable que l'auteur محمد امين بن خير الله العمري الموصلي († 1203 = 1789) appelle dans sa préface منهل الاولياء ومشرب الاصفياء من سادات الموصل الحدباء, destiné aux biographies des hommes célèbres de Mossoul Il en existe un Ms à Berlin (Ahlwardt, *Arab. Hss*, II, 37) Cette introduction historique donne une vue d'ensemble sur les origines de la ville et les principaux événements qui s'y sont passés jusqu'à l'époque de l'auteur, en 1200 H (1785).

Ce volume renferme encore : 1° (p. 67-80) une Histoire des Yézidis, d'après un Ms karšounī de l'église chaldéenne de Mardine. — 2° (p. 81-88) diverses notes historiques sur la ville de Mardine. — 3° (p. 88-92) l'histoire de la Sibylle d'Ephèse. — 4° (p. 93-116) une histoire curieuse, en syriaque, de Mahomet et du moine Sergius. C'est un prétendu récit du moine Jabalaha, disciple de Sergius (le même qu'on nomme Bahīra), qui raconte, d'après son maître, comment celui-ci s'était mêlé aux Arabes et comment il s'était emparé de l'esprit de Mahomet Le Prophète arabe, sans l'intervention du juif Ka'b al Ašrāf, aurait adopté, presque sans changement, les doctrines nestoriennes de Bahīra Le Ms ancien d'où cette histoire a été transcrite appartient à la bibliothèque de l'évêché Chaldéen de Mardine.

137

Papier encadré d'un double filet Simple brochage Hauteur 20 cm. ; largeur 13 cm 78 pages, 20 lignes Ecriture moderne (1910) (N° de cote 197)

نفح النادرين في تاريخ ماردين

Mardine est une ancienne forteresse des Parthes, réputée imprenable. Sa position lui a valu d'être l'enjeu de grandes batailles entre les Romains et les Perses, et de devenir, au temps de l'Islam, un sultanat indépendant où s'illustra la dynastie Ortocide Ces gloires ont tenté la plume d'un Musulman de Mardine, ʻAbd as-Salām Effendi al-Mardīnī, qui a écrit l'histoire de sa patrie. Notre Manuscrit est une copie de son ouvrage Il y relate en sept chapitres, tout ce qu'il a pu trouver dans les anciens auteurs musulmans sur sa ville natale, son nom, ses origines et les diverses phases de son histoire jusqu'à ces dernières années

k) Varia

138

Papier, encadrement rouge. Reliure moderne en étoffe et papier Hauteur 20 cm ; largeur 15 cm , 28 feuillets 23 lignes Ecriture Nashī, encre noire et rouge, XVIIIe siècle. La fin manque. (N° de cote 198).

كتاب خلاصة الذهب في فضل العرب

Le nom de l'auteur qui suit le titre est ainsi libellé : الشيخ الامام العالم العلّامة الحبر البحر الفهّامة زين الدين عبد القادر الحنبلي الحريري الانصاري. Dans la préface, on ajoute le nom de son père, Mohammad Cette préface débute en ces termes : انّ ابهى ذكر يحلو تكرُّرهُ على الالسنة والجوانح وأولى ما تعطّر بنشْ عبيره الجنان والاركان والقرائح حمدٌ من عمّنا بسوابغ منّه الحسنى... ; puis l'auteur nous apprend qu'il s'est proposé de faire connaître les mérites des Arabes, en une introduction, trois chapitres et une conclusion : ورتّبتها في مقدّمة وخاتمة وثلاثة ابواب. فالمقدّمة في سبب اختلاف الالسنة واللغات وتباينها بحسب الاهوية والتربة والطبائع المختلفات. وامّا الابواب فالاوّل في ذكر اوّل من تكلّم بالعربيّة الباب الثاني في فضل العرب وشرفهم على من سواهم. الباب الثالث في فضل قريش ذوي الشرف الباذخ والمكانة. وخاتمة هذا الاختصار في فضل السادة الانصار. Dans le troisième chapitre, l'auteur énumère les dix grandes familles qui se partageaient le pouvoir parmi les Qoreišites Notre Ms donne deux pages et demie de la conclusion ; la fin manque. Acheté à Mossoul, en 1895

139

Papier fort, encadrement rouge. Reliure en étoffe noire et cartonnage. Hauteur 18 1/2 cm., largeur 13 1/2 cm, 18 lignes. Belle écriture Nashī, encre noire et rouge, XVIIe siècle (N° de cote 199).

كتاب القُرَب في محبّة العَرَب

D'après une note qui suit le titre, l'auteur serait mort en 805 (1402), il y est appelé الحافظ الكبير عبد الرحيم بن حسين الاسكندري ? العراقي ; à la page suivante, une note en rouge, extra-marginale, le nomme : الشيخ الامام العالم العلّامة عبد الرحيم بن ابي بكر ابن ابراهيم العراقي ; l'auteur commence ainsi : الحمد لله الذي فضّل العرب بمبعثة نبيهم سيد البشريّة وانزل احسن الكتب بلغتهم قرآناً عربيًّا وجعل لسان اهل الجنّة بالعربيّة... Suit le détail des vingt chapitres de l'ouvrage où l'apologie l'emporte sur l'histoire. Voici les titres des premiers chapitres : الباب الاوّل في انّ الله عزّ وجلّ تخيّر العرب من خلقه. الباب الثاني فيما ورد ممّن ابو العرب. الباب الثالث في انّ حبّ العرب حبٌّ للنبيّ صلعم. الباب الرابع في قوله صلعم احبّوا العرب لثلث. الباب الخامس في انّ بقاء العرب نورٌ في الاسلام. الباب السادس في انّ ذلّهم ذلّ للاسلام. الباب السابع في ان بعض العرب مفارقة الدين. الباب الثامن في ان حبّهم لايمان وبغضهم نفاق... L'auteur termine par ces lignes : قال مؤلّفه رحمه الله تعالى اكملتُ تبييضه في يوم الثلثاء الخامس والعشرون (sic) من شهر رجب الفرد الحرام سنة ٧٩١ بالمدينة المشرّفة. Le copiste y a joint quelques vers, où il nous apprend qu'il s'appelle ابو السرور. En marge, il dit que l'auteur a composé un poème *alephiyah* sur les traditions mahométanes, en 768 (1367), à Médine, et qu'il l'a commenté en 771 (1370). Acheté à Damas, en 1901.

140

Papier fort. Simple brochage. Hauteur 23 cm. ; largeur 17 cm. 89 pages, 22 lignes. Ecriture chaldéenne, encre noire et rouge, XIXe siècle (1895) (N° de cote 200).

ܬܫܥܝܬܐ ܕܕܝܪܐ ܕܡܪܝ ܗܘܪܡܝܙܕ

C'est l'histoire du fameux couvent chaldéen, dédié à St Hormisdas, dans la montagne qui domine Alqōś, près de Mossoul. Abandonné depuis longtemps, il redevint, en 1808, le foyer d'une nouvelle vie religieuse, grâce à un marchand de Mardine, nommé Gabriel Dambo, fondateur de l'ordre religieux chaldéen de Mar Hormouz. Cette histoire couvre un quart de siècle (1808-1832) ; elle est en grande partie consacrée à

Dambo qui fut l'âme de la fonction nouvelle jusqu'à l'année où il fut massacré par les Kurdes de l'émir de Rawandouz, Mohammad Pacha (1832). M. Brière a publié dans la *Revue de l'Orient Chrétien* (t. XV, 1910, p. 410, XVI, 1911, p. 115, 259 et 346) une traduction de notre Ms d'après la photographie qu'en avait prise M. Delaporte Le texte reste encore inédit. Nous l'avons fait transcrire sur l'original au monastère de la Vierge à Alqōš, lors de notre passage en cette bourgade, Novembre 1895.

141

Papier. Reliure fatiguée en cuir noir et papier. Hauteur 23 cm ; largeur 18 cm. 92 pages, 27 lignes. Ecriture courante, XIXe siècle (1863) (N° de cote 201).

الشجرة الكابلية لحررها القس انطون بولاد

Le religieux Salvatorien Antoun Boulād a joué un certain rôle, parfois peu brillant, dans l'Ordre grec-catholique de St Basile appelé Salvatorien. Sa culture intellectuelle dépassait toutefois le niveau de celle de ses confrères en religion. Témoin quelques ouvrages publiés par lui et quelques autres encore inédits ; témoin aussi une bibliothèque de livres choisis qu'il s'était montée et qui disparut lors des événements de 1860. Le fameux Jésuite russe, le P. J. Gagarin, lors de son passage en Syrie, crut ne pouvoir mieux se renseigner sur l'église grecque-melchite d'Antioche qu'en s'adressant au P. Boulād. Ce Ms est le résultat de cette consultation : il est écrit de la main du P. Boulād et scellé de son sceau C'est à Saïda, le 9/21 Septembre 1863, qu'il y mit la dernière main. L'auteur remonte aux origines de l'église d'Antioche ; puis il passe en revue les hérésies qui la désolèrent, pour représenter les Grecs comme les tenants de l'orthodoxie. Il arrive ensuite d'un bond aux Patriarches d'Antioche depuis le concile de Florence, s'efforçant de suivre les traces de l'union avec Rome. Il s'étend surtout sur la formation définitive du rite grec-catholique, au XVIIIe siècle, et les luttes qui s'ensuivirent jusqu'au temps du Patriarche Maximos Mazloum († 1855). On trouve dans cette histoire quelques pièces intéressantes. Ce Ms a été acheté à Beyrouth, chez un libraire, en 1902.

142

Papier. Simple brochage. Hauteur 28 cm ; largeur 21 cm. 8 pages, 19 lignes. Écriture moderne. Sans date, XIXe siècle. (N° de cote 202.)

قصّة عبد الرحمان بن الجوزي شيخ شمس

Ces quelques pages d'arabe vulgaire renferment un abrégé de la doctrine de la secte des Šamsīyeh, assez voisine de celle des Yézidis. L'auteur, عبد الرحمان بن الجوزي, est probablement le chef de cette secte, dont il résume les croyances en 29 articles ou حساب. En voici le début :

(حساب ١) قاله عبد الرحمن بن الجوزي انا خلقتوا (sic) سبعة رجالات وكان ملك في الجنان

(حساب ٢) وانا كنتُ في الجنـان وخلقتوا غيرهم سبعة سماوات وسبعـة رجالات كلهم في الجنان

(حساب ٣) وانا ملك الاوطامي وخلقتوا عيناً اذلّل واحلّل ما فيها غير ما في سماي ونزلتوها الى سبعة رجالات سميتوها عين البيضاءي

Il se proclame ensuite *Malik Ṭāwoūs* ملك طاووس (qu'il écrit : طاوس).

143

Papier fort. Reliure en étoffe et cartonnage. Hauteur 33 cm ; largeur 24 cm. 45 lignes. Écriture Nashī, encre noire et rouge. Sans date, XIXe siècle. (N° de cote 203).

الكتابات العربيّة على الابنية الحلبيّة

C'est la transcription des inscriptions arabes qu'on lit sur les monuments civils ou religieux d'Alep. Ces inscriptions toutes historiques et datées, se répartissent entre le IVe et le XIe siècle de l'hégire. La lecture de ces textes doit être l'œuvre d'un des cheikhs de la ville ; il n'a pas signé. Voici quelques lignes de sa préface : الحمد لله الدائم الباقي بعد فناء خلقهِ المتكفّل لكل مخلوق في حياتهِ برزقهِ .. وبعد فاني رأيتُ الناس في غفلـة ولم يتذكّروا بمن مضى من الخارقات بمهلـة فاردتُ ان اذكر في هذه النبذة اللطيفة ما هو مكتوب على الجوامع والمدارس والسبل والخانات والحمامـين (sic) والاسوار ليكون في ذلـك ذكرى لمن كان لهُ قلب او القى السمع وتفكّر في الله واتّعظ بمن سلف من الامم الخاليـة من هذه الدنيا الفانية. Cette copie a été faite pour l'usage du comte H. de Fonclayer, devenu plus tard Jésuite

144

Papier. Simple brochage. Hauteur 22 cm., largeur 18 cm. 20 pages, 20 lignes. Ecriture moderne, titres en toulot Sans date, XIXe siècle. (N° de cote 204)

Même ouvrage, mais transcrit sur une autre copie moins complète.

145

Papier Simple brochage Hauteur 20 cm, largeur 14 cm. 40 pages, 18 lignes. Ecriture moderne. (N° de cote 205).

سيرة عبدالله قراعلي الماروني الحلبي

L'évêque ʿAbdallah Qarā'alī ou Qarāʿalī (1674-1742) est un des trois fondateurs de l'Ordre maronite de St Antoine Sa vie toute sainte a été écrite par un de ses disciples, Thomas Labboudī, alépin et supérieur de l'Ordre comme lui. Un de nos missionnaires, le P. Louis Abougit, l'avait transcrite, à Rome, sur l'original Le P. A. Rabbath la publia, en 1907, dans *Al-Machriq* avec des notes ; il y a joint une lettre de l'auteur, envoyée du monastère de Louaizeh au ministre de Louis XV, en 1738, pour le remercier de l'envoi du portrait du Roi On a fait, depuis, un tiré à part de cette notice.

146

Papier Simple brochage Hauteur 21 cm., largeur 15 cm 22 pages, 18 lignes Ecriture moderne Sans date, XIXe siècle (N° de cote 206).

قصّة مار يوسف الاوّل بطريرك السريان الشرقيين اي الكلدان

Un des personnages les plus méritants de l'église orientale, vers la fin du XVIIe siècle, le Patriarche chaldéen Joseph Ier († 1707) eut beaucoup à souffrir en combattant parmi ses compatriotes l'hérésie nestorienne. Ce fut grâce à lui que le Catholicisme prit racine à Diarbékir et dans la région environnante. Il mourut à Rome en odeur de sainteté. La vie détaillée de ce saint personnage fut écrite, en 1719, par un évêque chaldéen de Diarbékir : la copie que nous en possédons et que nous signalons ici a été faite sur l'original par Mgr Timothée ʿAṭṭār. Il a joint à sa transcription un Appendice sur les persécutions nestoriennes depuis cette époque.

147

Papier Simple brochage. Hauteur 20 cm. largeur 14 cm. 21 pages, 17 lignes. Ecriture moderne, sans date (N° de cote 207)

حياة المطران كير ناوفيطوس مطران صيدنايا

Cette vie d'un saint évêque grec-catholique, Néophytos Naṣrī, Métropolite de Saidnaya, est une copie de l'original, conservé aux archives du collège maronite à Rome Elle nous a été communiquée par l'archimandrite Mgr Alexis Kāteb

La Biographie est l'œuvre d'un prêtre du rite grec, nommé Ignace Na'meh, qui avait accompagné Mgr Néophytos à Rome, où il s'était retiré pour échapper aux persécutions des schismatiques C'est là qu'il mourut très saintement, le 24 Février 1731, victime d'un accident de voiture. Plusieurs miracles confirmèrent, à sa mort, son renom de sainteté. Cette notice fort édifiante a été publiée, avec une traduction française et des notes, par le P A Rabbath, dans ses *Documents inédits pour servir à l'Histoire du Xme en Orient* (t. I, p. 597-621).

148

Papier Simple brochage Hauteur 26 cm. ; largeur 13 cm 25 pages, 20 lignes Ecriture moderne (N° de cote 208).

قصّة مختصرة فيما صدر على السيّد اغناطيوس ميخائيل جروه بطريرك السريان الانطاكي

Récit très émouvant du Patriarche Ignace Ǵarwé, converti du Jacobitisme à la foi romaine. Il y raconte les circonstances merveilleuses de sa conversion et les persécutions qui s'ensuivirent, persécutions auxquelles il n'échappa enfin qu'en quittant furtivement Mossoul Il traversa tout le désert jusqu'à Damas, et de là se rendit au Liban, où il fixa sa résidence au monastère de Śarfeh devenu sa propriété. C'est là qu'il mourut en 1800 L'original de cette histoire est à Śarfeh, le Supérieur du Séminaire patriarcal nous en avait tiré une copie à l'occasion du premier centenaire de la mort de ce Patriarche. Nous l'avons utilisée dans l'article que nous lui consacrâmes dans *Al-Machriq* (III, 913-926) Le R P Edm Ley s. j l'a traduite en français et publiée dans la *Revue de l'Orient chrétien* (t. VI, 1901, p. 379-401).

149

Papier. Simple brochage. Hauteur 21 cm ; largeur 13 cm 42 pages, 18 lignes Ecriture moderne. (N° de cote 209).

رحلة القس خدر الكلداني

Ce récit de voyage est d'un prêtre nestorien converti, le prêtre Ḫidr, connu par plusieurs publications, entre autres un grand dictionnaire chaldéen arabe et turc dont il existe un exemplaire au Séminaire patriarcal syrien de Śarfeh (Liban) Il y raconte sa conversion, les persécutions qu'il eut à subir de la part de ses coreligionnaires, et finalement son voyage de Mossoul à Rome dont il décrit les monuments, les fêtes, les personnages et les événements. Son récit commence en 1719 et se termine en 1734. Nous l'avons publié dans *Al-Machriq* en 1910 (XIII, 581 seq)

150

Papier fort Reliure orientale recente en étoffe bleue et cartonnage Hauteur 20 cm. , largeur 15 cm. 270 feuillets, 25 lignes. Ecriture Nasḫi, en encre noire et rouge Sans date XVIII° siècle Le commencement et la fin manquent. (N° de cote 210)

(سيرة الرسول)

C'est une histoire très détaillée de Mahomet, d'acquisition toute récente. Elle ne ressemble pas aux autres Sīrah que nous avons entre les mains. L'auteur, non identifié, remonte dans son récit aux temps qui ont précédé l'Islam et même jusqu'à la création ; il donne un abrégé des vies des Prophètes antérieurs, s'étend sur les ancêtres du prophète arabe et les principaux événements qui précédèrent sa naissance. La biographie de Mahomet est longuement décrite, année par année, d'après les Sīrah précédentes. L'auteur doit être, à en juger par ses nombreuses citations, du XV° siècle. Il manque quelques pages au commencement et à la fin

Liste par ordre alphabétique des Manuscrits arabes, turcs, persans et syriaques décrits dans ce Catalogue

N. B. — L'astérisque désigne les Manuscrits chrétiens.

TABLE DES MATIÈRES

INSCRIPTIONS BYZANTINES

de la Région d'Urgub en Cappadoce

PAR LE P G. DE JERPHANION, S. J.

Le *Recueil des Inscriptions grecques-chrétiennes d'Asie Mineure,* dont la rédaction a été confiée à M. Grégoire, commence à s'imprimer par les soins de l'Académie des Inscriptions et Belles-Lettres. Cette nouvelle me décide à faire connaître dès maintenant les textes qui se rapportent aux églises souterraines de la région d'Urgub Si je les réservais, en effet, pour l'ouvrage d'ensemble qui donnera la description de ces monuments, il est douteux que le *Recueil* puisse en profiter. Le mode de publication que nous avons adopté ne permettra pas de terminer cet ouvrage avant un certain temps. Or, sur les 145 textes que l'on trouvera groupés ici, 11 seulement reparaîtront dans notre premier fascicule, 24 dans le second, 3 dans le troisième, 107, c'est-à-dire la grande majorité, appartiendront aux deux derniers.

Ainsi qu'on le verra, beaucoup de ces textes ont déjà été publiés par M. Rott, M. Grégoire (1) ou par moi-même. Mais il n'est, pour ainsi dire, point de lecture que mes récents voyages ne m'aient permis de compléter ou de corriger. Je n'ai pas à faire remarquer la part de l'inédit dans cette collection. En étendue elle est environ le quadruple de celles de M. Grégoire et de M. Rott.

---

(1) Rott, *Kleinasiatische Denkmaeler*, Leipzig, 1908 ; Grégoire, *Voyage dans le Pont et la Cappadoce*, BCH, t XXXIII (1909), p 3-170. Dans la suite, je me contenterai de citer la page de ces deux publications sans répéter le titre

La plupart des copies que je publie datent de 1911 ou de 1912, car tout ce que j'avais vu auparavant (en 1907) a été visité à nouveau dans ces deux campagnes. Je n'ai pu retrouver cependant quelques monuments vus par le P. Gransault, en 1907 ou 1908. Aussi devrai-je m'en tenir, pour une demi-douzaine d'inscriptions, aux copies qu'il a bien voulu me communiquer. Le fait sera indiqué chaque fois.

La présente collection enrichit notablement la série des textes datés de Cappadoce. Désormais la chronologie des monuments pourra s'appuyer sur les textes suivants : n° 95, règne de Constantin Porphyrogénète (912-959), — n° 18, règne de Nicéphore Phocas (963-969), — n° 30, même règne, — n° 119, règne de Basile II et Constantin VIII (976-1025), — n° 121, 1061, sous Constantin Doucas, — n° 4, 1149, — n° 114, 1157, — n° 71, 1212, sous Théodore Lascaris, — n° 112, 1217, sous le même empereur, — n° 115, trois épitaphes de la même année, 1293.

Soit, en tout, douze textes. Il est vrai que *sept* seulement nous renseignent directement sur la date des peintures qui ornent les églises. Mais de tout l'ensemble il paraît légitime de conclure quelles étaient, à peu près, les limites dans lesquelles se déploya l'activité des constructeurs et des décorateurs cappadociens. Ces vues ont été développées dans une Note parue dans le *Bulletin de la Société française des Fouilles archéologiques* (t. III, 1913, p 31-51), où j'ai indiqué de façon sommaire la chronologie des fresques de Cappadoce.

Un mot sur le contenu de la collection que je publie et sur le mode de publication.

En principe, je n'ai retenu que les seules inscriptions historiques, c'est-à-dire les dédicaces, les épitaphes, les invocations, les textes scripturaires ou liturgiques lorsqu'ils ne sont pas le simple complément ou commentaire d'une image, mais qu'ils manifestent une intention des fondateurs, enfin les noms propres eux-mêmes lorsqu'ils désignent un donateur ou un autre personnage vivant. Tout ce qui accompagne les peintures en guise de légende (titres, noms propres, textes des deux testaments, des apocryphes ou de la liturgie) a été laissé de côté. J'ai fait cependant une exception pour quelques passages de Vies de Saints, dont la présence constitue une anomalie et qui ne sont pas sans intérêt littéraire. Du reste, en cela, je ne faisais que suivre l'exemple de mes devanciers, ainsi qu'on le verra à propos des textes de Toqale, relatifs à l'histoire de S. Basile.

Quant au mode de publication, je m'en suis tenu à la transcription brute dont les règles ont été fixées au congrès archéologique d'Athènes en 1905 (1). Elles s'adaptent pour le mieux au cas présent (2). L'emploi de caractères épigraphiques serait illusoire ici, puisque la plus grande partie des textes sont écrits en cursive ou en majuscules d'une irrégularité déconcertante. Seuls des fac-similés pourraient rendre le caractère des originaux ; mais ils n'ont pas leur place dans une publication provisoire et je ne les donnerai que lorsqu'ils pourront permettre à d'autres de tenter quelque essai de lecture

Toutes les fois que j'aurai lu un texte avec certitude, je le reproduirai en minuscules, avec son orthographe, son accentuation— s'il y en a, ce qui sera fort rare —et sa ponctuation. La part d'interprétation se bornera

(1) Cf *Byzantinische Zeitschrift*, t. XV (1906), p 496-502 Ces règles et les raisons qui les justifient ont été excellemment rappelées par M Millet dans la Préface du *Recueil des Inscriptions grecques-chrétiennes d'Egypte* de M. Lefebvre (p II-IV). Dès l'apparition du *Recueil*, M Grégoire a soutenu des vues opposées (*Revue de l'Instruction publique en Belgique*, t. LI, 1908, p. 197-199) et j'apprends qu'il les applique maintenant dans la publication du Recueil d'Asie Mineure. On pourra comparer sa méthode avec celle de M Lefebvre et juger Mais n'est-ce pas une chose fâcheuse que ce manque d'unité entre des Recueils qui, dans la pensée des promoteurs, devaient faire partie d'un même tout ? Et, si les décisions d'un congrès ne sont pas capables d'imposer une discipline sur un point de cette nature, on se demande à quoi elles peuvent bien servir

(2) Si je comprends bien la pensée de M. Grégoire, sa principale objection se réduit à ceci : qu'il est illogique de traiter différemment les premières inscriptions chrétiennes et les païennes qui leur sont contemporaines, toutes ayant mêmes formes matérielles, même langue, même orthographe On voit que cette objection ne saurait se formuler ici — S'il m'est permis de dire mon sentiment sur l'objection elle-même, j'avouerai qu'elle ne me paraît pas bien forte C'est une chose secondaire, me semble-t-il, de transcrire l'épitaphe d'Abercius avec ou sans accents « selon que l'on s'inspire du bon sens ou de Dietrich » Ce qui a une autre importance, c'est de décider si on doit l'introduire dans un Recueil ou l'en exclure Une fois ce point tranché, qu'importe le reste ?

à séparer les mots et à résoudre les abréviations au moyen de parenthèses (1) Quelques restitutions seront ajoutées parfois entre crochets.

En somme une transcription ainsi conçue n'est autre que l'antique copie en caractères épigraphiques, mais où ces derniers, qui n'ont plus leur raison d'être à l'époque byzantine, sont remplacés par les minuscules (2).

Chaque fois qu'une transcription de cette sorte se trouvera assez claire par elle-même je n'y ajouterai rien. Si la clarté me semble le réclamer, je donnerai ensuite une *transposition* totale ou partielle en orthographe classique

(1) Sur un point seulement, je me sépare des décisions du Congrès Je resouds de la même façon les abréviations liturgiques et les profanes : θ(εο)ς aussi bien que αυτ(ου) J'avoue ne pas bien saisir les raisons qui feraient traiter différemment les unes et les autres

(2) Elle équivaut exactement aux copies en caractères épigraphiques ou les mots sont séparés et où les lacunes sont comblées en minuscules, comme font, par exemple, les éditeurs de l'*Année épigraphique* — Pour plus de clarte, je conserve les majuscules au commencement des phrases et pour les noms propres J'ajoute enfin que j'accentuerai les compléments et restitutions dans les graffites dont plusieurs sont accentués, tandis que je ne les accentuerai pas dans les textes peints qui, systématiquement, sont dépourvus d accents Il n'a pas tenu à moi que ces règles n'aient pas été suivies dans l'article publié l'année dernière par la *Revue Archéologique* (1912, t. II, p 235-254) Je ne suis pas responsable de l'accentuation qu'on y trouve.

GEURÉMÉ

Chapelle de la Théotokos, de St Jean-Baptiste et de St Georges

1. — La dédicace de cette chapelle a été publiée par M. Rott (p. 227) et par M Grégoire (p. 85) avec de très légères inexactitudes. Voici le texte tel que je l'ai vérifié en 1911. Il est divisé en deux parties, peintes sur les deux parois latérales, chacune débordant de quelques caractères sur les parois orientale et occidentale. Majuscules régulières, trémas sur les ι initiaux Ponctué.

Partie de droite :

Εκαληουρ[γηθ]η ω ναος τη Παναγηας Θεωτοκου Ιωαννου του Βαυτιστα ˙ και Γεοργιου του μεγαλομαρτυρος ˙ μηνη ˙

Partie de gauche .

ιουνηου ης τας ς ⁛ δηα συνδρομης του δουλου του Θ(εο)υ Ανδρονκου κ(αι) Θεοπηστης εν ονοματη Π(ατ)ρ(ο)ς κ(αι) του Οιου κ(αι) του Αγιου Πν(ευματο)ς Ευχεσθε υπερ .

Le premier mot a été lu par M. Grégoire : Ἐκαληουρ[ήθη] . Mais la lacune, telle que je l'ai constatée, comporte plus de deux caractères ; de plus, la forme que je restitue est plus régulière (cf. Sophocles, καλλιουργεῖν); enfin M. Rott paraît avoir reconnu le γ sans hésitation A Toqale on trouvera : εκαλιωρηθη (n° 18)

A la fin de la seconde partie, M Rott ajoute un η qui serait le commencement du mot ἡμῶν Ni M Grégoire, ni moi ne l'avons vu et, d'après les dédicaces analogues, c'est ὑπὲρ αὐτῶν qu'on attendrait ici.

τη pour τῆς . la chute du ς final se rencontre assez souvent, surtout devant une consonne. On verra aussi de nombreux exemples de la chute du ν à l'accusatif (v. à l'*appendice*)

Ανδρονκου pour Ἀνδρονίκου : forme populaire (plutôt qu'abréviation du copiste) C'est ainsi que nous trouverons plusieurs fois Κωσταντῖνος pour Κωνσταντῖνος (v. *app*).

La façon d'exprimer la date mérite, à plusieurs égards, de retenir l'attention.

On remarquera d'abord l'absence de l'année, ce qui — malheureusement — est d'un usage presque constant en Cappadoce (v *app.*). Mais souvent, contrairement à ce qui a lieu ici, l'indiction est marquée

Le nom du mois est au génitif, ce qui se retrouvera encore, quoique plus rarement (v. *app.*). On en a, du reste, des exemples en dehors de la Cappadoce Ainsi les huit textes du dôme de St Georges à Salonique présentent la même construction (*CIG*, 8965).

Quant à la formule εἰς τάς pour indiquer le quantième du mois, on peut dire que cette expression, courante aujourd'hui, était déjà de règle en Cappadoce au moyen âge (v. *app*). Mais il ne faudrait pas croire qu'elle fût, à cette époque, exclusivement cappadocienne (1). On la retrouve à Athènes, dans une série de textes tracés sur des murs d'églises (2), ou sur les colonnes du Parthénon (3) ou des Propylées (4) et qui sont presque tous du XIe siècle. La variante εἰς τήν apparaît à Kotiaion (Qouṭayia) en 1071 (5). L'une et l'autre forme se rencontre — bien qu'assez rarement, semble-t-il — dans les souscriptions de manuscrits dont plusieurs n'ont certainement pas été écrits en Cappadoce (6).

---

(1) Ainsi pensait M Gregoire en 1909 (p 101)

(2) *CIG*, 9324-9329. (Ceux qui sont datés sont de 1052, 1058, 1061) Dans les deux premiers on lit εἰς τάς en toutes lettres. Dans les quatre autres, il y a une abréviation et le Corpus complète avec raison εἰς τ(άς)

(3) *CIG*, 9388-9392 (de 1055, 1059, 1072, 1314) Je ne sais pourquoi le Corpus résoud ici l'abréviation en εἰς τ(ήν) Les exemples qui précèdent et celui qui va suivre imposent εἰς τ(άς)

(4) *Byzantis*, I (1909), p 111 ης τας, en toutes lettres L'indication de l'année manque

(5) *CIG*, 9264

(6) Le Vatic. gr. 2138, écrit à Capoue en 991, porte εἰς τ ιβ qui me paraît devoir se résoudre plutot en εἰς τ(άς), le singulier étant exceptionnel. Si je prends, par exemple, les souscriptions réunies par M Omont dans ses *Fac-similes des manuscrits grecs datés de la Bibliotheque Nationale*, je trouve (p. 5, 9, 10, 12, 20) quatre exemplaires de εἰς τάς (de 1104, 1167, 1307, 1315) un de εἰς τήν (de 1262) et un de εἰς τό (de 1056).

Chapelle de St Placide

2. — Dans une niche, à gauche du chœur. Graffite tracé à la pointe sur le plâtre, auprès de l'ange d'une Annonciation.

Κ(ύρι)ε βου-
θι τον δου-
λον σου Λε-
οντα αμαρ-
τολον

βουθι = βοήθει

3 — Immédiatement au-dessous du précédent, mais d'une autre main.

Ιδου ι δ(ο)υλοι
Κ(υριο)υ γ[έ]νητό μοι
κατα το ρήμα σ(ου)
εου

Ce n'est pas autre chose que le texte : ἰδοὺ ἡ δούλη Κυρίου· γένοιτό μοι κατὰ τὸ ῥῆμά σου (Luc, I, 38) En l'écrivant ici, non en guise de légende, mais plutôt comme une invocation, l'auteur du graffite songeait peut-être à se l'appliquer à lui-même. D'autre part, la pensée lui en était suggérée par la scène représentée dans cette niche.

L'orthographe δουλοι = δούλη est à retenir. On trouvera au n° 18 : οιμας = ἡμᾶς.

A la troisième ligne, le ς est écrit au-dessus de l'α de ρήμα (sic) Il est très nettement marqué. Je ne vois pas ce que signifient les lettres εου écrites dans la marge de gauche et un peu en dessous de la ligne. Font-elles réellement partie de ce graffite ? Ou sont-elles une addition de quelque lecteur qui n'aurait pas compris l'abréviation σ(ου) et qui, prenant le ς pour un θ, aurait voulu compléter le mot Θεου ?

4. — Immédiatement au-dessous des précédents, de sorte qu'à première vue les trois graffites paraissent n'en faire qu'un seul. Mais ici la croix du début marque nettement la séparation et ne permet pas de confusion.

+ Εις λύτρ^{οσιν} Γεορ-
γίου διακό(νου) αμαρτολ(ου)
σφωδρα εὔχε-
στε αυτ(ῷ) δια τὸν
Κ(ύριο)ν ινα έβρω
λύσιν τον πολλων
[μ]ου πτεσματων
εν ι(μέ)ρ[ạ] τι[ς] κρίσεος
Ετους ϛXNZ
Ινδ(ικτιῶνος) IB

L. 1. Les dernières lettres du mot λύτροσιν sont écrites, comme ici, au-dessus de la ligne ; ιν est à l'intérieur du σ qui a la forme d'un grand cercle.

L. 3 et 4 εὔχεστε lecture certaine. C'est la prononciation vulgaire, devenue générale aujourd'hui, et qui résulte de la difficulté à prononcer le groupe σθ De même, aux n°s 7, 10, 11 etc. En dehors de ce verbe, je ne connais pas d'autres exemples, en Cappadoce, de confusion entre θ et τ Mais, en Egypte, on trouve la substitution inverse : κατακοιθα(ι) = κατάκειται (Lefebvre, *Rec. Inscr. gr. chrét. d'Egypte*, n° 649).

L. 5. έβρω = εὕρω. (v *app.*).

L. 9-10. Les chiffres de la date sont des majuscules régulières. Le ϛ a une forme étrange, voisine de celle du M qui s'explique par la transformation suivante :

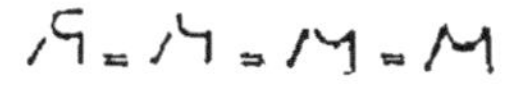

On retrouve exactement cette forme dans une inscription de Myre en Lycie de 1043 (*CIG*, 8707, v. le fac-similé dans les planches)

La formule εὔχεσθε διὰ τὸν Κ(ύριο)ν se rencontrera souvent encore, que le nom de la personne soit, comme ici, au datif, ou qu'il soit au génitif avec ὑπέρ (v. *app.*). Cette construction, sous ces deux formes, est fréquente dans les souscriptions de manuscrits (1).

(1) Wattenbach et Velsen, *Exempla cod graec*, n°s 12 et 18 (avec ὑπέρ) ; Omont, *Fac-similés man gr dates*, n°s 26^{3}, 34, 44, 72, 84, 92, 94, 97^{3} (avec le datif), 32, 38

Ce graffite est important à cause de sa date. 6657 = A. D. 1149 correspond bien à une indiction 12 Nous avons là un *terminus ante quem* pour fixer l'âge des peintures de cette niche qui, elles-mêmes, paraissent postérieures au reste de la décoration de la chapelle.

5. — Dans la même niche, à côté de la Vierge Graffite gravé avec moins de soin que les précédents.

Θ(εοτό)κε βοηθ(ει) τον
δουλο[ν] σου
Κοσταν(τῖνον)
(μον)αχ(ὸν) τ(ὸν) α-
μαρτολον

Le mot μοναχόν est représenté, suivant l'usage constant, par les deux lettres α et χ superposées.

Κοσταν(τῖνον) pour Κωνσταντῖνον, (v. *app.*).

6 — Plus bas, lettres mal tracées et très endommagées.

+ Κ(ύρι)ε [βοηθ]η το [δου]λ(ον)
[σ]ου [Λέο]ντα
... πρ(εσβύτερον) α-
[μαρ]τολ(ὸν)
. σ π .

A la première ligne, il y avait certainement το et non pas τον (v. *app*)

L. 3. Les deux lettres πρ ne sont pas très sûres. Il y avait peut-être un autre titre que celui de πρεσβύτερον

7. — Plus bas, en caractères très fins.

Κ(ύρι)ε βο(ή)θ(ει) μ(ε)
τον (μον)αχ(ὸν) γερα[ιὸν ?]
(καὶ) αμαρ-
τ(ω)λ(όν) [Ο] αναγι-
νοσκο ευχ(ε)στ(ω)
μι δι[α] το
Κ(ύρι)ο —

(avec ὑπέρ), Cavalieri et Lietzmann, *Specimina cod graec Vatic*, n° 7 (avec le datif), 39 (avec une proposition au subjonctif) ; Ceretelli et Sobolevski, *Exempla cod. graec.*, n°s 13, 27, 31, 32 (avec le datif). 15, 17, 33 (avec ὑπέρ) Le Paris gr 194 A (de 1255) présente la forme bizarre : εὔγεσθέ μου διὰ τὸν κύριον (cf Omont, *op cit.*, p. 11 n 55). A Seghanle on trouvera ευχεστε αυτους δηα τω Κ(υριο), (n° 121), mais αυτους remplace un datif (cf *infra* n° 20 et *app*).

L 2. Les trois lettres ερα du dernier mot sont absolument certaines, le γ paraît sûr (il est semblable à celui de la l. 4). Au-dessus de l'α, l'auteur du graffite a tracé une lettre indistincte, peut-être un ν. Le mot γεραιόν que je restitue, faute de mieux, est insolite. On peut supposer aussi, en tenant compte du ν écrit en surcharge : γερ(ο)ν(τ)α. Enfin, si le γ était douteux, je proposerais [ι]ερα[ια] = ἱερέα. Aucun de ces termes n'est bien satisfaisant.

L. 3. καί représenté par la sigle connue.

L. 5. αναγινοσκο pour ἀναγινώσκων On trouve un exemple pareil de chute du ν final au n° 95 (v. *app.*).

Le stigma de ευχ(ε)στ(ω) est certain (v. *app*).

L 6 - 7 το κ(ύρι)ο est suivi d'un trait Il n'y a jamais eu de ν. Il est difficile de savoir si le moine prétendait écrire un datif ou un accusatif

8. — Au dessous, en caractères encore plus fins (sauf les deux premières lignes) :

..... π (?) ...
ν α ξ . ο ..
σ ω [σ] ον
π^{ν} .. σο δου(λον)
Β(α)σι(λειον ?) Βα-
[σι]λιου
[αμα]ρτολ(όν)
ου . .
π στον
σον ... συ
. λον

J'avais d'abord lu, à la fin de la l. 2, un ο et pensé que le graffite commençait par un acte de foi (détaché en grands caractères): [ὁ Χριστὸς?] π[α]νάξ[ι]ο[ς]. Un nouvel examen de mes photographies me convainc que la dernière lettre est α et non ο, on lira donc :

[Θ(εοτό)κε] π[α]
ναξ[ί]α

Naturellement on serait tenté de lire plutôt παναγ[ί]α, mais le ξ est très nettement marqué et je ne crois pas qu'il y ait lieu de faire la correction. Le caractère détruit après le ξ représentait, semble-t-il, les deux lettres ει liées ensemble.

Ensuite on attendrait ·

σω[σ]ον [με]
[τ](ο)ν σο δουλον

Mais les éléments de lettres qui suivent σω[σ]ον permettent difficilement de supposer με et, à la l. 4, le π est certain. Peut-être : [τα] | π(ει)ν(όν), (cf. *infra*, n° 46).

9. — Au-dessus de la niche, sur la paroi orientale de la chapelle. Graffite écrit en une seule ligne, d'une main ferme.

+ σωσον με το σον δουλ(ον) Ιω(άννην) π[ρ](εσβύτερον) αμαρτολ(όν)

10. — De l'autre côté du chœur, sur la même paroi. Graffite en partie effacé.

[Κ(υρι)ε] βο(η)θη τον
[δοῦ]λον σου Βασι-
λ[ει]ον κ(?)ερεαν
[. αμα]ρτολον
. α αντα
... κε [εὔχε]στε αυ-
[τῷ δι]α τον
Κ(υριο)[ν] μ(ου) Ι(η)σ(οὺν)
Χ(ριστό)ν

Les dernières lettres de la troisième ligne cachent peut-être le même terme qu'au n° 7 et devraient donc se lire : [γ]ερε[ο]ν ou [η]ερεαν = ἱερέα

L'adjonction du nom de Jésus-Christ (qui est certaine ici) est une anomalie.

11. — Sur le mur du fond, à gauche de la porte. Graffite.

Κ(υρι)ε βοη-
θη τον
δουλον σου
Κοστα[ντ]η
νον ... (καὶ) η α-
ναγηνο[σκ]ο[ν]
τε[ς] ευχε[σ]
τ[ε ὑ]πε[ρ]
αυ[τ]ου

L. 5. Après le nom propre, il y a une courte lacune qui devait être occupée par les lettres αχ superposées. Lire :

Κοστα[ντ]η-
νον (μον)αχ(ὸν) κ(αὶ)...

Pour Κοστα[ντ]ηνον, v *app.*

Il y a encore, dans cette chapelle, d'autres graffites que j'ai négligés comme dépourvus d'intérêt. Ceux-là suffisent à faire connaître le genre. Je crois avoir copié tous ceux qui contenaient un nom propre encore lisible.

Église de Qeledjlar et chapelles voisines

12. — M. Rott a publié (p 234) le long texte, peint autour de la coupole de l'église de Qeledjlar (qu'il appelle Hemsbeyklisse). Sa copie est exacte sauf que le texte porte : ανυψισε et non ανυψωσε (l 2 de M. Rott).

13. — Dans une salle irrégulière située en face de l'église, de l'autre côté de la vallée : au sommet de la paroi, une sorte de frise, formée d'une suite de × peints en ocre rouge, au milieu desquels on lit les mots :

Νηκηφορος δουλ(ος) Χ(ριστ)ο(υ)

14. — Au même endroit, dans un coin, carré encadré de rouge, écartelé d'une croix rouge avec le nom :

Γεοργηος

Toqale Kilisé

15. — Sur le chanfrein du maître pilier, à gauche de l'entrée du chœur. Inscription peinte sur roc, en lettres vertes, très pâles, se rapportant à la décoration primitive du transept.

Ετελη-
οθι ο
ναος
ιουνι-
ου ις τ-
ας δε-
καπε-
ντε

Κ(υρι)ε βο-
ιθ[ι] το[ν]
μαισ-
τορ[α]

J'ai déjà publié ce texte dans la *Revue Archéologique* (1912, II, p. 244). Je proposais pour le dernier mot les formes μαιστορ[ον] ou μαιστορ[ου], ayant cru reconnaître en 1911 des traces de l'ο. Après nouvel examen du texte et de la photographie, je préfère m'en tenir maintenant à la forme μαιστορ[α] qui est plus régulière.

16. — Dans la petite chapelle latérale, texte peint en rouge, sur roc, et contemporain du précédent. Déjà publié par M. Grégoire (p. 84), mais il faut lire avec une légère correction :

Επι ονοματ-
ος του Θ(εο)υ ετε-
λιοθη ο ναο-
ς τουτος μη-
νι φεβραρ-
ιου ης τας η-
κοση

17. — La longue inscription, peinte en grands et beaux caractères autour du transept, a été publiée par M. Rott (p. 227), mais avec plusieurs inexactitudes qui la rendaient difficilement intelligible. Je la reprends donc toute entière.

Le texte est en vers — ce que n'a pas remarqué M. Rott — et les vers sont séparés par des points. Il commence à gauche du grand arc qui donne dans la nef, sur la paroi ouest du transept ; il se continue sur les parois nord, est, sud et revient sur la paroi ouest où il devait s'achever près du même grand arc. Soit, en tout, cinq parties que je distingue par le signe ||. Je détache les vers et remplace par des points ceux qui manquent (leur nombre se calcule exactement par la longueur des lacunes).

\+ Σον ναον ϊερ[ωτατον ?. . . . . .
. . . . λ(?)ου :
ανηστο||ρησεν Κονσταντηνος εκ ποθου :
προς μον . . . . μ(?)ατον :

κοσμη νεουργον ἱκοσην σεβασμηες :
γραφον εν εαυ[ταις ? . .
. || . .
. . . .
. . τ]ρεχου[σα ? . . . .
. . . . . .
. . . .
. . . .
. . . . .
. . . . . εν ? Θ]αβορ προδικνυον .
ος τους μαθητας ὁπλισεν θ||υοις λογυς :
ος επι χορτου δι[εθρ]εψε[ν . . . .
. . . .
. . . ταχυδρομος
οπος δι οιμας νεκρος ης Αδ[ου τρ]εχι ||
κε νεκρο[ν . . . . .
. . . .

V 1. Rott : ..... σον ναον. Le texte est certainement complet à gauche La croix du début est visible sur un retrait du bandeau couvrant la face latérale d'un pilastre.

V 2-3. Les lettres λ(?)ου . α sont données par M Rott Je ne les ai jamais vues. Le plâtre est tombé en cet endroit et le texte commence aujourd'hui au v. M. Rott suppose : ἐκ καιν]οῦ ἀνιστόρησεν, mais le jambage qu'il représente, dans sa copie en caractères épigraphiques, tout à la fin de la lacune, ne saurait appartenir qu'à un Λ et non à un N Ne sachant si cette copie reproduit exactement l'aspect du texte, j'indique le λ comme douteux.

V. 4. M. Rott écrit les dernières lettres : .... ΙΑΤΟΝ, et, dans sa transposition, il propose : ἱερό]τατον (?) (sic). Mais le caractère à demi conservé qui précède A ne peut-être un T : il est à peine douteux que ce soit un M.

V. 9. Rott : . τρεχου. Je n'ai pas vu le τ.

V 14-15. Rott, copie épigraphique : .. Α ? Ο ? ΠΡ etc. (les points d'interrogation représentent des lettres absentes) — transposition : .... προδεικνύον(τ)ος τοὺς etc. Le mot Θαβορ ne fait aucun doute à mes yeux Un fragment de boucle à la fin de la lacune révèle le Θ, le β quoique mutilé est certain ; les autres lettres sont complètes. Inutile de faire remarquer que la restitution προδεικνύοντος (qui ne donne aucun sens) est inacceptable : les points très visibles attestent la fin du vers.

V. 16. Rott : ΔΙ ? ΟΙΕΤΕΙ . . . Des trois lettres εθρ, que je marque entre crochets, il ne reste que la partie inférieure, mais elles sont à peine douteuses (l'espace vide à droite du dernier jambage montre qu'il s'agit de ρ et non de ι). Le ψ (pris pour un τ) est certain: Il a la forme d'une croix. Après le dernier ε, un jambage qui peut avoir appartenu au ν que je suppose.

V. 19-20. Rott : ΑΔΟΝΕΛΘΕΝΕΚΡΟΙ▒▒. A la place du premier ο dont la partie supérieure a disparu, il me paraît nécessaire de supposer ϑ (les petites branches des ϑ sont très réduites dans ce texte). Les bas de jambages qui suivent ne sauraient appartenir à un ν ; mais leur écartement répond aux lettres τρ. L'ε est sûr ; puis ce qui a été pris pour un λ est un χ dont il ne reste que la moitié inférieure. L'ι peint juste à l'angle a échappé à M. Rott, ainsi que les deux points qui suivent. Le κ a été pris pour un θ.

Je suppose νεκρο[ν] (au génitif) à cause du fragment de jambage qui reste après l'ο.

Le texte complet devait avoir 21 vers.

Le sens de l'inscription est clair. S'adressant à Dieu ou au titulaire de l'église, le peintre, ou plutôt le donateur, Constantin déclare que, dans sa ferveur, il a décoré ou fait décorer le temple d'images vénérables en y représentant les scènes de la vie de Jésus-Christ. Celles-ci sont énumérées dans une série de propositions commençant par ὡς.

Quelques observations de détail.

L. 3. Les mots ἐκ πόθου doivent être joints au verbe ἀνιστόρησεν. Dans le langage des dédicaces ou des souscriptions byzantines, le terme de πόθος se rencontre assez souvent pour désigner la dévotion, le zèle religieux d'un donateur, d'un décorateur d'église, d'un copiste ou d'un acquéreur de manuscrit. La formule ἐκ πόθου — ou son équivalent πόθῳ — me semble devoir se rendre en latin par *pietatis causa*. Parfois on la trouve seule, sans aucun complément qui en précise le sens. Plus souvent, peut-être, au mot πόθος sont joints d'autres termes indiquant aussi un motif religieux tels que σπουδή (qui paraît synonyme de πόθος), πίστις . . . , ou signifiant l'effort, le concours du donateur comme πόνος, μόχθος, κόπος, συνεργία, δαπάνη, συνδρομή . (1).

V. 5. M. Rott transpose : [ἐ]κόσμει νεουργὸν εἰκόσιν σεβασμίαις Mais il me paraît évident qu'il faut lire νεουργῶν au participe. Quant au premier mot, on ne peut y voir un imparfait qui romprait le mètre et ne s'accorde pas avec le mouvement de la phrase Le présent κοσμεῖ rentre dans la mesure ; mais, pour le sens, il est encore moins satisfaisant Je me demande s'il ne vaudrait pas mieux supposer un seul verbe composé (2) (il est vrai qu'on attendrait κοσμονεουργῶν et non κοσμηνεουργῶν) qui dépendrait, comme γράφων, de ἀνιστόρησεν Réflexion faite, je crois qu'il faut lire κοσμη νεουργον, pour κοσμεῖν νεουργῶν, avec chute du ν final sous l'influence du ν qui suit (cf. *app.*).

---

(1) Voici quelques exemples (transcription de divers éditeurs) · Παναγήα.. βοήθι τοῦ ἐν πόθου κὲ πήστεος μεγίστης ἀναστήσαντος τὸν σὸν ἅγιον ναον (Orchomène, vers 872, *CIG*, 8685c)

Κ(ύρι)ε βοήθη. τὸ πόθο προσφέροντη τ[η]μηον σταυρόν (Rhegium, 861, *CIG*, 8684).

'Ανεγέρθη ἐκ βαθρῶν .. ὁ ναὸς . διὰ συνεργίας καὶ πόθου Γερμάνου (Sparte, 1305, *CIG*, 8764)

Τὸν θεῖον οἶκον τόνδε καινουργεῖ πόθῳ (Mistra, 1310, *BCH*, XXIII, 1899, p 122)

ἐν πόθου μάρτυς τὴν σὴν ἀνιστόρησεν εἰκόνα (Icone s d à Géraki, *Byzantis*, I, 1909, p 143)

Au mont Athos, dans une série de textes en vers dont plusieurs sont assez récents (mais s'inspirent des plus anciens) on a les formules σπουδῇ, πόνῳ τε καὶ πόθῳ διαπύρῳ — δαπάνῃ, σπουδῇ, πόθῳ . (cf Millet, Pargoire, Petit, *Inscr chrét de l'Athos*, n°s 47, 53, 60, 100, etc).

A Assos (s d.) on trouve . ἦρεν σὺν πόθῳ κὲ μόχθῳ et Ἄνθιμος ὁ πρόεδρος Σκαμάνδρου πόθῳ (*CIG*, 8804)

Dans les souscriptions de manuscrits je relève des expressions telles que . ἐκ πόθου ἔγραψα — ἡ βίβλος πονηθεῖσα ἐκ πόθου — ἐτελειώθη ἐκ πόθου καὶ κόπων ἰδίων — ὁ πόθῳ πολλῷ καὶ πίστει τὴν δέλτον κεκτημένος etc (cf Wattenbach et Velsen, *op cit.*, n VIII ; Omont, *op. cit*, n XXXIV, LXXXI, XCIV ; Cavalieri et Lietzmann, *op cit.*, n 30 ; Ceretelli et Sobolevski, *op cit*, n. XVI, XXIII, XXVII, XXX)

Il semble que le sens de l'expression ἐκ πόθου ait été peu à peu en s'affaiblissant. Elle peut en venir jusqu à perdre toute signification précise C'est ainsi que, dans une inscription de Skopelos (en 1078), elle est presque explétive et pourrait disparaître sans rien ôter au texte : 'Ανεκαινίσθη ἐκ βάθμων ..... ὁ ναὸς ἐκ πόθου ὑπὲρ μνήμης καὶ ἀφέσεως ἑκουσίων τε καὶ ἀκουσίων ἁμαρτημάτων.... (*Echos d'Orient*, t XV, 1912, p. 507).

(2) On voit bien dans le narthex de Qahrié Djami' le composé : ἡ ἑπταβηματίζουσα (la Vierge faisant les sept pas). Le composé que je propose n'est pas plus hardi.

V. 6. εαυτ[αις ?] probablement pour αὐταῖς. Ce pronom désignerait les peintures et l'énumération des scènes commencerait aussitôt. (Peut-être y avait-il encore quelques mots servant de complément de manière). Voir cependant la remarque faite au n° 135.

V. 9. Quel que soit le cas auquel il se trouvait, le participe féminin du verbe τρέχω est sûr. D'autre part, à cette place du texte, il devait être question des scènes de l'Enfance. On peut supposer qu'il s'agit du voyage de la Vierge pour visiter Elisabeth : τρέχουσα répondrait aux mots ἐπορεύθη μετὰ σπουδῆς de St Luc (I, 39).

V. 14. La Transfiguration, où Jésus-Christ a montré par avance (προδεικνύων) sa gloire aux disciples. La proposition remplissait plus d'un vers et le v. 14 pouvait commencer par : τὴν δόξαν αὐτοῦ.

V. 15. Les Enseignements du Christ : θυοις λογυς = θείοις λόγοις.

V. 16. La Multiplication des pains. (Dans la nef, à côté de cette scène on lit : η ανακιμενυ επη του χ.. του = οἱ ἀνακείμενοι ἐπὶ τοῦ χόρτου). Le vers devait se terminer par les mots τοὺς ὄχλους qui le complètent exactement.

V. 18-19. La Descente aux enfers. Le membre de phrase tenait deux vers et comprenait une proposition à l'indicatif aoriste, suivie de la complétive ὅπως.... τρέχοι. Ce verbe est un rappel du terme ταχυδρόμος qui, du reste, appartient — malgré l'inversion et la ponctuation apparente — à la même proposition.

δι οιμας=δι' ἡμᾶς ; εἰς ῞Αιδου, construction classique qu'il est intéressant de retrouver ici.

Les deux derniers vers faisaient allusion à l'Ascension et peut-être à la Pentecôte (peintes à la voûte).

On voit que, dans ce texte, toutes les parties de la vie du Christ ne sont pas également développées. Un seul vers (le v. 17) pouvait être consacré à la Passion. Et cependant elle occupe une place importante dans la décoration. Dans le transept, les peintures disparues après la Cène devaient représenter le Lavement des pieds (dont il reste une partie de la légende), la Trahison et le Jugement de Pilate. Et, dans l'abside centrale, il y a le

Crucifiement, la Déposition, la Mise au tombeau. Comme nous allons le voir par le texte de l'abside gauche, un certain Léon, fils de Constantin, revendique pour lui la décoration du βῆμα. On peut supposer que le texte présent vise exclusivement les peintures du transept. Le v. 17 parlerait donc de la Cène ou de l'une des scènes suivantes (1). Et, s'il faut choisir, je crois qu'il s'agit de la Cène (on peut y comprendre le Lavement des pieds) plutôt que de la Trahison ou du Jugement. Le versificateur en aurait rapproché la Multiplication des pains uniquement dans une intention de symbolisme, car ce dernier sujet me paraît avoir été absent du transept (2).

18. — Le texte de l'abside gauche a été publié par M. Rott (p. 227) et par M. Grégoire (p. 81). J'en ai repris et discuté la partie contestée dans la *Revue Archéologique* (1912, II, p. 236 sq.). Je le reproduis ici en entier, pour présenter la série complète des textes de Toqalẹ et pour ajouter quelques observations nouvelles.

+ Εκαλιωρηθη το βημ[α τουτο επι Νικ]η(?)φορου δηα συντρομις του δουλου του Θ(εο)υ Λεοντος Κοσταντηνου κε υ αναγγηνοσκοντες ευχεσθε υπερ αυτους δηα τον κ(υριο)ν Αμην

Je rappelle que la longueur de la lacune (figurée ici telle que je l'ai constatée moi-même : M. Rott a encore lu le mot τοῦτο) interdit toute autre restitution que celle que je propose. Je maintiens que les mots ἐπὶ Νικηφόρου désignent un règne impérial, ce qui me paraît établi par l'analogie des deux textes de Soghanlẹ (n°s 119 et 121) et de celui de Souvech (n° 112) (3) où, dans des formules semblables, on trouve exactement les mêmes expressions : ἐπὶ (du temps de) pour marquer le règne, et διὰ συνδρομῆς (par

(1) L'énumération n'est pas complète. Dans le transept, il y avait plus de 30 scènes et les vers de l'inscription ne peuvent guère mentionner qu'une douzaine de sujets.

(2) Il est clair que le versificateur commente assez librement le sujet des peintures. C'est ainsi que rien dans le transept ne représente proprement « les enseignements du Christ aux disciples » (v. 15) ; mais cette idée est impliquée dans la série des miracles. — De plus, le texte parle de la Descente aux enfers qui, cependant, est figurée non dans le transept, mais dans l'abside. J'avoue que cela fait une difficulté à l'explication que je propose ici et aux deux numéros suivants.

(3) Ce texte, découvert en 1912, n'est pas invoqué dans la *Revue Archéologique*.

les soins de) pour indiquer le donateur (1). Et, comme je crois l'avoir montré suffisamment, c'est de Nicéphore Phocas qu'il est question.

Quant au donateur, je suppose que ce « Léon, fils de Constantin » est le fils du Constantin qui fit peindre les scènes du transept. Comme je l'ai dit dans la *Revue Archéologique* (p. 245) les deux séries de peintures doivent être contemporaines (2). Le père et le fils se seraient donc partagé les charges de la décoration, ce qui est très vraisemblable. Ils seraient visés tous les deux par les mots εὔχεσθε ὑπὲρ αὐτούς. J'ai fait remarquer aussi que cette inscription est en caractères moins soignés que la précédente et qu'elle paraît avoir été peinte après coup. Voici de ce fait une explication assez naturelle. Le fils n'aurait d'abord pas songé à marquer sa part de l'œuvre commune ; plus tard — peut-être après la mort du père — il se serait ravisé et aurait tenu à revendiquer ce qui lui revenait (3).

19. — Dans l'abside centrale, fragments d'un texte très long (200 caractères au minimum), peint avec soin et en lettres du même type que celui du transept. Il devait commencer à la partie gauche de l'abside et en couvrir tout le pourtour (ce qui représente une longueur d'environ sept mètres) ; à droite il débordait de l'abside d'une longueur que je ne puis déterminer exactement.

Il ne reste que les lettres suivantes dont plusieurs sont douteuses (je les marque d'un point d'interrogation) :

υ(?) τ α η(?) τ ο ν
α φ . . ς

Le premier fragment, tout à l'extrémité de l'abside mesure 32 centimètres, le second (qu'il faut probablement lire : (τ)αφ[ου]ς) est en dehors

(1) Dans le texte de Skopélos que j'ai cité tout à l'heure (p. 320 n. 1) on trouve ἐπὶ pour annoncer le règne et — ce qui est assez bizarre — la même préposition marque le régime du verbe passif et introduit le nom du donateur : Ἀνεκαινίσθη..... ἐπὶ Ἀναστασίου τοῦ ἐπισκόπου...... ἐπὶ βασιλείας Νικηφόρου τοῦ Βοτανηάτου (*Echos d'Orient*, loc. cit.).

(2) J'ai ajouté que l'on pouvait cependant supposer un court espace de temps entre elles. L'explication plus complète que je donne maintenant dispense de recourir à cette hypothèse. Seuls les textes — et non les peintures — n'auraient pas été exécutés exactement en même temps.

(3) Pour les observations grammaticales à faire sur ce texte, cf. *supra*, nos 1, 4, 5.

de l'abside et à 25 centimètres. L'espace entre les deux est de 40 centimètres

Si tout ce que j'ai dit sur les textes précédents est juste, on peut supposer que cette inscription visait la décoration des absides. Peut-être le mot τάφους (ou τάφου σ...) fait-il allusion à la scène de la Mise au tombeau qui est peinte dans l'abside centrale.

M Lévidis (Αἱ ἐν μονολίθοις μοναὶ τῆς Καππαδοκίας καὶ Λυκαονίας, p 146) cite un texte qu'il prétend avoir lu autour de l'abside centrale Il commence par les mots .... δειματο τον ναον .. qui représentent très certainement le premier des fragments ci-dessus ; puis vient — par l'effet d'une confusion — une copie mutilée et plusieurs fois inexacte du texte de l'abside gauche que je donnerai tout à l'heure (1)

Dans la partie gauche du transept, au bas des parois, une série de peintures représentaient des scènes de la vie de St Basile Elles commençaient à gauche du grand arc qui donne dans la nef, couvraient la paroi occidentale percée d'arcatures aveugles et se continuaient sur la paroi septentrionale où une rangée d'arcades donnent aujourd'hui accès dans la chapelle latérale. Ces arcades sont primitives, mais elles furent partiellement bouchées par des cloisons lorsque Constantin fit exécuter sa vaste décoration.

Les textes qui accompagnent les scènes sont tirés—comme l'a découvert M. Meyer (cf. Rott, p. 228) — d'une vie de St Basile faussement attribuée à St Amphiloque On la trouve dans les œuvres de St Amphiloque

---

(1) Cet exemple suffit à expliquer pourquoi je ne tiens pas compte, en général des copies de textes publiées par M. Lévidis Cependant il faut rendre hommage à cet écrivain qui a essayé le premier de faire connaître les monuments de Cappadoce Son livre, tout incomplet, tout inexact qu'il est, devait rendre de grands services aux futurs explorateurs Je crois que ses indications ont été très utiles à plusieurs d'entre eux Est-il même trop hardi de supposer qu'elles ont contribué à décider l'une ou l'autre expédition ? Quant à moi (dont l'attention avait été attirée par les rapports du P Gransault) j'ai éprouvé un vif regret de n'avoir connu qu'après mon expédition de 1907 le livre de M. Lévidis Si je l'avais eu alors entre les mains, il m'aurait évité bien des démarches à la recherche des monuments, bien des fatigues et bien des pertes de temps.

éditées par Combefis (Paris MDCXLIV) et — en latin seulement — dans la Patrologie de Migne, au t. XXIX (p. CCXCII sqq.).

Les textes 20, 21, 23, 24, 27 ont été publiés par M. Rott (p. 228, 229) et les textes 20, 21, 22, 25 par M. Headlam, d'après des copies de M. Ramsay qui remontent à 1882, (*Supplem. papers of the hellen. Society*, 1892, p. 22). Je reprends toute la série.

20. — Au commencement de la paroi. Texte écrit au-dessus de la tête de St Basile. En face devait être figuré l'empereur Valens auquel le saint adresse ces reproches :

⁘ Βασιλεῦς Ουαλεντει κακος
επυισας
οτη απεδο-
κας την εκλι-
σιαν τυ κα-
κοδο-
ξυ Αρι-
ανους ⁘

Rott et Ramsay : εκλσιαν. Ils n'ont pas remarqué l'ι écrit au-dessus du λ (faute de place) et semblant le prolonger.

Ramsay : Αριανος

L. 2-3 : κακος επυισας = κακῶς ἐποίησας.

L. 5-7 : τυ κακοδοξυ = τοῖς κακοδόξοις avec chute du ς final (v. *app.*). M. Rott restitue à tort : τοὺ[ς] κακοδόξου[ς].

L. 7-8 : Αριανους pour 'Αριανοῖς : confusion de cas, fréquente dans le langage populaire (cf., à Soghanlẹ : ευχεσθε αυτους pour αὐτοῖς, *infra* n° 121).

Il s'agit de l'église de Nicée enlevée aux Orthodoxes et livrée aux Ariens (*Op. St Amph.*, p. 207).

21. — Dans le fond de l'arcature aveugle qui suit, — à gauche du dôme de l'église de Nicée (une église à coupole sur tambour, narthex à triple fronton triangulaire).

⁘ Κ(αι) βουλοθε-
τος της ε-
κλισηι[α]ς ηξατο-

οι Αριανυ τρις
ημ[ε]ρας

L. 3. Ramsay : κλισηυξατο. Rott : κλιση· υξατο. Il devait y avoir un α lié avec l'η et le ς (ce dernier tout petit, au-dessus de la ligne, n'a pas complètement disparu).

L. 4. Je n'ai plus retrouvé que οι Αριαν. Le reste, d'après les copies de MM. Rott et Ramsay.

L. 5. A la 3e lettre le peintre a écrit, par inadvertance, C au lieu de ϵ. Je n'ai pas vu les deux dernières lettres (le plâtre étant tombé à cet endroit), mais elles figurent dans les deux autres copies.

βουλοθετος pour βουλλωθέντος et ηξατο pour ηὔξατο sont des formes populaires plutôt que des graphies abrégées (v. *app.*).

L'église est fermée et scellée (βουλλοῦν) et les Ariens se mettent en prière trois jours et trois nuits. (*Op. cit.*, p. 208, 209).

22. — Sous la même arcature, à droite de l'image du dôme de Nicée:

ουκ υνυ-
γην αυτυς ϊ ε-
κλισια

La copie de M. Ramsay est exacte, mais le sens a échappé a M. Headlam. Il faut comprendre : οὐκ ἠνοίγη αὐτοῖς ἡ ἐκκλησία (*Op. cit.*, p. 209).

23. — Sur le pilastre entre les deux arcatures. J'ai copié le texte en 1907. En 1911, il avait disparu.

κ(ε) μι επακουσθετες οι κακοδοξι
του ανυγιν εαυτους ϊ του θ(εο)υ εκλισια
εστραφισαν κ(ε)νυ

L. 1. M. Rott a lu μη (η lié avec μ). N'ayant pu contrôler ma propre lecture, je ne saurais affirmer qu'elle soit exacte. — Quand j'ai passé, les deux dernières lettres ξι avaient disparu, mais elles ont été vues par M. Rott.

Le texte est complet. M. Rott suppose, à tort, à la fin : καὶ [ἐ]νό[στα-ξαν ?]... La prière des Ariens n'ayant pas été écoutée, ils s'en retournent « bredouille » : ἀπῆλθον ἄπρακτοι dit la Vie (p. 209).

κ(ε)νυ (= κενοί) est écrit KNV. L'abréviation, — K coupé au bas d'un petit trait oblique, — qui est d'un usage général pour la conjonction καί, s'emploie aussi pour représenter le son κε à l'intérieur d'un mot. Il y a d'autres exemples à Toqalẹ, même dans les titres et légendes scripturaires ; et nous verrons la même graphie à Tchaouch In (*infra*, n° 31). Elle se retrouve en dehors de la Cappadoce et jusque dans la cursive des manuscrits (1).

24. — Au fond de la deuxième arcature. La peinture représentait la prière des Orthodoxes devant la même église. Il ne reste que le haut du dôme, à gauche duquel était écrit :

∴ Ο δε αγιος
Βασιλειος
συναξας
τους χριστιανως

M. Rott n'a pas vu le dernier mot qui est donné par M. Ramsay et il suppose à tort : ὀρθοδόξους. Quant à moi, je n'ai plus retrouvé que les premières lettres des lignes 1-3. Le texte devait avoir encore une ou deux lignes, où il était dit que St Basile conduit la foule à l'église et l'invite à lever les mains vers le ciel (cf. *op. cit.*, p. 209).

25. — Sous la même arcature, à droite du dôme :

Κ(αὶ) κρα-
[ζε]τ[ε Κ(υρι)]ε ε-
[λεησο]ν
....
..... σε
.... ηας

Les trois premières lignes reproduisaient la fin des paroles de St Basile telles — ou à peu près — qu'elles se trouvent dans la Vie. Les trois dernières devaient rappeler le miracle : sous le souffle d'un grand vent les portes s'ouvrent (*op. cit.*, p. 209).

(1) Cf. ex. gr. *CIG*, 8738 (Sicile, 1172 : 'Ανεκ(αι)νίσθ[η]) ; Lefebvre, *Rec. Inscr. chrét. d'Egypte*, 564, 636, 665 (des années 1172, 692, 1173 : δι(και)οσυνη. Ici la syllabe entière est remplacée par une sigle) ; *cod. Bibl. Syn. Mosq.* 8 (de 1116) fol. 103^v (dans Ceretelli et Sobolevski, *op. cit.*, pl. XXII : δικ(αι)οσύνην).

Le dernier mot probablement : [εκκλησ]ηας.

26 — Tout au commencement de la paroi septentrionale Le texte se continuait sur la cloison établie pour aveugler la première arcade. Celle-ci a disparu et il reste trop peu de chose pour qu'on puisse hasarder aucun complément. Il s'agissait, comme au numéro suivant, de la rencontre entre St Basile et St Ephrem.

Ο δε αγι[ος
τον τυ .....

27 — Sur le pilier qui sépare la première et la seconde arcade Les peintures débordaient, de part et d'autre de ce pilier, sur les deux cloisons aujourd'hui détruites :

Κυρι Εφρεμ καλη σε ο αρχιεπησ-
κοπος ισελθε ης το θυσηασ-
τηρηον

Copie exacte dans Rott (p 229), mais qui ne conserve pas l'alignement du texte.

Κυρι Εφρεμ n'est qu'un exemple de la suppression d'une des lettres doubles lorsqu'elles appartiennent à deux mots différents (cf. n° 62). D'ailleurs cette graphie ne fait que reproduire la prononciation courante. Si, dans le texte n° 25 (qui appartient à la même série) nous trouvons deux ε consécutifs, à la fin de la l. 2, c'est que le premier appartient au mot Κ(υρι)ε, écrit sous la forme consacrée ΚΕ (le trait horizontal est encore visible).

Invitation adressée à St Ephrem de la part de St Basile (cf. *op. cit.*, p. 203).

28. — A l'extrémité de la même paroi, sous une arcature qui a toujours été aveugle, on voit représentées les funérailles de St Basile et l'histoire de la pécheresse pardonnée Sur la partie gauche de la peinture :

οψε σε αγιε
του θ(εο)υ κρα-
ζουσα ι γυ-
νι κ(αι) λεγου-
σα

Le texte est complet mais la première ligne est obscure. On peut comprendre, en supposant le verbe sous-entendu : « ὀψέ σε (εὗρον) ἅγιε τοῦ θεοῦ ».

C'est le résumé du petit discours, mis par la Vie dans la bouche de la femme qui se plaint d'arriver trop tard (*op. cit.*, p. 219).

29. — A droite de la même peinture :

Κ(αι) ης τον διακονο[ν]
κρατισας την χαρτην
κ(αι) αποβου-
λοσας ἴ[π]εν γ[υ]
νε τη κλεις αγραφο
εστην ι χαρτ[η] σου

L. 1. ης τον διακονον = εἷς τῶν διακόνων.

L. 4-5. γ[υ]νε τη κλεις = γύναι τί κλαίεις.

Remarquer les formes populaires ι χαρτη, την χαρτην, pour ὁ χάρτης, τὸν χάρτην.

La pécheresse a jeté sur la civière du saint la feuille qui contenait sa confession. Un diacre la prend, l'ouvre et il se trouve qu'elle est effacée (*op. cit.*, p. 219).

On voit que ce texte ne fait pas exactement suite au précédent. De même pouvait-il y avoir une solution de continuité entre les textes 24 et 25.

Tchaouch In

30. — J'ai publié dans la *Revue Archéologique* (1912, II, p. 253) l'importante inscription de la prothèse. J'ai pu la revoir à mon dernier voyage. En voici une nouvelle copie plus exacte :

⁘ Τους αιψεβεις ημον βασιλεις
δηαφοιλαξον Κ(υρι)ε παντοται
δεσπυνης ημον
Νηκηφοροι(?) κε Θαιφανους

Les deux mots écrits en surcharge entre les lignes 2 et 3 sont comme ici en caractères plus petits.

Il faut comprendre. Τοὺς εὐσεβεῖς (1) ἡμῶν βασιλεῖς διαφύλαξον Κ(ύρι)ε πάντοτε Νικηφόρο[υ] καὶ Θε(ο)φανοῦς δεσποίνης ἡμῶν. L'auteur du texte a commencé par mettre correctement à l'accusatif le régime du verbe διαφύλαξον, puis il a passé brusquement au génitif par le souvenir de la formule : βοήθει τοῦ δεῖνος.

Il n'y a pas de raison de supposer — comme je le faisais dans la *Revue Archéologique* — Νικηφόρον κὲ τοὺς υἱοὺς Θεοφανοῦς ... en suppléant deux mots disparus ou sous-entendus En effet : 1°) le nom de Nicéphore n'est certainement pas à l'accusatif (2), — 2°) l'inscription est complète ; — 3°) les deux fils de Théophano ne figurent pas dans les peintures de la prothèse ; — 4°) l'irrégularité grammaticale de la construction que nous trouvons ici est loin d'être exceptionnelle dans le grec des inscriptions et dédicaces byzantines (3).

L'empereur nommé est Nicéphore Phocas Il est représenté debout devant un trône, les deux mains tendues à gauche vers Théophano qui lui répond par le même geste. Le nom de l'impératrice manque au-dessus de son image ; le visage est détruit (ainsi que les quatre autres), mais on la reconnaît à son costume féminin.

31. — De l'autre côté de l'empereur, un personnage debout fait pendant à Théophano. Au-dessus de sa tête :

· Κ(αι)σαρος

---

(1) Εὐσεβής = ἐβσεβής = ἐπσεβής = ἐψεβής (αιψεβης). On trouve de même παψατε, νιδεψις pour παύσατε, νήδευσις

(2) Après l'O un jambage et un seul, très visible Mais il ressemble à un I plutôt qu'à la partie inférieure d'un Υ.

(3) Voici quelques exemples Datif au lieu de l'accusatif par l'analogie de sens avec βοηθεῖν · . σῶζε, φύλαττε τῷ σῷ πιστῷ . (*CIG*, 9398, 9400 Athènes, s d — par contre les n°s 9399, 9401, qui présentent la même formule, ont l'accusatif) ; double construction : Κυριε βοηθι Νισιου διακ(ον)ου κε τυς αλογυς αυτου (Dalton, *Catal. of the early christian Antiquities of B. M*, p 105, n. 533) ; .. βοήθη τοῦ δούλου .... κὲ τὸν ἀδελφόν .. (*CIG*, 9413, Athènes, s d) ; μνησθητι μο[υ] . τον σον δουλον (Lefebvre, *Rec Inscr. grec. chrét d'Egypte*, n. 61) Les exemples analogues ne sont pas rares dans les souscriptions de manuscrits : on y trouve jusqu'à des constructions triples .. εὔγεσθαι (= εὔχεσθε) κἀμοὶ τον ποιήσαντα . τοῦ ταπινοῦ (Paris, ms gr 243 de l'an 1133, dans Omont, *op cit*, p. 10 n. XLVI), τῷ κτισαμένῳ . καὶ προσταξάντα ... μου φύλαττε (Paris, coisl 5, de l'an 264, Omont, *ibid.*, p. 12, n. LVII)

C'est Bardas Phocas, le père de Nicéphore, créé César par ce dernier aussitôt après qu'il s'est emparé du pouvoir (Cédrenus, éd. Bonn, II, p. 351 ; Léon Diacre, éd. Bonn, p. 49).

Καισαρος forme barbare pour Καῖσαρ. La première syllabe est représentée par la sigle déjà mentionnée (cf. *supra*, n° 23).

32. — Du même côté, encore un personnage debout avec le titre :

∴ Κοροπαλατης

C'est Léon Phocas, le frère de Nicéphore, créé curopalate (κουροπαλάτης) dans les mêmes circonstances. Il avait été auparavant stratège du thème de Cappadoce (Zonaras, éd. Bonn, III, p. 482).

Il reste encore un dernier personnage qui fait suite à Théophano. Mais le nom manque et rien ne le désigne comme un enfant : il ne faut donc pas y voir un des deux jeunes empereurs, Basile et Constantin. Du reste, on ne peut supposer que le peintre en eût représenté un seul à l'exclusion de l'autre. C'était encore un membre de la famille de Nicéphore. Les Phocas appartenaient à la noblesse cappadocienne : il est très naturel que le donateur ait pensé exclusivement à eux.

La présence du César Bardas ne précise pas beaucoup la donnée chronologique fournie par le texte qui nomme les deux empereurs. Bardas mourut, en effet, en 969, peu de temps avant son fils (Léon Diacre, p. 83). Quant à Léon, il survécut à Nicéphore. Ainsi les limites extrêmes de la date de ces textes — et de la décoration de Tchaouch In — restent les années 963 et 969.

Il n'est pas téméraire de supposer une connexion entre ces peintures et le séjour prolongé que fit la cour en Cappadoce en 964. Nicéphore y vint avec Théophano et les deux jeunes princes ; puis, tandis qu'il allait guerroyer en Cilicie, il laissa sa femme et les enfants dans la forteresse de Drizion que M. Ramsay place, avec raison dans la région de Tyane (*Historical Geography of Asia Minor*, p. 348).

33). — Sur la paroi septentrionale de l'église, à côté d'un saint militaire à cheval :

Κ(υρι)ε βοηθι
τον δουλο σου
Μεληαν μα-
γιστρον

Pour la forme δουλο, v. *app*

Ce Mélias est probablement un Arménien.

Mélias est le nom donné par Constantin Porphyrogénète (*de Them.*, éd. Bonn, p. 32-35 ; *De Admin Imp.*, éd. Bonn, p. 227, 228) à l'aventurier arménien (Malih, Mélih ou Mléh) qui releva de leurs ruines, sous Léon le Sage, les villes de Lykandos et Tzamandos, peupla la région environnante d'Arméniens et, à la création du thème de Lykandos, en fut le premier stratège. Il mourut entre 928 et 934 (1). — C'est encore sous le nom de Mélias que Cinnamus (éd Bonn, p. 286, 288) désigne Mléh (2), le frère du fameux Thoros, souverain arménien de Cilicie (mort en 1174).

Mléh devait être aussi le nom arménien du donateur de Tchaouch In.

La présence d'un tel personnage en ces régions ne saurait surprendre à cette époque. Dès le Xe siècle, commença le mouvement d'émigration des Arméniens vers le sud et l'ouest, mouvement dont les fondations de Mélias à Lykandos et Tzamandos furent un des premiers épisodes et qui ne devait pas tarder à s'accélérer.

C'est à ce mouvement que Gelzer rattache la multiplication des évêchés en Cappadoce sous Léon le Sage (cf. n° 94).

A Geurémé, les peintures de la chapelle St Placide me paraissent avoir été exécutées par un Arménien.

Chapelle au-dessus de Qeledjlar

Elle est transformée en pigeonnier et d'un accès difficile. Ni M. Rott ni M. Grégoire ne l'ont vue. La décoration présente certains traits communs avec celle de Tchaouch In. Sur le mur du fond, on voit deux donateurs prosternés, un homme et une femme, au-dessus desquels sont peints les textes suivants :

---

(1) M Schlumberger a décrit, dans sa *Sigillographie*, un sceau de ce personnage portant les titres de « protospathaire et stratège impérial de Mamistra, Anazarbe, Tzamandos » Il resume, à cette occasion, la vie de Mélias (p 272-274)

Symeon Magister (éd Bonn de Theoph cont , p 742) écrit aussi Μελίας , Georges moine (*ibid.*, p. 707) écrit Μηλίας.

(2) Cf Tournebize, *Histoire politique et religieuse de l'Arménie*, t I, p 181, 182.

34. — A droite, au-dessus de l'homme.

Ὑπερ αφεσεος τον αμαρτηον
του δουλου του Θε(ου) Νηκαντρου

35. — A gauche, au-dessus de la femme.

Ὑπερ αφεσεος τον αμαρ[τιων]
της δουλης του Θε(ου) Εβ(?)ονκηας

Le nom est probablement Εβ[δο]κηας = Εὐδοκίας.

Qaranlęq Kilisé

Les inscriptions du chœur ont été publiées exactement par M. Rott (p. 216).

Quant à celles du narthex, M. Grégoire a corrigé exactement (p. 84) la copie de la première (Rott, p. 214) et la seconde doit se lire :

36. — Δε[ησις]
Γε[νεθ]λιου

Le texte est complet et il n'y a pas lieu de restituer les mots τοῦ δούλου τοῦ Θεοῦ. Le nom que je propose s'accorde mieux avec les restes de caractères visibles que celui de Γενναδίου (Rott, *ibid.*).

Tcharęqlę Kilisé

Les trois invocations peintes au fond de l'église se trouvent dans Rott (p. 217).

Au-dessous de la première se voit un graffite publié par M. Grégoire (p. 85).

37. — Autre graffite, au-dessous du précédent :

+ Στ(αυ)ρε Χ(ριστ)ε Χ(ριστ)ε Στ(αυ)ρε Κ(υρι)ε
φρουρι[ον ?. . . . . . . ω
αμαт . . . .

Les derniers mots : peut être τ]ῷ ἁμα[ρ]τ[ωλῷ].

38. — Autre graffite, sous l'invocation de Leontios.

Στ(αυ)ρε Χ(ριστο)υ Χ(ριστο)υ Στ(αυ)ρε π
τ(..) φωτισον τ(ην) ψυχ(ην) μ(ου)
φ. . . . . . . τ(..) . . . . . χ

L. 2 et 3. Après chacun des τ, signe marquant une abréviation.

L. 3. Après φ, ligature que je ne puis résoudre. Après τ(.) une autre ligature où je crois reconnaître les lettres ερ. En y joignant le χ on a les éléments de [ἱ]ερ[ομονά]χ[ου]

Chapelle de Daniel

Inscription d'Eudokia Grégoire, p. 85.
Inscription de Basile, fils de David : Rott, p. 233
Inscription de Michel, fils de Philothée : Rott, *ibid.*
Graffite de Nicéphore Grégoire, *ibid.*

39. — L'inscription où M. Rott a lu, à la fin, le mot Θομαν porte :

Κ(υρι)ε βο-
ιθη τον
δουλον
σου . ου
μαν

Avant ου (écrit 8), une ou deux lettres effacées dont il ne reste que deux jambages. Ce ne saurait être θ Je ne reconnais pas le nom.

40. — Graffite en dessous de celui de Nicéphore.

Κ(ύρι)ε βουθ-
θυ τον
[δοῦλον]
σου Λεον-
ταν δι[ά]-
[κο]ν(ο)ν

Les deux dernières lignes sont assez douteuses Si je m'en tiens à ma copie, le mot où j'ai cru reconnaître le titre de διάκονον serait écrit : διvπιvv.

On trouvera plus loin (n° 69) un accusatif qu'on pourra rapprocher de Λεονταν.

41. — A gauche de l'image de St Basile. Graffite en grands caractères.

Κ(ύρι)ε βοη(θει) το(ν)
δουλο(ν) σου Μ(ι)χ(αη)λ

Je complète το(ν) δουλο(ν), car les deux ο sont surmontés d'un double trait indiquant l'abréviation.

42. — Plus bas, graffite en petits caractères soignés (très différents de ceux du précédent).

[Κ(ύρι)ε βοή-
θει] το
δουλο σου
Λεοντα α-
μαρτολον

Ici, au contraire, rien n'indique qu'il y ait eu une abréviation. Je suppose donc la forme d'accusatif déjà si souvent rencontrée (v. *app.*).

43. — A droite de l'image de St Basile.

\+ Κ(ύρι)ε βο[ή]
θυ Λ — —
υ δ ο υ η
(μον)[α]χ[ὸν] πρ(εσβύτερον)
τ[ὸν α]ναξη-
ων δουλ(ον) σου

Les deux traits après le Λ (l. 2) figurent dans le graffite. Toutes les lettres de la l. 3 sont très distinctes. Je ne vois pas quel est le nom propre qui se cache là.

Chapelle entre Qaranlẹq et Tcharẹqlẹ

44. — Inscription à côté d'une image de St Georges.

Κ(υρι)ε βοηθη τον δου-
λον σου Αρμολοι-
κον

Rott (p. 219) : Αρκολοικον = Ἀρκόλυκον.

Pridik (*Inscriptions d'Asie Mineure*, p. 34 n° 50, dans le *Journal du Ministère de l'Instruction publique russe*, 1900, t. CCCXXVIII) : Αρνολοικον.

La lettre douteuse est assez indistincte, mais il m'a semblé qu'elle devait se lire μ.

45. — Inscription à côté d'une image de Ste Catherine. (La donatrice est prosternée à ses pieds).

Δεισις Ανη[ς]

46. — Graffite auprès de la même image.

Εκατερι-
να παντερ-
πνε βωει-
θει μι τ(ον)
δουλον σου
Γε(δε)ου(ν) κ(αὶ) α-
μαρτουλον
κ(αὶ) [τα]πη-
νον (καὶ) π-
αντ(..) κ(αὶ) τ(..)
κ(..) τ(..)

Pridik (*ibid.*, p. 34, n° 47), l. 6 : Ἰ(ωάννην)[διάκονα ? ά]; l. 8-9 : [τ]απηνὸν [καὶ τ]ὸν .... Le reste manque.

Le nom que je propose (l'idée m'en a été suggérée par M. Grégoire) ainsi que les deux dernières lignes sont donnés sous toutes réserves.

Ce que je lis (καί), à la l. 9, n'est autre que la sigle **S**. Les autres κ(αί) sont écrits **K** (avec le petit trait oblique).

L. 10-11 : les points entre parenthèses représentent des abréviations que je renonce à résoudre.

Remarquer le changement de cas (datif suivi d'un accusatif) aux lignes 4 et 5 (cf. *supra*, n° 30 et *app.*).

47. — Autre graffite sur la même paroi.

+ Κ(ύρι)ε βοει-
θι τον δουλον
[σου] Ακακηον
(μον)αχ(ὸν) (καὶ) πρ(εσβύτερον) τ(ον)
πετρενο

La lecture de M. Pridik (*ibid.*, p. 34 n° 48) est conforme à la mienne, sauf à la l. 4, où n'ayant que l'α et non le χ du nom (μον)αχ(όν), il l'interprète : πρῶτον.

Il rapproche — ce qui me paraît très plausible — le mot πετρενο (= πετρηνόν) du nom de Πέτρα, un évêché suffragant de Smyrne (cf. Ramsay, *Historical Geography of Asia Minor*, p. 108, 109).

48. — Graffite au-dessous du précédent.

Κ[(ύρι)ε] βοη(θει) τον
[δ]ουλ(ον) σου . πνατ ?
α . αμ[α]ρτολ(ον)
Κ(ύρι)ε μου σοσε

L. 2. Le λ de [δ]ουλ(ον) et les deux dernières lettres ατ sont écrits en surcharge. M. Pridik estimant que ces lettres constituaient une ligne indépendante et croyant lire un τ au-dessous (là où je marque [δ]) restitue (*ibid.*, p. 34 n° 49) :

Κ(ύριε) βοή(θει) τὸν
(δοῦλον ?) ....
τοῦ σοῦ [π]ν[εύμ-
ατο(ς)

Ce dernier mot, à mon avis, est inadmissible. J'ai bien reconnu un π (peut-être, à la rigueur, un τ) lié avec le ν ; mais auparavant il manque une lettre ; et, à la l. 3, je n'ai distingué que le premier α et non les lettres το qui suivraient. C'est le nom propre qui se cache là. Il est difficile de le reconnaître.

L. 4. Pridik : κέ (= καί). Je résouds Κ(ύρι)ε, à cause du trait horizontal qui surmonte les deux lettres. Du reste, le sens gagne à couper la phrase en deux.

Le génitif avec σοσε est dû à l'analogie du verbe βοήθει (cf. *supra*, n° 30).

49. — Sur la même paroi, plus bas. Graffite.

Κ(ύρι)ε βωη[θει] τ(ὸν) δουλ(ον)
σου Αθανασίον
.. λ ? .. τ(ὸν) ξεν(ον) (καὶ) ἁμαρτωλον

Αθανασίον est ainsi accentué dans le graffite.

50. — Au-dessus de l'image de Ste Catherine. Graffite écrit en une seule ligne :

[Κ(ύρι)ε βοήθει..... Γ]εοργιον πρεσβυτερον

Chapelle en dessous de Qaranleq

51. — Près de l'entrée de la chapelle. Inscription en capitales rouges assez irrégulières.

Κυ(ριε) βουθη
τον δ(ο)υλο
σου Θαμαδη

C'est la copie de M. Rott (p. 219).

M. Grégoire a lu le nom Σταμάδη (= Σταμάτιον), mais un examen attentif m'a convaincu que la première lettre est un Θ et non un stigma.

Dans l'autre inscription de la même chapelle, il faut bien lire le nom : Μιχαυλη, cf. la *copie* de Rott ; par contre cette copie porte à tort δυλον : il faut lire avec M. Smirnov (n° 46) :

τον δου-
λο σου

Chapelle voisine de la précédente

52. — Au-dessus d'un donateur peint à côté du Christ, on lit le nom :

Θεωδορος

Chapelle au-dessus d'Elmalẹ

53. — Inscription peinte entre deux saints cavaliers.

Κ(υρι)ε [β]οιθι το(ν)
δου[λ]ον σου
Φα ονα
τ ? . . αλο
ψυ . ον

Une grande éraflure verticale a emporté une ou deux lettres au milieu de chaque ligne.

L. 3. On songe naturellement au nom Φα[ιδ]ονα qui conviendrait exactement à la longueur de la lacune, mais ce n'est pas un nom chrétien.

Peut-être au lieu de l'α faut-il lire un λ, et on peut avoir Φ[λημ]ονα pour Φιλήμονα ou Φ[λεγ]ονα pour Φλέγον(τ)α (St Phlégon : fête, chez les Grecs, le 8 avril).

Les deux dernières lignes sont obscures. J'ai noté, en 1912, que le τ de la l. 4 pourrait être un π. En ce cas : π[ρ](εσβυτερον). Autrement : τ[ον]. Faut-il comprendre ensuite : αλοψυ[χ]ον (j'ai cru reconnaître le χ) pour ἀλλόψυχον, qui serait un équivalent de ἀλλόφυλον ?

Je résouds l'abréviation το(ν), car elle est marquée. L'auteur ne voulait pas écrire το.

54. — Inscription peinte à droite des deux mêmes saints.

Κ(υρι)ε βοηθη τ(ον)
δουλον σου Λε-
οντα . ρουλιν

Je ne reconnais pas le dernier mot : il manque une lettre au commencement et peut-être plusieurs à la fin.

55. — Graffite au fond de la chapelle.

Κ(ύρι)ε βοηθ(ει)
τον δου-
λον σου
ΙΚ οα
μουν-
αχον
το
πρε(σβύτερον)

Je reproduis la ligne 4 telle que je l'ai lue. Peut-être y avait-il : Ηοα(ννην).

56. — Graffite en dessous du précédent.

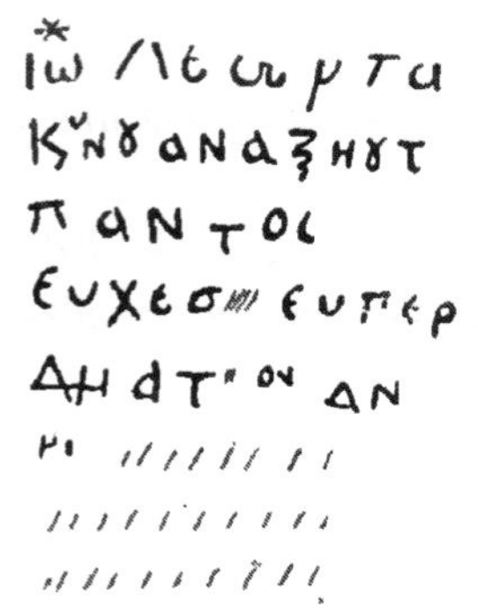

Le libellé de ce graffite est curieux et je ne le comprends guère. On distingue les mots :

.. Λεωντα
..... αναξηου τ(οῦ ?)
παντος
ευχεσ[θ]ε υπερ
δηα τον [Κ(ύριο)]ν

Mais la dernière ligne peut se lire aussi : αμα[ρ]τ[ωλ]ον

Chapelle au nord d'Elmale

57. — A côté d'un donateur prosterné aux pieds de la Vierge. Inscription peinte.

Κυρη[ε]
βοηθ[ει]
τον δ[ου]
λο σου ..
τα τη ·
μου[να]χο[ν]

Le nom propre est probablement tronqué au commencement comme à la fin. C'est pourquoi j'écarte l'hypothèse Τατη[ον]

La dernière ligne est douteuse. A la place de να il m'a semblé voir θ. De ce que je crois être un χ il ne restait que la partie supérieure qui pouvait appartenir aussi à δ.

MATCHAN

Bézir Khané

58.—A gauche de l'arcade qui surmonte la porte donnant du vestibule dans la salle. Inscription peinte en lettres rouges sur roc

P̅ M̅
Εν_ ονοματη
Θ(ε)ο(υ) ετεληοθη
δηαδρομος

τουτος υπο
μαηστουρο
Νηκητα Χο-
ρηον̄ τυο αγι-
υο Θεοδορο[υ]

Ce texte est contemporain de la décoration linéaire à l'ocre rouge qui orne le vestibule. Celle-ci rappelle les décorations semblables qui, en beaucoup d'églises de Geurémé, ont précédé les peintures sur plâtre. On remarquera la similitude entre cette inscription et celles de Toqalẹ (n° 15, 16) qui accompagnent justement une décoration de ce genre. On y a déjà vu et la formule du début, et le mot τουτος (pour οὗτος) et le terme de μαΐστωρ (ici μαηστουρο = μαΐστωρος avec chute du ς final) pour désigner l'architecte ou l'entrepreneur.

Le mot διάδρομος qui signifie proprement « couloir » doit désigner ici la salle de Bézir Khané, laquelle n'était pas une chapelle (elle n'a pas d'abside).

Χωρίον τοῦ ἁγίου Θεοδώρου est probablement le nom de ce monastère, situé aux portes de Matchan. Remarquer les curieuses graphies τυο αγιυο.

Je ne vois pas ce que signifient les deux grandes majuscules écrites au-dessus du texte.

59. — Texte peint à l'ocre rouge, en haut de la même paroi, dans la travée de gauche. Il ne reste même pas la moitié de chacune des deux lignes (1).

ΑΡΟΝΤΟΝΤΥΠΟΝΤΗΜΑΤΟ//////
ΗΔΟ..ΑΑΗΑΤΟΥΤΥΠΟΥΤ//////

Le premier mot peut être le participe ἄρων ; mais il me semble préférable d'y voir le nom d'Aaron et de supposer qu'il s'agit de quelqu'une des figures de l'Ancien Testament.

(1) En faisant, sur mes carnets, les copies d'inscriptions que je vais publier, je me suis appliqué surtout aux parties qui pouvaient prêter à discussion. Le reste a été copié plus librement. Ceci dit pour fixer le degré d'exactitude de mes fac-similés.

Il semble que le texte était en vers. Il devait y en avoir quatre. On comprendra donc :

+ Ἀ(α)ρῶν τὸν τύπον (ἐ)τιμᾶτο .
. . . .
ἡ δόξα διὰ τοῦ τύπου τοῦ ? . . .
. . . .

Naturellement on pense au serpent d'airain, image et *type* de la croix. On aurait là, comme à Sinasos (cf. *infra*, n° 104), un couplet en l'honneur de la croix, ce qui nous ramènerait encore à l'époque des Iconoclastes. C'est une date tout à fait vraisemblable pour ce monument.

60. — Texte semblable au précédent, peint dans la travée centrale. Ce que je reproduis représente la moitié de la longueur que devaient avoir la première et la seconde ligne ; les deux autres, interrompues par l'arcade qui surmonte la porte, étaient beaucoup plus courtes.

+ Є ⁝ ǀ ⁝ ////////////////////////////// ⁝ Є Є Ν Χ̄Ο̄ ⁝ //// Є ///// Ο ////
Α Μ Α Δ //// Є Κ . . ⁝ C Υ //////////// Η Τ Ο Υ Π ///////////////
Τ Ο Ν Δ Ρ Ο Μ Ο Ν Τ Ο Υ Τ ///////////////
Η C Τ Ο Υ C Α Π Є Ρ Α Ν Τ Ο Υ ⁝ /////////////

Il semble que c'étaient encore des vers, et qui faisaient peut-être suite aux précédents. Je ne puis ni en fixer le nombre ni deviner aucun sens. On reconnaît seulement quelques mots

Ἔνθ[α. . . . .]. . ἐν Χ(ριστ)ῷ . . .
ἅμα (?) . . . . καινοῦ (?) . . . .
τὸν δρόμον τοῦτ[ον. . . . . . .
εἰς τοὺς ἀπεράντους . . . .

Il devait y avoir un troisième texte semblable dans la travée de droite. Il a disparu.

Chapelle de Qarchẹ Bedjaq

Chapelle située, à quelques minutes à l'ouest de Matchan, au milieu d'un vaste ensemble de salles qui appartinrent à un monastère. La chapelle a reçu deux décorations successives. La première en rouge, sur roc, est purement linéaire. La seconde, sur une couche de plâtre fin, comprend une grande croix gemmée dans la conque de l'abside et, dans la nef, des fleurs et des entrelacs : les couleurs dominantes sont le jaune et le rouge. Ces traits tendraient à faire attribuer cette décoration à l'époque des Iconoclastes (1).

61. — Texte peint en rouge, sur roc, autour de l'arceau du chœur. Il appartient à la décoration primitive Grandes capitales assez irrégulières.

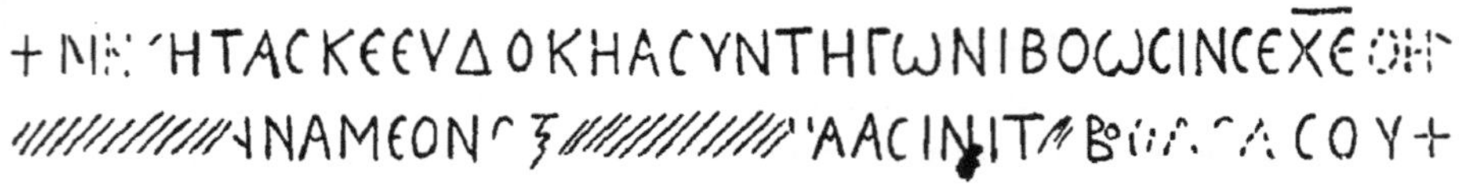

Le texte n'a qu'une ligne. Les croix du début et de la fin attestent qu'il est complet. J'ai tâché de représenter exactement la longueur des lacunes.

La première partie se lit :

+ N[ικ]ήτας κὰὶ Εὐδοκία σὺν τῇ γονῇ βοῶσίν σε Χ(ριστ)έ . .

La seconde partie débutait par une formule inspirée du Ps. LVIII, 5-6, par exemple : [Κ(ύρι)ε ὁ Θ(εὸ)ς τῶν δυ]νάμεων [ἐ]ξ[έγειρον εἰς συνάντη]σιν [ἡμῶν] — Les derniers mots très douteux : [καὶ ?] βο[ή]θ(ειαν) δούλ(ου) σου.

Les cinq textes qui suivent (n°s 62-66), peints sur le plâtre en grands et beaux caractères de forme élancée, appartiennent à la seconde décoration. Par les fac-similés que je donne des numéros 64 et 66, on peut juger dans quel état se trouve l'ensemble de ces textes. Le plâtre s'est détaché par larges plaques, ne laissant souvent que le sommet des lettres. Cette condition spéciale m'oblige à modifier ici mes conventions. Je représenterai par des majuscules épigraphiques les lettres intactes ou du moins assez conservées pour se laisser reconnaître par elles-mêmes ; je transcrirai en minuscules celles qui, le mot une fois identifié, se peuvent reconnaître aux traces qui en restent (ceci me permettra de maintenir l'orthographe de l'original) ; enfin les restitutions de lacunes totales seront écrites entre crochets avec l'orthographe classique.

(1) Cf *infra*, n° 104, où je citerai le travail de M Millet

62. — Long texte courant au sommet des deux parois latérales. Il ne formait qu'une ligne, sans aucune ponctuation, mais je sépare les versets et les répons de cette sorte de litanie. Il commençait à droite près du chœur (v 1-5) et reprenait à gauche près du fond de la chapelle (v. 6-9). Chaque partie commence par une croix

1 [+ Μεθ' ημων ο Θ(εο)ς γνω]τ εθΝΙ κ(αι) ηΤ[α]σΘЄ
ѠΤΗ ΜЄΘ ΙΜΟΝ ο Θ(εο)ς

2 [επακ]ȣσαΤε [ως ε]πυ εσΧΑΤȣ ΤΙC ΓΗC
ΟΤΙ Μ[εθ' ημ]Ο[ν] ο Θ(εο)C

3 ΗCΧΥΚοΤες ΗΤΑCΘε
οΤΙ Μ[εθ' ημων] ο Θ(εο)ς

4 ЄΑΝ ΓΑΡ ΠαλΙΝ [ισχυ]σηΤε ΠαλΗΝ ΙΤΗΘΙCЄCΘЄ
ΟΤΗ ΜЄΘ ΙΜΟΝ [ο Θ(εο)ς]

5 [. . . .]ΧΥ βουΛЄΥCΗΙς [δ]ιΑCΚ(ε)[δ]ΑCΙ Κ(υριο)C
ΟΤΙ ΜЄΘ ΙΜΟΝ Ο Θ(εο)C

6 + Κ(αι) ΛΟΓ[ον ον] εαΝ ΛΑλΙ[σ]ЄΤЄ ȣ ΜΙ ЄΝΜΙΝΙ [εν υμιν]
[οτι μεθ' ημων ο Θ(εο)ς]

7 ΤΟΝ [δε φοβ]ΟΝ ΙΜΟΝ ȣ ΜΙ ΦΟΒΙΘΟΜεν [ουδ]Є [μ]Ι ΤΑΡΑΧΘΟΜЄΝ
ΟΤΙ ΜЄΘ ΙΜΟΝ ο Θ(εο)ς

8 Κ(υριο)Ν ΔЄ ΤΟΝ Θ(εο)Ν ΙΜον [αυ]Τ[ο]Ν αγΙ[ασ]ομεΝ Κ(αι) αΥΤΟς εσΤε ηΜΙΝ ΦΟ[β]ος
ΟΤΙ μεθ ΐ[μων ο] Θ(εο)ς

9 [Κ(αι) εα]Ν γ(?) εΠΥ α[υ]Το [ωμεν πε]πυθ[ο]Τ[ε]ς ЄCΤЄ ΙΜΙ[ν εις α]γ[ι]ασΜΟΝ
ΟΤΙ ΜεΘ Ιμον ο [Θ(εο)ς]

Le peintre ne craint pas les incohérences dans ses graphies : ωτη et ὀτΐ, παλὶν et παλην

Les trémas ne sont pas réservés aux ι initiaux, mais donnés indistinctement à tous. (Au répons du v. 7, c'est sans doute par l'effet d'une distraction que j'ai copié οτι et non οτι).

Le peintre ne double jamais les lettres : γνωτεθνι pour γνῶτε ἔθνη, ητασθε ιτηθισεσθε pour ἡττᾶσθε, ἡττηθήσεσθε. L'haplographie devient une règle générale.

Ce texte est le commencement de la prière qui se chante aux Grandes Complies (Ἀπόδειπνον μέγα) après la série des Psaumes. Elle s'inspire d'Isaïe, VIII 9-14, 18 ; IX, 2, 6. Notre inscription, qui correspond à Isaïe VIII, 9-14, se rapproche beaucoup du texte actuel de l'Ὡρολόγιον (1). Elle ne s'en écarte que pour reproduire plus exactement, en quelques points insignifiants, les formes mêmes du texte biblique :

v. 2 : Horol. . ἕως ἐσχάτου Isaie (texte de Swete, *The old Testament*) : ἕως ἐπ' ἐσχάτου.

v. 4 : Horol : ἐὰν γὰρ. . . ., καὶ πάλιν. Isaie · ἐὰν γὰρ. . . . . ., πάλιν

v. 5 : Bien que les lettres de ma copie soient très nettement affirmées, il doit y avoir erreur et il faut rétablir conformément à l'Horologion . [κ(αι) ην αν βου]λυ[ν] βουλευση[σθε]

La confusion de X et de Λ s'explique aisément.

v 6 : Horol. et Isaie : ἐμμείνῃ

v. 7 : Horol. : οὐδ' οὐ μὴ ταραχθῶμεν Isaie : οὐδὲ μή.

v. 9 : Horol. : καὶ ἐὰν ἐπ' αὐτῷ πεποιθὼς ὦ, ἔσται μοι . . Isaie : κἂν ἐπ' αὐτῷ πεποιθὼς ᾖς, ἔσται σοι. La restitution du verset dans l'inscription peut soulever quelques doutes à cause du petit nombre des lettres intactes, mais le pluriel est certain

L'office de l'Apodeipnon remonte probablement à St Basile (cf. *Diction. d'Archéologie chrétienne et de Liturgie,* t. I, col. 2579-2790, art. *Apodeipnon* par les PP. Pargoire et Pétridès). D'après le P. Pétridès, la manière d'exécuter les versets que nous avons ici « nous reporte facilement au IVe siècle : nous avons probablement affaire au genre même d'antiphone introduit à Césarée par St Basile » (*ibid.,* col. 2583).

La présence de ce texte ne nous empêche donc pas de faire remonter la seconde décoration de cette chapelle à l'époque des Iconoclastes. D'autre

---

(1) Ὡρολόγιον μέγα, édit de Venise, 1884, p. 156

part, elle confirme la haute antiquité de cette partie de l'office grec.

63. — Autour d'une arcade (il y en a trois semblables) sur la paroi de droite En une seule ligne , tréma sur tous les ι.

... Μ ε ΧΙΡЄϹΟΥ ΔΙΑΠЄΤЄΤΑΜЄΝЄ ΠΡΟϹ Κ(υριο)Ν ϹΤЄΝΑΓΜΥϹ ΑΛΑΛΗΤVϹ Κ(αι) ΔΑΚΡΥϹΗΝ ϹΥΝΠΑΘΙας υΠЄρ ΙΜΟ[ν]

ε χίρεσου = αἱ χεῖρές σου avec haplographie (cf. n° précédent)

διαπετεταμενε = διαποτεταμέναι. Nous verrons plus loin (n° 76) un autre exemple de la forme απε pour ἀπό Elle est dûe à l'influence d'expressions comme ἀπ' ἐμοῦ

Ce texte que l'on retrouvera plus loin (n° 106) doit appartenir aussi à la liturgie, mais je ne puis l'identifier. L'expression στεναγμοῖς ἀλαλήτοις est empruntée à Rom., VIII, 26.

64. — Sur la deuxième arcade de la même paroi.

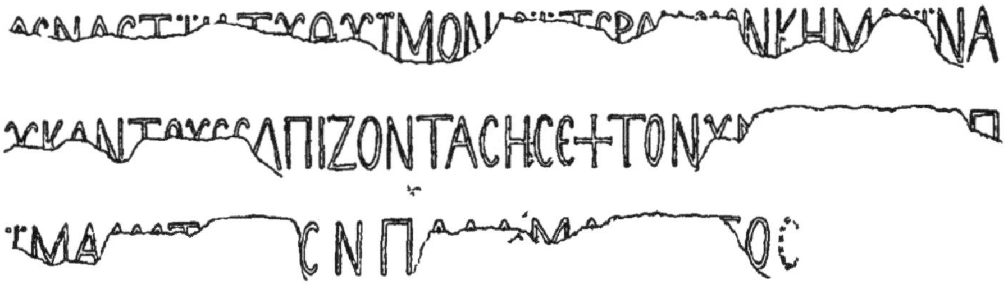

La croix du milieu prouve qu'il y avait deux textes liturgiques distincts. On n'en pourra reconnaître le sens qu'après les avoir identifiés. Je distingue seulement quelques mots (1) :

... τ(ο)ῦ Θ(εο)ῦ ἡμῶν......
. . τοὺς ἐλπίζοντας εἴς σε + Τὸ νῦν (?).. .

---

(1) Dans le fac-similé je reproduis les formes de mon carnet ; mais, en réalité, le sommet des Α, Δ, Λ, Μ, Ν doit être plus arrondi, celui des Є, Ϲ, Θ, Ο doit être plus aigu que je ne les ai représentés. Là en effet, où il ne restait que l'extrême pointe des lettres, j'ai commis plusieurs confusions que j'ai reconnues après identification du n° 62 ainsi j'avais supposé, à la lecture, πασιν pour παλιν.—J'ai noté de plus que, dans le texte ci-dessus, les lettres Ϲ Π Ν et les traces suivantes étaient espacées, mais je ne puis indiquer exactement l'écartement On tiendra compte de ces observations si on veut utiliser mon fac-similé

Dans ησε = εἲς σε on a encore un exemple de la suppression d'un des deux σ consécutifs.

65. — Sur la troisième arcade; tréma sur les ι.

+ τ](ο)ῦ ΘЄ(ο)ῦ εΑΘΟΤΟC ЄΤΥΜΥ CΥΝ.
ελΘΟΜЄΝ CΥΝ ΑΤΟ ΙC ΤΟΝ ΓΑΜΟΝ
οC ΓΑΡ ΥΚΤΗΡΜΟΝ ΔΟΡΟΝ Ο Θ(εο)C
ΠΑCΗΝ ΔΟΡΙΤЄ ΤΟΝ ΑΠΘΑΡΤΟΝ
CΤЄ[φ]ΑΝη ΟΝ +

Il y a eu évidemment plusieurs fautes de copie. Le texte doit porter ελθοτος (avec chute du ν, cf. *supra*, n°s 21, 23) et non εαθοτος ; entre συν et ελθομεν j'ai indiqué, à tort, qu'il manquait une lettre et il faut comprendre: συνέλθωμεν σὺν αὐτῷ. Dans ce dernier mot, il devait y avoir un υ lié avec l'α. Enfin le dernier mot est peut-être στεφανον, bien que j'aie cru reconnaître les traces d'un η.

ετυμυ = ἕτοιμοι.

υκτηρμον = οἰκτίρμων

Texte liturgique dont la première partie s'inspire de Mat., XXV, 10, la seconde de Jac., V, 11 et I Cor., IX, 25.

66. — Texte peint autour de l'arceau du chœur sur le plâtre — donc concentrique au n° 61 qu'il enveloppe.

Toute la partie de gauche est perdue. Il reste quelques lettres au sommet de l'arceau (la première ligne du fac-similé) et, un peu plus loin, quelques mots méconnaissables (je ne distingue que X(ριστ)ε αξηου ou αξηους).

Encore une croix, comme si l'inscription comprenait deux textes; mais le second était très court.

Au fond de la chapelle, sur un arceau qui fait face à celui du chœur, il y a encore un texte analogue, mais si pâli que je n'ai rien pu en tirer.

67. — Sur le mur nord, graffite tracé à la pointe dans le plâtre.

Petites capitales régulières d'un centimètre Le creux des lettres a été rempli de couleur rouge. C'est le plus soigné des graffites de ce genre.

K(υρι)ε βοηθ(ει)........16-18 l.........τον δουλο σου
.........7-8 l.........τον [αμαρτο]λο[ν]

Pour δουλο, cf. *app*.

68. — Sur la paroi sud. Fragment d'un graffite dont la longueur ne peut être déterminée. Lettres semblables à celles du précédent, moins soignées.

//////ΜΟΝΟϹΤΟΝΒΗΟΝΕΝΑΜΕΧΙΙΑΠΙΑ Ϛ̄ ΔΕϹΠΟ////////

69. — Dans le chœur, à droite Graffite creusé avec soin dans le plâtre. Capitales d'un centimètre de haut.

[A]γηα Τρη[ας]
ιση [και] μο[νο]-
ουσηος κ(αι)
αχορηστο[ς σω]-
ζε τον [δουλ]ων
σου Ερονακ τον
σε ποθουντα κ(αι) [πρ]οσ-
κυνουντα Αμη K(αι) ο αναγινοσκον ευχεστ[ο] με

Cette invocation à la Trinité, insolite en Cappadoce, est à remarquer τον ποθουντα : v. ce qui a été dit du sens de πόθος (n° 17).

Αμη : Peut-être n'ai-je pas aperçu un ν final, peut-être aussi était-il supprimé (cf n° 1).

ευχεστ[ο] με : cf n° 4, et (pour l'accusatif au lieu du datif) n° 121.

Le nom propre Ἔρων m'est inconnu (1). Peut-être est-ce Ἱέρων (Ἱερονακ en supposant une haplographie avec l'υ de σου). Pour la forme de l'accusatif, cf. n° 40).

70 — Graffite aux caractères irréguliers, tracé sur la paroi sud

K(ύρι)ε β(ο)υθ(ει). .
[τ]ο σο π(ρε)σ(βυτέρῳ ?)

(1) On pourrait peut-être songer au n pr Ἥρων, bien que la substitution de l'ε à l'η soit rare en Cappadoce (*infra*, n° 95)

ARABSOUN

Chapelle de Qarche Kilisé

71 — Le fragment de texte peint autour de l'abside, qui a été publié par M. Rott (p. 246), doit se compléter de la façon suivante (cf. n°s 18, 112, 119, 121) :

> [Ανεκαινισθη ? ο ναος ουτος.... . δια συνδρομης
> του δεινος και των τ]εκ[ν]ον <α> αυτου επη
> βασιλε(υ)οντος Θεοδορου Λασκαρη ετους $\overline{\text{Ϛ}}$ Ψ Κ
> κ. ε ενδ(ικτιωνος) $\overline{\text{ΙΕ}}$ μ(η)νη απριλιο ης τ(ας) $\overline{\text{Κ}}\overline{\text{Ε}}$

M. Rott n'a pas reconnu la formule ης τ(ας) et propose à tort ἡ(μέρ)α. Il n'explique pas les lettres qui suivent le nombre de l'année. Entre κ et ε il représente un signe qui pourrait être pris pour un φ (1). Si on n'en tient pas compte, on peut ne voir là que la conjonction καί.

La date est 1212. On trouvera, à Souvech, une autre inscription du même règne. Cette mention de l'empereur de Nicée en des régions si éloignées est un fait surprenant et intéressant. On peut y voir une conséquence de la victoire remportée, en 1210, auprès d'Antioche du Méandre, sur le sultan d'Iconium Ghaiat ed-dîn Kaikhosrou Mais je ne sache pas qu'on ait aucune preuve que l'autorité de Théodore Lascaris se soit jamais étendue, de fait, jusqu'en Cappadoce.

Au fond de la chapelle, M. Rott a cru reconnaître un fragment de « Massacre des Innocents ». Il a vu une mère protégeant ses deux enfants et a lu à côté . θρηνος κε β(ρυγμος).

L'interprétation du morceau est étrange. Quant au texte qui paraît

---

(1) Trop pressé quand j'ai visité cette chapelle, je n'ai pas copié l'inscription et m'en suis tenu au fac-similé de M Rott Je n'ai pas songé à vérifier ce détail, pas plus que les deux α du début Volontiers je croirais à une erreur de copie Si l'on voulait qu'il n'y eût ni faute de copie ni dittographie, on pourrait penser à une invocation en faveur de l'architecte du temple τον αρχιτ]εκ[τ]ονα αυτου Mais l'expression — autant que le terme lui-même — serait bien insolite L'interprétation que je donne me paraît assurée

la confirmer, ce n'est pas autre chose que la dernière ligne du n° 72 jointe à la première du n° 73.

72. — A droite de la tête d'une mère debout entre ses deux enfants (1).

K(υρι)ε βοιθ[ει] τιν
δ[ουλη]ν σου
Ε[ι]ρηνιν

73. — En dessous et sur la tête de l'enfant de droite

K(υρι)ε βο[ηθει]
. . . . ω . . . .

74. — Sur la tête de l'enfant de gauche.

[K(υρι)ε] βοιθι
. . . .
σου κα(?)αν. . .

Les deux derniers textes ne sont pas détruits, mais très endommagés et très pâlis. Faute d'une échelle, je n'ai pu en lire davantage, mais j'espère arriver à déchiffrer les noms — par moi-même ou par d'autres — avant d'entreprendre la publication de cette chapelle. Alors on aura chance d'identifier les personnages de ce groupe, peut-être aussi intéressants que ceux de Tchaouch In. Ce sont ou des fondateurs ou de grands personnages pour qui prie le fondateur (2). Je ne saurais dire si les enfants sont des garçons ou des filles tant la peinture avait souffert.

(1) Comparer à la miniature d'Eudocie entre Léon et Alexandre, dans le Grégoire de Nazianze de Paris (ms gr 510 — Omont, *Fac-similés des miniatures des plus anciens manuscrits grecs..*, pl. XVI) Mais ici la mère étend les mains sur les têtes de ses deux enfants

(2) On trouve plusieurs Irènes dans la famille des Lascaris (Voir le tableau généalogique joint à l'ouvrage de A. Gardner, *The Lascarids of Nicaea*, Londres [1912], il est dressé d'après les *Familiae Byzantinae* de Du Cange). On pourrait songer à Irène, fille d'Alexis III et belle-sœur de Théodore Lascaris, mais elle n'eut qu'un enfant, une fille (cf Nicéphore Grégoras, ed Bonn p 69) Irène, fille de Théodore Lascaris et femme de Jean Vatatzès, dont les goûts de bâtisseuse sont connus (Nicéphore Gregoras, p. 44) est trop jeune et on ne lui connaît pas d'autre fils que Théodore II

ZILVÉ

Chapelle de St Siméon

Chapelle située au milieu des vignes, dans un cône isolé. Toute la partie droite de la chapelle est occupée par des scènes tirées de l'histoire de St Siméon Stylite Les textes qui les accompagnent s'inspirent de récits populaires que l'on retrouve dans une vie de St Siméon récemment publiée par M. Lietzmann (*Texte und Untersuchungen*, XXXII, 4) (1).

75 — Vers le fond de la paroi droite Rencontre de St Siméon et du vieillard (cf. Lietzmann, *Das Leben des Heiligen Symeon Stylites*, p. 20 n° 2).

Ο α(γιος) [Συ]μ[ε]ον [εροτα τι]να γεροντα Κυρ [π]ατιρ
τι εστιν ι αναγνοσης Ο δε γερον λεγι αυ[τ]ον
Τεκνον π[ε]ρι ενκρατιας ψυχ[ης]

Dans les premiers mots de la l. 1, les traces de lettres encore visibles m'ont permis de restituer l'orthographe de l'original (2)

L 2 : λεγι αυτον, accusatif pour le datif (cf. *app.*).

76. — A gauche de la scène précédente Guérison du saint, lorsque la corde dont il s'était entouré eût pénétré les chairs (Lietzman, p. 26-28 n°s 7-8).

Λεγι αυτον ο αρχιμανδριτις Ιπε μυ τεκνον αυτι
ι δ'σοδια τος εξελχετε(sic) απε σου Κ(ε) θυμοθις ο αρχιμανδριτις λεγι Αποδυσατε αυτον ιδομεν
[ποθ]εν ετια αυτι Κ(ε) αποδυσαντες αυτον ε[βρον]
το <σ> σχυνι[ο]ν περιπλευ . . νον το σομα[τι]
αυτου Κ(ε) μ[ετα] πολου μο[χ]θου απεσπασαν
απ αυτου το [σ]χυνιον απο
τι σαπισις αυτου [σα]ρκος

L. 1 · λεγι αυτον : accusatif pour datif comme au n° précédent ; τεκνο : chute du ν final (v *app.*).

---

(1) Je dois cette indication à l'obligeance de M Grégoire

(2) L'observation vaut pour les textes suivants. Je ne la répéterai pas

L. 2 . εξελχετε = ἐξέρχεται, forme curieuse due peut-être à l'influence du verbe ἐξέλκω. Ici le sens est, avec une nuance de futur : « Comment chasser de toi cette maladie ? ». Dans la Vie, au contraire, on a simplement une demande d'explication · πόθεν ἡ δυσωδία σου αὕτη ,

απε σου = ἀπὸ σοῦ, cf n° 63

L 4 : ετια = αἰτία.

L 5 : το <σ> σχυνι[ο]ν = τὸ σχοινίον avec dittographie C'est juste l'inverse de ce qui se trouvera à la l. 8. περιπλευ . νον : on attendrait περιπλεκόμενον (la Vie porte : περιτεπλεγμένον ἐν τῷ σώματι αὐτοῦ). Mais toutes les lettres que je marque ici sont certaines ; avant le ν , il semble qu'il y ait eu ε ou ο et, après υ , il ne manque guère qu' une lettre commençant par un jambage vertical (M, N, P). S'il n'y a pas une simple distraction du peintre, je ne vois pas quelle forme il avait en vue (1)

L 8 . τι σαπισις= τῆς σαπείσης avec chute du σ final ou simplement haplographie (cf. n° 62)

77. — Plus à gauche, au commencement de la paroi sud et sur la portion de paroi est qui s'étend jusqu'à l'arceau du chœur, sont peints différents miracles de St Siméon sur sa colonne. Celle-ci est à côté du chœur et la mère du saint la tient embrassée.

A droite de la colonne, sur la paroi est, mais débordant sur la paroi sud, on lit (cf. Lietzmann, p, 38 n° 14) :

Κ(αι) [κλε]ουσα ι μ(ητ)ηρ αυτου ισ-
ιλ[θ]εν θεασασθε αυτον
[Ο δ' ελ]εξε Μ(ητ)ηρ χρο-
νον ολιγον κ(αι)
θεασαμε-
θαλιλους
[κ]ε μικ[ρο]ν
τ[ης] φον[ι] σου ακουσο
θεος αποσ(?)θαν
ι(?)ο

L 5-6 . θεασαμεθαλιλους = θεασάμεθα ἀλλήλους : double haplographie.

---

(1) Faut-il songer a περὶ πλευρῶν ὤν , ou à un verbe inconnu : περιπλευρωνῶν ?

L. 7 : Restitutions assez douteuses. Au lieu de κε ma copie porte δε ; puis, entre κ et ν, elle n'indique qu'un seul caractère manquant.

L. 8 : Il ne pouvait y avoir que φονι (chute du ς final ou haplographie) ; ma copie ne marque aucun intervalle entre ν et σ. La ligne est complète : il faut donc qu'on ait la forme ἀκούσω ou que le mot se soit terminé à la ligne suivante.

L. 9-10 : Je les reproduis telles que je les ai vues : la première est peut-être incomplète au début ; la seconde n'a jamais eu que deux lettres. L'ε de θεος est en surcharge au-dessus de la ligne. Ce ne doit pas être le nom Θεός qui est toujours écrit en abrégé. Plutôt : [εὐ]θέως (1). Je ne trouve pas de sens aux lettres qui suivent.

78. — Plus à droite, sur la paroi sud, au-dessus d'une femme couchée (la mère de St Siméon qui vient de mourir). Bien que séparé du précédent, ce texte en est la suite immédiate.

Τοτε πυισας ευχιν υπερ αυτις
απεδοκεν το πνεμα το Κ(υρι)ο
Κ(αι) ϊσιγαγον αυτιν προς αυτον
εμπροσθεν αυτου κ(αι) ιρξ[ατο] ο μακαριος
κλειν κ(αι) λεγιν Ο Θ(εο)ς πρ[οσ]δ[εχ]ετ[ε] σ εν
χαρα Κ(αι) ταυτα λε[γο]ν[τος] του μ[ακα]ριου
εμιδιασεν το πρ[οσοπον]
αυτις

L. 5 : προσδέχεταί σε ἐν avec haplographie.

79. — En dessous, miracle de la femme qui a avalé un serpent (2). (Cf. Lietzmann, p. 40 n° 16). Elle est représentée debout, les mains tendues vers le saint.

Γυνι δε τις διψισα [δι]α νυκτος
κ(αι) πιουσα κατεπ[ιε] οφιδιον
κ(αι) εμιν εν [κοι]λι[α αυ]τις
ετι τρια

(1) Cf., dans la Vie : ἡ δὲ ἀκούσασα τίθησιν ἑαυτὴν εἰς τὸ πρόθυρα αὐτοῦ καὶ εὐθέως ἀπέδωκεν τὸ πνεῦμα τῷ Θεῷ.

(2) Plus exactement : une sangsue. C'est un trait de couleur locale. L'accident est encore fréquent en Asie Mineure.

L 1 : διψισα pour διψῶσα, comme ανυφισε pour ἀνυφῶσε au n° 12

L 3-4 : ἔμεινε ἐν κοιλίᾳ αὐτῆς ἔτη τρία Je ne puis restituer l'orthographe originale du mot κοιλίᾳ qui n'était certainement pas écrit avec οι.

80 — Autre texte écrit en dessous et qui doit se rapporter au même miracle. (Guérison de la femme).

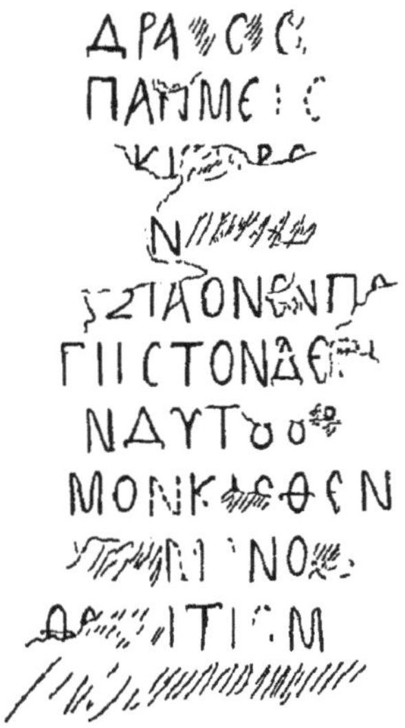

Il ne manque pas de lignes au commencement, mais peut-être à la fin. Les lignes 1, 2, 6 sont complètes à gauche A droite, il ne peut manquer qu'un petit nombre de lettres. A la l. 6, γυς est probablement la fin du mot ὑγιής. Je renonce à interpréter ce fragment trop mutilé.

81. — Graffite tracé à la pointe, entre les textes 75 et 76.

Αγιε Θεου πρε[σ]-
βευε υπε[ρ]
μου τ(οῦ) αναξιου
δουλ(ου) [σου] του
αμαρτ(ωλοῦ)

La formule diffère de celles qu'on rencontre habituellement, mais le texte est ancien.

81 *a*. — Sur une photographie, à droite de ce graffite, j'en aperçois

un autre indéchiffrable, sauf les trois lettres suivantes qui sont très distinctes :

ε
ο φ

Elles terminent le texte et il est à peine douteux qu'elles appartiennent à une date. Si ε ne représente pas le chiffre des unités, celui-ci manquait. A droite du φ des éraflures ont dû faire disparaître un ϛ. La date serait donc 6570 ou 6575 (1061 ou 1066) — date très vraisemblable, car les peintures de cette chapelle se rapprochent des plus archaïques de Geurémé. Le fait n'est cependant pas assez sûr pour que j'introduise, dès maintenant, ce fragment dans la série des textes datés.

82. — Sur la paroi d'une chambre taillée dans le même cône, audessus de la chapelle. (Habitation de l'ermite — un stylite, à sa façon, — où l'on n'accède que par une cheminée verticale). Grandes lettres gravées dans le roc. Le creux des caractères a été rempli de couleur rouge. Des coups de pic donnés sur le texte en ont peut-être détruit une partie. Voici ce que j'ai vu en 1911 :

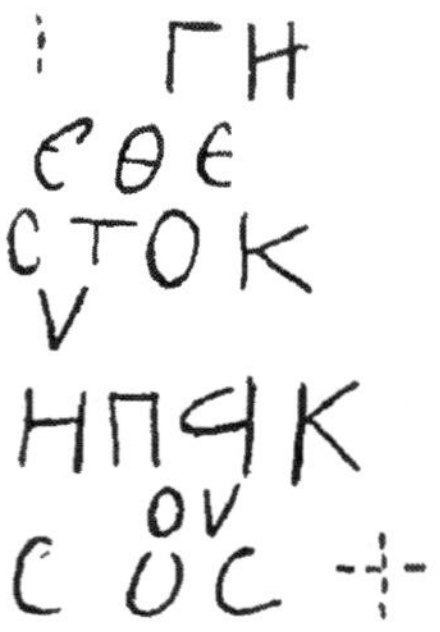

Une copie du P. Gransault, faite en 1907, est semblable, sauf aux lignes 2, 3, 4 qui portent :

OЄ
OTOK
CVI

Si l'on s'en tenait à ma copie, on supposerait :

[+ A] γη-
ε Θε-

[ο]τοκ-
υ
η παχ-
ου
σο[ν] +

Ce qui signifierait Ἁγία Θεοτόκε ὑπάκουσον (A moins que l'ermite n'ait voulu écrire au pluriel : Ἅγιαι Θεοτόκοι, expression étrange mais matériellement conforme au texte)

La copie du P. Gransault suggère une autre interprétation :

[+ Α]γη-
ε Θε[ου]

Συ[μεων]

Cette lecture paraîtrait préférable, si l'on pouvait expliquer la ligne 3, où il est difficile de voir autre chose que le nom de la Vierge

Chapelle et chambre du moine Siméon

Taillées dans deux rochers qui se font vis-à-vis, à quelque distance de la chapelle précédente

83. — Au-dessus de la tombe du moine Siméon, texte peint en rouge sur un lait de chaux. A la différence des précédents, le fac-similé que je donne ici, calqué sur une photographie, est d'une exactitude rigoureuse

Malgré le bon état de ce texte à peine mutilé et de lecture presque partout certaine, j'avoue n'en suivre que très imparfaitement le sens. Voici ce que je comprends :

A) 1. + Φῶς ἐπλάσθην ἐν κοιλίᾳ μητρός μου· μῆνας θ' τροφῆς (ou τραφείς) οὐκ ἐδονήθην ἔτρεφον οἱ μὲν ἐκ (?)

2. .... ἑνότητος(?) ἐξὸν εἰς τρεῖς (?) ἐξ ἰδίας μητρός μου Οἶδα τὸ κτίσμα, ἐπέγνωσα (sic ?) τὸν κτιστήν

3. ... . τε γραφὰς τὰς θεοπνεύστους. Κατενόησα τοὺς πρός μέ .....

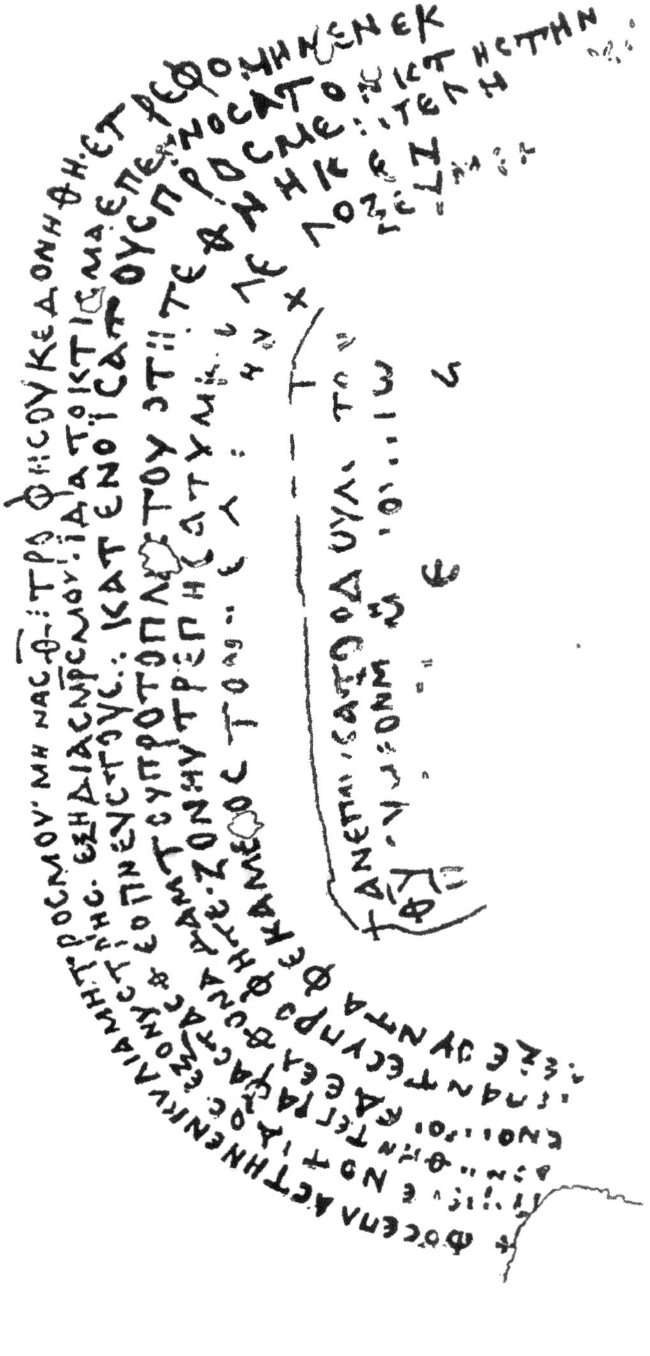

4. ἔλθων (?) Ἀδὰμ τοῦ πρωτοπλάστου ὅτι τέθνηκεν
5. καὶ πάντες οἱ προφῆται. Ζῶν ηὐτρέπισα τοῦ (?) ....
6. .... [ἔ]ταφε κἀμὲ ὡς τὸν ....

B) + Ἀνεπαύσατο ὁ δοῦλος τοῦ
Θ(εο)ῦ Συμεὼν μ(ονα)χ(ὸς) μη(νὶ) ἰουνίῳ
.... ἔτ(ους) ... ς´

A). L. 1 : Réminiscences de Sap., VII, 1. φώς équivalent de θνητός du texte scripturaire.

Επλαστην = ἐπλάσθην : changement du θ en τ sous l'influence du σ, comme ευχεστε (cf. n° 4). Les trois points qui suivent θ paraissent appartenir au texte : ce sont peut-être les restes d'un ε qui serait bien difficile à interpréter ; j'y vois plutôt un signe de ponctuation.

Τροφης pourrait être un génitif dépendant de μηνας : mais il faudrait, en ce cas, ne pas tenir compte de la ponctuation : on préférera peut-être y voir un participe de forme barbare.

La fin de cette ligne et le commencement de la suivante sont proposés sous toutes réserves.

L. 2 : La quatrième lettre du mot que j'ai lu επεγνοσα est douteuse (1). On pourrait lire aussi επευνοσα (= επενοῦσα) pour ἐπενόησα.

L. 3 : Les premières lettres paraissent devoir se lire : δονηθην. Le mot qu'on attendrait est ἀνέγνων ou un synonyme de οἶδα. Peut-être y avait-il ἐνοήθην. A la fin, je lis : προς με . πελη.... plutôt que προς με .. τελη.... Il manque encore quelques lettres. Il y avait là un participe que je ne reconnais pas.

L. 4 : Le premier mot est peut-être encore ἐνόησα. Je ne m'explique pas le sens de ἔλθων — si toutefois c'est ainsi qu'il faut lire.

L. 5 : Après πάντες οἱ προφῆται, sous-entendre : τεθνήκασι. Toute la fin du texte est incompréhensible pour moi.

B). Cette partie de l'épitaphe, quoique très effacée, est lue avec cer-

(1) Dans mon fac-similé noir sur blanc les traits sont nécessairement plus distincts que sur l'original. Ainsi toute la partie B de l'inscription ne se laisse déchiffrer qu'avec beaucoup de peine : dans le fac-similé, au contraire, elle est claire.

titude. La formule abrégée (ce qu'atteste le trait horizontal) qui commence la troisième ligne n'est autre, sans doute, que εἰς τάς. Par une malchance fâcheuse, il ne reste que le dernier chiffre de la date.

83 *a*. — Dans le narthex de la même chapelle, sur un cul-de-lampe de forme triangulaire qui soutient un arc doubleau de la voûte. D'après une copie du P. Gransault.

[Κ(υριο)ς] πασης[ς]
[γ]ης
νηκ[α]
Θ(εο)[ς] +

84. — A l'intérieur de la chapelle, sur la paroi orientale, à droite du chœur.

Κ(υρι)ε [βο]-
ηθη [τῳ]
δου[λῳ]
σου......
ρη .....
ναχ ...

La première lettre du nom, conservée en partie, paraît être M. Je proposerais donc :

[Μα]-
ρη[νῳ μο]-
ναχ[ῳ]

85. — Dans une chambre taillée dans le rocher, en face de la chapelle. Texte peint en rouge sur un lait de chaux appliqué sous une petite arcade cintrée.

Κ(υρι)ε βοηθη τον
δουλον σου
Συμεον
μοναχον

Les trois dernières lignes sont coupées par une croix peinte au milieu du texte.

Ce moine Siméon est certainement celui dont nous venons de voir le tombeau. Les autres inscriptions qu'il a peintes sur les parois de sa cellule reflètent les mêmes pensées que son épitaphe : vanité de la vie, nécessité de la mort.

86. — A droite du texte précédent. Mêmes caractères

+ Ος οδε κο[σ]-
μος κε τα του
κοσμου περας
παντα . αρ(?) π α(?)
ναου ασ.... ο
βηος γυμ[ν]ου[ς]
πεντη .
κηθεν β . . ον

L'analogie du n° 88 me fait lire les deux dernières lignes :

πενπη π[ρος τον ε]-
κηθεν [κοσμ]ον

Πενπη sans doute pour πεμπη = πέμπει

Εκηθεν = ἐκεῖθεν il s'agit de l' « autre monde ». Je préfère restituer [κοσμ]ον plutôt que β[η]ον, car ma copie indique une lacune de quelque importance et rien n'était plus facile que de confondre K et B.

Au milieu, quelques mots dont le sens m'échappe et que le n° 88 ne me permet pas de restituer.

87 — A côté, texte écrit sur une seule ligne autour d'une petite niche peu profonde.

Κ(υρι)ε βοηθη τον δουλον σου Σιμεον μοναχον

88. — Au fond de la même niche. Lettres rouges de même apparence que celles des textes précédents Les caractères des premières lignes sont plus petits que ceux des dernières.

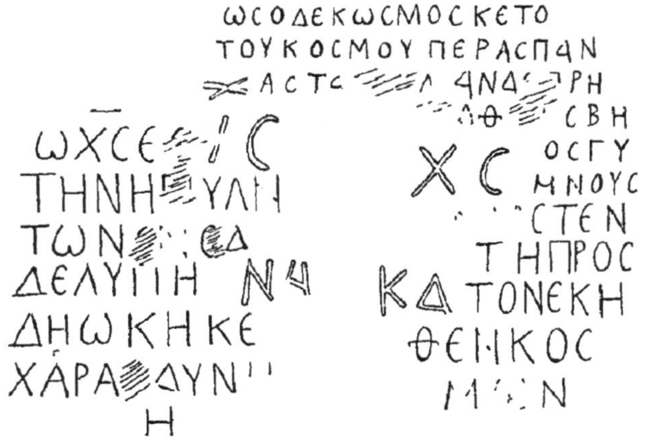

Dans cet ensemble, on distingue trois inscriptions différentes. La première, peut-être plus ancienne, se compose de grandes lettres en partie effacées (chaque groupe devait, à l'origine, être surmonté d'un trait que je rétablis) :

$\overline{IC}$ $\overline{XC}$
$\overline{NH}$ $\overline{KA}$

Cette formule cantonnait certainement une croix qui a disparu.

Le second texte comprend les lignes du haut et celles de droite. Il reproduit à peu près le n° 86 sauf, peut-être, la partie centrale qui n'est pas plus claire ici que là. Il n'est pas impossible que là où ma copie porte CTЄNOTH, il faille lire, à l'exemple du n° 86 : ΠЄΝΠΗ. Et, au moyen des éléments douteux, on compléterait le mot : παραπέμπει.

Enfin la partie de gauche constitue un texte séparé dont le sens répond — en s'y opposant — à celui du précédent : l'espérance à côté du désenchantement. On doit comprendre :

'Ο Χ(ριστὸ)ς ε[σ]-
τιν ἡ [π]ύλη
τῶν [ἐ]ν[θ]ά-
δε, λύπη(ν)
διώκει καὶ
χαρά .....

Comparer Jo., X, 7 : « ἐγώ εἰμι ἡ θύρα τῶν προβάτων » et XVI, 20 : « ἡ λύπη ὑμῶν εἰς χαρὰν γενήσεται ».

Chapelles proches du village de Zilvé

89. —Sur la porte d'une première chapelle, à côté de différents symboles : cerf (attribut de St Eustathe ?), poisson, croix, rosettes.. Copie du P. Gransault.

+ Χηρ Κ[υ]-
ρηου ε-
πη κορ[υ]-
φη <η> ν

Βασηλ-
εου
+ Κ(υρι)ε βοηθη τον
δουλον [σ]ου Θ[εο]δ- N C
ορου ΟСΓΥС VT O
ΡΟ M

On peut reconnaître là trois textes différents. Le premier se distingue à première vue. La séparation entre le second et le troisième n'est pas aussi évidente. Les caractères reproduits à droite en majuscules (ils sont coupés par le haut d'une croix) appartiennent certainement à un autre texte que l'invocation de Théodore. Je n'en saurais dire autant pour les majuscules qui figurent à la suite de ce nom. (Dans la copie du P. Gransault les lettres ΟСΓΥС sont données comme douteuses).

Βασηλεου : nous avons peut-être là un exemple de substitution du son ε au son ι, (v. *infra* n° 95).

Dans le deuxième texte, la copie porte ΘΟΥ ce qui pourrait suggérer la lecture : δουλον [τ]ου Θ(ε)ου. Mais la correction me paraît s'imposer.

L'incohérence grammaticale δουλον Θεοδορου n'est pas pour surprendre (cf. n° 30).

90. — Dans une autre chapelle, de part et d'autre d'une Vierge peinte au-dessus de la porte.

Le texte a été relevé deux fois par le P. Gransault à deux voyages différents. Je reproduis la deuxième copie qui doit être plus sûre. Mais j'ajoute à part, pour la partie de droite, la copie du premier voyage : elle peut servir à qui voudrait s'exercer sur ce texte énigmatique.

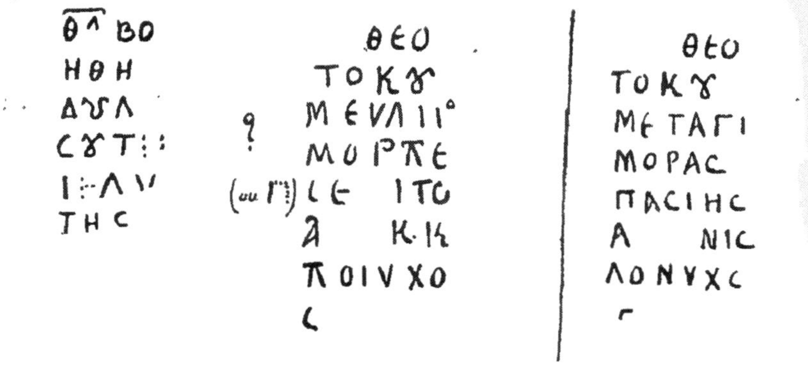

La partie de gauche se lira :

Θ(εοτοκ)[ε] βο-
ηθη [της]
δ[ο]υλ[ης]
σου [Η]-
[ου]λυ-
της.

Le nom propre est très peu certain.

91. — Dans une autre chapelle, au-dessus de la porte. Copie du P. Gransault.

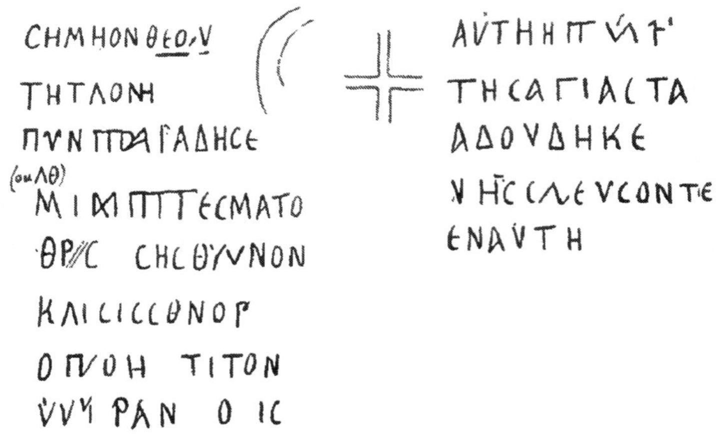

La partie de droite est, avec une légère modification (la Trinité remplaçant le Seigneur), le texte emprunté à Ps. CXVII, 20 qui se rencontre si souvent sur les linteaux de portes en Syrie (1). Lire :

Αυτη η πυλη
της αγιας Τ[ρι]-
αδο[ς] υ δηκε-
υ ησ[ε]λευσοντε
εν αυτη

(1) Voir par exemple, Prentice *Greek and latin Inscriptions in Syria* (*Publications of the Princeton University*), n°s 826, 907, 911, 915, 920, 927, 929, 947 ; *Dictionnaire d'Archéologie chrétienne et de Liturgie*, art. *Citations bibliques*, col. 1735-6.

A gauche, je reconnais les mots :

Σημεῖον θεοῦ(?)
τίτλον . . . .
πύλη(?) παράδεισε
μίασμα(?) πταισμάτω[ν]
. . . . .
κλῆσις . . .
. . .

Cette partie n'est pas complète Il y avait encore cinq ou six lignes qui n'ont pu être copiées

Le commencement fait penser à la maxime. Τόπος κρανίου παράδεισος γέγονε qui sous la forme ΤΚΠΓ accompagne (avec d'autres formules semblables) certaines images de la croix.

GULLI DÉRÉ

Vallée située entre Tchaouch In et Urgub.

92. — Dans une grande église ornée de peintures sur plâtre, texte en cursive peint dans l'angle de gauche, près du chœur, à côté d'une image du Baptême. Copie du P. Gransault.

Κ(υρι)ε βοη-
θη τη
δουλη σ-
ου
Ελενη
απο την
θα . . .
. . κη Α-
υτη η κ-
ατα πα-
ψη[ς]
ημον
ης εω-
νας [ε]ω-
ν[ων]

La fin (l. 8-15) est une adaptation de Ps. CXXXI, 14. καταπαψη[ς] = κατάπαυσις (cf. n° 30).

BALKHAM DÉRÉSI

Vallée située entre Geurémé et Orta-Hiṣar

93. — Dans une chapelle en forme de croix, aux peintures de style archaïque. Au-dessus d'une scène représentant St Pierre devant Néron, texte trop mutilé pour que je puisse l'interpréter ou l'identifier. Je sépare quelques mots que je reconnais. Dans les lacunes, le nombre des points représente à peu près le nombre des lettres détruites.

. . . ος ν . . γ . . . τ . νι(?)ς(?) τος τροε . .
κ . . ν . τα . . ρ . . . ις τον ουν . . . . .
πεν . . υε . . σ . . . Θ(εο)υ μι ενκαταμ.
. ις . εμης . τ . . . . . κες την σκι
αν τυτηνε. . ου . . . . . . εοτιπα
ρ(?)ιστα . . τοα . τ . . κεπα . εκαλι δε
. . . σ(?) διμ . . . . ρον δεομε υμον
. . . . κιμιϊ . . νος δεξαστε κατα
. κ(?)ι . . . ντ . . του
. ος κ . . . κατα
ι φα . α [κ]ρ[ε]μασαν-
τες καθιλοσατε
με . . . . πασαντες
ουτος

L. 8: Si la division des mots est juste, δεξαστε serait pour δεξασθε (cf. n° 4 et *app.*).

L. 11-13 : On reconnaît les paroles où St Pierre demande à être crucifié et cloué (καθηλώσατέ με) la tête en bas (cf. *Martyrium Petri et Pauli*, n° 60 dans *Acta Apostolorum apocrypha*, Pars prior, ed. Lipsius, Leipzig, 1891, p. 170).

Le dernier mot ουτος (= οὕτως) est écrit verticalement.

ENVIRONS DE SINASOS

Chapelle de Hagios Prodromos (Sinasos)

94. — Auprès de la porte, texte moderne (de 1868) qui prétend re-

produire une inscription antique ; mais il me semble qu'il en donne le sens et non les termes.

La partie antique est citée dans le livre de M Archélaos sur Sinasos (Ἡ Σινασός, Athènes, 1899, p. 41). M. Lévidis (Αἱ ἐν μονολίθοις . . . , p. 122) reproduit le texte entier, moins la date . sa copie offre quelques variantes avec la mienne (1).

Κατὰ τὸ μέτωπον τοῦ ἱεροῦ τοῦ ἁγίου ναοῦ τούτου εὑρέθησαν γράμματα ἔχοντα οὕτως. « Βαρθολομαῖος ἐπίσκοπος Ταμισοῦ ἐγκαίνισε τὸν πάροντα ναόν », καὶ ἐπειδὴ δυστυχῶς ἐσβέσθησαν ἐνεκρίθη ὅπως μεταγραφῶσιν ἐνταῦθα πρὸς γνῶσιν τῶν μεταγενεστέρων.

Συνασὸς τῇ ᾱ Μαΐου τοῦ $\overline{\alpha\omega\xi\eta}$

Ταμισός est Damsa (cf *infra* n°s 110, 111) Ce nom ne figure pas sur les listes épiscopales du moyen âge (2). Peut-être le siège de Tamisos fut-il uni, du moins pour un temps, à celui de Hagios Prokopios (Urgub) — ou plutôt à celui de Sobésos si, comme je le suppose, ce dernier nom doit être reconnu dans celui de l'actuel Souvech (cf. *infra*, n° 112)

Hagios Prokopios et Sobésos figurent tous les deux sur la curieuse liste qui porte à quinze le nombre des évêchés suffragants de Césarée et que Gelzer attribue au temps de Léon le Sage (3). On aurait eu un siège

---

(1) M Levidis parle, au même endroit, d'une inscription disparue qui aurait été peinte autrefois dans la chapelle de St Jean le Théologue Il la reproduit ainsi · « Οὗτος ὁ ναὸς ναὸς (sic) ὑπάρχει Ἰωάννου τοῦ Θεολόγου ἐν ἔτει ωμη´ (848) ». Ni le libellé du texte, ni la façon d'exprimer la date ne peuvent convenir au IXe siècle. Il est clair qu'il y a eu confusion Ou bien M Lévidis a été induit en erreur par de faux renseignements ; ou bien un texte ancien a été transposé en style moderne Je me demande même s'il n'y avait pas tout simplement · ἐν ἔτει αωμη´ (1848).

(2) Cependant un acte du patriarchat de Constantinople de 1369 (*Acta Patriarchatus Constantinopolitani*, ed Miklosich et Mueller, CCLIX, t I, p 505) mentionne l'évêché de Tamisos

(3) Gelzer, *Ungedruckte... Texte der Notitiae episcopatuum* (Abhandl der k bay Akad , I Cl , XXI Bd , III Abth , Munchen, 1900), p. 550 sqq Voir (p 562) les raisons que donne Gelzer à la multiplication soudaine des sièges épiscopaux en Cappadoce, au commencement du Xe siècle.

double : Sobésos-Tamisos (1),—tout comme on a, dans la même liste (mais ici le fait est explicitement affirmé) : Aragéna-Manda (2).

L'évêque Bartholoméos est inconnu.

Ṭavchanlẹ Kilisé

A trois quarts d'heure de Sinasos, dans la direction de Babayan. Eglise dont la décoration est apparentée à celle de St Placide à Geurémé.

95. — Dédicaces peintes sur les deux parois latérales de la nef, en haut. Contrairement à l'usage habituel, le texte commençait du côté gauche, au fond. Comme à Qarchẹ Bẹdjaq, il y avait une croix au début de chacune des deux parties.

Partie de gauche :

a. [+ Εκαλλιεργηθη etc. . . . .] υπο επησκοπου Λεοντος κε βασιλεος Κοσταντηνου Πορφυρογενετου μηνη Μαρτηο ης τασ ηκοστη

Partie de droite :

b. + Π. . . . . [υπερ της σ]ο[τηρη]ας κε αφεσεος τον ανμαρτηον (sic) αυτον Κε ο αναγηνοσκο ευχεσθ[ο] υπερ αυτους δηα τον Κ[(υριο)ν]

a. Je suppose Εκαλλιεργηθη et non Ανεκαινισθη, car il n'y a eu qu'une seule décoration. Cette partie est complète à droite : la date de l'année n'a jamais été inscrite.

b. La lettre qui suit le Π paraît être ο, puis une lacune totale de sept ou huit caractères. Je ne trouve pas le moyen de la combler. Des lettres qui suivent, il reste encore quelques traces, ce qui permet de les restituer avec certitude.

---

(1) Une liste en arménien contenue dans le Cod. Vat. arm. 3 (de 1270) et qui, d'après M. Conybeare, serait traduite d'une compilation grecque remontant au commencement du XIIe siècle, reproduit à peu près exactement les noms des quinze suffragants du temps de Léon le Sage (cf. *Byz. Zeitsch.*, t. V, 1896, p. 127). Au lieu de Sobésos, nous trouvons Samésos. La substitution peut s'expliquer paléographiquement. Mais, peut-être aussi, si mon hypothèse est exacte, serait-elle due à l'influence du nom « Tamisos » qui aurait figuré sur certains exemplaires à côté de celui de « Sobésos ».

(2) Sur ce sujet voir le très intéressant article de M. Grégoire : *L'évêché cappadocien d'Aragina*, (*Byzantis*, t. I, 1909, p. 51-56).

Ma copie porte ευχεσθε ce doit être le fait d'une distraction. S'il y avait le pluriel, il faudrait supposer dans les mots qui précèdent une abréviation — chose rare dans les textes peints, en dehors des cas consacrés —, et une abréviation extrêmement insolite, presque impossible : ο(ι) αναγηνοσκο(ντες). Je préfère corriger ma copie. Le participe est au singulier avec chute de la lettre finale · exemple d'autant plus intéressant qu'ici le ν n'est pas suivi d'une consonne ; cas semblable, *supra*, n° 7. (Pour les autres observations grammaticales, cf n°s 1, 4.. et *app.*).

Πορφυρογενετου = Πορφυρογεννητου, chute d'un des deux ν et substitution de l'ε à l'η Ce dernier phénomène n'est pas sans exemple dans les inscriptions chrétiennes, surtout en Egypte (1). En Cappadoce, il est rare. Les autres cas rencontrés dans les inscriptions que je publie ici se classent comme suit certains n°s 95 et 123 , — probables · n°s 69 et 89 (ce dernier peut-être douteux, une faute de copie n'est pas impossible ; — douteux : n° 107.

Après le dernier K, il reste encore un espace de 1^{m} 50 Peut-être le texte n'allait-il pas jusqu'à l'extrémité de la paroi.

Cette dédicace est le plus ancien de nos textes datés (912-959). Elle est importante, car elle permet d'attribuer, avec certitude, à la première moitié du Xe siècle ce que j'appelle « la série archaique » des chapelles de Geurémé et des environs.

L'évêque Léon est inconnu Dans les circonscriptions établies sous Léon le Sage, Sinasos était certainement rattachée à Hagios Prokopios. Mais il semble que cette répartition des sièges cappadociens ait fort peu duré. Les *Nea Tactica*, que Gelzer fait remonter au règne de Constantin Porphyrogénète (2), ne mentionnent ni Hagios Prokopios, ni Sobésos , ils réduisent à huit les suffragants de Césarée (3) Si l'inscription est du

(1) M Lefebvre (*Rec inscr chrét. d'Egypte*, Introduction, p XXXVIII) en compte une vingtaine d'exemples. Cf *CIG*, 9542 (Naples) et, pour la Syrie, Prentice, *op cit* · n° 949

(2) Cf. *Ungedruckte.* , p. 550 En publiant cette liste avec la *Georgii Cyprii Descriptio orbis romani* (Teubner, 1890), Gelzer l'avait prise d'abord pour la *Diatyposis* de Léon le Sage

(3) La compilation du Cod vat. arm. 3 (ou nous retrouvons quinze suffragants)

commencement du règne de Constantin Porphyrogénète, il est encore possible que Léon ait été évêque d'Hagios Prokopios.

Église de St Théodore à Sousam Bayri

A trois quarts d'heure au nord de Sinasos, dans la direction d'Urgub dont la chapelle dépend.

Les textes en ont été publiés par M. Rott (p. 205-208). Je reprends les deux suivants en y apportant quelques corrections.

96. — Texte gravé à l'extérieur, auprès de la porte.

+ Κυμησις Ιοα-
νου μοναχο-
υ Παρακαλω ουν υ-
μας αδελφυ αγαπη-
τυ ος δια τον [Κ](υριο)ν
και τους αρχα-
νγλους μη ανυγ-
ηνε το κυμητη-
ριον μου ος της παρ-
ουσιας του Κ(υριο)υ και σ-
οτηρος ημο-
ν Ερχετε γα[ρ μ]ε-
τα μυριαδον
αρχανγελω-
ν και ανγελων
Μιχαηλ και Γαβρι-
ηλ σαλπιζοντ[ον τ]-
ην αναστασι των
καινυμημενων

M. Rott n'indique pas la division des lignes.

L. 1-2 : Rott : Ηοαννου

L. 6-7 : αρχανγλους est écrit ainsi.

---

reproduit un état de chose qui ne répondait plus à la réalité au temps où elle fut rédigée. Sur toutes ces questions, nous espérons que la lumière sera faite par le *Corpus Notitiarum* dont la publication a été confiée à M Gerland

L. 7-8 : ανυγηνε = ἀνοιγῆναι. M. Rott a tort d'interpréter en ἀνοίγνυ[τ]ε l'erreur vient de ce qu'il a lu NH là où je crois qu'il y a HN. Les deux lettres se ressemblent beaucoup.

L. 9 : ος = ἕως.

L. 18 : αναστασι, encore un exemple de chute du ν final.

L. 20 : καικυμ.ημενων = κεκοιμ.ημένων

On remarquera dans ce texte la présence de l'ω et du groupe αι qui, d'ordinaire, sont remplacés par ο et ε.

97 — Texte voisin du précédent, entourant une croix. Près de la moitié a disparu Le reste est ainsi disposé :

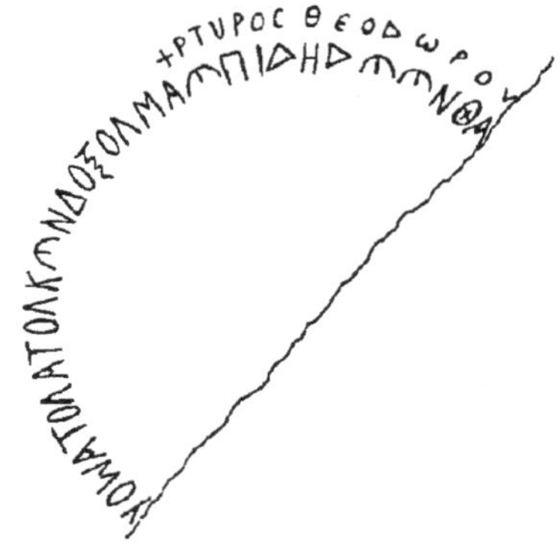

M. Rott lit : Μάρτυρος Θεοδώρου [τοῦ στρατηλ]άτου κα(ὶ) ἐνδόξου, ἐπειδὴ δὲ ἐνέχθ[η?].... Il n'a pas saisi la disposition des mots ni l'allure du texte. Il faut lire :

+ Επιδη δε ενθα.......... .. .

. το]υ [στρ?]ατολατου κ ενδοξου μαρτυρος Θεοδωρου

Faute de place, la fin de la phrase chevauche sur le début. La croix semble avoir été tracée après coup, pour marquer le commencement du texte

Remarquer le bizarre renversement de certaines lettres ; les E, les V surtout qui deviennent des Λ

N. B. — Pour l'inscription de l'église des douze Apôtres (entre Sinasos et Souşam Bayri) voir Grégoire, p. 90, 91. En 1911, la partie de droite avait disparu.

Ravin de la Panagia

Ravin à une demi-heure au sud de Sinasos. Je l'appelle ainsi, du nom d'une chapelle de la Panagia (sans peintures) encore vénérée par les Grecs de Sinasos.

A quelques minutes de cette chapelle, dans le même ravin, se trouve une église en forme de croix, aujourd'hui abandonnée, où j'ai relevé les textes suivants.

98. — Sur un pilier de droite, au-dessus de l'image d'un saint :

Ὑπερ αφεσεος αμαρτιον του
δουλου του Θ(ε)ου πρεσ-
βητερου [Δ]αμι-
[ανου ?]

99. — En face, sur le pilier de gauche, au-dessus d'une image semblable :

Ὑπερ ευχις κε σοτϊ[ρι]ας
κε αφεσεος αμαρτιον
του δουλου του Θ(εο)υ Σισι-
νιου το μανισ-
τοριο . . . τα
τ . . . κον
ν σ . . αρθε
. . ⁘ + ⁘

Je ne comprends pas la fin. Peut-être faut-il lire : του μανιστοριου et voir dans ce terme inconnu une corruption de μαΐστρος.

100. — Sur l'arceau du chœur, texte peint en une seule ligne. Il manque environ quinze lettres au début et la moitié du texte au milieu.

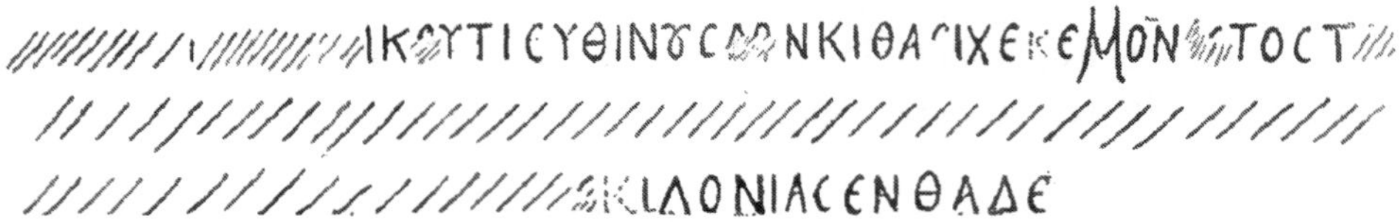

101. — Sur le grand arc qui soutient la coupole centrale du côté du chœur. Il manque les trois quarts du texte.

+ Εροτιθι[ς] κε ποθου του. . . . .
. . . . οθοσυνηας

Ma copie porte : Εροτιθιο.

102. — Sur les trois autres grands arcs il y avait des textes semblables encore plus mutilés Je n'ai pu en relever que des fragments insignifiants.

A droite ·

Η του [Νι]κολ [αου ??] . . . ..

A gauche :

Η του αυ . .. . ,

Au fond :

... . κου (ou κον)

Chapelle de Timios Stavros

Chapelle encore vénérée des Grecs, à une demi-heure à l'ouest de Sinasos. Il est probable qu'à l'origine le nom de Timios Stavros était réservé à la petite chapelle, aujourd'hui appelée Hagios Vasilios (v. le n° suivant) : de la chapelle il aura passé au ravin (autrement appelé : Elevra), puis à la chapelle présente.

103. — Inscription gravée sur une pierre encastrée dans la muraille au-dessus de la porte (L'église est en partie taillée dans le rocher, en partie construite en maçonnerie : elle a subi des réparations assez récentes).

Αγηασων
Κυριε τους
αγαποντας την
εφπρεπιαν του
[ο]ικου σου Των φι-
λομουσων συν-
[δρομητων]
. . . .

La pierre est brisée.

N'étaient le remploi de la pierre et son aspect vétuste, on pourrait croire ce texte tout à fait moderne. « Οἱ φιλόμουσοι συνδρομηταί » est l'expression consacrée aujourd'hui pour désigner les Mécènes grecs. Ici, je pense que ces mots commençaient une phrase dont le reste a disparu.

La première partie du texte s'inspire de Ps., XXV, 8.

Chapelle d'Hagios Vasilios

Celle que M. Grégoire a décrite sous le nom de Timios Stavrios (p. 91, 92). Elle est située à quelques minutes de la précédente, de l'autre côté du ravin

104. — M. Millet a montré (*Les Iconoclastes et la Croix, BCH,* 1910, p. 96-109) que la décoration de la chapelle s'inspire des principes iconoclastes (1) et il a trouvé l'expression des mêmes principes dans la première partie de l'inscription peinte autour de la nef. Voici comment il la restitue :

[Ἡ προ]στάτ[ρ]ια τῆς [ἐ]νδ[όξου] οἰκίας
εἰκὼν ὑπάρχει τοῦ σεβ[ασμ]ίου ξύλου.

« Ces deux vers, ajoute-t-il, signifient que l'image de la Croix sert de protectrice à la chapelle ». Mais, si le sens a été exactement deviné, je dois dire que la restitution est incomplète. La lacune du début est beaucoup plus longue que ne le supposait M. Millet d'après la copie de M. Grégoire et il manque un vers entier.

Je donne ici ce que j'ai pu apercevoir, dans un examen malheureusement trop rapide (2), de cette partie de l'inscription. Je ne sais si cette copie, si confuse et si incertaine, permettra à de plus habiles que moi de tenter un essai de restitution.

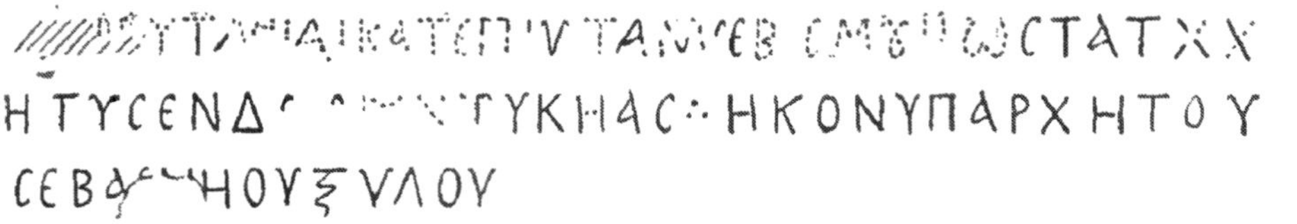

Le mot προστάτρια me paraît douteux, mais je n'ai rien à lui substituer. Je suis embarrassé par ces deux X, dont le premier au moins est presque certain (il a été vu aussi par M. Grégoire).

(1) Il y a cependant, de chaque côté du chœur, deux images de saints qui ont échappé à M. Grégoire. Ces peintures me paraissent primitives. Le décorateur aurait-il manqué de cohérence et de fermeté dans ses principes ?

(2) Je n'avais pu retrouver cette chapelle en 1911. En 1912, j'ai eu le tort de réserver Sinasos pour la fin de ma tournée qui s'est trouvée abrégée par des circonstances indépendantes de ma volonté.

Avant ce mot, on peut reconnaître encore [σ]εβ[α]σμ[ι]ου.

Pour la fin du texte (que je ne reproduis pas ici), je renvoie à la copie de M. Grégoire et à la « transcription rectifiée » de M. Millet. Je fais seulement remarquer que le texte se termine au mot ζουγραφο.

105. — Sur le mur de droite, au fond, une croix avec des textes ainsi disposés. (Ils ne sont pas mentionnés par M. Grégoire).

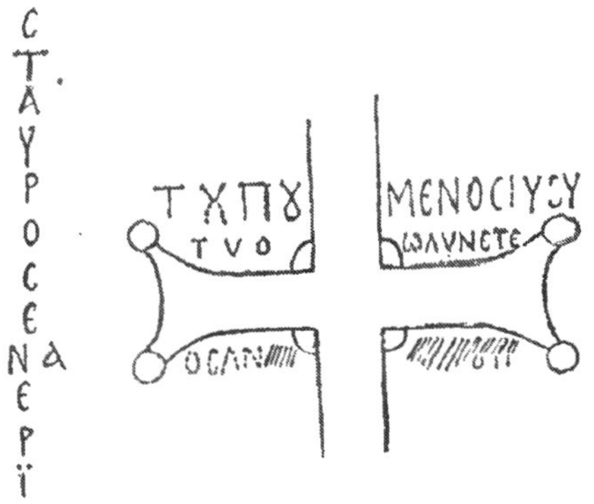

La partie de gauche, écrite verticalement, se lit :

Σταυρος εν αερι

C'est encore une allusion à la vision de Constantin. Elle confirme l'interprétation donnée par M. Grégoire du texte de l'abside : Σηγνον του αγιου [Κωνσταν]τι[νου] (cf. Millet, p. 106, 107).

Je ne comprends pas la partie de droite.

DJÉMIL

Chapelle de Hagios Stéphanos

Djémil est à une heure et demie au S.-E. de Sinasos ; la chapelle d'Hagios Stéphanos à un quart d'heure au S. de Djémil. C'est encore une chapelle à décoration « iconoclaste » (1).

106. — Sur la paroi orientale, à gauche du chœur.

(1) Ici aussi on trouve quelques médaillons de saints au milieu d'un décor floral et linéaire.

· + Νηεγυλυσ ·
σην ε χηρες σ(ο)υ δη-
αποτεταυγμε-
νη προς Κ(υριο)ν εν σ-
τεναγμυς
αλαλυτυς κε
δακρυς(ι) σ-
υπαθη(α)ς
εντυχα-
νόυσα τ-
ου οσου (?)
(και) Θ(ε)ω ημ-
ον παν-
τος γαρ ·
ησακ-
ουη της
μητρο[ς]
τα . .
ης ·

L. 1 A la fin de la ligne j'ai noté en 1911 (lettres douteuses) : ΘΟϹ, et, en **1912** : Χ Ϲ.

Je ne distingue pas les mots de cette ligne

L. 2-8 : reproduisent le texte 63. Δηαποτεταυγμενη, pluriel masculin ($\eta = \text{οι}$) au lieu du féminin.

L. 11 : οσου peut-être pour οσ(ι)ου. Le mot suivant est certainement καί représenté par la sigle Ѕ.

Toute la fin du texte est très obscure. La lecture est cependant certaine. Il n'y a pas de lacunes, sauf aux deux dernières lignes et celles-ci sont courtes.

107. — Sur le mur de gauche, au-dessus d'une croix pattée (De larges branchages partent du pied et remontent jusqu'à encadrer la dernière ligne du titre).

Bien que nous ayions là un titre et non un texte proprement dit, je le reproduis cependant, car on trouvera intéressant de le rapprocher de ceux de Sinasos (cf n° 105)

Le dernier mot est douteux. A première vue, j'avais lu . ι σταυρος της αγηας ερεμηας en supposant que ερεμηας équivaut ἐρημίας (Pour la substitution de ε à η, voir n° 95). Mais je ne sais à quoi cette expression fait allusion. La lecture φερηας, qui est suggérée par le fac-similé, me paraît impossible à expliquer. .

108 — Sur la même paroi, texte très confus que je livre tel qu'il figure sur mon carnet

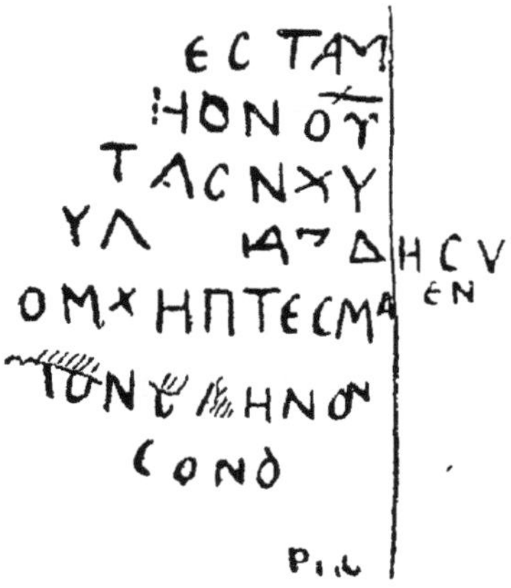

Les cinq lettres placées à droite du trait vertical appartiennent à un texte différent.

A gauche, l. 2, le dernier mot est [Θ](εο)ῦ.

L. 5-6 : πτεσμα | τον = πταισμάτων.

Chapelle d'Hagios Vasilios

A un quart d'heure au N.-O. de Djémil.

109. — A côté de la chapelle, texte profondément, mais assez irrégulièrement gravé, sous un arcosolium de grandes dimensions creusé dans le rocher. Lettres variant de 5 à 10 centimètres.

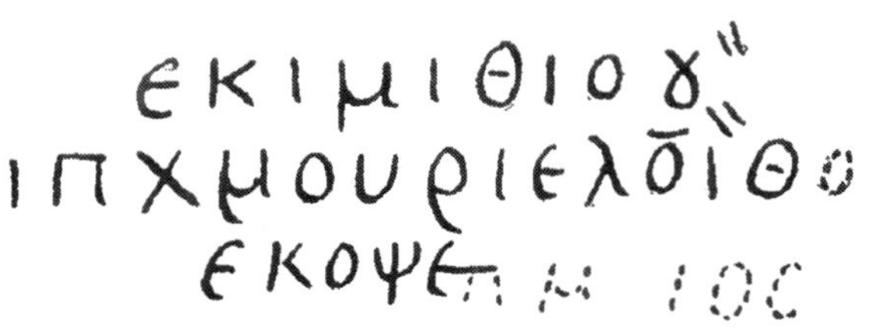

Εκιμιθι ο (δ)ου(λος)

DAMSA

A une heure au sud de Djémil. Autrefois : Tamisos (cf. *supra*, n° 94).

Il y a à Damsa une mosquée, une porte de medressé et un turbé seldjoukides dont la construction, nous disait le khodja, remonterait à 550 ans. Il s'appuyait sur une inscription arabe qu'il prétend avoir lue, mais qu'il n'a pu nous montrer. Ces édifices dateraient donc des environs de l'année 781 de l'hégire qui correspond à 1379. Ainsi, dans la seconde moitié du XIV° siècle, Damsa devait être un centre important, puisqu'elle contenait deux communautés, dont l'une avait un évêque (1) et l'autre possédait les beaux monuments encore subsistants (2).

L'église souterraine est creusée dans les rochers qui bordent le vil-

---

(1) Voir le document cité plus haut n° 94 et l'article de M. Grégoire déjà signalé, p. 367 n. 2.

(2) La mosquée contient un mihrab et un minbar en bois sculpté et incrusté d'un très beau travail. Ses colonnes et ses chapiteaux ont été empruntés à une église qui devait être riche.

lage à l'ouest Ses peintures me paraissent plus récentes que celles des autres chapelles de Cappadoce (sauf, peut-être, l'Archangélos de Djémil — dont je ne cite pas d'inscriptions). Elles doivent avoir précédé de très peu le temps où les Musulmans s'installèrent à Damsa.

110. — Dans l'église, à droite. Texte peint de part et d'autre de la tête d'une sainte.

. . μο . ολωρυο δουλος Χ(ριστο)υ .
. χειως του συ μιου .

La partie de gauche a peut-être perdu une lettre ou deux à la fin de chacune des lignes. Rien ne peut indiquer l'importance de la lacune du début. Les lettres μο, à la l. 1, et χ, à la l. 2, sont douteuses.

Je ne puis restituer le nom propre dont on a les éléments dans la première partie de la l. 1.

111 — Du même côté, dans un bras de transept de dimensions très réduites. Texte qui paraît avoir été long. Le plâtre est tombé et il ne reste plus que la fin de quelques lignes. (A côté est peint le Baptême)

. ρ ?
ο ? σι
. . . . .
. .
. . . . δυ
. . . . . αριαν
. . . . .
. . . . . .
. . . .
. γαρ ου
. . . . ο(?)ι νυν
. . . . η(?)ν ιδι
. . . π]ρ(?)ος εμε γεν-
[νεσθαι ? . . .
. . . .

SOUVECH

A une demi-heure au sud de Damsa. Probablement l'ancienne Sobésos (1).

A quelques minutes, à l'est du village, est creusée l'église à double nef des Quarante Martyrs.

112. — Texte peint dans cette église, à la naissance de la voûte, dans un enfoncement qui prolonge la nef de droite.

. Ανεκενισθυν ο πανσεπτως να[ο]ς [ουτος]
τον του Χ(ριστο)υ Μαρτηρον . μ : δηα σινδρ[ομης]
του δουλου του Θ(εο)υ Μακαρε. . ειερομο(να)χ(ου) αντα. . . . .
αυτ. . . . σ(?)ι(?) ετιου μο(να)χ(ου) ∴ ετους ϛ·Ψ·ΚΕ . ενδ(ικτιωνος) Ε .
επη [βασ]ιλεος . . . .

L'extrémité des lignes a disparu. Dans les trois premières, la lacune est d'environ quatre caractères. Dans la dernière, elle est plus considérable, car les lettres sont petites et la ligne pouvait être prolongée un peu à droite.

L. 3 : On peut restituer le nom propre : Μακαρε[ιου] ειερο . . . (ει = ί) — ou bien, en supposant que j'aie pris le C pour un Є : Μακαρε[ως ιερο . . . .

L. 4 : Les lettres qui précèdent le mot μο(να)χ(ου) représentent la fin d'un nom propre. Faudrait-il comprendre : ἀν <τ> α[λώμασι] αὐτ[οῦ καὶ τοῦ δεῖνος] ?

Le nom de l'empereur est Théodore Lascaris, le même qui est nommé à Arabsoun (cf. *supra*, n° 71).

Une inscription de l'octogone de Souvasa (Rott, p. 252) nomme Jean Ducas Vatatzès (Λάσκαρι βασιλεύοντος Βατατζῆ), gendre et successeur de Théodore Lascaris. Voici donc trois textes cappadociens qui paraissent

---

(1) M. Rott (p. 254) identifie Sobésos avec Souvasa qui est situé beaucoup plus à l'ouest au-delà de Nev Chehir. Mais le nom de Souvech répond mieux au mot grec et l'identification Sobésos-Souvech donne une solution satisfaisante au problème posé par l'existence d'un évêché à Tamisos (v. *supra*, n° 94, où j'ai supposé l'unité du siège Sobésos-Tamisos).

reconnaître l'autorité des empereurs de Nicée (1). Le fait mérite d'être noté.

L'année est 1217, indiction 5.

DÉRÉ KEUY (POTAMIA)

Nom commun aux trois villages de Bach Keuy, Orṭa Keuy et Mavroudjan, situés dans une même vallée entre Souvech et Ṣoghanlẹ. Ils sont à quelques minutes l'un de l'autre.

113. — Bloc de marbre encastré dans la paroi du tambour qui surmonte la mosquée souterraine (une ancienne église) de Mavroudjan. Dans un cartouche à queue d'aronde se voit l'inscription publiée par M. Rott (p. 378, n° 95) qui doit se lire :

. . . . . Λεο[ντ]ακις
ο δουλος τ[ου Θ(εο)υ] ενφα-
νις δ[ε . . . . .] ι . . . . π

L. 3. Rott : NICAΓ (cette dernière lettre me paraît être un E mutilé). Plus loin il a vu IK.

114. — Dans une autre église de Mavroudjan, vue par le P. Gransault et que je n'ai pas retrouvée, texte peint au-dessous d'une image de St Georges. Copie du P. Gransault.

Δεησ[ις] του δουλου του Θ(εο)υ
Κε . . . . . . πιμινιου
Ετους ςψξε ινδ(ικτιωνος) ε

Le premier chiffre de la date a été copié A par le P. Gransault. Il est évident que c'est un ϛ. Il doit avoir soit la forme que nous avons rencontrée au n° 4, soit la forme ϡ qui est assez fréquente au moyen âge.

L'année est 1157, qui correspond bien à une indiction 5.

115. — Les trois épitaphes de l'église triconque d'Orṭa Keuy ont été

---

(1) On peut les rapprocher du texte de la basilique de Bethléem daté du *règne* de Manuel Comnène et du *temps* du roi de Jérusalem Amaury (ἐπὶ τῆς βασιλείας Μανουὴλ.... καὶ ἐπὶ τὰς ἡμέρας.... Ἀμμορῖ, cf. Vogüé, *Les Eglises de la Terre Sainte*, p.98). Mais est-il besoin de faire remarquer que la situation vis-à-vis de l'empereur grec était toute autre sur les terres du roi de Jérusalem ou sur celles du sultan d'Iconium ?

publiées par M. Rott (p. 150) et M Grégoire (p 113). Inutile de les reproduire ici. Je noterai seulement que, dans le premier texte, il faut lire (avec M. Rott) :

. . Γριγορηου

ετους ϛωα

Pour l'interprétation, je renvoie au commentaire si complet et si ingénieux de M. Grégoire (p 115-116)

La date de ces trois textes est 1293.

SOGHANLE

Balleq Kilisé (1)

116 — A côté d'un saint cavalier grossièrement peint sur la paroi de droite, dans la première nef.

Κ(υρι)ε βηηθη τ[ον δουλον σου. .

N. B — Dans la même nef, à gauche, se trouve le texte publié par M. Grégoire (p. 111 n° 92). Rien à ajouter à sa copie Le nom Καιλον me paraît complet.

117. — Dans la deuxième nef, à gauche, entre l'image des deux donateurs dont l'un a été détruit. Texte publié par M. Rott (p. 130) : mais j'ajoute une lettre à sa copie.

Κυ(ριε) βοηθη τον δο[υ]-
λο σου Γοργη
νε την δο[υλην σου .

Les lettres qui forment ma troisième ligne sont écrites verticalement.

118. — Graffite dans le narthex.

Κ(υρι)ε βοηθη τον δουλον σου πρεσβυτερον
αμαρτολον Γ αναγνοσκοντες ευχεσθε .

Au même endroit, il y a une répétition du même graffite. Un autre nomme le prêtre pécheur Κοσταντηνος (Remarquer la chute du ν)

(1) M Grégoire a tort de traduire « l'Eglise au Poisson » : *Balleq* (de *bal*, miel) lieu où l'on trouve du miel On aurait vu, dit-on, des abeilles sauvages venir s'établir dans l'église

Plusieurs graffites de forme analogue dans le chœur de la première nef. L'un d'eux nomme un certain Νηκυφορος.

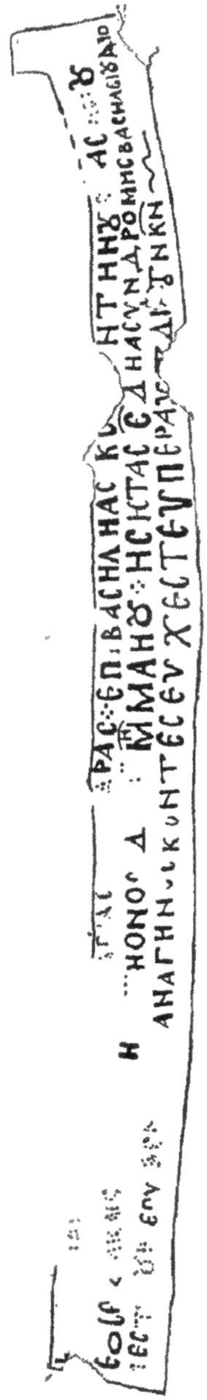

Eglise de Sainte Barbe

119. — Je donne ici le fac-similé de l'importante dédicace de cette église déjà plusieurs fois publiée. Il permettra d'apprécier exactement la longueur des lacunes (1).

Toute la partie de droite est bien conservée et la lecture en est certaine et facile. Le reste a beaucoup souffert et a été copié différemment par ceux qui l'ont vu tour à tour.

Smirnov (copie publiée par Pridik, *op. cit.*, nº 54, pl.) :

+ ΟC ΑΓΙΑCΒΑ ΡΑ
Є CЄΞΑΚΑC Η ΗΟΝΟΙ Δ
ΙЄCΤ ΟΚЄΠVΘV ΝΑΓΗ ΚΟΝ

Lettres douteuses : l. 2 : le deuxième C, le premier H, N ; l. 3 : le Π dont Smirnov ne marque qu'une partie des deux jambages. L. 3, le premier K a le signe de l'abréviation.

Rott (p. 146 — ne sépare pas les lignes 2 et 3) :

ΡΑ
Є ? CЄ ?? ΗΙΦ ???? Η ???? Η ? Ο ??ΔΡ???
ΔЄCΠΟΤȣΚ ЄΠ?Θ?????? ΑΝΑΓΗΝΟC ΚΟΝΤ

Douteuses : l. 3 : OT ; après ȣ, K abréviatif.

---

(1) Calqué sur une photographie (de 1911), il est rigoureusement exact pour les parties tracées en traits pleins. Le pointillé représente ce que j'ai pu tirer d'un examen très minutieux de l'original et de la photographie.

Grégoire (p. 103) :

T ΑΓΙΑC PA
ЄOCЄ<ΛBACS H O Δ
MЄCTI 8 K ЄΠVΘC ΑΝΑΓΗ NT

Lettres douteuses : l. 2 : le premier C, A ; l. 3, K abréviatif.

Copie inédite du P. Gransault faite en 1908 (1) :

PA
Є CЄ AK IC
Є CΠ K N ΓHI

Variantes : l. 2 : H au lieu du premier Є ; l. 3 : Θ au lieu de Є. (Les deux Є sont absolument certains).

Les copies Smirnov, Rott et Gransault sont des documents indépendants l'un de l'autre. Je reconnais que mon fac-similé peut avoir été influencé par les copies antérieures que j'avais sous les yeux lorsque j'ai étudié l'original en 1911. Peut-être M. Grégoire connaissait-il, lors de son voyage, la copie de M. Smirnov, ce qui peut aussi l'avoir influencé. (En certains endroits le texte est si confus qu'il serait possible d'y trouver ce que l'on s'attend à y voir). Cependant l'accord des documents — sauf celui de M. Rott — tend à prouver l'exactitude de la copie de Smirnov. On n'hésitera donc pas à l'accepter, surtout si l'on songe qu'en 1895 le texte était, sans doute, mieux conservé qu'aujourd'hui.

L. 1. Mon fac-similé suggère, en tête, le mot Εκαλιεργιθι qui, cependant, est un peu long. Ensuite, on ne peut restituer que ο ναος ουτος. Il n'y a pas de place pour l'épithète πανσεπτος supposée par M. Pridik.

L. 2. Il semble certain que le premier mot était ετος (l'O placé sous le T). Puis, si nous en croyons M. Grégoire, il faudrait lire : εξακας (=ἑξάκις) (και).... Mais, vu le peu d'étendue de la lacune, l'expression de la date, commencée en toutes lettres, se continuerait en chiffres. C'est une anomalie dont on a des exemples dans les souscriptions de ma-

(1) Quand nous avons visité l'église pour la première fois, en 1907, nous avons renoncé à rien tirer de cette moitié de l'inscription. En la publiant dans la *Revue Archéologique* (1908, II, p. 4), je m'en suis tenu aux restitutions de M. Pridik que je n'hésite plus à rejeter aujourd'hui.

nuscrits (1). Pour l'admettre ici sans hésitation on voudrait en avoir des exemples dans les inscriptions de la région. Or partout la date est exclusivement marquée en chiffres. J'avoue cependant que n'ayant rien à substituer, pour le moment, à l'hypothèse de M. Grégoire, je l'accepte à titre provisoire (2).

Le chiffre de l'indiction Δ devait être précédé et suivi de points.

ης ης τας est peut-être une dittographie, comme le suppose M. Grégoire, — peut-être une abréviation : ης η(μερα)ς τας (solution entrevue par M. Pridik, bien qu'il ne paraisse pas avoir reconnu la formule). Je préfère la première explication.

L. 3. J'avais été d'abord porté à lire au début : ΔΕϹΠ comme M. Rott. Décidément les lettres douteuses me paraissent être telles que je les ai indiquées sur le fac-similé. On lira donc : δισ | μεστικου.

Le titre qui suit est très embarrassant. M. Grégoire propose dubitativement ἐπὶ θ[έματος Χαρσιανοῦ]. (Il faudrait plutôt Καππαδοκίας). Mais, si abrégés qu'on les suppose, il est impossible de faire entrer ces mots dans la lacune. On ne peut croire non plus que le nom du thème fût représenté par un monogramme. Il faut chercher là une dignité telle que celle qui figure au n° 120. Avec beaucoup d'hésitation, je proposerais : επυ [των] δευσεων (των écrit en abrégé et effacé) ou plutôt : επυ δευσεων (= δεησεων) (3). Il

---

(1) Cf. Wattenbach et Velsen, *Exempla codicum graec.*, p. 5, n. XVI; p. 5, n. XX; Cavalieri et Lietzmann, *Specimina codicum graec.*, p. XIV, n.40 ; Ceretelli et Sobolevski, *Exempla codicum graec.*, p. 14, n. XXXVIII.

(2) Au lieu de la sigle S, il peut paraître tentant de lire le chiffre ϛ, premier chiffre de la date. On supposerait auparavant l'expression : ἐκ κτίσεως, (il faudrait régulièrement ἀπὸ κτίσεως κόσμου). Mais, si cette hypothèse est compatible avec mon fac-similé, elle est nettement contredite par la copie Smirnov.

(3) Sur cette dignité v. Bury, *The Imperial administrative System in the Ninth Century*, p. 77. Dans Schlumberger, *Sigillographie*, p. 493-494, sceau de Constantin, protospathaire (και) επι τ(ω)ν δεισεων (X^{e} - XIe siècle).

Voir *ibid.*, p. 560, la dignité de ἐπὶ τῶν ὀπῶν jointe au titre de Domestique. — En forçant beaucoup le fac-similé, on pourrait chercher encore ἐπὶ (τῶν) οἰκειακῶν. (V. cette dignité jointe à celle de protospathaire dans *CIG*, 8685*c*, à celle d'ostiaire dans Schlumberger, *Sigillographie*, p. 560).

n'est pas impossible qu'un Δ fortement barré ait été confondu avec un Θ (1).

υπερ αυτ[ου] : il devait y avoir Tȣ, le T étant planté entre les deux branches de l'ȣ, (v. *infra* n° 121).

Voici donc comment on lira le texte (2) :

1. + [Εκαλιεργ]ιθι [ο ναος ουτ]ος τ[ης] αγιας Βα[ρβα]ρας ∴ επη βασιληας Κο[νστα]ντηνου (και) [Β]ασ[ι]λειου

2. ε[τ]ος εξακας (?) και(?) . . . . . . η[νδικτ]ηονος. δ. μη(νι) μαηου ∴ ης <ης> τας ε̃ δηα συνδρομης Βασηλειου διο-

3. μεστι[κ]ου κ(αι) επι [δ]ε[υσεων ? ? Οι] . αναγηνοσκοντες ευχεστε υπερ αυτ[ου] δι[α] τον Κ(υριο)ν

Au sujet de l'interversion du nom des deux empereurs, on sait que M. Pridik a déjà cité l'étoffe brodée de Dusseldorf (cf. Schlumberger, *Epopée byzantine*, t. I, p. 293).

Etant donné le chiffre de l'indiction, la date du texte ne peut être que 976, 991, 1006 ou 1021.

119 *a.* — Au-dessus d'une tombe creusée dans le passage qui fait communiquer l'église principale avec une chapelle latérale :

Εκυμηθ(η) η δουλ[η τ]ου Θ(εο)υ η . . . . .
[θ]υγατῖ[ρ ? . . . .
ων

La première lettre de la l. 1 et les deux lettres de la l. 3 étaient sur des fragments de plâtre détachés et tombés à terre qui se rajustaient exactement à leur place.

Géilⱨ Kilisé

120. — Au-dessus d'une image de St Eustathe (reproduite dans

(1) Ainsi au n° 83, l. 4, le nom Ἀδάμ, à première vue, m'avait paru écrit ΑΘΑΜ. Cependant j'avoue qu'ici l'accord de presque toutes les copies en faveur du Θ semble me contredire.

(2) Je ne marque pas entre crochets les lettres qui sont affirmées par l'une ou l'autre des copies.

Strzygowski, *Kleinasien*, p 203), le texte publié par M Pridik (n° 55) et M. Rott (p. 144). Il faut lire

. . . . πε φοιλατε το σω δου(λον) Ιω(αννην) (πρωτο)σπαθαρηο επι του ΧΡΕ υπατο κε στρατιγον τ(ο)ν Σκεπιδην : —

Les deux premières lettres ne doivent pas être résolues en Κ(υρι)ε (ainsi font M. Pridik et M. Rott) Le π est certain. Ces lettres sont la fin d'un mot qu'il serait téméraire de restituer.

το σω etc. . : il est difficile de dire si le peintre a prétendu écrire des datifs ou des accusatifs

(πρωτο)σπαθαρηο est écrit : ασπαθαρηο.

Les lettres ΧΡЄ forment monogramme. M. Pridik a proposé de lire ἐπὶ τοῦ χρυσοτρικλίνου ou ἐπὶ τοῦ χρεωφυλακίου. La première dignité est très connue (cf Schlumberger, *Sigillographie*, p. 467). C'est elle qu'on s'attendrait tout naturellement à trouver ici. La seconde, au contraire, — à supposer qu'elle existe, — semblerait devoir appartenir plutôt à un personnage ecclésiastique. Cependant, dans le monogramme, l'є est certain, ce qui ne manque pas d'embarrasser Je me contente de signaler le problème sans le résoudre.

Qarabach Kilisé

121. — Voici la teneur exacte de la dédicace, publiée avec quelques inexactitudes par M. Rott (p 136) et M. Grégoire (p. 95). Elle est écrite en deux lignes.

1. Εκαλιεργηθι ο ναος ουτος δηα συνδρομις Μιχαηλ προτοσπαθαρι[ου του Σκεπ]ιδι κε Εκατερινις μοναχ(ης) κε Νυφονος (μον)αχ(ου) επι βασιλεος Κων-

2. σταντινου του Δουκα Ετος ςφξθ ηνδικτιηονος ιδ Υ αναγηνοσκοντες ευχεσθε αυτους δηα τω Κ(υριο)ν Αμην.

L. 1 · La restitution de la lacune est certaine, on voit des traces de chacune des lettres. Il n'est pas nécessaire de supposer le titre écrit en abrégé ni de nombreuses ligatures (sauf ΤȢ, le Τ planté entre les branches de l'Ȣ, comme au commencement de la l. 2).

L. 2 : Pour la date M. Grégoire a justement signalé l'erreur de M. Rott, mais lui-même a été trompé par ses souvenirs ou par ses notes. La date que j'adopte — qui concorde avec le règne et l'indiction — est celle qui, toute entière, a été tracée à la pointe par dessus un nombre erroné peint tout d'abord (1). Celui-ci ne comprenait que 3 chiffres : ϛψ et probablement ν. Pour M. Grégoire, c'est au contraire le φ qui est ancien et le ψ qui a été ajouté par dessus, de sorte que le correcteur aurait bien rectifié le chiffre des dizaines et des unités, mais aurait au contraire aggravé l'erreur en changeant indûment celui des centaines (2) !

L'année est 1061, indiction 14.

Sur les murs de la même chapelle se voient les proscynèmes d'une série de donateurs. Une partie en a été publiée: mais, comme il s'y est glissé quelques confusions, je reprends toute la série.

Dans la première arcature aveugle de gauche (au bas de l'église) est représentée Sainte Catherine entre deux donatrices qui s'inclinent.

122. — Sur celle de droite :

Μαρια δου-
λι Χ(ριστο)υ

123. — Sur celle de gauche :

Ε(ι)ρινη [δουλη Χ(ριστο)υ]

Pas de lacune entre les deux premières lettres Ερ : peut-être encore un exemple de confusion entre les sons E et Ει, I ou H (cf. nos 95 et 107) (3).

C'est à tort que M. Grégoire prend ces lettres ερινη pour la fin du nom de la sainte. Le nom est écrit plus haut et on lit encore : η αγ[ια] Εκα[τερ]ινα.

---

(1) Le ϛ lui-même a été repassé à la pointe. — Lorsque je commenterai les peintures de cette chapelle, je tâcherai d'expliquer les causes de cette erreur et de fixer le rapport qui existe entre ce texte et des différentes parties de la décoration.

(2) Les autres différences entre ma copie et celles de M. Rott ou de M. Grégoire ne portent que sur d'insignifiants détails d'orthographe.

(3) Si au n° 72 j'ai restitué l'(ι) dans le nom Ε[ι]ρηνιν, c'est que l'état du texte accusait une lettre disparue.

124. — Sur le côté gauche de l'arcature est représentée la donatrice Catherine (celle qui est nommée dans la dédicace) Auprès de sa tête :

Δεησις τις δουλις
του Θ(εο)υ
Εκατε-
ρινας
μονα-
χις

125. — Sur le côté droit de la même arcature était peint un homme debout en tenue militaire.

Du proscynème il ne reste que le mot :

Δεισις . . . .

C'était évidemment le protospathaire Michel qui, dans la dédicace, est associé à Catherine.

126. — Plus bas, le plâtre tombé a laissé reparaître une décoration beaucoup plus ancienne où l'on voit un moine à capuchon, et, à côté :

Κ(υρι)[ε] βοι[θει]
τον δου-
λον σου
Ρουστια-
κον

L. 4. il y a un intervalle entre Ρ et ο, mais il ne doit pas manquer de lettre. Ρουστιακον = Ῥούστικον. Ce personnage est étranger à la série des donateurs qui ont fait peindre la dernière décoration.

Dans la seconde arcature aveugle, au fond, l'archange Michel avec deux donateurs prosternés.

127. — Sur celui de droite :

Δεισις του δου-
λου του Θ(εο)υ Νυνφο-
νος μοναχου

Pour l'orthographe du nom propre, voir Grégoire, p 97 Encore un personnage mentionné dans la dédicace.

128. — Sur celui de gauche :

Δεισις τη δου-
λις του Θ(εο)υ Ευ-
δοκιας

Niphon et Eudokia se prosternent devant St Michel, patron du protospathaire, comme Marie et Irène s'inclinent devant la patronne de la nonne Catherine. Il est évident que des liens étroits de parenté unissaient ces six personnages. N'est-il pas naturel de supposer que la nonne Catherine n'est autre que la femme du protospathaire entrée, sur le tard, au couvent, et que les quatre autres sont leurs enfants ?

129. — Dans une petite niche creusée au fond de la troisième arcature aveugle :

Δεισις του δουλου
του Θ(εο)υ Βασιλιου
πρ(εσβυτερου)

130. — Sous un des arcs qui fait communiquer la chapelle principale avec la première des chapelles latérales, à côté d'un personnage, qui n'est certainement pas St Michel (sic : Grégoire, p. 97), mais bien l'auteur du proscynème :

Λεησιε (sic)
του . . . . .
. . . .
σ]παθαριου
του Σκε-
πιδη

C'est probablement encore Michel, bien qu'on ne puisse douter qu'il ait aussi son proscynème au n° 125. Ce texte a été découvert par M. Grégoire. Je ne l'ai pas lu tout à fait comme lui. A la première ligne, Λ et ε pour Δ et ς, erreurs du peintre.

131. — Dans la première des chapelles latérales, à droite du chœur. Texte indéchiffrable. Fac-similé d'après une bonne photographie. Les lettres ont le même type qu'au n° 133 et l'on reconnaît quelques éléments communs (v. g. l. 4 : ψιφιστον, l. 5 : αναγαγον, l. 6 : μου : εγο).

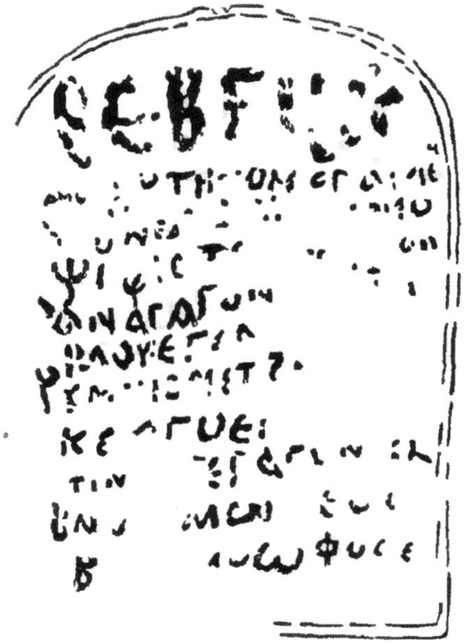

132. — Au bas d'une croix cantonnée des lettres

$\overline{\text{IC}}$ $\overline{\text{XC}}$

$\overline{\text{NI}}$ $\overline{\text{KA}}$

fragments d'un texte indéchiffrable :

καν
ορ · ετα(?)ι
υ σιν
μ(?) ακου . .
οι(?)

133. — Dans la deuxième chapelle latérale, en une situation symétrique de celle qu' occupe le n° 131. Texte publié par M. Rott (p. 138), mais avec quelques inexactitudes et sans reproduire l'alignement et la ponctuation.

Ζιτι το μεγα μου : ονομα
το μυρϊοψιφιστ:ιον : κε :
μυ.ρϊοαναγαγον : Ο πατϊρ μου
εγενισε με εκ τις΄ μϊτρος : μου : κε : ε-

γο ε[γεν]ῒσα : τιν μιτερα τον τε-
αγιος κνον μου
αγιος Κεσ . ε β.
αγιος μ ο
ο Θ(εο)ς φ(?)ος
ι ς(?) .

Pour l'instant je m'abstiens de tout commentaire et me contente de renvoyer à celui de M. Weber (Rott, p. 375-378). Je fais seulement observer que la phrase Ο πατῒρ μου. . s'arrête à τον τεκνον μου. Les lettres qui suivent à droite (Weber : κε Σεβαστο[υ]) constituent une formule indépendante qui correspond à l'acclamation placée en face. Elles semblent reproduire les grandes lettres écrites en tête du n° 131.

134. — Dans l'abside de la même chapelle, un personnage nommé Κ(οσ)μας s'incline devant Αγηα Σοφηα, et, au-dessus de sa tête, se trouve le texte publié par M. Rott (p. 138), mais écrit ainsi :

Θ(εο)ς ⁝ εν ⁝ το ⁝ ο : νο-
μα : τῒ : σο ⁝ σοσο
με ⁝ κε εν τῒ δυ-
[ν]αμῒ σου κριν-
[ις μ]ε

Σοσο : intéressant exemple de la chute du ν en dehors de l'accusatif.

A la l. 5, je restitue κριν[ις] à cause de la copie de M. Rott, mais on attendrait plutôt un impératif.

Série de textes funéraires dans la troisième chapelle latérale. Ils sont plus complets que ne le feraient croire les copies de M. Grégoire (p. 99-100). Les mots aussi sont plus coupés. Je les reproduis tels que je les ai vus en 1911. On remarquera quelques différences d'orthographe.

135. —

Εγο : ο : Βα : θυσ ⁝ τρο-
κος ο˙ α˙ βας : ο πο-
λα : καμον : ης : το
να : ον : του ⁝ τον : κε
με : [τ]ε : ταυ : τα : α : πο :
θα : νον : εν : θα : κα-

ταχη · με : ε : τεληο-
θην μηνη . . .

Au sujet de Βαθυστροχος ou Βαθυς Τροχος, v. Grégoire, p. 99. M. Pantchenko (*Isvjestija* de l'Institut Russe de Constantinople, t. XIV, 1909, p 159) a proposé de lire ἐγὼ ὁ τοῦ Βαθέος 'Ρύακος ἀββᾶς et de placer à Ṣoghanle le monastère (connu par les sources littéraires) de Batyrhyax. Mais la copie est sûre et on hésitera à supposer une erreur de graphie (1).

L. 5 : μετεταυτα. Que l'on coupe μετ' εταυτα (Grégoire, p. 99) ou μετε ταυτα, on rapprochera cette forme de celle qui a été rencontrée au n° 76 : απε σου (dérivant de απ' εσου) De même, dans une légende — non reproduite ici — qui à Geurémé, dans la chapelle de St Placide, accompagne l'image du saint, on a δηε σε (δη'εσε) pour διά σε. Enfin εν εαυ[ταις] de Toqale n'est peut-être pas un possessif indûment employé, mais bien une forme correspondante à μετ' εταυτα

136. —

Μινη σε τε βρι-
ου ις τας δεκα
ε[τε] . λι οθιν
ο δου-
λος τ-
ου Θε-
ου Βαρ-
δας

Remarquer la chute du μ et du π dans le mot σετεβριου = σεπτεμβρίου.

137. —

Μη νι αυ : γουσ-
του ις τας ε νε-
α . ετελη-
ο θιν ο
δουλος
του Θ(εο)[υ]
Φοτις

---

(1) Le P Van de Vorst a rejeté cette hypothèse dans les *Analecta Boll.*, t. XXX (1911), p. 326 Pour être juste, je dois ajouter que M Pantchenko ne propose sa correction au texte que sous toutes réserves ; il invite les futurs voyageurs à vérifier les copies anciennes C'est le résultat même de cette vérification que nous publions aujourd'hui.

138. — Μη : νη : φε[β]ροαρη : ου : ις
τα : ς τρης :
ετεληοθην : ο
δουλος του : Θεου Ζα

Le texte est complet : le nom Ζαχαρίας n'a pas été achevé faute de place.

139. — Dans la même chapelle, à la conque de l'abside, inscription semi-circulaire dont il ne reste que :

. . . . . η : ο Θεος : ο πυον : θ. . . .

Cf. Ps. LXXVI, 15 : σὺ εἶ ὁ Θεὸς ἡμῶν ὁ ποιῶν θαυμάσια.

Belli Kilisé

140. — Dans la nef de la chapelle principale, un portrait de donateur qui a échappé à M. Rott et à M. Grégoire. Auprès, l'invocation :

+ Χ(ριστ)ε βοηθη το-
ν δουλον σου
Στεφανον
μοναχον

141. — Dans la chapelle latérale, il faut lire :

Κ(υρι)ε βοιθι τον δου-
λον σου Μιλαριον

C'est M. Rott (p. 143) qui a raison contre M. Grégoire (p. 108 : Ιλαριο[ν]).

142. — Dans la même chapelle latérale :

Δεσπυ[να] σοσον
τον δουλον [σ]ου
Στεφανον. . . . .

Il est impossible de lire avec M. Grégoire : Δεσπου[τα]. La lettre qui précède la lacune est V et non ʊ ; puis on aperçoit le haut des jambages d'un N et non la barre d'un T.

Ce Stéphane est un moine plus âgé que celui de la grande nef. Peut-être deux portraits du même personnage à des âges différents.

143. — Au même lieu, au-dessus de deux personnages tournés l'un vers l'autre :

[Κ(υρι)ε ?] αναγυ[ρ]ον τ[ους δουλους σου]
εφιλικ . . ν
κε Ιοκνιν

Copie conforme à la mienne, mais moins complète et sans restitutions, dans Grégoire p. 109.

L. 1 : ανκγυ(ρ)ον probablement pour ἀνέγειρον (ressuscite) : cette demande est insolite.

L. 2 : Je ne reconnais pas le premier nom propre — un nom féminin, sans doute, car les deux personnages semblent être une mère et son enfant. La première lettre de cette ligne (comme de la suivante) est douteuse. Au lieu de λ on peut lire aussi δ.

Djanavar Kilisé (1)

144. — Le nom de la donatrice représentée dans la première nef (cf. Grégoire, p. 102) est écrit :

[Ε]βδοκια δου(λη) Χ(ριστο)υ

Ce portrait a été exécuté sur d'anciennes fresques qui reparaissent en partie. Peut-être est-ce l'Eudocie, sœur de Niphon du n° 128 : elle aurait décoré, non pas Qarabach Kilisé comme son frère (elle n'est pas nommée dans la dédicace n° 121), mais cette partie de Djanavar Kilisé.

Dans la même nef, une inscription courait au haut des murailles. Il m'a fallu renoncer à la déchiffrer tant elle était enfumée.

145. — Dans la chapelle contigüe (construite et non creusée dans le roc), les peintures semblent de date plus récente. A droite de la porte qui donne dans la nef précédente quelques lignes (texte ou légende ?) écrites auprès d'un ange aux ailes éployées.

. . . .
. . ε . . . . . .
. . αχα β(?) φε
. . ψει ψας
. . . ψ(?) χπλχν

(1) Il ne faut pas traduire ce nom par « Wolfskirche » comme fait M. Rott (p. 143). Le mot *djanavar* qui, de fait, est souvent appliqué au loup, signifie proprement « bête féroce ». Ici il désigne certainement un énorme dragon peint sur la muraille devant une image de St Georges. C'est lui qui a donné son nom à l'église. (De même Géik Kilisé = l'Eglise au Cerf à cause du cerf de St Eustathe).

APPENDICE

Table des principaux phénomènes phonétiques et grammaticaux (1)

1°) *Chute du ν final* (Dieterich, p. 88-90 ; *Ind. gram.*, p. 682).

A) devant δ : 6, 42 (το δουλον)
8 (σο δουλον)
devant τ : 96 (αναστασι των)
devant σ : 9 (το σον)
33, 42, 51, 51*a*, 57, 67, 117 (δουλο σου)
devant κ : 121 (τω Κυριον)
devant μ : 134 (σοσο με)
devant ν : simple réduction de lettres doubles (v. *infra*).

B) En dehors de toute influence de la consonne qui suit : devant une pause ou une voyelle :
69 (Αμη. και)
76 (τεκνο, αυτι)
7, 95 (ο αναγηνοσκο ευχεσθο)

N. B. — Aux n°s 7 et 120, on hésite entre une forme d'accusatif avec chute du ν, ou de datif.

---

(1) Cette table n'est qu'un index de ce qui précède et ne saurait prétendre à donner un tableau complet de la languo des Inscriptions cappadociennes. Il faudrait pour cela tenir compte de tous les textes qui ne figurent pas ici (inscriptions historiques publiées ailleurs, légendes, titres de scènes etc...). — Au cours de l'article, j'ai cité des exemples empruntés aux textes chrétiens ou aux manuscrits du moyen âge. J'ajoute ici les références à Dieterich, *Untersuchungen zur Geschichte der griechischen Sprache*, Leipzig, 1893 et à l'« Index grammaticus », si détaillé et si complet, qui termine le t. III des *Inscriptiones graecae ad Res Romanas pertinentes*. On verra par là que beaucoup de ces phénomènes ne datent pas de l'époque byzantine; mais il suffit de parcourir l'« Index grammaticus » (qui se rapporte à 1544 textes, dont un grand nombre sont très étendus) pour se rendre compte combien ils sont plus rares à l'époque romaine. L'« Index grammaticus » signale même les anomalies purement orthographiques telles que η pour ει ou ι. Naturellement j'ai dû m'en abstenir ici. Ma table aurait pris des proportions exagérées.

N. B. — Mon article a été envoyé à Beyrouth au fur et à mesure de la rédaction. De plus, j'y ai fait faire, à distance, quelques remaniements. De là certaines inconséquences et méprises que je prie le lecteur de me pardonner. Quelques-unes seront rectifiées dans les notes de cet appendice ; d'autres — ainsi que les fautes d'impression — dans les « Corrections et Additions » qui suivront.

2°) *Chute du σ final.*

au nominatif : 29 (αγραφο εστην)

au génitif : 1 (τη Παναγηας)

128 (τη δουλις)

58 (μαηστουρο Νηκητα)

au datif : 20 (τυ κακοδοξυ)

(Devant un autre σ, v. *infra*).

3°) *Chute d'une consonne dans le corps d'un mot.*

ν devant une sifflante (*Ind. gram.*, p. 682):

5, 11, 18, 95, 118*a* (Κοσταντηνος)

ν devant θ (Dieterich, p. 115-116) :

21 (βουλοθετος)

23 (επακουσθετες)

65 (ελθοτος)

Autres cas (pour μ devant β : Dieterich, p. 111-112) :

136 (σετεβριου)

Par contre, n° 95 : ανμαρτηον.

4°) *Chute d'une voyelle entre deux consonnes* (Dieterich, p. 37) :

1 (Ανδρονκου)

96 (αρχανγλους)

5°) *Chute de l' υ dans les groupes* αυ, ευ (Dieterich, p. 78-81 ; *Ind. gram.*, p. 685 : ἀπολάουσαν, ἀτοῦ, ἑατόν) :

65 (ατο = αὐτῷ) (1)

71 (βασιλεοντος)

78 (πνεμα)

Par contre, addition d'un υ au n° 106 : δηαποτεταυγμενη.

6°) *Réduction de lettres doubles.*

A) Dans le corps d'un mot — consonnes (*Ind. gram.*, p. 675) :

62 (ητασθε, ϊτηθϊσεσθε)

77 (αλιλους)

95 (Πορφυρογενετου)

133 (εγενισε)

Par contre, n° 89 : κορυφηην (?)

(1) J'ai eu tort de supposer, pour ces deux inscriptions, α[υ]το et βασιλε(υ)οντος.

B) Quand les lettres appartiennent à deux mots différents :

a. Consonnes : 17 (κοσμη νεουργον)
63 (χιρε σου — mais, au n° 106 : χηρες σου)
64 (η σε)
76 (τι σαπισις)
77 (φονι σου)
135 (το ναον)

Par contre : n° 76 : τος σχυνιον.

b. Voyelles (ε ou α — simple élision — Dieterich, p. 44)
27 (κυρι Εφρεμ)
62 (γνωτ εθνϊ)
77 (θεασαμεθ αλιλους)
78 (σ εν)
79 (εμιν εν)

Mais, aux n°s 61, 121, 134 : κε ε.., 97 : επιδη δε ενθα. (L'exception apparente du n° 25 s'explique autrement).

7°) στ *au lieu de* σθ. (Dieterich, p. 100 ; *Ind. gram.*, p. 680 : un seul exemple).

4, 7, 10 (?), 11, 69, 119 (ευχεστε ou ευχεστο)
83 (επλαστην)
93 (δεξαστε ?)

8°) ε *pour* η *ou* ει (1) (Dieterich, p. 11-14; *Ind. gram.*, p. 683, 686).
95 (Πορφυρογενετου)
123 (Ερινη)
69 (Ερονας)
89 (Βασηλεου ?)
107 (ερεμηας ?)

9°) β, φ *pour* υ *dans les groupes* αυ, ευ —devant σ, φσ devient ψ (2):
4, 76 (εβρω)
35, 144 (Εβδοκια)

---

(1) Ma pensée définitive sur ces différents exemples a été insérée — après coup — au n° 95. On est prié de ne pas tenir compte des doutes exprimés au n° 123 et d'y lire simplement Ερινη.

(2) Au n° 30, j'ai écrit : ευσ = εβσ. Il eût été plus exact d'écrire : ευσ = εφσ = επσ.

103 (εφπρεπιαν)
30 (αιψεβεις)
92 (καταπαψης)

Inversement : n° 1 : Βαυτιστα.

10°) *Incohérence dans l'accord grammatical* (*Ind. gram.*, p. 679 : 6 exemples ; Dieterich, p. 150 : un exemple d'accord triple) :

30 (τους. . . . . Νηκηφορο[υ]. . .
46 (μι τον δουλον)
89 (τον δουλον [σ]ου Θ[εο]δορου ?)

11°) *Forme d'accusatif pour le datif* (Dietrich, p. 149-152) :

20 (Αριανους)
23 (εαυτους)
69, 121 (ευχεστο με, αυτους)
75, 76 (λεγι αυτον)

N. B. Pour le n° 120, v. *supra* 1° B.

12°) εὔχεσθε διὰ τὸν Κύριον.

Avec le nom de la personne au datif : 4, 7, 10 (?), 121
ou introduit par ὑπέρ : 18, 56 (?), 95, 119

13°) *Manière d'exprimer la date.*

Le quantième du mois introduit par εἰς τάς :
1, 15, 16, 71, 83(?), 95, 119, 136, 137, 138

μηνί suivi du nom de mois :
au génitif : 1, 16, 119, 136, 137, 138
au datif : 71, 83, 95

Indication de la date du mois, sans l'année ni l'indiction : 1, 15, 16, 95, 136, 137, 138.

Avec l'année : 71, 119 (mois et indiction) 4, 112, 114, 121 (indiction sans le mois).

Constantinople.

G. DE JERPHANION

P. S. — Dans la *Byzantinische Zeitschrift*, t. XXII (1913), p. 292-293, M. Heisenberg signale mon étude sur « La date des peintures de Toqalẹ Kilisé en Cappadoce » où se trouvaient publiés les textes n° 18 et 30. Dans le premier, M. Heisenberg conteste la restitution qui rétablit un nom d'empereur. De fait, l'absence du titre impérial est surprenante et j'avoue que j'ai eu moi-même des doutes à ce sujet. Je crois cependant devoir la maintenir au moins à titre provisoire. (Ces questions seront reprises plus tard dans mon ouvrage d'ensemble sur les peintures de Cappadoce). On reconnaîtra du moins que, si le texte contient un nom d'empereur, ce ne peut être que Nicéphore (ainsi pensaient les premiers éditeurs) — et que ce personnage est Nicéphore Phocas.

A propos du n° 30, M. Heisenberg rejette la restitution des mots τοὺς υἱούς. Elle est rejetée dans le présent article et j'ai expliqué le texte sans elle.

G. de J.

Corrections et Additions

P. 312, l. 7	*au lieu de*	En dehors de ce verbe	*lire*	En dehors de ce groupe
n. 1, l. 2	»	34, 44, 72, ... 32	»	32, 40, 82. . . . 34
P. 324, l. 12	»	je donnerai	»	j'ai donné
P. 327, n. 1, l. 2	»	665. . . . 1172	»	666. . . . 1157
P. 330, n. 3, av. d. l.	»	κτισαμένῳ... προσταξάντα	»	κτισαμένω... προστάξαντα
» dern. l.	»	264	»	1264

N. B. Dans cette phrase du coisl. 5, il faut peut-être comprendre : Χριστέ μου, φύλαττε. Si l'accord n'est pas triple, il reste encore double.

P. 332, l. 5	*au lieu de*	Malih	*lire*	Malik
P. 351, l. 20	»	τεκνον	»	τεκνο

N. B. Dans la même inscription, au lieu de απε σου, j'aurais pu écrire : απ' εσου, car M. Dieterich cite (p. 190) plusieurs exemples de la forme ἐσοῦ. Cependant la présence de la préposition απε en composition, au n° 63, m'incline à maintenir ma copie (v. n° 135).

P. 355,	l. 26	*au lieu de*	2, 3, 4	*lire*	2, 3, 7
P. 358,	l. 1	»	ἔλθων	»	. . . ἔλθων
P. 361,	l. 19	»	λύπη(ν)	»	λύπη[ν]
P. 364,	l. 28	»	ατα πα	»	αταπα
P. 378,	l. 30	»	[νεσθαι	»	[εσθαι
P. 379,	l. 18	»	Μακαρε[ως	»	Μακαρε[ως]
P. 383,	l. 3	»	|||| O ||||	»	|||| C ||||
P. 392,	l. 13	»	possessif	»	réfléchi

P. 390, 391. Décidément les deux textes 131 et 133 sont identiques à très peu de chose près. Car voici ce que je lis du n° 131 après nouvel examen de la photographie (plus claire, en quelques points, que le fac-similé) :

θ ε β γ . ο
ζη,τη το με/α μο[υ]
ον . 'ο
ψιφιστ .
. αναγαγο, .
μου · εγεν . .
ε[κ] τις με(?)τρ
νε εγο εγ
τιν [μι]τερα τον [τ]εν
νο, μου ε . . .
ωφος ε

Dans la marge de gauche, quelques lettres étrangères au texte. Les grandes lettres de la l. 1 et la fin des l. 10, 11 rappellent celles qui terminent le n° 133, ce qui suffit à prouver qu'il ne faut pas chercher dans ces dernières une signature (nom propre suivi de μο(να)[χ]ος). Ces lettres doivent être l'abrégé de quelque formule sententieuse ou prophylactique. Le caractère superstitieux de tout l'ensemble est évident.

Le Califat de Yazîd Ier (suite et fin)

PAR H. LAMMENS, S. J.

XXV

SOUS LES SOFIANIDES

SITUATION FINANCIÈRE A L'AVÉNEMENT DE MO'ÂWIA. LA RÉFORME FISCALE ; SES PRINCIPES ; DIFFICULTÉS ET OPPOSITIONS. TRANSFORMATION DU DÎWÂN EN CAISSE MILITAIRE. SUPPRESSION DES PENSIONS IMMÉRITÉES. CHOIX DE GOUVERNEURS ÉNERGIQUES, CHARGÉS D'APPLIQUER LA RÉFORME.
POLITIQUE AGRAIRE. LES IMPÔTS ET LES PROPRIÉTAIRES MUSULMANS.

Elle était lamentable la situation financière, héritée par le calife Mo'âwia. Avant de tomber sous le poignard d'Ibn Molgam, le malheureux 'Alî avait vidé le trésor du califat oriental (1). Non par détachement — ainsi le voudrait la tradition orthodoxe — mais parce qu'il se vit forcé de le laisser piller, de l'utiliser, pour affermir les dévoûments chancelants et empêcher ses derniers partisans de rejoindre son habile rival, le fils d'Abou Sofiân. Le futur martyr śî'ite, Ḥogr ibn 'Adî profita de la situation pour se faire octroyer une pension de 2,500 dirhems (2). Cet exemple ne demeura pas isolé (3).

---

(1) D'après la tradition, il le vidait chaque semaine. D'autre part, trahi par ses fonctionnaires, il ordonnne de leur couper les doigts ; Ibn Doraid, *Iśtiqâq*, 166, haut. Pour le chaos de la fiscalité, voir plus haut, p. 328-29 ; Abou Yoûsof, *Ḫarâǵ*, 21, 8.

(2) Cf. *Ziâd ibn Abîhi*, 71.

(3) Le dévoûment 'alide de certains *aśrâf* iraqains n'avait pas d'autre origine. Avec l'avénement des Omaiyades, c'était l'ordre dans les finances, la révision des pensions, l'envoi à Damas de l'excédent des caisses provinciales. 'Alî se voit dominé par son entourage ; Kindî, *Governors of Egypt*, 22, 5.

Dans toutes les provinces, relevant de l'ancien califat 'alide, régnait le même désarroi. A Basra le gouverneur Ibn 'Abbâs était parti avec la caisse de l'Etat (1), non sans avoir distribué de nombreuses largesses aux partisans, chargés de faciliter son évasion. L'an 41 de l'hégire, « l'année de la réunion », Mo'âwia pouvait seulement compter sur les revenus de la Syrie (2) Le système de la *to'ma* l'avait forcé de donner carte blanche en Egypte à son lieutenant 'Amrou ibn al 'Âṣi (3) La Mésopotamie (4) jouissait d'une organisation fiscale particulière. Des districts étendus y conservaient en fait leur autonomie financière et administrative, ils étaient uniquement astreints au paiement annuel d'une contribution globale, l'ancien impôt de guerre, datant de la période des conquêtes Ailleurs, d'autres groupes demeuraient encore affranchis de toute charge financière . nous avons nommé les Samaritains.

Partout, à cette époque, la question financière se dresse pour paralyser l'activité des fonctionnaires les plus consciencieux ou les plus retors Elle déconcerta la prodigieuse habileté, l'esprit fécond en ressources de Moġîra ibn Śo'ba beaucoup plus que la révolte des Ḫârigites (5) Ces complications tenaient à la douteuse loyauté du gouverneur ṯaqafite, mais encore plus à la confusion, dominant la matière, à l'absence de législation fixe et uniforme. Cette lacune elle-même ouvrait le champ à l'arbitraire des gouverneurs, si général à cette époque (6)

---

(1) Reproche que lui adresse 'Alî , Qotaiba, *'Oyoûn*, 469

(2) Là encore plusieurs districts étaient demeurés indépendants Pour la Mésopotamie voir plus haut, p 402 Elle est généralement signalée comme le centre des Ḫârigites , Ǵâhiz, *Tria opuscula*, 9 , *'Iqd'*, III, 294, c.-à-d qu'on y a longtemps défendu les anciennes immunités.

(3) Ya'qoûbî, *Hist* , II, 216, 4 d l Comp Kindî, *Governors of Egypt* (Guest), 31, وكانت مصر جُعِلَت له طُعمة بعد عطاء جُندها والنفقة على مصلحتها Le reliquat demeurait au gouverneur

(4) Yâḍ ibn Ġanm n'en a jamais été gouverneur ; cf Caetani, *Annali*, *IV*, 29

(5) Cf *Ziâd ibn Abîhi*, 8 sqq Même situation pour No'mân ibn Baśîr ; voir plus haut, p 121-22 'Alî se trouve toujours à court d'argent ; voir plus haut, p. 360-61 Anarchie dans l'Iraq sous son califat , Yahiâ, *Ḫarâǵ*, 3,17. Parmi les difficultés de sa position, Ziâd énumère en première ligne الخراج ; Qotaiba, *'Oyoûn*, 312, 7

(6) Voir plus haut, p 121-22. Les tributaires accourent dans le Ḥigâz auprès de 'Omar pour se plaindre des injustices ; Aboû Yoûsof, *Ḫarâǵ*, 79.

Par leurs représentants, les Sofiânides feront proclamer la nécessité d'une réforme fiscale. Ils énonceront la nécessité pour les provinces de contribuer aux charges générales du califat (1), de constituer la caisse de l'Etat, le مال الله La lutte sera longue. Fréquemment les gouverneurs omaiyades se verront forcés de reculer devant la révolte de leurs administrés, sans en excepter des hommes de la trempe d'un Ziâd ibn Abîhi (2). Mais leur attitude décidée, le geste de Ziâd, sortant le glaive du fourreau (3), finiront par impressionner les Arabes. Quand Hasan, le fils de 'Alî, voudra emporter les revenus du district iraqain, à lui concédés par Mo'âwia, les Basriotes s'y opposent les armes à la main « C'est notre bien », s'écrieront-ils (4). Cette éventualité, vraisemblablement entrevue par le calife syrien, le laissa indifférent (5). Il avait cherché principalement l'occasion de proclamer les droits de la couronne A quelles vicissitudes ce concept se trouve exposé, nous le voyons un demi-siècle plus tard, lorsque 'Omar II décida d'affecter les impôts du Ḫorâsân aux besoins exclusifs de cette province (6) Dans sa ḫotba inaugurale, le calife Yazîd III doit s'engager à ne pas toucher aux caisses provinciales (7). Voilà à quelles concessions se voyait réduite, en Syrie, la plus disciplinée des provinces islamiques, l'autorité métropolitaine, après le passage au pouvoir de souverains comme Mo'âwia, 'Abdalmalik, Walîd, Hiśâm, tous appliqués à promouvoir l'éducation politique de leurs sujets.

---

(1) Dinawari, *Aḫbâr*, 236, haut C'est le حق امير المؤمنين, voir plus haut, p 405, Kindî, *Governors of Egypt* (Guest), 61, 8

(2) *Aǵ*, XX, 17 ; cf. *Ziâd ibn Abîhi*, 103-104

(3) Cf *Ziâd ibn Abîhi*, 48 Voir avec quelle hauteur répond le gouverneur du Ḫorasân à la demande de Mo'âwia de lui envoyer le صفي, les *eximiae* du butin ; Ǵâḥiẓ, *Bayân*, II, 28

(4) Ibn al-Aṯîr, *Kâmil*, III, 175, d 1

(5) On ne voit pas qu'il ait prêté à Hasan l'appui de son autorité en cette circonstance Il lui donna de larges compensations par ailleurs.

(6) Tab *Annales*, II, 1366

(7) Ǵâhiẓ, *Bayân*, I, 201 لا انقل مالا من بلد الى بلد حتى اسد فقر ذلك البلد وخصاصة اهله Comp Yahiâ, *Ḫarâǵ*, 53, 54. La tendance de ces ḥadîṯ voudrait prouver qu'il ne faut pas toucher aux revenus des provinces ; elle préconise le maintien de l'ancienne anarchie fiscale « On ne doit prendre que l'excédent et avec l'assentiment des provinciaux لا يوخذ منهم الا فضلهم عن رضا منهم » ; Abou Yousof, *Ḫarâǵ*, 8, l 17

Devant ces esprits indociles, des agitateurs n'avaient pas en vain assimilé, le *mâl Allah*, la caisse de l'Etat, au *mâl al-moslimîn*, c'est-à-dire la propriété collective de la communauté musulmane, ou plutôt de la race conquérante (1). La théorie était séduisante, elle correspondait merveilleusement aux concepts communistes des Bédouins, elle flattait trop les appétits des masses, pour ne pas se voir accueillie avec faveur. Le service des pensions (2) — on commençait alors à en parler comme d'une institution de 'Omar — devait contribuer à accréditer cette conception antigouvernementale.

L'avénement des Omaiyades marqua une réaction intelligente, un commencement de restauration de l'autorité centrale, un essai d'ordre introduit dans les finances. On comprendra maintenant pourquoi un des premiers soucis de Mo'âwia fut la réorganisation de l'administration des pensions Vingt années d'anarchie (3) y avaient fait fleurir les plus criants abus. L'équilibre budgétaire devenait impossible sans cette réforme. Lambeau par lambeau, il s'agissait de reprendre la prérogative souveraine : celle de fixer en sa pleine indépendance la rétribution des services, rendus à la chose publique. Or, observe Balâdorî, « 'Otmân s'était trouvé dans la nécessité de sacrifier ce privilège Les gouvernants (4) après lui ne surent pas manœuvrer mieux ; ainsi s'était établie la transmission, une sorte de survivance des pensions Celles-ci passèrent à des héritiers, ne possédant aucun titre à figurer au registre des dotations ; فامضى عثمانُ ومَن بعدهُ من الوُلاة ذلك وجعلوها مَورُوثةً يَرِثها ورثة الميت مِمَّن ليس في العطاء (5) »

---

(1) Un Bédouin chez 'Abdalmalik réclame un secours en ces termes . عندكم اموال فان كانت لله فادفعوها الى عباد الله وان كانت لعباد الله فادفعوها اليهم ; Ġâhiz, *Bayân*, I, 176. Voir plus haut, p 396

(2) Nous comptons l'étudier ailleurs

(3) La tentative de 'Otmân, pendant la seconde partie de son califat, avait échoué contre la révolte fomentée par les *Mobaššara*

(4) Comprenez 'Ali et son régime Remarquez la tendance à mettre en avant la faiblesse de 'Otman : la cause remontait plus haut.

(5) Balâdorî, *Fotoûh*, 458 'Otmân essaya pourtant de reagir Ainsi il séquestre la pension d'Ibn Mas'oûd ; I. S *Tabaq*, III[1] 114, 1 Je crois reconnaître une allusion à ces tentatives dans cette parole, attribuée à 'Omar : « un temps viendra où ... يتخذون

Revenir sur ce passé, supprimer une institution, comptant de 25 à 30 ans de prescription — la Tradition qualifie cette période de califat prophétique, خلافة النبوّة (1) —il n'y fallait pas songer. Arrachée au pouvoir, mesure temporaire, mise à l'essai, un aussi long passé lui avait conféré pour ainsi dire des titres légaux. Le plus sage, le seul parti à prendre, c'était de la réformer, de l'organiser, de manière à en tirer une institution gouvernementale. Tous les efforts du sage Mo'âwia tendront vers cette fin (2). Adroitement reprise, il parviendra à la transformer en instrument de règne et même de centralisation. Imposée au pouvoir souverain, à l'inexpérience d'hommes d'Etat novices (3), elle avait diminué le prestige et l'influence de l'autorité. Le fils d'Abou Sofiân saura s'en servir pour renforcer la sienne, pour organiser le *molk*, selon l'expression préférée par les annalistes de la période 'abbâside.

Secondé par ses représentants dans les provinces, il tiendra désormais en laisse les *aśrâf*, les membres les plus remuants de l'aristocratie arabe. La menace d'une interruption (4) dans la distribution de la manne gouvernementale, les réduira à sa merci, eux et leurs partisans. Elle les rangera à ses côtés pour appuyer les plus utiles réformes administratives.

الصدقة مغرما l'impôt sera transformé en amende ». Allusion aux réformes des Omaiyades ? Ya'qoûbi, *Hist.*, II, 247, 3 d. l.

(1) اهل برّ وتقوى, ainsi Mahomet qualifie la génération des 40 premières années de l'islam ; Ibn Mâğâ, *Sonan*, E, II, 261, 3. D'autre part Aboû Bakr au lit de mort conseillera à 'Omar de « se défier de ces Compagnons du Prophète à la bedaine rebondie, aux yeux étincelants » de convoitise احذر هولاء النفر من اصحاب رسول الله صلعم الذين قد انتفخت اجوافهم وطمحت ابصارهم ; Aboû Yoûsof, *Harâǵ*, 7, l. 11. Le ḥadît vise-t-il les *Mobaśśara* ? D'après une version, Mahomet aurait ainsi caractérisé les divers régimes, destinés à lui succéder : الخلافة بعدي ثلاثون سنة نبوّة ورحمة ثم خلافة ورحمة ثم ملك ثم جبريّة وطواغيت ثم عدل وقسط ; Moḥibb aṭ-Ṭabari, *Manâqib al-'Aśara* (éd. Caire) I, 33. Dans cette répartition, la caractéristique رحمة semblerait devoir désigner les Sofiânides, à tout le moins le califat de Mo'âwia.

(2) Voir *Pensions*, à l'*index* de *Mo'âwia*.

(3) Nous pensons aux quatre califes راشدون. On ne peut plus admettre la conception grandiose prêtée au calife 'Omar, par Aboû Yoûsof, dans son *Kitâb al-Harâǵ*.

(4) Ziâd ibn Abîhi, son fils 'Obaidallah y recourent dans les moments de crise. 'Omar lui-même se voit soupçonner d'utiliser le *dîwân* pour s'assurer des complaisances ; Moslim, *Ṣaḥîḥ*², I, 369, 4.

Cette réorganisation amènera la suppression des pensions aux habitants des villes saintes (1) On leur donnera à opter entre la pension et le service militaire (2). Jusque-là les Sahâbîs oisifs de la Mecque et de Médine continuaient à émarger au budget Les Omaiyades travailleront à élargir le concept de *Mohâgir* (3) Désormais aura seul droit à ce titre, partant à la pension, le soldat en activité de service (4). La même règle sera appliquée aux Bédouins, « la matière de l'islam, مادّة الاسلام » — mais combien rebelle ! Pour retenir les vétérans sous les drapeaux, les tenir en haleine, obtenir des troupes suffisamment entraînées, le *ta'arrob*, le retour au désert, sera presque égalé à l'apostasie, (5), à tout le moins présenté comme une dérogation.

Insensiblement le *dîwân* deviendra la caisse militaire. Grâce à ces mesures, le gouvernement pourra renouveler incessamment les cadres de son armée, exercer une action directe sur les nomades et sur les habitants indisciplinés de l'Arabie (6).

Mo'âwia n'en demeura pas là Il continua la chasse aux abus, introduits sous le couvert de cette institution. Non seulement les Arabes avaient réussi à obtenir des pensions, mais ils prétendaient communiquer ce privilège à leurs enfants en bas âge, aux membres de leurs harems, sans cesse renouvelés (7), à leurs *maulâs* ou affranchis. Bientôt les convertis émettront les mêmes exigences Fréquemment on s'était vu dans l'obligation d'acheter leur concours. Nous connaissons ainsi toute une série de *dihqâns*

---

(1) Autres suppressions après la mort des premiers bénéficiaires; Caetani, *Annali*, IV, 374.

(2) Balâdori, *Fotoûḥ*, 458

(3) Cf notre *Bâdia*, 93 On le fait dire aux Bédouins par Mahomet : « ils n'y ont aucun droit الا ان يجاهروا » ; Dârimî (éd. des Indes), 322

(4) Cf Caetani, *Annali*, IV, 372

(5) Cf *Bâdia*, 93 Les Bédouins doivent être invités à la *higra*; ici, le service militaire . Darimî, *Sonan*, loc. cit.

(6) Les gouverneurs omaiyades y interviennent par leurs gendarmes, les شرطة de Ziâd ; Qotaiba, *'Oyoûn*, 164, 8 sqq Cf notre *Berceau de l'islam*, I, 158, sqq.

(7) Protestations de 'Omar contre l'extension des harems et de la domesticité ; Tab , *Annales*, I, 2755.

pensionnés par 'Omar (1). Principe dangereux : c'était les placer sur le pied d'égalité avec les conquérants, créer pour l'Etat des charges nouvelles, dont personne ne pouvait prévoir l'extension (2). En réalité 'Omar se vit débordé (3). Son inexpérience en matière de finances ne lui avait pas permis de discerner ces conséquences, ou s'il les aperçut, il manqua d'autorité pour réagir.

Au début le *diwân* aboutit principalement à surexciter la cupidité des Arabes, à leur assurer comme une prime, un encouragement à l'inaction. Aboû Sofiân l'avait prévu : « Personne, lui dit le vieux chef, ne travaillera plus, on négligera le commerce » (4). 'Amrou ibn al-'Âsi avait conseillé « d'épargner la chamelle en vue de ses petits » (5). La chamelle, en l'occurence, c'était la masse des tributaires. Ces conseils semblaient dictés par la sagesse. Abandonné à lui-même, 'Omar demandait seulement à s'y conformer. Mais il se sentit poussé, harcelé par les convoitises de son entourage (6). Il ne demeurait plus le maître de retirer les imprudentes concessions, d'empêcher les gratifications pécuniaires, les rentes viagères sur le trésor de se transformer en pensions héréditaires. La cravache de 'Omar est une création des annalistes. Ce calife a pourtant essayé de réagir : de là ses décisions contradictoires. Tantôt elles élargissent la liste des pensionnés, de manière à y comprendre jusqu'aux néophytes (7), tantôt elles la

(1) Balâdori, *Fotoûh*, 457, 458 ; Śafi'î, *Kitâb al-Omm*, VII, 325 , Yahia, *Harâğ*. 42, 43. Il s'agit de la forte pension de 2000 dirhems.

(2) Les Marwanides souffriront de cette organisation, surtout dans l'Iraq. La crise éclatera sous Haǵǵâǵ.

(3) Le prince Caetani admet maintenant ce point de vue, comme il me l'a déclaré. Voir d'ailleurs *Annali*, IV, 154 : « Jamais 'Omar ne put imposer sa volonté, quand ses subordonnés préféraient lui résister ».

(4) Balâdori, *Fotoûh*, 457, 5 d. l.

(5) Ya'qoûbî, *Hist.*, II, 189, bas.

(6) Telle fut en particulier la situation du malheureux 'Ali, dominé par le parti, l'ayant porté au pouvoir.

(7) On fait conseiller à 'Omar par 'Ali القسم بالعدل بين الاحمر والاسود , Ya'qoûbî, II, 246, 10 (tendance persane). Ailleurs 'Ali engage 'Omar à tout distribuer ; Tab., *Annales*, I, 2570. Une autre tendance persane, c'est celle où 'Alî démontre à 'Omar comment les « Mages » rentrent dans la catégorie des *Kitâbis* ; Aboû Yoûsof, *Harâğ*, 74-75. 'Ali ayant été proclamé par Mahomet اقضى le meilleur jurisconsulte parmi les Ṣahâbîs (Mo-

restreignent aux soldats en activité de service (1). Ces fluctuations lègueront une situation difficile à ses succeseurs, à commencer par l'infortuné 'Oṯmân (2), une figure odieusement travestie par les anciens chroniqueurs, échos des rancunes médinoises.

Les Sofiânides s'efforceront d'établir ce principe . la pension doit récompenser les services, rendus à l'Etat. Ils puiseront dans le *dîwân* les appointements des fonctionnaires. Les Bédouins, demeurés dans leurs tribus « perdront tout droit au butin et à la pension » (3). Voilà la doctrine, dès lors attribuée au Prophète (4). Elle complète la nouvelle interprétation, donnée au concept de la *hiǵra* ou émigration. Les califes de Damas utiliseront surtout le *dîwân* pour solder les troupes. Ces réformes leur vaudront l'hostilité des Ansârs et des pieux fainéants de Médine. A l'imprudente prétention, prêtée à 'Omar, de pensionner tous les Arabes, sans en excepter les veuves et les enfants (5), à l'affirmation que la *ṣadaqa* doit être distribuée sur place aux pauvres de la tribu (6), que le trésor a été créé pour récompenser les vertus islamiques, (7), que les provinces ne peuvent être forcées à contribuer de leur excédent aux charges du califat (8), ils substitueront des principes nouveaux, une réglementation précise facile à justifier Elle affirmait la solidarité, l'unité de tout l'empire arabe. A partir de « cette année de la

---

hibb aṭ-Tabari, *Manâqib al-'Aśara*, E, I 25), c'est toujours lui qui suggère à 'Omar la décision opportune et non devinée par ce dernier , Aboû Yoûsof, *Ḫarâǵ*, 65, bas

(1) Balaḏori, *Fotoûḥ*, 458-59

(2) Le prochain volume des *Annali* de Caetani permettra de le mieux juger

(3) Etre كاعراب المسلمين signifie . n'avoir aucun droit à la pension ; Ibn Mâǵa, *Sonan*, E, II, 103, bas , Yahia, *Ḫarâǵ*, pp 5, 6

(4) Moslim, *Ṣaḥîḥ*², II, 63. 13.

(5) I. S. *Tabaq* , III¹, 244, 6 ; pensions aux nourrissons , Aboû Yoûsof, *Ḫarâǵ*, 27

(6) I. S *Ṭabaq* , III¹, 239. 7 , 246, 4 ; Śâfi'i, *Kitâb al-Omm*, II, 67 , Nasâ'i, *Sonan*, E, I, 384 ; Yahiâ, *Ḫarâǵ*, 52. 13. Voir plus haut, p 404. Aboû Yoûsof, *Ḫarâǵ*, 8, l. 19 , interprétation atténuée , *ibid.*, 64, 16 *Aǵ* , XX, 157, 3

(7) I S. *Tabaq* , III¹, 203, 2 ; Balaḏori, *Fotoûḥ*, 450-51, et tout le chap 85 du même auteur p 448-61 ; Aboû Yoûsof, *Ḫarâǵ*, 24

(8) I S. *Tabaq.*, III¹, 246, 1.

réunion », il ne devait plus être question du royaume de l'Iraq, ملك العراق (1) du trône d'Occident et d'Orient, السرير الغربي والشرقي.

Ces instructions, Mo'âwia les inculquera à ses lieutenants Il a pu les placer dès lors sous le patronage de 'Oṯmân, de la *sonna*, du *dîn* de ce calife, si malheureux dans sa tentative de réforme. Nous savons avec quel zèle le Sofiânide travailla à relever le prestige de cet ancêtre politique de sa dynastie (2) Il contrôlera soigneusement la comptabilité des gouverneurs (3), affirmant ainsi les droits de l'autorité métropolitaine et l'obligation des provinces de concourir aux dépenses d'intérêt général. De là ses efforts pour découvrir des fonctionnaires, complètement sous sa main, comme Ziâd ibn Abîhi Avec ces collaborateurs dévoués, il ne se voyait pas forcé de recourir à l'anarchique système de la *to'ma*. Aussi laissera-t-il Ziâd en position jusqu'à sa mort. Il remplira par les membres de sa famille, et fréquemment par des Ṯaqafites (4), les vacances à mesure qu'elles se produiront dans la haute administration. Dans le même but, il accorda sa confiance à la famille des Sarǵoûnides, en les chargeant de la partie technique de l'organisation financière.

Dans notre *Ziâd ibn Abîhi* (5), nous avons montré la sollicitude, témoignée par le régime omaiyade aux « terres du ḥarâǵ », districts indigènes, terres de plein rapport, une des meilleures et plus sûres ressources pour le fisc. A ces domaines, ضيعة, constitués et mis en valeur par l'activité des générations précédentes, s'appliquait le dicton, devenu bientôt un axiome ju-

(1) Ou ملك العراقين = Baṣra et Koûfa, Dinawarî, *Aḥbâr*, 170, 14 ; 171, 1 ; Qotaiba, *'Oyoûn*, 79, 16 ; index de *Mo'âwia* s v. *minbar* ; Ǵâhiẓ, *Bayân*, II, 24, 34.

(2) Cf. *Ziâd ibn Abîhi*, 9, cf. *Mo'âwia*, 123-25. Sur la طعمة voir encore Ibn Doraid, *Ištiqâq*, 239

(3) Tab, *Annales*, II, 206, 4

(4) Cf. *Ziâd ibn Abîhi*, p 1. Yazîd agira de même ; voir plus haut, pp. 33, 120. L'Anṣârien Maslama ibn Moḫallad gouverna pendant 15 ans l'Egypte jusqu'à sa mort ; Kindî, *Governors of Egypt* (éd Guest), 39-40 Yazîd eut la main moins heureuse dans le choix du successeur de Maslama, Kindî, *op. cit.*, 40-41.

(5) P 61 sqq On y trouvera les références Les Omaiyades paraissent avoir favorisé le développement de la petite propriété, voir plus haut p 359, n. 4 'Omar fait les concessions sur les صوافي ou domaines d'Etat, Aboû Yoûsof, *Ḫarâǵ*, 32

ridique : « لا تُباع ولا تُشترى (1) ni à vendre ni à acheter ». Laisser entamer ces *unités cadastrales*, permettre leur passage aux mains de propriétaires musulmans, c'était préparer leur désagrégation, avec la perspective de diminuer le revenu ou de le rendre problématique. Le calife 'Omar l'avait compris et s'était efforcé de prévenir ces translations. Mais le courant contraire fut le plus fort et plus d'une propriété indigène de plein rapport avait en tout ou en partie échu aux conquérants (2). Ces mutations mettaient le désordre dans la perception régulière des impôts, en atteignant gravement la solvabilité des collectivités indigènes, demeurées responsables devant le fisc.

A leur avénement, les Sofiânides se trouvèrent en face de cette situation, menaçante pour les deniers publics. Les nouveaux propriétaires réclamaient des modifications dans l'assiette de l'impôt, se prétendant exclusivement tenus à l'acquittement de la dîme. Ces réclamations furent repoussées par les Sofiânides. A leurs yeux, la constitution fiscale d'une terre ne pouvait être modifiée par la translation des titres de propriété. Ainsi décidaient le bon sens et l'esprit (3) des législations antérieures (4). On leur objectait le Qoran (9, 29); on soulignait le صغار, l'humiliation, imposée aux tributaires dans l'acquittement de l'impôt. Or l'assimilation fiscale aux indigènes n'entraînait-elle pas ce stigmate pour les conquérants ? (5). Les financiers omaiyades répondaient par une distinction extrêmement sensée : « Le stigmate, صغار, c'était la capitation, c'était le جزية ou le خراج الاعناق الرقبة (6). Quant à l'impôt de la terre — le خراج proprement dit — ils se refusaient à y découvrir une humiliation ».

---

(1) Yaḥiâ, *Ḫarâǵ*, 35, 1, 7 ; 36, 38, 6 sqq.

(2) Śâfi'î, *Kitâb al-Omm*, VIII, 325. Distinction casuistique pour permettre la vente de terres de ḫarâǵ ; Yaḥiâ, *op. cit.*, 37, 12.

(3) D'après Aboû Yoûsof (Balâḏori, *Fotoûḥ*, 448) : اذا كان في البلاد سُنّة اعجميّة قديمة لم يغيرها الاسلام. Les conquérants ne pouvaient que s'y conformer. Même dans le cas d'une conversion, le *ḫarâǵ* demeure attaché à la terre ; Yaḥiâ, *op. cit.*, 7, l. 19 ; 10, 8. Mais le converti peut céder sa terre ; *ibid.*, 8, l. 15 ; 42 haut.

(4) Yaḥiâ, *op. cit.*, 37, 18.

(5) Voir plus haut. p. 327-28.

(6) Considérés comme un rachat de la personne, comme le prix de la protection accordée par les conquérants ; cf. Śâfi'î, *loc. cit.*

Les divergences entre les écoles perpétuent jusqu'à nos jours l'écho de cette discussion (1). Parmi les anciens docteurs, plusieurs répugnent à l'achat d'une terre *ḫarâǵ*. D'autres déclarent licite cette aliénation, mais imposent au propriétaire musulman l'acquittement des impôts anciens. Les deux tendances représentent, chacune pour leur part, les principes, ayant dirigé la politique agraire et fiscale des Omaiyades. Ils favorisaient le maintien de la petite propriété indigène et prévenaient la constitution d'une nouvelle aristocratie terrienne, assez puissante pour tenir tête au gouvernement Les prétentions de ces landlords islamites, réclamant incessamment des dégrèvements d'impôts, causeront les plus graves embarras au régime omaiyade. Nous étudierons à propos de Ḥaǵǵâǵ la solution, adoptée par cet énergique homme d'Etat.

---

(1) Šâfi'î, *op. cit.*, VII, 325. Le propriétaire musulman paie le *ḫarâǵ* et le *'ośr* ; Yahiâ, *Ḫarâǵ*, 118-20 L'école de Basra refuse de reconnaître la licéité de ce cumul d'impôts , Yahiâ, *op. cit.*, 120, 121. Seulement le cas est hypothétique ; le propriétaire musulman ne récoltant pas, mais bien ses fermiers ! Répugnance à acheter terres du ḫarâǵ ; mais en tout cas, le ḫarâǵ doit être acquitté Yahiâ, *op. cit* , 9, 1 , 10, 1-2 je crois y reconnaître l'application de la loi byzantine contre l'extension du *patrocinium* , cf. M. Gelzer, *Byzantin. Verwaltung Aegyptens*, 73-77 Śa'bi traite d'*usure* ربا « l'achat d'une terre ḫarâǵ » , Yahiâ, *op cit* , 40, d 1 Il doit de nouveau être question du *patrocinium*, parce que l'acquisition de la terre s'obtenait pour rien ou par une vente fictive. Comp le cas indiqué, Yahia, *op. cit* , 39, 12 اشترِ مني ارضي على ان تكفيني خراجها. Comment on fait protester 'Omar contre l'acquisition des domaines ضياع par les Arabes ; Ǵâhiẓ, *Bayân*, II, 25, 5 Les califes promettent de veiller à la tranquillité des tributaires, pour favoriser leur production , Ǵâhiz, *Bayân*, I, 201, 5. ou, comme s'exprime Aboû Yousof, *Ḫarâǵ*, 120, 9 : » فرّغوهم لخراجهم, afin qu'ils soient libres de vaquer à la production du ḫarâǵ » Recommandations souverainement réalistes Défense de transformer une terre-ḫarâǵ en *'ośri* , Aboû Yousof, *Ḫarâǵ*, 49, 9 d 1. Cet auteur, p 35, cite de nombreux Sahâbis, acquittant le ḫarâǵ

XXVI

ACTIVITE GOUVERNEMENTALE DE YAZID

La situation au Ḥorâsân. Premier essai de colonisation par Ziâd. Salm ibn Ziâd. Intervention de Yazîd pour organiser les finances du Ḥorâsân. Motifs de ses générosités aux Hâsimites. Yazîd et l'agriculture. Concessions de domaines. Irrigation et régime des eaux dans la Damascène. Yazîd, « ingénieur hydrographe ». Il creuse le « Nahr Yazîd ». Avantages de l'entreprise pour la plaine de Damas.

Yazîd se conforma, on l'a vu (1), au programme fiscal de Mo'âwia : réorganisation, unification des services financiers, suppression des privilèges et des immunités caduques. Les Samaritains l'avaient appris à leurs dépens. Ils ne devaient pas rester les seuls à éprouver les effets de la réforme (2).

La lointaine province du Ḥorâsân — ou plutôt le vaste complexe de contrées, englobées sous cette vague dénomination — avait jusque-là conservé une situation très spéciale (3). Les relations avec la métropole de-

(1) Voir les chap. consacrés à Nagrân et aux Samaritains. Pour ces derniers cf. Aboû Yoûsof. *Ḥarâǵ*, 69, 7 d. l.; 71, 4 ; 73, 3 d. l. Dans ce dernier passage ils sont de nouveau énumérés avec les « polythéistes ».

(2) En Egypte le successeur de Maslama ibn Moḥallad n'a plus l'administration des finances ; Kindî, *Governors of Egypt* (Guest), 40. Les détails font défaut. La tradition égyptienne fort favorable à 'Amrou ibn al-'Âsi (voir sa fin édifiante, Kindî, *op. cit.*, 33-34) affirme qu'à sa mort il n'aurait laissé que « sept dinârs » ; Kindî, *op. cit.*, 34. C'est le même esprit qui fait mourir endettés les califes Aboû Bakr, 'Omar, et aussi Zobair.

(3) Voir le chap. 8. de Wellhausen, *Reich*, 247-306, comp. Ya'qoûbî, *Géogr.*, 297-98.

meuraient intermittentes et mal définies. Pratiquement elle était une dépendance de Baṣra. L'influence de ce dernier centre s'y faisait plus vivement sentir que celle de Damas. Impossible de dresser pour cette période la liste des dignitaires (1), chargés d'administrer cette frontière mouvante, conquête nominale de l'empire arabe. Par moments on découvre deux gouverneurs, simultanément en fonctions. Encore a-t-on pris soin d'en faire empoisonner par Ziâd, comme Ḫâlid ibn Mo'ammar as-Sadoûsî (2). C'est l'image de la confusion, régnant sur certains points extrêmes du califat, trop éloignés du gouvernement central et imparfaitement domptés par les armes arabes.

Le Ḫorâsân représentait en réalité un vaste champ de bataille, jalonné par une série de camps retranchés, abris temporaires pour les moqâtilas, envoyés de Baṣra (3). Un nombre restreint de ces guerriers s'établissaient définitivement dans cette inhospitalière contrée, périodiquement dévastée par les armées aux prises. En y expédiant, avec femmes et enfants, un formidable contingent de 50,000 Arabes de l'Iraq, Ziâd ibn Abîhi avait formé le projet de les obliger à coloniser cette marche militaire (4). L'état des finances était à l'avenant de cette précaire situation. Mo'âwia pensa à y remédier en nommant un intendant spécial des finances. Excellente idée ! (5) Au Ḫorâsân elle ajouta encore à la confusion, en amenant des conflits entre l'intendant et le gouverneur de la province. Ce dernier voulait disposer à sa guise du trésor de son district.

(1) En réalité il n'y a eu que des chefs de razzias, munis de pouvoirs discrétionnaires. Avec leur noms on a plus tard cherché à composer des listes de gouverneurs.

(2) Ya'qoûbî, *Géogr.*, 297,10.

(3) Sur tous les points on constate chez l'Arabe la même lenteur, l'hésitation à passer du concept de la razzia à celui de l'occupation. Les historiens des conquêtes ont trop négligé cette différence et adopté l'exposition schématique des anciens annalistes. Au sortir de ses déserts, le Bédouin doit se faire violence pour s'arracher à l'obsession de la *razzia*, la seule forme de la guerre, entrevue par lui. Sur ce point le Prophète a dû penser comme ses compatriotes. Rien ne prouve qu'il ait sérieusement envisagé l'éventualité de conquêtes en dehors de l'Arabie.

(4) Cf. *Ziâd ibn Abîhi*, 110.

(5) Périodiquement reprise par tous les califes, après certaines dilapidations trop retentissantes. De là, tantôt la séparation, tantôt la réunion du خراج et de la صلاة = administration civile.

L'autre s'y refusait, prétendant ne relever que de Basra (1), ou bien il prenait, avec la caisse, le chemin de cette ville. D'autres fois on entrevoit une intrigue, ourdie entre le préposé aux finances et le gouverneur de Basra, pour amener la destitution d'un fonctionnaire, nommé directement par le calife (2). Telle apparaît la situation dans les dernières années de Mo'âwia

A son avénement, Yazîd confia le Ḫorâsân au sympathique Salm, le fils de Ziâd ibn Abîhi (3) Les principaux personnages de Basra, Talhat aṭ-Ṭalhât, l'illustre capitaine Mohallab, 'Abdallah ibn Ḫâzim et d'autres, tous destinés à la célébrité, voulurent l'accompager dans sa nouvelle province. La grande générosité de Salm l'avait rendu populaire (4). Cet empressement de l'aristocratie de l'Iraq montre combien peu on y faisait le vide autour de la famille de Ziâd, comme la tradition 'alide le prétend (5) 'Obaidallah, le puissant vice-roi, se trouvait en mauvais termes avec son frère Salm Il prit ombrage de cette manifestation de sympathie et de sa désignation directe par le calife Remarquons jusque chez les plus dévoués des fonctionnaires omaiyades la répugnance à céder au pouvoir souverain ce qu'ils considéraient comme un privilège de leur charge (6). Dépité, 'Obaidallah donna l'ordre de détruire les demeures des personnages, partis avec Salm. Mais le calife Yazîd lui envoya l'ordre de les rebâtir à ses frais et plus luxueusement qu'elles n'étaient auparavant (7).

---

(1) Ya'qoûbî, *Géogr*, 298 haut.

(2) Ya'qoûbi, *loc cit* Insolente reponse du gouverneur du Ḫorâsân à une demande de Mo'âwia, Ǵâhiz. *Bayân*, II, 28 il refuse la part du butin reclamée

(3) Qotaiba, *'Oyoûn*, 137, 8 célébre par Aḫṭal, *Divan*, 262 En envoyant Salm au Ḫorasân, Yazîd fait l'éloge de son père Ziâd, dont il avait pourtant eu à se plaindre ; Gâhiz, *Bayan*, I, 204. Voir plus haut, p. 174, n. 3 Sa notice dans Ibn 'Asâkir, vol. VII, ms. de Damas

(4) Qotaiba, *Ma'arif* (Wüst), 177 Comp le vers d'Ibn 'Arâda

عتبتُ على سلمٍ فلمّا هجرتُه وخالطتُ اقواماً بكيتُ على سلمِ

Qotaiba, *loc cit* ; *Aǧ*, VIII, 190 ; XIV, 63, XIX, 8 ; Tab., *Annales*, II, 392.

(5) Cf. *Ziâd ibn Abîhi*, 112

(6) Ainsi 'Abdal'azîz destitue un gouverneur, nommé par son frère le calife 'Abdalmalik ; *Governors of Egypt* (Guest), 52, bas

(7) بالجصّ والآجرّ والساج, Ya'qoûbî, *Geogr.*, 298-99. La plupart des demeures de Basra

Dans la fiscalité du Ḫorâsân, Yazîd s'efforça d'introduire une certaine uniformité. En vertu des capitulations, conclues avec les princes indigènes, plusieurs se voyaient autorisés à payer leur tribut (1) en nature : esclaves, chevaux, marchandises. Le calife estima sans doute la combinaison peu avantageuse au trésor, principalement pour la part, réservée à la caisse de Damas. Avant de parvenir à destination, ces convois se trouvaient exposés à trop de risques, en traversant un empire imparfaitement pacifié (2). Désormais il commanda d'acquitter les contributions en espèces (3). On le voit, les troubles intérieurs ne détournaient pas son attention des provinces les plus lointaines. Le regard exercé du souverain savait découvrir, dans leur administration ébauchée, le point, comportant une réforme susceptible d'aboutir.

Qu'on veuille bien le remarquer : Naǵrânites (4), Samaritains, tributaires du Ḫorâsân, dans toutes ces interventions, il s'agit toujours des peuples conquis. Ils formaient l'unique base financière (5), la *chamelle* laitière de l'empire. L'Arabe ne produisait pas, il consommait, il vivait aux

étaient en terre battue. On avait la coutume de brûler le *dâr* et le *maǵlis* des suspects ; Dinawarî, *Aḫbâr*, 171 d. l. ; Kindî, *Governors of Egypt* (Guest), 27. Voir plus haut, p. 316.

(1) Plus exactement : la contribution de guerre.

(2) On pille jusqu'aux convois de Ziâd ; Qotaiba, *'Oyoûn*, 212, 9. Ḥosain fils de 'Alî, en partant pour Karbalâ, commence par s'approprier une caravane, destinée au calife Yazîd.

(3) Balâḏorî, *Fotoûḥ*, 406.

(4) Aussi les ḫoṭba d'intronisation promettent, non de les convertir, mais de veiller à leur accroissement, à leur tranquillité, de manière à leur épargner la tentation de l'émigration ; Ǵâḥiẓ, *Bayân*, I, 201 : ولا احمل على اهل جزيتكم (tributaires) ما اجليهم به عن ارضهم واقطع نسلهم. On constate ici la persistance des motifs économiques. D'après 'Omar, la vie des tributaires, leur conservation ont pour but ان يأكلهم المسلمون ما داموا احياء فاذا هلكنا وهلكوا اكل ابناؤنا ابناءهم ابدًا ما بقوا ; Aboû Yoûsof, *Ḫaraǵ*, q. d. l. Impossible de s'exprimer avec plus de cynisme. Et ceci sous la plume de l'onctueux Aboû Yoûsof !

(5) Pour Naǵrân, Aboû Yoûsof, *Ḫarâǵ*, 40 sqq., précise et complète les détails, donnés précédemment. La diminution, consentie par 'Oṯmân, est seulement de 30 *ḥolla* ; *Ḫarâǵ*, 42, 5. Ils auraient demandé à 'Alî l'autorisation de retourner en Arabie. Si 'Omar les « redoute pour les musulmans », c'est parce que كانوا اتخذوا الخيلَ والسلاح في ارضهم *ibid*, 42, 13. Mais cette situation remonte au Prophète : ce dernier leur emprunte de la

dépens des populations assujetties. A elles de le nourrir ! A mesure que reculaient les frontières de l'empire, ses besoins, son appétit croissaient. Au souverain d'assouvir cette cupidité (1), de remplir les caisses du trésor, incessamment vidées par les pensions, les subventions accordées aux moqâtila, ou réclamées par l'oisiveté coûteuse des derniers Compagnons de Mahomet. Si, pour plusieurs (2), les Sofiânides crurent devoir supprimer ou réduire les trop grasses dotations, arrachées à la faiblesse de leurs prédécesseurs, ces princes ne s'interdirent pas d'exercer royalement la générosité, continuant les fastueuses traditions des grands saiyd du désert. Les annales de Mo'âwia et de Yazîd (3) nous en fournissent les preuves, pour ainsi dire à chaque page

Sans cesse les sollicitations de ces témoins du passé venaient importuner le souverain (4) Le flot doré de sa munificence ne coulait pas aussi abondamment que l'eussent exigé leurs folles dépenses. Leur dépit s'exhale en récriminations contre l'impiété, contre la tyrannie des Omaiyades, récriminations reprises plus tard par le fougueux orateur ḫâriǵite Aboû Hamza dans la chaire de Médine (5). Alors on a dû commencer à mettre en circulation les dictons, attribués à 'Omar (6). A chaque Arabe, le successeur d'Aboû Bakr ne désespérait pas d'arriver à assurer une rente an-

---

cavalerie et des armures Dans les diverses versions du dossier naǵrânite, citées par Aboû Yoûsof, *ibid*, 41, 42. le terme شرط (non pas شروط) paraît bien avoir le sens non de condition, mais de convention, d'instrument diplomatiques. Naǵrân aurait été assimilé à Taǵlib pour le paiement d'une double *dîme* ; cf Aboû Yoûsof, *op cit*, 69, 14 Les exilés n'auraient donc pas été assujettis au ḫaraǵ, comme nous le supposions

(1) Le célebre agitateur Ḥoǵr ibn 'Alî commence par réclamer de l'argent aux Omaiyades ; Dinawarî, *Aḫbâr*, 236

(2) Spécialement aux Ansâriens. De là leurs plaintes incessantes et leur appel à la وصيّة du Prophete

(3) Voir plus haut les fortes dotations, accordées aux Hâšimites

(4) Mo'âwia écrit : ان سؤّال اهل الحجار وزوّار العراق قد كثروا عليّ وليس عندي فصل ; Dînawarî *Aḫbâr*, 236, 1-2 Ces mendiants de l'Iraq et du Hiǵâz se revolteront contre son fils Yazîd ; mais ils commenceront par recueillir les énormes générosités du souverain, voir plus haut, pp 213-14.

(5) Ǵâhiz, *Bayân*, I, 195.

(6) Tab., *Annales*, I, 2753 sqq.

nuelle de 4,000 dirhems Même pour leurs nourrissons, les Basriens prétendaient tenir de ʿOmar la promesse d'une pension (1) Si nous admettons l'authenticité de ces théories communistes, elles prouveraient surtout chez le fils d'al-Ḫaṭṭâb l'ignorance totale de la science économique Certaines agglomérations, nommons Basra et Koûfa, comptaient dès lors de 70 à 80,000 moqâtila (2). Pensionner ces masses était un projet que Yazîd ne caressa pas même en rêve. Mais il nous permet de deviner les exigences auxquelles le calife sofiânide se vit sommé de satisfaire (3)

Vis-à-vis des Nağrânites, il ne paraît pas s'être rendu compte que l'équité lui commandait d'aller au-delà d'un allègement de leur fardeau (4) Nous connaissons les sommes considérables, accordées par lui à Ibn Ǵaʿfar, à Ibn al-Hanafiya, aux Ansâriens (5), aux descendants des grandes familles de l'islam. Chaînes dorées, forçant ces saints personnages à respecter la paix de l'empire. Pour Ibn Ǵaʿfar, il arriva à tripler sa dotation annuelle ; de 500,000 dirhems — chiffre atteint sous Moʿâwia — il l'éleva successivement jusqu'à deux millions (6). Le cadeau était d'importance Mais par Ibn Ǵaʿfar, Yazîd tenait toute la tourbe des parasites, des musiciens, des poètes, groupés autour de lui et vivant des miettes, abandonnées par cet épicurien hâšimite, par ailleurs si peu intéressant. On s'en aperçut pendant la révolte de Hosain, pendant celle de Médine Ibn Ǵaʿfar s'employa efficacement à restreindre les ravages de cet incendie, menaçant l'avenir de ses riches dotations. Nous croyons devoir expliquer de même l'abstention des ʿAlides du Ḥiǵâz, à l'époque de la Harra, leur neutralité bienveillante à l'égard des Omaiyades (7). Eux aussi tenaient à conserver

(1) Balâdorî, *Fotoûh*, 356, bas.

(2) Ṭab, *Annales*, II, 435, 436 Vraisemblablement il s'agit des circonscriptions administratives, et non de l'agglomération, de ces cités, cf *Moʿâwia*, 251-52.

(3) Dînawarî, *Aḫbâr*, 236, haut

(4) Comp. la sévérité, recommandée par ʿAli à ses agents, dans la perception du *ḫarâǵ*, Aboû Yoûsof, *Ḫarâǵ*, 8, l 15.

(5) Aux députes de Médine, antérieurement à la Harra Voir plus haut, p 212

(6) Baladorî, *Ansâb*, 402

(7) Voir plus haut, p 215, 218 Ibn al-Hanafiya prend sa défense et lui décerne un certificat de foi musulmane ; *ibid*, 218

leurs pensions L'avare Ibn Zobair s'apprêtait à les supprimer.

Quoi d'étonnant si Yazîd, généreux par nature, mais financier comme tous les vrais Omaiyades, s'est ingénié par une minutieuse révision des redevances et des impôts, à augmenter ses ressources, au risque de pressurer certaines catégories de sujets : tels les Samaritains (1) Il a voulu, je crois, expérimenter sur les moins sympathiques des tributaires le rendement de nouvelles contributions, achever enfin la réforme financière. Voilà, du moins, ce que le laconisme des sources nous semble insinuer.

*
* *

Après les finances, l'état de l'agriculture (2) attira l'attention de Yazîd

Comme chez la plupart de ses prédécesseurs, cette sollicitude se manifesta d'abord par l'octroi de concessions (3). Elles étaient destinées à réveiller l'apathie de ses sujets arabes et à tourner vers les industries de la paix l'excédent de leur inquiète activité (4) Depuis le règne de Mo'âwia, principalement, depuis le passage au gouvernement de Ziâd ibn Abîhi, on pouvait constater dans l'Iraq une véritable fièvre d'exploitations agricoles, presque une chasse aux concessions domaniales Partout les capitalistes musulmans, en particulier les maulâs, attachés à la personne des hauts fonctionnaires (5), se tenaient à l'affût pour découvrir les terres

---

(1) Cf Aboû Yoûsof, *Ḫarâǵ*, 73, bas, où on les voit insidieusement confondus avec les polythéistes.

(2) Ziâd recommandait de favoriser les agriculteurs ; Qotaiba, *'Oyoûn* 26

(3) Voir dans *Mo'âwia*, chap XII, *Politique agraire de Mo'âwia*

(4) Cf. *Ziâd ibn Abîhi*, 57 sqq Ces concessions portaient sur des terres, demeurées en friche, موات, *agri deserti*, de préférence aux ضياع, terres de plein rapport, exploitées par les tributaires. On taillait egalement dans les صوافي, domaines d'Etat, biens confisqués ; voir l'énumération de ces صوافي dans Aboû Yoûsof, *Ḫarâǵ*, 32

(5) Comp. plus haut, pp. 142-43 On est surpris de ne pas voir les livres de droit s'occuper des « serfs de la glèbe », désignés, croyons-nous, dans le ḥadîṯ et les papyrus par l'expression اهل الارض , Aboû Yoûsof, *Ḫarâǵ*, 10, l 13 ; 49 ; voir surtout 73 16 دفعهم الى الدهاقين, où on les remet aux propriétaires fonciers.

vacantes ou demeurées en friche. La négligence dans l'entretien des canaux, dans la surveillance de l'irrigation, assurant la prospérité de la basse Babylonie, changeait en espaces désertiques ou rendait à la brousse, au maquis les campagnes jadis les plus florissantes (1).

Un certain Qâsim ibn Solaimân, ancien maulâ de Ziâd, jeta son dévolu sur une terre du gouvernement de Basra, d'où « l'eau s'était retirée » (2). Il fabriqua un acte, où le calife Yazîd était censé lui en octroyer la concession. Telle fut du moins la version, accréditée par ses ennemis. Leurs insinuations ne purent l'empêcher de la mettre en valeur et de l'appeler de son nom Al-Qâsimiya (3). Acte vrai ou supposé ? La ruse n'eût présenté aucune chance de succès, si l'on n'avait su le calife sofiânide habitué à concéder des terres, en vue d'exploitations agricoles. On le connaissait d'ailleurs disposé à favoriser, principalement dans l'Iraq, les partisans omaiyades ou les 'Otmâniya, appellation volontiers adoptée par eux en ces parages (4). Le maulâ de Ziâd a pu spéculer sur cette réunion de circonstances pour la réussite de son stratagème, si stratagème il y a.

Yazîd ne se contenta pas d'encouragements, accordés à l'agriculture. Lui-même voulut prêcher d'exemple. La légèreté de son caractère, si complaisamment exagérée par les annalistes hostiles, ne l'empêcha pas d'avoir hérité les goûts de son père Mo'âwia pour l'amélioration et l'agrandissement de ses domaines (5).

La prospérité de cette merveilleuse oasis de la Damascène dépend d'un ingénieux système d'irrigation, trouvé par l'industrieuse activité

---

(1) نضب عنه الماء. Balâdori, *Fotoûh*, 368 ; cf. *Ziâd ibn Abîhi*, loc. cit.

(2) Par suite de la négligence à entretenir les canaux. Cf. Aboû Yoûsof, *Harâg*, 53 sqq.

(3) Balâdori, *Fotoûh*, 369. Voir *ibid.*, chap. تمصير البصرة, 358 sqq. nombreuses exploitations, portant les noms de propriétaires musulmans, qui les avaient mises en valeur.

(4) Balâdori, *Fotoûh*, 308, 4, 10. Même quand il accorde une concession royale, il tient à s'assurer d'abord lui-même de la valeur du cadeau ; Mas'oûdi, *Prairies*, V, 156 ; Balâdori, *Fotoûh*, 35.

(5) Cf. *Mo'âwia*, chap. XII. Balâdori, *Fotoûh*, 35, 9 doit être contrôlé par Mas'oûdi, *Prairies*, V, 156.

des populations araméennes (1) Après elles, les Gréco-Romains avaient pris soin de l'entretenir et d'en étendre progressivement le réseau. Ici encore les Arabes se bornèrent à recueillir l'héritage économique des générations antérieures. L'intelligence de celles-ci, leur énergie, triomphant des forces aveugles de la nature, avaient créé cet ensemble merveilleux de travaux, permis d'utiliser les masses d'eau, tombées sur les pentes de l'Antiliban et recueillies par le lit du Baradâ. Yazîd (2) conçut le projet de compléter ces ouvrages (3) L'histoire de sa jeunesse nous a montré combien il affectionnait le séjour de la Ġoûṭa Il y possédait la ravissante villa de Dair Marrân (4) et de nombreux villages (5)

Parmi tous les califes arabes, à lui seul la Tradition décerne le titre de *mohandis*. D'après le lexicographe Ǵawâlîqî (6). المهندس الذي يقدّر مجاري القنيّ حيث تحفر, c'est « l'ingénieur hydrographe, chargé de présider au creusement des canaux » (7) Dans l'histoire, peu de souverains ont, à ma connaissance, mérité une qualification aussi peu banale Elle déconcerte, quand on la voit appliquée au second calife sofiânide, le prétendu monarque fainéant, capable tout au plus de déployer une hystérique activité dans la poursuite de plaisirs et de distractions excentriques (8) Le titre de *mohandis* (9) suppose une varité de connaissances, une tournure d'esprit si différentes de son milieu d'origine arabe, que l'on doit se demander où le royal titulaire a pu puiser ces connaissances techniques.

(1) Cf notre article *Baradâ* dans *Enzyk d Islâm*, I, 679 Les noms des canaux damasquins indiquent leur antériorité aux Arabes

(2) Arculfe, dans Geyer, *Itinera Hierosolymitana*, 276, énumère seulement pour Damas « magna IV flumina » , le *nahr Yazîd*, ayant été creusé peu après. Arculfe visita la Damascène vers 670 C'est une confirmation indirecte de l'activité de Yazîd

(3) Cf. K Ritter *Denkmalen des noerdlichen Syriens*, 354-55 Von Kremer, *Culturgeschichte*, I, 114, 136.

(4) Comp *Mo'âwia*, voir ce nom à l'index.

(5) Comme Bait Sâbâ من اقليم بيت الآبار عند جرمانوس , Yaqoût, *Mo'gam* (W.), I, 778 ; pour Bait al-Abâr, cf. *ibid* , I, 775 Propriétés omaiyades dans la Ġoûṭa, Yâqoût, E V, 81, 82.

(6) Sachau, *Mo'arrab* 154

(7) Cf *Tâǵ al-'Aroûs*, IV, 275.

(8) يزيد القرود يزيد الفهود Voir plus bas, le chap *Distractions du calife*

(9) Son fils Ḫâlid a également la réputation de s'être occupé d'alchimie et de sciences ; voir ce nom à l'index de *Mo'âwia*

La réponse devient embarrassante. Rappelons pourtant le charme, trouvé par lui dans la société des chrétiens : kalbites, taglibites, ou Syriens tributaires (1) De toute antiquité, les habitants de la Syro-Palestine se sont étudiés à remédier aux caprices de la pluviométrie de leur climat. Les plus belles ruines du pays attestent leur maîtrise en ce genre : canaux, aqueducs, puits monumentaux, citernes creusées dans la roche vive (2) Il s'en souvint le calife 'Omar, si peu porté par ailleurs à ouvrir aux infidèles l'accès des villes saintes, le jour, où pour préserver la Mecque des ravages de l'inondation, il appela au Ḥigâz des ingénieurs syriens (3). Yazîd ne pouvait ignorer ces antécédents et l'habileté de ses sujets chrétiens

L'entretien des canaux, gloire de la capitale syrienne, (4), le soin de surveiller le fonctionnement régulier de l'ingénieux système hydrographique, auquel la luxuriante végétation de la Damascène doit son existence, sont demeurés jusqu'à nos jours le monopole de quelques familles chrétiennes Elles en conservent jalousement le secret De toute nécessité, il faut recourir à leur intervention, lorsqu'il s'agit de toucher à ce mécanisme délicat, procurant aux plus humbles intérieurs damasquins des eaux abondantes et y multipliant le luxe des bassins et des jets d'eau. Dans les troubles politiques, venant périodiquement secouer l'antique cité, le fanatisme populaire (5), habitué à se décharger sur les chrétiens, s'interdit de toucher à ces familles Leur conservation semble liée à celle de la ville.

Cette situation remonte assez haut pour pouvoir la dire antérieure à la conquête arabe (6) Les Sofiânides, protecteurs des Sargoûnides —

(1) Cf *Mo'âwia*, chap XXI · Yazîd et la société des chrétiens

(2) Cf notre article *Le climat syro-palestinien. autrefois et aujourd'hui*, p 21, extrait de la revue les *Etudes*, 20 Sept 1898

(3) Balâdori, *Fotoûḥ*, 11, 3 sqq Comp Snouck Hurgronje, *Mekka*, I, 19 Les chrétiens accourent se plaindre à lui des exactions, commises à leur détriment ; Aboû Yoûsof, *Ḥarâǵ*, 97.

(4) Maqdisî, *Géogr.*, 157, 1 l'appelle بلد قد خرّقته الأنهار , il vante فواراتها, ses fontaines jaillissantes, *ibid*, 157 3. Par contre Aḫṭal, *Diwan*, 121, 6 mentionne la fièvre de Damas Comp R Hartmann, *Damascus* dans *Enzyk d Islam*, I 941 sqq Istaḫrî, *Géogr*, 59-60 يجري الماء في عامّة دورهم وسككهم وحمّاماتهم

(5) Rappelons les massacres de 1860.

(6) Von Kremer, *Culturgeschichte*, I, 136, 137 ; cf. G Graf, *Sprachgebrauch*, 94

leurs conseillers écoutés dans les questions économiques—ont certainement favorisé l'intéressante corporation chrétienne, chargée de veiller sur les trésors aquatiques de la Damascène. Yazîd lui doit sans doute ses connaissances d'hydrographe et la direction indispensable pour les mettre en œuvre.

Or, sur les pentes inférieures du mont Qâsioûn, dominant de sa masse blanche la sombre verdure de la Goûta, la ligne de ses derniers escarpements se relève brusquement(1) pour rejoindre la plaine et les florissants vergers de Damas. Sur ce point le fils de Mo'âwia possédait un domaine, une bande de terrain, beaucoup plus longue que large. Ancienne propriété de deux frères, morts sans héritiers (2), puis adjugée à la liste civile du premier calife omaiyade, elle avait passé à Yazîd. La terre touchait à la gorge du Baradâ, là où le fleuve déborde de son étroite vallée pour fertiliser la Damascène. Sa direction courait ensuite vers le Nord-Est, entre les derniers vallonnements de l'Antiliban et le rideau de jardins rejoignant les remparts de la cité, au niveau où s'arrête la dernière goutte d'eau, amenée par les canaux supérieurs du Baradâ. Avec douleur, Yazîd voyait son domaine demeurer en friche, l'élévation du terrain ne permettant pas d'y amener l'humidité fécondante. Il existait bien au sommet de la plaine une modeste dérivation du Baradâ, jadis ouverte par les Araméens (3) ; elle suffisait à arroser les cultures de deux hameaux. Mais les eaux ne pouvaient atteindre la propriété du monarque, située à un plan supérieur. Le seul remède, c'était de pratiquer en amont du lit de la rivière une nouvelle saignée (4) Le calife n'hésita plus devant les difficultés de l'entre-

---

(1) Au dessus du faubourg actuel de Sâlihiya ; cf. notre article *Dair Marrân* dans *Enzyk. d. Islâm*, I, 936.

(2) Le fisc devenait leur héritier. Mais une démarcation exacte n'avait pas encore été établie entre la caisse d'Etat et la liste civile du calife 'Omar puisait indistinctement dans les deux, la Tradition a voulu y voir de simples emprunts Ainsi le maître est légataire universel de son maulâ, mort sans héritiers : Ibn Mâgâ, *Sonan*, E, II, 86

(3) كان نهرًا نبطيًا. « Araméens ou Nabateens » نبط الشام, désigne habituellement les indigènes de Syrie ; Aboû Yoûsof, *Harâg*, 109.

(4) فنظر الى ارض واسعة ليس لها ماء وكان مهندسا Yazîd avait donc l'intention de faire profiter le public de son travail et de prolonger vers le Nord-Est l'irrigation de la Damascène.

prise Ce nouveau canal, le plus élevé des émissaires du Baradâ, mesurait un mètre et demi de largeur (1), sur une profondeur légèrement supérieure. Il coulait à pleins bords, quel que fût l'étiage de la rivière (2). Construit aux frais du calife, من ماله, il s'amorçait au lit du collecteur principal à un niveau, sensiblement supérieur à celui des canalisations précédentes. Puis, contournant sur la gauche les pentes du Qâsioûn, il créait partout la fécondité sur son passage et élevait les eaux du Baradâ à une hauteur, où le Taurâ, l'ancienne coupure, n'avait pu atteindre (3). On y rattacha plus tard les embranchements de Mizza et de Qanât (4) Depuis lors, cette œuvre d'art porte le nom de *Nahr Yazîd*, canal de Yazîd, et perpétue l'esprit d'initiative du second des califes sofiânides (5).

Elle aurait dû valoir au souverain la reconnaissance de ses sujets Tel ne fut pas le cas, du moins dans les débuts L'entreprise suscita tout d'abord les mêmes critiques égoïstes que dans l'Iraq, où l'esprit de parti s'obstinait à dénigrer l'activité agricole des Omaiyades (6). Les riverains entendaient bien bénéficier de la nouvelle canalisation, mais ils craignirent de voir modifier l'impôt de leurs terres, proportionnellement à leur plus-value (7) Il s'agit évidemment de propriétaires musulmans, assujettis au seul paiement de la dîme Ils se demandaient avec inquiétude si le fisc n'allait pas réviser leurs titres de possession, rechercher l'origine de ce privilège de la dîme, appliqué à des terres de plein rapport, pour les ramener à leur condition primitive, celle antérieure à la conquête; lui substi-

---

(1) يغوص الرجل فيه, Ibn Hauqal, *Geogr*, 114, comp Istaḫrî, *Géogr* 59 : نهر عظيم اجراهُ يزيد بن معاوية يعرض في كثير, avec la variante يغوص الرجل فيه عمقاً

(2) احتفر نهرًا في سعة ستّة اشبار وله علوّ جمكيه

(3) يسقي ما لا يصل اليه مياه بردى ولا ماء ثورا ; Yâqoût, *Mo'gam*, IV, 10 18, cf *Enzyk d Islâm*, I, 679

(4) يخرج منهُ نهر المزّة ونهر القناة ; Ibn Hauqal *Géogr*, 114 Plus tard grandit pour Damas l'importance de l'embranchement de Mizza, Qotaiba, *'Oyoûn*, 237, 11; Istaḫrî, *Géogr*, 59.

(5) Cf. Von Kremer, *Culturgeschichte*, I, 136.

(6) Cf. *Ziâd ibn Abîhi*, 57, sqq

(7) C'était une tradition fiscale, héritée des régimes antérieurs. Comp Yahiâ, *Harâǵ*, 11, 10 : كلّ شيء سقتهُ انهار الخراج او يسقي اليهِ الماء فهو ارض الخراج ; cf 11, 14

tuer finalement le *ḫarâǵ*, c'est-à-dire la contribution complète (1). Le calife se serait senti en droit de prendre cette mesure, puisque, grâce à son initiative, la valeur de leurs terres avait triplé (2) Non content de les rassurer, il s'engagea, en outre, à leur payer pendant une année entière le revenu entier de leurs plus riches domaines (3) Cette condescendance réussit à les apaiser.

L'épisode projette une lumière assez inattendue sur le caractère de Yazîd, sur sa manière de comprendre son rôle de souverain. Nous en devons la conservation au zèle pieux de l'école syrienne. En montrant dans Yazîd le continuateur de Mo'âwia, une alliance rare d'intelligentes initiatives et d'adroite diplomatie, je me demande si elle n'a pas prétendu répondre aux insinuations perfides, aux accusations de l'Iraq ? Ce dialogisme *sui generis*, ces polémiques, a travers l'espace et le temps, abondent dans la littérature du hadît (4) et dans l'ancienne annalistique de l'islam, aux procédés déroutants pour notre objectivité moderne.

Quelle est l'antiquité de cette dénomination de *Nahr Yazîd* ? Le second calife sofiânide en est-il vraiment l'auteur, ou bien le souvenir populaire l'a t-il substitué à un homonyme (5), à un titulaire moins illustre de ce nom, alors si fréquemment porté ? (6). A cet égard nos témoigna-

(1) Cf. *Ziâd ibn Abîhi*, 61 sqq. Voir les hésitations pour la définition précise de la « terre ḫarâǵ » ; cf Yahiâ, *op cit*, p 11

(2) Une terre devient *ḫarâǵ* quand elle est arrosee par l'eau du *ḫarâǵ* , Abeû Yoûsef, *Ḫarâǵ*, 33, 3 , 37, 8 d 1 L'Etat ou le propriétaire ont droit à se voir indemnisés pour les frais de creusement et d'entretien

(3) فلطف بهم على ان صمن لهم خراج سنتهم من ماله, Ibn Śaddad, برق الشام (ms Leiden) 164 , Ibn 'Asâkir (ms Damas), I, 175 b, 176 ; Ibn Kannân, المروج السندسية (ms Berlin), 5, a-b ; *Journ Asiat* , 1896¹, 400. 420 440, 448 Après la mort de Yazîd, la propriété du *nahr* passa à sa fille, la célèbre 'Âtika , Ibn 'Asakir , *loc cit* , Iṣṭaḫrî, *Géogr* , 59, 114.

(4) Nombreux exemples dans *Fâtima* ; voir p ex p. 58, n. 1.

(5) A Damas, la mosquée d'Al-Ǵarrâh, près du cimetière de Bab as-sagîr, a été attribuée à Abeû 'Obaida ibn al-Ǵarrâh On fait boire Mahomet dans un verre pour répondre à ceux qui en interdisaient l'usage , Ibn Maǵâ, *Sonan*, E, II, 177, bas Les prolixes détails sur les robes exotiques du Prophète (voir *Fâṭima*, 71 sqq) doivent prévenir la preoccupation qu'il est illicite de porter des étoffes, tissées par des infideles, ornées de figures et pendant la priere

(6) Ainsi. à la bataille du Kolab, tous les *aśrâf* yéménites s'appellent Yazîd ; *Naqâ'iḍ Ǵarîr*, 150

ges ne remontent pas antérieurement au 4e siècle de l'hégire (1). A cette époque, la mémoire des grands califes syriens était demeurée en honneur à Damas (2). Vraie ou fausse, l'attribution prouverait du moins que, parmi tous les souverains omaiyades, l'opinion syrienne se croyait autorisée à attribuer ce beau travail au fils du grand Mo'âwia. D'après le témoignage du chroniqueur syriaque, le patriarche Michel le Syrien, il commença des entreprises analogues sur d'autres points de l'empire. Sa mort prématurée l'empêcha de les mener à terme (3).

XXVII

LA BAI'A DE MO'AWIA II

LE POÈTE IBN HAMMÂM ET LA BAI'A. POURQUOI YAZÎD TIENT A L'ÉCART MARWÂN IBN AL-ḤAKAM. INTERVENTION DES POÈTES, AMIS DE YAZÎD. LE JEUNE MO'ÂWIA FUT-IL DÉSIGNÉ PAR SON GRAND-PÈRE ? LA TRADITION DU DOUBLE SUCCESSEUR. HÉSITATIONS DES SYRIENS. OPPOSITION DES QAISITES. MO'ÂWIA II RECONNU COMME HÉRITIER PRÉSOMPTIF.

Au milieu de ces travaux d'utilité publique, bien dignes d'absorber l'attention d'un pasteur de peuples راعي اهل الدين — ainsi l'avait appelé 'Abdallah ibn Hammâm — Yazîd ne perdait pas de vue une question capitale pour l'avenir de la dynastie et la sécurité du califat.

Au jour de son intronisation, le poète iraquain s'était écrié :

---

(1) Cf. *Mo'âwia*, 378.

(2) Cf. *Mo'âwia*, 14.

(3) Michel le Syrien, *Chronique* (éd. Chabot), II, 470. Il s'agit peut-être du Wâdi'l Aḥrâr en Mésopotamie. Voir plus bas le chap. : « Les déplacements du calife ».

« Dans Mo'âwia te survivant, nous trouverons un successeur, quand tu ne seras plus . . . ! »

(1) وفي معاوية الباقي لنا خلفٌ   اذا نُعيتَ ولا نسمع بمنعاك

Non content de cette insinuation, par ailleurs si claire, Ibn Hammâm (2) se serait exprimé encore plus librement Rappelant les vicissitudes de l'existence, il fit presque un devoir au souverain de se prémunir contre les surprises du sort :

« Descendants de Harb, supportez avec stoïcisme votre deuil. Qui donc peut se promettre l'immortalité ?

Défendez le califat de votre Seigneur et ne l'exposez pas aux risques d'un avenir éloigné (3).

Yazîd l'a recueilli après son père Reçois, ô Mo'âwia, le pouvoir des mains de Yazîd. »

(4) تلقفها يزيدُ عن ابيه   فخُذها يا معاويَ عن يزيدا

Cette invitation, disent nos auteurs (5), aurait impressionné le nouveau souverain. Elle répondait trop à la nature de ses propres pensées, pour ne pas recevoir son approbation Quant aux vers eux-mêmes, ils font en réalité partie d'une élégie (6), composée à la mort de Yazîd. Ils se bornent à constater la succession du pouvoir, échue à son fils Mo'âwia II Il devait suffire à Yazîd de repasser les souvenirs de sa jeunesse. Que de luttes n'avait pas demandées à son père sa reconnaissance comme héritier présomptif ! (7) Que serait devenue la dynastie, si l'adroite diploma-

(1) Ġâḥiẓ, *Bayân*, I, 198; voir plus haut, p 112, où la tirade est citée Elle servira désormais de thème protocollaire pour les discours d'apparat, adressés aux califes le jour de leur intronisation , (cf Ġâḥiẓ, I, 219) On admirait surtout l'heureuse combinaison du double motif : condoléances et félicitations

(2) Dans certaines recensions ces vers se trouvent au milieu d'une pièce, hostile aux Omaiyades, attribués à 'Oqaiba ibn Hobaira ; *Ḥizâna*, I, 343-44, ou même à 'Abdallah ibn Zabîr (*ibid.*, I, 344, 9), ce dernier, partisan des califes syriens

(3) Ne remettez pas la *bai'a* à plus tard !

(4) Abou Tammâm, *Hamâsa*, 507 ; cf Mas'oûdi, *Prairies*, V, 126, lequel supprime la leçon خلافة ربّكم. Chez cet auteur le تشيُّع حَسَن montre toujours le bout de l'oreille.

(5) *Hamâsa*, loc cit.

(6) Nous la citons plus loin.

(7) Cf *Mo'âwia*, 61 ; et plus haut, pp 97 sq

tie du grand Sofiânide n'avait su la mener à bon terme ? Pendant son absence en Anatolie (1), Damas, la Syrie, livrées aux intrigues fomentées par les 'Alides et les Zobairides, auraient-elles consenti à reconnaître le fils de Mo'âwia, trop éloigné pour soutenir ses droits ? Cette absence ne devait-elle pas exposer, quelques années plus tôt, le régent Daḥḥâk ibn Qais aux tentations de l'ambition, comme il lui arrivera après la mort de Mo'âwia II ? (2) Avant de mourir, le grand Mo'âwia n'avait pu que poser le principe dynastique. Mais le temps avait manqué pour permettre à l'idée de pénétrer les intelligences de ses sujets, naturellement hostiles à cette innovation considérable (3).

Yazîd n'accepta pas d'exposer l'inexpérience de son successeur à ces redoutables éventualités Le califat étant demeuré électif, il voulut lui-même, suivant l'exemple donné par son père, présider à la *bai'a*, à la cérémonie d'investiture en faveur de son fils Mo'âwia, à peine sorti des années de l'enfance Libre de déterminer son choix, il l'eût sans doute porté sur Ḫâlid, son autre fils, son véritable héritier intellectuel (4). Mais l'âge trop tendre du petit prince (5) ne lui permit pas de le proposer aux suffrages des Syriens. Leurs répugnances pour les souverains enfants lui étaient suffisamment connues (6). Jadis elles s'étaient dressées contre sa propre candidature. Ces difficultés subsistaient toujours, même parmi les Syriens fidèles Il fallait compromettre d'avance le loyalisme de ces partisans, demeurés encore trop Arabes, les lier par une *bai'a* (7) solennelle à la cause

(1) Au moment de la mort de son père

(2) Dahhâk posera alors sa propre candidature

(3) Voir plus haut, p 92 sqq.

(4) Il en portait la *konia* d'Abou Ḫalid. Ḫalid préside à ses funérailles de préférence au valétudinaire Mo'awia Yazîd le met volontiers en avant, voir plus haut, p 178

(5) Voir plus loin, chap. XXX, les détails sur les enfants de Yazid Le grand Mo'âwia a dû penser a son petit-fils homonyme, en émettant cette reflexion . الي لاكرهُ الصغارة في السيّد ; Qotaiba, *'Oyoûn*, 271, 4.

(6) Voir plus haut, p 88 sqq Cette répugnance s'adressait surtout aux premiers-nés, comme Mo'âwia II , cf *Mo'âwia*, 323. *Additions* , Qotaiba, *'Oyoûn*, 453

(7) Voilà pourquoi il se refuse a lui conférer le gouvernement de Médine, pendant les troubles du Ḥiǵaz Seules des préoccupations dynastiques peuvent expliquer cet ostracisme ; voir plus haut, p 175.

d'un Sofiânide, si l'on voulait les empêcher d'égarer, après sa mort, leurs voix sur un autre Omaiyade, entouré du prestige d'un long passé, offrant les garanties, capables d'impressionner ces hommes d'action Marwân ibn al-Hakam continuait à inquiéter Yazîd (1), comme il avait préocupé les dernières années de son père. Entre le chef des Omaiyades du Ḥiǵâz, mêlé aux affaires publiques depuis le califat de 'Otmân, et un adolescent valétudinaire de 15 à 17 ans, quel Arabe aurait hésité ? Voila sans doute pourquoi Yazîd s'efforça de tenir à l'écart le parent de Médine (2), espérant bien le faire oublier Et cela, au fort de la crise la plus aigue, traversée par l'empire, alors que seules l'expérience, l'énergie du Hakamide paraissaient à la hauteur de la redoutable situation. Qu'il ne s'en soit pas aperçu, qu'il n'ait pas entrevu la grave responsabilité, alors assumée par lui, serait méconnaître sa perspicacité Le cœur du père, les préoccupations du chef de dynastie ne permirent pas au calife de suivre les conseils d'une prudence plus désintéressée.

Grâce à l'initiative, prise par 'Abdallah ibn Hammâm, la candidature du jeune Mo'âwia se trouvait lancée. La solennité du jour — celui de l'intronisation de Yazîd (3) — choisi pour cette manifestation politique montre combien elle répondait à la pensée intime du souverain. Désormais l'idée trouverait son chemin. De retour chez eux, les chefs des *ǵond* syriens, les députés des *misr* de l'Iraq, en entretiendraient leurs administrés et leurs commettants Pendant plusieurs mois, les *maǵlis* des clans (4), les

---

(1) L'héritier présomptif avait-il droit au titre de calife ? Dans une élégie, 'Abdal'aziz est qualifie de la sorte, au lendemain de sa mort. Peut-être le poète a-t-il voulu protester contre 'Abdalmalik, travaillant à dépouiller son frère de ses droits à la succession ; Kindi, *Governors of Egypt* (Guest), 50, 5

(2) Préférant nommer de tout jeunes gouverneurs, les changer incessamment, voir plus haut, pp 210-11.

(3) Voir plus haut, p 112.

(4) Chaque clan comptait le sien dans les villes , cf *Ziâd ibn Abîhi*, 89 sqq. Pour la mosquee, centre de réunions politiques, voir *ibid* loc. cit Voilà pourquoi les femmes, les esclaves sont dispensés de l'assistance à la liturgie du Vendredi. Celle-ci se compose exclusivement de personnes, jouissant de *droits politiques*. C'est le concept primitif ! Voir l'explication moins complète de E Mittwoch, *Zur Entstehungsgeschichte des islamischen Gebets und Kultus*, 35-36 Voila pourquoi les centres des *ǵond*, les *misr* furent d'a-

saqîfa, halles des mosquées retentiraient des discussions, soulevées à ce propos. L'improvisation poétique d'Ibn Hammâm, évidemment approuvée par Yazîd, avait dispensé le souverain de se découvrir. Avec du tact et de la patience, on devait aboutir. Ce sera au tour des collègues d'Ibn Hammâm d'intervenir, d'avancer la maturité du projet.

Yazîd les connaissait de longue date. Il savait s'y prendre pour leur délier la langue. De bonne heure, sa générosité, son empressement à épouser leurs querelles lui avaient gagné les sympathies de leur remuante corporation. Même dans l'Iraq, le calife, poète lui-même, comptait parmi les poètes de ferventes amitiés (1).

Choyés, fêtés dans les *bâdias* de Ḥawwârîn, de Ǵilliq, de Dair Marrân, comblés de cadeaux, de gratifications, protégés à la cour de Damas contre les suites de leurs incartades (2), comment auraient-ils marchandé leur concours à un prince, presque leur confrère, généreux jusqu'à la prodigalité, chevaleresque, artiste, ami du plaisir, du bon vin et si juste appréciateur des beaux vers ? En s'assurant les bonnes grâces des poètes, en se déclarant leur patron, leur Mécène, le prince héritier n'avait évidemment pas perdu son temps. Intimité, relations parfois gênantes pour la politique pacificatrice du sage Mo'âwia ! Fréquemment il se voyait forcé d'intervenir pour réprimer les saillies des imprudents protégés de son fils. Le *ḥilm* du vieux monarque s'entendait merveilleusement à tout composer, sans s'aliéner des auxiliaires aussi indisciplinés.

Ces gais compagnons s'embarrassaient médiocrement des discussions d'école, des querelles pieuses sur la *šoûrâ* (3), sur les droits problématiques des « gens de la maison », personnellement si peu intéressants, enfermés dans leur harem—tel Ḥasan(4)— ou allant se faire tuer sans gloire sur

bord seuls à posséder des مسجد جماعة ; parce que seulement en ces endroits se trouvaient groupés des conquérants.

(1) Cf. *Mo'âwia*, 383-84.

(2) *Mo'âwia*, loc. sup. cit. Yazid recommande les poètes à 'Obaidallah ibn Ziâd ; *Aġ.*, XIII, 38, bas.

(3) Le caractère électif du califat.

(4) Cf. *Mo'âwia*, 148. Parmi les خصائص, accordés à lui et aux siens, 'Alî vante la حظوة عند النساء ; Ǵâḥiẓ, *Bayân*, I, 186, 9 d. l.

les bords de l'Euphrate, comme son frère Hosain (1) Quant aux déclamations des derniers *Compagnons*, réfugiés au Ḥiǵâz, elles les laissaient froids. Le califat était-il un régime électif ou dynastique ? La tradition « des Césars et des Chosroès » (2) convenait-elle à la démocratie arabe, à l'esprit du Qoran ? A quoi pouvaient bien rimer ces futiles discussions, perpétuant la division au sein d'une société, aspirant à la paix ? Yazîd était leur homme. « Jamais en vain ils n'avaient imploré son intervention » (3) Sa dynastie gardait le droit d'escompter leur concours

Cet appoint devenait précieux, dans un milieu si profondément imprégné de préjugés arabes, où l'absolutisme 'abbâside n'avait pas encore confisqué l'opinion publique Celle-ci demandait à être préparée. Sans cette précaution il eût été imprudent au gouvernement de se découvrir, même en Syrie Nous l'avons constaté à propos de l'incident d'Ibn Mofarriǵ (4)

Au sein de la dynastie, parmi les membres de la famille régnante, l'opposition aux Sofiânides n'avait pas désarmé Cette sourde obstruction explique l'attitude réciproque du calife et de ses parents du Ḥiǵâz (5) Pour opérer la réunion, obtenir l'oubli de vingt années de froissements, il faudra la conflagration générale, l'effondrement du pouvoir omaiyade dans « les provinces bénies » En sa qualité de Sofiânide, Walîd ibn 'Otba, cousin germain de Yazîd (6), se rallierait, on pouvait le prévoir, à la candi-

---

(1) Pas plus que de leur mère Fâtima (cf *Fâtima*, 134) la poésie contemporaine ne s'occupe des « deux Hasan ». Cette constatation cadre mal avec la réputation de générosité, prodiguée aux 'Alides et contre laquelle proteste Ḥosain · Qotaiba, *'Oyoûn*, 236, 11-14

(2) Voir plus haut, p 94-95

(3) Aḫṭal (ms. de Bagdad), *Divan*, 5, l. 10 Le vers a été cité plus haut. p 218 Nous étudierons ailleurs les relations de Yazid avec les poètes Pendant son séjour à la Faculté orientale de Beyrouth le Dr. Ign Kratchkowsky avait formé le projet d'éditer le divan poétique de ce calife. La Bibl Nationale, Paris, Fonds arabe. 3430, contient une poésie, attribuee à Yazid C'est un mauvais pastiche, n'ayant rien de commun avec ce calife

(4) Voir plus haut, p 312 sqq

(5) Pendant les troubles de cette province. Voir plus haut, pp 30-31, 94-95

(6) Héritier du loyalisme de son père 'Otba Pourtant en nommant ce frère au gouvernement de l'Egypte, Mo'âwia enlève à 'Otba l'administration des finances; Kindî,

dature du jeune Mo'âwia. Al-Asdaq, fonctionnaire du calife, ennemi personnel de Marwân, ne pouvait souhaiter l'avénement de ce dernier Mais si, à ce moment, le fils de Hakam se fût trouvé à la tête du Ḥigâz, il aurait difficilement accepté la mission d'amener sa province à acclamer la continuité de la dynastie sofiânide. Il avait fallu toute l'énergie du premier Mo'âwia pour le forcer à proposer dans la chaire de Médine la candidature de Yazîd L'Iraq frémissait depuis la répression de Karbalâ ; l'aristocratie arabe y aspirait au moment, où elle pourrait venger son humiliation (1), beaucoup plus que le sang de Hosain. Dans cette province, on pouvait compter sur l'obéissance de 'Obaidallah, mais non sur son enthousiasme. Regrettait-il d'avoir, à propos de Karbalâ, déployé un zèle intempestif ? Gardait-il rancune au calife de ses récriminations à l'issue de cette malheureuse équipée ? Le fils de Ziâd boudait la cour de Damas (2), où on lui reprochait sa maladresse dans l'échauffourée de Karbalâ ! On s'en apercevra après la mort de Yazîd.

D'après un passage du *I'lâm* de Bayâsî (3), Mo'âwia, en proclamant Yazîd comme héritier présomptif, aurait dès lors désigné son petit-fils Mo'âwia en qualité de successeur éventuel. A défaut d'une nomination formelle — elle ne se trouve pas attestée ailleurs — le fils d'Aboû Sofiân a certainement pu prévoir le cas. Cette prévision fournirait le meilleur commentaire aux vers de 'Abdallah ibn Hammân. Au jour de l'intronisation du second calife syrien (4), le barde iraquin ne se contenta pas d'insinuer, il affirma la candidature de l'aîné de Yazîd, comme un fait accompli. Fiction poétique ! dira-t-on. Ces rimeurs possédaient à fond l'art de hausser la valeur de leur marchandise. D'après le Qoran, « seuls les imprudents s'attachaient aux poètes, rêveurs emportés au gré de leur

---

Governors of Egypt (Guest) 35, 36 Après le régime indépendant de 'Amrou ibn al-'Âsi, Mo'âwia voulait affirmer son intervention dans le régime intérieur des provinces

(1) Dans cette province le seul point, réunissant tous les partis : amis de 'Alî et Ḫârigites, c'est l'opposition à la Syrie

(2) Cf. Ṭab , *Annales*, II, 437, 6 Voir plus bas

(3) Ms. B Kh , II, 46.

(4) Voir plus haut, p 112

imagination ; ils affirmaient mais n'agissaient pas (1) ». Sous ce rapport, Ibn Hammâm prétendait se séparer de ses confrères ; il entendait voir prendre au sérieux ses assertions. Témoin ce distique :

« Lorsqu'à un solliciteur j'ai répondu : oui, j'exécute aussitôt, voilà mon caractère !

Si j'ai dit : non, je coupe tout espoir, sans l'amuser avec des renvois et des délais » (2).

Le choix d'Ibn Hammâm, comme porte-parole de la dynastie, atteste une véritable habileté. Le ton décidé de sa poésie, l'énergie, la loyauté de son caractère, son habitude de dénoncer les abus et les oppresseurs (3), sa qualité d'Iraqain enfin, tout cet ensemble devait finir par impressionner l'opinion, par lui persuader que les provinces orientales elles-mêmes étaient gagnées à la combinaison (4).

L'habitude de prévoir deux successeurs entrait d'ailleurs dans les mœurs arabes (5). Avant d'engager la bataille, les généraux avaient soin de désigner au moins deux remplaçants éventuels. Mahomet s'en était souvenu (6) pour l'expédition de Moûta (7). N'était-ce pas à leur imitation que les califes prenaient, de leur vivant, la même précaution ? A partir de Marwân (8), cet usage deviendra une véritable institution d'Etat ;

(1) Qoran, 26, 224-26. En quel cas le tribunal peut-il accepter la déposition des poètes ? Šâfi'i, *Kitâb al-Omm*, VI, 212.

(2) Boḥtorî, *Ḥamâsa*, n° 749.

(3) Cf. *Zîâd ibn Abihi*, 119 ; *Aġ.*, XIV, 120-21 ; 170 ; Qotaiba, *Poesis*, 412-13 ; Boḥtori, *Ḥamâsa*, n°s 939, 940, 941, 942. Il vaudrait la peine d'étudier à part, le rôle politique des poètes du premier siècle. L'éclat, jeté par la triade Aḫṭal-Ǧarîr-Farazdaq, a fait tort à leurs confrères.

(4) Cette supposition devait impressionner les chefs de parti, réfugiés au Ḥiǧâz.

(5) Avant le départ pour le Ḥiǧâz, Yazîd désigne le remplaçant éventuel de Moslim ibn 'Oqba. Voir plus haut, p. 95.

(6) Par ailleurs on a pu le supposer afin de mettre en relief l'ingrate figure de Ǧa'far « aux deux ailes ».

(7) 'Omar en désigne quatre pour la guerre de Perse ; Dînawarî, *Aḫbâr*, 143. Contrairement à la Tradition, ce calife semble compter médiocrement sur l'efficacité d'instructions ultérieures.

(8) Marwân et après lui 'Abdalmalik se choisissent deux successeurs. Complications politiques, occasionnées par cet usage, sous les Marwânides, voir plus haut, p. 90-92 ; Kindi, *Governors of Egypt* (Guest), 54.

des Omaïyades elle passera aux ʿAbbâsides. Le poète Ismaʿîl ibn Yasâr le rappellera plus tard au marwânide ʿAbdalmalik : dans leur nombreuse postérité, les califes désignaient pour ainsi dire une *réserve*, afin d'assurer *l'avenir* de leur succession :

جعلت هشامًا والوليدَ ذخيرةً   وَرئيس للعهد الوثيق الموكّد (1)

Si les Syriens répugnaient à se voir gouvernés par un calife adolescent, ils n'en demeuraient pas moins inébranlables dans leur attachement à la dynastie omaïyade, gage assuré de la suprématie de leur pays. Parmi les branches de la famille omaïyade, leurs préférences s'adressaient aux Sofiânides. Depuis plus de 40 ans, ils les voyaient à l'œuvre (2). Moʿâwia les avait distingués, comblés de toute façon, établissant l'hégémonie de la Syrie sur les autres provinces. Avec lui, ils avaient lutté sur tous les champs de bataille de l'Asie Antérieure. Yazîd marchait sur les traces de son père, au point de transformer la branche sofiânide en une dynastie nationale (3) En regard de ces privilèges, quels avantages auraient pu leur offrir les Omaïyades du Ḥiǵâz ? Pendant la dernière campagne contre Médine, nous avons constaté les médiocres sympathies des Syriens pour ces parents du calife (4). Leur séjour prolongé dans la Péninsule les avait presque rendus étrangers à la Syrie, où ils ne comptaient guère de partisans. Depuis un quart de siècle seulement, Médine venait de perdre son titre de capitale. Marwân ne serait-il pas tenté d'y reporter le centre de l'empire ? (5) A cette translation les Syriens ne pouvaient consentir, sous peine de souscrire à leur suicide politique.

Le grand, l'unique obstacle résidait dans l'âge du futur candidat (6). Comment se lier envers un prince, « qu'on n'accepterait pas com-

---

(1) *Aǵ*, IV. 125, 6.

(2) Cf *Moʿâwia*, 268 sqq

(3) Cette persuasion produisait plus tard la légende du *Sofiâni*, héros national syrien. Voir plus haut, p 17.

(4) Voir plus haut, p 252

(5) Après la mort de Yazîd et sa propre expulsion du Ḥiǵâz, il faudra l'intervention de ʿObaïdallah ibn Ziâd pour empêcher Marwân de regagner l'Arabie.

(6) Pour prouver que Moʿâwia II avait été reconnu du vivant de Yazîd, on renvoie parfois à Tab, *Annales*, II, 430 Ce renvoi doit viser les paroles, attribuées à Ibn Zo-

me imâm pour la prière, ou comme témoin devant le tribunal ; كيف ابايعُ مَن لا أصلي خلفَهُ ولا اقبلُ شهادتَهُ (1) ». Cette difficulté, formulée plus tard, dans un cas analogue, par Ḫâlid al-Qasrî, n'eût pas arrêté la majorité des Syriens. Leurs objections partaient de motifs plus réalistes. On était au moment où, après l'échauffourée de Karbalâ, les moins prévoyants s'attendaient à la révolte des villes saintes. Yazîd venant à succomber, s'il leur fallait affronter le soulèvement des provinces, ils voulaient voir à leur tête un chef dans la maturité de l'âge. Les Qaisites de Syrie reprochaient en outre au jeune Mo'âwia son origine kalbite (2). Le reconnaître, autant valait à leurs yeux perpétuer l'odieuse suprématie de leurs rivaux de Kalb. Pour la seconde fois, cette puissante tribu syrienne venait de donner une mère au souverain de l'empire (3). Mais ces Qaisites n'osèrent trop mettre ce motif en avant, à l'exception d'une infime minorité. Celle-ci aurait déjà protesté contre la personne même de Yazîd (4). Si tous les Qais de Syrie avaient partagé ces préventions, Mo'âwia au lit de mort n'aurait pu nommer le Qaisite Moslim ibn 'Oqba corégent de l'empire (5), ni Yazîd placer ce général à la tête de l'armée du Ḥigâz, mission où il donna les preuves de son loyalisme (6). D'accord avec les autres Arabes de Syrie, ces Qaisites insistaient sur l'inconvénient de se lier à la fortune

---

ḥair et adressées aux soldats syriens de Ḥoṣain ibn Nomair, lorsqu'on apprit à la Mecque la mort de Yazîd : فمَن شاء منكم ان يدخل فيما دخلَ فيهِ الناسُ فليفعَل. Ici Ibn Zobair fait allusion à sa propre élection ; الناس = les électeurs d'Ibn Zobair.

(1) Ibn al-Aṯîr, *Kâmil*, V, 112, 4. Le témoignage d'un غلام n'est pas recevable ; Śâfi'i, *Kitâb al-Omm*, VII, 44 ; il ne peut présider la prière ; Śâfi'i, *op. cit.*, I, 171, haut. Protestations de 'Omar contre le gouvernement des enfants ; Ya'qoûbî, *Hist.*, II, 247, 2 d. l. Signe des derniers temps, d'après Mahomet ; Ibn Mâǵâ, *Sonan*, E, II, 253 d. l.

(2) Voir *Kalb* et *Qais* à l'*index* de *Mo'âwia*. C'est la rivalité entre les tribus, depuis longtemps établies en Syrie, et les derniers émigrés de l'Arabie centrale.

(3) La mère du jeune Mo'âwia était Kalbite.

(4) Aboû Tammâm, *Ḥamâsa*, 319, 658. Voir plus haut, p. 109. Dans Kindî, *Governors of Egypt* (Guest), 42, le Qaisite Zofar ibn al-Ḥâriṯ figure par erreur dans l'armée du calife Marwân, chargée de conquérir l'Egypte. Ce Zofar, un des vaincus de Marǵ Râhiṭ, ne se réconcilia que longtemps après avec 'Abdalmalik ; voir notre *Chantre*, 144 sqq.

(5) Voir plus haut, p. 5.

(6) Voir plus haut, chap. XVII et XVIII.

d'un enfant. «Si l'on nous oppose un vieux général, il nous répugnerait de marcher sous la bannière d'un adolescent » (1). Ainsi affectaient-ils de raisonner.

Comment manœuvra Yazîd pour tourner ces difficultés? Nous l'ignorons. Il réussit pourtant à rallier à la candidature de son aîné (2), non seulement la Syrie, mais les autres provinces. A la mort de Yazîd, le fait de cette reconnaissance était public, à la Mecque comme ailleurs (3). Quand on apprend dans cette dernière ville la mort du calife, on n'ignore pas que Mo'âwia lui a succédé. Plusieurs provinces avaient même déjà envoyé leur adhésion officielle (4) Pourtant l'attitude hésitante du général syrien (5), au siège de la Mecque, engagerait à douter que cette reconnaissance ait été générale, ou du moins qu'on lui ait attribué la valeur d'une *bai'a* irrévocable (6)

En cette occurrence, le calife aura développé les arguments, repris plus tard par un de ses successeurs, Walîd II, pour faire accepter le règlement anticipé de la succession, gage de sécurité pour l'empire (7). En considération de Yazîd, les Syriens refoulèrent leurs répugnances Par ailleurs l'enthousiasme paraît avoir été absent (8) La proposition, adressée par Hosain ibn Nomair a Ibn Zobair, de le reconnaître en qualité de calife, permet de conclure que l'hostilité d'une partie des Syriens, des Qaisites en particulier, était notoire. Yazîd compta sur l'avenir pour réduire l'opposition et parfaire l'œuvre commencée. La mort ne lui en laissa pas

---

(1) Tab. *Annales*, II, 473 sqq

(2) Ibn 'Asâkir (ms de Damas), vol XVI, notice de Mo'awia II : ولى عهد ابيه

(3) Azraqî (Wust), 140, 16 , comp. Barhebraeus, *Dynasties* (Salhani), 190 ; a la p 189. 2. au lieu de *Yazîd*, lire *Mo'awia*

(4) I S *Tabaq* , V, 27, 5-6 ; comp. IV[1], 125, 3-6

(5) Voir plus haut, p. 268

(6) Voir plus haut p 96-97. D'après Tab , *Annales*, III, 2333, 21, on aurait considéré « الامرُ شورى, l'empire sans titulaire », du moins au Ḥiġaz

(7) Tab , *Annales*, II, 1760-61 Il est de nouveau question de nommer *deux* successeurs éventuels

(8) On le devine au sobriquet Aboû Lailâ, porté par le jeune Mo'âwia Ṭab , *Annales*, II, 428-29

le temps. Son fils manqua malheureusement des qualités requises pour assumer la lourde succession des deux premiers souverains sofiânides. Tout cet ensemble réduisait notablement l'importance du succès diplomatique, remporté par Yazîd.

XXVIII

LE ǴOND DE QINNISRIN

La situation politique dans la Syrie septentrionale. Etablissement du ǵond de Qinnisrîn Pourquoi la Syrie compte cinq ǵond ? Limites du ǵond de Qinnisrîn, formé aux dépens de la circonscription de Homs. Importance de cette dernière Pourquoi le choix de Qinnisrîn comme capitale ? Motifs de la nouvelle création.

A son avénement au trône, Yazîd se montra décidé à consacrer toute son attention à l'organisation de ses Etats Cette résolution l'avait déterminé à ralentir le mouvement des expéditions lointaines, à rappeler les garnisons, inutilement exposées aux attaques de l'ennemi. Les complications, causées par les troubles intérieurs, ont pu le confirmer dans cette politique de recueillement, modeste tentative, essai de colonisation intérieure. Pour leur plus grand malheur, les Etats musulmans, sous toutes les latitudes, se sont d'ordinaire refusés à comprendre la nécessité de cette politique. Elle demandait, il est vrai, pour devenir efficace, d'être combinée avec le système de la fusion des races : et la constitution de ces Etats, issus de la force (1), s'y est toujours opposée.

(1) Voir plus haut la discussion à propos du صغار Les tributaires devaient être non seulement assujettis, mais *humiliés* C'est postérieurement aux Sofianides qu'on voit poindre les premiers indices de cette théorie, inconciliable avec la fusion On y arrivera en forçant le sens de صاغرون dans le Qoran ; voir plus haut p 328, n 1 Aboû Yoûsof, *Ḫarâǵ*, 23, 10 affirme que le صغار, modalites humiliantes, *doivent* accompagner l'acquittement du tribut

La région de Qinnisrîn devait d'abord attirer l'attention de Yazîd. Le souverain se promit de mettre un terme à l'anarchie, qui l'avait désolée jusqu'alors (1). Toute la section occidentale, voisine de l'Amanus, la Cyrrhestique, se trouvaient transformées en un véritable désert. C'étaient les ضراحي, la route classique des invasions, ayant pour objectif la Syrie ou l'Anatolie. Chaque expédition musulmane ne manquait pas de provoquer une contre-attaque des Impériaux. Le passage incessant des bandes, arabes et grecques, leurs dévastations en avaient chassé les habitants : ceux-ci s'étaient décidés à céder la place aux lions et aux fauves (2). Cette situation désespérée inspira à Mo'âwia ses essais de repeuplement. Afin d'y réussir, il dut recourir au système de la déportation. Il en fit une colonie pénitentiaire (3), sorte de Cayenne arabe, imparfaitement protégée par des compagnies de discipline et un nombre restreint de places-fortes (4).

Yazîd se décida à établir dans cette région un gouvernement militaire, le système du *ǵond* (5). « Qinnisrîn, ainsi s'exprime Balâḏorî (6), se trouva compris dans le gouvernement de Ḥomṣ jusqu'au règne de Yazîd. Ce calife réunit Qinnisrîn, Antioche, Manbiǵ et leurs dépendances (7) pour en former un *ǵond* distinct ». Ce renseignement si précis se trouve confirmé par toute la tradition arabe (8). Nous croyons devoir insister,

(1) Les marchands de Manbiǵ اهل منبج قوم من اهل الحرب وراء البحر demandent à 'Omar l'autorisation de commercer à l'intérieur du califat ; Aboû Yoûsof, *Ḫarâǵ*, 78, 7 d. l. La région n'était donc pas encore conquise قوم من اهل الحرب. J'ignore d'ailleurs comment on a pu ajouter وراء البحر. S'agit-il de l'Euphrate = بحر ?

(2) Ṭab., *Annales*, I, 2390 ; II, 1317, 17. Zamaḫśarî, explique الضاحية par الخارجة عن العمارة ; cf. Lexique de Balâḏorî, *Fotoûḥ* s. v. ضحى, et celui de Ṭab., *Annales*, CCCXXX. L'application des حدود, pénalités pour les transgressions légales, demeurait suspendue parmi les troupes, tant qu'on n'avait pas repassé ces parages. Le pouvoir arabe s'y sentait trop peu sûr. Aboû Yoûsof, *Ḫarâǵ*, 109, 7.

(3) C'est là que fut exilé Aboû Ḏarr ; Ya'qoûbî, *Hist.*, II, 199 ; comp. *Mo'âwia*, 19.

(4) Comme Mar'aś.

(5) Nous étudierons ailleurs l'origine des *ǵond* syriens. Leur attribution à l'initiative universelle de 'Omar nous paraît très douteuse.

(6) *Fotoûḥ*, 132.

(7) Donc toute la Syrie du Nord, correspondant à peu près au *vilayet* actuel d'Alep.

(8) Ibn Rosteh, *Géogr.*, 107, 11 ; Ibn Śiḥna. نزهة النواظر (ms. Leiden), 3-4 ; Yâqoût, *Mo'ǵam*, I, 136 ; III, 742. Seul Dimaśqî attribue la mesure à Mo'âwia. Mais

plus qu'on n'a fait, sur cette unanimité, significative surtout quand on pense à la médiocre sympathie des chroniqueurs primitifs pour Yazîd. C'est, depuis la très vague affirmation attribuant en bloc à 'Omar l'origine des *ģond* (1), la première mention circonstanciée pour la formation d'un gouvernement syrien. 'Omar est le *deus ex machina*, chargé d'expliquer la genèse de toutes les institutions islamiques. Chez les chroniqueurs, la mise en avant de cette envahissante personnalité équivaut à un aveu d'impuissance.

Vraisemblablement, la constitution du *ģond* de Qinnisrîn fut seulement la conséquence d'une réorganisation administrative plus étendue, appliquée par Yazîd à la Syrie entière Si la division en *ģond* remontait à 'Omar, ou à la période voisine des conquêtes, nous devrions trouver le pays découpé en *dix* compartiments, correspondant aux *dix* éparchies byzantines (2). Au lieu de quatre *ģond* nous en compterions dix, peut-être même trois Palestines, deux Phénicies, l'une maritime, l'autre libanaise, conformément à la liste des éparchies syriennes (3), à l'époque des *fotoûh*.

Si nous constatons le contraire, il ne paraît pas malaisé d'en deviner la raison D'abord cette numérotation, adoptée pour les circonscriptions, a dû paraître trop subtile aux conquérants (4) Ensuite, jusqu'à l'entrée en scène de Mo'âwia, les éparchies de Phénicie maritime, de l'Euphratèse, de la première et de la seconde Syrie, de Théodoriade ne leur appartenaient pas de fait ; elles n'avaient pas été occupées d'une façon perma-

---

alors on devait connaître des gouverneurs de Qinnisrin, antérieurs à Yazîd. Cf. H. Grimme, *Palmyrae sive Tadmor urbis fata*, p. 16

(1) جند الاجناد Voir le texte étrange de Ya'qoûbî, *Hist.*, II, 176 ou il énumère 4 ģond créés par 'Omar la Palestine, la Mésopotamie Mausil (sic) et Qinnisrin. Ailleurs, II, 186, 2 il ne connait sous 'Omar, en Syrie, que deux circonscriptions administratives : Damas et Ḥomṣ ; pour cette dernière, le nom de l'Anṣarien 'Omair ibn Sa'd est une invention médinoise pour neutraliser celui de Mo'âwia

(2) Etablies au moment de l'invasion arabe

(3) Cf M. Hartmann dans ZDPV, XXII, 153-54 Voir les traces de cette division dans '*Iqd*', III, 205 Malheureusement ce recueil, conformement à sa coutume, n'indique pas la source plus ancienne, utilisee par lui

(4) Le '*Iqd*, loc cit, s'y perd ; il réussit à compter « cinq Syries, شامات » Faut-il y voir le total de l'addition des deux Phenicies et des trois Palestines ?

nente et définitive. Dans ces régions, qualifiées de « petite conquête, الفتح اليسير » (1), les Arabes réussissaient, non sans peine, à lever des contributions de guerre (2). Encore se voyaient-ils couper ces ressources, à chaque retour offensif de l'armée ou de la flotte byzantines (3). Ces essais de restauration impériale coïncident fréquemment avec les révoltes des indigènes, révoltes encouragées par la présence d'irréguliers, à la solde du Bas-Empire. Rappelons les Ǵarâǵima-Mardaïtes, acculant Moʿâwia à une paix humiliante avec Constantinople (4). Quant à l'éparchie d'Arabie, l'ancienne *Provincia Arabia* de Trajan, elle a dû paraître aux Bédouins, ethnographes novices, une dénomination vide de sens ou une dérision. Les conquérants ne pouvaient décemment se résigner à l'adopter (5).

Avec le califat de Moʿâwia, l'occupation, jusque-là nominale de la Syrie occidentale, tendit à devenir une réalité (6). Mais en quarante ans, on avait eu le temps de perdre de vue les appellations sonores, inventées par les théoriciens de l'administration byzantine : telle la Théodoriade, la Palestine *salutaire*, l'Euphratèse et l'éparchie d'Hagiopolis. Au moment d'opérer la refonte administrative (7), les Arabes se décidèrent pour le régime des *ǵond*. Le nom et le système leur furent suggérés par les camps retranchés (8), centres principaux de leur occupation. A l'ancienne ter-

---

(1) Balâḏori, *Fotoûḥ*, 116, 126 ; Yâqoût, *Moʿǵam*, I, 202. Cet euphémisme فتح يسير doit correspondre à peu près à ce que nous appellerions *sphère d'influence*.

(2) Moʿâwia le premier essaya d'établir en permanence des garnisons sur la côte maritime de la Syrie centrale.

(3) Ou quand les Mardaïtes, établis dans les moutagnes, coupaient les communications avec la côte.

(4) *Moʿâwia*, 14-22.

(5) Pour eux la Syrie commençait à Taboûk. D'autre part c'eût été reconnaître l'asservissement antérieur de l'Arabie : conception antipathique à l'impérialisme.

(6) Balâḏori, *Fotoûḥ*, 127.

(7) Certainement postérieure à ʿOmar. Voir plus haut, p. 400.

(8) En Syrie, Ǵâbia en fournissait le type principal. Pour dire que l'Egypte relevait de ʿAlî (et non de Moʿâwia), Kindi, *Governors of Egypt*, 20, d. l. s'exprime ainsi : صارت مصر من « جيش » علي. «Laissez-moi rentrer dans mon gouvernement, « دعوني ادخل على جندي », Kindi, *op. cit.*, 17, 7, demande Ibn Abi Sarḥ. A cette époque, c'est le concept du régime militaire, qui domine partout. Pratiquement, tous les Arabes en dehors de la Péninsule

minologie exotique, ils préférèrent les noms bien sémitiques de Palestine, Jourdain, *Šâm*, Homs et enfin Qinnisrîn (1). Chacune de ces vieilles dénominations avait fini par correspondre à un groupement caractéristique, déterminé par la prédominance de tribus arabes, apparentées entre elles. Ainsi les Ǵodâm(2) l'emportaient en Palestine, les Qais au pays de Qinnisrîn, les Yéménites dans l'Emésène, les Kalbites et les Ǵodâm dans la Damascène et dans le bassin, arrosé par le Jourdain et ses affluents.

A propos de l'érection des *ǵond* par les Arabes, on a prononcé le mot de chef-d'œuvre (3) Pour notre part, nous croyons y découvrir plus d'empirisme que d'originalité. Assimilation, adaptation : voilà le genre d'originalité, accessible à l'inexpérience politique de cette race, par ailleurs intelligente et avide de progrès. Cette innovation fut le résultat de longs tâtonnements, une solution, imposée par les événements (4). Une bonne part de l'honneur, quel qu'il soit, en revient à Yazîd. Il se donna le mérite d'en comprendre la nécessité et de la mener à terme, pendant un règne remarquablement court et orageux L'organisation se maintiendra jusqu'à la transformation par les ʿAbbâsides du *ǵond* de Qinnisrîn (5).

La nouvelle circonscription fut, au dire de Balâḏorî (6), formée en réunissant les territoires de Qinnisrîn, d'Antioche et de Manbiǵ (7). Les autres annalistes négligent de compléter ce renseignement précieux, mais

---

sont des *moqâtila* L'islam, le gouvernement du califat consistent en une série de camps, chargés de surveiller la rentrée des impôts et des contributions de guerre Au demeurant, on laisse les indigènes se *débrouiller* entre eux Voir Bell, *Aphrodito Papyri* Pour جند = gouvernement, voir encore Kindi, *op cit*, 36,40, 84

(1) A part ce dernier, tous ces noms leur étaient connus par la poésie préislamite

(2) Voir plus haut, p 298 Pour l'habitat syrien des Kalbites, voir ce mot à l'*index* de *Moʿâwia*

(3) Cf ZDPV, XXII, 153-54.

(4) On voulut grouper ensemble les tribus de même origine Cette combinaison prévint les luttes, ensanglantant les *misr* de l'Iraq, où toutes les tribus de l'Arabie orientale et centrale se trouvaient mêlées.

(5) Cf Streck, *ʿAwâṣim*, dans *Enzyk. des Islam*, I, 535-36

(6) *Fotoûḥ*, 132

(7) Il n'est pas question de la Cyrrhestique propre, ou région de Cyrrhus, encore à conquérir.

laconique. Deux cents ans après la mort de Yazîd, les écrivains ʿabbâsides ne se souciaient plus des anciennes limites administratives; il leur manqua l'acribie, peut-être aussi les moyens pour satisfaire notre curiosité à cet égard (1). Ces auteurs ajoutent pourtant un détail significatif : la Mésopotamie relevait du *ǵond* de Qinnisrîn. Comprenons : la Mésopotamie continuait à jouir d'une véritable autonomie administrative. Si elle se trouvait rattachée au reste du califat, c'est par les liens assez relâchés d'une sorte de protectorat, par le paiement d'un tribut. Cette situation spéciale devait échapper à la perspicacité de ces auteurs, unanimes à attribuer toutes les conquêtes dans l'Asie sémitique au règne de ʿOmar. Incapables d'autre part de rétablir la liste des gouverneurs de la Mésopotamie (2), antérieurement à la période marwânide, ils s'en sont tirés en rattachant ce pays au *ǵond* de Qinnisrîn. C'était peut-être la façon la moins inexacte de préciser une situation mal définie.

Pour tout le reste, les annalistes confondent fréquemmemt cette province omaiyade avec la circonscription ʿabbâside des ʿAwâṣim, quand ils ne nous donnent pas une description de date encore plus récente (3). Du côté de l'occident, le nouveau ǵond rejoignait la mer, et au sud, la vallée de l'Oronte. Il devient plus difficile de déterminer les frontières le rattachant au

(1) Yâqoût, *Moʿǵam*, IV, 184, ne se pose même pas la question des limites des *ǵond* syriens. *ʿIqd*[1], III, 295, 9 d. l. observe que la ville principale du *ǵond* de Qinnisrîn est Alep « حيث السلطان », c.-à-d. à son époque.

(2) Ils ont parfois essayé de transformer en gouverneurs réguliers les chefs de *raïd*, chargés de percevoir militairement le tribut, quand il était en retard. Ainsi pour Yâḍ ibn Ǧanm ; voir plus haut. Comparez les notices incertaines, réunies sur la conquête de la Syro-Mésopotanie par Aboû Yoûsof, *Ḫarâǵ*, 22 sqq. Elles remontent à un « šaiḫ anonyme de Ḥîra ». On y voit que la Mésopotamie payait un impôt fixe, une somme globale ; *ibid.*, 23, 14. Ce pays proteste plus tard contre le changement de tribut ; *ibid.*, 23, 9 d. l. Il semble bien que l'impôt régulier, le ḫarâǵ, y date seulement de ʿAbdalmalik, parce qu'alors la région commença à être occupée et administrée directement ; *ibid.*, 23 bas, 24 haut. On comprend pourquoi ce calife y nomma gouverneur un homme de la valeur de Moḥammad, son propre frère. Comp. dans notre *Chantre*, 127, les détails sur la réforme fiscale appelée *taʿdîl* et introduite alors.

(3) Ainsi, d'après Ibn Šiḥna, نزهة النواظر (ms. Leiden), p. 81, Ḥamâ aurait relevé de Qinnisrîn ; Maqdisî, *Géogr.*, 154 en dit autant de Ǵoûsia, de Rafaniya ; il dépeint la situation existant sous les Ḥamdânides. C'est également le cas du *ʿIqd*, cité précédemment.

ġond de Homs (1). Vers le nord, les limites variaient avec les vicissitudes, subies par l'occupation arabe.

Jusque vers le milieu du règne de Mo'âwia, la ville et le district de Homs avaient servi de centre et de point d'appui principal à la pénétration arabe dans la Syrie septentrionale (2). L'occupation effective du pays ne dépassa guère les limites de l'Emésène. A mesure qu'on redescendait la vallée de l'Oronte, l'autorité du califat devenait moins sensible. Dans la région montagneuse, située entre le fleuve et la Méditerranée, l'actuel pays des Nosairîs (3), les envahisseurs ne réussirent pas à prendre pied. De l'Emésène, leurs armes étaient chargées de surveiller la Mésopotamie occidentale (4), sans parler des conquêtes éphémères dans la Cyrrhestique et dans les districts, dominés par le double versant de l'Amanus. Au sud, la frontière de ce ġond atteignait Qârâ et Howwârîn (5), où elle rencontrait la Damascène. A l'orient, il englobait toute la Palmyrène et le désert syrien, jusqu'à l'Euphrate, vaste steppe, parsemée de minuscules oasis et de localités habitées. A l'occident, la circonscription de Homs assumait la garde de la côte maritime, la relève des garnisons, exposées aux attaques des croisières byzantines (6), à partir de la place forte d'Antaradus (7). Cette situation complexe en faisait le plus étendu, le plus difficile à contenir, le moins soumis des *ġond* syriens.

Aussi le voit-on confié à des hommes de la valeur de 'Abdarrahmân ibn Ḫâlid, de Šorahbîl ibn as-Simt (8), de Ḥosain ibn Nomair, possédant tous

---

(1) Cf Ya'qoûbî, *Géogr* , 323 d 1, 324

(2) Cf. *Mo'awia*, 8 sqq.

(3) Cf. *Mo'awia*, 14-22.

(4) L ancienne Mesopotamie grecque, comme s'exprime Aboû Yoûsof *Ḫarâǵ*, 22

(5) Nos auteurs ignorent si ces cités relèvent de Homs ou de Damas.

(6) Balâḍorî, *Fotoûḥ*, 127

(7) Références dans Guy Le Strange, *Palestine*, 35-36 ; Yaqout, *Mo'ǵam*, I, 388 ; Ya'qoûbî, *Geogr* , 325

(8) Sur l'influence de Šorahbîl von Dinawarî, *Aḫbâr*, 169. 'Omar aurait songé à confier Homs a Ibn 'Abbâs ; mise en scene légendaire, pour permettre de développer le programme du grand calife (Aboû Yoûsof, *Ḫarâǵ*, 64-65) et aussi pour atténuer son ostracisme contre les Hâsimites Comme le Prophète, il se refusa à utiliser leurs talents

le prestige d'un glorieux passé militaire, et pouvant compter sur l'appui des puissantes tribus, d'où ils étaient issus. Ces personnages, devons-nous les considérer comme des gouverneurs, dans le sens ordinaire du mot, révocables à volonté, dépendant du bon plaisir du calife ? Il semble permis d'en douter. Pour plusieurs, le pouvoir central semble s'être borné à ratifier le choix des *moqâtila* et des notables du ǵond. Nous retrouvons chez ʿAbdarraḥmân les allures hautaines et indépendantes (1) de son illustre père. Elles avaient causé de sérieuses appréhensions à Moʿâwia, et précédemment à ʿOmar. Dans l'Emésène on parlait ouvertement de la candidature du fils de Ḫâlid à la succession du calife (2). Ce dernier doit laisser carte blanche à des fonctionnaires aussi indociles, les laisser en place, parfois attendre de la mort une solution, qu'on le soupçonne aussi d'avoir accélérée au moyen du poison (3). Cette situation irrégulière, mal définie, explique le désordre, régnant dans les listes gouvernementales du ǵond de Ḥomṣ, antérieurement au califat de Yazîd. Nos annalistes les ont combinées, en y inscrivant les personnages les plus influents de la région.

Maintenir l'ordre, le respect de la suprématie arabe, faciliter la rentrée des impôts — l'administration des conquérants ne visait pas plus haut—l'exécution de ce programme compliqué devenait malaisée sur un district aussi démesurément étendu, englobant la Syrie du centre et du nord. Le voisinage des garnisons grecques, des bandes d'irréguliers à

---

(1) C'était, au jugement de Moʿâwia, la caractéristique des Maḫzoûmites ; Qotaiba, *ʿOyoûn*, 236, 12 ; comment ʿAbdarraḥmân traite Moʿâwia, voir *ibid.*, 265, 11.

(2) Cf. *Moʿâwia*, 7 sqq. ; Gâḥiẓ, *Ḥaiawân*, VI, 21, 2 d. l. المذكورين من الناس بالكبر ثم من قريش بنو مخزوم وبنو امية. On conçoit malaisément un fonctionnaire, contrecarrant à ce point la politique de son souverain.

(3) Cf. *Moʿâwia*, 9 sqq., 219-22. Le chrétien Ibn Oṯâl a pu être placé par Moʿâwia près de ʿAbdarraḥmân pour réorganiser les finances, subsidiairement pour surveiller le gouverneur. Il n'est pas question de poison dans les nombreuses versions sur la mort d'Aśtar, dans Kindi, *Governors of Egypt*, éd. Guest, 23-24. Cette accusation provient, croyons-nous, d'un hémistiche, tiré d'une élégie sur Aśtar : وذيقت له سمٌّ من الموت حانك (Kindi, *op. cit.*, 26, 2), où l'on fait allusion, non à un poison *mortel*, mais au *poison* de la *mort*. Le même recueil (p. 23) montre combien Aśtar était devenu à charge à ʿAlî, et l'indifférence de ce dernier en apprenant sa mort.

leur solde(1) exigeait une surveillance spéciale, surtout depuis la suppression par Yazîd des razzias annuelles en Romanie. Cette interruption laissait à l'ennemi la libre disposition de ses forces militaires en Anatolie et des croisières (2) dans la Méditerranée orientale. Vers cette époque, la création des thèmes byzantins en Asie Mineure (3) a dû paraître à Yazîd comme un avertissement, une invitation à assurer la défense de la frontière commune. Le monarque sentit la nécessité de partager en deux sections l'ancien gouvernement de Homs. La section du nord comprit toute la région, connue plus tard sous le nom de *'Awâṣim*, avec capitale Qinnisrîn. L'importance d'Alep date de plus tard. Déjà bien déchue, Antioche (4) était demeurée trop grecque, trop voisine de cette Méditerranée sillonnée par les escadres ennemies, trop éloignée enfin de Damas et du désert, « cette réserve de l'islam, مادّة الاسلام ». Antioche, avec son enceinte trop étendue (5) et d'une défense compliquée, ne pouvait convenir aux Arabes. Malgré la déportation des Perses et l'introduction d'éléments étrangers dans l'Antiochène, cette ville resta presque exclusivement chrétienne (6)

On échappait à tous ces inconvénients avec le choix de Qinnisrîn, la *Chalcis* des Gréco-Romains, située au milieu d'une région depuis longtemps arabisée, peuplée par les clans de Tanoûḫ, de Taġlib, de Bahrâ'.

(1) Comme les Mardaïtes Rigoureuses précautions, exercées aux frontières pour le passage des non-musulmans, اهل الحرب ; Aboû Yoûsof, *Ḫarâǵ*, 115 sqq.

(2) Gênées par l'occupation de Rhodes sous Mo'âwia, et encore plus par la présence de la flotte arabe dans les eaux de Cyzique

(3) Gelzer, *Die Genesis der byzantinischen Themenverfassung* On peut en constater les débuts sous Héraclius, du moins pour les provinces d'Orient

(4) Objections des Arabes contre le climat d'Antioche ; Ǵâḥiz, *Haiawân*, III, 45, haut.

(5) Cf. Lammens, *Promenades dans l'Amanus et dans la région d'Antioche*, p 37 sqq. Comp. *'Iqd*[4], III, 295, 8-7 d. l

(6) Même situation dans la plupart des grandes cités syriennes. De *Fragment hist arab* (de Goeje) I, 5, d. l, V Kremer, *Culturgeschichte*, I, 125 conclut pour Damas, sous Walîd I, à une population de 45,000 musulmans pensionnés Ce calcul confond malheureusement la ville avec le *ǵond* de Damas. Pour les *Perses* de Syrie, cf Kindî, *Governors of Egypt* (Guest), 10, 18, voir plus haut, p 365

D'après Ya'qoûbî (1), les établissements de ces tribus empiétaient sur les limites des deux ǵond. Aḫṭal (2) nomme Manbiǵ, comme formant le point extrême du territoire de sa tribu. Ces Arabes étaient en majorité demeurés chrétiens. Mais le régime omaiyade n'éprouvait pas à leur endroit les défiances manifestées par la tradition postérieure contre les *Mosta'riba*. Jusque sous 'Omar II, on retrouve des chrétiens à l'armée (3). Aux côtés des *Mosta'riba*, des tribus qaisites (4) vivaient dans la région de Qinnisrîn. Elles s'étaient de préférence établies dans ce district, pour avoir trouvé le reste de la Syrie occupé par des Arabes Yéménites et Kalbites. Ceux-ci se montrèrent peu disposés à partager avec ces remuants voisins (5) leurs plantureux cantonnements et les pensions, distribuées par la caisse du *dîwân*. A ces derniers venus ils abandonnèrent les districts les moins pacifiques de la Syrie septentrionale, leur laissant (6) le soin de s'y créer une patrie. Les Syro-Arabes de l'Emésène ont dû voir sans regret la création du ǵond de Qinnisrîn. Elle les débarrassait de la proximité de leurs ennemis de Qais, ensuite de la garde incommode du *limes* byzantin. Sous ce rapport, la nouvelle organisation devenait doublement avantageuse. Elle a peut-être moins favorisé les intérêts de la dynastie sofiânide, en réunissant en Syrie des groupes de Bédouins mécontents. On s'en apercevra après la mort de Mo'âwia II.

Quoiqu'il en soit, à partir du règne de Yazîd, nous voyons assigner des gouverneurs au district de Qinnisrîn. Le premier titulaire paraît avoir

---

(1) *Géogr.*, 324, haut. Les B. Taǵlib près Manbiǵ ; Yâqoût, E, V, 158.

(2) *Divan* (Salhani) 307 ; cf. notre *Poète royal*, p. 60. Le poète décrit les localités voisines de Manbiǵ ; *Divan*, 87, 4. Sa patrie parait bien devoir être cherchée dans cette partie de l'ancienne Parapotamie et de la Palmyrène du nord.

(3) I. S. *Ṭabaq.*, V, 262,9. 'Omar aurait recommandé la sévérité à l'égard des Taǵlibites ; il leur aurait contesté la qualité de « Kitâbîs » ; Aboû Yoûsof, *Ḫarâǵ*, 69,7 ; 78. La situation fiscale privilégiée des Taǵlib irrite visiblement les anciens juristes.

(4) Un demi-siècle plus tard, sous Hiśâm, elles pénètrent en Egypte ; Kindi, *Governors of Egypt* (Guest), 76-77.

(5) Ya'qoûbî, *Géogr.*, 324. Cet exclusivisme précipitera l'explosion des haines qaisites contre les Kalbites.

(6) A condition, comme pour les Qaisites d'Egypte (Kindi, *op. cit.*, 76, 15), « de ne point briser le ḫarâǵ » c.-à-d. d'occuper des terres sans propriétaires.

été Sa'îd, l'oncle maternel du calife (1). Ce fonctionnaire kalbite a pu recevoir la mission de surveiller les Qaisites. Il deviendra une des premières victimes de leur levée de boucliers contre les Sofiânides, parents et fauteurs des Banoû Kalb Par la création du nouveau district, véritables confins militaires, (2), le monarque pensa avoir résolu le problème de la défense de la Syrie, province impériale, plus efficacement qu'en reprenant l'ancienne méthode des razzias annuelles, et des *raids* dévastateurs dans la Romanie, système préféré par son prédécesseur.

XXIX

LES DISTRACTIONS DU CALIFE.

Accusations exagérées. Le vin et les musiciens a la cour de Yazîd. La mercuriale d'Aboû Hamza. Yazîd et la chasse Chasse et chiens dans l'ancienne Arabie Le chien et autres animaux dans l'onomastique Eloge du chien chez les poètes. Le Prophète et les chiens. Le chien considéré comme impur. Influence juive. La poule, le coq, le guépard Le singe de Yazîd.

« Le premier parmi les souverains de l'islam, Yazîd mit à la mode les divertissements et accueillit auprès de lui les musiciens Publiquement il afficha ces excès et but du vin en compagnie du chrétien Sarĝoûn (3), son client (maulâ), et du poète Aḫṭal (4). »

(1) *Aĝ.*, XVII, 111, 6.

(2) Voir plus haut, p. 326 sqq

(3) Cf. *Mo'âwia*, 384 sqq

(4) *Aĝ.*, XVI, 70 : كان يزيد بن معاوية اوّل من سنّ الملاهيَ في الاسلام من الخلفاء وآوى المغنّين واظهر الفتكَ وشرب الخمرَ وكان ينادمُ عليها سرجونَ (سرجون) مولاهُ والاخطل L'incise « le premier parmi les califes » doit disculper les 'Abbasides et leurs folles prodigalités en faveur des artistes Le mauvais exemple serait parti de Yazîd ! Dans le califat arabe, le côté profane n'est-il pas l'œuvre des Omaiyades ? Ce motif sera repris plus tard par des orientalistes.

Voilà le réquisitoire, composé par l'auteur de l'Aġâni contre le calife sofiânide, odieux à tous les amis des 'Alides La bienveillance, l'impartialité n'en forment pas les traits caractéristiques. Il a pourtant paru trop bénin aux compilateurs postérieurs En le reprenant à leur compte, chacun s'est empressé d'y ajouter un trait, destiné à accabler le persécuteur de la famille prophétique. Ainsi de nos jours le passant se croit obligé de jeter une pierre sur son prétendu tombeau, près de Bâb aṣ-saġîr à Damas (1).

Dans son inappréciable recueil, destiné à nous détailler les amusements de la haute société musulmane, Aboû'l Faraġ, si indulgent pour les divertissements les plus risqués, quand il s'agit des héros de l'islam, ne pouvait décemment se scandaliser de l'attitude de Yazîd Mais pour un partisan de 'Alî, comment résister à la tentation d'éclabousser une mémoire aussi détestée ? Le *premier* il aurait introduit à la cour les distractions, patronnées par les plus saints personnages du Ḥiġâz, par 'Abdarrahmân le fils du calife Aboû Bakr, par Ibn Ġa'far (2), par Ibn Abi 'Atîq. Ce licencieux petit-fils d'Aboû Bakr, la Tradition l'a transformé en « homme de bien, mais facétieux, «كان امرأ صالحا وكانت فيه دعابة»(3) Le fils de Mo'âwia n'aurait donc été que le premier dans la longue série des califes, amis du plaisir !

Avec cette atténuation, l'accusation, articulée contre Yazîd, devient recevable. Elle évite du moins l'exagération de Mas'oûdî, attribuant au funeste exemple de Yazîd la première apparition de la musique à Médine et à la Mecque (4) Devant cet aveuglement de la passion šî'ite, nous de-

---

(1) Voir plus haut, p 27. Pour l'habitude de lapider les tombes, comp. Dozy, *Die Israeliten zu Mekka*, 119

(2) *Mo'âwia*, voir ces noms à l'*index*. Le calife 'Omar commande à ses généraux de s'emparer de la jeune Syrienne dont s'était amouraché 'Abdarrahmân et de l'expédier à Médine. Celui-ci la renvoya quand elle tomba malade , Zobair ibn Bakkâr, *Nasab Qoraiš* (ms. Kuprulu), 92.

(3) Zobair ibn Bakkâr, *Nasab Qoraiš* (ms Kuprulu), 100 a. C'est que la famille d'Aboû Bakr comptait — privilège unique ! — « quatre générations ayant contemplé le prophète » , Moḥibb at-Tabari, *Manâqib al-'Ašara*, I, 186

(4) *Prairies*, V, 157 Pénalités contre le vin et la musique ; Ibn Maġâ, *Sonan*, E, II, 254. Voir plus haut, p. 29.

vons presque savoir gré à Aboû'l Farağ de n'avoir pas relevé l'accusation d'inceste (1), si légèrement accueillie dans d'autres recueils.

Les goûts austères de Mo'âwia nous sont connus. Antérieurement aux Sofiânides, il ne peut être question de l'organisation d'une cour. Mais, nous l'avons observé ailleurs (2), en fait de plaisirs, Yazîd n'eut pas à innover ; il lui suffit de marcher sur les traces de la joyeuse société, réunie à Médine (3). C'est la ville sainte, qui se charge de former et de lui envoyer des musiciens (4), une corporation d'artistes, médiocrement appréciés par la Syrie arabe (5).

Le calife ne paraît pas avoir élargi le cercle des distractions, avidement recherchées par les descendants des grands *Compagnons*. Le vin (6) — la boisson des rois, شراب التيجة كسرى, et des grands saiyd — ne pouvait en être absent, surtout dans un pays, possédant des crus aussi estimés que la Syrie. Médine ne les appréciait pas moins, sans en excepter le *vin d'or* du Liban, celui auquel Aḫtal, le commensal de Yazîd, comparaît « l'œil du coq » (7). Cette réputation d'intrépide buveur doit probablement son origine au *dîwân* de Yazîd, recueil composite de chants bachiques de provenance diverse (8). Nous autorise-t-il à en tirer des conclusions extrêmes ? Ou faut-il avec un rimeur šî'ite, retourné depuis à l'orthodoxie, affirmer que « l'accusation d'ivrognerie et d'inconduite, portée contre Yazîd, est une pure calomnie ? »

واقول ان يريد ما   شرب الخمورَ ولا فَجرْ (9)

(1) I S *Ṭabaq*, V, 47, رجل ينكح الامهات والبنات والاخوات. Voir plus haut, p 212.

(2) *Mo'âwia*, 407

(3) Malgré les défenses attribuées au Prophète, il interdit d'acheter des esclaves musiciens, et la musique, même في غير فاحشة ; Ibn Mâğâ, *Sonan*, E, I, 69, 2 ; II, 7.

(4) *Aḡ*, XVI, 171, 2

(5) *Mo'âwia*, 373, 374 ; voir plus haut, p 123.

(6) Dans Damîrî, *Ḥaiawân*, I, 51 (éd Caire, 1321 H.) au lieu de غاب يزيد يشرب الخمر, lisez : عاب يزيدَ بشرب الخمر. Le grand faqih syrien Rağâ ibn Haiwa se montre sévère pour la musique, Ğahiz, *Bayân*, II, 37, 1

(7) *Aḡ*, VII, 176, *Chantre*, 146, *Mo'âwia*, 415, note, et l'*index* s v *vin*

(8) La question d'authenticité complique toute étude systématique des poésies attribuées à Yazîd.

(9) Cité dans Goldziher, *Litterat der Šî'a*, p 84.

La question n'a pas l'importance, imaginée par les chronographes 'abbâsides. Au premier siècle de l'islam, on a passé tacitement l'éponge sur ces faiblesses Placé devant une outre de vin, Walîd, « l'épée d'Allah », le prie de le changer en vinaigre. Et cette prière se vit exaucée incontinent (1) ! Le miracle n'a pas dû se renouveler, puisque l'abus de la boisson valut au vaillant capitaine les sévères remontrances de 'Omar : اني ابا كر آل المغيرة درا الدار (2). Le terrible calife déclarait tisons d'enfer les Mahzoûmites, ses oncles pourtant, au dire de certaine tradition Pour tout composer, on a d'avance présenté le Prophète, prenant la défense de Hâlid : « Les hommes sont injustes pour lui ; n'a-t-il pas consacré ses esclaves (3), toutes ses montures au service d'Allah ? » (4) L'inconduite notoire de Moǵîra ibn Šo'ba empêche-t-elle les bons musulmans de lui accorder la prérogative de la *tarḍia* ? En plein cinquième siècle H, il s'est rencontré un hanbalite pour écrire un livre sur « les vertus de Yazîd » (5). Ce bon Samaritain islamite devait pourtant connaître le vers d'Ibn 'Arâda, dépeignant la mort de Yazîd et « près de son chevet des coupes et une outre, enluminant le bout du nez »:

طرقتْ منيّتهُ وعند وسادتهِ كوبٌ وزِقٌ راتقٌ مرثومٌ (6)

Au début du second siècle H., dans la chaire de Médine le chef hâriǵite Aboû Hamza se chargea d'instruire le procès du fils de Mo'âwia. De cette composition oratoire, pleine de vie et de chaleur, on peut affirmer qu'elle est ancienne. Mais le morceau a été retouché dans le style (7) et

---

(1) Dahabi, *Târîh*, (ms Paris), 137, *b*

(2) Aboû 'Obaid, *Ǧarîb* (ms Kuprulu), 225 b. Il se serait agi d'un onguent, préparé avec du vin Essai d'atténuation !

(3) On fait prédire par Mahomet qu'aucune nation ne possèdera autant d'esclaves que les musulmans, Ibn Mâǵâ, *Sonan*, E, II, 207, 2

(4) جعل رقيقه ودوابه في سبيل الله ; Aboû 'Obaid, *Ǧarîb*, 100, *b*

(5) Cf Goldziher, *M S.*, II, 97, note. Voir plus loin .

(6) Ṭab, *Annales*, II, 488. Ce vers très authentique, mais où l'on vise au trait, a dû contribuer à la réputation de buveur chez notre calife.

(7) Par ex l'introduction du *saǵ'* ; *Aǧ*, XX, 106 Cet *ornement* manque aux anciennes compositions oratoires. Voir p. ex la *hotba batrâ'* de Ziâd ; cf. *Ziâd ibn Abîhi*, 36 sqq. Ǵâhiẓ, *Bayân*, I, 173 en conserve une rédaction différente, mais toujours sans accompagnement de cadences rimées

avec les idées courantes à l'époque ʿabbâside. Dans ce rapide coup d'œil (1), jeté sur le passé de l'islam par un orateur ḫârigite, découpons le portrait de notre calife «Yazîd, l'ami de la boisson, l'ami des faucons (2) et des guépards (فهود) ; Yazîd, ami de la chasse, Yazîd le compagnon des singes ! Le scélérat ! Il se mit en opposition avec le Qoran pour s'attacher aux *kâhin*, devins (3). Comme commensal, il élut un singe et s'abandonna à ses passions jusqu'à son dernier soupir Allah le maudisse et l'écrase ! » (4) Masʿoûdî (5) s'est approprié tout le morceau, se contentant de le démarquer, en y supprimant les désinences rythmées, *saǵʿ*.

Dans ce réquisitoire passionné, l'accusation (6), revenant avec une insistance marquée, est celle de la chasse. La répugnance pour ce divertissement présente un trait, nouveau dans la psychologie des Arabes. Impossible d'en relever des traces certaines, antérieurement à l'hégire. Nous voyons les héros, les paladins de l'antiquité (7) s'y livrer avec passion (8). C'était le sport favori du prince-poète Amrou'l Qais, du fameux saiyd taġlibite Kolaib. Dans l'immensité des solitudes désertiques, ce grand seigneur bédouin s'était même réservé des districts de chasse (9).

---

(1) Les orateurs ḫâriǵites affectionnaient ces aperçus historiques.

(2) Comp *Aǵ*, VII, 145, l'Omaiyade Al-ʿArǵî part pour la chasse en compagnie de كلابه وصقوره وفهوده وبوازيه. Sur le faucon cf Damîrî, *Haiawân* (Caire, 1321), I, 91; le فهد, Qotaiba, *ʿOyoûn*, 470.

(3) De nouveau le *saǵʿ* قران — كهّان : antithèse peu réussie !

(4) *Aǵ*, XX, 106 ; *ʿIqd*[4], II, 161-62, ou l'on trouvera une édition expurgée, allégée des injures à l'adresse des califes Voir plus bas

(5) *Prairies*, V, 156.

(6) On le fait également jouer au نرد, distraction vue de très mauvais œil par le ḥadîṯ, Qaramâni (en marge d'Ibn al-Aṯir, *Kâmil*), I, 281.

(7) Comme ʿAdî fils de Hâtim, Nasâ'î, *Sonan*, II, 193, 194

(8) Beaucoup de hadîṯ de chasse sont attribués à ʿAdi ibn Hâtim; Hanbal, *Mosnad*, IV, 377-79 Le poète Šammâḫ était وصّاف القمراء للحمر : (Qotaiba. *Poesis*, 178), éloge analogue du grand Aʿšâ, أوصف للخمر والحُمُر, c-à-d pour la chasse aux onagres. A Médine chasses des jeunes Ansâriens, Schulthess, *Mowaffaqiyât*, dans ZDMG, LIV, 437 ; G. Jacob, *Beduinenleben*, 113 Tribus vivant de la chasse ; un motif de satire, parce qu'il donne à entendre que, manquant de troupeaux, la misère les a réduites à cette situation ; Ǵâhiz, *Haiawân*, V, 172, bas

(9) C'était le *himâ*, cf *Fâṭima*, 78-79 ; Ǵâḥiẓ, *Ḥaiawân*, I, 156 ; II, 8-10.

Celle-ci constituait pour le fidèle, ainsi en convient le Qoran (5, 95), une délicate tentation (1), pendant la période du pélerinage (2). Ce recueil la suppose donc comme une distraction recherchée. Le conflit incessant entre cette passion et les interdictions nouvelles, la casuistique compliquée, développée à ce propos par les docteurs de l'islam, suffisent à le prouver (3).

Dans les poètes préislamiques (4), les scènes de chasse abondent. Divertissement aristocratique, elle offrait au nomade de condition modeste, grand amateur de viande (5) et peu difficile sur la qualité, l'occasion d'améliorer son maigre ordinaire. Fréquemment elle devenait une nécessité dans sa rude existence. La lutte contre les fauves (6) s'imposait à cet enfant de la nature, perdu avec les siens dans les steppes sans limites. La Bédouine, en quittant sa tente pour aller puiser l'eau à un puits éloigné, se demandait avec anxiété, si au retour elle retrouverait le nourrisson, demeuré sous la tente (7).

Dans ses parties de chasse, le compagnon ordinaire du nomade, antérieurement à l'islam, était le chien. Eprouvait-il dès lors contre cet auxiliaire les répugnances, constatées à partir de l'hégire ?

L'ancienne onomastique insinue plutôt le contraire (8). Innombra-

(1) ليبلونّكم الله بشيء من الصّيد تنالهُ أيديكم ورماحكم ; Qoran, *loc. cit.*

(2) La solitude de وبار, terrain de chasse inviolé ; Bakrî, *Mo'ǵam*, 835-36 ; Qotaiba, *Poesis*, 495. Cf. notre *Berceau de l'islam*, I, 116.

(3) Comp. Śâfi'î, *Kitâb al-Omm*, II, 160 sqq. intéressant à ce sujet, quoique très vide de données historiques. On vendait publiquement à la Mecque la chair de l'hyène ; *ibid.*, II, 208 ; comp. Ibn Mâǵâ, *Sonan*, II, 136, haut. La chair du chien, déclarée mauvaise ; *Śo'arâ'* (Cheikho), 635, 4.

(4) Ǵâḥiẓ, *Bayân*, II, 25, 17 sqq.

(5) Nourriture du Paradis, d'après Mahomet ; Ibn Mâǵâ, *Sonan*, E, I, 162, 4. Cf. Śâfi'î, *Kitâb al-Omm*, II, 208 ; 'Alî aurait condamné la chasse avec des meutes ; Ya'qoûbî, *Hist.*, II, 240, 9.

(6) Excepté pourtant les lions, rares en Arabie. Cf. notre *Berceau*, 127.

(7) Cf. Balâḏorî, *Fotoûḥ*, 356.

(8) Cf. Ibn Doraid, *Ištiqâq*, 13-14 et *index* ; *Naqâ'iḍ Ǵarîr*, III, 202 ; G. Jacob, *Beduinenleben*, 83-84 ; Ǵâḥiẓ, *Ḥaiawân*, I, 152. Voir les indemnités à payer pour le meurtre d'un chien ; elles varient avec la qualité : chien de chasse, des champs... ; Ǵâḥiẓ, *Ḥaiawân*, I, 142. L'islam n'a pu supprimer ces usages. Ils attestent l'estime du Bédouin pour son chien.

bles sont, dans les listes *généalogiques*, les dénominations, dérivées de la racine *kalb*. Toute la richesse des formes grammaticales y passe. Elles s'appliquent non seulement à des individus, mais à des tribus (1) entières(2). Des femmes n'éprouvent aucun embarras à porter le nom de *Kalba*, chienne, ni leur père la konia d'*Aboû Kalba*(3). Des clans bédouins s'appelaient «fils de la chienne», *Banoû'l Kalba*, et les poètes accompagnaient cette savoureuse dénomination des plus sonores épithètes :

« Les fiers héros des Banoû'l Kalba à la haute stature te défendront contre les lâches fils de Nizâr»:

سيكفيك من ابني نزار لواغب بنو الكلبة الشمّ الطوالُ الاشاجع (4)

L'homme incarnant toutes les prétentions aristocratiques dans l'Arabie préislamite s'appelait *Kolaib*, caniche(5). Assurément la malignité des rimeurs a parfois cherché dans ce nom la matière d'un trait satirique ; c'était indiqué ! Encore cette malice a-t-elle attendu l'apparition de l'islam (6). Le célèbre coursier de 'Âmir ibn aṭ-Ṭofail répondait au nom de Kalb (7). Un des notables de la Mecque, Aboû'l 'Âṣi, le mari de Zainab, fille du Prophète, était surnommé « le caniche du Baṭḥâ', جرو البطحاء » (8). En célébrant ses succès militaires contre les Kalbites, le chef qaisite Zofar ibn al-Ḥâriṯ y trouve l'occasion d'un jeu de mot poétique. Il appuie, non sur le sens injurieux du terme chien, mais sur celui de la racine *kaliba*,

---

(1) Une partie du Naǵd s'appelait نجد الكلبة ; Ǵâḥiẓ, *Ḥaiawân*, I, 152.

(2) Voir les index d'*Aǧânî* et d'Ibn Doraid, *Ištiqâq* ; ainsi Banoû Kilâb, Banoû Kolaib, etc., انف الكلب, nom propre ; Ǵâḥiẓ, *Ḥaiawân*, I. 152 ; 155 ; 7.

(3) Ǵâḥiẓ, *Ḥaiawân*, I, 151-52 ; II, 67-68 ; Ibn Doraid, *Ištiqâq*, 213 ; *Naqd'iḍ Ǵarîr*, 645, 7. Par ailleurs A. Kalba peut être une *konia* sur le type d'A. Horaira, sans rapport avec la paternité. عمرو ذو الكلب , nom de poète ; *Aǧ.*, XX, 22.

(4) Ǵâḥiẓ, *Ḥaiawân*, I, 152, 1.

(5) Depuis lors, les plus grands saiyd adoptent volontiers la *konia* honorifique d'*Aboû Kolaib* ; Ǵâḥiẓ, *Ḥaiawân*, II, 67 d. l.

(6) Ǵâḥiẓ, *Ḥaiawân*, I, 122-23.

(7) Ǵâḥiẓ, *Ḥaiawân*, I, 153.

(8) Baṭḥâ', la vallée de la Mecque : كان يلقّب جرْو البطحاء اي ابن البطحاء . . . كان من تمدودي رجال قريش مالاً وامانةً وتجارةً ; Balâḏorî, *Ansâb*, 254 ; جرو , nom propre ; Kindî, *Governors of Egypt* (Guest), 66, d. l.

être dur : « يا كلب قد كلبَ الزمان عليكم ; ô Kalbites, la fortune s'est montrée impitoyable à votre égard ! » (1) La signification désobligeante ne s'imposait donc pas alors comme de nos jours. Pour les poètes, le chien, on peut le dire, était un favori. Volontiers ils lui empruntent leurs comparaisons. Le guerrier

« S'avance, enveloppé dans son armure ; ses yeux en feu rappellent ceux du chien (2). »

Avec quelle tendresse, ces éternels vagabonds ont célébré le chien gardien de la tente, de la famille (3), veillant sur la sécurité de la tribu, et surtout le chien de l'hôte, de l'amphitrion, les accueillant de son aboiement joyeux, de ses manifestations caressantes ; « encore un peu, il parlerait » :

يكاد إذا ما ابصرَ الضَّيفَ مُقبلًا   يكلّمهُ مِن حبهِ وهو اعجمُ (4)

Ces faméliques quémandeurs se devaient de consacrer ce souvenir ému (5) à cet ami des heures mauvaises, alors que, pendant les orageuses nuits d'hiver, il avait répondu à leur appel désespéré, leur fournissant le moyen de retrouver la tente hospitalière (6). Eux-mêmes s'appelaient volontiers les « chiens de la tribu », et non pas à la façon des « canes muti, non valentes latrare » d'Isaïe (LVI, 10). Car ils prétendaient veiller sur l'honneur de leurs contribules et de leurs protecteurs (7).

Nulle part le Qoran n'a médit des chiens. Il mentionne avantageusement celui des Sept Dormants (8). Un seul verset compare les incrédu-

---

(1) Ǵâḥiẓ *Ḥaiawân*, I, 153 ; comp. Qotaiba, *'Oyoûn*, 79, 16.

(2) Ǵâḥiẓ *Ḥaiawân*, I, 151, 6 d. l. ; éloges du chien ; Bakri, *Mo'ǵam*, 450. 741.

(3) Les Arabes admirent son attachement à son maître ; Qotaiba, *'Oyoûn*, 106, 12. Son éloge, spécialement de son intelligence ; il reconnaît les amis de son maître, les gens de mérite ; Damîrî, *Ḥaiawân* (Caire, 1321), II, 224, 250. Dictons favorables au chien ; Qotaiba, *'Oyoûn*, 465.

(4) Ǵâḥiẓ *Ḥaiawân*, I, 190 ; le chien familier avec les hôtes ; Ǵâḥiẓ, *Avares*, 265, 266 ; Aḫṭal, *Divan*, 34, 12.

(5) Voir plus haut, p. 103.

(6) Ǵâḥiẓ, *Ḥaiawân*, I, 190,191-95. On aboyait pour faire répondre les chiens ; Ǵâḥiẓ, *Avares*, 263, 267.

(7) Ǵâḥiẓ, *Ḥaiawân*, I, 172.

(8) Qoran, 18, 17, 21. Comp. Damîrî, *Ḥaiawân* (éd. Caire, 1321), II, 230, 231 ; on en a fait un lion, même un homme ; ce chien est au Paradis ; Damîrî, *loc. cit.*

les au chien · « Qu'on le menace, qu'on le laisse en paix, il sort la langue » (1). Ce rapprochement fort innocent ne fait aucune allusion à une impureté quelconque Sinon l'âne, beaucoup plus maltraité par le Qoran (2), devrait tomber sous la même réprobation.

Assurément les Arabes ont également adopté le nom d'*âne*, de *cochon* (3). En les portant, ils pensèrent s'approprier une partie des qualités d'endurance, de vigueur, constatées par eux chez ces animaux Cette considération, les écrivains arabes (4) l'ont signalée bien avant nos modernes folkloristes (5). « La superstition leur fait croire, observe Chardin, que le nom fait beaucoup à la destinée » (6). Quoiqu'en dise Ǵâḥiz, nous retrouverions dans l'onomastique des anciens Bédouins le nom de *Baǵl*, si le mulet avait été suffisamment connu (7) dans l'Arabie préislamite (8). Mais jamais les noms de *Ǵaḥš, Ǵoḥaiš, Ḥimâr, Ḥomaiyir* (9), *Ḫinzîr*, le dernier surtout (10) n'ont joui de la faveur, réservée à Kalb (11). On ne connaît pas de Banoû Ḫinzîr. A l'exception de l'âne peut-être, aucun animal ne pénétrait plus profondément dans leur intimité. Aucun ne donnait, à l'égal du chien, des preuves d'intelligent attachement à ses maîtres. Voilà pourquoi ils l'ont fréquemment traité comme leurs che-

---

(1) Qoran, 7, 172 ; cf. Ǵâḥiẓ, *Ḥaiawân*, IV, 12.

(2) Voir les concordances *s. v* حمار.

(3) Ou plutôt du sanglier ; les Arabes admirent l'impétuosite de son attaque ; Qotaiba, *'Oyoûn*, 144, 2.

(4) Cf *Aǵ*, XIV, 164 ; l'imposition d'un nom approprié est un privilège d'Allah, Qoran 2, 29, 30

(5) Ǵâḥiz, *Ḥaiawân*, I, 158. Dans les anciens poètes aucune idée défavorable ne s'attache au cochon, nombreuses citations poétiques, Ǵâhiz, *op cit*, I, 61.

(6) Chardin, *Voyages*, ed Langlois, IX, 193.

(7) Cf *Fâṭima*, 81, 82

(8) Zaǵǵâǵi, *Amâlî*, 35 : plaisante histoire à ce propos

(9) Ḥimâr ibn Abi Ḥimâr ; *Naqâ'iḍ Ǵarîr*, 54, 16 ; 55, 1 ; Ibn Doraid, *Ištiqâq*, 147, 182, Boḥtori, *Ḥamâsa*. n°s 369, 1435. Les fils d'Aboû Ḥimâr s'appellent *âne* et *ânon* ; جحيش, *Naqâ'iḍ Ǵarîr*, 2, 10, 11, 12. Yaqoût, E, III, 304, 454

(10) *Naqâ'iḍ Ǵarîr*, 820, 19 ; 822, Ǵâḥiz, *Ḥaiawân*, I, 61, 3

(11) D'après Ǵâḥiẓ, *Ḥaiawân* I, 99, يسمّون المرأة ناقة ... ولا يسمّونها بقرة ; pourtant بقيرة, génisse, nom de femme ; Hanbal, *Mosnad*, VI, 439, 378

vaux (1). Ils ont conservé les noms des chiens les plus célèbres (2). Pour certaines variétés plus fameuses on a même rédigé des généalogies. Les soins les plus minutieux sont apportés pour veiller à la pureté de la race ; انساب قائمة ودراوين مخلّدة واعراق محفوظة وموالید مُحصاة (3).

Ennemi des sports violents, médiocre cavalier (4), Mahomet affligé d'un embonpoint précoce (5) ne s'est jamais livré au divertissement de la chasse. Mais, à l'instar des autres maisons de Médine, son *dâr* possédait un chien de garde. On rencontre des chiens jusque dans les appartements privés du Prophète. Un caniche servait aux amusements de ses petits-fils, « les deux Ḥasan ». Il ne paraît pas en avoir pris ombrage (6). Ǵabriel se chargea de l'avertir : « Les anges ne visitent pas une demeure, abritant un chien » (7). Ici la réaction théologique s'est abritée derrière l'archange. Elle naquit vraisemblablement dans le milieu de Médine, tout saturé de préjugés rabbiniques. Se proposa-t-elle d'attaquer un abus déterminé ? A cette distance des événements, il devient difficile de décider. A ce propos, le sagace Ǵâḥiẓ met en avant la fureur du jeu, sévissant à Médine : chiens, coqs, pigeons, tout servait à l'alimenter (8). L'inter-

---

(1) En parlant d'un cheval, on trouve ابن فلان ; *Naqd'iḍ Ǵarîr*, 145, 10. On connaît des guerres entre tribus, occasionnées par la mort d'une chienne ; Ǵâḥiẓ, *op. cit.*, I, 152.

(2) Ǵâḥiẓ, *Ḥaiawân*, II, 7-10.

(3) Ǵâḥiẓ, *Ḥaiawân*, II, 7.

(4) Cf. *Fâṭima*, 82.

(5) Cf. *Mo'âwia*, 368-69.

(6) Moslim, *Ṣaḥîḥ*[2], II, 219 ; pas plus que des chiens, circulant dans la mosquée (Damîri, *Ḥaiawân*) Caire, 1321), II, 246) et s'y accordant toutes les libertés, familières à ces bêtes. Cet accident devait être fréquent avec la forme des anciennes mosquées, enceintes ouvertes : voir *Ziâd ibn Abîhi*, 88 sqq.

(7) Cf. *Fâṭima*, 75 : Nasâ'i, *Sonan*, E. II. 194 ; Moslim, *Ṣaḥîḥ*[2], II. 218-19 ; Ibn Mâǵâ. *Sonan*, E, II, 202.

(8) *Ḥaiawân*, I, 144. Contre la colombophilie ; Ibn Mâǵâ, *Sonan*, E, II, 215 ; Ǵâḥiẓ. *Ḥaiawân*, III, 58, 59 : désordres occasionnés par ce dernier sport ; comp. I, 142, 8. Paris sur les chiens ; *ibid.*, I, 144, 6. C'est bien la passion du jeu, qui dicte aux premiers califes l'ordre de tuer les chiens ; *ibid.*, I, 148, 7. Peut-être la même mesure, attribuée au Prophète, se réduit-elle à une simple *anticipation* ; un phénomène fréquemment observé dans le ḥadîṯ. Mahomet appelle « cheval du diable » le coursier الذي يُقامَر او يراهَن

diction a pu aussi bien viser la passion de la chasse, très en faveur parmi la jeunesse dorée de la ville sainte et devenue l'occasion de folles dépenses (1). On ne se contentait plus de chiens ; on leur adjoignit des animaux rares, des faucons (2), des guépards (3), dressés pour la chasse. Ce dressage réclamait des spécialistes étrangers (4)

Mahomet aurait — on l'assure du moins — donné l'ordre de tuer tous les chiens de Médine (5) Quand on voit cet édit renouvelé par les premiers califes, et les pigeons enveloppés dans la proscription, on incline à chercher dans la passion du jeu le motif de la réaction La colombophilie a toujours été mal vue dans le monde islamique (6), où elle donne lieu à des paris ruineux. Un témoin, suspecté de jouer avec les chiens et les faucons, se voit récuser par le qâḍi. Ce dernier retire son opposition, quand le témoin affirme que ces animaux lui servent pour la chasse (7). Une

---

عليه ; Ḥanbal, *Mosnad,* I, 395, 7 d. l. 'Oṯmân, du haut de la chaire, intime de tuer les chiens et les pigeons , Ḥanbal, *op cit* , I, 72

(1) Hanbal, *Mosnad,* I, 350 Mahomet maudit qui vend ou achète un chien ; Śâfi'i, *Kitâb al-Omm,* III, 9 sqq

(2) M. Mainzer, *Ueber Jagd ... bei den Juden in der tannaeischen Zeit* (dissertation), p. 34

(3) Le فهد encore utilisé par les Bédouins pour la chasse ; Z. Biever dans *Conférences de St Etienne* (Jérusalem) 1910-11, p 282 Les *beys* du pays de 'Akkâr (Syrie) continuent à élever des faucons pour la chasse. Damiri, *Haiawân* (Caire 1321), I, 181

(4) L'envoi de faucons est un cadeau princier Le César de Byzance en expédie aux Mamloûks ; voir nos *Correspondances diplomatiques entre les sultans mamloûks d'Egypte et les puissances chrétiennes*, dans la *Revue de l'Orient chrétien*, 1904, p 361 et 389 (texte arabe) , Jaussen, *Pays de Moab,* 282-83.

(5) Moslim, *Ṣaḥîḥ*, I, 461-62 ; Hanbal, *Mosnad*, II, 23, 37 ; III, 326, Qotaiba, *Moḫtalif al-ḥadîṯ*, 164-65, essaie de concilier ces contradictions ; Nasâ'i, *Sonan*, E, II, 194.

(6) Cette réprobation y subsiste toujours

(7) Ǧâḥiẓ, *Haiawân*, II, 68 , Ibn Maǧâ, *Sonan*, E, II, 215. Méfaits attribués aux colombophiles . le detail est fort intéressant , Ǧâḥiẓ, *Haiawân* III, 58 Cette passion cause des homicides involontaires. Le meurtrier demeurant inconnu, « le sang n'est ni vengé ni racheté ». A la suite des plaintes générales, 'Oṯmân interdit ce sport ; Ǧâḥiẓ, *op. cit* , III, 59.

exception est admise pour les chiens de berger et ceux, affectés à la garde des champs (1).

La défaveur se trouve en définitive restreinte au chien de maison. Un propriétaire musulman devient inexcusable de le garder sous son toit. Tous les jours, la somme de ses mérites diminuerait d'un *qîrâṭ*. « Chaque *qîrât* équivalant au mont Ohod, le malheureux ne pouvait tarder à se voir au bout de ses actes méritoires » (2) Ainsi raisonne le malicieux Ǵâhiz, heureux de relever l'inconsistance (3) de ces traditions et de réhabiter les animaux dans son *Bestiaire*. Une piquante anecdote doit achever la démonstration : « Des Compagnons du Prophète vont visiter un Anṣârien malade En pénétrant dans la cour (dâr) de la demeure, ils sont accueillis par les aboiements furieux d'une troupe de molosses Les Ṣaḥâbîs se retirent désolés : « Que restera-t-il à notre ami, si chaque chien lui enlève journellement un *qîrât* de ses mérites » ? (4)

Quand l'école médinoise se familiarisa de plus près avec la législation talmudique, elle y découvrit les prescriptions relatives aux chiens. Toutes concluent au caractère impur de ces animaux et à leur proscription totale (5) Entièrement dominés par les maîtres juifs, les *faqîh* anṣâriens — plusieurs descendaient d'ancêtres israélites (6) — s'empressèrent

---

(1) Ǵâhiz, *Haiawân*, I, 142; et enfin des chiens de chasse ; Nasâ'i, *Sonan*, E, II, 196 ; Ibn Mâǵâ, *Sonan*, E, II, 150

(2) Ǵâhiz, *Haiawân*, I, 143, 180. Śâfi'î, *Kitâb al-Omm*, II, 192 déclare le chien « plus impur que le faucon et les oiseaux de chasse » , I 15 : « il existe deux seuls animaux impurs de leur vivant · le chien et le cochon » ; *ibid* , IV, 179

(3) Primitivement la perte était de deux *qirât* ; cf Nasâ'î, *Sonan*, E, II, 195 ; comp la glose marginale ; Śâfi'i, *Kitâb al-Omm*, III, 9 sqq., essai de conciliation dans Damiri, *Haiawân* (Caire, 1321), II, 246.

(4) Ǵâhiz, *Haiawân*, I, 143.

(5) Cf S Krauss, *Talmudische Archaeologie*, II, 143 , la chasse est mal vue par le Talmud , *ibid*

(6) Je ne crois pas a l'extermination totale par Mahomet des Juifs de Yaṯrib, Tous les clans médinois comprenaient des prosélytes juifs Nous le montrerons ailleurs Zohri (un Mecquois) n'admet pas l'impureté du chien, opinion partagée par de rares docteurs , Damîri, *Ḥaiawân* (Caire, 1321), II, 245 Dans le principe de l'islam on paraît avoir été moins rigoureux à cet égard. Voir les hadîṯ, rappelés par Damîri, *op. cit* , II, 246, haut.

d'adopter ces dispositions. C'était l'époque où, dans le Ḥiǵâz, on travaillait fébrilement à la rédaction d'un code islamique, destiné à combler les lacunes du Qoran. Peu s'en fallut — et ici, de nouveau (1), se trahit clairement l'influence juive — que la proscription n'englobât les poules (2), animaux se nourissant d'immondices (3)

La nouvelle législation ne s'introduisit pas partout sans difficulté : la mentalité bédouine se refusant à en reconnaître le bien-fondé. Aussi l'imâm Śâfi'î doit-il se donner beaucoup de mal pour établir l'impureté légale du chien. Il croit y arriver en accumulant une série d'arguments *à priori* ; il table sur l'abstinence de la viande du chien chez les anciens Arabes. Ceux-ci l'auraient donc considérée comme impure (4) Cette conclusion ne s'impose pas. Si les Bédouins s'abstiennent de manger leurs chiens, c'est en considération des services, rendus par ces animaux Par contre l'hyène, animal infiniment plus répugnant (5), figurait sur leurs

---

(1) Cette influence se trahit dans une multitude de details : ainsi les *Sahih* recommandent d'enlever les épines du chemin , Ibn Mâǵâ *Sonan*. E, II 205-06 ; Krauss, *op cit* . II, 252, 324 Enterrements précipites et nocturnes au début de l'islam (cf *Fâtima*, 118), la mutilation d'un esclave lui assure la liberté ; se lever devant la bière du mort etc comp Krauss, *op cit.*, II, 62, 64, 97. Pour d'autres emprunts, voir E Mittwoch, *Zur Entstehungsgeschichte des islam Gebets und Kultus*, extrait de *Abh Koenig preus. Akad Wissensch.*, 1913, n. 2 Pour l'interdiction de louer les maisons à la Mecque, voir plus haut. p 363 On voulait conferer à la Jérusalem islamite une sainteté *idéale*, pouvant rivaliser avec celle de la Jérusalem juive

(2) Les hadîṯ à ce sujet sont toujours attribués à Abou Meûsâ al-Aś'arı ; Ǵâhiz, *Haiawân* I, 110, 143. Précautions de Mahomet avant de manger une poule , Damîri, *Haiawân* (Caire, 1321), 277, 278.

(3) Cf S Krauss, *Talmud. Archaeol* . II. 137 ; Qotaiba, *Poesis*, 377 , beaucoup de *Ṣaḥîḥ* contiennent un paragraphe sur la liceité de la chair de la poule, quoique se nourrissant d'immondices ; Nasâ'î, *Sonan* (ms. Noûri 'Oṯmânı) ; II, 200 (éd Caire). Il est parfois question du coq de Mahomet ; Qotaiba, *'Oyoûn*, 475 : Damîri, *Haiawân* (Caire, 1321), I, 289 ; on peut manger du coq ; Damîri, *op. cit.*, I, 290 ; voir plus haut, p. 363

(4) *Kitâb al-Omm*, II, 208 ; Cf. II, 192, 218 ; Damîri, *op. cit*, II, 245.

(5) Ses mœurs répugnantes, sa konia ام الهنبر ; Damîri, *op cit* , II, 65, 66.

menus (1) : c'est qu'ils n'éprouvaient pas les mêmes raisons d'épargner ce carnassier (2).

Ajoutez à cette impureté, attribuée au chien, une autre considération ; elle acheva de déprécier la chasse. Non seulement le chien, animal immonde, en touchant à la proie l'avait rendue impure, mais le chasseur s'exposait à manger la *maita*, un animal immolé irrégulièrement et en dehors de la mention du nom divin (3). Ces scrupules, inconnus aux anciens Bédouins, se lisent clairement dans les collections canoniques et à travers les multiples précautions, prescrites aux chasseurs, avant de lancer des chiens (4). La situation s'aggravait encore, quand on opérait à l'aide de carnassiers dressés, comme les guépards فهود (5). Comment les empêcher de prendre leur part de la proie : et alors celle-ci ne rentrait-elle pas dans la catégorie des viandes interdites par le Qoran, ما اكل السبع (6) ? Sans oser ouvertement proscrire une distraction, en somme innocente, nos recueils se livrent à des prodiges d'ingéniosité pour concilier la pratique avec les préjugés d'origine rabbinique (7). Pouvait-on l'interdire ? Le Qoran l'avait autorisée expressément, en dehors de l'époque des pélerinages (8). Mais le *Kitâb Allah*, ayant gardé le silence sur les accessoires, sur les auxiliaires de la chasse, la réaction médinoise prit sa revanche en ces chapitres.

---

(1) Šâfiʿi, *op. cit.*, 220-21 ; Damîrî, II, 66. Il est permis de consommer le gibier, même retrouvé après *trois* jours ; Nasâʾî, *Sonan*, E, II, 197.

(2) Pas plus que leurs chiens, les Arabes ne mangeaient leurs chats ; on attribue cette interdiction à Mahomet ; Ibn Mâǵâ, *Sonan*, E, II, 155 ; même interdiction pour les mulets ; Ibn Mâǵâ, I, 149 ; Ǵâḥiẓ, *Ḥaiawân*, III, 58, 3 d. l.

(3) Cf. Qoran, 5, 4. Un Bédouin apporte sa chasse à Mahomet : a-t-il prononcé le nom d'Allah ? « Prononce-le maintenant, crie le Prophète, et mange ». Nasâ î, ms. cité ; II, 193 sqq.(éd du Caire) : Šâfiʿi, *loc. cit.* ; Tirmiḏi, *Ṣaḥîḥ*, I, 277-78 ; Ḥanbal, *Mosnad*, II, 184. Comp. Jaussen, *Pays de Moab*, 278-79.

(4) Nasâʾî, *Sonan*, E, II, 197-98.

(5) Sur leur valeur à la chasse, cf. Ǵâḥiẓ, *Ḥaiawân*, IV, 16 ; description poétique des فهود du calife ʿAbdalmalik ; Qotaiba, *Poesis*, 384 ; Damîrî, *op. cit.* (Caire 1321), II, 181.

(6) Qoran, 5, 4.

(7) Ibn Mâǵâ, *Sonan*, E, II, 151-52.

(8) Qoran, 5, 3, 96, 97.

A l'époque de Yazîd, cette doctrine se trouvait à peine en formation. Avant la sévère leçon de la Harra, les *tâbi'îs* de Médine s'occupaient plus de politique que de l'élaboration du futur droit musulman (1) Même au Higâz, les contemporains du calife n'ont pas dû se scandaliser de ses penchants cynégétiques Comme il est arrivé trop souvent, les théologiens peu courageux de la période 'abbâside se sont mis à couvert derrière ce nom odieux, pour élever une timide protestation contre les dispendieuses chasses à courre, où les souverains de Bagdad reprenaient les traditions de « Chosroès »

Al-'Ainî (*op cit.* 46) mentionne chez Yazîd le goût pour les combats de coq. Ici l'insinuation malveillante prend à peine le soin de se déguiser. C'était un jeu fort en honneur à Médine Les premiers califes durent prendre des mesures sévères pour l'interdire. On nomme surtout 'Otmân, peut-être à cause de son fils 'Abdallah tué, dit-on, par un coq (2). Ǵâhiz cite toute une collection de méfaits, attribués aux coqs d'Arabie (3), célèbres, semble-t-il, par leur férocité et capables de tenir tête aux chiens (4) « La mort de 'Abdallah, le petit-fils du Prophète, عترة رسول الله, dépasse assurément les plus regrettables excès, mis sur le compte des chiens » (5). Ce passé compromettant n'était pas de nature à assurer au coq les sympathies des pieux musulmans.

Dans le réquisitoire, dressé contre les désordres de Yazîd, le singe occupe une place importante L'origine de cette accusation se trouve peut-

---

(1) Voir plus haut, chap. XIV et XV Comp l'introduction d'E Sachau à Ibn Sa'd, *Tabaqât*, III[1], p VI sqq

(2) Damiri, *op. cit.* (Caire 1221), I, 291 ; Gâhiz, *Haiawân*, III, 58, 5 d l Paris sur les coqs ; Gâhiz, *ibid*, I, 143, 8 d l. ; 'Omar donne ordre de les tuer, *ibid*, I, 143, au lieu de تقل lisez تُقُل. Defense d'élever des poules pour ne pas ressembler aux paysans et aux tributaires ; *ibid*, I, 143, bas

(3) Il en est rarement question, ainsi que de poules, antérieurement à l'hégire Les hadit où l'on fait manger des poules au Prophète (Nasâ'î, *Sonan*, E, II, 200) ont été trouvés après coup pour rassurer les scrupuleux, amateurs de viande blanche.

(4) Ǵâhiz *Haiawân*, I, 144, 5, 189

(5) Ǵâhiz, *Haiawân*, I, 189, 2 Sur l'existence de cet 'Abdallah, voir notre *Fâtima*, 2, 130 Pour l'introduction du coq, cf *Rev. archéol*, 1912[2] 431.

être dans l'éloquente diatribe, prononcée par le ḫâriģite Aboû Ḥamza (1). Dans cette succession de *saǵ'* (bouts-rimés), *qoroûd*, singes, alterne avec *fohoûd*, guépards. Seulement l'orateur revient sur ce parallèle : à l'en croire, Yazîd aurait adopté un singe en qualité de commensal. Dans des courses, il imagina de faire figurer son singe favori, Aboû Qais, monté sur une ânesse. La preuve, on pensait l'avoir découverte dans certains vers, décrivant une scène aussi grotesque (2). Ces vers, composés par un rimeur syrien anonyme بعض شعراء الشام, on a jugé plus plaisant de les attribuer à Yazîd, peut-être avec l'arrière-pensée de ravaler son talent poétique, reconnu par ailleurs (3).

« Tiens ferme, Aboû Qais, le bout de ta bride, rien ne garantit contre une chute.

Venez voir le singe, sur son ânesse, devançant les coursiers de l'émir des croyants (4). »

Le surnom d'Aboû Qais (5) n'a pas exigé des frais d'invention : c'était la *konia*, réservée aux singes (6). On peut en dire autant des vers, destinés à éterniser ce fait glorieux. Dans l'abondante production de poésie burlesque, à l'époque 'abbâside, il n'a pas fallu un effort considérable pour découvrir un distique, célébrant un singe, monté sur une ânesse. Tout cet ensemble mérite, pensons-nous, le même degré de croyance que le cycle de légendes, développées autour du nom de Ya'for, l'âne du Prophète. « Ya'for descendait d'une génération d'ânes, ayant toujours servi de montures

---

(1) *Aǵ.*, XX, 106. Voir plus haut, p. 212, où on la fait relever par la députation médinoise. Cette anticipation ne rend pas l'accusation plus certaine.

(2) Rien n'y fait allusion à Yazîd. On y célèbre un singe, guidant une ânesse, capable de devancer les meilleurs coursiers, même ceux du calife. Le trait consiste dans cette antithèse.

(3) اما شعره فغاية لا تدرك ; Taġribardi, البحر الزاخر (ms. Paris), 192-93.

(4) Mas'oûdî, *Prairies*, V, 157-58; Ǵâḥiẓ, *Ḥayawân*, IV, 23. Nombreuses variantes, comme il arrive aux morceaux anonymes, circulant de recueil en recueil.

(5) *Aǵ.*, IV, 119, d. l.

(6) Cette *konia* n'est pas mentionnée dans Damîrî, ni dans Ǵâḥiẓ, *Ḥayawân*. II, 291 ; ce dernier indique comme *konia* du singe : *A. Ḥabîb*, *A. Ḫolaf*, *A. Rabba*, (ربّة), *A. Qiśśa*, (قشّة). Damîrî, *op. cit.* (Caire, 1321), II, 95, lequel au lieu de ابو رزبة donne ابو رزبة. Pour les multiples *konias* des animaux, voir celles du coq ; Damîrî, *op. cit.*, I, 288.

à des envoyés d'Allah A la mort du Prophète, de désespoir il se jeta dans un puits .. Mon aïeul (1), ajoute Sibṭ ibn al-Ǵauzî, a stigmatisé ces légendes dans son travail sur les *Mauḍoû'ât* ou Apocryphes » (2).

Pour les ennemis de Yazîd, l'important c'était de retenir le lecteur en arrêt devant le spectacle de la frivolité d'un calife (3) L'indigne successeur des 'Omar, des 'Alî, vivait en compagnie d'animaux, spécialement déconsidérés par le Qoran (4), anciens Juifs, métamorphosés en punition de leurs crimes ! Devant cet acharnement systématique, on demeure presque surpris que les adversaires n'aient pas poussé plus loin, le long de la piste, indiquée par le recueil d'Aboû'l Qâsim « Dans tout le règne animal, observe Ǵâhiz (5), il est uniquement question de métamorphose à propos du singe et du cochon. C'était apparemment, conclut cet auteur, pour souligner plus énergiquement le dégoût, inspiré par ces animaux ». Les Arabes connaissaient déjà l'expression « laid comme un singe » (6). Une aussi hideuse compagnie était digne du meurtrier de Hosain (7). Pour achever: Yazîd aurait, dit-on, composé une élégie sur la fin d'Aboû Qais (8). Par ailleurs, d'après Balâḏorî, cité par al-'Ainî (p. 47), le prince serait mort d'une chute pendant une course, où son favori montait une ânesse. Autant de développements grotesques d'un thème identique, destiné à discréditer le souverain On lui a également attribué l'introduction des eunuques à la cour (9). Je ne crois pas cette assertion mieux fondée que

---

(1) Il s'agit d'Ibn al-Ǵauzî, l'auteur des *Mauḍoû'at* et du *Montaẓam*.

(2) Sibt ibn al-Ǵauzi. *Mir'ât* (ms Kupiulu), 39, a-b , cf. *Fâṭima*, 46, 81, 83 Comme exemple de longévité on cite l'âne d'Aboû Saiyâra, sur lequel, pendant 40 ans, il guida le pèlerinage , Ǵâhiz, *Bayân*, I, 119, 5.

(3) Voir plus haut, p. 29, 120

(4) Voir les concordances s v قرد Comp Damirî, *op cit* (Caire, 1321), II, 197.

(5) *Hayawân*, IV, 13. D'après Mahomet, les lézards seraient également des juifs métamorphosés , Ibn Mâǵâ, *Sonan*, E, II, 154.

(6) Ǵahiz, *Hayawân*, I, 115, 11 ; IV, 17, 9 ; 23, 9 ; Damîrî *op cit* , II, 198 La tradition mentionne encore d'autres métamorphoses · chiens pigeons, souris . *'Iqd'*, III, 292 , Ǵâhiẓ *Ḥayawân*, III, 38.

(7) Mas'oûdî, *Prairies*, V, 157-58

(8) 'Ainî, *op cit.*, 46-47.

(9) Salmoûni, *Târîḫ al-ma'ârif* (ms. Paris, n° 1608) p. 28.

pour Mo'âwia (1). La présence des eunuques dans l'entourage des califes me paraît postérieure à l'avènement de la dynastie sofiânide.

XXX

LES DEPLACEMENTS DE YAZID.

La Palmyrène et la région de Howwârîn. Tibériade. Antioche. En Mésopotamie ; colonisation intérieure. Yazîd et la Ka'ba. Sollicitude pour le Hiǵâz. Yazîd et le hadît. Fabrication des traditions apocryphes.

Yazîd institua, nous le savons par Ahtal (2), des courses de chevaux, dans la région de Homs. Il s'agit vraisemblablement de la Palmyrène méridionale, des plaines, comprises entre cette dernière ville et Howwârîn, pays où s'écoula son enfance. Au cours de son califat, il a dû reparaître dans la dernière localité (3). Entre elle et le prince, nos chroniqueurs établissent des relations incessantes, impossibles à contrôler ; nous avons eu l'occasion de le remarquer (4). A leurs yeux, la question topographique possède une importance assez minime (5). Le théâtre, où s'est passé un fait, se réduit fréquemment pour eux aux proportions banales d'un développement littéraire. La mort de Yazîd à Howwârîn se trouvant attestée par la poésie, leur grande source d'informations, ils se sont crus autorisés à rattacher au territoire de la petite cité la majorité des événements d'un règne si court. Yazîd séjourna également dans la région de Tibériade,

(1) Cf. *Mo'âwia*, 211; Ǵâhiz, *Haiawân*, I, 82, 5 montre également un eunuque chez Mo'âwia. Ces écrivains 'abbâsides ne concevaient pas autrement la cour.

(2) *Divan* (Salhani), 236-37.

(3) Tab., *Annales*, II, 203, 14 ; 427, d. l. ; 488, 4. Comp. *Mo'âwia*, 381-82.

(4) Voir plus haut, p. 107-108.

(5) Ainsi pour le congrès de Adroh ; *Mo'âwia*, chap. VII.

probablement à Sinnabra, une villégiature d'hiver inaugurée par son père (1). Nous y avons noté sa présence avant et pendant la révolte des Médinois (2).

Plus haut (p. 326), il a été question d'une apparition de Yazîd au siége d'Antioche. Le souvenir nous en a été conservé par l'auteur šî'ite 'Imrânî. Peut-être faut-il y reconnaître une tentative détournée pour justifier l'authenticité du sanctuaire 'alide de *Šaiḥ Moḥassin* dans les environs d'Alep (3).

On mentionne également une visite de Yazîd en Mésopotamie, au pays de Mauzan dans le Diâr Moḍar. Ce district était habité par le clan qoraišite des Banoû 'Âmir ibn Lo'ay. A l'occasion de son passage, le calife aurait donné à ce district le nom de *Wâdi'l-Aḥrâr* (4). Le motif de ce déplacement ne se trouve indiqué nulle part. Je serais tenté de le rattacher aux plans de réorganisation administrative de la Syro-Mésopotamie (5), à la politique d'expansion intérieure, au dessin, manifesté par Yazîd, de rendre plus effective la souveraineté arabe par la suppression des dernières autonomies et des privilèges archaïques. Combien cette politique lui tenait à cœur, il l'avait montré par son intervention au Horâsân, dans les affaires des Samaritains et surtout par la constitution du ǧond-frontière de Qinnisrîn. La pénétration des Qaisites (6) en Mésopotamie ne me paraît pas attestée antérieurement au règne de Yazîd Il a pu favoriser cette colonisation qaisite, afin de renforcer dans ce district, de-

_____

(1) Cf. *Mo'âwia*, 380

(2) Voir plus haut, p 212.

(3) Autres hypothèses énumérées plus haut, p 325-27.

(4) Cf. Ibn Qais ar-Roqaiyât, *Dîvan*, scolion, 192 , Yâqoût, *Mo'ǧam*, IV (W), 680, 875. Walîd ibn 'Oqba s'était etabli précédemment à Raqqa ; cf. *Mo'âwia*, 195. Depuis les Sofiânides, commence en Mésopotamie la pénétration des tribus non-rabî'ites.

(5) Se rappeler que la Mésopotamie fut rattachée au ǧond de Qinnisrîn Ainsi, de nos jours, le vilayet ottoman d'Alep comprend les deux rives de l'Euphrate et correspond assez exactement au ǧond de Qinnisrîn.

(6) Elle amènera sous les Marwanides les luttes sanglantes entre Qais et Taǧlib; cf. notre *Chantre*, 130-47 Les Banoû Kalb paraissent également avoir voulu prendre pied en Mésopotamie, au grand déplaisir des tribus de Rabî'a. Cette mauvaise humeur éclate dans les poésies de Aḥṭal ; voir *Chantre*, 132

meuré semi-indépendant, l'élément arabe. Il prit la même mesure dans sa nouvelle province de la Syrie septentrionale

Jeune prince, Yazîd avait accompli le pélerinage des lieux saints (1). Devenu calife, il se promit de reprendre cette visite Il se souvenait du testament de son père : « Aie l'œil ouvert sur les habitants du Ḥiǵâz ; ils sont ta race, comble-les de prévenances » (2) Les troubles de son règne ne lui permirent pas d'exécuter ce dessein (3) Il s'efforça d'y suppléer en quelque façon, en accablant de cadeaux les principaux personnages du Ḥiǵâz . encore une des recommandations, contenues dans le testament de Mo'âwia (4). Avant tout il tint à manifester sa vénération pour la principale relique de l'islam, le vieux sanctuaire de la Ka'ba (5) « La coutume, remontant aux temps paiens, de revêtir la *Maison* était demeurée en vigueur A la place des étoffes yéménites ordinaires, les premiers califes couvrirent la Ka'ba de fins tissus égyptiens. Le luxe croissant ne tarda pas à introduire les lourdes étoffes de soie » (6). Yazîd franchit ce dernier pas Il revêtit la Ka'ba d'une variété de soie brodée, extrêmement riche, appelée *ḫasrawânî* (7). Avec non moins de sollicitude, il veilla sur la prospérité matérielle des villes saintes. Il rétablit les expéditions de céréales, envoyées d'Egypte à Médine, convois interrompus pendant les révolutions d'Arabie (8).

Ce respect, accordé à « la vieille Maison » de la Mecque, témoignait sans doute d'une heureuse inspiration politique. Que le sentiment reli-

(1) Cf. *Mo'awia*, chap XX Voir plus haut, p 224-25

(2) Voir plus haut, p 5.

(3) Ainsi juge Al-'Ainî, ms cité, p. 47.

(4) Voir plus haut, p 5

(5) Les personnages les plus decriés de cette époque manifestent la plus profonde foi musulmane. Voir la mort édifiante de 'Amrou ibn al-'Âsi dans Kindi, *Governors of Egypt* (Guest), 33-34

(6) Snouck Hurgronje, *Mekka*. I, 5.

(7) Balâḏorî, *Fotoûḥ*, 47 ; Pseudo-Balḫî (éd Cl. Huart), IV, 84.

(8) Balâḏorî, *Fotoûḥ*, 216. On detourna sur le Ḥiǵâz les envois de blé, ayant jusque-là pris le chemin de Constantinople

gieux en ait été absent (1), rien ne le prouve. Les orientalistes agiraient sagement, en laissant tomber les reproches surannés « de splendeur païenne », adressés à la cour de Damas (2). Ces accusations reproduisent et perpétuent une des moins heureuses trouvailles de la période ʿabbâside, vulgarisées en Occident par les Dozy et les Von Kremer (3). Yazîd pratiqua l'islam de son époque ; il le comprit à la façon de ses contemporains les plus éclairés et les plus sincères, c'est à dire une religion, non encore alourdie de surcharges, dues au zèle intempestif des âges postérieurs.

S'est-il également occupé de hadîṯ ? Al-ʿAinî l'affirme (4). La question présente une assez mince importance et nous manquons de renseignements pour lui donner une réponse satisfaisante. Dans son *Ġarîb*, Aboû ʿObaid (5) cite et commente des traditions, remontant à ʿObaidallah ibn Ziâd et au terrible Haǵǵâǵ, deux noms sinistrement célèbres dans l'estime de l'orthodoxie. Rien de plus fréquemment (6) mentionné que le zèle pour le hadîṯ de Marwân ibn al-Hakam. Pour des musulmans, aussi rapprochés de l'âge héroïque, l'imagination des siècles postérieurs n'a pu inventer d'occupation plus intéressante. Le jeune Yazîd s'était trouvé en mesure de fréquenter les héros de l'islam primitif, des milliers de *Compagnons* loquaces et plus ou moins authentiques, de recueillir des lèvres de son père les souvenirs les plus précis sur la période prophétique. Mais quel moḥaddiṯ aurait osé glisser dans la chaîne de l'*isnâd* ce nom impopulaire ?

---

(1) Yazîd aurait introduit la séparation entre les « deux ḫotba » du Vendredi ; *Aǵ.*, VIII, 182, 19.

(2) « Heidnische Herrlichkeit » ; Ibn Qais ar-Roqaiyât, *Divan*, p. 1. Je prends la première citation me tombant sous la main.

(3) Goldziher, *Vorlesungen über den Islam*, 49, 83, élève les mêmes protestations. Nous reconnaissons par ailleurs les grands mérites de Dozy et de Von Kremer.

(4) *Op. cit.*, p. 48 ; cf. *Moʿâwia*, 346-47.

(5) Manusc. cité, p. 362, 363. Yazîd n'est pas mentionné par Daulâbî, الكنى والاسما (éd. Haïderabâd) lequel cite ʿAbdalʿazîz I, 110, frère du calife ʿAbdalmalik. Autres mohaddiṯ omaiyades, voir plus haut, p. 19.

(6) Cf. Mozaffarî, فوائد الحديث, (ms. Leiden, n° 500), 2e partie ; Ḥanbal, *Mosnad*, VI 184, 299, 317, 319, 405, 415, 432. ʿAlî fils de Ḥosain transmet des traditions d'après Marwân ibn al-Hakam, *ibid.*, I, 95.

Je ne me rappelle aucun exemple d'une tentative aussi risquée (1) C'eût été déconsidérer d'avance leurs récits (2), s'obliger à prendre position dans la question épineuse de la malédiction attachée, semble-t-il, à la mémoire du Sofiânide.

Celui-ci se vit obligé de réprimer, on s'en souvient, le zèle suspect pour le hadîṯ de ʿAbdallah, le fils de ʿAmrou ibn al-ʿÂṣi (3). A cette époque, on commençait déjà à revêtir de cette forme les doctrines, auxquelles on souhaitait une plus large diffusion. Les Médinois, les partisans de ʿAlî (4) donnaient l'exemple avec une absence complète de scrupules Peu d'années après la mort de Yazîd, le fameux agitateur Moḫtâr offrira une prime de 100,000 dirhems, destinés à récompenser l'auteur d'un hadîṯ, favorable à ses prétentions (5). Le polygraphe Soyoûṭî signale d'honnêtes musulmans, auteurs de collections de 10,000, de 50,000 hadîṯ, tous apocryphes (6). La classe des *qoṣṣâs*, ou prédicateurs ambulants, déployait une merveilleuse fécondité en ce genre. Leur faconde intéressée montrait une spéciale prédilection pour « les récits émouvants, destinés à provoquer de larges générosités » à leur égard, احاديث تـرق وتـرزق (7) Sur le compte de ces narrateurs Ibn al-Ǵauzî portait le jugement suivant : « mieux vaut s'établir détrousseur de grand chemin que de contribuer à propager les mensonges de ces faussaires, لان اقطع الطريقَ احبُّ اليّ من ان اروي عن ثلاث (8) ».

(1) Al-ʿAinî, *loc cit*, cite de lui deux ḥadîṯ D'après Aboû Zorʿa de Damas, il en aurait existé d'autres. Al-ʿAinî ajoute روى عن ابيه معاوية وروى عنه ابنه خالد وعبد الملك بن مروان . Dans les milliers d'*isnâd*, passés sous mes yeux, je n'ai jamais rencontré le nom de Yazîd.

(2) L'imâm Aš-Šafiʿi récusait le témoignage de Moʿâwia, de Ziad, de ʿAmroû ibn al-ʿAṣi, etc. ; voir plus haut, p. 24 Que dire alors de Yazîd ? Vraisemblablement Šâfiʿî ne connaissait pas l'existence de hadîṯ, conservant le nom du second calife sofiânide.

(3) Voir plus haut, p 114 Hanbal, *Mosnad*, II, 167, 198 ; IV, 94

(4) Voir plus haut, p 131 ; comp. *Fâṭima*, 131, note 4

(5) Soyoûṭî, *Aḥâdîṯ maṣnoûʿa*, (section hadîṯ, n° 60, ms. B. Kh) non paginé.

(6) Soyoûṭî, *ms cite* Aboû Horaira invente un hadîṯ pour faciliter l'écoulement d'une marchandise ; Ḥanbal, *Mosnad*, II, 445, haut.

(7) Soyoûṭî, *op. cit.*,

(8) Ibn al-Ǵauzî, *Maudoûʿât*, (section ḥadîṯ, n° 488, ms. B. Kh), comp. les fines

XXXI

MORT DE YAZID

JUGEMENTS SUR YAZÎD. MANQUA-T-IL D'ÉNERGIE ? MALADIE ET MORT. LA VERSION ŠÎ'ITE. MORT A HOWWÂRIN. DONNÉES CHRONOLOGIQUES ; LEUR VALEUR. ENTERRÉ A HOWWÂRÎN. ELÉGIES DE AHTAL, D'IBN HAMMÂM. CARACTÉRISTIQUE DE CETTE DERNIÈRE. OPINION DES CHRÉTIENS SUR YAZÎD. SA LOYAUTÉ ; SES FILS.

« Tout bien considéré, Yazîd ne fut pas un tyran. Il laissa l'épée au fourreau, aussi longtemps qu'on voulut le lui permettre. Il mit fin à l'interminable guerre contre Byzance. Un reproche peut lui être adressé : le manque d'énergie et d'intérêt pour les affaires publiques. Spécialement comme prince, il afficha à cet égard une véritable indifférence (1)... A son corps défendant, il prit part, l'an 49, à la grande expédition contre Constantinople. Devenu calife, il paraît s'être quelque peu rangé, sans toutefois renoncer à ses distrations favorites : le vin, la musique, la chasse et autres sports analogues. »

En ces termes, l'auteur de l'ouvrage classique, *Das arabische Reich und sein Sturz* (p. 105), résume ses impressions sur le règne de l'infortuné fils de Mo'âwia. Beaucoup plus favorable est le jugement d'Ibn 'Abbâs. Recueilli par l'auteur du *'Iqd al-farîd* (2), il reflète vraisemblablement l'opinion de l'Andalousie omaiyade. Selon les procédés familiers à l'an-

---

remarques de Ġâḥiẓ, *Ḥaiawân*, I, 166. Fabricants de ḥadîṯ : Ġâḥiẓ, *Bayân*, I, 137, 12. Sur le zèle d'Ibn al-Ġauzî contre l'apocryphe, cf. Brockelmann, *Ibn Ġauzî's Kitâb al-Wafâ'*, dans *Beitr. zur Assyriologie*, III, 2.

(1) Sage dicton attribué à Yazîd ; Qotaiba, *'Oyoûn*, 309, 1-2. A l'encontre de Mo'âwia, les auteurs de *nawâdir* et de *ḥikam* le citent fort rarement. Le calife Solaimân louait sa ténacité كان يزيد صبورًا ; voir plus haut, p. 33.

(2) *'Iqd*[4], II, 245, 7 d. l.

nalistique arabe, il a été attribué à un adversaire de la dynastie, dans le but d'en rehausser la valeur : « كان في خير سبيله وكان ابوه قد احكمه وامره ونهاه فتعلّق بذلك وسلك طريقا مذلّلا له ; Yazîd suivit le bon sentier, tracé par son père. Mo'âwia l'avait formé, n'épargnant ni recommandations ni défenses. Il sut y conformer sa conduite et trouver la voie, destinée à aplanir les difficultés » (1).

Manqua-t-il d'énergie et d'intérêt pour les affaires publiques ? (2) Seul l'égoïsme d'un Sybarite a pu inspirer le distique célébrant les frais ombrages de Dair Morrân, en compagnie de la belle Omm Kolṯoûm (3). Mais pour formuler cette accusation, suffit-il d'un badinage poétique, en contradiction d'ailleurs avec l'activité militaire (4), déployée par notre héros depuis le siége de Constantinople ? Surtout quand, pour les productions poétiques de Yazîd, il y a toujours lieu de poser la question d'authenticité. Les noms de Hind et de Maisoûn (5) attestent avec quelle facilité on retournait contre les Sofiânides l'anonyme de certaines tirades compromettantes. Si toutefois nous avons bien compris les très maigres renseignements, transmis sur son activité gouvernementale, le nouveau calife paraît avoir pris au sérieux ses devoirs de souverain. Nous avons essayé de mettre en valeur ces minces glanes historiques.

Le malheur de Yazîd fut de voir son règne coïncider avec la crise de croissance de l'empire. Le califat date en réalité — constatation déjà faite par

(1) Est-ce bien le sens de مذلّلا له ?

(2) Grief incessamment articulé ; voir plus haut, p. 28, 29, 120. Taġribardî, malgré son hostilité, l'appelle من عظماء خلفاء بني امية ; voir البحر الزاخر (ms. Paris), 192-93.

(3) Cf. Mo'âwia, 444-45.

(4) L'élégie d'Ibn Hammâm (voir plus bas) loue l'énergie de Yazid. Autres preuves données plus haut, p. 108, 317. Voir le chap., consacré à son activité gouvernementale.

(5) Sans parler de Mo'âwia ; cf. plus haut, p. 30 ; voir aussi le nom de Maisoûn à l'index de *Mo'âwia*, et les vers, consacrés au singe Aboû Qais, cités plus haut. Comp. remarque d'Al-'Ainî, *ms. sup. cit.*, 49 : [lisez مُنحول] قيل ان معظم الشعر المنسوب اليه متحوّل. Les copieux extraits, cités par cet auteur pp. 50-51, produisent l'impression de l'apocryphe. Vers sur le جانب الطّيبين attribués à Yazid, à 'Omar ibn Abi Rabî'a et à Ibn Qais ar-Roqaiyât (Balâḏorî, *Ansâb*, 32a), c.-à-d. aux trois principaux poètes de Qoraiš depuis l'islam.

le prince Caetani (1) — de Mo'âwia (2), Omar et les soi-disant خلفاء راشدون durent se contenter d'être les premiers dans une oligarchie anarchique, se résolvant fatalement dans l'assassinat du chef de ce *consortium* mal assorti. Au moment, où Yazîd pouvait légitimement se promettre la fin des convulsions politiques, et recueillir le fruit de ses réformes courageuses, la mort vint brusquement se mettre à la traverse de ces espérances.

Quand il envoya au Ḥiǵâz une expédition pour mater la révolte des villes saintes, le calife avait commencé la quatrième année de son règne. Rien ne permettait de prévoir une fin prochaine, lorsque le 14 Rabî' 1er, l'an 64 (mardi, 11 Nov 683) Yazîd expira De quelle maladie ? Inutile de le demander à nos chroniqueurs. Dans une partie de chasse, d'une chute de cheval, d'excès de boisson, d'une angine compliquée de pleurésie (3) .. . Chaque auteur croit devoir donner son explication. Les compilateurs postérieurs se montrent — c'était à prévoir — les plus explicites. Aboû Ma'śar, Wâqidî, les annalistes anciens, utilisés par Tabarî, ne s'occupent pas de la question, du moins dans les fragments, parvenus jusqu'à nous. Ce silence devait exalter la fantaisie des écrivains śî'ites

Pour le meurtrier de Hosain, ils ont inventé la mort la plus effrayante, celle par le feu, « le châtiment (4) réservé à Allah, عذاب الله » au dire de la Tradition (5). Assurément la haine suffisait à leur suggérer cette inspiration. Mais je supçonne l'auteur de la très curieuse version śî'ite, publiée par le Prof Goldziher (6), d'avoir été mis sur la voie par une parole,

---

(1) Dans une communication écrite de Caetani ; voir précédemment p 49, note

(2) Comp *Mo'âwia*, 277 sqq. Mo'awia — on l'a vu plus haut. p 327 — comptait sur Yazîd pour assurer l'avenir de sa dynastie.

(3) Tombé de cheval pour avoir trop bu ; Aḥmad Al-Ǵamrî (m. B Kh. Târîḫ, n° 104); *Ḫamîs* II 300, bas ; 'Askarî, شذرات الذهب (ms B Kh.), 77 , Samhoûdî (ms. Beyrouth), 38 b ذات الجنب , considéré comme châtiment , I. S *Ṭabaq* . II² 31. 9, 14 , 32, 1,6

(4) 'Alî en abuse contre ses ennemis ; les 'Oṯmaniya le reprochent aux Śî'ites, Boḫarî, *Saḥîḥ* (Kr.) II, 251, n° 149 ; 268. 7 sqq , Hanbal, *Mosnad*. I. 217, 322. 'Alî brule les زنادقة avec leurs livres, les apostats musulmans , *ibid*., I, 282. La Tradition appuie lourdement sur l'intolérance de 'Alî. Le feu, châtiment réservé à Allah Ǵahiz, *Haiawân*, IV, 149.

(5) Il rappelle le feu de l'enfer

(6) *Tod und Andenken des Chalifen Jezîd* I, dans ZDMG, LXVI, 139-43.

attribuée à Mahomet: «L'homme, assez audacieux pour menacer Médine, Allah le fera fondre, comme le sel dans l'eau, «اذابه الله كما يذوب الملح في الماء» (1). De là à livrer aux flammes l'auteur responsable de la Ḥarra, du sac de Médine et de l'incendie de la Ka'ba (2), la transition se trouvait indiquée. Recevant familièrement à sa table un hôte, Yazîd s'était levé pour arranger un flambeau. « Dans l'opération, son doigt prit feu ; il essaya de souffler. En un moment la flamme, pénétrant par sa bouche, s'insinua dans tout son corps. On se trouva bientôt devant un cadavre carbonisé » (3). Comment ne pas voir dans cette mort atroce l'accomplissement de la menace du Prophète ? Par malheur les contemporains de Yazîd ne semblent pas en avoir eu connaissance. Un adversaire de la dynastie omaiyade (4), le poète Ibn 'Arâda le laisse tranquillement expirer dans son lit, à côté d'une coupe à moitié vidée.

Le fils de Mo'âwia mourut à Ḥowwârîn, une localité située à deux journées au nord de Damas entre cette ville et Ḥomṣ (5). Son fils Ḫâlid, ainsi nous l'apprend le fragment élégiaque de Aḫṭal (6), conduisit le deuil ou, comme s'expriment les chroniqueurs, « il pria sur lui (7) ». Ḫâlid avait donc dépassé les limites de la puberté. Une fonction aussi solennelle ne pouvait être présidée par un enfant. On se demande pourtant pourquoi Mo'âwia ne s'acquitta pas de ce devoir, revenant de droit à l'aîné et au premier personnage de l'Etat. Etait-il absent de Ḥowwârîn, ou déjà atteint du mal, destiné à emporter quelques mois plus tard le dernier des souverains sofiânides ?

---

(1) Moslim, *Ṣaḥîḥ*^{2}, I, 528, 8 ; item dans Ibn Mâǵâ, *Sonan*, E, II, 139, avec un isnâd différent, mais remontant également à Aboû Horaira, la ressource habituelle des moḥaddiṯ.

(2) Pour cet incendie, voir plus haut.

(3) Goldziher, *op. cit.*, 140-41. Autre variante, dans *Der Islam*, IV, 80 sqq.

(4) Cité plus haut.

(5) *Mo'âwia*, 381-82.

(6) *Divan* (Salhani), 289.

(7) *Šaḏarât aḏ-ḏahab* (ms. cit.), p. 77, nomme Ḫâlid ou Mo'âwia. Ṭab., *Annales*, II, 428 (d'après Aboû Ma'šar) fait intervenir Mo'âwia. Contre cette assertion l'affirmation de Aḫṭal (témoin oculaire ?) doit prévaloir.

A Ḥowwârîn les habitants montrent encore une ruine romaine, appelée par eux « Qasr Yazîd, château de Yazîd ». Il faut éviter, croyons-nous, d'insister sur la valeur de cette tradition locale (1) Au temps de ce calife et jusque vers la fin du moyen âge, toute cette région était peuplée de chrétiens. Sous ʿAbdalmalik, on y signale une population de *Nabît*, c'est-à-dire de cultivateurs araméens (2). Nous connaissons les favorables dispositions du calife pour les chrétiens. Pourtant l'attraction exercée par Ḥowwârîn sur le fils de Maisoûn nous paraît devoir être cherchée dans le voisinage de la Palmyrène et de la Samâwa, déserts occupés par ses *oncles* de Kalb.

On ne se trouve pas d'accord sur la longueur de sa vie. L'incertitude chronologique est le fléau de l'histoire, pour le premier siècle de l'hégire (3). Les données oscillent entre 35 et 43 ans (4). Ce dernier chiffre, enregistré par le seul Ibn ar-Râhib (5), nous paraît le plus acceptable. Nous n'accordons aucune confiance aux dates diverses, assignées à la naissance de Yazîd (6). Ces chiffres ne relèvent pas d'une information indépendante : on les a obtenus par l'application de la méthode *régressive*. En d'autres termes chaque écrivain a commencé par adopter un total pour la vie de Yazîd (7) Ensuite il a déduit de cette somme la prétendue date de naissance. Généralement nos auteurs évitent de reculer cette date, de la rapprocher de l'hégire. Pour légitimer les protestations des contemporains contre sa candidature au trône, on éprouvait le besoin d'insister sur son jeune âge (8). Les annalistes, choisissant l'an 22 pour la naissance de

---

(1) Elle aura été suggérée aux habitants de Ḥowwârîn par un littérateur, connaissant les vers d'Aḫṭal et d'Ibn ʿArâda Par ailleurs nous savons que les Omaiyades utilisèrent pour leur *bâdia* des castella romains, voir notre *Badia* dans *MFO*, IV, 104.

(2) Yâqoût, *Moʿgam*, II, 355

(3) Comp. *Ziâd ibn Abîhi*, 127-28; 136

(4) Comp. Noldeke dans *ZDMG*, LV, 683.

(5) Edit L Cheikho dans *CSO*, coll Chabot

(6) Cf *Moʿâwia*, 325 ; Caetani, *Chronographia islamica*, I, année 22 H, p 253

(7) Comp. *Fâṭima*, 8, 31.

(8) A l'époque du siège de Constantinople, il devait avoir atteint sinon dépassé la trentaine Il déploie dès lors les talents, la vigueur de la maturité Il paraît également avoir été l'aîné de ʿAbdalmalik, son troisième successeur. Depuis son accession au

Yazîd (1), se rapprochent le mieux de l'âge total, enregistré par Ibn ar-Râhib. Si, comme nous le pensons, le règne de Yazîd a commencé, fin d'Avril 680, il aurait légèrement dépassé la durée de trois ans et demi (2)

Il fut enterré à Ḫowwârîn même. Ainsi le voulait l'usage. Des vers contemporains en témoignent Citons Aḫṭal, ami du prince (3) :

« A Ḫowwârîn repose Yazîd, séjour qu'il ne quittera plus Que les ondées matinales rafraîchissent la tombe et l'hôte qu'elle abrite ! »

Ajoutez une attestation hostile, celle du poète Ibn 'Arâda, résidant alors au Ḫorâsân :

« Fils d'Omaiya, votre pouvoir a expiré avec le cadavre, enfoui à Ḫowwârîn (4). »

Ces témoignages si précis paraissent devoir l'emporter sur l'assertion de chronographes tardifs. Ils inclinent à placer cette tombe à Damas, où le corps aurait été transporté (5) Pour le premier siècle de l'hégire, je ne connais aucun exemple de transfert de cadavre à une aussi forte distance (6) La coutume se montrait plutôt favorable aux enterrements précipités. On cite, il est vrai, des *Mobaššara,* morts au 'Aqîq et enterrés à Médine ; mais le 'Aqîq était devenu pour ainsi dire un faubourg de cette

---

trône, il n'est plus question de sa jeunesse Tout cet ensemble suggère un minimum de 43-45 ans

(1) Ne l'an 24 ou 26 H d'après Ibn Ǵauzî, *Montazam* (ms 'Aṣir eff), 87 b.

(2) Voir plus haut, p 109. Barhebraeus, *Dynasties* (Salhani), 190, parle de trois ans et demi

(3) Mas'oûdî, *Prairies,* V, 126-27 ; *'Iqd*[4], II, 250, bas , Aḫṭal, *Diwan,* 289, 6 ; Yaqoût, *Mo'ǵam*, II, 255 , Ibn 'Asâkir (ms Damas), X (notice de 'Obaidallah ibn Ziâd) fait mourir Yazîd à Homs, comprenez dans la région de Ḥoms. à laquelle Ḫowwârîn se trouve fréquemment rattaché Entre les ǵond de Ḥoms et de Damas la délimitation de la frontière a été fixée plus tard.

(4) Ṭab , *Annales,* II, 488, 14.

(5) Ya'qoûbî, *Hist* , II, 301 ; Mas'oûdî, *Prairies,* V, 472 ; *Ḫamîs,* II, 300 , Ǵâḥiẓ, *Ḥaiawân,* V, 58 C'est à Ḫowwârîn que les 'Abbâsides font violer le tombeau de Yazîd Leur haine n'a pu se tromper

(6) 'Abdarraḥmân fils d'Aboû Bakr meurt près de la Mecque Sa sœur 'Aïša le fait enterrer dans le périmètre du haram ; Mohibb at-Tabari, *Manâqib al-'Ašara,* I, 186.

ville (1) Ces auteurs, généralement de tendances 'alides, se seront laissés impressionner par la présence à Damas des tombes de plusieurs califes omaiyades Vraisemblablement on y montrait dès le troisième siècle H. l'emplacement légendaire de la sépulture d'un prince, odieux aux Šî'ites (2).

Dans notre *Chantre des Omiades* (p. 46-47) nous avons cité l'élégie, consacrée par Aḫṭal à la mort de Yazîd. Un fragment évidemment, et assez terne, le seul essai élégiaque, conservé par son divan ! Le Taġlibite, virtuose dans le panégyrique et la satire, se sentait apparemment moins à l'aise dans les chants funèbres. Il a pourtant voulu payer son tribut d'hommages à la mémoire de son royal protecteur. 'Abdallah ibn Hammâm as-Saloûlî avait salué l'avènement du prince Sa mort l'amena à rompre le silence, qu'il semble avoir gardé pendant le règne du calife. Ce témoignage, rendu alors à Yazîd, acquiert une signification spéciale. La pièce a dû être composée, au milieu des troubles, qui signalèrent le changement de règne dans les turbulentes cités de l'Iraq. Cet événement marqua le commencement d'une ère d'anxiété, chacun s'interrogeant sur le sort, réservé à la succession califale.

« Consolez-vous, demeurez inébranlables, ô descendants de Ḥarb : qui donc ici-bas peut se promettre l'immortalité ?

« J'en jure par Celui, au nom duquel on pratique la station au val de Ǵam' (3), vous venez de rendre les suprêmes devoirs à un prince regretté.(4).

(1) Cf *Mo'âwia*, index s v. '*Aqîq* ; pour les exhumations, voir *ibid*, 243 'Abdal-'aziz, frère du calife 'Abdalmalik, est transporté « en une nuit» de Holwân à Fostât, la capitale officielle ; Kindi, *Governors of Egypt* (Guest), 55, 2

(2) قبره الآن مزبلة, dit le Damasquin šî'ite Aḥmad Šalabî, auteur d'un اخبار الدول (ms Kupiulu) L'usage de lapider la tombe de Yazîd doit être postérieur au 3e siècle Mas'oûdî ne le mentionne pas A cette epoque la population de Damas, encore dévouée aux Omaiyades, n'eût pas toléré cette profanation Voir plus haut, p 14

(3) Littéralement · en l'honneur de qui on fait agenouiller les chameaux (لمنْ زرْ مُناخهنّ ببطن جمع) , Ǵam', station du pèlerinage à Mozdalifa, près de la Mecque ; Bakrî, *Mo'ǵam*, 243 Comp la formule si fréquente en poésie, « وربِّ الراكصات الى ; Par le Dieu des chamelles, se dirigeant vers .. ' »

(4) فقيد Dans la littérature élégiaque ce terme signifie homme de mérite, *regretté* pour sa valeur personnelle

« La tombe, creusée par vous, a enfoui la générosité, la munificence, et une fermeté incomparable.

« Aux ennemis nous l'avons trouvé redoutable, chéri, honoré parmi ses sujets.

« Loyal, inspirant la confiance. Personne n'avait à redouter ses mesures, la droiture de ses intentions.

« L'ennemi désormais demeure libre de crainte ; l'homme de bien se sent frappé par sa perte (1).

« Puisse Dieu susciter parmi vous (2) un soutien aux amis de la religion, rétablir votre califat avec une splendeur nouvelle.

« A l'abri de toutes les surprises du sort, pour ramener les perspectives de bonheur et de félicité.

« Le califat de Votre Seigneur ! (3). Lions intrépides, veillez, comme par le passé, sur ce privilège !

« Vos anciens formeront les plus jeunes (4) ; jusqu'à ce que s'abaissent et se soumettent les bras (de l'opposition).

« (Cet héritage) Yazîd l'avait reçu de son père ; recueille-le, ô Mo'âwia des mains de Yazîd !... (5) »

Voilà une complainte, sortant du ton habituel à l'élégie arabe. Est-ce pour avoir été de préférence cultivée par les femmes ? (6) Chez les Bédouins, ce genre littéraire se traîne trop souvent au milieu de la banalité des lieux communs. Même le fragment conservé de Aḫṭal (7) n'échappe pas à ce reproche. Si la suite de son élégie n'avait péri, peut-être aurait-elle atténué cette impression. Motif nouveau dans le Parnasse

---

(1) قد اضحَى التقيُّ بِهِ عَميدًا.

(2) Nous rendre un calife, choisi parmi les Omaiyades !

(3) Je lis : ربّكم au lieu de ربّهم.

(4) Appel à l'union, réponse aux objections contre la jeunesse de Mo'âwia II.

(5) W. Wright, *Opuscula arabica*, 118-19. Le dernier vers affirme le principe dynastique.

(6) Collection d'élégies *masculines*, dans Wright, *op. cit.*, 98 sqq.

(7) Voir plus haut. Sur les procédés de l'élégie arabe, voir le travail de N. Rhodokanakis, *Al-Ḫansâ' und ihre Trauerlieder*, 18-80.

arabe, Ibn Hammâm relève la noblesse de caractère (1) du prince, pleuré par lui. Cette valeur morale avait donc impressionné les observateurs intelligents. Ces appréciateurs impartiaux du mérite personnel, savaient établir la responsabilité, revenant aux temps calamiteux, où parut le fils de Mo'âwia, trait d'union entre un prédécesseur, trop habile politique, trop constamment heureux (2) et un successeur manifestement incapable. Le poète proclame Yazîd « aimé, digne d'éloge parmi ses sujets محبّبا في رعيّته حميدا ». Involontairement on songe au portrait, tracé par la *Continuatio byzantino-arabica* (3), du calife sofiânide : « Yzit... jucundissimus et cunctis nationibus regni ejus subditis vir gratissime habitus, qui nullam unquam, ut omnibus moris est (4), sibi regalis fastigii causa gloriam appetivit sed communis cum omnibus civiliter (5) vixit ». C'est, si je ne m'abuse, la même inspiration, le même trait de caractère, fixé par le portraitiste Ibn Hammâm. On peut se demander si la coïncidence est fortuite. Cet accord entre un obscur chroniqueur monophysite de Syrie (6) et un poète musulman ne serait-il pas l'écho fidèle de l'opinion contemporaine au sujet de Yazîd ?

Précédemment nous avons appelé l'attention sur le côté loyal, ouvert

---

(1) Et non les dimensions des «chaudières», comme on le fait encore pour 'Abdal'azîz, le sympathique frère du calife 'Abdalmalik· cf Kindi, *Governors of Egypt* (Guest). 56-57

(2) Moabia... omnes plebes Hismaelitarum oboedientes *summa cum felicitate* peregit », dit fort justement de lui la *Continuatio byzantino-arabica*, p. 343 La *durée* du succès caractérise toute la carrière publique de Mo'âwia. Ses quarante ans de vie publique marquent une ascension incessante

(3) Dans les *Monumenta Germaniae historica*, t XI, 345, éd Mommsen Plus haut nous l'avons à tort attribué à Isidore de Béja

(4) « Ut *hominibus* moris est », porte ici le texte parallèle de la *Continuatio Hispanica*.

(5) C.-à-d il se conduisit comme un simple *particulier* ; comp p 345 · Mo'âwia pendant cinq ans « *civiliter* vixit » , il s'agit des années écoulées entre son califat et le meurtre de 'Otmân Sur la durée du califat de Yazîd, la *Continuatio* (345) s'exprime ainsi « Yzit obtinuit locum annis III » Pour sa simplicité, la version śî'ite de sa mort fournit un trait nouveau

(6) Voir la note de Noldeke à la fin de la *Continuatio*, p 368-69

du caractère de Yazîd (1). Nous ne nous attendions pas alors à retrouver le même signalement chez un rimeur de l'Iraq. A lui aussi le calife sofiânide était apparu comme le type de la loyauté, du parfait honnête homme, inspirant et méritant confiance, sans aucune de ces surprises fâcheuses, communes aux caractères tyranniques, déformés par l'exercice du pouvoir absolu :

امينًا مؤمنًا لم يقضِ امرًا   فيوجدَ فيهِ الّا رشيدًا

Parmi les éloges, consacrés à la mémoire des califes, nous n'en connaissons aucun, où ce motif se trouve si heureusement mis en relief, pas même Mo'âwia Ier. Dans les souples replis de son *ḥilm* proverbial, le père de Yazîd savait dissimuler un piège, adroitement tendu aux adversaires (2). Ceux-ci se laissaient prendre à son inaltérable bonne humeur, au sourire ne le quittant jamais, même quand on provoquait sa colère. A bon droit un tel homme, aussi maître de lui-même, avait paru redoutable au grand 'Omar : احذروا, disait-il à son entourage, (3), آدم قُرَيش وابن كريمها مَن لا يَنام الّا على الرضا ويضحك في الغضب ويأخذُ ما فوقَهُ من تحتِهِ. Ibn Hammâm se forme une autre idée du prince, pleuré par lui. « Keinem anderen wird ein solches Lob erteilt, es kommt von Herzen». N'est-ce pas le cas de rééditer ici cette appréciation de Wellhausen (4), à propos du texte de la *Continuatio* ?

Depuis l'intronisation de Yazîd, aucun indice ne nous a révélé la présence d'Ibn Hammâm en Syrie. Vraisemblablement l'élégie fut composée à Koûfa, la patrie du poète, où, depuis l'humiliation de Karbalâ, on maudissait secrètement le calife. La nouvelle de sa mort y souleva les esprits

---

(1) « Mohabiam filium dereliquit [Yazîd] paternis moribus similem », dit la *Continuatio* de Mo'âwia II, confirmant ainsi l'éloge précédent. Voir plus haut, pp. 212, 218.

(2) Voir *Mo'âwia*, 69-70. On soupçonne fréquemment un piège sous la magnanimité de Mo'âwia ; Qotaiba, *'Oyoûn*, 238-39. Sa loyauté paraît souvent douteuse ; comp. Kindî, *Governors of Egypt* (Guest), 10 ; 21-22. Nos auteurs ne signalent rien de pareil chez Yazîd.

(3) Qotaiba, *'Oyoûn*, 26. Yazîd paraît avoir eu l'humeur moins facile ; voir plus haut, p. 315 et les pages suivantes, où se trahit la franchise de son caractère.

(4) *Reich*, 105. Rapprochez l'éloge, accordé par Al-'Ainî, *op. cit.*, 46 : كانت فيه خصال حميدة من الكرم . . . والشجاعة والرأي في الملك وحسن المعاشرة. Le dernier trait, « la sociabilité, l'affabilité » du calife rappelle de nouveau le « civiliter vixit » de la *Continuatio*.

contre le régime omaiyade. En quelques jours leur autorité s'y trouva anéantie. En Syrie même, son débile successeur ne semblait pas de taille à affronter l'orage. Avec ce calife valétudinaire, la dynastie sofiânide courait à sa ruine. Impossible de s'illusionner sur ce point, dans l'Iraq moins que partout ailleurs. Il eût suffi d'observer la volte-face, exécutée par le trop habile vice-roi 'Obaidallah. L'intérêt n'a donc pu inspirer notre poète. S'il fut dévoué aux Omaiyades, nous le connaissons également comme patriote iraqain, comme un caractère indépendant (1) Les successeurs de Ziâd s'en souvenaient encore « Aux flatteurs répondez par une poignée de poussière ! » (2) aurait dit le Prophète. Mais quel profit à espérer du panégyrique d'un souverain, détesté dans l'Iraq, d'une dynastie, trahie par ses propres représentants dans les provinces 'Obaidallah, en annonçant en chaire la mort de Yazîd, céda à la malheureuse inspiration de desservir la mémoire de son maître (3). Attitude d'un opportunisme, dénué de grandeur ! Concluons : le calife, objet de ces éloges, a dû posséder de réelles qualités. Ce sont celles-là même, croyons-nous, relevées, à moins d'un demi-siècle d'intervalle, par un poète arabe et par l'auteur chrétien de la *Continuatio*

Il devient malaisé de dresser la liste exacte des garçons, laissés par Yazîd : douze ou treize ? (4) L'aîné, Mo'âwia, allait lui succéder. Parmi les autres, Hâlid seul conquerra la notoriété Nous aurons à nous occuper de lui sous les Marwânides (5). Après lui, 'Abdallah—on vante ses talents

---

(1) Qotaiba, '*Oyoûn*, 105. Comp. *Ziâd ibn Abîhi*, 119

(2) Ibn Mâǵâ, *Sonan*, E, II, 213

(3) Ibn al-Atîr, *Kamil*, IV, 55, 5 d 1 ; Tab , *Annales*, II, 437, 6. نعى يزيد وعرض بشانه يقصد يزيد اياه قبل موته حتى يحابه عبيد الله ; comp. *Naqâ'id Ǵarîr*, 722, 4

(4) Mas'oûdi, *Prairies*, V, 208 , Tab , *Annales*, II, 428-29 ; Ibn 'Asâkir (ms Damas), XI (notice de 'Otmân ibn Yazid) signale un fils du calife, 'Otmân, généralement omis sur les autres listes, à ma connaissance. Yazid s'occupe de l'éducation de ses enfants , voir plus haut, p 30

(5) من فضلاء الرجال وساداتهم علما ورأيا وعقلا Maqdisi, *Ansâb al-Qoraśiyin* (ms 'Âśir effendi, Constantinople) Yazid portait la *konia* Aboû Hâlid. Dans le principe, je le soupçonne du moins, on a évité de prendre la konia de l'aîné ; les premiers-nés étant de mauvais augure Pour la finesse de Hâlid, voir Qotaiba, '*Oyoûn*, 239, bas Sur la konia de l'aîné, cf notre *Berceau de l'islam*, I, 330

comme archer ارمى العرب (1), — est le plus fréquemment cité. Un vers a conservé son surnom *Al-Oswâr* (2). Il avait pour mère Omm Koltoûm, une fille d'Ibn 'Âmir. Cet avantage le rendait donc Omaiyade « par les deux bouts, من كلا الطرفين ». Aussi les poètes (3) — sans doute sur les instigations de la mère — ont-ils tenté de le mettre en évidence. 'Abdarraḥmân fils de Yazîd s'est assuré une illustration plus inattendue dans ce milieu omaiyade, tel du moins que l'historiographie hostile a voulu le représenter : la réputation de piété et d'ascétisme (4). Nous savons avec quelle facilité on la prodiguait à cette époque. Cette prodigalité gratuite a pour but de voiler le côté, demeuré très profane, de l'islam au premier siècle, période d'organisation et de conquêtes. Un autre fils de Yazîd et d'Omm Koltoûm mourut foudroyé et mérita l'honneur d'une élégie de 'Abdallah ibn Hammâm :

« Vertueux 'Omar, si semblable à son père (5) : si tu peux vivre, tu succèderas à Yazîd. »

عُمَرُ الخيرِ يا شَبيهَ ابيهِ   انت او عشتَ خلفتَ يزيدَا (6)

'Omar mourut-il (7) avant son père ? Yazîd songea-t-il à lui pour sa succession, de préférence à l'insignifiant Mo'âwia ? Nous connaissons trop peu l'histoire de la vie familiale de Yazîd pour décider. Les autres fils du calife ne sont plus même cités dans la suite. Furent-ils emportés en bas-

(1) Al-'Ainî, *op. cit.*, 49, le nomme 'Obaidallah : ارمى العرب فارس صاحب حيل ; faut-il lire خيل chevaux ? Ce manuscrit d'Al-'Ainî est passablement incorrect.

(2) Ṭab., *Annales*, II, 429. 'Abdallah jouera un rôle sous 'Abdalmalik ; Ṭab., *Annales*, II, 704 ; 786-87.

(3) Ṭab., II, 429.

(4) Qotaiba, *Ma'ârif* E,120 ; Ibn al-Ǵauzî, *Ṣafwat aṣ-Ṣafwa* (ms. B.Kh.), VI, 51, a-b., le cite parmi « les hommes remarquables et pieux de la Syrie ». 'Ainî, *op. cit.*, 49 ; *'Iqd*[1], II, 251, 1. 'Ainî à la qualification de *nâsik* ajoute, comme pour son frère Ḫâlid : من صالحي القوم.

(5) C.-à-d. aux généreuses qualités de Yazîd. Nouvelle coïncidence avec le « paternis moribus similis » de la *Continuatio*, à propos de son frère aîné Mo'âwia. Ce rappel constant à la valeur morale de Yazîd est assez inattendu.

(6) 'Ainî, *op. cit.* Le violent et frivole Moḥammad, fils du calife Aboû Bakr, est من نسّاك قريش ; Moḥibb aṭ-Ṭabarî, *Manâqib al-'Aśara*, I, 186.

(7) Il aurait dû mourir fort jeune et l'on s'explique mal l'enthousiasme du poète. L'incapacité notoire de Mo'âwia devait encourager les intrigues de harem. Ce 'Omar se moquait du pélerinage ; Yâqoût, *Mo'ǵam*, E. III, 4, bas.

âge ? Pour la plupart, issus d'unions *ancillaires,* fils de mères esclaves, *omm walad* (1), ils ont dû passer inaperçus dans un milieu, où la sage politique des Omaiyades, en écartant du trône les descendants de la femme esclave, maintenait le niveau de la dignité féminine. La défiance de 'Abdalmalik s'appliquera d'ailleurs à les tenir tous dans l'ombre, surtout Ḫâlid, le plus en vue de ses frères La fin tragique de 'Amrou'l Aśdaq a dû contribuer à étouffer chez ces cousins des Marwânides les dangereuses suggestions de l'ambition En supprimant froidement son rival, le successeur de Marwân a voulu sans doute donner un avertissement aux princes de la branche aînée.

XXXII

LA MEMOIRE DE YAZID

Faisceau de haines conjurées contre Yazîd. Attitude de l'orthodoxie, ses hésitations. La querelle entre Ibn al-Ǧauzî et 'Abdalmoǧîṯ. L'école d'Ibn Ḥanbal et Yazîd. Les partisans de ce calife. Les « Métoualis ». Traditions apocryphes pour compromettre Yazîd. Neutralité des Śâfi'ites. Opinions extrêmes parmi les orthodoxes Yazîd « le Pharaon de l'islam ».
Le nom de Yazîd dans une formule d'abjuration.
Conclusion.

Que la Śî'a ait maudit Yazîd, on aurait tort de s'en montrer surpris. L'opinion orthodoxe demandait seulement à la suivre en cette voie, à

(1) Cf Tab. *Annales*, II, 429, 12 Parmi les filles de Yazîd, 'Âtika fut la plus célèbre من اشراف نساء قريش ; 'Aini, *op cit*, 49 Il en sera question sous le règne de 'Abdalmalik Elle offre, à l'époque des Marwânides, le type de la grande dame arabe كانت تصر حمارها بين يدي ١٢ حليمة كأنهم ابها محرم , 'Aini, *loc cit.* '*Iqd*[1], II, 310, Qalqaśandi, *Ṣobḥ* (éd. Caire), I, 262 ; sa notice dans Ibn 'Asakir (ms. Damas), vol. XIX Au sortir d'une de

épouser les rancunes de l'Iraq, du Ḥigâz et des tribus qaisites, tous conjurés contre le fils de la Kalbite Maisoûn. Ils le rendaient responsable de la journée de Karbalâ et de la profanation des villes saintes. Yazîd a donc servi de bouc émissaire, condamné à expier les succès du long règne de Mo'âwia. On a chargé sa tête de tous les ressentiments, accumulés pendant le siècle d'hégémonie exercée, « par les corbeaux de Syrie, بقعان اهل الشام » (1). Une fois de plus les passions politiques sont venues attiser la flamme du fanatisme religieux.

Dans cette explosion de haines, la *Sonna* n'a pourtant pas perdu entièrement le sens des réalités. Yazîd, le grand criminel, se trouvait être un *tâbi'i*, fils de deux générations de Ṣaḥâbis, neveu d'Omm Ḥabîba, « la mère des croyants ». Pendant plusieurs années, il conserva la succession du Prophète et, en cette qualité, il s'était vu « le pasteur de tous les fidèles, راعي اهل الدين ». Ainsi l'avait salué le poète Ibn Hammâm (2) au jour de son avènement. Il fallait tenir compte de ces prérogatives. De grand cœur on eût accolé au groupe *Yazîd ibn Mo'âwia* l'imprécation لعنه الله, Allah le maudisse ! Mais, étant donné la conformation philologique de la phrase arabe, la malédiction pouvait frapper le dernier aussi bien que le premier de ces deux noms propres. Elle semblait même de préférence atteindre Mo'âwia, dont elle se trouvait plus rapprochée. Or Mo'âwia, en sa qualité de *Ṣaḥâbî*, avait droit à l'eulogie رضي الله عنه et le Prophète avait défendu de maudire ses Compagnons (3). Autant de raisons, capables d'impressionner les musulmans timorés et tous ceux que n'aveuglaient pas les pré-

---

ses audiences le célèbre Rauḥ ibn Zinbâ' s'écrie : « J'ai cru voir le grand Mo'âwia dans sa gloire ! » Elle conserva un pieux attachement à la mémoire de Yazîd et disposa de son immense fortune en faveur des Sofiânides, aux dépens de ses propres enfants.

(1) قيل للغراب ابقع اذا كان فيه بياض وهو اخبث ما يكون من الغربان فصار مثلاً لكل خبث. Aboû 'Obaid, *Ġarîb*, 306, b. Corbeaux ! c'était le sobriquet, désignant dans l'Iraq les Syriens. Dans l'ouvrage śi'ite *Al-'Omda*, consacré aux généalogies des 'Alides, la malédiction لعنه الله accompagne toujours le nom de Yazîd. Le calife Walîd II est appelé ابن كلب يزيد. L'auteur a dû penser à Yazîd I.

(2) Comp. dans l'élégie du même, consacrée à Yazîd : فعاضَ الله اهل الدين منعم ; Wright, *Opuscula arabica*, 119, 7. Sur la signification du titre de calife pour la *ǧamâ'a*, voir plus haut, p. 25.

(3) Voir plus haut, p. 20 sqq.

jugés politiques. Elles obligèrent de mettre une sourdine à l'expression de la haine, à s'ingénier pour découvrir un tempérament, un savant procédé de dosage (1), dans l'énonciation de sentiments inconciliables Il sera donc intéressant d'étudier le biais, adopté par nos auteurs pour se tirer d'embarras, au milieu de ces tiraillements (2).

Le numéro 959 du fonds arabe de la bibliothèque de Leyde conserve un manuscrit intitulé . « رسالة في جواز اللعن على يزيد, Traité sur la licéité de la malédiction de Yazîd » Cette composition se trouve attribuée à Ibn al-Ǵauzî, non sans une certaine hésitation. Hésitation louable dans le principe, mais malheureusement infondée, contrairement à mes premiers soupçons (3). En effet, le fécond polygraphe hanbalite s'est beaucoup occupé de la question, développée par lui dans le traité, conservé à Leyde. Ibn al-Ǵauzî y serait revenu pour répondre à un confrère hanbalite ʿAbdalmoġîṯ ibn Zohair al-Harbî, auteur d'une dissertation sur « les vertus de Yazîd, مناقب يزيد » et d'une autre, où il se prononçait contre les expressions malsonnantes à l'adresse de ce calife, في ذم يزيد Ce dernier écrit provoqua une riposte d'Ibn al-Ǵauzî : « الرد على المتعصب العنيد المانع من ذم يزيد, Réplique au fanatique obstiné, interdisant de blâmer Yazîd » (4) Au dire d'Ibn al-Ǵauzî, rien n'empêche de maudire ce calife Dans cette matière, notre auteur s'est avancé beaucoup plus loin que ses collègues. L'école hanbalite se borne à anathématiser en bloc les impies et les tyrans, mais elle évite de les désigner, de les atteindre d'une façon plus explicite, لعن الظالمين جملة (5). Contente

---

(1) Peut-être pensa-t-on y arriver en adoptant la formule قبّحه الله, employée par Ahmad Ǧamrî, *Ḏaḫîrat al-islâm* (ms. B. Kh.) et autres

(2) Nous avons signalé plus haut, *loc cit*, le même conflit de sentiments à propos de Moʿâwia. Ce dernier doit à son titre de Sahabî d'être sorti vainqueur de la lutte, du moins au sein de la *Sonna*

(3) Definitivement écartés par le travail du Prof Goldziher sur la fin de Yazîd dans *ZDMG*.

(4) Comp Goldziher, *ZDMG*, LXVI, 142 ʿAbdalmoġîṯ devait egalement réprouver les formules قبّحه الله et d'autres, comme من عظماء خلفاء بني أميّة وأحاسنهم, de Taġribardi, النجوم الزاهرة (ms Paris), 192-93.

(5) Cf. Goldziher, *loc cit* Cette attitude est remarquable chez le plus étroit des quatre *maḏhab* orthodoxes.

d'une censure générale, elle recule devant l'excommunication nominative et personnelle.

S'il faut en croire la *Risâla* de Leyde (p. 2), le célèbre Ibn Ḥanbal (1) aurait approuvé l'usage de maudire Yazîd. Cette opinion, l'imâm Aḥmad n'a certainement pu l'émettre dans son volumineux *Mosnad*. Je ne l'y ai jamais rencontrée, même après l'avoir dépouillé à trois reprises, la plume à la main. C'est également l'avis du *Ṭabaqât al-Ḥanâbila*, l'organe autorisé des opinions de l'école (2). Ce *madhab*, observe le Prof. Goldziher, « se montre en général favorable à l'apologie des Omaiyades, comme représentant la continuité de la *Sonna* ; il s'abstient conséquemment d'attaquer la mémoire de Yazîd » (3).

La *Risâla* d'Ibn al-Ǵauzî (p. 4) nous a conservé une curieuse notice, concernant « les partisans, dévoués à la mémoire de Yazîd, قوم ينتسبون الى تولي يزيد ». On souhaiterait des précisions à cet égard, connaître de plus près le nombre, le pays d'origine (4) de ces fervents amis de l'infortuné fils de Mo'âwia. Je n'ai pu découvrir ailleurs des renseignements complémentaires. Peut-être s'agit-il en réalité d'orthodoxes modérés, imbus de l'esprit d'Ibn Ḥanbal (5). Ces continuateurs des *Mo'tazila*, au premier demi-siècle de l'hégire (6), ne voyaient aucune raison de refuser à Yazîd le

(1) Cet imâm est odieux aux Śî'ites. Il concède *deux* pages au *mosnad* de Fâṭima contre plus de 230, accordées à celui de 'Âiśa ; *Fâṭima*, 15. Un Śî'ite, entendant citer un ḥadîṯ d'Ibn Ḥanbal, en faveur de 'Alî, s'écrie : قد اخرجت نصف ما كان في قلبي على احمد بن حنبل من البغض ; Ibn Ǵauzî, *Montaẓam*, IIe vol. (ms. 'Omoûmiya, Constantinople). Livre d'Ibn Ḥanbal sur les *Manâqib* de 'Alî, mentionné par Moḥibb aṭ-Ṭabarî, *Manâqib al-'Aśara*, I, 4 (éd. Caire, 1327). Outre les *Nawâṣib*, les *Ḥanbalîya* sont parfois énumérés parmi les *amis* de Yazîd ; *Zeits. f. Assyr.*, XXVI, 202. Pour les Ḥanbalites, il peut seulement être question de neutralité. Je retrouve la neutralité dans '*Iqd*[4], II, 162, lorsque, dans la mercuriale ḫârigite d'Aboû Ḥamza, il supprime les invectives contre Yazîd.

(2) Cf. Goldziher, ZDMG, LXVI, 142. Je ne me rappelle dans le *Mosnad* d'Ibn Ḥanbal aucune allusion défavorable à Yazîd.

(3) Goldziher, *loc. cit.*

(4) Si, comme pour les *ǵolât* de Mo'âwia (voir plus haut), on les rencontrait en dehors de la Syrie.

(5) Cf. *Zeits. f. Assyr.*, XXVI, 202.

(6) Cf. *Mo'âwia*, chap. VI, 109 sqq. Il faut éviter de rappeler les dissensions des Mobaśśara ; « 'Oṯmân et 'Alî ont été créés de la même motte d'argile » ; Moḥibb aṭ-Ṭabarî, *Manâqib al-'Aśara*, I, 11-13 ; 30 (éd. Caire).

bénéfice des circonstances atténuantes, servant à excuser les déplorables divisions des *Mobaššara*, comme ʿAlî, Zobair et Ṭalḥa, sans parler de ʿÂiša (1). Il appartenait sans doute au cercle des partisans dévoués de Yazîd le poète anonyme, apostrophant ainsi la tombe du calife :

« O mort, enseveli à Ḫowwârîn (2), tu es le meilleur de tous les hommes. » (3)

Gâḥiẓ lui-même, si indulgent pour toutes les excentricités littéraires et doctrinales (4), croit pourtant devoir se scandaliser de cet éloge. Pour en neutraliser l'effet, on a fabriqué une riposte, une *naqîḍa*, calquée sur le vers précédent :

« O tombeau (creusé) à Ḫowwârîn, tu renfermes le plus exécrable de de tous les mortels ! » (5)

L'expression تولى d'Ibn al-Ǵauzî doit d'être soulignée. C'est celle-là même, servant à exprimer la vénération idolâtrique des Šîʿites pour « les gens de la maison ». En Syrie les Šîʿites s'appellent *Motawâli*, au pluriel *Motâwala* (6), c'est-à-dire, amis, partisans (de ʿAlî). D'où la déformation, fréquemment en usage au Levant, parmi les résidents francs, de *Métoualis*, pour désigner les « Duodécimans » du Liban et de la Galilée septentrionale. Nos lexiques connaissaient la forme *tawallâ*, celle-ci également employée pour exprimer l'attachement aux ʿAlides (7) ; mais *tawâlâ* n'avait

(1) *Moʿâwia*, 143. Comp. la réponse de ʿOmar II à propos de Ṣiffîn et du *chameau*. Ǵâḥiẓ, *Bayân*, II, 26, 3. Vainqueurs et vaincus de ces journées, tous réunis au ciel ; *Osd*, II, 144.

(2) Nouvelle preuve de la présence du tombeau en cette localité.

(3) Ǵâḥiẓ, *Ḥaiawân*, V, 58; il le déclare قبيح.

(4) Quand il cite des hétérodoxies, on ne sait jamais à quel point il les approuve. Cet auteur affecte de jouer avec toutes les expressions de la pensée. Il en profite pour étaler la souplesse de son esprit et les richesses de son étonnante érudition.

(5) Vers attribué à un Bédouin de ʿAnaza ; Masʿoûdi, *Prairies*, V, 127.

(6) Comp. Dahabî, *Taḏkira al-ḥuffâẓ*, I, 288, à propos d'un *ḥâfiẓ* : « كان متواليا . . . شيعيًّا » (texte gracieusement indiqué par Goldziher) ; voir du même: *Vorlesungen über den Islam*, 244 ; notre article, *Sur la frontière Nord de la Terre Promise*, extrait de la revue *Les Etudes*, 20 Fév., 3 Mars 1899.

(7) متولّي لابي تُراب ; Masʿoûdi, *Prairies*, V, 16, d. l. ; تولّى اهل البيت ; Dinawari, *Aḫbâr*, 249, 19 ; Qotaiba, *Maʿârif* (E) 73, 17 ; تولّى عليًّا , *Aǵ.*, XVIII, 146, 8 ; cf. Ṭab., *Annales*,

pas encore été enregistré avec ce sens spécial (1). Elle nous fournit l'étymologie (2) naturelle de la transcription « Métouali », déformation franque de *Motawâli*.

Mo'âwia, père de Yazîd, possédait, nous le savons, ses *ǧolât*, partisans fanatiques du génial politique (3), après 'Omar, le véritable fondateur du califat arabe (4). Son fils a dû se contenter d'amis plus modérés, de simples *motawâli* (5). Sans être de leur nombre, le célèbre Gazâlî se montrait respectueux envers la mémoire, non seulement de Mo'âwia, mais de Yazîd (6). Voici comment il s'exprimait sur le compte de ce dernier : « Sa profession de l'islam est prouvée. Le reste ne l'est pas, à savoir qu'il ait ordonné ou approuvé Karbalâ (7). Il me paraît donc interdit de le maudire. Mais il est licite, préférable même d'appeler sur lui la miséricorde divine الترحُّم عليه لجائز بل مُستحبّ » (8). Aux *motawâli* de Yazîd il suffisait de développer ce genre d'argumentation et d'en déduire toutes les conséquences. L'écrit sur les « Manâqib de Yazîd » enregistrait sans doute le résultat de ces déductions (9).

Leurs sympathies pour Yazîd rivalisaient-elles avec le culte des Mé-

---

II, 141, 1 . I. S. *Ṭabaq.*, V, 241, 11 ; dans *Maqâtil aṭ-ṭâlibiyîn* (attribué à l'auteur de l'*Aǧânî*) p. 10, الوالي, ami de 'Ali.

(1) Le *Tâǧ al-'Aroûs* ne la connaît pas. Voir pourtant Dozy, *Supplément*, II, 843, 2 col. : « *prétendre être client de* », ou mieux : être partisan, ami de...

(2) On a pensé encore à متأوّلة ; car تأوّل est employé pour désigner le système ši'ite ; '*Iqd*[1], II, 274 ; cf. M. Hartmann, ZDPV, XXIV, 188. note. Enfin on a proposé le grec οἱ μετὰ Ἀλι, dans la revue *Etudes de théologie* (Paris) 1859, I, 543.

(3) Voir plus haut, p. 18.

(4) Cf. *Mo'âwia*, 271-80.

(5) Littéral. des *affectionnés*.

(6) Cf. Goldziher, *op. cit.*, 141.

(7) وما صحّ قتلهُ للحسين ولا امره ولا ارضاهُ ذلك. Le Prophète défend de maudire, même d'injurier un simple musulman ; Ibn Mâǵâ, *Sonan*, E, II. 240.

(8) Cf. Aḥmad Šalabi, اخبار الدُّول (ms. n° 1002, Kruprulu, Constantinople) ; 'Askarî, *Šadarât* (ms. B. Kh.), p. 74. Sur la modération de Ġazâlî, voir Goldziher, *Religion des Islam* (dans *Kultur der Gegenwart*), p. 117 ; idem, ZDMG, LVI, 142. Pour l'opinion de Ġazâlî sur Yazid et sa discussion avec Al-Kaiyâ al-Harrâsî, voir Damîrî, *Ḥaiawân*, II, 181 (éd. Caire, 1321 H.), article فهد.

(9) Il a dû être aussi vide de données historiques que le « Kitâb Faḍâ'il Mo'âwia ».

toualis pour ʿAlî ? Nous hésitons à le supposer. Ils nous apparaissent comme des modérés, défendant de le maudire, « لئلا يُحمَل وسيلةً الى ابيه او احد الصحابة », de peur d'atteindre par ricochet son père Moʿâwia ou un autre Compagnon »(1). Cette considération était de nature à impressionner tous les croyants de bonne foi « Yazîd fut musulman, il s'était acquitté du devoir de la prière »(2). Autant de titres suffisants à la miséricorde d'Allah ! Ces « partisans متوالون » ont dû observer que la majorité des hadîṯ prophétiques, où Yazîd se trouve nommé, sont apocryphes et ne présentent aucune garantie d'authenticité : « Nous en avons cité les moins mauvais, dit Al-ʿAinî, et ceux-là même ne valent rien » (3). Ainsi Mahomet maudit un jour Yazîd, porté entre les bras de Moʿâwia.

Comment l'aurais-je fait, si je n'étais pas né ?

Telle eût été sans doute la réponse de Yazîd (4), s'il avait eu connaissance de ces récits tendancieux. Al-ʿAinî ne manque pas d'insister sur l'énormité de l'anachronisme. Elle n'a pas empêché le calife Moʿtaḍid d'incorporer ces pitoyables *maudoûʿât* dans son édit, prescrivant de maudire les Omaiyades (5) Une citation achèvera de montrer la valeur de cette collection Le Prophète rencontre Moʿâwia, conduisant le petit Yazîd, monté sur un âne ; il s'empresse d'anathématiser tout le convoi : لعن الله الرّاكبَ والقائدَ والسائقَ (6). D'aussi maladroites inventions n'ont pu embarrasser les amis de Yazîd. Leur nombre a toujours dû demeurer restreint.

---

(1) Al-ʿAinî *op cit*, 48 Pour l'attitude de Damas envers la mémoire de Yazîd, voir plus haut, p 27-28 Le faubourg de Ṣâlihiya, peuplé de Ḥanbalites, Yâqoût, E V, 333

(2) من المسلمين المصلّين, Taġribardi, البحر الزاخر, 193 Ġazâlî developpe les mêmes arguments

(3) Al-ʿAinî, *op cit.*, 49 : لا يصحّ منها شيء واجود ما ذكرناه على ضعف اسانيده وانقطاع بعضه. Yazîd est également maudit par l'auteur du Pseudo-Balḫî (ed Cl Huart) ; voir plus haut, p. 26.

(4) Aucun auteur ne place sa naissance antérieurement a l'an 22 H., donc plus de dix ans après la mort de Mahomet Al-Kaiyâ al-Harrâsi, très hostile à Yazîd, le fait naître sous le califat de ʿOṯmân ; Qarmânî, *Aḫbâr* (en marge d'Ibn al-Aṯîr), I, 281 ; Damîrî, *Ḥaiawân*, I, 52 II, 181.

(5) Voir plus haut, p 18

(6) Tab, *Annales*, III, 2169, 2170 On ne saisit pas la difference que le rédacteur a voulu mettre entre قائد et سائق. Voir plus haut, p. 26, pour la malédiction de Moʿâwia

Nous entendons parler de l'époque 'abbâside. Antérieurement il ne fût venu à l'esprit de personne de soulever ces misérables discussions.

Depuis l'avénement de la « dynastie bénie » les orthodoxes modérés devaient se contenter d'ajouter après le nom de Yazîd la formule opportuniste « عليه ما يستحق, à lui ce qui lui revient ! » (1) Expédient peu courageux ! Il permettait de dépister les rigueurs de la censure 'abbâside. A ces âmes timorées il paraissait préférable de se renfermer en une prudente neutralité (2), sans exprimer ni l'amour ni la haine, *sine ira et studio*. Ainsi, outre les Ḥanbalites, beaucoup de Śâfi'ites s'abstenaient de maudire Yazîd (3). 'Askarî, après avoir mentionné cette opinion mitoyenne, ajoute : « Je ne crois pas qu'il existe de nos jours un musulman favorable à Yazîd » (4). Quelques lignes auparavant, le même auteur avait pensé devoir résumer le verdict de la majorité islamite : celle-ci autorise la révolte contre des tyrans du genre de Yazîd et de Ḥaǧǧâǧ (5). Sa'd ad-dîn at-Taftazânî se déclare ouvertement pour l'obligation de la malédiction (6). Taǧribardî adopte la même attitude. C'est encore l'avis d'un autre auteur égyptien, beaucoup plus moderne, un certain Śobrâwî (7). Tous ces écrivains, pour fortifier leur opinion, se voient forcés de recou-

---

(1) Ainsi Aḥmad Śalabî dans *Aḫbâr ad-Dowal*, ms. cité ; Taǧribardî dans البحر الزاخر, 194, b. ; Qarmânî, *Aḫbâr ad-Dowal* (en marge d'Ibn al-Aṯîr), I, 279. Comme variante on rencontre عليه من الله ما يستحق.

(2) Voir plus haut, p. 26. Au ḥadîṯ de Moslim, I, 528 : « Qui attaque Médine, Dieu le fera fondre comme le sel dans l'eau », Qarmânî, *op. cit.*, I, 281 fait ajouter par le Prophète, et sous le couvert de Moslim, cette finale : « Allah et les anges le maudissent ». Cette addition manque dans le *Ṣaḥîḥ* de Moslim, loc. cit., où toutes les variantes du ḥadîṯ se trouvent reproduites.

(3) Cf. Goldziher, ZDMG, LXVI, 141. Pourtant le Śâfi'ite al-Kaiyâ al-Harrâsî se montre foncièrement hostile à Yazîd ; Damirî, *op. cit.*, I, 52 ; II, 181.

(4) 'Askarî, شذرات الذهب (ms. B. Kh.), p. 72. D'après le *Fihrist* (Flügel), 209, 18, Śâfi'î كان شديدًا في التشيّع ; il est hostile à Mo'âwia ; voir plus haut, p. 24.

(5) الجمهور رأوا جواز الخروج على مَن كان مثل يزيد والحجّاج ; 'Askarî, *Śaḏarât*, loc. cit.

(6) *Śaḏarât*, 72 ; cf. Goldziher, *op. cit.*, 142, n. 1. L'auteur du *Faḫrî* use après le nom de Yazîd du لعنة الله.

(7) Auteur d'un livre كتاب الاتحاف في حبّ الاشراف ; p. 62 sqq., long chapitre في حصر لعن يزيد ; à la p. 67, il fait naître Yazîd à دربل (sic), localité que je n'arrive pas à identifier.

rir à l'apocryphe Ainsi le pieux Omaiyade 'Omar II aurait condamné à 20 coups de fouet un musulman, assez osé pour qualifier de calife le second des souverains sofiânides (1). Les seules épithètes, convenant à Yazîd, sont celles de نعيص, l'odieux, de خليع, de débauché, de désavoué par la « catholicité », ǵamâ'a islamite, comme jadis les tribus du désert désavouaient et mettaient au ban de la famille arabe les membres incorrigibles, ou compromettant l'honneur de la collectivité. Enfin Yazîd passe pour « le Pharaon » (2) de l'islam Encore Pharaon était-il en comparaison de ce calife « un modèle de justice parmi ses sujets, بل كان فرعون اعدل في رعيته » (3). Nous terminerons par ce trait cette enquête sur le souvenir, laissé par le fils de Mo'âwia au sein de la société musulmane.

On a vu plus haut (p. 476) comment le jugèrent ses sujets chrétiens. En dehors des frontières du califat, l'opinion de la chrétienté paraît s'être montrée moins favorable, elle aurait même fait écho aux imprécations du monde musulman.

Dans la formule grecque d'abjuration, imposée aux néophytes mahométans, avant leur admission au baptême (4), ceux-ci se voient invités à anathématiser, parmi plusieurs autres, le nom de 'Ιζίτ. M Fr. Cumont propose d'y reconnaître notre calife (5). J'hésite à suivre sur ce point le savant archéologue. Parmi les nombreux personnages, figurant dans cette profession de foi, aucun (6) ne me paraît pouvoir être attribué d'une

---

(1) Taǵribardî البحر الزاخر (ms Paris) p 193 · Qarmânî, *Aḫbâr* (en marge d'Ibn al-Aṯîr, *Kâmil*) I, 284 Ce dernier auteur évite de lui donner le titre de calife, voir plus haut, p 25-26 En réalité 'Omar II s'est montré toujours bon Omaiyade; voir plus haut, p 20.

(2) Le Pharaon de Moïse : le Qoran en a fait le type de l'obstination et de la tyrannie D'après certains hadîṯ, il portait le nom de Walîd ; un nouveau trait à l'adresse des Omaiyades.

(3) Ǵâhiẓ, رسالة في بني امية, 1171, 5 d l., *Ḫamîs*, II, 299, 2, Mas'oûdî, *Prairies*, V, 160 ; Damîrî, *Haiawân*, I, 73. Voir plus haut, p. 26

(4) Publié par M. Montet dans *Rev hist. religions*, 1906[1], p 145, lequel identifie également notre Yazîd avec 'Ιζίτ

(5) *L'origine de la formule grecque d'abjuration imposée aux musulmans*, extrait de *Rev. hist religions*, 1911, pp 1-8

(6) Le 'Αβδελλᾶς me semble un 'Abdallah quelconque et non 'Abdallah ibn Zobair

manière certaine aux années, postérieures à Mo'âwia. Dans cette constatation on voudrait retrouver un point de repère, servant à renseigner sur « la rédaction définitive » de la formule. Cette conclusion serait permise, si la confection du document témoignait d'une information, d'une compétence moins primitives. Or, dans sa forme actuelle, la compilation produit plutôt l'effet d'une véritable macédoine, combinée au petit bonheur, en opérant sur l'onomastique du premier siècle de l'hégire. Les doublets et les quiproquos y abondent. Ainsi le calife Aboû Bakr se trouve confondu avec le Taqafite Aboû Bakra, le frère de Ziâd ibn Abîhi (1). Ces erreurs substantielles me paraissent difficiles à expliquer, si le document date du 7e siècle de notre ère. Encore plus, si l'on suppose que le rédacteur de la formule d'abjuration a eu sous les yeux le *De Hæresibus* de S. Jean Damascène ou une source commune à tous les deux (2). L'écrit de Damascène dénote une profonde connaissance des choses de l'islam primitif (3), éloge s'adaptant malaisément à la compilation grecque (4).

Un document, rédigé en Syrie avant la fin du 7e siècle, eût difficilement désigné Yazîd aux anathèmes des néophytes. Ce nom n'inspirait aux chrétiens, on l'a vu plus haut, aucune répugnance, et moins qu'à personne, aux Sargoûnides (5), si intimement liés avec la famille d'Aboû So-

---

l'anticalife. Ce personnage, réfugié en Arabie, ne s'est jamais trouvé en contact avec les chrétiens. Ceux-ci ne pouvaient lui en vouloir.

(1) Cf. *Ziâd ibn Abîhi*, 19-20. Omm Koltoûm, fille, devient la femme de Mahomet.

(2) Voir Cumont, *loc. cit.*

(3) Cf. C. H. Becker dans *Zeits. f. Assyr.* XXVI, 177 sqq. : *Christliche Polemik und islamische Dogmatik.*

(4) Si la formule grecque appartient au 7e siècle, elle contiendrait la plus ancienne attestation écrite des hadît eschatologiques ; voir *Rev. hist. relig.*, 1906[1], pp. 149, 150, 151.

(5) Cf. *Mo'âwia*, voir *Damascène* à l'*index*.

fiân A notre avis, la rédaction de la pièce byzantine est postérieure à la chute des Omaiyades. 'Ιζίτ me paraît un nom pris au hasard dans l'onomastique du premier siècle de l'hégire, où il figure si fréquemment Le choix date vraisemblablement de la période 'abbâside, époque où le nom de Yazîd était devenu synonyme de tyran. Si toutefois il a eu en vue un personnage déterminé, le compilateur grec a dû songer de préférence à Yazîd, le frère aîné de Mo'âwia, un des conquérants de Damas et de la Syrie (1). A ces titres, son nom a pu se graver dans la mémoire des Byzantins. Rien de pareil avec le fils de Mo'âwia. A l'égard des Impériaux, sa politique militaire se borna à la défensive (2), sauf à entretenir avec eux des relations pacifiques.

*
* *

Tel fut le règne de ce prince. On y surprend l'action incessante de la fatalité, accumulant une série de catastrophes, inouies dans les annales musulmanes Le sixième successeur de Mahomet ne fit que passer, et à une heure néfaste, sur un trône, ensanglanté par la fin tragique de trois califes Il aurait fallu le génie de Mo'âwia pour marquer une halte momentanée dans la dangereuse crise de croissance, traversée par l'empire arabe. A Yazîd la coalition antiomaiyade avait juré de faire expier l'interminable règne et les trop constants succès de son père. Tout se retourna contre le nouveau souverain, jusqu'à la période de paix profonde, assurée au califat par cet incomparable homme d'Etat Préjugés religieux, calculs d'ambition déjoués, prétentions dynastiques des descendants de Mahomet, protestations des provinces (3), se disant sacrifiées à l'hégémonie

(1) Voir *Yazîd ibn Abî Sofiân* à l'*index* de Mo'âwia

(2) Voir plus haut

(3) On y semble persuadé que tous les grands postes sont, de droit, réservés aux Syriens, اشراف اهل الشّام , cf Tab , *Annales*, II, 190, 14.

de la Syrie : tout ce faisceau de haines, de rancunes, bridées par la souple ténacité de Mo'âwia, éclata à l'avénement de Yazîd. Leur violence prit à l'improviste son successeur ; leur opiniâtreté explique ses malheurs, l'échec complet de son incontestable bonne volonté et de ses remarquables dons d'intelligence. Il usa son énergie très réelle dans la répression d'incessantes guerres civiles. Mené de Karbalâ à la Ḥarra, de l'Iraq au Ḥigâz, de Médine à la Mecque, pas un instant il ne put laisser en repos le glaive, rentré au fourreau depuis « l'année de la réunion », par son père, véritable *princeps pacis* au dedans des limites du califat.

La valeur des armes syriennes, en forçant la révolte dans son dernier retranchement, allait lui permettre de reprendre la politique pacificatrice de Mo'âwia. Rêve prématuré ! Pour le réaliser, il avait conclu la paix avec Byzance, afin de se vouer à l'expansion intérieure, au relèvement de l'agriculture, à la réforme de l'administration. Trois ans et demi de déceptions, épreuve cruelle pour « la fougue omaiyade, وثبة اموية » du calife, n'avaient pu triompher de cette détermination. A ce moment, il se vit brusquement arrêté par la mort, coïncidant avec l'incendie de la Ka'ba (1).

C'en était trop pour la mémoire d'un souverain, déjà rendu responsable de la mort de Ḥosain et du sac de Médine. Jusqu'au dernier moment, la fatalité s'acharnera sur le fils de l'heureux politique que fut Mo'âwia. On a vu plus haut comment l'opinion musulmane s'obstine à lui en demander compte, comment elle associe son nom à celui des plus odieux tyrans. Rien ne me paraît mieux résumer les impressions, laissées par cette tragique histoire, que la mélancolique épitaphe, gravée sur une tombe romaine de la Renaissance (2) :

Proh dolor, quantum refert in quae tempora vel optimi cujusque virtus incidat !

---

(1) Cf. *Naqâ'iḍ Ǧarir* 486,18. Sur cette coïncidence plus ou moins exacte, voir Wellhausen, *Reich*, 104.

(2) Voir L. Pastor, *Storia dei Papi : Papi del Rinascimento*, IV, 140.

L'histoire impartiale réformera sans doute les jugements passionnés des contemporains. Après Mo'âwia, le calife Yazîd bénéficiera lui aussi d'un revirement d'opinion en faveur des Omaiyades (1).

(1) Le Prof Goldziher m'écrit plaisamment qu'au لعنه الله nous pouvons désormais substituer le رضي الله عنه après le nom de Yazîd Souhaitons que l'opinion musulmane donne son adhésion à ce verdict de notre امير المؤمنين في الحديث !

SERMON SUR LA PÉNITENCE
attribué à Saint Cyrille d'Alexandrie
Textes traduits et annotés

PAR LE P. M. CHAÎNE, S. J.

INTRODUCTION

Le seul argument positif que nous possédions sur l'authenticité du sermon que nous publions, est celui-là même qu'il contient. En dehors de ce que nous affirme son titre et sa teneur même, nous n'avons aucun document qui nous fournisse la preuve péremptoire du bien-fondé de son attribution à Saint Cyrille d'Alexandrie. Parmi les différents ouvrages parvenus jusqu'à nous, sous le nom de cet auteur, il n'en est point qui ait quelque ressemblance avec lui. Le genre qu'il représente est sans exemple dans les œuvres de ce patriarche, et, soit dans ses commentaires sur les évangiles, soit dans ses discours, nous ne trouvons rien qui rappelle sa manière. Cette constatation n'est pas de nature à résoudre par elle-même, d'une façon décisive, la question de l'authenticité de notre document. Néanmoins, en notant la particularité qu'elle nous révèle et en considérant le contenu du sermon qui nous occupe, il est visible que nous nous trouvons en face d'une de ces nombreuses attributions erronées, si communes dans la patrologie. Sans aucun doute, il nous faut lui accorder le même crédit que celui qu'on reconnaît à la liturgie du même Père, dans le missel copte (1). Réduits à la seule autorité que nous avons citée, nous

---

(1) L'anaphore dont nous parlons ici est intitulée comme il suit dans le missel

ne saurions pour notre part, à l'heure actuelle, lui en attribuer davantage.

L'authenticité, au moins douteuse, de notre texte, n'infirme pas, par le fait, la véracité des récits qu'il contient. Mais ici encore, nous nous permettrons quelques remarques, car si cette seconde question ne dépend pas nécessairement de la première, la réciproque n'est point semblable.

Notons, tout d'abord, que ces récits sont restés, jusqu'ici, inconnus dans l'histoire Aucun des annalistes des premiers siècles de l'Eglise, si attentifs à recueillir les documents, ne les a jamais signalés. En omettant de parler de celui de la Manichéenne, qui ne manque pourtant pas d'originalité, celui de Philoxène eût dû, ce semble, obtenir une notoriété tout autre que celle que nous constatons. Le prodige survenu jadis au Crucifix de Beyrouth, si semblable à celui du Crucifix d'Alexandrie, fut l'objet d'une réputation universelle. Nulle part, au contraire, nous ne voyons relaté le miracle dont l'Egypte fut le témoin. Le fond des deux récits est le même, le prodige du sang, les guérisons, la conversion des Juifs en sont les traits fondamentaux et communs. Ils ne se distinguent que par les détails de lieu et de personnes, par quelques incidents secondaires, et pour ces derniers comme pour l'ensemble de la mise en scène, du caractère dramatique de la narration, le récit du miracle d'Alexandrie l'emporte en intérêt sur celui de Beyrouth Cette supériorité ne l'a pas pourtant rendu impérissable ; dans l'Eglise copte elle-même, si jalouse ordinairement de ses traditions, il est resté pratiquement dans le plus profond oubli.

Le récit de Beyrouth a été plusieurs fois attribué à Saint Athanase (1). Mais c'est là une erreur reconnue depuis longtemps. Ce ne fut,

---

copte : Ⲁⲛⲁⲫⲟⲣⲁ ⲙ̄ⲡⲉⲛⲓⲱⲧ ⲙ̄ⲡⲓⲉⲩⲁⲅⲅⲉⲗⲓⲥⲧⲏⲥ ⲙⲁⲣⲕⲟⲥ ⲑⲁⲓ ⲉⲧⲁϥⲉⲣⲃⲉⲃⲁⲓⲟⲛ ⲙ̄ⲙⲟⲥ ⲛ̄ϫⲉ ⲡⲓⲧⲣⲓⲥⲙⲁⲕⲁⲣⲓⲟⲥ ⲡⲓⲁⲅⲓⲟⲥ ⲕⲩⲣⲓⲗⲗⲟⲥ. Un sermon copte sur la mort a été également publié avec le nom de Saint Cyrille, et traduit en français par E Amélineau, *Monuments pour servir a l'histoire de l'Egypte chrétienne au IVe et Ve siècles* (*Memoires publiés par les membres de la Mission archéologique française au Caire, t IV*) Paris, 1888, pp 165-195

(1) Voir *Migne*, P. G, t XXVIII col. 795.

du reste, qu'au Ve siècle que commença à paraître l'image de la Croix portant le Christ (1). Cet épisode miraculeux fut rapporté, pour la première fois, au second concile de Nicée, spécialement dirigé contre les iconoclastes. Il répondait péremptoirement aux fausses doctrines des dissidents qui s'étaient réunis en conciliabule à l'instigation de l'empereur Constantin V Copronyme ; aussi les pères de Nicée l'enregistrèrent-ils dans les actes de leur concile (2). Etait-il connu auparavant ? Les annales des origines de l'Eglise ne nous le disent point. Sigebert de Gemblours, le continuateur de la Chronique de Saint Prosper, qui vivait à la fin du XIIe siècle, est le premier parmi les historiens qui l'ait relaté ; il le rapporte à l'an 365.

Le manuscrit du Vatican d'où nous avons tiré notre texte copte, est daté du VIIe siècle de l'ère des Martyrs (3). Vraisemblablement, le récit qu'il contient est très voisin de sa date de composition, s'il ne représente l'original ; il nous paraît peu probable qu'on puisse le rapporter à une époque antérieure à un siècle. Mais, en ce temps, déjà, outre la diversité de race qui distinguait Grecs et Egyptiens, des divergences de doctrine les avaient désunis, une profonde antipathie, vieille de plusieurs siècles, les séparait, et, peut-être, tous ces motifs furent-ils l'origine de ce récit ignoré jusqu'ici, qui nous est parvenu d'Egypte et dont, un siècle au moins avant son apparition, l'histoire nous avait transmis le pareil, concernant Béryte de Phénicie.

La similitude des deux narrations, nous l'avons vu, est évidente. Leur fond est le même, les détails seuls les différencient. Cependant, malgré le soin avec lequel la vraisemblance historique a été observée dans le récit d'Alexandrie, l'art de son rédacteur, le fini de son travail,

---

(1) Voir *Dictionnaire de la Bible* de Vigouroux, article *Croix* par Marucchi, t. II, col. 1131.

(2) Il est relaté à l'article 4 des actes.

(3) C'est le manuscrit 59, fol. 85-96. Le folio 29 est daté de 600 E. M. ⲁⲓⲥϧⲁⲓ ⲛ̄ⲫⲁⲓ ϧⲉⲛ ϯⲙⲁϩ ⲭ̄ ⲛ̄ⲣⲟⲙⲡⲓ ⲛ̄ⲧⲉ ⲛⲓⲁⲅⲓⲟⲥ ⲙⲁⲣⲧⲩⲣⲟⲥ. Le folio 84, celui qui précède immédiatement le début de notre pièce, est daté de ⲭ̄ⲗ̄ⲁ̄ 634 E. M. = 918 de Jésus-Christ.

son scrupule à citer ses sources — à noter en particulier, la reproduction textuelle de la lettre de Philoxène à Cyrille — cela même nous met en défiance et paraît trahir la vérité. L'Egypte, semble-t-il, voulut rivaliser avec la Syrie ; les Coptes voulurent s'égaler aux Grecs. Ces derniers avaient inséré le miracle de Beyrouth parmi leurs fêtes Les Egyptiens, à leur tour, décidèrent d'avoir le leur, tout aussi éclatant et national. Cette fête se célébrait chez les Grecs le premier dimanche de carême, les Coptes la placèrent vers la fin de leur année, au 14 de Messori, correspondant alors au 7 août du calendrier Julien C'est à ce jour que la rapporte l'auteur du Synaxaire dont nous donnons la version éthiopienne à la suite du texte copte (1).

Ce procédé qui consiste à démarquer un ouvrage connu, pour en parer un personnage ou accréditer un fait, soit réels soit imaginaires, fut d'usage courant au temps où remonte notre manuscrit, et les littératures orientales en général en sont coutumières. C'est ainsi que nous relevons dans le recueil des *Miracles de la Vierge*, que nous possédons en arabe et en éthiopien, deux récits visiblement inspirés par le miracle de Beyrouth. Dans le premier, qui se passe à Constantinople, le prodige survient d'une image de la Vierge enlevée de la maison d'un chrétien ; dans le second, c'est le sang répandu par une statue de la Vierge mutilée, qui produit le miracle, dans tous deux, ce sont des Juifs qui les occasionnent. Le crucifix du chrétien de Beyrouth, le sang répandu par le Christ outragé ont fourni ces thèmes à l'auteur des *Miracles de la Vierge* (2)

L'épisode de la Manichéenne, n'a pas de correspondant à notre connaissance, dans la littérature orientale Un miracle eucharistique rapporté par plusieurs auteurs est celui du verrier juif de Constantinople (3) ;

---

(1) Nous avons emprunté ce passage au ms 128 de la Bibliothèque nationale

(2) Voir pour ces miracles H Zotenberg, *Manuscrits éthiopiens de la Bibliothèque nationale* Ms 62, fol 88 et fol 94 v°.

(3) Il est rapporté entre autres par Evagre le scolastique en Orient († 594), *Histoire ecclésiastique depuis le concile d'Ephèse*, liv IV, ch 36. Voir *Migne*, P G, t LXXXVI, col. 2769 ; — par Saint Grégoire de Tours en Occident († 595), *Histoire ecclésiastique des Francs*, liv. I, chap. 10. Voir *Migne*, P L, t LXXI, col. 714. Nicéphore Calliste surnommé Xanthopule († 1335) le rapporte aussi dans son *Histoire ecclésiastique*, liv. XVII, chap. 25. Voir *Migne*, P G., t. CXLVII, col 280.

nous ne trouvons nulle part de trace du récit d'Alexandrie. Le recueil des miracles de la Vierge contient, de son côté, l'histoire du verrier, suivant le procédé indiqué pour le miracle de Beyrouth (1) ; mais rien, chez lui, ne rappelle la Manichéenne.

Ces deux narrations proviennent-elles d'un même auteur ou bien de deux auteurs différents, ou encore, composées suivant l'une de ces deux hypothèses, faut-il attribuer à un auteur distinct la forme sous laquelle elles nous sont parvenues ? Nous ne saurions le dire. Le récit de la femme Manichéenne paraît seul pouvoir s'adapter au but que se propose l'auteur du sermon, inciter son auditoire à la confiance en la miséricorde divine envers le pécheur. Celui du crucifix ne s'y rapporte point. Le Juif Philoxène est un infidèle ramené à la vraie foi par la manifestation de prodiges divins, mais il n'a rien du pécheur endurci, longtemps impénitent, ni de la brebis égarée de la parabole évangélique évoquée au début du discours. Il vivait hors du bercail, il est vrai, mais il ne l'avait point quitté, ne lui ayant jamais appartenu, et d'autre part, il était dans la plus entière bonne foi en suivant la loi juive, ainsi qu'il apparaît d'après le texte. On pourrait peut-être voir dans ce manque d'adaptation, l'indice d'une main postérieure, qui aurait réuni nos deux épisodes en un discours. Le fait demeure vraisemblable. Le point commun, qui les rapproche cependant, celui du sang versé miraculeusement, paraît témoigner en faveur d'un auteur unique. Mais, vu l'absence de documents, nous n'insisterons pas sur ces points. Aucune solution ne saurait s'imposer absolument.

Nous en dirons autant de l'attribution de ce sermon que de la question concernant la véracité des récits qu'il contient. Nous avons considéré ces deux points aux seules lumières que l'histoire actuelle nous fournit. Peut-être l'avenir nous réserve-t-il de nouveaux matériaux entraînant de nouvelles solutions ; nous n'avons voulu, en aucune façon, les récuser d'avance.

(1) Voir H. Zotenberg, *op. cit.*, ms 62, fol 89.

Ⲟⲩⲗⲟⲅⲟⲥ ⲛ̄ⲧⲉ ⲡⲓⲁⲅⲓⲟⲥ Ⲭⲩⲣⲓⲗⲗⲟⲥ
ⲡⲓⲁⲣⲭⲏⲉⲡⲓⲥⲕⲟⲡⲟⲥ ⲛ̄ⲧⲉ ⲣⲁⲕⲟϯ
ⲉⲁϥⲧⲁⲟⲩⲉϥ ⲉⲑⲃⲉ ϯⲙⲉⲧⲁⲛⲓⲁ.

Fol. 85 R. — Ⲟⲩⲟϩ ⲟⲛ ϫⲉ ϣⲁⲣⲉ Ⲫ̅ϯ̅ ⲁⲛⲉⲭⲉⲥⲑⲉ ⲙ̄ⲡⲓⲣⲱⲙⲓ ⲛ̄ⲣⲉϥⲉⲣⲛⲟⲃⲓ ⲛ̄ⲧⲉϥⲉⲣⲥⲙⲟⲧ ⲛⲓⲃⲉⲛ ϣⲁⲧⲉϥⲧⲁⲥⲑⲟϥ ⲉ̀ⲟⲩⲙⲉⲧⲁⲛⲓⲁ ⲟⲩⲟϩ ϫⲉ ϥⲟⲩⲱϣ ⲁⲛ ⲛ̄ⲧⲉϩⲗⲓ ⲧⲁⲕⲟ ϫⲉ ⲡϩⲱⲃ ⲛ̄ⲛⲉϥϫⲓϫ ⲡⲉ.

Ⲁϥⲥⲁϫⲓ ⲇⲉ ⲟⲛ ⲉⲑⲃⲉ ⲟⲩⲥϩⲓⲙⲓ ⲙ̄ⲙⲁⲛⲓⲭⲉⲁ ⲉⲥϣⲟⲡ ϧⲉⲛ ϯⲡⲟⲗⲓⲥ ⲣⲁⲕⲟϯ ϧⲉⲛ ⲛⲓⲉϩⲟⲟⲩ ⲛ̄ⲧⲉ ⲧⲉϥⲙⲉⲧⲕⲟⲩϫⲓ ⲉⲁⲡϭ̅ⲥ̅ ϭⲓⲙⲱⲓⲧ ϧⲁϫⲱⲥ ⲉ̀ϧⲟⲩⲛ ⲉ̀ⲡⲁⲣⲓⲑⲙⲟⲥ ⲛ̄ⲧϯⲙⲉⲧⲭⲣⲏⲥⲧⲓⲁⲛⲟⲥ.

Ⲁϥⲥⲁϫⲓ ⲇⲉ ⲟⲛ ⲉⲑⲃⲉ ⲫⲓⲗⲟⲝⲟⲛⲟⲥ ⲡⲓⲁⲣⲭⲏⲥⲩⲛⲁⲅⲱⲅⲟⲥ ⲛ̄ⲧⲉ ⲛⲓⲓⲟⲩⲇⲁⲓ ⲛ̄ϣⲟⲣⲡ ⲉⲧⲁϥϭⲓⲱⲙⲥ ⲁⲥϣⲱⲡⲓ ⲛ̄ⲭⲣⲏⲥⲧⲓⲁⲛⲟⲥ ⲛⲉⲙ ⲡⲉϥⲏⲓ ⲧⲏⲣϥ ϩⲓⲧⲉⲛ ⲡⲓϣⲟⲙ ⲉⲧⲁϥϣⲱⲡⲓ ⲉⲃⲟⲗ ϩⲓⲧⲉⲛ ⲡⲓⲥⲧⲁⲩⲣⲟⲥ ⲛ̄ⲧⲉ ⲡⲭ̅ⲥ̅ ⲛⲉⲙ ⲧⲉϥϣⲉⲣⲓ ⲉⲧⲁⲥⲛⲁⲩ ⲙ̄ⲃⲟⲗ ϧⲉⲛ ⲡϫⲓⲛⲑⲉϥⲗⲁⲗⲟ ⲡⲓⲥⲛⲟϥ ⲉⲧⲁϥⲓ

Discours que Saint Cyrille, archevêque d'Alexandrie prononça sur la pénitence

Fol. 85 R. — Dieu supporte le pécheur et prend tous les moyens, jusqu'à ce que celui-ci revienne à résipiscence, il ne veut la perte de personne, car c'est l'œuvre de ses mains (1).

(Saint Cyrille) parle d'une femme manichéenne, qui se trouvait dans la ville d'Alexandrie, aux jours de son enfance, à qui le Seigneur montra la voie vers la connaissance du christianisme (2).

Il parle également de Philoxène, jadis chef de la synagogue des Juifs, qui après avoir reçu le baptême, devint chrétien avec toute sa maison, à cause du prodige qui arriva par la croix du Christ. Sa fille ayant

(1) Ezéchiel 33, 11

(2) Nous avons peut-être ici une erreur de scribe : au lieu de ⲛ̄ⲧϯⲙⲉⲧⲭⲣⲏⲥⲧⲓⲁⲛⲟⲥ, faut-il lire : ⲛ̄ⲛⲓⲭⲣⲏⲥⲧⲓⲁⲛⲟⲥ ? Dans le cas contraire, l'acception de *science*, *connaissance*, pour ἀριθμός est demandée par le contexte ; nous trouvons, par ailleurs, ce mot dans Dion Cassius avec un sens voisin : cf. Henricus van Herwerden, *Lexicon graecum suppletorium et dialecticum* Lugduni Batavorum, 1910. Pars I, p. 201.

ⲉⲃⲟⲗϧⲉⲛ ⲡⲓⲥⲧⲁⲩⲣⲟⲥ ⲉ̀ⲛⲉⲛⲃⲁⲗ ⲛ̀ⲧⲉϥϣⲉⲣⲓ ϧⲉⲛ ⲑⲙⲏϯ ⲛ̀ϯⲥⲩⲛⲁⲅⲱⲅⲏ ⲁⲟⲩⲙⲏϣ ϧⲉⲛ ⲛⲓⲓⲟⲩⲇⲁⲓ ⲛⲁϩϯ ⲙ̀ⲡⲭ̅ⲥ̅ ϩⲓⲧⲉⲛ ϯϣⲫⲏⲣⲓ ⲉⲧⲁⲩⲛⲁⲩ ⲉⲣⲟⲥ ϧⲉⲛ ⲟⲩϩⲓⲣⲏⲛⲏ ⲛ̀ⲧⲉ Ⲫ̅ϯ̅ ⲁⲙⲏⲛ.

Ⲟⲩⲙⲁⲛ̀ⲙⲟⲛⲓ ⲉⲛⲁⲛⲉϥ ⲡⲉ ⲡⲓⲗⲩⲙⲏⲛ ⲛ̀ⲧⲉ ϯⲉⲕⲕⲗⲏⲥⲓⲁ ⲟⲩⲙⲁ ⲛ̀ϭⲓⲫⲁϧⲣⲓ ⲛ̀ⲭⲓⲛⲭⲏ ⲡⲉ ⲡⲏⲓ ⲙ̀Ⲫ̅ϯ̅ — Fol. 85 V. — ⲟⲩⲙⲁ ⲛ̀ϭⲓⲥⲃⲱ ⲉⲛⲁⲛⲉϥ ⲡⲉ ϯϣⲁⲓⲣⲓ ⲛ̀ⲧⲉ ⲡⲭ̅ⲥ̅ ⲟⲩⲗⲩⲙⲏⲛ ⲉⲛⲁⲛⲉϥ ⲡⲉ ⲟⲩⲟϩ ⲉⲧⲁⲓⲏⲟⲩⲧ ⲡⲉ ϯⲉⲕⲕⲗⲏⲥⲓⲁ ⲛ̀ⲧⲉ ⲡⲉⲛⲟ̅ⲥ̅ Ⲓⲏ̅ⲥ̅ ⲡⲭ̅ⲥ̅. ϩⲁⲛⲫⲁϧⲣⲓ ⲉⲧⲕⲉⲛⲓⲱⲟⲩⲧ ⲛⲉ ⲛⲓⲛⲟⲏⲙⲁ ⲛ̀ⲧⲉ ϯⲅⲣⲁⲫⲏ ϩⲁⲛⲙⲁⲗⲁⲅⲙⲁ ⲉⲩϯⲭⲃⲟⲛ (1) ⲛⲉ ⲛⲓⲣⲏⲧⲟⲛ ⲛ̀ⲧⲉ ⲛⲓⲉⲩⲁⲅⲅⲉⲗⲓⲟⲛ ⲉⲑⲟⲩⲁⲃ. Ⲡⲓⲣⲏⲧⲟⲛ ⲇⲉ ⲟⲩⲛ ⲛ̀ⲧⲉ ⲛⲓⲉⲩⲁⲅⲅⲉⲗⲓⲟⲛ ⲉⲧⲁⲩⲟϣϥ ⲉⲣⲟⲛ ⲙ̀ⲫⲟⲟⲩ ϥⲥⲱⲕ ⲙ̀ⲙⲟⲛ ⲉϧⲟⲩⲛ ⲉ̀ⲟⲩⲛⲓϣϯ ⲛ̀ⲇⲓⲇⲁⲥⲕⲁⲗⲓⲁ ⲉⲥⲙⲉϩ ⲛ̀ⲣⲁϣⲓ ⲁϣ ⲇⲉ ⲡⲉ ⲫⲁⲓ ⲁⲩⲓⲥ ⲛⲧⲉⲛⲥⲁϫⲓ ⲉⲣⲟϥ.

Ⲟⲩⲣⲱⲙⲓ ⲡⲉϫⲁϥ ⲉⲟⲩⲟⲛⲧⲉϥ ⲣ̅ ⲛ̀ⲉⲥⲱⲟⲩ ⲙ̀ⲙⲁⲩ ⲉϣⲱⲡ ⲁⲣⲉϣⲁⲛ ⲟⲩⲁⲓ ⲥⲱⲣⲉⲙ ⲉⲃⲟⲗ ⲙ̀ⲙⲱⲟⲩ ⲙⲏ ⲙ̀ⲡⲁϥⲭⲁ ⲡⲓϥ̅ⲑ̅ ϩⲓϫⲉⲛ ⲡⲓⲧⲱⲟⲩ ⲛ̀ⲧⲉϥⲕⲱϯ ⲛ̀ⲥⲁ ⲡⲓⲟⲩⲁⲓ ⲉⲧⲁϥⲧⲁⲕⲟ. Ⲟⲩⲟϩ ⲁⲥϣⲁⲛϣⲱⲡⲓ ⲛ̀ⲧⲉϥϫⲉⲙϥ

(1) pour ⲉⲩϯⲭⲃⲟⲃ.

recouvré la vue, après que ses yeux eurent été frottés du sang qui coula de la croix, au milieu de la synagogue, une foule de Juifs crurent au Christ, par suite du miracle dont ils furent témoins. Dans la paix de Dieu ; amen.

Quel bon pâturage que le port de l'église ! Quel hôpital gratuit que la maison de Dieu ! — Fol. 85 V. — Quelle école excellente que le bercail du Christ ! Quel parfait et précieux refuge que l'Eglise de Notre Seigneur ! Quels puissants remèdes que les pensées de l'Ecriture ! Quels adoucissements reposants que les récits des Saints Evangiles. L'épisode des Evangiles qui nous est lu aujourd'hui, nous fait pénétrer dans une grande doctrine, remplie de joie. Mais quel est-il ? allons, lisons le.

« Quel est l'homme, est-il dit, possédant cent brebis et qui, si une d'elles s'égare, ne laisse pas les quatre-vingt-dix-neuf autres sur la montagne, pour chercher celle qui s'est perdue ? Et s'il arrive qu'il la trouve, il la prend sur ses épaules, il se réjouit avec elle. Il appelle ses amis et ses

ϣⲁϥⲧⲁⲗⲟϥ ⲉ̀ϩⲣⲏⲓ ⲉ̀ϫⲉⲛ ⲛⲉϥⲙⲟⲧϯ ⲛ̅ⲧⲉϥⲣⲁϣⲓ ⲛⲉⲙⲁϥ ϣⲁϥⲙⲟⲩϯ ⲉ̀ⲛⲉϥϣⲫⲏⲣ ⲛⲉⲙ ⲛⲉϥⲑⲉϣⲉⲩ ⲉϥϫⲱ ⲙ̅ⲙⲟⲥ ϫⲉ ⲣⲁϣⲓ ⲛⲉⲙⲏⲓ ⲧⲏⲣⲟⲩ ϫⲉ ⲁⲓϫⲓⲙⲓ ⲙ̅ⲡⲁⲉⲥⲱⲟⲩ ⲉⲧⲁϥⲧⲁⲕⲟ ⲫⲁⲓ ⲡⲉ ⲙ̅ⲫⲣⲏϯ ⲉϣⲁⲣⲉ ⲟⲩⲣⲁϣⲓ ϣⲱⲡⲓ ϧⲉⲛ ⲧⲫⲉ ⲙ̅ⲡⲉⲙⲑⲟⲛ ⲫ̅ϯ ⲛⲉⲙ ⲛⲉϥⲁⲅⲅⲉⲗⲟⲥ ⲉⲑⲟⲩⲁⲃ ⲉϫⲉⲛ ⲟⲩⲣⲉϥⲉⲣⲛⲟⲃⲓ ⲛ̅ⲟⲩⲱⲧ ⲉϥⲉⲣⲙⲉⲧⲁⲛⲟⲓⲛ — Fol. 86 R. — Ϥϫⲱ ⲙ̅ⲙⲟⲥ ⲟⲛ ϫⲉ ⲁⲙⲱⲓⲛⲓ ϩⲁⲣⲟⲓ ⲟⲩⲟⲛ ⲛⲓⲃⲉⲛ ⲉⲧϧⲟⲥⲓ ⲟⲩⲟϩ ⲉⲧⲟⲡⲧ ϧⲉⲛ ⲛⲟⲩⲉⲧⲫⲱⲟⲩⲓ ⲁⲛⲟⲕ ⲉⲑⲛⲁϯ ⲙ̅ⲧⲟⲛ ⲛⲱⲧⲉⲛ. Ⲁⲗⲓⲟⲩⲓ ⲙ̅ⲡⲁⲛⲁϩⲃⲉϥ ϩⲓϫⲉⲛ ⲑⲏⲛⲟⲩ ⲁⲣⲓ ⲉⲙⲓ ⲉⲃⲟⲗ ⲙ̅ⲙⲟⲓ ϫⲉ ⲁⲛⲟⲕ ⲟⲩⲣⲉⲙⲣⲁⲩϣ ⲟⲩⲟϩ ϯⲑⲉⲃⲓⲏⲟⲩⲧ ϧⲉⲛ ⲡⲁϩⲏⲧ ⲉⲣⲉⲧⲉⲛⲉϫⲓⲙⲓ ⲛ̅ⲟⲩⲙⲁⲉⲙⲧⲟⲛ ⲛ̅ⲛⲉⲧⲉⲛⲯⲩⲭⲏ ⲡⲁⲛⲁϩⲃⲉϥ ⲅⲁⲣ ϩⲟⲗϫ ⲟⲩⲟϩ ⲥⲁⲥⲓⲱⲟⲩ ⲛ̅ϫⲉ ⲧⲁⲉⲧⲫⲱ.

Ⲉⲧⲉ ⲫⲁⲓ ⲡⲉ ϫⲉ ⲛⲏⲉⲧⲟⲡⲧ ϧⲉⲛ ⲛⲓⲉⲧⲫⲱⲟⲩⲓ ⲛ̅ⲧⲉ ⲛⲟⲩⲛⲟⲃⲓ ⲛⲏⲉⲧⲁⲛⲓ ⲡⲗⲩⲅⲏ ⲛ̅ⲧⲉ ⲛⲟⲩⲛⲟⲃⲓ ⲁϣⲁⲓ ⲁⲙⲱⲓⲛⲓ ⲛ̅ⲧⲁⲭⲁ ⲛⲉⲧⲉⲛ ⲛⲟⲃⲓ ⲛⲱⲧⲉⲛ ⲉⲃⲟⲗ ϯⲟⲩⲱϣ ⲫⲙⲟⲩ ⲁⲛ ⲙ̅ⲡⲓⲣⲉϥⲉⲣⲛⲟⲃⲓ ⲡⲉϫⲉ ⲡ̅ⲟ̅ⲥ̅ ⲙ̅ⲫⲣⲏϯ ⲛ̅ⲧⲉϥⲧⲁⲥⲑⲟϥ ⲉⲃⲟⲗϩⲁ ⲛⲉϥⲙⲱⲓⲧ ⲉⲧϩⲱⲟⲩ ⲟⲩⲟϩ ⲛ̅ⲧⲉϥⲱⲛϧ. Ⲡⲉϫⲁϥ ⲟⲛ ϫⲉ ⲟⲩⲟⲛ ⲟⲩⲣⲁϣⲓ ⲛⲁϣⲱⲡⲓ ⲙ̅ⲡⲉⲙⲡⲑⲟ ⲛ̅ⲛⲓⲁⲅⲅⲉⲗⲟⲥ ⲛ̅ⲧⲉ ⲫ̅ϯ ⲉϫⲉⲛ ⲟⲩⲣⲉϥⲉⲣⲛⲟⲃⲓ ⲛ̅ⲟⲩⲱⲧ ⲉϥⲉⲣⲙⲉⲧⲁⲛⲟⲓⲛ. Ⲓⲥϫⲉ ⲟⲩⲟⲛ ⲟⲩ-

voisins en disant : Réjouissez-vous tous avec moi ; car j'ai retrouvé ma brebis, qui était perdue. Pareille est la joie dans le ciel, devant Dieu et ses saints Anges, pour un pécheur qui fait pénitence » (1). — Fol. 86 R. — Il est dit aussi : « Venez à moi, vous tous qui êtes fatigués et qui êtes accablés de fardeaux et je vous soulagerai. Prenez mon joug sur vous et apprenez de moi que je suis doux et humble de cœur, vous trouverez le repos pour vos âmes, car doux et léger est mon joug » (2)

Cela signifie : Vous qui êtes accablés du poids de vos péchés, vous, dont les blessures du péché se sont multipliées, venez, je vous remettrai vos offenses. « Je ne veux pas la mort du pécheur, dit le Seigneur, mais qu'il se détourne de sa voie mauvaise et qu'il vive » (3). Il dit encore : « Il y aura de la joie chez les anges de Dieu pour un seul pécheur qui fait pé-

(1) Luc, 15, 4-8

(2) Matthieu, 11, 28-30.

(3) Ezéchiel, 33, 11.

ⲣⲁϣⲓ ⲛ̀ⲧⲁⲓⲙⲁⲓⲏ ⲛⲁϣⲱⲡⲓ ⲉⲑⲃⲉ ⲟⲩⲣⲉϥⲉⲣⲛⲟⲃⲓ ⲛ̀ⲟⲩⲱⲧ ⲉϥⲉⲣⲙⲉⲧⲁⲛⲟⲓⲛ ⲙ̀ⲡⲉⲙⲡⲟⲟ ⲙ̀Ⲫ̅ϯ̅ ⲛⲉⲙ ⲛⲉϥⲁⲅⲅⲉⲗⲟⲥ ϫⲉ ⲟⲩⲏⲣ ⲡⲉ ⲡⲓⲣⲁϣⲓ ⲛ̀ⲧⲉ ⲛⲁⲧⲫⲉ ⲛⲉⲙ ⲛⲁⲡⲓⲕⲁϩⲓ ⲛⲓⲁⲅⲅⲉⲗⲟⲥ ⲛⲉⲙ ⲛⲓⲁⲣⲭⲏⲁⲅⲅⲉⲗⲟⲥ ⲛⲉⲙ ⲛⲓϫⲟⲙ ⲉⲧϧⲉⲛ ⲛⲓⲫⲏⲟⲩⲓ — Fol. 86 V — ⲉϫⲉⲛ ⲟⲩⲙⲏϣ ⲛ̀ⲣⲉϥⲉⲣⲛⲟⲃⲓ ⲁⲩϣⲁⲛⲉⲣⲙⲉⲧⲁⲛⲟⲓⲛ.

ϯⲛⲟⲩ ϫⲉ ⲱⲛⲁⲙⲉⲛⲣⲁϯ ⲙ̀ⲡⲉⲛⲑⲣⲉⲛ ϫⲁⲧⲟⲧⲉⲛ ⲛ̀ⲥⲱⲛ ⲙ̀ⲙⲓⲛ ⲙ̀ⲙⲟⲛ ⲉⲑⲃⲉ ϩⲁⲛⲗⲱⲓϫⲓ ⲛ̀ⲛⲟⲃⲓ ⲙ̀ⲙⲟⲛ ⲁⲑⲛⲟⲃⲓ ⲅⲁⲣ ⲉⲃⲏⲗ ⲉ̀Ⲫ̅ϯ̅ ⲙ̀ⲙⲁⲩⲁⲧϥ. Ⲕⲁⲛ ⲁⲣⲉϣⲁⲛ ⲡⲓⲇⲓⲁⲃⲟⲗⲟⲥ ⲥⲁⲧⲉⲛ ⲉϧⲣⲏⲓ ⲫⲛⲟⲃⲓ ϩⲓⲧⲉⲛ ⲛⲉϥⲙⲉⲧⲥⲁⲛ̀ⲕⲟⲧⲥ ⲛ̀ⲧⲉϥⲑⲉⲙ ⲡⲉⲛϩⲏⲧ ⲉϧⲟⲩⲛ ⲛⲉⲛϩⲩⲇⲱⲛⲏ ⲙⲁⲣⲉⲛϭⲟϫⲓ ⲉⲣⲁⲧⲥ ⲛ̀ϯⲙⲉⲧⲙⲁⲓⲣⲱⲙⲓ ⲛ̀ⲧⲉⲫ̅ϯ̅ ⲛ̀ⲧⲉⲛϯϩⲟ ⲉⲣⲟϥ ϧⲉⲛ ⲟⲩⲛⲓϣϯ ⲛ̀ⲑⲉⲃⲓⲟ. Ⲟⲩⲙⲁⲓⲣⲱⲙⲓ ⲅⲁⲣ ⲡⲉ ϥⲛⲁⲭⲱ ⲛⲁⲛ ⲉⲃⲟⲗ ⲛ̀ⲛⲉⲛⲛⲟⲃⲓ ⲥⲉⲣⲙⲉⲗⲓⲛ ⲛⲁϥ ϧⲁⲣⲟⲛ Ⲙⲡⲉⲣϫⲟⲥ ϫⲉ ⲁⲓⲉⲣ ϩⲁⲛⲛⲓϣϯ ⲛ̀ⲛⲟⲃⲓ ⲉⲩϩⲟⲣϣ ⲡⲓϩⲱⲃ ϧⲟⲥⲓ ⲉⲑⲣⲉⲡϭ̅ⲥ̅ ⲭⲁⲩ ⲛⲏⲓ ⲉⲃⲟⲗ. Ⲁⲛⲁⲩ ⲁⲛⲁⲩ ⲙ̀ⲡⲉⲣϫⲟⲥ ⲙ̀ⲡⲁⲓⲣⲏϯ·ⲙ̀ⲙⲟⲛ ϩⲗⲓ ⲅⲁⲣ ⲛ̀ⲛⲟⲃⲓ ϩⲟⲣϣ ⲛⲁϩⲣⲉⲛ Ⲫ̅ϯ̅ ⲉⲑⲣⲉϥⲭⲁⲩ ⲛⲁⲛ ⲉⲃⲟⲗ. Ⲓⲥϫⲉ ⲛ̀ⲑⲟⲕ ⲟⲩⲣⲉϥⲉⲣⲛⲟⲃⲓ ⲁⲣⲓⲫⲙⲉⲩⲓ ⲛ̀ϯⲥϩⲓⲙⲓ ⲙ̀ⲡⲟⲣⲛⲏ ⲉⲧⲁⲥⲉⲣ ⲛⲉⲥⲃⲁⲗ ⲛ̀ⲟⲩⲗⲁⲕⲁⲛⲏ ⲙ̀ⲙⲱⲟⲩ ⲁⲥⲓⲁⲣⲁⲧϥ ⲙ̀ⲡⲉⲛϭ̅ⲥ̅ ⲓ̅ⲏ̅ⲥ̅ ⲟⲩⲟϩ ⲁⲥϥⲟⲧⲟⲩ ⲉⲃⲟⲗ ⲙ̀ⲡⲉⲥϥⲱⲓ. Ⲓⲥϫⲉ ⲛ̀ⲑⲟⲕ ⲟⲩⲧⲉⲗⲱ-

nitence » (1). Puis donc qu'il y aura une telle joie pour un pécheur qui fait pénitence, chez Dieu et ses Anges, quelle ne sera pas la joie des habitants du ciel et de la terre, des anges et des archanges et des vertus célestes — Fol. 86 V. — si une multitude de pécheurs fait pénitence !

Maintenant donc, ô mes bien-aimés, ne nous méprisons pas nous-mêmes à cause de nos péchés, personne n'est sans péché, à l'exception de Dieu seul (2). Et si le démon nous a fait tomber dans le péché par ses ruses, s'il a obscurci nos cœurs dans les voluptés, allons nous réfugier auprès de la bonté de Dieu, implorons-le avec une grande humilité Il est l'ami des hommes, il nous remettra nos péchés, il y a de la sollicitude en lui pour nous. N'allez pas dire : J'ai commis des fautes nombreuses et graves, il est difficile que le Seigneur me pardonne ! (3) Prenez garde,

(1) Luc, 15, 7.

(2) Marc, 10, 18, Luc, 18, 19

(3) Genèse, 4, 13

ⲛⲏⲥ ⲁⲣⲓⲫⲙⲉⲩⲓ ⲙ̀ⲡⲓⲧⲉⲗⲱⲛⲏⲥ ⲉⲧⲁϥⲁⲓϥ ⲛ̀ⲉⲩⲁⲅⲅⲉⲗⲓⲥⲧⲏⲥ ⲓⲥϫⲉ ⲛ̀ⲑⲟⲕ ⲟⲩⲥⲟⲛⲓ ⲁⲣⲓⲫⲙⲉⲩⲓ ⲙ̀ⲡⲓⲥⲟⲛⲓ ⲉⲧⲁϥⲉⲣⲟⲙⲟⲗⲟⲅⲓⲛ — Fol. 87 R — ⲙ̀ⲡϭ̅ⲥ̅ ⲉϫⲉⲛ ⲡⲓⲥⲧⲁⲩⲣⲟⲥ ⲁϥϭⲓ ⲙ̀ⲡⲭⲱ ⲉⲃⲟⲗ ⲛ̀ⲧⲉ ⲛⲉϥⲛⲟⲃⲓ ⲛ̀ⲟⲩⲟⲩⲛⲟⲛ ⲛ̀ⲟⲩⲱⲧ Ⲁⲗⲗⲁ ⲡⲁⲛⲧⲱⲥ ⲭⲛⲁϫⲟⲥ ⲛⲏⲓ ϫⲉ ⲁⲛⲟⲕ ⲟⲩⲙⲁⲅⲟⲥ ⲁⲣⲓⲫⲙⲉⲩⲓ ⲛ̀ⲛⲓⲙⲁⲅⲟⲥ ⲉⲧⲁⲩⲉⲛ ⲇⲱⲣⲟⲛ ⲙ̀ⲡⲭ̅ⲥ̅ ⲁⲩϭⲓ ⲙ̀ⲡⲭⲱ ⲉⲃⲟⲗ ⲛ̀ⲧⲉ ⲛⲟⲩⲛⲟⲃⲓ ⲛ̀ⲟⲩⲟⲩⲛⲟⲩ ⲛ̀ⲟⲩⲱⲧ. ϯⲛⲟⲩ ⲇⲉ ⲱⲛⲁⲙⲉⲛⲣⲁϯ ⲙ̀ⲡⲉⲣⲉⲣⲁⲧϩⲉⲗⲡⲓⲥ ⲙ̀ⲡⲓⲛⲁⲓ ⲛ̀ⲧⲉ ⲫ̅ϯ̅ ⲉⲑⲃⲉ ϩⲁⲛⲗⲱⲓϫⲓ ⲛ̀ⲛⲟⲃⲓ ⲟⲩϣⲁⲛⲁϩⲑⲏϥ ⲅⲁⲣ ⲡⲉ ⲡⲉⲛⲛⲟⲩϯ ⲟⲩⲟϩ ⲟⲩⲛⲁⲏⲧ ⲡⲉ ϥⲟⲩⲱϣ ⲁⲛ ⲛ̀ⲧⲉ ϩⲗⲓ ⲛ̀ⲣⲱⲙⲓ ⲧⲁⲕⲟ ⲙ̀ⲫⲣⲏϯ ⲛ̀ⲧⲉϥⲕⲟⲧϥ ⲉⲃⲟⲗϧⲉⲛ ⲡⲉϥⲙⲱⲓⲧ ⲉⲧϩⲱⲟⲩ ⲟⲩⲟϩ ⲛ̀ⲧⲉϥⲱⲛϧ. Ⲭⲁⲥ ⲟⲩⲛ ⲛ̀ⲧⲉⲕⲉⲙⲓ ϫⲉ ϩⲁⲛⲙⲉⲑⲙⲏⲓ ⲛⲉⲛⲓⲥⲁϫⲓ ⲉϯϫⲱ ⲙ̀ⲙⲱⲟⲩ ⲥⲱⲧⲉⲙ ⲁⲛⲟⲕ ϯⲛⲁⲧⲁⲙⲟⲕ ⲉ̀ⲟⲩⲛⲓϣϯ ⲛ̀ⲕⲉⲫⲁⲗⲉⲟⲛ ⲉⲧⲁϥϣⲱⲡⲓ ϧⲉⲛ ϯⲡⲟⲗⲓⲥ ⲣⲁⲕⲟϯ ⲟⲩⲟϩ ⲧⲉⲧⲉⲛⲛⲁⲉⲣϣⲫⲏⲣⲓ ⲉϫⲉⲛ ⲛⲓⲥⲁϫⲓ.

prenez garde de parler ainsi. Il n'est point de péché devant Dieu, si grave, qu'il ne puisse nous le remettre. Si tu es un pécheur, souviens-toi de la courtisane dont les yeux dèvinren't une fontaine d'eau et qui lava les pieds de Notre-Seigneur Jésus, puis les essuya avec sa chevelure (1) Si tu es un publicain, souviens-toi du publicain qui devint évangéliste (2), si tu es un larron, souviens-toi du larron qui fit son aveu (3) — Fol. 87 R. — au Seigneur sur la croix et reçut en même temps le pardon de ses péchés Mais enfin, tu me diras : Je suis un sorcier. Souviens-toi des mages qui apportèrent des présents au Christ, ils reçurent en même temps le pardon de leurs fautes (4) Maintenant donc, ô mes bien-aimés, ne désespérez pas de la miséricorde de Dieu, sous le prétexte du péché. Il est plein de compassion, en effet, notre Dieu, il est miséricordieux, il ne veut pas qu'aucun homme périsse, mais qu'il revienne de sa voie mauvaise et qu'il vive (5) Laisse-moi donc t'apprendre la vérité des paroles que je dis, écoute,

---

(1) Luc, 7, 37-38.
(2) Matthieu, 9, 9, Marc, 2, 14, Luc, 5, 27
(3) Luc, 23, 39-43
(4) Matthieu, 2, 1, Luc, 2, 7
(5) Ezéchiel, 33, 11

Ϧⲉⲛ ⲛⲓⲉϩⲟⲟⲩ ⲇⲉ ⲛ̅ⲧⲉ ⲡⲁⲓⲱⲧ ⲁⲃⲃⲁ Ⲑⲉⲟⲫⲓⲗⲟⲥ ⲡⲓⲁⲣⲭⲏⲉⲡⲓⲥⲕⲟⲡⲟⲥ ⲉⲧⲓ ⲉⲓⲟⲓ ⲛ̅ⲁⲗⲟⲩ ⲉⲓϫⲏ ϧⲉⲛ ϯⲁⲛϩⲏⲃ ⲉⲓϭⲓⲥⲃⲱ. Ⲛⲉⲟⲩⲟⲛ ⲟⲩⲥϩⲓⲙⲓ ⲇⲉ ⲙ̅ⲙⲁⲛⲓⲭⲉⲁ ϣⲟⲡ ϧⲉⲛ ⲡⲓϧⲓⲣ ⲛ̅ⲧⲉ ⲡⲁⲣⲉϥϯⲥⲃⲱ ⲛⲉⲟⲩⲟⲛ ⲟⲩⲕⲟⲩϫⲓ ⲛ̅ϣⲉⲣⲓ ⲛ̅ⲧⲁⲥ ⲉⲥⲛⲁⲉⲣ ⲑ̅ ⲛ̅ⲣⲟⲙⲡⲓ ⲓⲉ ⲙⲏϯ — Fol. 87 V. — ϯⲕⲟⲩϫⲓ ⲇⲉ ⲛ̅ⲁⲗⲟⲩ ⲛⲉ ϣⲁⲣⲉ ⲧⲉⲥⲙⲁⲩ ϫⲟⲗϩⲥ ⲛ̅ⲕⲁⲗⲱⲥ ϧⲉⲛ ϩⲁⲛϩⲉⲃⲥⲱ ⲛ̅ⲧⲉⲥⲟⲩⲟⲣⲡⲥ ⲉ̀ϯⲉⲕⲕⲗⲏⲥⲓⲁ ⲛ̅ⲧⲉⲛⲓⲭⲣⲏⲥⲧⲓⲁⲛⲟⲥ ⲓⲥϫⲉⲛ ⲫⲛⲁⲩ ⲙ̅ⲡⲓϫⲱⲙ ⲛ̅ϩⲟⲩⲓⲧ ⲉ̀ϣⲁⲩⲟϣϥ ⲉⲥϫⲱ ⲙ̅ⲙⲟⲥ ⲛⲁⲥ ⲙ̅ⲡⲁⲓⲣⲏϯ ϫⲉ ⲁⲛⲁⲩ ⲙ̅ⲡⲉⲣⲓ ⲉⲃⲟⲗ ⲁⲛ ϣⲁⲧⲟⲩϯ ⲛ̅ϯϩⲓⲣⲏⲛⲏ ⲫⲏⲉⲧⲉⲣⲉ ⲡⲓⲟⲩⲏⲃ ⲛⲁⲧⲏⲓϥ ⲛⲉ ⲙ̅ⲡⲉⲣ ⲟⲩⲟⲙϥ ϣⲁⲧⲉⲉⲛϥ ⲛⲏⲓ ⲉ̀ⲡⲁⲓⲙⲁ. Ⲧⲟⲧⲉ ϯⲕⲟⲩϫⲓ ⲛ̅ⲁⲗⲟⲩ ⲉⲧⲉⲙ̅ⲙⲁⲩ ⲛⲉ ϣⲁⲥϩⲱⲗ ⲛ̅ⲧⲉⲥⲑⲁϧⲥ ⲛⲉⲙ ⲛⲓⲙⲏϣ ⲛ̅ⲧⲉ ⲛⲓⲭⲣⲏⲥⲧⲓⲁⲛⲟⲥ ⲓⲥϫⲉⲛ ⲡⲓϫⲱⲙ ⲛ̅ϩⲟⲩⲓⲧ ϣⲁⲧⲟⲩϯ ⲛ̅ϯϩⲓⲣⲏⲛⲏ. Ⲛⲉϣⲁⲥϥⲟϫⲥ ⲉϧⲟⲩⲛ ⲛⲉⲙ ⲛⲓⲥϩⲓⲟⲙⲓ ⲉ̀ⲡⲓⲑⲩⲥⲓⲁⲥⲧⲏⲣⲓⲟⲛ ⲛ̅ⲧⲉⲥⲥⲱⲟⲩⲧⲉⲛ ⲛⲉⲥϫⲓϫ ⲉⲃⲟⲗ ⲙ̅ⲡⲓⲁⲣⲭⲏⲉⲡⲓⲥⲕⲟⲡⲟⲥ ⲛ̅ⲧⲉⲥⲱⲗⲓ ⲙ̅ⲡⲓⲥⲱⲙⲁ ⲛ̅ⲣⲉϥϯ ⲙ̅ⲡⲱⲛϧ ⲛ̅ⲧⲉ ⲡ̅ϭ̅ⲥ̅ ⲛ̅ϭⲓⲟⲩⲓ ⲟⲩⲟϩ ⲛ̅ⲧⲉⲥⲟϩⲓ ϣⲁⲧⲟⲩϯ ⲛ̅ϯϩⲓⲣⲏⲛⲏ ⲛ̅-

je te raconterai un fait remarquable qui est arrivé dans la ville d'Alexandrie. Tu seras émerveillé du récit.

Aux jours de mon père abba Théophile l'archevêque, alors que j'étais encore enfant et que je fréquentais l'école pour m'instruire, il y avait une femme manichéenne habitant dans la rue de mon maître d'école, qui avait une petite fille âgée de neuf ou dix ans. — Fol. 87 V. — Cette petite enfant, sa mère la revêtait de beaux habits et elle l'envoyait à l'église des chrétiens, dès le moment où on avait coutume de lire le premier livre, en lui disant : « Prends garde de ne pas sortir, jusqu'à ce qu'on ait donné la paix, et ce que le prêtre te donnera, ne le mange pas, pour me l'apporter ici ». Alors cette petite enfant se hâtait de se mêler à la foule des chrétiens, depuis la première lecture jusqu'à l'imposition de la paix. Elle allait avec les femmes à l'autel, elle tendait les mains vers l'archevêque pour recevoir furtivement le corps vivificateur du Seigneur et, après avoir attendu qu'on eût donné la paix, elle le portait en cachette à sa mère (1). Elle avait cou-

(1) Les enfants allaient communier après les femmes. « L'évêque communie le premier ; les prêtres, les diacres, les sous-diacres, les lecteurs, les *cantores*, les ascètes communient immédiatement après lui. Viennent alors parmi les femmes, les diaco-

ⲧⲉⲥⲉⲛϥ ⲉ̀ϧⲟⲩⲛ ϩⲁ ⲧⲉⲥⲙⲁⲩ ϧⲉⲛ ⲟⲩⲭⲱⲡ ⲁⲥϣⲁⲛϭⲓ ⲙ̀ⲡⲓⲗⲩⲛⲥⲁⲛⲟⲛ ⲛ̀ⲧⲟⲧϥ ⲛ̀ⲧⲉⲥⲉⲛϥ ⲛⲁⲥ. Ⲟⲩⲟϩ ⲥⲟⲡ ⲛⲓⲃⲉⲛ ⲉⲧⲉⲥⲛⲁⲉⲛϥ ⲛⲁⲥ ⲛⲉϣⲁⲥϭⲓ ⲛⲁⲥ ⲛ̀ⲟⲩϩⲏⲧ ⲛ̀ⲑⲏⲣⲓⲟⲛ ϩⲱⲥ ⲉⲥⲛⲁⲉⲣⲇⲟⲕⲓⲙⲁⲍⲓⲛ ⲙ̀ⲙⲟϥ ⲉ̀ⲛϫⲓⲛⲉⲙⲓ ϫⲉ ⲁ ϯⲁⲗⲟⲩ ⲥⲱⲧⲉⲙ ⲉ̀ⲛⲓⲁⲛⲁⲅⲛⲱⲥⲓⲥ ϣⲁⲛ ⲙ̀ⲫⲏ — Fol. 88 R — ⲥⲁⲧⲟⲧ ⲥⲁⲥⲓⲛⲓ ⲛ̀ⲟⲩⲥⲉⲣⲃⲉⲛⲓ ⲓⲉ ⲟⲩⲁⲛⲑⲱⲛ ⲛ̀ⲧⲉⲥϫⲟⲕⲇⲉⲕ ⲉⲣⲟϥ. Ⲁϥϣⲁⲛⲧⲁⲟⲩⲉ ⲥⲛⲟϥ ⲉ̀ⲃⲟⲗ ϣⲁⲥⲟⲗϥ ⲛ̀ϯⲟⲩⲛⲟⲩ ⲛ̀ⲧⲉⲥⲕⲟⲩⲗⲱⲗϥ ⲛ̀ⲟⲩⲙⲁⲛⲛⲁ ⲛ̀ϣⲉⲛⲥ ⲛ̀ⲧⲉⲥⲟⲗϥ ⲛ̀ⲧⲉⲥⲭⲁϥ ϧⲉⲛ ⲟⲩⲕⲁⲯⲁ ⲛ̀ⲛⲟⲩⲃ ⲛ̀ⲧⲉⲥⲁⲣⲉϩ ⲉ̀ⲣⲟϥ ⲉ̀ϧⲟⲩⲛ ⲉ̀ⲡⲉⲥⲏⲓ. Ⲁⲥⲧⲱⲛⲥ ⲇⲉ ⲛ̀ϫⲉ ϯⲥϩⲓⲙⲓ ⲁⲥⲟⲩⲱⲣⲡ ⲟⲛ ⲛ̀ⲧⲉⲥⲕⲟⲩϫⲓ ⲛ̀ϣⲉⲣⲓ ⲉ̀ϯⲉⲕⲕⲗⲏⲥⲓⲁ ⲕⲁⲧⲁ ϯⲥⲩⲛⲏⲑⲓⲁ ⲉⲑⲣⲉⲥϭⲓ ⲙ̀ⲡⲓⲗⲓⲛⲥⲁⲛⲟⲛ. Ⲟⲩⲟϩ ϧⲉⲛ ⲡϫⲓⲛⲑⲣⲉⲥⲓ ⲉ̀ⲃⲟⲗ ⲛ̀ϫⲉ ϯⲕⲟⲩϫⲓ ⲛ̀ϣⲉⲣⲓ ⲁⲥϫⲓⲙⲓ ⲛ̀ϩⲁⲛϧⲉⲗϣⲁⲓⲣⲓ ⲉⲛⲁⲛⲉⲥϧⲓⲣ ⲛⲉ ⲁⲥϭⲓϩⲣⲁⲥ ⲛⲉⲙⲱⲟⲩ ϩⲱⲥ. Ⲙⲟⲩⲓⲥ ⲁⲥϩⲱⲗ ⲉ̀ϯⲉⲕⲕⲗⲏⲥⲓⲁ ⲙ̀ⲡⲓⲛⲁⲩ ⲉⲧⲟⲩⲉⲣ ⲯⲁⲗⲓⲛ ⲉ̀ϯⲡⲣⲟⲥⲫⲟⲣⲁ ⲁⲥϥⲟϫⲥ ⲟⲛ ⲉϧⲟⲩⲛ ⲛⲉⲙ ⲙⲏϣ ϧⲉⲛ ⲡⲓⲑⲩⲥⲓⲁⲥⲧⲏⲣⲓⲟⲛ ⲁⲥⲥⲱ-

tume de recevoir une parcelle pour la lui porter. Et toutes les fois qu'elle en apportait une à sa mère, celle-ci se faisait un cœur féroce. Afin de savoir au moyen de la parcelle, si l'enfant avait entendu ou non les leçons,— Fol. 88 R — aussitôt elle prenait un stylet ou une épine pour attaquer la parcelle Si elle rendait du sang, elle la prenait bien vite, l'enveloppait dans un linge de fin lin et l'emportait pour la mettre dans une cassette d'or, la conservant dans sa maison. Or, cette femme, après s'être levée, envoya un jour sa petite fille à l'église comme d'ordinaire, pour recevoir une parcelle. Mais en s'en allant, la petite fille rencontra des fillettes qui étaient de sa rue Elle s'amusa avec elles, de sorte qu'elle arriva à peine à l'église, au moment où l'on chantait l'invitation (1). Elle se dirigea quand même avec la foule vers l'autel. Elle tendit les mains au prêtre,

---

nesses, les vierges et les veuves, ensuite les enfants εἶτα τὰ παιδία » *Constitutions apostoliques*, liv. VIII, ch. 13, *Migne*, P G., t. I, col. 1109.

(1) Il s'agit ici du debut de l'anaphore proprement dite qui s'ouvre par une prière semblable à la préface du canon latin et ou le diacre, dans la messe de Saint Basile, s'adresse au peuple en disant · Ⲡⲣⲟⲥⲫⲉⲣⲉⲓⲛ ⲡⲣⲟⲥⲫⲉⲣⲉⲓⲛ ⲡⲣⲟⲥⲫⲉⲣⲉⲓⲛ ⲕⲁⲧⲁ ⲧⲣⲟⲡⲟⲛ, etc De là le nom de ⲡⲣⲟⲥⲫⲟⲣⲁ qui signifie en général le sacrifice lui-même

ⲟⲩⲧⲉⲛ ⲉ̀ⲛⲓⲟⲩⲏⲃ ⲁⲥϭⲓ ⲙ̀ⲡⲓⲙⲩⲥⲧⲏⲣⲓⲟⲛ ⲁⲥⲉⲛϥ ⲛ̀ⲧⲉⲥⲙⲁⲩ ϧⲉⲛ ⲟⲩⲭⲱⲛ. Ⲧⲉⲥⲙⲁⲩ ⲇⲉ ⲁⲥⲟⲩⲱϣ ⲉ̀ⲉⲙⲓ ϫⲉ ⲁⲥⲥⲱⲧⲉⲙ ⲉ̀ⲛⲓⲁⲛⲁⲅⲛⲱⲥⲓⲥ ϣⲁ ⲙ̀ⲫⲏ Ⲁⲥⲱⲗⲓ ⲟⲛ ⲛ̀ϯⲥⲟⲩⲣⲓ ⲁⲥϫⲟⲕϫⲉⲕ ⲉⲣⲟϥ ⲕⲁⲧⲁ ⲧⲉⲥⲥⲩⲛⲏⲑⲓⲁ ⲙ̀ⲡⲉϥⲧⲁⲟⲩⲉ ⲥⲛⲟϥ ⲉ̀ⲃⲟⲗ ϫⲉ ⲟⲩⲛⲓ ⲙ̀ⲡⲉⲥⲥⲱⲧⲉⲙ ⲉ̀ⲛⲓⲁⲛⲁⲅⲛⲱⲥⲓⲥ. Ⲧⲟⲧⲉ ⲁⲥⲉⲙⲓ ⲛ̀ϫⲉ ϯⲥϩⲓⲙⲓ ϫⲉ ⲙ̀ⲡⲉ ϯⲁⲗⲟⲩ ϩⲱⲗ ⲉ̀ϯⲉⲕⲕⲗⲏⲥⲓⲁ — Fol 88 V. — ⲛ̀ⲧⲉⲥⲥⲱⲧⲉⲙ ⲉ̀ⲛⲓⲁⲛⲁⲅⲛⲱⲥⲓⲥ. Ⲗⲟⲓⲡⲟⲛ ⲁⲥⲁⲙⲟⲛⲓ ⲛ̀ϯⲁⲗⲟⲩ ⲁⲥϯ ⲛ̀ϩⲁⲛⲙⲏϣ ϣⲁϣ ⲛⲁⲥ ⲡⲁⲣⲁ ⲕⲉⲕⲟⲩϫⲓ ⲛ̀ⲧⲉⲥϧⲟⲑⲃⲉⲥ ⲉⲑⲃⲉ ⲡⲉⲥϫⲱⲛⲧ. Ⲡⲁⲣⲉϥϯⲥⲃⲱ ⲇⲉ ⲁϥⲥⲱⲧⲉⲙ ⲉ̀ⲛⲓϣⲏϣⲓ ⲉⲣⲉ ϯⲥϩⲓⲙⲓ ϯ ⲙ̀ⲙⲱⲟⲩ ⲛ̀ϯⲕⲟⲩϫⲓ ⲛ̀ⲁⲗⲟⲩ ⲉⲡⲓⲇⲏ ⲛⲁⲣⲉ ⲡⲏⲓ ⲙ̀ⲡⲁⲣⲉϥϯⲥⲃⲱ ⲭⲏ ϧⲁⲑⲟⲩⲱⲥ ⲙ̀ⲫⲣⲏϯ ⲉⲧⲁⲓⲕⲏⲛ ⲉ̀ϫⲟⲥ ⲗⲟⲓⲡⲟⲛ ⲁϥϯϩⲑⲏϥ ⲛ̀ⲟⲩⲉϩⲟⲟⲩ ⲉⲣⲉ ⲧⲉⲥⲙⲁⲩ ⲭⲏ ⲙ̀ⲙⲁⲩ ⲁⲛ ⲁϥⲥⲁϫⲓ ⲛⲉⲙ ϯⲕⲟⲩϫⲓ ⲛ̀ⲁⲗⲟⲩ ⲕⲟⲗⲗⲁⲕⲉⲩⲧⲓⲕⲱⲥ ϫⲉ ⲟⲩ ⲡⲉ ⲉⲧⲁⲣⲉⲁⲓϥ ⲉⲧⲁⲣⲉⲓ ⲉ̀ϧⲣⲏⲓ ⲉ̀ⲡⲁⲓⲛⲓϣϯ ⲛ̀ⲛⲉⲙⲕⲁϩ ⲛⲉⲙ ⲧⲁⲓⲛⲓϣϯ ⲛ̀ϣⲏϣⲓ ⲙ̀ⲡⲁⲓⲥⲙⲟⲧ. Ⲛⲑⲟⲥ ⲇⲉ ⲁⲥⲟⲩⲱⲛϩ ⲙ̀ⲡⲓϩⲱⲃ ⲉ̀ⲡⲁⲥⲁϧ ⲉⲥϫⲱ ⲙ̀ⲙⲟⲥ ϫⲉ ⲛⲁⲓⲣⲏϯ ⲉⲧⲁⲧⲁⲙⲁⲩ ⲟⲩⲱⲣⲡ ⲙ̀ⲙⲟⲓ ⲉ̀ϯⲉⲕⲕⲗⲏⲥⲓⲁ ⲛ̀ⲧⲉ ⲛⲓⲭⲣⲏⲥⲧⲓⲁⲛⲟⲥ ⲉⲓϭⲓ ⲛ̀ⲛⲓⲗⲩⲯⲁⲛⲟⲛ ⲛ̀ⲧⲉ ⲡ̅ⲟ̅ⲥ̅ ⲉⲓⲛⲓ ⲙ̀ⲙⲱⲟⲩ ⲛⲁⲥ ⲉ̀ϧⲟⲩⲛ Ⲡⲉϫⲁϥ ⲛⲁⲥ ϫⲉ ⲉⲥⲉⲣϩⲱⲃ ⲟⲩ ⲛ̀ϧⲏⲧⲟⲩ. Ⲛⲑⲟⲥ

reçut le mystère et le porta en cachette à sa mère. Celle-ci voulut savoir si elle avait entendu ou non les leçons. Elle prit donc une épine, attaqua la parcelle selon son habitude, mais celle-ci ne rendit point de sang. En vérité, la petite fille n'avait pas entendu les leçons. A ce moment, la femme connut que l'enfant n'était pas arrivée à l'église — Fol. 88 V. — pour la lecture. Elle saisit alors l'enfant et lui donna tant de coups, qu'il s'en fallut de peu qu'elle ne la tuât dans sa colère. Mon maître d'école entendit les coups que la femme donnait à la petite enfant. Sa maison, en effet, était située à côté, comme je l'ai déjà dit. Un jour, dans la suite, ayant observé que la mère de la petite fille n'était pas là, il s'adressa à l'enfant avec flatterie. « Qu'as-tu fait, pour mériter cette grande punition et ce si grand châtiment ? » Et l'enfant révéla la chose à mon maître en s'exprimant ainsi : « C'est ma mère qui m'envoie à l'église des chrétiens. Je reçois le don du Seigneur et je le lui apporte chez elle ». « Et qu'en fait-elle ? » lui demanda-t-il. « Elle le renferme dans une

ϫⲉ ⲡⲉϫⲁⲥ ϫⲉ ⲉⲥϩⲓⲟⲧⲓ ⲙ̀ⲙⲱⲟⲩ ⲉ̀ⲟⲩⲕⲁⲯⲁⲛ ⲛ̀ⲛⲟⲩⲃ ⲉⲥⲭⲱ ⲙ̀ⲙⲱⲟⲩ ⲛ̀ⲧⲟⲧⲥ. Ⲡⲁⲣⲉϥϯⲥⲃⲱ ϫⲉ ⲙ̀ⲡⲉϥϣⲱⲡⲓ ⲛ̀ⲁⲙⲉⲗⲉⲥ ϧⲉⲛ ⲡⲁⲓⲙⲉⲣⲟⲥ ⲉ̀ⲡⲧⲏⲣϥ ⲁⲗⲗⲁ ⲁϥⲧⲱⲛϥ ⲁϥϩⲱⲗ ⲉ̀ϯⲉⲕⲕⲗⲏⲥⲓⲁ ⲁϥⲟⲩⲉⲛϩ ⲡⲓϩⲱⲃ ⲙ̀ⲡⲓⲁⲣⲭⲏⲉⲡⲓⲥⲕⲟⲡⲟⲥ ⲁⲃⲃⲁ ⲑⲉⲟⲫⲓⲗⲟⲥ ϧⲉⲛ ⲧⲟⲩⲛⲟⲩ ⲁϥⲟⲩⲱⲣⲡ ⲛ̀ϩⲁⲛⲕⲗⲏⲣⲓⲕⲟⲥ ⲛⲉⲙ ϩⲁⲛⲙⲁⲧⲟⲓ ⲁⲩⲓⲛⲓ — Fol. 89 R. — ⲛ̀ϯⲥϩⲓⲙⲓ ⲛⲉⲙ ⲧⲉⲥⲕⲟⲩϫⲓ ⲛ̀ϣⲉⲣⲓ ⲙ̀ⲡⲁⲧⲟⲩⲉⲙⲓ ⲛ̀ϩⲗⲓ ⲛ̀ϩⲱⲃ ⲁⲩⲟⲗⲟⲩ ⲉ̀ϯⲉⲕⲕⲗⲏⲥⲓⲁ. Ⲡⲓⲁⲣⲭⲏⲉⲡⲓⲥⲕⲟⲡⲟⲥ ⲥⲁϫⲓ ⲛⲉⲙ ϯⲥϩⲓⲙⲓ ⲉϥϫⲱ ⲙ̀ⲙⲟⲥ ϫⲉ ϯⲧⲁⲣⲕⲟ ⲙ̀ⲙⲟ ⲙ̀Ⲫϯ ⲥⲟϯⲥϩⲓⲙⲓ ϫⲉ ⲉⲑⲣⲉⲉⲣϩⲉⲗⲡⲓⲥ ⲉⲛ ⲟⲩ ⲓⲉ ⲉⲧⲁⲣⲉⲭⲁ ϯϩⲟϯ ⲛ̀ⲧⲉ Ⲫϯ ⲛ̀ⲑⲱⲛ ⲉⲣⲉⲕⲱⲗ ⲛ̀ⲛⲓⲙⲉⲗⲟⲥ ⲛ̀ⲧⲉ ⲡⲭ̅ⲥ̅ ⲉⲣⲉϯ ⲙ̀ⲙⲱⲟⲩ ϧⲁ ϩⲁⲛⲭⲣⲏⲙⲁ. Ϯⲥϩⲓⲙⲓ ϫⲉ ⲁⲥⲉⲣⲟⲙⲟⲗⲟⲅⲓⲛ ⲛ̀ϯⲟⲩⲛⲟⲩ ⲭⲱⲣⲓⲥ ⲃⲁⲥⲁⲛⲟⲥ ⲉⲥϫⲱ ⲙ̀ⲙⲟⲥ ϫⲉ ⲙ̀ⲡⲁϯⲧⲏⲓⲧⲟⲩ ⲁⲗⲗⲁ ϩⲏⲡⲡⲉ ϯⲁⲣⲉϩ ⲉⲣⲱⲟⲩ ϧⲉⲛ ⲡⲁⲏⲓ. Ⲟⲩⲟϩ ϧⲉⲛ ϯⲟⲩⲛⲟⲩ ⲁϥⲟⲩⲱⲣⲡ ⲛ̀ϩⲁⲛⲡⲣⲉⲥⲃⲩⲧⲉⲣⲟⲥ ⲛⲉⲙ ϩⲁⲛⲇⲓⲁⲕⲱⲛ ⲛⲉⲙ ϩⲁⲛⲕⲉⲡⲓⲥⲧⲟⲥ ⲛ̀ⲟⲣⲑⲟⲇⲟⲝⲟⲥ ⲉ̀ⲡⲏⲓ ⲛ̀ϯⲥϩⲓⲙⲓ ⲟⲩⲟϩ ⲉⲧⲁⲩϧⲱⲛⲧ ⲉ̀ⲡⲓⲙⲁ ⲉⲣⲉ ϯⲕⲁⲯⲁ ⲙ̀ⲙⲟϥ ⲁⲩⲛⲁⲩ ⲉ̀ϩⲁⲛⲛⲓϣϯ ⲛ̀ⲥⲉⲧⲉⲃⲣⲏϫ ⲛ̀ⲭⲣⲱⲙ ⲟⲩⲟϩ ϧⲉⲛ ⲡϫⲓⲛⲑⲣⲟⲩϣⲗⲏⲗ ⲁⲟⲩⲥⲩⲛⲭⲱⲣⲏⲥⲓⲥ ϣⲱⲡⲓ ⲁⲩⲧⲁⲗⲟ ⲛ̀ϯⲕⲟⲩϫⲓ ⲛ̀ⲕⲁⲯⲁ ⲛ̀ⲛⲟⲩⲃ ⲁⲩⲉⲛⲥ ϣⲁ ⲡⲓⲁⲣⲭⲏⲉⲡⲓⲥⲕⲟⲡⲟⲥ. Ϧⲉⲛ ⲡϫⲓⲛⲑⲣⲟⲩⲟⲩⲱⲛ ⲙ̀ⲙⲟⲥ ⲁⲩϫⲓⲙⲓ ⲛ̀ⲛⲓⲁⲛⲧⲩⲯⲁⲛⲟⲛ ⲉⲑⲟⲩⲁⲃ ⲛ̀ϧⲏⲧⲥ ⲉⲩϣⲉϣ ⲥⲑⲟⲓⲛⲟⲩϥⲓ ⲉ̀ⲃⲟⲗ

cassette d'or, répondit l'enfant, et elle le garde chez elle ». Mon maître ne resta pas négligent sur toute cette affaire. Il résolut aussitôt d'aller à l'église et fit connaître la chose à l'archevêque abba Théophile. Sur-le-champ, l'archevêque envoya des prêtres avec des instructions. On amena — Fol. 89 R. — la femme et sa petite fille sans qu'elles connussent rien ; on les conduisit à l'église. L'archevêque s'adressa à la femme en lui disant : « Je t'adjure par Dieu, ô femme, qu'espères-tu faire, où as-tu laissé la crainte de Dieu, en dérobant les membres du Christ et les livrant pour de l'argent ? » La femme avoua aussitôt, sans être tourmentée, et dit : « Je ne les ai pas livrés, mais, voici, je les conserve dans ma maison ». Immédiatement, l'archevêque envoya des prêtres avec des diacres et des fidèles orthodoxes à la maison de la femme. Arrivés à l'endroit où se trouvait la cassette, ils virent une grande lueur de feu et, après avoir prié,

ⲧⲟⲧⲉ ⲁⲩϩⲟϯ ⲛ̀ⲧⲉ ⲡⲟ̅ⲥ̅ ⲓ ⲉϩⲣⲏⲓ ⲉϫⲉⲛ ϯⲥϩⲓⲙⲓ ⲁⲥⲟⲩⲱϣⲧ ⲙ̀ⲡⲓⲁⲣⲭⲏⲉⲡⲓⲥⲕⲟⲡⲟⲥ ⲉⲥϫⲱ ⲙ̀ⲙⲟⲥ ⲛⲁϥ ϫⲉ ⲡⲁⲟ̅ⲥ̅ ⲫ̀ⲓⲱⲧ ⲓⲥϫⲉ ⲟⲩⲟⲛ ϣϫⲟⲙ ⲛⲁⲓ ϧⲁ ⲧⲁⲙⲉⲧⲣⲉϥⲉⲣⲛⲟⲃⲓ ⲛ̀ⲧⲉⲕ — Fol. 89 V. — ϫⲱ ⲛⲏⲓ ⲉⲃⲟⲗ ⲛ̀ⲧⲁⲉⲣⲙⲉⲧⲁⲛⲟⲓⲛ Ⲡⲓⲁⲣⲭⲏⲉⲡⲓⲥⲕⲟⲡⲟⲥ ⲇⲉ ⲁϥϯ ⲛⲁⲥ ⲛ̀ϩⲙⲉ ⲛ̀ⲉϩⲟⲟⲩ ⲛ̀ⲛⲏⲥⲧⲓⲁ ⲁϥⲉⲣⲕⲁⲑⲏⲕⲓⲛ ⲙ̀ⲙⲟⲥ ⲛ̀ϣⲟⲣⲡ ⲁϥⲑⲣⲟⲩⲥⲟⲃϯ ⲛⲁϥ ⲙ̀ⲡⲓⲃⲁⲡⲧⲓⲥⲧⲏⲣⲓⲟⲛ ⲁϥϯⲱⲙⲥ ⲛⲁⲥ ⲛⲉⲙ ⲧⲉⲥϣⲉⲣⲓ ϧⲉⲛ ⲫⲣⲁⲛ ⲙ̀ⲫⲓⲱⲧ ⲛⲉⲙ ⲡϣⲏⲣⲓ ⲛⲉⲙ ⲡⲓⲡ̅ⲛ̅ⲁ̅ ⲉⲑⲟⲩⲁⲃ ⲁϥϯ ⲛⲱⲟⲩ ⲉ̀ⲃⲟⲗϧⲉⲛ ⲛⲓⲙⲩⲥⲧⲏⲣⲓⲟⲛ ⲡⲓⲥⲱⲙⲁ ⲛⲉⲙ ⲡⲓⲥⲛⲟϥ ⲛ̀ⲧⲉ ⲡⲉⲛⲟ̅ⲥ̅ ⲓ̅ⲏ̅ⲥ̅ ⲡⲭ̅ⲥ̅ Ϯⲥϩⲓⲙⲓ ⲇⲉ ϩⲱⲥ ⲁⲥⲉⲣⲭⲁⲣⲓⲍⲉⲥⲑⲉ ⲛⲁϥ ⲛ̀ⲛⲉⲧⲉⲛⲟⲩⲥ ⲧⲏⲣⲟⲩ ⲛⲉⲥⲭⲣⲏⲙⲁ ⲧⲏⲣⲟⲩ ⲁⲥⲥⲟⲣⲟⲩ ⲛ̀ⲛⲓϩⲏⲕⲓ ⲟⲩⲟϩ ⲡⲉⲥⲛⲓϣϯ ⲛ̀ⲏⲓ ⲁⲥⲑⲣⲟⲩⲕⲟⲧϥ ⲛ̀ⲉⲕⲕⲗⲏⲥⲓⲁ ⲁϥⲑⲣⲟⲩϣⲉⲛ ϫⲱⲟⲩ ⲁⲩϣⲱⲡⲓ ⲙ̀ⲙⲟⲛⲁⲭⲏ ⲁⲩϩⲉⲙⲥⲓ ϧⲉⲛ ϯⲙⲟⲛⲏ ⲛ̀ⲧⲉ ⲛⲓⲡⲁⲣⲑⲉⲛⲟⲥ ⲉⲧϧⲉⲛ ⲣⲁⲕⲟϯ ϣⲁ ⲡⲓⲉϩⲟⲟⲩ ⲉⲧⲁⲩϫⲱⲕ ⲙ̀ⲡⲟⲩⲃⲓⲟⲥ ⲉ̀ⲃⲟⲗ ϧⲉⲛ ⲟⲩⲙⲉⲧⲟⲣⲑⲟⲇⲟⲝⲟⲥ.

Ⲧⲁⲓϣⲫⲏⲣⲓ ⲟⲩⲛ ⲉⲧⲁⲥϣⲱⲡⲓ ϧⲉⲛ ϯⲡⲟⲗⲓⲥ ⲣⲁⲕⲟϯ ϧⲉⲛ ⲛⲓⲉϩⲟⲟⲩ ⲛ̀ⲧⲉ ⲧⲁⲙⲉⲧⲕⲟⲩϫⲓ ⲕⲁⲧⲁⲫⲣⲏϯ ⲉⲧⲁⲓϫⲟⲥ ⲓⲥϫⲉⲛ ϣⲟⲣⲡ. Ⲉⲓϫⲱ ⲛ-

une procession s'organisa. Ils prirent la petite cassette d'or et ils la portèrent à l'archevêque. Lorsqu'on l'ouvrit, on y trouva les saintes parcelles qui exhalaient une suave parfum. Alors, la crainte du Seigneur s'empara de la femme. Elle se prosterna devant l'archevêque et lui dit : « Mon Seigneur et père si la miséricorde est possible pour ma faute, — Fol 89 V. — accorde-moi le pardon, je ferai pénitence. L'archevêque lui imposa quarante jours de jeûne et, après l'avoir d'abord fait instruire, lorsque le baptistère eut été préparé, il la baptisa avec sa fille, au nom du Père, du Fils et du Saint-Esprit Il les fit participer aux mystères du corps et du sang de Notre-Seigneur Jésus-Christ La femme, elle, donna à l'archevêque tout ce qu'elle possédait : tout son argent, elle le distribua aux pauvres et sa grande maison, elle la transforma en église. L'archevêque leur fit raser la tête, elles devinrent religieuses, elles demeurèrent dans le monastère des vierges, qui étaient à Alexandrie, jusqu'au jour où elles achevèrent leur vie dans l'orthodoxie.

Ce prodige arriva dans la ville d'Alexandrie, aux jours de mon enfance, comme je l'ai déjà dit. Je l'ai rapporté par amour pour vous, pour

ⲛⲁⲓ ⲉ̄ⲧⲉⲧⲉⲛⲁⲅⲁⲡⲏ ⲉⲓⲧⲁⲙⲟ ⲙ̄ⲙⲱⲧⲉⲛ ϫⲉ ⲫϯ ⲙⲟϣⲓ ⲛ̄ⲥⲡⲟⲩ ⲛⲓⲃⲉⲛ ⲉϥⲕⲱϯ ⲛ̄ⲥⲁ ⲛⲉϥⲉⲥⲱⲟⲩ ⲉⲧⲁⲩⲥⲱⲣⲉⲙ ⲉϥⲧⲁⲥⲑⲟ ⲙ̄ⲙⲱⲟⲩ ⲉ̀ϧⲟⲩⲛ ⲉ̀ⲧⲉϥϣⲁⲓⲣⲓ ⲛ̄ⲗⲟⲅⲓⲕⲟⲛ.

ϯⲛⲟⲩ ⲇⲉ ⲱⲛⲁⲙⲉⲛⲣⲓⲧ ⲙ̄ⲡⲉⲣⲓⲁ — Fol. 90 R.— ⲧⲟⲧⲕ ⲛ̄ⲥⲁ ⲡⲉⲕⲟⲩϫⲁⲓ ⲙ̄ⲙⲓⲛ ⲙ̄ⲙⲟⲕ ⲉⲑⲃⲉ ϩⲁⲛⲗⲱⲓϫⲓ ⲛ̄ⲧⲉ ϩⲁⲛⲛⲟⲃⲓ. Ⲙⲡⲉⲣϫⲟⲥ ϫⲉ ⲁⲓⲉⲣ ϩⲁⲛⲛⲓϣϯ ⲛ̄ⲛⲟⲃⲓ ⲉⲩϩⲟⲣϣ ⲫϯ ⲛⲁⲭⲁⲩ ⲛⲏⲓ ⲉ̀ⲃⲟⲗ ⲁⲛ ⲁⲛⲁⲩ ⲟⲩⲛ ⲙ̄ⲡⲉⲣϫⲟⲥ ⲙ̄ⲡⲁⲓⲣⲏϯ ⲟⲩⲙⲉⲧⲣⲉϥϯϫⲟⲙ ⲙ̄ⲫⲛⲟⲃⲓ ⲧⲉ ⲑⲁⲓ. Ⲁⲥϣⲁⲛϣⲱⲡⲓ ⲛ̄ⲧⲉ ⲡⲓⲇⲓⲁⲃⲟⲗⲟⲥ ⲥⲟⲣⲙⲉⲕ ϧⲉⲛ ⲟⲩⲛⲓϣϯ ⲛ̄ⲛⲟⲃⲓ ⲉⲩϩⲟⲣϣ ⲭⲱⲗⲉⲙ ⲙ̄ⲙⲟⲕ ⲉ̀ⲣⲁⲧⲥ ⲛ̄ϯⲙⲉⲧⲙⲁⲓⲣⲱⲙⲓ ⲛ̄ⲧⲉ ⲫϯ ⲛ̄ⲧⲉⲕⲧⲱⲃϩ ⲙ̄ⲙⲟϥ ϧⲉⲛ ϩⲁⲛⲉⲣⲙⲱⲟⲩⲓ ⲛ̄ⲧⲉⲕϫⲟⲥ ϫⲉ ⲫϯ ⲭⲱ ⲛⲏⲓ ⲉ̀ⲃⲟⲗ ⲁⲛⲟⲕ ϧⲁ ⲡⲓⲣⲉϥⲉⲣⲛⲟⲃⲓ ⲟⲩⲟϩ ⲛⲉϥⲙⲉⲧϣⲉⲛϩⲏⲧ ⲛⲁⲧⲁϩⲟⲕ ϫⲉ ⲟⲩⲏⲓ ⲁϥϫⲟⲥ ϫⲉ ⲉⲧⲓ ⲉⲕⲥⲁϫⲓ ϯⲛⲁϫⲟⲥ ϫⲉ ϩⲏⲡⲡⲉ ϯ ⲙ̄ⲡⲁⲓⲙⲁ ϥⲟⲩⲱϣ ⲫⲙⲟⲩ ⲁⲛ ⲙ̄ⲡⲓⲣⲉϥⲉⲣⲛⲟⲃⲓ ⲙ̄ⲫⲣⲏϯ ⲛ̄ⲧⲉϥⲧⲁⲥⲑⲟϥ ⲉ̀ⲃⲟⲗ ϧⲉⲛ ⲡⲉϥⲙⲱⲓⲧ ⲉⲧϩⲱⲟⲩ ⲟⲩⲟϩ ⲛ̄ⲧⲉϥⲱⲛϧ.

Ϫⲉⲕⲁⲥ ⲛ̄ⲧⲉⲕⲉⲙⲓ ⲉ̀ϯⲙⲉⲧⲁⲅⲁⲑⲟⲥ ⲛ̄ⲧⲉ ⲫϯ ϫⲉ ϥⲟⲩⲱϣ ⲁⲛ ⲛ̄ⲧⲉ ϩⲗⲓ ⲧⲁⲕⲟ ϧⲉⲛ ⲡϩⲱⲃ ⲛ̄ⲛⲉϥϫⲓϫ ⲥⲱⲧⲉⲙ ⲟⲛ ⲛ̄ⲧⲁⲧⲁⲙⲟⲕ ⲉ̀ⲕⲉⲇⲓⲏⲅⲓ-

vous enseigner que Dieu va toujours cherchant ses brebis égarées, afin de les ramener à son bercail spirituel.

Maintenant donc, ô mes bien-aimés, ne — Fol. 90 R. — désespérez pas de votre propre salut, sous le prétexte du péché. Ne dites pas : J'ai commis nombre de fautes graves, Dieu ne saurait me les pardonner. Prenez donc garde, ne parlez pas ainsi, ce serait aggraver le péché. S'il arrive que le démon t'égare dans une grande faute grave, hâte-toi vers la bonté que Dieu a pour les hommes ; prie-le avec larmes, en disant : O Dieu, pardonne-moi, moi pécheur, —et sa miséricorde descendra sur toi. Il a dit, en effet, en toute vérité : « Tu parleras encore, que je dirai : Me voici en ce lieu » (1). Il ne veut pas la mort du pécheur, mais qu'il se détourne de sa voie mauvaise et qu'il vive (2).

Pour que tu connaisses la bonté de Dieu, qui ne veut pas que nulle

(1) Isaïe, 5, 8-9.
(2) Ezéchiel, 33, 11.

ⲙⲁ ⲉⲧⲁϥϣⲱⲡⲓ ϧⲉⲛ ϯⲡⲟⲗⲓⲥ ⲣⲁⲕⲟϯ ϧⲉⲛ ⲛⲓⲉϩⲟⲟⲩ ⲛ̀ⲧⲉ ⲡⲁⲓⲱⲧ ⲑⲉⲟⲫⲓⲗⲟⲥ ⲉⲓⲟⲓ ⲛ̀ⲇⲓⲁⲕⲱⲛ ϧⲁⲣⲁⲧϥ ϫⲉⲕⲁⲥ ⲛ̀ⲧⲉⲧⲉⲛⲉⲙⲓ ⲉ̀ϯⲛⲓϣϯ ⲙ̀ⲙⲉⲧⲙⲁⲓⲣⲱⲙⲓ ⲛ̀ⲧⲉ ⲫϯ — Fol. 90 V. — ϫⲉ ϥⲟⲩⲱϣ ⲁⲛ ⲛ̀ⲧⲉ ⲡⲉϥ-ⲑⲁⲙⲓⲟ ϣⲉ ⲉ̀ⲡⲧⲁⲕⲟ ⲙ̀ⲫⲣⲏϯ ⲛ̀ⲧⲉϥⲕⲟⲧϥ ⲛ̀ⲧⲉϥⲉⲣⲙⲉⲧⲁⲛⲟⲓⲛ ⲛ̀ⲧⲉ-ϥⲱⲛϧ.

Ⲛⲉ ⲟⲩⲟⲛ ⲟⲩⲣⲱⲙⲓ ⲛ̀ⲓⲟⲩⲇⲁⲓ ϧⲉⲛ ϯⲡⲟⲗⲓⲥ ⲣⲁⲕⲟϯ ⲛⲉ ⲟⲩⲛⲓϣϯ ⲡⲉ ϧⲉⲛ ϯⲥⲩⲛⲁⲅⲱⲅⲏ. Ⲛⲉ ⲟⲩⲣⲁⲙⲁⲟ ⲡⲉ ⲙ̀ⲙⲁϣⲱ ϧⲉⲛ ⲡⲓⲛⲟⲩⲃ ⲛⲉⲙ ⲡⲓϩⲁⲧ ⲛⲉⲙ ⲛⲓⲉⲃⲓⲁⲓⲕ ⲛⲉⲙ ⲛⲓⲧⲉⲃⲛⲱⲟⲩⲓ. Ⲫⲁⲓ ⲇⲉ ⲛⲉ ⲟⲩⲣⲱⲙⲓ ⲡⲉ ⲉϥⲉⲣϩⲟϯ ϧⲁⲧϩⲏ ⲙ̀ⲫϯ ⲕⲁⲧⲁ ⲫⲛⲟⲙⲟⲥ ⲙ̀ⲙⲱⲩⲥⲏⲥ ⲉϥⲓⲣⲓ ⲛ̀ϩⲁⲛ-ⲛⲓϣϯ ⲛ̀ϣⲉⲙϣⲓ ϧⲉⲛ ϯⲥⲩⲛⲁⲅⲱⲅⲏ ⲕⲁⲧⲁ ⲛⲏ ⲧⲏⲣⲟⲩ ⲉⲧⲥϧⲏⲟⲩⲧ ϧⲉⲛ ⲡⲓⲛⲟⲙⲟⲥ ⲛ̀ⲧⲉ ⲙⲱⲩⲥⲏⲥ. Ⲟⲩⲟϩ ⲛⲁϥⲟⲓ ⲛ̀ⲥⲱⲓⲧ ϧⲉⲛ ϯⲡⲟⲗⲓⲥ ⲧⲏⲣⲥ ϧⲉⲛ ⲡⲉϥϭⲓ ⲛⲉⲙ ⲡⲉϥϯ. Ⲉⲩⲥⲁϫⲓ ⲇⲉ ⲉⲑⲃⲉ ⲧⲉϥⲙⲉⲧⲙⲁⲓϩⲏⲕⲓ ⲛ̀ϩⲟⲩⲟ ⲙ̀ⲙⲁⲓⲛⲟⲩϯ ⲉⲣⲉ ⲟⲩⲟⲛ ⲛⲓⲃⲉⲛ ϫⲱ ⲙ̀ⲡⲉϥⲙⲁⲕⲁⲣⲓⲥⲙⲟⲥ. Ⲁⲗⲗⲁ ⲙ̀ⲡⲉ ⲫϯ ⲭⲱ ⲛ̀ⲧⲉϥⲙⲉⲧⲙⲁⲓⲣⲱⲙⲓ ϧⲉⲛ ⲡⲓⲭⲁⲕⲓ ⲑⲁⲓ ⲉⲑ-ⲛⲁⲛⲉⲥ ⲁϭⲛⲉ ⲟⲩⲱⲛϩ ⲉⲃⲟⲗ ⲕⲁⲧⲁⲫⲣⲏϯ ⲉⲧⲥϧⲏⲟⲩⲧ ϫⲉ ⲛ̀ϩⲣⲏⲓ ϧⲉⲛ

œuvre de ses mains périsse, écoute encore que je te raconte un autre récit qui se passa dans Alexandrie, aux jours de mon père Théophile, alors que j'étais diacre sous sa juridiction, afin de t'instruire de la grande charité de Dieu pour les hommes, — Fol. 90 V. — qui ne veut pas que sa créature aille à la perdition, mais qu'elle se convertisse, fasse pénitence et vive.

Il y avait un Juif, dans la ville d'Alexandrie, qui était un des principaux de la synagogue (1). Il était fort riche en or, en argent, en serviteurs et en troupeaux. C'était un homme craignant Dieu selon la loi de Moïse ; il remplissait de nombreux ministères dans la synagogue, selon tout ce qui est écrit dans la loi mosaïque. Il était célèbre dans toute la ville pour ses revenus comme pour ses aumônes. On parlait de son grand amour des pauvres et de sa piété ; tous faisaient sa louange. Mais Dieu ne

(1) Les Juifs étaient fort nombreux à Alexandrie du temps de Saint Cyrille. En ayant chassé un certain nombre de la ville à la suite de désordres qu'ils avaient provoqués, ce fut la cause d'une mésintelligence entre le patriarche et le gouverneur Oreste.

ⲛⲓⲉⲑⲛⲟⲥ ⲧⲏⲣⲟⲩ ⲛⲏⲉⲧⲉⲣϩⲟϯ ϧⲁⲧϩⲏ ⲙ̀ⲫϯ ⲟⲩⲟϩ ⲉⲧⲓⲣⲓ ⲙ̀ⲡⲉϥⲟⲩⲱϣ ϥϣⲏⲡ ⲛⲁϩⲣⲁϥ.

Ⲛⲉ ⲟⲩⲟⲛ ⲣⲱⲙⲓ ⲃ̅ ⲛ̀ⲉⲣⲅⲁⲧⲏⲥ ϣⲟⲡ ϧⲉⲛ ϯⲡⲟⲗⲓⲥ ⲣⲁⲕⲟϯ ⲛⲁⲓ ⲇⲉ ⲛⲉ ϩⲁⲛⲭⲣⲏⲥⲧⲓⲁⲛⲟⲥ ⲛⲉ ⲛ̀ⲣⲉⲙⲛ̀ⲭⲏⲙⲓ ϧⲉⲛ ⲡⲟⲩⲅⲉⲛⲟⲥ ⲉⲩϣⲟⲡ ϧⲉⲛ ⲡϧⲓⲣ ⲛ̀ⲛⲓⲓⲟⲩⲇⲁⲓ Ⲡⲓⲣⲱⲙⲓ ⲇⲉ ⲃ̅ ⲛ̀ⲭⲣⲏⲥⲧⲓⲁⲛⲟⲥ ⲉⲩ — Fol. 91 R. — ⲛⲁⲩ ⲉ̀ⲛⲓⲣⲱⲙⲓ ⲛ̀ⲓⲟⲩⲇⲁⲓ ϫⲉ ϩⲁⲛⲣⲁⲙⲁⲟ ⲛⲉ ϧⲉⲛ ⲡⲓⲛⲟⲩⲃ ⲛⲉⲙ ⲡⲓϩⲁⲧ ⲉⲩϩⲉⲙⲥⲓ ⲇⲉ ⲛ̀ⲟⲩⲉϩⲟⲟⲩ ⲛ̀ϫⲉ ⲡⲓ ⲃ̅ ⲛ̀ⲉⲣⲅⲁⲧⲏⲥ ⲁⲩⲥⲁϫⲓ ⲛⲉⲙ ⲛⲟⲩⲉⲣⲏⲟⲩ ⲉⲩϫⲱ ⲙ̀ⲙⲟⲥ ϫⲉ ⲧⲉⲛⲟⲓ ⲛ̀ϣⲫⲏⲣⲓ ⲁⲛⲟⲛ ⲉ̀ⲛⲁⲓⲣⲱⲙⲓ ⲛ̀ⲓⲟⲩⲇⲁⲓ ⲉⲩϫⲱ ⲙ̀ⲙⲟⲥ ϫⲉ ϩⲁⲛⲣⲉϥⲉⲣⲛⲟⲃⲓ ⲛⲉ ⲛ̀ⲑⲱⲟⲩ ⲡⲉ ⲉⲧⲁⲩⲉⲣⲥⲧⲁⲩⲣⲱⲛⲓⲛ ⲙ̀ⲡⲭ̅ⲥ̅ ⲡϣⲏⲣⲓ ⲙ̀ⲫϯ ⲉⲧⲟⲛϧ ⲉⲩⲟⲓ ⲛ̀ⲣⲁⲙⲁⲟ ⲡⲁⲣⲁ ⲛⲓⲭⲣⲏⲥⲧⲓⲁⲛⲟⲥ. Ⲡⲓⲟⲩⲁⲓ ⲇⲉ ⲛⲉ ⲟⲩⲣⲉϥⲉⲣϩⲟϯ ⲡⲉ ϧⲁⲧϩⲏ ⲙ̀ⲫϯ ⲁϥⲉⲣⲟⲩⲱ ⲡⲉϫⲁϥ ϫⲉ ⲁⲗⲏⲑⲱⲥ ⲡⲁⲥⲟⲛ ⲙ̀ⲙⲟⲛ ⲛⲁϩϯ ϩⲓϫⲉⲛ ⲡⲓⲕⲁϩⲓ ⲉϥⲧⲁⲓⲏⲟⲩⲧ ⲙ̀ⲫⲣⲏϯ ⲙ̀ⲫⲁⲛⲓⲭⲣⲏⲥⲧⲓⲁⲛⲟⲥ ⲛⲁⲓ ⲛⲉ ⲛⲏⲉⲧⲁ ⲡ̅ⲟ̅ⲥ̅ ϫⲟⲥ ⲉⲑⲃⲏⲧⲟⲩ ϧⲉⲛ ⲡⲓⲉⲩⲁⲅⲅⲉⲗⲓⲟⲛ ϫⲉ ⲟⲩⲟⲓ ⲛ̀ⲛⲏⲉⲧⲥⲏⲟⲩⲧ ϯⲛⲟⲩ ϫⲉ ⲥⲉⲛⲁϩⲕⲟ ⲟⲩⲟⲓ ⲛ̀ⲛⲏⲉⲧⲁⲩϭⲓ ⲙ̀ⲡⲟⲩⲙ̀ⲧⲟⲛ ϩⲓϫⲉⲛ ⲡⲓⲕⲁϩⲓ ⲟⲩⲟⲓ ⲛ̀ⲛⲏⲉⲧⲥⲱⲃⲓ ϯⲛⲟⲩ ϫⲉ ⲥⲉⲛⲁⲣⲓⲙⲓ. Ⲡⲉϫⲁϥ ⲟⲛ ϫⲉ ϣⲟⲩⲛⲓⲁⲧⲟⲩ ⲛ̀ⲛⲓϩⲏⲕⲓ ϫⲉ ⲑⲱⲟⲩ ⲧⲉ ϯⲙⲉⲧⲟⲩⲣⲟ ⲛ̀ⲧⲉ ⲛⲓⲫⲏⲟⲩⲓ ϣⲟⲩⲛⲓⲁⲧⲟⲩ ⲛ̀ⲛⲏⲉⲧϩⲟⲕⲉⲣ

laisse pas sa bonté pour les hommes dans les ténèbres et ce qui est bon, sans le manifester, comme il est écrit : « En toute nation, celui qui craint Dieu et qui fait sa volonté, lui est agréable » (1).

Il se trouvait dans la ville d'Alexandrie deux ouvriers, ils étaient chrétiens, d'origine égyptienne, ils demeuraient dans la rue des Juifs. Or, ces deux chrétiens, qui — Fol. 91 R — voyaient les Juifs riches en or et en argent, étaient un jour assis, s'entretenant ensemble et ils disaient « Nous nous étonnons, nous autres, à propos de ces Juifs ; nous disons : ce sont des criminels qui ont crucifié le Christ, le fils du Dieu vivant et ils sont plus riches que les chrétiens ». Or l'un, qui avait la crainte de Dieu, répondit en disant · « En vérité, mon frère, il n'est pas, sur terre, de foi glorieuse comme celle des chrétiens Vois ce que le Seigneur dit des Juifs, dans l'Evangile « Malheur à ceux qui sont rassasiés maintenant, parce

(1) Actes, 10, 35

ⲛⲉⲙ ⲛⲏⲉⲧⲟⲃⲓ ⲛ̀ϯⲙⲉⲑⲙⲏⲓ ⲱⲟⲩⲛⲓⲁⲧⲟⲩ ⲛ̀ⲛⲏⲉⲧⲉⲣϩⲏⲃⲓ ϯⲛⲟⲩ ϫⲉ ⲛ̀ⲑⲱⲟⲩ ⲛⲉⲧⲟⲩⲛⲁϯϩⲟ ⲉⲣⲱⲟⲩ. Ⲁϥⲉⲣⲟⲩⲱ ⲛ̀ϫⲉ ⲡⲓⲕⲉⲟⲩⲁⲓ ⲛ̀ϧⲏⲧⲟⲩ ⲡⲉϫⲁϥ ϫⲉ ⲁⲗⲏⲑⲱⲥ ϯⲛⲁⲧⲱⲛⲧ ⲛ̀ⲧⲁϩⲱⲗ ⲛ̀ⲧⲁⲓⲣⲓ ⲛ̀ⲟⲩⲣⲟⲙⲡⲓ ⲛ̀ϩⲱⲃ ⲙ̀ⲫⲓⲗⲟⲝⲟⲛⲟⲥ — Fol. 91 V. — ⲡⲉϫⲉ ⲡⲉϥⲁⲣⲏⲟⲩ ⲛⲁϥ ϫⲉ ⲙ̀ⲫⲱⲣ ⲡⲁⲥⲟⲛ ⲁⲗⲏⲑⲱⲥ ⲫ̅ϯ̅ ⲛⲁⲥⲙⲟⲩ ⲉ̀ⲡⲉⲕⲕⲟⲩϫⲓ ⲛ̀ϧⲓⲥⲓ ⲉ̀ϩⲟⲧⲉ ⲛⲓⲭⲣⲏⲙⲁ ⲛ̀ⲧⲉ ⲫⲏⲉⲧⲉⲙⲙⲁⲩ. Ⲛⲑⲟϥ ⲇⲉ ⲙ̀ⲡⲉϥⲥⲱⲧⲉⲙ ⲛ̀ⲥⲱϥ ⲉⲧⲁϥϧⲓⲥⲓ ⲇⲉ ⲉϥⲥⲁϫⲓ ⲛⲉⲙⲁϥ ⲙ̀ⲡⲉϥϣⲑⲱⲧ ⲙ̀ⲙⲉϥϩⲏⲧ ⲛ̀ⲧⲉϥϩⲉⲙⲥⲓ ⲛⲉⲙⲁϥ. Ⲧⲟⲧⲉ ⲡⲓⲣⲱⲙⲓ ⲛ̀ⲉⲣⲅⲁⲧⲏⲥ ⲁϥⲧⲱⲛϥ ⲁϥϩⲱⲗ ϣⲁ ⲫⲓⲗⲟⲝⲟⲛⲟⲥ ⲡⲓⲁⲣⲭⲏⲥⲩⲛⲁⲅⲱⲅⲟⲥ ⲛ̀ⲧⲉ ⲛⲓⲓⲟⲩⲇⲁⲓ ⲁϥⲥⲁϫⲓ ⲛⲉⲙⲁϥ ⲉϥϫⲱ ⲙ̀ⲙⲟⲥ ⲛⲁϥ ⲙ̀ⲡⲁⲓⲣⲏϯ ϫⲉ ϯϯϩⲟ ⲉⲣⲟⲕ ϣⲉⲛϩⲏⲧ ⲉϩⲣⲏⲓ ⲉϫⲱⲓ ⲉⲑⲣⲓⲓⲣⲓ ⲛ̀ⲧⲁⲓⲣⲟⲙⲡⲓ ⲉⲓⲟⲓ ⲛ̀ⲉⲣⲅⲁⲧⲏⲥ ⲛⲁⲕ. Ⲁϥⲉⲣⲟⲩⲱ ⲛ̀ϫⲉ ⲫⲓⲗⲟⲝⲟⲛⲟⲥ ⲡⲉϫⲁϥ ⲛⲁϥ ϫⲉ ⲛ̀ⲑⲟⲕ ⲟⲩⲉⲃⲟⲗϧⲉⲛ ⲁϣ ⲛ̀ⲧⲣⲓⲥⲕⲓⲁ ⲡⲁϣⲏⲣⲓ ⲓⲉ ⲁϣ ⲡⲉ ⲡⲉⲕⲛⲁϩϯ. Ⲁϥⲉⲣⲟⲩⲱ ⲛ̀ϫⲉ ⲡⲓⲣⲱⲙⲓ ⲛ̀ⲉⲣⲅⲁⲧⲏⲥ ϫⲉ ⲁⲛⲟⲕ ⲟⲩⲭⲣⲏⲥⲧⲓⲁⲛⲟⲥ. Ⲁϥⲉⲣⲟⲩⲱ ⲛ̀ϫⲉ ⲫⲓⲗⲟⲝⲟⲛⲟⲥ ⲉϥϫⲱ ⲙ̀ⲙⲟⲥ ϫⲉ ⲙ̀ⲙⲟⲛ ϣϫⲟⲙ ⲙ̀ⲙⲟⲛ ⲉ̀-

qu'ils auront faim ! Malheur à ceux qui trouvent leur repos sur terre ! Malheur à ceux qui rient maintenant, parce qu'ils pleureront ! » (1) Il dit aussi : « Bienheureux les pauvres parce que le royaume des cieux est à eux (2) ! Bienheureux ceux qui ont faim et soif de la justice (3) ! Bienheureux ceux qui pleurent maintenant parce qu'il leur sera donné consolation ! » (4) Mais l'autre répliqua et lui dit : En vérité je me lèverai et j'irai faire une année de travail chez Philoxène.—Fol. 91 V.—Son compagnon repartit : « Point du tout, mon frère, vraiment Dieu bénira ton petit travail plus que les richesses de cet homme-là ». Mais il ne fut pas écouté ; après s'être fatigué à le raisonner, il ne put le convaincre de demeurer avec lui. Alors l'ouvrier s'en alla chez Philoxène, le chef de la synagogue des Juifs. Il lui parla en ces termes : « Je t'en prie, prends pitié de moi ; que je sois, cette année, ton ouvrier ». Philoxène lui demanda : « De quelle religion es-tu, mon fils ? Quelle est ta croyance ? » L'ouvrier lui répondit :

(1) Luc, 6, 24-25.
(2) Luc, 6, 20.
(3) Matthieu, 5, 6.
(4) Matthieu, 5, 15.

ⲑⲱϧ ⲛⲉⲙ ϩⲗⲓ ⲛ̄ⲭⲣⲏⲥⲧⲓⲁⲛⲟⲥ ⲉ̀ⲃⲏⲗ ⲉ̀ⲛⲉⲛⲥⲛⲏⲟⲩ ⲛ̄ⲓⲥⲣⲁⲏⲗⲓⲧⲏⲥ. Ϯⲛⲟⲩ ϫⲉ ⲡⲁϣⲏⲣⲓ ⲓⲥϫⲉ ⲕⲉⲣⲭⲣⲓⲁ ⲛ̄ϩⲗⲓ ϭⲓⲧϥ ⲙⲁϣⲉⲛⲁⲕ ⲛ̄ⲧⲟⲕ ϯⲱⲟⲩ ⲙ̄Ⲫϯ ⲛⲉⲙ ⲡⲉⲕⲛⲁϩϯ. Ⲡⲉϫⲉ ⲡⲓⲣⲱⲙⲓ ⲙ̄ⲫⲓⲗⲟⲝⲟⲛⲟⲥ ϫⲉ ϯⲧⲁⲣⲕⲟ ⲙ̄ⲙⲟⲕ ⲙ̄Ⲫϯ ⲛⲉⲙ ⲡⲓⲛⲟⲙⲟⲥ ⲉⲧⲁⲩⲧⲏⲓϥ ⲙ̄ⲙⲱⲩⲥⲏⲥ — Fol. 92 R. — ⲙ̄ⲡⲉⲣϩⲓⲧ ⲥⲁⲃⲟⲗ ⲙ̄ⲙⲟⲕ ⲁⲗⲗⲁ ϣⲟⲡⲧ ⲉ̀ⲣⲟⲕ. Ⲁϥⲉⲣⲟⲩⲱ ⲛ̄ϫⲉ ⲫⲓⲗⲟⲝⲟⲛⲟⲥ ⲉϥϫⲱ ⲙ̄ⲙⲟⲥ ϫⲉ ⲙ̄ⲙⲟⲛ ϣϫⲟⲙ ⲙ̄ⲙⲟⲛ ⲉ̀ⲑⲱϧ ⲛⲉⲙ ϩⲗⲓ ⲛ̄ⲣⲱⲙⲓ ⲁϥϣⲧⲉⲙⲉⲣⲁⲡⲟⲧⲁⲍⲉⲥⲑⲉ ⲙ̄ⲡⲉϥϣⲉⲙϣⲓ ⲛ̄ⲧⲉϥⲉⲣⲁⲡⲟⲧⲁⲍⲉⲥⲑⲉ ⲟⲛ ⲙ̄ⲡⲉϥⲛⲟⲙⲟⲥ ⲛ̄ⲧⲉϥϭⲓ ⲙ̄ⲡⲉⲛϣⲉⲙϣⲓ. Ⲁϥⲉⲣⲟⲩⲱ ⲛⲁϥ ⲛ̄ϫⲉ ⲡⲓⲣⲱⲙⲓ ϫⲉ ⲁⲕϣⲁⲛϣⲟⲡⲧ ⲉ̀ⲣⲟⲕ ϩⲟⲗⲱⲥ ϯⲛⲁⲓⲣⲓ ⲙ̄ⲡⲉⲕϣⲉⲙϣⲓ ϧⲉⲛ ϩⲱⲃ ⲛⲓⲃⲉⲛ ⲟⲩⲟϩ ϯⲛⲁⲥⲉⲛⲕ ⲉⲃⲟⲗ ⲁⲛ ϣⲁ ⲡⲓⲉϩⲟⲟⲩ ⲛ̄ⲧⲉ ⲡⲁⲙⲟⲩ. Ⲁϥⲉⲣⲟⲩⲱ ⲛ̄ϫⲉ ⲫⲓⲗⲟⲝⲟⲛⲟⲥ ϫⲉ ⲙⲁϣⲉⲛⲁⲕ ϣⲁ ϯⲥⲁϫⲓ ⲛⲉⲙ ⲛⲁϣⲫⲏⲣ ⲛ̄ⲓⲟⲩⲇⲁⲓ Ⲡⲓⲣⲱⲙⲓ ⲇⲉ ⲁϥϩⲱⲗ ⲉ̀ⲡⲉϥⲏⲓ. Ⲧⲟⲧⲉ ⲫⲓⲗⲟⲝⲟⲛⲟⲥ ⲁϥⲥⲁϫⲓ ⲛⲉⲙ ⲛⲓⲓⲟⲩⲇⲁⲓ ⲉⲑⲃⲏⲧϥ ⲛ̄ⲑⲱⲟⲩ ⲇⲉ ⲡⲉϫⲱⲟⲩ ⲛⲁϥ ϫⲉ ⲫⲏⲉⲑⲛⲁⲉⲣⲡⲟⲧⲁⲍⲉⲥⲑⲉ ⲙ̄ⲡⲉϥϣⲉⲙϣⲓ ⲟⲩⲟϩ ⲛ̄ⲧⲉϥⲓ ⲕⲁⲧⲁ ⲡⲉⲛⲛⲟⲙⲟⲥ ⲧⲉⲛⲛⲁⲟⲗϥ ⲉ̀ϧⲟⲩⲛ ⲉ̀ⲧⲉⲛⲥⲩⲛⲁⲅⲱⲅⲏ ⲛ̄ⲧⲉⲛϯ ⲛⲁϥ ⲙ̄ⲡⲉⲛⲛⲟⲙⲟⲥ.

« Je suis un chrétien ». Philoxène lui dit : « Il ne nous est pas possible d'avoir des rapports avec quelqu'un des chrétiens, en-dehors de nos frères les israélites Maintenant, mon fils, si tu as besoin de quelque chose, accepte-le et retire-toi en rendant gloire à Dieu dans ta foi ». Alors cet homme dit à Philoxène : « Je t'adjure, par Dieu et la loi qu'a donnée Moïse, — Fol. 92 R. — ne me repousse pas de toi, mais reçois-moi » Philoxène répliqua en disant : « Il ne nous est pas possible d'avoir des rapports avec un homme quelconque, s'il ne renonce à son culte et abjure sa loi, pour suivre nos rites religieux ». L'ouvrier lui répondit : « Si tu m'acceptes chez toi, j'accomplirai entièrement ton culte en toutes choses et je ne le quitterai pas jusqu'au jour de ma mort ». Philoxène dit : « Retire-toi, jusqu'à ce que j'aie parlé avec mes frères les Juifs ». Et l'ouvrier s'en alla à sa maison Philoxène parla alors de lui aux Juifs et ceux-ci lui dirent : « Celui qui renoncera à son culte pour vivre selon nos lois, celui-là nous le recevrons dans notre synagogue ; nous lui donnerons nos lois. Après cela, Philoxène appela l'ouvrier, il s'entretint avec lui ». Voici, dit-il, j'ai parlé avec mes frères les Juifs ; ils m'ont répondu . Celui qui ac-

Ⲧⲟⲧⲉ ⲫⲓⲗⲟⲝⲟⲛⲟⲥ ⲁϥⲙⲟⲩϯ ⲉ̀ⲡⲓⲣⲱⲙⲓ ⲛ̄ⲉⲣⲅⲁⲧⲏⲥ ⲁϥⲥⲁϫⲓ ⲛⲉⲙⲁϥ ⲉϥϫⲱ ⲙ̄ⲙⲟⲥ ϫⲉ ϩⲏⲡⲡⲉ ⲁⲓⲥⲁϫⲓ ⲛⲉⲙ ⲡⲁϣⲫⲏⲣ ⲛ̄ⲓⲟⲩⲇⲁⲓ ⲡⲉϫⲱⲟⲩ ⲛⲏⲓ ϫⲉ ⲫⲏⲉⲧⲛⲁϭⲓ ⲙ̄ⲡⲉⲛⲛⲟⲙⲟⲥ ⲛ̄ⲧⲉϥⲓⲣⲓ ⲛ̄ⲧⲉⲛⲥⲩⲛⲏⲑⲓⲁ — Fol. 92 V. — ⲧⲉⲛⲛⲁϣⲟⲡϥ ⲉ̀ⲣⲟⲛ ϧⲉⲛ ⲧⲉⲛⲥⲩⲛⲁⲅⲱⲅⲏ ⲛ̄ⲧⲉⲛϯ ⲙ̄ⲡⲓⲛⲟⲙⲟⲥ ⲛⲁϥ. Ⲡⲓⲣⲱⲙⲓ ⲇⲉ ⲛ̄ⲉⲣⲅⲁⲧⲏⲥ ⲁϥⲉⲣⲟⲩⲱ ⲉϥϫⲱ ⲙ̄ⲙⲟⲥ ϫⲉ ϯⲛⲁⲓⲣⲓ ⲙ̄ⲡⲉⲧⲉⲛϣⲉⲙϣⲓ ϧⲉⲛ ϩⲱⲃ ⲛⲓⲃⲉⲛ ⲉⲧⲉⲧⲉⲛⲛⲁϫⲟⲧⲟⲩ ⲛⲏⲓ ⲙⲟⲛⲟⲛ ϣⲟⲡⲧ ⲉⲣⲱⲧⲉⲛ. Ⲡⲉϫⲉ ⲫⲓⲗⲟⲝⲟⲛⲟⲥ ⲛⲁϥ ϫⲉ ⲙⲁϣⲉⲛⲁⲕ ⲉⲡⲉⲕⲏⲓ ϣⲁ ⲡⲥⲁⲃⲃⲁⲧⲟⲛ ⲁⲙⲟⲩ ⲉ̀ϯⲥⲩⲛⲁⲅⲱⲅⲏ ⲛ̄ⲧⲉⲛϭⲓⲧⲕ ⲉϧⲟⲩⲛ ⲛ̄ⲧⲉⲛϯ ⲙ̄ⲡⲓⲛⲟⲙⲟⲥ ⲛⲁⲕ ⲛⲉⲙ ⲛⲉⲛⲡⲁⲣⲁⲇⲟⲥⲓⲥ. Ⲡⲓⲣⲱⲙⲓ ⲇⲉ ⲁϥϩⲱⲗ ⲉ̀ⲡⲉϥⲏⲓ. Ⲉⲧⲁϣⲱⲣⲡ ⲇⲉ ϣⲱⲡⲓ ⲙ̄ⲡⲓⲥⲁⲃⲃⲁⲧⲟⲛ ⲁϥϣⲟⲣⲡϥ ⲁϥϩⲱⲗ ⲉ̀ϯⲥⲩⲛⲁⲅⲱⲅⲏ ⲟⲩⲟϩ ϧⲉⲛ ⲡϫⲓⲛⲑⲣⲉ ⲫⲓⲗⲟⲝⲟⲛⲟⲥ ⲛⲁⲩ ⲉⲣⲟϥ ⲁϥⲟⲗ ⲉϧⲟⲩⲛ ⲟⲩⲟϩ ⲉⲧⲁ ⲛⲓⲟⲩⲇⲁⲓ ϭⲛⲟⲩϥ ⲁϥⲉⲣⲟⲙⲟⲗⲟⲅⲓⲛ ϫⲉ ϯⲛⲁⲓⲣⲓ ⲙ̄ⲡⲉⲧⲉⲛϣⲉⲙϣⲓ ϧⲉⲛ ϩⲱⲃ ⲛⲓⲃⲉⲛ ⲉⲧⲉⲧⲉⲛⲛⲁϫⲟⲧⲟⲩ ⲛⲏⲓ. Ⲛⲉ ⲟⲩⲟⲛ ⲇⲉ ⲛ̄ⲧⲉ ⲛⲓⲟⲩⲇⲁⲓ ⲛ̄ⲟⲩⲛⲟⲙⲟⲥ ⲙ̄ⲙⲁⲩ ⲁⲣⲉϣⲁⲛ ⲟⲩⲁⲓ ϩⲱⲗ ϣⲁⲣⲱⲟⲩ ⲉ̀ⲃⲟⲗϧⲉⲛ ϣⲉⲙϣⲓ ⲛⲓⲃⲉⲛ ⲉϥⲟⲩⲱϣ ⲉ̀ϣⲱⲡⲓ ⲛ̄ⲓⲟⲩⲇⲁⲓ ⲛ̄ϣⲟⲣⲡ ⲙⲉⲛ ϣⲁϥⲉⲣⲁⲡⲟⲧⲁⲍⲉⲥⲑⲉ ⲙ̄ⲡⲉϥϣⲉⲙϣⲓ ⲙⲉⲛⲉⲛⲥⲱⲥ ϣⲁⲩⲑⲁⲙⲓⲟ ⲛⲁϥ ⲛ̄ⲟⲩⲥⲧⲁⲩⲣⲟⲥ ⲛ̄ϣⲉ ⲛ̄ϫⲱⲓⲧ ⲉϥϭⲟⲥⲓ ⲛ̄ⲥⲉⲧⲁϩⲟϥ ⲉⲣⲁⲧϥ ϧⲉⲛ ϯⲥⲩⲛⲁⲅⲱⲅⲏ

ceptera nos lois, suivra nos usages, — Fol. 92 V. — nous le recevrons parmi nous, dans nos synagogues pour lui donner la loi ». L'ouvrier répondit : « J'accomplirai votre culte en tout ce que vous me direz ; recevez-moi seulement parmi vous ». Philoxène lui dit : « Va à ta maison jusqu'à samedi ; viens alors à la synagogue, nous t'y recevrons et nous te donnerons la loi ainsi que nos coutumes ». L'ouvrier alla à sa maison et, au matin du samedi, il se leva et alla à la synagogue. Quand Philoxène le vit, il l'introduisit, et après que les Juifs l'eurent interrogé, il répondit : « J'accomplirai votre culte en tout ce que vous me direz ». Or c'était une loi parmi les Juifs, si quelqu'un allait chez eux d'un culte quelconque, désirant se faire Juif, il devait abjurer son culte. Puis, on faisait pour lui une grande croix de bois d'olivier qu'on dressait dans la synagogue. — Fol. 93 R. — Celui qui voulait devenir Juif, s'engageait à prendre une éponge remplie de vinaigre, à l'élever avec un roseau et à

— Fol. 93 R. — ⲟⲩⲟϩ ϣⲁⲣⲉ ⲡⲓⲣⲱⲙⲓ ⲉⲑⲟⲩⲱϣ ⲉ̀ϣⲱⲡⲓ ⲛ̀ⲓⲟⲩⲇⲁⲓ ⲙⲟⲣϥ ⲛ̀ⲧⲉϥϭⲓ ⲛ̀ⲟⲩⲥⲫⲟⲅⲅⲟⲥ ⲉⲥⲙⲉϩ ⲛ̀ϩⲉⲙϫ ⲛ̀ⲧⲉϥⲧⲁⲗⲟⲥ ϩⲓϫⲉⲛ ⲟⲩⲕⲁϣ ⲛ̀ⲧⲉϥⲥⲱⲟⲩⲧⲉⲛ ⲙ̀ⲙⲟϥ ⲉϧⲟⲩⲛ ⲛⲓⲥⲧⲁⲩⲣⲟⲥ Ⲙⲉⲛⲉⲛⲥⲱⲥ ϣⲁϥϭⲓ ⲛ̀ⲟⲩ-ⲗⲟⲅⲭⲏ ⲉϥϫⲏⲣ ⲛ̀ⲧⲉϥϯ ⲛ̀ⲟⲩϣⲉ ⲛ̀ⲗⲟⲅⲭⲏ ⲙ̀ⲡⲓⲥⲧⲁⲩⲣⲟⲥ Ϧⲉⲛ ϯⲟⲩ-ⲛⲟⲩ ϣⲁⲩϯ ⲉϫⲱϥ ⲛ̀ⲟⲩⲭⲗⲟⲙ ⲛ̀ϣⲉ ⲛ̀ⲑⲱⲣⲓ ⲛ̀ⲧⲟⲩⲱϣ ⲙ̀ⲡⲓⲛⲟⲙⲟⲥ ⲉ̀-ⲣⲟϥ ⲛ̀ⲧⲉϥϣⲱⲡⲓ ⲛ̀ⲓⲟⲩⲇⲁⲓ. Ⲗⲟⲓⲡⲟⲛ ⲁⲩⲑⲁⲙⲓⲟ ⲙ̀ⲡⲓⲥⲧⲁⲩⲣⲟⲥ ⲉⲁⲩ-ⲥⲁϫⲓ ⲛⲉⲙ ⲡⲓⲣⲱⲙⲓ ⲉⲩϫⲱ ⲙ̀ⲙⲟⲥ ϫⲉ ⲭⲟⲩⲱϣ ⲛ̀ⲧⲉⲛⲟⲗⲕ ⲉ̀ϧⲟⲩⲛ ⲛⲉ-ⲙⲁⲛ ⲉ̀ⲧⲉⲛⲥⲩⲛⲁⲅⲱⲅⲏ ⲛ̀ⲧⲉⲛϯ ⲙ̀ⲡⲉⲛⲛⲟⲙⲟⲥ ⲛⲁⲕ ⲓⲉ ⲑⲁⲓ ⲧⲉ ⲧⲉⲛ-ⲕⲁϩⲥ ⲉⲑⲣⲉⲕⲁⲓⲥ Ⲡⲓⲣⲱⲙⲓ ⲇⲉ ⲁϥⲙⲟⲣϥ ⲁϥϭⲓ ⲛ̀ϯⲥⲫⲟⲅⲅⲟⲥ ⲁϥⲙⲁϩⲥ ⲛ̀ϩⲉⲙϫ ⲁϥⲙⲟⲣⲥ ⲉ̀ⲡⲓⲕⲁϣ ⲁϥⲥⲱⲟⲩⲧⲉⲛ ⲙ̀ⲙⲟⲥ ⲉ̀ϧⲟⲩⲛ ⲉ̀ⲡⲓⲥⲧⲁⲩⲣⲟⲥ. Ⲙⲉⲛⲉⲛⲥⲱⲥ ⲁϥϭⲓ ⲛ̀ⲟⲩⲗⲟⲅⲭⲏ ⲉⲥϫⲏⲣ ⲁϥⲗⲟⲅⲅⲓⲍⲓⲛ ⲙ̀ⲡⲓⲥⲧⲁⲩⲣⲟⲥ Ⲁ ⲟⲩⲥⲛⲟϥ ⲉϥⲟϣ ⲟⲩⲱⲛϩ ⲉ̀ⲃⲟⲗ ⲉϥϣⲟⲩⲟ ⲉ̀ⲃⲟⲗϧⲉⲛ ⲡⲓⲥⲧⲁⲩⲣⲟⲥ ⲁϥ-ⲙⲟϩ ⲙ̀ⲡⲓⲙⲱⲓⲧ ⲧⲏⲣϥ ϩⲱⲥⲧⲉ ⲛ̀ⲧⲉ ⲟⲩⲙⲏϣ ⲛ̀ⲧⲉⲛⲓⲟⲩⲇⲁⲓ ⲉⲣϣⲫⲏ-ⲣⲓ ⲙ̀ⲫⲏⲉⲧⲁϥϣⲱⲡⲓ ⲁⲩⲱϣ ⲉ̀ⲃⲟⲗ ⲧⲏⲣⲟⲩ ⲉⲩϫⲱ ⲙ̀ⲙⲟⲥ ϫⲉ ⲟⲩⲁⲓ ⲡⲉ Ⲫϯ ⲛ̀ⲛⲓⲭⲣⲏⲥⲧⲓⲁⲛⲟⲥ ⲓⲏ̅ⲥ̅ ⲡⲭ̅ⲥ̅ ⲫⲏⲉⲧⲁⲩⲉⲣⲥⲧⲁⲩⲣⲱⲛⲓⲛ ⲙ̀ⲙⲟϥ — Fol 93 V — ⲟⲩⲟϩ ϧⲉⲛ ⲟⲩⲙⲉⲑⲙⲏⲓ ⲁ ⲛⲉⲛⲓⲟϯ ϣⲱⲡⲓ ⲛ̀ⲉⲛⲟⲭⲟⲥ ⲉ̀-ⲟⲩⲛⲓϣϯ ⲛ̀ⲛⲟⲃⲓ ⲛ̀ⲁⲧⲭⲱ ⲉ̀ⲃⲟⲗ Ⲫⲓⲗⲟⲝⲟⲛⲟⲥ ⲇⲉ ⲛⲉ ⲟⲩⲟⲛ ⲛ̀ⲧⲁϥ ⲙ̀-

la diriger contre la croix. Ensuite il recevait une lance aigue pour en frapper la croix. Alors, on lui mettait une couronne en bois de saule, on lui lisait la loi, et il devenait Juif. On fit donc la croix et, s'adressant à l'homme, les Juifs lui dirent : « Tu veux que nous te recevions parmi nous dans notre synagogue et que nous te donnions notre loi ; voici notre coutume qu'il te faut suivre ». L'ouvrier s'y soumit Il prit l'éponge, la remplit de vinaigre et l'ayant attachée au roseau il la dirigea contre la croix qu'il frappa ensuite avec une lance aigue Mais un sang abondant apparut alors, coulant de la croix, remplissant l'allée tout entière, à tel point qu'une foule de Juifs, émerveillés du fait, s'écrièrent ensemble en disant : « Il n'y a qu'un Dieu, celui des chrétiens, Jésus-Christ, qui a été crucifié ! — Fol. 93 V. — En vérité, nos pères sont coupables d'une grande faute irrémissible ! » Or, Philoxène avait là une petite fille âgée d'une douzaine d'années. Cette enfant, depuis sa naissance, était aveugle.

ⲙⲁⲩ ⲛ̄ⲟⲩⲕⲟⲩϫⲓ ⲛ̄ϣⲉⲣⲓ ⲉⲥⲛⲁⲉⲣ ⲓ̅ⲃ̅ ⲛ̄ⲣⲟⲙⲡⲓ ⲑⲁⲓ ⲇⲉ ⲛⲉ ⲁⲩϫⲫⲟⲥ ⲡⲉ ⲉⲥⲟⲓ ⲙ̄ⲃⲉⲗⲗⲉ ϧⲉⲛ ⲡϫⲓⲛⲑⲣⲉϥⲛⲁⲩ ⲇⲉ ⲉ̀ⲡⲓⲥⲛⲟϥ ⲉⲧⲁϥⲓ ⲉ̀ⲃⲟⲗϧⲉⲛ ⲡⲓⲥⲧⲁⲩⲣⲟⲥ ⲡⲉϫⲁϥ ϧⲉⲛ ⲡⲉϥⲛⲓϣϯ ⲛ̄ⲛⲁϩϯ ⲙ̄ⲡⲁⲓⲣⲏϯ ϫⲉ ϣⲉ ϯϫⲟⲙ ⲛ̄ⲧⲉ ⲡⲓⲥⲧⲁⲩⲣⲟⲥ ⲛ̄ⲧⲉ ⲡⲁⲟ̅ⲥ̅ ⲓ̅ⲏ̅ⲥ̅ ⲡⲭ̅ⲥ̅ ϫⲉ ϯⲛⲁⲛⲟⲩϫϩ ⲙ̄ⲡϩⲟ ⲛ̄ⲧⲁϣⲉⲣⲓ ϧⲉⲛ ⲡⲁⲓⲥⲛⲟϥ ⲉⲧⲁϥⲓ ⲉ̀ⲃⲟⲗϧⲉⲛ ⲡⲓⲥⲧⲁⲩⲣⲟⲥ ⲛ̄ⲧⲉⲥⲛⲁⲩ ⲙ̄ⲃⲟⲗ ϯⲛⲁⲉⲣⲁⲡⲟⲧⲁⲍⲉⲥⲑⲉ ⲙ̄ⲡϣⲉⲙϣⲓ ⲛ̄ⲛⲓⲓⲟⲩⲇⲁⲓ ⲛⲉⲙ ⲧⲟⲩⲥⲩⲛⲁⲅⲱⲅⲏ ⲛ̄ⲧⲁϣⲱⲡⲓ ϩⲱ ϧⲉⲛ ⲡⲓⲛⲁϩϯ ⲛ̄ⲧⲉ ⲛⲓⲭⲣⲏⲥⲧⲓⲁⲛⲟⲥ ϣⲁ ⲡⲉϩⲟⲟⲩ ⲙ̄ⲡⲁⲙⲟⲩ. Ⲟⲩⲟϩ ⲉⲧⲁϥϫⲉ ⲛⲁⲓ ⲁϥⲗⲁⲗⲉ ⲛⲉⲛⲃⲁⲗ ⲛ̄ⲧⲉϥϣⲉⲣⲓ ϧⲉⲛ ⲡⲓⲥⲛⲟϥ ⲛ̄ⲧⲉ ⲡⲓⲥⲧⲁⲩⲣⲟⲥ ⲉϥϫⲱ ⲙ̄ⲙⲟⲥ ϫⲉ ϧⲉⲛ ⲫⲣⲁⲛ ⲙ̄ⲓ̅ⲏ̅ⲥ̅ ⲡⲭ̅ⲥ̅ ⲡϣⲏⲣⲓ ⲙ̄ⲫ̅ϯ̅ ⲉⲧⲟⲛϧ ⲟⲩⲟϩ ϧⲉⲛ ϯⲟⲩⲛⲟⲩ ⲁⲥⲛⲁⲩ ⲙ̄ⲃⲟⲗ ⲛ̄ϫⲉ ϯⲁⲗⲟⲩ. Ⲡⲓⲙⲏϣ ⲇⲉ ⲧⲏⲣϥ ⲛ̄ⲧⲉ ⲛⲓⲓⲟⲩⲇⲁⲓ ⲉⲧϣⲟⲡ ϧⲉⲛ ϯⲥⲩⲛⲁⲅⲱⲅⲏ ⲁⲩⲱϣ ⲉⲃⲟⲗ ⲉⲩϫⲱ ⲙ̄ⲙⲟⲥ ϫⲉ ⲟⲩⲁⲓ ⲡⲉ ⲫ̅ϯ̅ ⲛ̄ⲛⲓⲭⲣⲏⲥⲧⲓⲁⲛⲟⲥ ⲡⲉⲛⲟ̅ⲥ̅ ⲓ̅ⲏ̅ⲥ̅ ⲡⲭ̅ⲥ̅. Ⲧⲟⲧⲉ ⲫⲓⲗⲟⲝⲟⲛⲟⲥ ⲡⲓⲁⲣⲭⲏⲥⲩⲛⲁⲅⲱⲅⲟⲥ ⲁϥⲥϧⲁⲓ ⲛ̄ⲟⲩⲉⲡⲓⲥⲧⲟⲗⲏ — Fol. 94 R. — ⲉ̀ⲣⲁⲧϥ ⲙ̄ⲡⲉⲛⲓⲱⲧ ⲑⲉⲟⲫⲓⲗⲟⲥ ⲡⲓⲁⲣⲭⲏⲉⲡⲓⲥⲕⲟⲡⲟⲥ ⲛ̄ⲧⲉ ⲣⲁⲕⲟϯ ⲉⲥⲥϧⲏⲟⲩⲧ ⲙ̄ⲡⲁⲓⲣⲏϯ.

Ⲫⲓⲗⲟⲝⲟⲛⲟⲥ ⲇⲉ ⲡⲓⲓⲟⲩⲇⲁⲓ ⲛ̄ⲁⲧⲉⲙⲡϣⲁ ⲉϥⲥϧⲁⲓ ⲉⲣⲁⲧϥ ⲙ̄ⲡⲓⲥⲏⲓⲛⲓ ⲙ̄ⲙⲏⲓ ⲛ̄ⲧⲉ ⲡⲭ̅ⲥ̅.

Ⲉⲓⲧⲁⲙⲟ ⲙ̄ⲙⲟⲕ ⲉ̀ⲛⲏⲉⲧⲁⲩϣⲱⲡⲓ ⲙ̄ⲙⲟⲛ ϧⲉⲛ ⲧⲉⲛ ⲥⲩⲛⲁⲅⲱⲅⲏ ϩⲓⲧⲉⲛ ϯϣⲫⲏⲣⲓ ⲉⲧⲁⲥϣⲱⲡⲓ ϧⲉⲛ ⲡⲓⲙⲏⲓⲛⲓ ⲛ̄ⲧⲉ ⲡⲓⲥⲧⲁⲩⲣⲟⲥ ⲉⲑⲟⲩ-

En voyant le sang couler de la croix, Philoxène s'écria, dans sa grande foi : « Par la vertu de la croix de mon Seigneur Jésus-Christ, je vais oindre le visage de ma fille avec le sang qui coule de la croix. Si elle recouvre la vue, je renonce au culte des Juifs et à leur synagogue, j'embrasse la foi chrétienne, jusqu'au jour de ma mort ». Après ces paroles, il frotta les yeux de sa fille avec le sang de la croix en disant : « Au nom de Jésus-Christ, le fils du Dieu vivant » et à l'instant, l'enfant recouvra la vue. La foule des Juifs, qui était dans la synagogue, s'écria : « Il n'y a qu'un Dieu : celui des chrétiens, Notre-Seigneur Jésus-Christ». Alors Philoxène, le chef de la Synagogue, écrivit une lettre — Fol. 94 R. — à notre père Théophile, l'archevêque d'Alexandrie, ainsi conçue :

« Philoxène, le Juif indigne, au médecin véritable du Christ.

« Je t'annonce ce qui est arrivé dans notre synagogue touchant le

ⲁⲃ ⲫⲏⲉⲧⲁⲩⲁϣ ⲡⲉⲛⲟ̅ⲥ̅ ⲓ̅ⲏ̅ⲥ̅ ⲉⲣⲟϥ ϧⲉⲛ ⲡϫⲓⲛⲑⲣⲉ ⲡⲓⲥⲛⲟϥ ⲉⲧⲁϥⲓ ⲉ̀-
ⲃⲟⲗ ⲛ̀ϧⲏⲧϥ ⲛ̀ⲧⲁⲧⲏⲓϥ ⲉ̀ⲛⲉⲛⲃⲁⲗ ⲛ̀ⲧⲁϣⲉⲣⲓ ⲥⲁⲧⲟⲧⲥ ⲁⲥⲛⲁⲩ ⲙ̀ⲃⲟⲗ.
Ⲗⲟⲓⲡⲟⲛ ⲁⲛⲉⲙⲓ ⲧⲏⲣⲟⲩ ϫⲉ ⲙ̀ⲙⲟⲛ ⲛⲟⲩϯ ϧⲉⲛ ⲧⲫⲉ ⲟⲩⲇⲉ ϩⲓϫⲉⲛ
ⲡⲕⲁϩⲓ ⲉⲃⲏⲗ ⲓ̅ⲏ̅ⲥ̅ ⲡⲭ̅ⲥ̅ ⲫ̅ϯ̅ ⲛ̀ⲛⲓⲭⲣⲏⲥⲧⲓⲁⲛⲟⲥ ⲟⲩⲟϩ ϧⲉⲛ ⲟⲩⲙⲉⲑⲙⲏⲓ
ⲁ ⲛⲉⲛⲓⲟϯ ϣⲱⲡⲓ ⲛ̀ⲉⲛⲟⲭⲟⲥ ⲉⲟⲩⲛⲓϣϯ ⲛ̀ⲛⲟⲃⲓ ⲛ̀ⲁⲧⲭⲱ ⲉ̀ⲃⲟⲗ Ⲉⲡⲓⲇⲏ
ⲁⲛⲟⲛ ϩⲱⲛ ⲉⲧⲁⲛⲓ ⲉⲡϣⲱⲓ ⲁⲛⲁⲙⲟⲛⲓ ⲛ̀ⲛⲓⲡⲁⲣⲁⲇⲟⲥⲓⲥ ⲛ̀ⲧⲉⲛⲉⲛⲓⲟϯ
ⲉⲛϫⲱ ⲙ̀ⲙⲟⲥ ϫⲉ ⲟⲩⲙⲉⲧⲉⲧⲥⲉⲃⲏⲥ ⲧⲉ ϯϯϩⲟ ⲉ̀ⲣⲟⲕ ⲙⲁⲣⲉ ⲡⲉⲕⲣⲁϣⲓ
ϣⲱⲡⲓ ⲉϫⲉⲛ ⲛⲁⲓⲉⲥⲱⲟⲩ ϩⲓⲧⲉⲛ ⲡⲟⲩϫⲓⲛⲧⲁⲥⲑⲟ ⲉ̀ϧⲟⲩⲛ ⲉ̀ϯϣⲁⲓⲣⲓ ⲛ̀ⲧⲉ
ⲡⲭ̅ⲥ̅ ⲁⲛⲟⲕ ⲛⲉⲙ ⲡⲁⲏⲓ ⲧⲏⲣϥ

Ⲧⲟⲧⲉ ⲡⲁⲓⲱⲧ ⲉⲑⲟⲩⲁⲃ ⲛ̀ⲁⲣⲭⲏⲉⲡⲓⲥⲕⲟⲡⲟⲥ ⲁⲃⲃⲁ ⲑⲉⲟⲫⲓⲗⲗⲟⲥ
ⲉⲧⲁϥⲥⲱⲧⲉⲙ ⲉ̀ⲛⲁⲓ ⲁϥⲣⲁϣⲓ ⲉ̀ⲙⲁϣⲱ ⲁϥⲧⲱⲛϥ ⲁϥⲓ ⲉ̀ⲡⲓⲙⲁ ⲉⲧⲉⲙ-
ⲙⲁⲩ — Fol 94 V. — ⲛⲉⲙ ⲛⲓⲛⲓϣϯ ⲛ̀ⲧⲉ ⲛⲓⲕⲗⲏⲣⲓⲕⲟⲥ ⲛⲉⲙ ϩⲁⲛⲕⲉ-
ⲛⲓϣϯ ⲛ̀ⲣⲱⲙⲓ ⲛ̀ⲁⲝⲓⲱⲙⲁⲧⲓⲕⲟⲥ ⲉϥⲙⲟϣⲓ ⲛ̀ⲛⲉϥϭⲁⲗⲁⲩϫ ⲟⲩⲟϩ ⲛⲁⲓ-
ⲙⲟϣⲓ ⲛⲉⲙⲱⲟⲩ ϩⲱ ⲡⲉ. Ⲫⲓⲗⲟⲝⲉⲛⲟⲥ ⲇⲉ ⲉⲧⲁϥⲛⲁⲩ ⲉ̀ⲡⲁⲓⲱⲧ ⲁϥϩⲓⲧϥ
ⲉ̀ⲡⲉⲥⲏⲧ ϧⲁ ⲛⲉϥϭⲁⲗⲁⲩϫ ⲉϥϫⲱ ⲙ̀ⲙⲟⲥ ϫⲉ ⲡⲓⲃⲱⲕ ⲛ̀ⲧⲉ ⲓ̅ⲏ̅ⲥ̅ ⲡⲭ̅ⲥ̅
ⲛⲁⲓ ⲛⲏⲓ (1) ⲛ̀ⲧⲉⲕϯ ⲛⲏⲓ ⲛ̀ⲟⲩⲭⲱ ⲉ̀ⲃⲟⲗ Ⲁⲩⲥⲱⲕ ϧⲁϫⲱϥ ⲁⲩⲟⲗϥ ⲉ̀-

(1) ⲛⲁⲓ ⲛⲏⲓ sont en surcharge dans le manuscrit.

prodige survenu par l'emblème de la croix sainte, sur laquelle on suspendit Notre-Seigneur Jésus Du sang en ayant coulé, j'en ai oint les yeux de ma fille et aussitôt elle a recouvré la vue. En conséquence, nous reconnaissons tous qu'il n'est pas d'autre Dieu dans le ciel et sur la terre que Jésus-Christ, le Dieu des chrétiens et, en vérité, nos pères sont coupables d'une grande faute irrémissible Si nous continuions à conserver les traditions de nos pères, nous le disons, ce serait un péché ; je t'en prie, réjouis-toi de l'entrée de ces brebis au bercail du Christ. Moi et toute ma maison ».

Lorsque mon père, le saint archevêque abba Théophile, apprit cela, il se réjouit grandement Il se leva, alla à cet endroit — Fol 94 V.—avec les grands du clergé et d'autres hommes de mérite. Il allait à pied ; je les accompagnais. Quand Philoxène aperçut mon père, il se prosterna devant lui en disant. « Serviteur de Jésus-Christ, aie pitié de moi, pardonne-

ϧⲟⲩⲛ ⲉ̀ϯⲥⲩⲛⲁⲅⲱⲅⲏ ⲁⲩⲧⲁⲙⲟϥ ⲉ̀ⲡⲓⲥⲧⲁⲩⲣⲟⲥ ⲉϥⲟⲟϩ ϧⲉⲛ ⲑⲙⲏϯ ⲛ̀ϯⲥⲩⲛⲁⲅⲱⲅⲏ ⲉⲣⲉ ⲡⲓⲥⲛⲟϥ ⲥⲱⲕ ⲉ̀ⲡⲉⲥⲏⲧ ⲛ̀ϧⲏⲧϥ ⲛⲉⲙ ϯⲕⲟⲩϫⲓ ⲛ̀ⲁⲗⲟⲩ ⲉⲧⲁⲥⲛⲁⲩ ⲙ̀ⲃⲟⲗ. Ⲡⲓⲣⲱⲙⲓ ϩⲱϥ ⲉⲧⲁϥϯ ⲛ̀ϯϣⲉ ⲛ̀ⲗⲟⲩⲭⲏ ⲙ̀ⲡⲓⲥⲧⲁⲩⲣⲟⲥ ⲁ ⲟⲩϩⲟϯ ⲉ̀ϩⲣⲏⲓ ⲉ̀ϫⲱϥ ⲁϥⲧⲱⲥ ⲙ̀ⲫⲣⲏϯ ⲛ̀ⲟⲩⲱⲛⲓ ⲁϥϯ ⲙ̀ⲡⲉϥⲑⲏⲟⲩ ⲁϥⲙⲟⲩ ⲁϥϭⲓ ⲛ̀ϯⲧⲟⲓ ⲛ̀ⲧⲉ ⲓⲟⲩⲇⲁⲥ ⲡⲓⲡⲣⲟⲇⲟⲧⲏⲥ ⲉⲧⲁϥϯ ⲙ̀ⲡⲉϥⲡ̅ⲛ̅ⲁ̅ ϧⲁ ⲭⲣⲏⲙⲁ. Ⲧⲟⲧⲉ ⲡⲁⲓⲱⲧ ⲉⲑⲟⲩⲁⲃ ⲑⲉⲟⲫⲓⲗⲗⲟⲥ ⲁϥⲑⲣⲟⲩⲱⲗⲓ ⲙ̀ⲡⲓⲥⲧⲁⲩⲣⲟⲥ ⲉ̀ϯⲉⲕⲕⲗⲏⲥⲓⲁ ⲉⲩⲉⲣⲯⲁⲗⲓⲛ ϧⲁϫⲱϥ ⲉⲩⲉⲣϣⲫⲏⲣⲓ ⲙ̀ⲡⲓϩⲱⲃ ⲉⲧⲁϥϣⲱⲡⲓ ⲉⲩϯⲱⲟⲩ ⲙ̀Ⲫ̅ϯ̅ ϩⲓⲧⲉⲛ ⲡⲓⲙⲏⲛⲓ ⲉⲧⲁⲩⲛⲁⲩ ⲉ̀ⲣⲟϥ. Ⲟⲩⲟϩ ⲫⲓⲗⲟⲝⲉⲛⲟⲥ ⲉⲧⲁⲩⲟⲗϥ ⲉ̀ϯⲉⲕⲕⲗⲏⲥⲓⲁ ⲛⲉⲙ ⲧⲉϥⲥϩⲓⲙⲓ ⲛⲉⲙ ⲧⲉϥϣⲏⲣⲓ ⲛⲉⲙ ⲡⲥⲱϫⲡ ⲛ̀ⲛⲓⲓⲟⲩⲇⲁⲓ ⲉⲧⲁⲩⲛⲁϩϯ — Fol. 95 R. — ⲁϥⲉⲣⲕⲁⲑⲏⲕⲓⲛ ⲙ̀ⲙⲱⲟⲩ ⲙⲉⲛⲉⲛⲥⲱⲥ ⲁϥⲑⲣⲟⲩⲓⲣⲓ ⲙ̀ⲡⲥⲟⲃϯ ⲙ̀ⲡⲓⲃⲁⲡⲧⲓⲥⲧⲏⲣⲓⲟⲛ ⲁϥϯⲱⲙⲥ ⲛⲱⲟⲩ ϧⲉⲛ ⲫⲣⲁⲛ ⲙ̀ⲫⲓⲱⲧ ⲛⲉⲙ ⲡϣⲏⲣⲓ ⲛⲉⲙ ⲡⲓⲡ̅ⲛ̅ⲁ̅ ⲉⲑⲟⲩⲁⲃ ⲟⲩⲟϩ ⲁϥϯ ⲛⲱⲟⲩ ⲉ̀ⲃⲟⲗϧⲉⲛ ⲡⲓⲥⲱⲙⲁ ⲛⲉⲙ ⲡⲓⲥⲛⲟϥ ⲛ̀ⲧⲉ ⲡⲉⲛϭ̅ⲥ̅ ⲓ̅ⲏ̅ⲥ̅ ⲡ̅ⲭ̅ⲥ̅ ⲁϥϯ ⲛⲱⲟⲩ ⲛ̀ϯϩⲓⲣⲏⲛⲏ ⲁϥⲭⲁⲩ ⲉⲃⲟⲗ Ⲫⲓⲗⲟⲝⲉⲛⲟⲥ ⲇⲉ ⲁϥⲉⲣⲭⲁⲣⲓⲍⲉⲥⲑⲉ ⲙ̀ⲡⲓⲁⲣⲭⲏⲉⲡⲓⲥⲕⲟⲡⲟⲥ-ⲛ̀ⲧⲫⲁϣⲓ ⲛ̀ⲛⲏⲉⲧϣⲟⲡ ⲛⲁϥ ⲧⲏⲣⲟⲩ ⲉⲑⲣⲉϥϭⲱⲟⲩ ⲉ̀ⲃⲟⲗ ⲉ̀ϯⲇⲓⲁⲕⲟⲛⲓⲁ ⲛ̀ⲧⲉ ⲛⲓϩⲏⲕⲓ. Ⲛ̀ⲑⲟϥ ⲇⲉ ⲉⲧⲁϥϭⲓ ⲙ̀ⲡⲓⲱⲙⲥ ⲉⲑⲟⲩⲁⲃ ⲁ ⲡⲉϥϩⲟ ⲟⲩⲱⲓ

moi ». Marchant devant lui, on l'introduisit dans la synagogue. On lui montra, dressée au milieu de la synagogue, la croix dont le sang avait coulé jusqu'à terre, avec la petite enfant qui avait recouvré la vue. L'homme qui avait donné le coup de lance à la croix, lui, fut saisi de terreur et, devenu rigide comme une pierre, il rendit l'esprit et mourut Il reçut la part du traître Judas, qui donna son âme pour de l'argent. Mon père, le vénérable Théophile, fit porter la croix à l'église On chantait des cantiques devant elle, on était rempli d'admiration pour ce qui était arrivé, on rendait gloire à Dieu pour le prodige dont on avait été témoin. Ensuite Philoxène fut admis dans l'église avec sa femme et sa fille et les autres Juifs qui avaient cru — Fol. 95 R. — Théophile les fit instruire et, après qu'on eut préparé le baptistère, il les baptisa au nom du Père, du Fils et du Saint-Esprit, leur distribua le corps et le sang de Notre-Seigneur Jésus-Christ, leur donna la paix et les renvoya. Philoxène, de son côté, fit don à l'archevêque de la moitié de tout ce

ⲛⲓ ⲙ̀ⲫⲣⲏϯ ⲙ̀ⲫⲣⲏ ⲟⲩⲟϩ ⲡϫⲱⲕ ⲛ̀ⲛⲟⲩⲣⲱⲙⲓ ⲛ̀ⲉϩⲟⲟⲩ ⲉⲧⲁ ⲧⲉϥⲙⲉⲧϣⲁⲙϣⲉⲛⲟⲩϯ ⲟⲩⲱⲛϩ ⲉⲃⲟⲗ ⲁⲡⲓⲁⲣⲭⲏⲉⲡⲓⲥⲕⲟⲡⲟⲥ ⲉⲣⲭⲓⲣⲟⲇⲟⲛⲓⲛ ⲙ̀ⲙⲟϥ ⲁϥⲁⲓϥ ⲙ̀ⲡⲣⲉⲥⲃⲩⲧⲉⲣⲟⲥ Ⲁⲗⲉⲝⲁⲛⲇⲣⲟⲥ ⲡⲉϥϣⲏⲣⲓ ⲁϥⲁⲓϥ ⲛ̀ⲇⲓⲁⲕⲱⲛ ⲁⲩⲟⲩⲁϩⲧⲟⲧⲟⲩ ⲉ̀ϯⲙⲉⲧϣⲁⲙϣⲉⲛⲟⲩϯ ⲟⲩⲟϩ ⲧⲉϥⲕⲉⲥϩⲓⲙⲓ ⲛⲉ ⲟⲩⲡⲓⲥⲧⲏ ⲧⲉ ⲉⲛⲓϩⲟⲧⲟ ⲛⲁⲥϯ ⲛ̀ϩⲁⲛⲛⲓϣϯ ⲛ̀ⲭⲣⲏⲙⲁ ⲛ̀ⲛⲓϩⲏⲕⲓ ⲡⲉ ϣⲁⲧⲉⲥⲁⲓⲧⲟⲩ ⲛ̀ⲣⲁⲙⲁⲟ ⲫⲁⲓ ⲡⲉ ⲡⲓⲣⲏϯ ⲉⲧⲁⲩϫⲱⲕ ⲙ̀ⲡⲟⲩⲃⲓⲟⲥ ⲉ̀ⲃⲟⲗ ϧⲉⲛ ⲟⲩⲙⲉⲧⲟⲣⲑⲟⲇⲟⲝⲟⲥ ⲁⲩϩⲱⲗ ⲉⲣⲁⲧϥ ⲙ̀ⲡⲭ̅ⲥ̅.

Fol. 95 V. — Ⲉⲧⲁⲓϫⲉ ⲛⲁⲓ ⲧⲏⲣⲟⲩ ⲉ̀ⲧⲉⲧⲉⲛⲁⲅⲁⲡⲏ ⲱⲛⲁⲙⲉⲛⲣⲁϯ ⲉⲓⲧⲁⲙⲟ ⲙ̀ⲙⲱⲧⲉⲛ ⲉ̀ⲛⲓⲙⲉⲧϣⲉⲛϩⲏⲧ ⲛ̀ⲧⲉ Ⲫ̅ϯ̅ ϫⲉ ⲟⲩⲛⲁⲏⲧ ⲡⲉ ⲟⲩⲟϩ ⲟ̀ⲩϣⲁⲛⲁϩⲑⲏϥ ⲡⲉ. ⲕⲉ ⲅⲁⲣ ⲟⲩⲁⲅⲓⲟⲥ ϫⲟⲥ ϧⲉⲛ ⲟⲩⲙⲁ ϫⲉ ⲛⲉ ⲟⲩⲉϩⲟⲟⲩ ⲛ̀ⲟⲩⲱⲧ ⲡⲉ ⲡⲁϩⲓ ⲙ̀ⲡⲓⲣⲱⲙⲓ ϩⲓϫⲉⲛ ⲡⲓⲕⲁϩⲓ ϥⲛⲁϣⲱⲡⲓ ⲁⲛ ⲉϥⲧⲟⲩⲃⲏⲟⲩⲧ ⲉ̀ⲛⲟⲃⲓ.

Ϯⲛⲟⲩ ϫⲉ ⲱⲛⲁⲙⲉⲛⲣⲁϯ ⲙⲁⲣⲉⲛⲫⲱⲧ ⲉ̀ⲣⲁⲧⲥ ⲛ̀ϯⲙⲉⲧⲙⲁⲓⲣⲱⲙⲓ ⲛ̀ⲧⲉ Ⲫ̅ϯ̅ ⲛ̀ⲧⲉⲛϯϩⲟ ⲉ̀ⲣⲟϥ ϧⲉⲛ ⲟⲩⲙⲉⲑⲙⲏⲓ ⲟⲩⲛⲁⲏⲧ ⲅⲁⲣ ⲡⲉ ϥⲛⲁⲭⲱ ⲛⲁⲛ ⲉ̀ⲃⲟⲗ ⲛ̀ⲛⲉⲛⲛⲟⲃⲓ ⲟⲩⲟϩ ϥⲛⲁⲁⲓⲧⲉⲛ ⲛ̀ⲉⲙⲡϣⲁ ⲛ̀ⲧⲉϥⲙⲉⲧⲟⲩⲣⲉ ⲉⲧϧⲉⲛ ⲛⲓⲫⲏⲟⲩⲓ ϩⲓⲧⲉⲛ ⲡⲓϩⲙⲟⲧ ⲛⲉⲙ ϯⲙⲉⲧϣⲉⲙϩⲏⲧ ⲛⲉⲙ

qui lui appartenait, pour qu'on l'employât aux service des pauvres. Lorsqu'il eut reçu le saint baptême, son visage devint resplendissant comme le soleil et, l'année écoulée, sa piété étant notoire, l'archevêque lui imposa les mains et le fit prêtre. Alexandre son fils devint prêtre et ils progressaient dans la pitié. Sa femme, qui était très croyante, donnait d'abondantes ressources aux pauvres, au point qu'elle les enrichit. De cette manière, ayant achevé leur vie dans l'orthodoxie, ils allèrent vers le Christ.

Fol. 95 V. — En vous disant tout cela, par amour pour vous, ô mes bien-aimés, je vous instruis de la miséricorde de Dieu ; il est clément et compatissant. Un saint, en effet, dit aussi quelque part : « Si la vie de l'homme était d'un jour seulement sur la terre, elle ne serait pas exempte de péché ».

Maintenant donc, ô mes bien-aimés, recourons à la bonté de Dieu pour les hommes, implorons-le; véritablement il est miséricordieux, il nous

ϯⲙⲉⲧⲙⲁⲓⲣⲱⲙⲓ ⲛ̀ⲧⲉ ⲡⲉⲛϭ̅ⲥ̅ ⲟⲩⲟϩ ⲡⲉⲛⲛⲟⲩϯ ⲟⲩⲟϩ ⲡⲉⲛⲥⲱⲧⲏⲣ ⲓ̅ⲏ̅ⲥ̅ ⲡⲭ̅ⲥ̅ ⲫⲁⲓ ⲉⲧⲉ ⲉ̀ⲃⲟⲗ ϩⲓⲧⲟⲧϥ ⲉⲣⲉⲱⲟⲩ ⲛⲓⲃⲉⲛ ⲛⲉⲙ ⲧⲁⲓⲟ ⲛⲓⲃⲉⲛ ⲛⲉⲙ ⲡⲣⲟⲥⲕⲩⲛⲏⲥⲓⲥ ⲛⲓⲃⲉⲛ ⲉⲣⲡⲣⲉⲡⲓ ⲙ̀ⲫⲓⲱⲧ ⲛⲉⲙⲁϥ ⲛⲉⲙ ⲡⲓⲡ̅ⲛ̅ⲁ̅ ⲉⲑⲟⲩⲁⲃ ⲛ̀ⲣⲉϥⲧⲁⲛϧⲟ ⲟⲩⲟϩ ⲛ̀ⲟⲙⲟⲟⲩⲥⲓⲟⲥ ⲛⲉⲙⲁϥ ⲛ̀ϣⲟⲩⲱϣⲧ ⲙ̀ⲙⲟϥ. .

pardonnera nos péchés, il nous rendra dignes de son royaume céleste, par la grâce, la miséricorde et la bonté de notre Seigneur et notre Dieu et Sauveur Jésus-Christ, celui par qui toute gloire, tout honneur, toute adoration convient au Père, avec lui et avec le Saint-Esprit vivificateur, consubstantiel avec lui et adorable.

Récit du Synaxaire éthiopien

(Bibliothèque nationale, ms 128, Fol 199 Rb — 200 Ra)

Fol. 198 R a.— በስመ፡ አብ፡ ወወልድ፡ ወመንፈስ፡ ቅዱስ፡ ፩ አምላክ፡ አመ፡ ፲ወ፬ ለነሐሴ፡ ......

Fol. 199 R b. — በዛቲ፡ ዕለት፡ ከዕበ፡ ገብረ፡ እግዚእነ፡ ተአምረ፡ ዓቢየ፡ በሀገረ፡ እስክንድርያ፡ ወበእንቲአሁ፡ አምኑ፡ ብዙኃን፡ አይሁድ፡ በእዴሁ፡ ለቅዱስ፡ አባ፡ ቴዎፍሎስ፡ ሊቀ፡ ጳጳሳት፡ ዘሀገረ፡ እስክንድርያ፡ እኅወ፡ እሙ፡ ለቅዱስ፡ ቄርሎስ።

ወውእቱኬ፡ እስመ፡ ሀሎ፡ በሀገረ፡ እስክንድርያ፡ ብእሲ፡ አይሁዳዊ፡ ባዕል፡ ፈድፋደ፡ ዘስሙ፡ ፊለስኪኖስ፡ ወይፈርሀ፡ ለእግዚአብሔር፡ ወይገብር፡ ሕገ፡ ኦሪት፡ በከመ፡ ክሂሎቱ። ወሀለው፡ በሀገረ፡ እስክንድርያ፡ ክልኤ፡ ዕደ — Fol 199 R c. — ው፡ ክርስቲያን፡ ነዳያን፡ እንዘ፡ ይትዐሠቡ፡ በግብረ፡ እደዊሆሙ። ወአምጽአ፡ ሰይጣን፡ ውስተ፡ ልበ፡ ፩ እምኔሆሙ፡ ሕሊና፡ ጽርፈት፡ ወይቤሎ፡ ለቢጹ፡ ኦእኁየ፡ ለምንት፡ ንሕነ፡ ናመልክ፡ ለክርስቶስ፡ ወንሕነ፡ ነዳያን፡ ወዝንቱሰ፡ ፊለስኪኖስ፡ አይሁዳዊ፡ ባዕል፡ ፈድፋደ፡ ወአውሥአ፡ ቢጹ፡ እንዘ፡ ይብሎ፡ እኁየ፡

Fol. 198 R a — Au nom du Père et du Fils et du Saint-Esprit, Dieu un. Le 14 de *Nahasē*.... ....

Fol. 199 R b — En ce jour encore, Notre-Seigneur fit un grand miracle dans la ville d'Alexandrie et, à cause de lui, de nombreux Juifs reçurent la foi des mains du saint abba Théophile, patriarche d'Alexandrie, frère de la mère de Saint Cyrille.

Voici donc qu'il y avait dans la ville d'Alexandrie un Juif fort riche, du nom de Philoxène. Il avait la crainte du Seigneur et observait la Loi autant qu'il était en son pouvoir Or, il se trouvait, dans Alexandrie, deux chrétiens — Fol 199 R c. — pauvres, recevant le salaire du travail de leurs mains. Satan inspira une pensée maudite au cœur de l'un d'eux. Il

አእምር ፡ እስመ ፡ ንዋየ ፡ ዝንቱ ፡ ዓለም ፡ ኢኮነ ፡ ወኢምንትኒ ፡ እምኀበ ፡ እግዚአብሔር ፡ ወለእመ ፡ ቦቱ ፡ ክሂል ፡ እምኢወሀቦሙ ፡ ለእለ ፡ ያመልኩ ፡ ጣዖታተ ፡ ወለዘማዊያን ፡ ወለፈያታዊያን ፡ ወለቀታልያን ፡ እስመ ፡ ነቢያትሰ ፡ ኮኑ ፡ ነዳያን ፡ ወምንዱባን ፡፡ ወከማሁ ፡ ሐዋርያት ፡ ወእግዚእነ ፡ ይቤ ፡ ነዳያን ፡፡ አኀዊየ ፡ እሙንቱ ።

ወኢኀደጎ ፡ ሰይጣን ፡ ጸላኢ ፡ ሠናያት ፡ ለውእቱ ፡ ብእሲ ፡ ከመ ፡ ይትወከፍ ፡ ወኢምንትኒ ፡ እምዝንቱ ፡ ነገር ፡ አላ ፡ ሆኮ ፡ ወሖረ ፡ ኀበ ፡ ውእቱ ፡ አይሁዳዊ ፡ ፊለስኪኖስ ፡ ወሰአሎ ፡ ወይቤሎ ፡ ኅድገኒ ፡ ከመ ፡ እትለአከከ ፡ ወአውሥአ ፡ ውእቱ ፡ ወይቤሎ ፡ ኢመ — Fol 199 V a. — ፍትው ፡ ሊተ ፡ ከመ ፡ ትትለአከኒ ፡ ዘእንበለ ፡ ዘየአምን ፡ በሃይማኖትየ ፡ ወበሰብእ ፡ ዚአየ ፡ ወለእመ ፡ ትፈቅድ ፡ ምጽዋተ ፡ አነ ፡ እሁበከ ፡ ሑር ። ወአውሥአ ፡ ውእቱ ፡ ምስኪን ፡ ወይቤሎ ፡ ንሥአኒ ፡ ኀቤከ ፡ ወአነ ፡ እበውእ ፡ ውስተ ፡ ሃይማኖትከ ፡ ወእገብር ፡ ኵሎ ፡ ዘአዘዝከኒ ። ወአውሥአ ፡ ውእቱ ፡ አይሁዳዊ ፡ ፊለስኪኖስ ፡ ወይቤሎ ፡ ተዓገሠኒ ፡ እስከ ፡ እትማከር ፡ ምስለ ፡ መምህርየ ። ወሖረ ፡ ውእቱ ፡ አይሁዳዊ ፡ ወአይድዖ ፡ ለመምህሩ ፡ ዘከመ ፡ ኮነ ፡

dit à son compagnon : « Mon frère, pourquoi nous, adorateurs du Christ, sommes-nous pauvres, tandis que ce Philoxène, un Juif, est immensément riche ? » Son compagnon lui répondit, en disant : « Mon frère, sache que les biens de ce monde, ne sont nullement du Seigneur. S'il en avait la puissance, il ne les donnerait pas aux idolâtres, aux débauchés, aux voleurs, aux meurtriers Les Prophètes, en effet, furent pauvres et affligés, tout comme les Apôtres, et Notre-Seigneur a dit : Les pauvres sont mes frères ».

Mais Satan, l'ennemi du bien, ne laissa pas cet homme accepter quelqu'une de ces paroles. Au contraire, il le troubla et cet homme s'étant rendu auprès du Juif Philoxène, il le supplia, en disant : « Laisse-moi te servir ». Philoxène lui répondit : « Il ne convient pas — Fol. 199 V a. — que tu me serves, à moins que tu ne sois quelqu'un qui professe ma foi, ou l'un de ma race Si tu désires une aumône, je vais te la donner, retire-toi ». Ce pauvre répliqua, en disant : « Prends-moi chez toi, je me ferai initier à ta religion, j'accomplirai tout ce que tu me commanderas ». — Le Juif Philoxène répondit : « Fais-moi grâce, jusqu'à ce que j'aie délibéré avec le docteur de ma loi ». Et ce Juif s'en alla raconter au docteur, ce qu'il

እምውእቱ ፡ ክርስቲያናዊ ። ወይቤሎ ፡ መምህሩ ፡ ለእመ ፡ ክሕደ ፡ ሃይማኖቶ ፡ ወለእመ ፡ ክሕዶ ፡ ለክርስቶስ ፡ ተወከፎ ፡ ወግብሮ ። ወተመይጠ ፡ ውእቱ ፡ አይሁዳዊ ፡ ወነገሮ ፡ ለውእቱ ፡ ክርስ ቲያናዊ ፡ ዘከመ ፡ ይቤሎ ፡ መምህሩ ፡ ወተወክፈ ፡ ውእቱ ፡ ምስኪን ፡ ዘንተ ፡ ነገረ ።

ወነሥእ ፡ ወወሰዶ ፡ ኀበ ፡ ምኵራቢሆሙ ፡ ወተስእሎ ፡ ሊቃሙ ፡ ለውእቱ ፡ ምስኪን ፡ ክርስቲያናዊ ፡ በቅድመ ፡ ኵሎሙ ፡ አይሁድ ፡ ወይቤሎ ፡ አማንኑ ፡ ትክሕዶ ፡ — Fol. 199 V b. — ለመሲሕከ ፡ ወትከውን ፡ አይሁዳዊ ፡ ወይቤሎ ፡ ውእቱ ፡ እወ ፡ ወውእ ቱሰ ፡ ህጉል ፡ ወኅሡር ፡ ክሕዶ ፡ ለእግዚእነ ፡ ኢየሱስ ፡ ክርስቶስ ፡ አምላክነ ፡ በቅድመ ፡ አይሁድ ፡ ወወሰከ ፡ ላዕለ ፡ ንዴተ ፡ ንዋይ ፡ ንዴተ ፡ ሃይማኖት ።

አዘዘ ፡ ሊቃሙ ፡ ለአይሁድ ፡ ከመ ፡ ይግበሩ ፡ ሎቱ ፡ መስቀለ ፡ ዘዕፅ ፡ ወገብሩ ፡ ሎቱ ፡ በከመ ፡ አዘዞሙ ፡ ወወሀብዎ ፡ ህለተ ፡ ውስቴታ ፡ ስፍንግ ፡ እንተ ፡ ምልእት ፡ ብሒአ ፡ ወኲናተ ፡ ወይቤሎ ፡ እንዘ ፡ ይትፌኖ ፡ ትፋእ ፡ ምራቀ ፡ ላዕለ ፡ ዝንቱ ፡ መስቀል ፡ ወአ ቅርብ ፡ ሎቱ ፡ ዘንተ ፡ ብሒአ ፡ ወርግዞ ፡ በዝቲ ፡ ኲናት ፡ ወበሎ ፡ ረገዝኩከ ፡ ኦክር ስቶስ ። ወነሥአ ፡ እምኔሆሙ ፡ ውእቱ ፡ ሕጉል ፡ ወገብረ ፡ በከመ ፡

en était de ce chrétien Le docteur lui dit : « S'il renie sa foi, s'il renie le Christ, accepte-le et circoncis-le ». Le Juif retourna raconter à ce chrétien ce que lui avait dit le docteur de la loi, et ce malheureux accéda à cette proposition.

Alors on le prit et on le conduisit à la synagogue des Juifs Le chef de ces derniers interrogea ce pauvre chrétien devant tout le monde et lui dit « Est-il vrai que tu veux renier — Fol 199 V b — ton Messie et devenir Juif ? » Et ce chrétien répondit . « Oui ». Cet égaré, cet infâme renia Notre-Seigneur Jésus-Christ, notre Dieu, en face des Juifs, et il ajouta au manque de richesses, la privation de la foi

Le chef des Juifs commanda qu'on fît pour lui une croix de bois. On la lui fit, comme il l'avait ordonné. On donna à ce chrétien un roseau, à l'extrémité duquel était une éponge remplie de vinaigre, ainsi qu'une lance et on lui dit en l'envoyant : « Crache sur cette croix, offre-lui ce vinaigre, frappe-la avec cette lance et dis-lui : O Christ, je t'ai percé ! » Ce misérable reçut ces instruments des Juifs et fit comme on lui avait commandé. Mais, lorsqu'il eut frappé, de sa maudite main, la croix glorieuse,

አዘገዝዎ ። ወሶበ ፡ ረገዘ ፡ በእዴሁ ፡ ርግምት ፡ ለመስቀል ፡ ክቡር ፡ ውሕዘ ፡ እምኔሁ ፡ ደም ፡ ወማይ ፡ ብዙኅ ፡ እስከ ፡ ወረደ ፡ ዲበ ፡ ምድር ፡ ወነበረ ፡ ነዋኃ ፡ ጊዜ ፡ እንዘ ፡ ይወርድ ። ወሶቤሃ ፡ ወድቀ ፡ ውእቱ ፡ ከሐዲ ፡ ወሞተ ፡ ወየብሰ ፡ ከመ ፡ እብን ፡ ወበጽሖ ፡ —Fol. 199 V c.— ላዕለ ፡ ኵሎሙ ፡ አይሁድ ፡ ፍርሀት ፡ ዓቢይ ፡ ወጸርኁ ፡ ኵሎሙ ፡ እንዘ ፡ ይብሉ ፡ ፩ ውእቱ ፡ እግዚአብሔር ፡ አምላኮሙ ፡ ለክርስቲያን ፡ ወንሕነ ፡ ነአምን ፡ ቦቱ ። ወእምዝ ፡ ነሥአ ፡ ፊለስክኖስ ፡ ሊቆሙ ፡ እምውእቱ ፡ ደም ፡ ወዓተበ ፡ ቦቱ ፡ ዲበ ፡ አዕይንቲሃ ፡ ለወለቱ ፡ ዘዕውርት ፡ ተወልደት ፡ ወርእየት ፡ ሶቤሃ ። ወአምነ ፡ ውእቱ ፡ ወኵሎሙ ፡ ሰብአ ፡ ቤቱ ፡ ወብዙኃን ፡ እምነ ፡ አይሁድ ፡ ወእምዝ ፡ ሖሩ ፡ ኀበ ፡ ቅዱስ ፡ አበ ፡ ቴዎፍሎስ ፡ ሊቀ ፡ ጳጳሳት ፡ ወአይድዕዎ ፡ ዘከመ ፡ ኮነ ።

ወተንሥአ ፡ አባ ፡ ቴዎፍሎስ ፡ ወምስሌሁ ፡ ነሥአ ፡ ለአባ ፡ ቄርሎስ ፡ ወለብዙኃን ፡ ካህናት ፡ ወሕዝብ ፡ ወሖረ ፡ ኀበ ፡ ምኵራቦሙ ፡ ለአይሁድ ፡ ወርእየ ፡ ሊቀ ፡ ጳጳሳት ፡ ለውእቱ ፡ መስቀል ፡ ደም ፡ ወማይ ፡ እንዘ ፡ ይውሕዝ ፡ እምኔሁ ፡ ወነሥአ ፡ እምኔሁ ፡ ቅዱስ ፡ ቴዎፍሎስ ፡ ወተባረከ ፡ ቦቱ ፡ ወዓተበ ፡ ትእምርተ ፡ መስቀል ፡ ዲበ ፡ ፍጽሙ ፡ ወፍጽመ ፡ ኵሎሙ ፡ ሕዝብ ፡ እምውእቱ ፡ ደም ፡ ወአዘዘ ፡ ወጾር —

il en jaillit du sang et de l'eau en abondance, au point de tomber jusque sur le sol, et, pendant un long temps, elle persista à couler. Sur-le-champ, cet apostat s'affaissa, il tomba mort, rigide comme une pierre. Une grande frayeur s'appesantit — Fol 199 V c — sur tous les Juifs. Tous s'exclamèrent en disant « Il n'y a qu'un Dieu, le Dieu des chrétiens, nous croyons en lui ! » Puis Philoxène, le chef des Juifs, prenant de ce sang, en signa les yeux de sa fille, aveugle depuis sa naissance, et soudain elle vit Il crut alors, lui et tous les gens de sa maison et plusieurs d'entre les Juifs, et ils allèrent ensuite auprès du saint abba Théophile, le patriarche, et lui racontèrent ce qui était arrivé.

L'abba Théophile s'étant levé, prit avec lui l'abba Cyrille ainsi que plusieurs prêtres et laïques, et ils se dirigèrent vers la synagogue des Juifs. Le patriarche considéra la croix, tandis que le sang et l'eau en découlaient. Saint Théophile recueillit de ce sang, se bénit avec lui, puis il en signa son front et celui de tous. Il ordonna ensuite qu'on emportât — Fol. 200 R a. — cette croix avec un grand honneur et des chants, qu'on la transférât jusqu'à l'église, où on la déposa. Le sang qui était sur le sol

Fol. 200 R a. — ዎ ፡ ለውእቱ ፡ መስቀል ፡ በክብር ፡ ዓቢይ ፡ ወማኅሌት ፡ እስከ ፡ አብጽሕዎ ፡ ኀበ ፡ ቤተ ፡ ክርስቲያን ፡ ወአንበርዎ ፡ ውስቴታ ። ወመዝመዘ ፡ ውእተ ፡ ደመ ፡ እምውስተ ፡ ምድር ፡ ወአንበሮ ፡ ውስተ ፡ ግምዔ ፡ በእንተ ፡ በረከት ፡ ወፈውስ ፡ ለድውያን ። ወእምድኅረዝ ፡ ተለዎ ፡ ፊለስኪኖስ ፡ ለሊቀ ፡ ጳጳሳት ፡ ወኵሎሙ ፡ ሰብአ ፡ ቤቱ ፡ ምስሌሁ ፡ ወብዙኃን ፡ አይሁድ ፡ ተአምኑ ፡ ቅድሜሁ ፡ በእግዚእነ ፡ ክርስቶስ ፡ ሎቱ ፡ ስብሐት ፡ ዘሰቀልዎ ፡ አበዊሆሙ ፡ ቀደምት ። ወእምዝ ፡ አጥመቆሙ ፡ ጥምቀተ ፡ ክርስትና ፡ በስመ ፡ አብ ፡ ወወልድ ፡ ወመንፈስ ፡ ቅዱስ ፡ ወረሰዮሙ ፡ ሱቱፋነ ፡ ምስሌሁ ፡ በጸሎት ፡ ወመጠዎሙ ፡ ምሥጢራተ ፡ ቅድሳቲከ ፡ ወሖሩ ፡ ኀበ ፡ አብያቲሆሙ ፡ እንዘ ፡ ይትፌሥሑ ፡ ወያእኵትዎ ፡ ለእግዚእነ ፡ ክርስቶስ ፡ ሎቱ ፡ ስብሐት ፡ ወይሴብሕዎ ፡ ዘሎቱ ፡ ስብሐት ፡ ወክብር ፡ ወኀይለ ፡ ረድኤቱ ፡ ይኩን ፡ ምስሌነ ፡ — Fol. 200 R b. — ለዓለመ ፡ ዓለም ፡ አሜን ።

ሰላም ፡ እብል ፡ በአምኃ ፡ ወሰጊድ ።
ለተአምሪሁ ፡ ክቡድ ።
እስከ ፡ አምኑ ፡ ቦቱ ፡ ጉባዔ ፡ አይሁድ ።
እምኀበ ፡ ረገዘ ፡ ብእሲ ፡ ሕርትምና ፡ ወክህድ ።
አውኀዘ ፡ ደመ ፡ መስቀሉ ፡ ለወልድ ፨

fut enlevé, on le plaça dans une ampoule pour servir à la bénédiction et à la guérison des malades. Philoxène accompagna, après cela, le patriarche, et tous les gens de sa maison avec lui, et nombre de Juifs confessèrent devant Théophile, Notre-Seigneur, le Christ, celui que leurs pères de jadis avaient crucifié. Dans la suite, il leur conféra le baptême chrétien, au nom du Père et du Fils et du Saint-Esprit. Il les fit participer, avec lui, à la prière, leur distribua ses saints Mystères, et ils allèrent à leurs demeures, remplis de joie, rendant grâces à Notre-Seigneur, le Christ, — à qui soit gloire, — et glorifiant celui à qui appartient louange et honneur. Que la puissance de son appui soit avec nous — Fol. 200 R b — dans les siècles des siècles ; amen.

Salut, dis-je, avec hommage et adoration,
à ce prodige si auguste
que, par lui, une foule de Juifs confessèrent la foi,
quand, sous le coup d'un homme criminel et renégat,
le sang se répandit de la croix du Fils

Récit du Synaxaire arabe-copte

(*Corpus Scriptor Christ Oriental* Scriptores Arabici, textus Ser 3a, t. XIX
Synaxarium Alexandrinum, t. II, p. ٢٦٦–٦٧ Edidit. J Forget).

اليوم الرابع عشر من مسري

في هدا اليوم صنع الله عجوبة عظيمة بمدينة الاسكندرية وامنت جماعة من اليهود بسببها على يد ابينا القديس ثاوفيلس خال القديس كيرلس (167 v.) وهو انهُ كان بمدينة الاسكندرية رجل يهودي يسمَّى فيلكسينوس وكان غنيًّا جدًّا خايفاً من الله عاملًا بشريعة موسى حسب طاقته وكان بالمدينة فقيرين نصارى يعملوا في الفاعل فجاب الشيطان لاحدهم فكر تجديف فقال لرفيقه يا اخي لم نعبد نحن المسيح ونحن فقرا وهذا اليهودي فلكسينوس غنيًّا جدًّا فاجابهُ ذاك قايلًا يا اخي مال الدنيا ما لهُ عند الله قدرًا ولو كان لهُ قدر ما اعطاه لعباد الاوثان والزناة واللصوص والقتلة والانبيا لم يزالوا فقرا مضطهَدين وهكدا الرسل والرب يقول اخوتي الفقرا فلم يتركه عدو الخير ان يقبل شيًا من هذا القول بل حرّكهُ الى ان قام واتى الى فلكسينوس اليهودي وسالهُ ان يتركهُ يخدمهُ فقال لهُ ذاك ما يحلّ لي ان يعاشرني الا من كان من اهل ملتي فان كان تريد صدقة دفعت لك فاجابهُ ذلك المسكين خذني الى عندك وانا ادخل في دينك واعمل جميع ما تامرني بهِ فاجابهُ حتى اشاور ذاتي ثم قام واخبر الديان الذي لهُ فقال لهُ قول لهُ ان كان يريد يجحد دينه ويكفر بمسيحه فنحن نقبلهُ ونختنهُ فاعاد عليه القول فقبلهُ واتى به الى مجمعهم فسالهُ الريس امام جماعة (168 r.) اليهود احقاً تجحد مسيحك وتصير يهودي مثله فقال نعم فجحد المخدوع المسيح الاهه امام اليهود واضاف الى فقره من المال فقره من الايمان فامر الريس ان يُعمل لهُ صليب من خشب ودفعوا لهُ قصبة على اسفنجة مملوّة خل وحربة وقالوا لهُ ابصق على هذه الصليب وقدّم لهُ هذا الخل واطعنه بهذه الحربة وقل طعنتك ايها المسيح فاخذهم منه وفعل ما امروه بهِ وعندما طعن بيده الملعونة الصليب المجيد جرى منهُ ماء ودم الى ان نزل على الارض وبقي وقت كثير وهو نازل ثم وقع ذلك الجاحد مايتاً يابساً كانهُ الحجر فوقع على جماعة منهم خوف وصاح اكثرهم واحد

هو الاه النصارى ونحن مومنون بهِ ثم اخدوا من ذاك الدم فعملوا على وجوههم وعيونهم وقام فلكسينوس واخد من ذاك الدم ورشم بهِ عيني ابنـــة لهُ كانت وُلدت عميا فابصرت للوقت فامن هو واهل بيته واهله وجماعـة كثير من اليهود ثم ارسلوا الى الاب ثاوفيلس يعلموه بما جرى فقام واخذ معهُ الاب كيراص وجماعة من الكهنة وكثير من الشعب واتى الى مجمع اليهود وابصر الصليب والدم والماء الخارجين منه فاخد منه القديس وتبارك (168 v) منــهُ ورشم على جبهته وجبهة الشعب من دالك الدم وكشطه من على الارض وجعله في اناء برسم البركة والمنفعة ثم تبعهُ ولكسينوس واهله وجماعة كثيرة من اليهود فوعظهم واخذ اقرارهم بالايمان بالمسيح المصلوب على يد ابايهم ثم عمدهم باسم الاب والابن والروح القدس واشركهم معهُ في الصلاة ومضوا الى منازلهم شاكرين السيد المسيح وممجدين لهُ. الذي لهُ المجد دايماً الى الابد امين

Index des mots grecs.

ⲗⲩⲡⲥⲁⲛⲟⲛ = λείψανον, 87v, 88v, 89.

μάγος, 87.
μάθοι, 88v
μακαρισμός, 98v.
μάλαγμα, 85v.
ⲙⲁⲛⲓⲭⲉⲁ = μανιχαία, 85, 87.
μέλος, 89
μέρος, 88v.
ⲙⲉⲧⲁⲛⲓⲁ = μετάνοια, 85
ⲙⲉⲧⲁⲛⲟⲓⲛ = μετανοεῖν, 85v, 86, 88, 89, 90
μόγις, 88.
μοναχή, 89v
μονή 89v.
μόνον, 92v.
μυστήριον, 88, 89v

ⲛⲏⲥⲧⲓⲁ = νηστεία, 89v.
νόημα, 85v.
νόμος, 90, 91v, 92, 93

ⲟⲙⲟⲗⲟⲅⲓⲛ = ὁμολογεῖν, 86v, 89, 92.
ὁμοούσιος, 95.
ὀρθόδοξος, 89, 95.

πάντως, 87
παραδόσις, 92v, 94.
παρθένος 89v.
πιστός, 89, 95
ⲡⲗⲩⲅⲏ = πληγή, 86.
πνεῦμα, 89v, 94v.
πόλις, 85, 87, 89v, 90.
πόρνη, 86v.
ⲡⲣⲉⲡⲓ = πρέπει, 95v.
πρεσβύτερος, 89, 95.
προδότης, 94v
προσκύνησις, 95v.
προσφορά, 88.

ῥητόν. 85v.

σάββατον, 82v
σταυρός, 85, 87, 92, 93, 94
ⲥⲧⲁⲩⲣⲱⲛⲓⲛ = σταυρόνειν, 91, 93
συναγωγή, 85, 90v, 92, 93, 94.
ⲥⲩⲛⲏⲑⲓⲁ = συνήθεια, 88, 92
σφόγγος, 93.
σῶρα, 87v, 89v, 95.
σωτήρ, 95v.

τελώνης, 86v.
τότε, 87v, 88, 91v, 93v.
ⲧⲣⲓⲥⲕⲓⲁ = θρησκεία, 91v.

ⲭⲁⲣⲓⲍⲉⲥⲑⲉ = χαρίζεσθαι, 89v, 95.
ⲭⲓⲣⲟⲇⲟⲛⲓⲛ = χειροτονεῖν, 95.
χρῆμα, 89, 91v, 94, 95
χριστιανός, 85, 87v, 88v, 90v, 91, 93, etc
χωρίς, 89.

ⲯⲁⲗⲓⲛ = ψάλλειν, 88, 94v.
ψυχή, 86

ϩⲉⲗⲡⲓⲥ = ἐλπίς, 87, 89.
ϩⲓⲣⲏⲛⲏ = εἰρήνη, 85, 87v, 95.
ϩⲩⲇⲱⲛⲏ = ἡδονή, 86v.
ϩⲱⲥ = ὡς, 87v, 88.
ϩⲱⲥⲧⲉ = ὥστε, 93.

BIBLIOGRAPHIE

Jules Maurice. — **Numismatique Constantinienne**, t. III. Paris, Leroux, 1912. In-8°, XLVIII - 286 pp. , 11 pl.

Ce volume clôt la série des études de M. Maurice sur les ateliers monétaires de la période constantinienne. Les émissions des quatre ateliers d'Orient, Nicomédie, Cyzique, Antioche et Alexandrie y sont décrites, avec la conscience que l'on sait Le labeur considérable de classification est terminé et même quelques mots de la préface semblent indiquer chez M. M. l'intention de renoncer à l'étude des monnaies frappées sous Julien l'Apostat. Ce travail confirmerait les conclusions du présent volume sur les ateliers de Maximin Daza, mais l'Introduction générale d'histoire politique et économique, la rédaction aussi de Tables complètes appellent désormais tout l'effort du savant. Il reste à souhaiter qu'après avoir parachevé sa *Numismatique Constantinienne*, M. M. nous donne encore celle de Julien. L'on doit attendre beaucoup d'un si bon ouvrier de science !

Les 282 pages consacrées à la description des monnaies sont précédées d'une introduction. Celle-ci comprend un mémoire sur la persécution de Maximin Daza, puis une étude sur la dénomination des espèces de bronze dans les systèmes monétaires de Dioclétien et de Constantin Ces dernières recherches formeront, avec la description d'assez nombreuses pièces inédites, le butin réservé des numismates.

De la persécution de Maximin voici que les monnaies nous apportent à la fois un témoin nouveau et une explication. — Le témoin, c'est l'autel allumé, figuré au revers des monnaies frappées à Antioche entre 308 et 311 , parfois il entre naturellement dans le type du revers, parfois il s'y accole au petit bonheur, projeté dans le champ à côté du bouclier de Mars ou déposé aux pieds de Vénus Victrix. Cet élément adventice de décoration fut introduit par l'administration des finances, pour rappeler l'obligation de sacrifier imposée à tous par l'empereur. Il est vrai, l'autel, non plus jeté en surcharge mais allumé aux pieds du génie de l'empereur, apparaît fréquemment sur les monnaies des villes où se tenaient les assemblées provinciales , mais on ne le rencontre plus sur les monnaies de Lyon, dans les Etats de Constantin, après 309, ni sur celles d'Aquilée depuis la conquête de cette ville en 313 par le même empereu. Au contraire nous le retrouvons non seulement à Antioche jusqu'à 311, mais aussi sur les monnaies de Nicomédie et de Cyzique, dès que ces villes entrent dans le domaine de Maximin Daza, il y disparaît dès sa défaite en 313, toujours associé à sa fortune et à ses ordres persécuteurs.

Deux autres motifs sont caractéristiques (cf. p. 108) des monnaies frappées par Maximin Daza le génie de l'empereur tenant en main la tête de Sérapis ou le buste radié du soleil ; *Sol invictus* vêtu de la stola et portant la tête de Sérapis. N'y a-t-il dans ces emblèmes qu'une marque de syncrétisme, avec une déclaration d'attachement aux divinités préférées du monde romain et du monde hellénique, et ne pourrait-on songer à une représentation graphique de l'assistance prêtée par l'empereur, figuré par son génie ou par le soleil, à la religion de Sol et à celle de Sérapis ?... Rapprochant les données numismatiques des sources littéraires, M. M. propose d'expliquer l'organisation assez mal connue du sacerdoce païen due à Maximin par une imitation de la hiérarchie sacerdotale d'Egypte. Maximin en aurait pris l'idée en Egypte même, quand il appliquait à cette province la réforme de Dioclétien. Plus tard Julien l'Apostat reprit le procédé à son compte, en même temps qu'il se recommande, lui aussi, sur ses monnaies, des grandes divinités alexandrines. Mais dès Maximin le soin et la responsabilité apparente de la persécution retombent non plus sur l'empereur, mais sur les prêtres, hiérarchisés à l'égyptienne et chargés de contraindre au culte officiel.

R. MOUTERDE, S. J.

ANASTASIUS SCHOLLMEYER — **Sumerisch-babylonische Hymnen und Gebete an Šamaš** In-8°, VIII - 139 pp. ; dans *Studien zur Geschichte und Kultur des Altertums*. F. Schoningh, Paderborn, 1912. Prix . Mk 4. 80.

La littérature religieuse babylonienne est assez riche, en ce qui concerne les divinités principales, pour fournir une matière suffisante à des monographies. En 1904, M. J Bollenrucher a étudié les prières et hymnes à Nergal ; M. E Guthrie Perry, en 1907, les hymnes et prières à Sin. L'année suivante M. Et. Combe publiait une *Histoire du culte de Sin en Babylonie et en Assyrie*. Le P Anastase Schollmeyer, O. F. M, consacre un volume à Šamaš Šamaš est une des divinités les plus importantes du panthéon babylonien, dieu de la lumière, de la justice, des oracles et de la magie Dans une introduction de vingt-cinq pages l'auteur résume clairement tout ce que l'on sait sur la nature de Šamaš, sur ses noms, ses symboles et représentations, son culte, les diverses catégories de textes où il est célébré. « Il est impossible pour le moment, dit-il, d'établir une distinction nette entre son culte sumérien et son culte sémitique » (p. 21) Il remarque toutefois que « l'élément rituel et magique est complètement absent des anciens hymnes sumériens » (p 26).

Ce recueil d'hymnes et de prières à Šamaš donne, avec transcription, traduction et bref commentaire, trente-huit textes antérieurement publiés, dont plusieurs déjà étudiés ; onze sont « bilingues » (sumérien avec traduction interlinéaire en babylonien) ; trois présentent le sumérien seul ; dans un autre, le texte sumérien est interprété en babylonien seulement pour les dernières lignes ; vingt-trois sont babyloniens Au sujet de ces textes si intéressants, dont la composition, suivant le P. Schollmeyer, s'étend sur une période de plusieurs millénaires, on voudrait des explications plus longues, des notes philologiques plus détaillées, une courte discussion avec quelques arguments, pour justifier la traduction quand elle s'écarte des traductions précédentes ; sans cela, en effet, la transcription du texte cunéiforme n'est pas utile à un grand nombre de lecteurs.

ALBERT CONDAMIN, S. J

ERNEST LINDL. — **Das Priester- und Beamtentum der altbabylonischen Kontrakte Mit einer Zusammenstellung samtlicher Kontrakte der I. Dynastie von Babylon in Regestenform.** In-8°, X-514 pp. ; même collection, même éditeur, 1913. Prix. 22 Mk

Les textes juridiques de la I° dynastie babylonienne sont devenus beaucoup plus instructifs et plus intéressants, depuis une douzaine d'années que l'on connaît le code de Hammourapi. Daiches, Ranke, Poebel, Schorr, Fr. Thureau-Dangin, et surtout Kohler et Ungnad (*Hammurabi's Gesetz*, 5 vols in-4°, 1904-1911, derniers volumes), ont publié ou interprété quantité de contrats de cette époque. Voici, sur le même sujet, un nouveau travail considérable de M. Ernest Lindl, assyriologue connu, professeur à l'Université de Munich : *Prêtres et Fonctionnaires dans les Contrats babyloniens de l'époque ancienne*

Ce titre répond à la partie du livre la plus neuve et la plus utile, mais non la plus étendue, tant s'en faut. Les trois quarts du volume contiennent 1604 contrats, presque tous publiés déjà par Ungnad. Pourtant la publication de Lindl, faite d'un point de vue différent, a sa raison d'être, et présente un intérêt tout spécial. Chez Kohler et Ungnad, les documents sont traduits, classés en ordre logique et commentés en vue du droit babylonien. Aussi, les noms des témoins, dans les contrats, sont-ils omis le plus souvent. Lindl exploite les mêmes textes surtout au profit de l'histoire religieuse et de la chronologie ; il s'attache donc à transcrire les noms propres (1) ;

(1) Les noms sont transcrits en syllabes séparées, et le sens des noms n'est pas, toujours clair au premier coup d'œil ; ainsi *Ú-ṣi-nu-ru-um* = *Ûṣi-nûrum* (n° 86, *CT* II, 17 ; *Ma-da-du-um* (*ibid*) contient une faute d'impression lire *Mu-da-du-um*) Pour certains noms que Ungnad transcrit en *sumérien*, Lindl préfère une interprétation sémitique : *Awil-Nannai*, *Awil-Bêl*, *Šamaš-bel-napišti-ia*, *Šamaš-idinnam*, *Sin-idinnam*

malheureusement, il n'en donne point de liste en ordre alphabétique, ou en ordre logique, par exemple, suivant les noms de divinités. Quant au contrat lui-même, il se contente d'en faire connaître la substance par de brèves indications de ce genre : Achat d'une maison. Vendeur N. Serment par... Témoins NN. Les contrats, au lieu d'être groupés d'après la matière, se suivent dans l'ordre des règnes et des années de chaque règne.

Les nouvelles publications qui ont eu lieu au cours de son travail ont obligé l'auteur à revenir en arrière à plusieurs reprises, pour ajouter des compléments considérables aux séries déjà données. A partir de la page 84, il utilise les textes édités par Poebel (*The Babyl. Exped. of the Univ. of Pennsylv.* Ser. A. vol. VI, p. 2, 1909) et les volumes VII, VIII, IX des *Vorderasiatische Schriftdenkmaeler* du Musée de Berlin ; à partir de la page 201, les contrats publiés par Fr. Thureau-Dangin, 1910. Le même inconvénient se rencontre dans le recueil de Kohler et Ungnad, pour la même raison : la série en ordre logique recommence dans le volume V°.

Les chapitres II-IV mettent en relief et en ordre, suivant la série des règnes et des années, les noms des prêtres et des principaux fonctionnaires (juges, etc.), mentionnés dans cette masse de contrats : travail certainement utile du point de vue chronologique et pour l'histoire de l'ancienne civilisation babylonienne. Sous la rubrique « Remarques finales », le chapitre V contient d'intéressantes suggestions sur le sens de quelques titres, non traduits, mais simplement transcrits dans les pages précédentes : *BUR-GUL*, sorte de « notaire », à côté du *DUB-SAR*, « secrétaire », etc. Quant au *PA-PA*, on lui fait, semble-t-il, beaucoup trop d'honneur en pensant que son nom aurait bien pu, dès les premiers temps du christianisme, désigner le souverain Pontife et donner naissance au nom de *pape !* Une question de chronologie fort compliquée, relative à *Rim-Sin*, roi de Larsa, remplit une bonne part de l' « appendice historique » (ch. VI).

En somme, cet ouvrage, fruit d'un long travail méthodique et vraiment scientifique, est une excellente contribution à l'histoire de la première dynastie de Babylone ; il sera sûrement accueilli avec reconnaissance par tous les assyriologues.

ALBERT CONDAMIN, S. J.

---

au lieu de *Mulu-Nani, Mulu-Illila, Utu-en-zimu, Utu-mansum, Enki-mansum*, etc. De même, tandis que Thureau-Dangin écrit : « A l'époque de la première dynastie la lecture *Nin-šubur* est assurée non seulement par le complément phonétique *ra*...» (*Lettres et contrats de l'époque de la Première Dynastie babylonienne*, 1910, p. 66), Lindl continue à transcrire *NIN-ŠAḪ*. En écrivant *Rammân*, au lieu de *Adad*. dans les noms propres, il ne s'accorde pas non plus avec Thureau-Dangin, qui pense (*ibid.* p. 59) que cette lecture n'est justifiée en aucun cas. Il transcrit *ilu* l'idéogramme *AN*, lu *Anum* par Thureau-Dangin et par Ungnad « lorsque cet idéogramme désigne un dieu déterminé et non « dieu » en général. »

L. DELAPORTE — **Catalogue sommaire des manuscrits coptes de la Bibliothèque Nationale de Paris** Première partie, Manuscrits bohairiques. (*Revue de l'Orient chrétien*, 1910, pp. 85, 133, 392 ; 1911, pp 81, 156, 239, 368).

Depuis plusieurs années déjà, la description des manuscrits du fonds copte de la Bibliothèque Nationale a été rédigé par M Amélineau. Mais, pour des raisons que nous ignorons, ce travail est resté jusqu'ici à l'état de manuscrit. Ce dernier, qui constitue un fort volume in-folio, ne se trouve accessible qu'aux seuls travailleurs qui viennent à la section des manuscrits. M. Delaporte, désireux d'être utile à tous les coptisants et de faire connaître le riche fonds que la Bibliothèque Nationale offre à leurs études, vient d'entreprendre la publication d'un catalogue. Il nous en donne aujourd'hui la première partie. Celle-ci traite des manuscrits du dialecte bohairique au nombre de 140. M. Delaporte les a classés par ordre de matière, distribués en huit chapitres, comme il suit Bible, 1-30 , Lectionnaires, 31-62 , Liturgie, 63-79 ; Théotokies, 80-90 ; Hymnaires, 91-104 , Varia, 105-108 , Sacramentaires, 109-114 ; Hagiographie, 115 , Lexicographie, 116-140. La monographie de chaque manuscrit comporte trois paragraphes . détail du contenu, description matérielle du volume, remarques diverses accompagnées parfois de notes bibliographiques. Cet ordre méthodique est constamment suivi : il est d'une grande utilité , il est toutefois à regretter que la typographie ne l'ait pas suffisamment mis en relief

M. Delaporte n'a pas voulu décrire, jusque dans les moindres détails, tout ce que renferment les manuscrits qu'il étudie. Il ne nous donne qu'un « catalogue sommaire » ainsi que l'indique le titre de son travail ; toutefois la part de ce qui reste à dire demeure bien minime et bien réduite. D'aucuns auraient souhaité peut-être une bibliographie plus fournie ; pour notre part, nous aurions aimé trouver l'indication approximative de l'époque des manuscrits non datés, au moyen d un renvoi à l'album paléographique de M. Hyvernat.

Dans ses descriptions des manuscrits, M. Delaporte donne les concordances d'années entre l'ère de Dioclétien suivie par les coptes et l'ère chrétienne. Il indique aussi parfois la concordance des jours et des mois. Une courte note sur cette question, mise dans une préface ou ailleurs, aurait été fort à propos, croyons-nous, pour ceux qui utiliseront ce travail, elle eût même servi à éviter certaines méprises à son auteur.

Il est à remarquer, en effet, qu'en outre de la différence d'ère qui existe entre les Egyptiens et nous, l'année ne commence pas chez les coptes à la même date que celle fixée pour l'ère chrétienne. De plus, il est à noter aussi que jamais les coptes, tout en conservant leur calendrier, n'ont adopté les modifications et les lois de la réforme grégorienne ; ils s'en tiennent au système Julien. De ces faits, la concordance à établir entre leur calendrier et le nôtre, pour l'année et le jour, implique un double problème. Il n'y a pas de constante parfaite ni pour le jour ni pour l'année, avec le calendrier grégorien, il n'y a d'uniformité que pour les jours du Julien.

Cette distinction pour les années et les jours, comme celle des deux calendriers Julien et Grégorien, semble confuse dans le travail de M Delaporte. Tandis que les dates de concordance données, par exemple, aux numéros 10, 11, 27, 29, 32, admettent la différence d'une unité, suivant qu il s'agit des quatre premiers mois coptes ou des huit derniers, la loi qui etablit cette différence se trouve violée en maints autres numéros Ainsi, au n° 12 le 10 Mechir 1090 E M. correspond a l'an 1374 de notre ère et non à 1373, le mois de Mechir appartenant au groupe des huit derniers mois Pareillement, aux n°s 76, 81, 83, 84, les mois coptes cités appartenant au groupe des quatre premiers mois de l'année copte, les dates de correspondances données doivent être diminuées d'une unité et nous avons les concordances suivantes N° 76, 20 Thôout 1358 E.M. = 1641. A.C N° 81, 1 Paôni 1234 E.M. = 1517 A C. N° 83, 15 Thôout 1281 E M. = 1564 A C. N° 84, 1 Thôout 1455 E M = 1738. A C. La première année de l'ère copte, en effet, s'étend depuis les quatre derniers mois de l'an 284 de notre ère, à la fin du huitième mois de l'an 285. Pratiquement, l'ère chrétienne correspondante à l'ère des Martyrs s'établit en ajoutant au millésime copte . 283 pour les quatre premiers mois et 284 pour les autres.

En vertu de ce même principe, lorsque le mois copte n'est pas indiqué dans une date, deux millésimes de notre ère restent possibles pour la concordance et autant eût-il valu les indiquer, à moins de signaler dans une note qu'on adopte la différence constante de 284. C'est en fait cette dernière différence qui a été adoptée pour toutes les dates du genre de celles dont nous parlons (1); un seul numéro fait exception, le numéro 19, pour lequel on a adopté 283.

Dans la correspondance des jours du mois, c'est la concordance Julienne qui est suivie partout (2) Mais encore ici, aucune note ne nous l'indique et la raison de ce choix, à l'exclusion du calendrier grégorien, nous échappe.

Toujours en fait de dates, nous signalerons quelques fautes dues aux typographes N° 2, 24 Tôbi 1376 E. M = 1760 A C lire 1660. N° 28, Mechir 1323 E M. = 1609 A. C. lire 1607. N° 47, 6 Pharmouthi 1602 E. C. = 1883 A C. lire 1886. N° 77 1216 E. C. = 1200 A. C. lire 1500 ou plus exactement 1499-1500

Au n° 15, l'année 1196 de l'ère chrétienne dont il s'agit comme correspondant à l'an 920 E M. est celle de l'ère éthiopienne, en retard sur la nôtre de 7 ou 8 ans 920 E. M. = 1204 A. C. = 1196.

Quelques corrections ont été aussi omises çà et là, particulièrement dans la transcription des chiffres coptes en chiffres arabes, nous en indiquerons quelques-unes.

(1) Voir les n°s 3, 14, 25, 26, 53, 54, 62, 67, 69, 87, 90, 96, 98, 100, 103, 116, 117, 118, 120, 130, 131, 132, 133

(2) Voir les n°s 32, 76, 83, 84

N° 7, ⲩⲝⲃ — 562, lire ⲫⲝⲃ ou 462 N° 15, ⲫⲗⲃ — 732, lire ⲯⲗⲃ ou 532. N° 24, ⲥⲟⲉ — 271, lire ⲥⲟⲁ ou 275. N° 32, ⲇ = 1, lire ⲁ ou 4, ⲥϥⲍ — 291, lire ⲥϥⲁ ou 297. N° 38, ⲓⲓ = ⲓⲉ, lire 15 ou ⲓⲁ, ⲥⲕⲁ = 220 lire ⲥⲕ ou 221. N° 53, ⲡⲁ — 84, lire ⲡⲇ ou 81 ; ϥⲟⲏ —178, lire ⲣⲟⲏ N° 54, ⲣⲍ — 97, lire ϥⲍ ou 107. N° 90, ⲧⲕⲑ — 429, lire ⲩⲕⲑ ou 329.

Ces quelques imperfections que nous venons de signaler, sont dues, sans doute, au mode même de publication que M Delaporte avait adopté La rédaction d'un article de revue dont l'échéance est déterminée à jour fixe, ne lui a pas permis de donner à son travail tout le fini qu'il eût souhaité, comme on peut le faire pour un ouvrage publié à part, mais, nous en sommes assurés, la seconde partie de son catalogue sur les manuscrits sahidiques qu'il s'apprête à nous donner, aura toute la perfection que ses nombreuses publications antérieures nous ont déjà si bien fait connaître.

M. Chaîne, s. j.

Maqrīzī, كتاب المواعظ والاعتبار في ذكر الخطط والآثار éd. par Gaston Wiet T. I, XIX-300 pp. [Publications de l'Institut français d'Archéol. orient. du Caire]

Au moment où les études arabes accusent en France un certain fléchissement, c'est une consolante apparition que cette édition de Maqrīzī Malgré l'époque tardive de ce polygraphe, en dépit de ses procédés sommaires de composition, les *Ḫiṭaṭ* ont utilisé une telle masse de documents perdus ou difficilement accessibles qu'ils demeurent un livre capital pour l'étude de l'Egypte musulmane. Une édition critique de ce texte important doit donc être favorablement accueillie. Les qualités philologiques, déployées par M. Wiet, en ont incontestablement augmenté la valeur ; elles promettent à l'orientalisme français une recrue, formée d'après les bonnes méthodes et supérieurement au courant de la littérature de son sujet. Tout au plus, trouverais-je à reprendre à la trop abondante et, par endroit, véritablement encyclopédique annotation Ces érudites monographies auraient gagné à être publiées à part Le luxe du format, adopté par l'Institut français du Caire, impose déjà une charge suffisante à la bourse de l'acheteur. Il demeure donc désirable pour les volumes futurs, de voir tout l'effort porter sur la constitution d'un texte véritablement irréprochable. A ce point de vue j'ai pu constater de près, en Egypte et ailleurs, l'acharnement de M. Wiet pour arriver à diminuer le nombre des *loci desperati* de son auteur. Cette disposition n'est pas tellement commune de nos jours qu'il paraisse superflu de la souligner.

P. 27 . بطلميوس , non بطليموس , me semble l'orthographe la plus fréquente ; de même صَيدا au lieu de صيداء, Saidā.

P. 61, l. 2 je propose de lire حلّ, avec redoublement de *lām*. Il s'agit du Prophète « descendu (= enseveli) à Médine ». A la p. 85 on mentionne un ouvrage inconnu de Ǧāhiz avec un trait inédit sur Aḫṭal, prétendant expliquer pourquoi ce poète renonce à embrasser l'islam

P 121, note, 2 col « L'existence de Mariah la Copte, mère d'Ibrahim, peut ne pas être authentique ». Nous signalons aux érudits, s'occupant de la *Sīra*, les très subtiles considérations développées ici par l'éditeur. Une esclave d'origine non arabe parait avoir séjourné dans le harem du Prophète. Fut-elle copte et mère d'Ibrahim Autant de détails, qui pourraient bien appartenir au domaine de la légende

P. 122, note, 1 col l. 5 : lisez · شقيت

P 181 n 7 la lecture بالبرابية « en caractères hiéroglyphiques » est ingénieuse mais en désaccord avec les variantes des manuscrits

Nous formulons l'espoir que, conformément à son premier dessein, M. Wiet applique prochainement à l'histoire des Omayyades les solides qualités de critique dont témoigne cette édition des *Ḫiṭaṭ*.

H. LAMMENS, S. J.

JOHANN GEORG, Herzog zu Sachsen. — **Tagebuchblaetter aus Nordsyrien,** mit 85 Abbildungen. In-8°, VIII - 71 pp. B. G. Teubner, Leipzig-Berlin, 1912.

Un byzantiniste passionné comme le Prince Jean Georges, duc de Saxe, ne pouvait entreprendre un voyage en Syrie sans se ménager la jouissance profonde d'une tournée au milieu des ruines grandioses de la Syrie du Nord C'est le résultat de cette excursion (1910) que le Prince J.-G nous livre dans un intéressant Journal de voyage agrémenté de 85 vues photographiques personnelles.

Homs (Emèse), Hamāh (Epiphanie) pittoresquement assise sur l'Oronte, Qal'at Seǧār, la « Larissa » des Séleucides, Apamée aux 1600 colonnes, Ḫirbet-Ḫaṣṣ, station estivale pour l'aristocratie d'Antioche, El-Bāra, Ruweiha, puis Alep, et la célèbre église de St Siméon Stylite Mār Sim'ān, sont tour-à-tour visitées et décrites. Le lecteur suit son noble cicerone non-seulement sans fatigue, mais avec un intérêt toujours tenu en haleine par des remarques et des vues personnelles de l'auteur, familiarisé de longue date avec tout ce qui touche à l'histoire du byzantinisme et à ses monuments civils et surtout religieux. Remercions le Prince Jean-Georges de cette excellente contribution à l'étude d'une région si peu visitée et si digne de l'être.

L. RONZEVALLE, S J.

P. Angelo da Ronciglione, Mission. cappucino dell'Eritrea. — **Manuale Amarico - Italiano - Francese.** [Ministero degli Affari Esteri. Direzione centrale degli Affari Coloniali. Ufficio di Studi Coloniali] In-8°, XVI - 416 pp Roma, Casa editrice italiana, 1912.

P. Angelo da Ronciglione. . — **Manuale Tigray - Italiano - Francese** . In-8°, XVI - 420 pp. Ibidem.

Le P. M. Chaîne a fait un bel éloge de ces deux publications sœurs dans la *Revue de l'Orient chrétien*, 1913, pp. 109 seq Nous nous y associons d'autant plus volontiers que nous avions déjà eu occasion, à Rome même, de féliciter de vive voix le P. de Ronciglione de son beau travail, tout en attirant son attention sur la partie française exposée, peut-être, en pays étranger, à être un peu négligée. Le zèle inlassable que mit l'auteur à soumettre la révision et la correction du texte français à des français nous fit on ne peut mieux augurer de son acribie pour tout le reste de la publication. Nous ne pouvons qu'être très heureux des éloges que lui décerne un spécialiste comme le P. Chaîne, et nous souhaitons à ses deux ouvrages la plus large diffusion.

Louis Ronzevalle, s. j.

Carte du bassin moyen du Yéchil-Irmaq levée et dessinée par G. de Jerphanion. 4 feuilles 0,60 × 0,42. Echelle = 1 . 200 000°. Henri-Barrère, Editeur-géographe, 21 rue du Bac, Paris [1913]

Le P de Jerphanion a lui-même, dans un article sur *la Carte d'Asie Mineure au 400.000° de R. Kiepert* (*La Géographie*, t. XIX, 1909, p. 367 s), marqué toutes les difficultés qu'il y a d'établir une carte d'Asie Mineure Les itinéraires de certains voyageurs sont la meilleure source de ce travail , mais pour les combiner il faudrait des points de repère, que d'ordinaire les voyageurs seuls fournissent, non sans divergences. Les grandes lignes une fois approximativement arrêtées, survient, pour combler les lacunes, la tentation des conjectures topographiques, qui très souvent sont fausses. Si l'on recourt aux documents administratifs turcs, « listes de localités groupées au hasard plutôt que cartes véritables », il faut s'attendre à une foule d'inexactitudes ; parviendrait-on à repérer exactement la position des villages, reste à marquer leurs noms, et là erreurs de lecture ou d'audition en grand nombre sont inévitables ; ou bien l'on marquera le nom officiel de la localité, oubliant le nom qui est seul en usage.

Dans son relevé du quadrilatère Merzifoun-Sivas, Zilé-Niksar, le P. de Jerphanion rencontrait toutes ces difficultés. Car si sa carte n'est pas comparable à celle de Kiepert pour la surface reproduite, elle devait en revanche être infiniment plus détaillée. — Ayant séjourné plusieurs années dans la région, familiarisé avec la langue et les usages du pays, assez énergique pour consacrer les rares loisirs d'une vie de missionnaire à des mensurations rigoureuses, il peut nous offrir aujourd'hui un travail sûr et étendu.

Pour juger des précisions qu'apporte la carte du bassin moyen du Yéchil-Irmaq, il suffit de comparer sa feuille IV-Sivas avec la feuille BV - Sivas de Kiepert. Entre Sivas et Toqad les distances, les détails du relief et de l'hydrographie, la situation des villages, leur nom et leur population, tout a été ajouté ou rectifié, c'est une carte vraiment renouvelée. Sur la feuille I - Amasia le district d'Hammam Euzu apparait tout différent de la région de Hammam Gözu selon Kiepert (feuille A - IV Sinob) : au lieu d'une contrée montagneuse traversée par un torrent, c'est une vallée large, semée de gros villages.

Neuve aussi est la carte par les signes très clairs qui distinguent les noms antiques, les ruines, les khans d'époque seldjoukide. On y retrouvera non seulement les identifications récemment fixées ou confirmées par MM. Anderson et Cumont, mais aussi celles que le P. de Jerphanion a proposées [Iver Eunu (feuille II - Niksar) = Ibora ? *MFO*, V^1, 1911, pp. 333 s. ; V^2 1912, p. 135* — Kainochorion (même feuille). *MFO*, V^2, p. 135* — Bédochton (feuille IV - Sivas) = Pédachthoë. *MFO*, V^2, pp. 142 s.]. Cependant aucun nom en capitales rouges ne donne pour Terzi Hammam (feuille I - Amasia) l'équivalent antique Therma (cf. *Byzantinische Z.*, t. XX, 1911, p. 495). On retrouvera enfin, indiqués en rouge, les ponts romains, les escaliers souterrains, les citadelles, que le P. de Jerphanion a déjà signalés dans les *MFO* et dans ses *Notes de géographie et d'archéologie pontiques* (*Byzantinische Z.*, t. XX, 1911, p. 492 s.).

Aux noms de maints villages s'accolent les abréviations A, C, G, Q-B, T, et nous avons sous les yeux toute la mosaïque de la population anatolienne, arméniens, circassiens, grecs, qizil-bach, turcs. Il est inutile d'insister sur l'intérêt de ces relevés ethnographiques. L'indication, par des signes appropriés, de l'importance de chaque village est également précieuse.

Pour prendre l'auteur en défaut je recours à un travail qu'il publiera prochainement dans les *Mélanges* : sur la feuille I - Amasia, le village qui, dans la région d'Hammam Euzu, à 2 km. au sud de Tchay-Keuy, est nommé Geuzlek porte en réalité le nom de Geul Keuy.

R. MOUTERDE, S. J.

Louis Massignon. — **Kitâb al-Tawâsîn** par *Abou al Moghîth al Ḥosayn Ibn Mansoûr al Ḥallâj* Texte arabe publié pour la 1re fois, d'après les Mss. de Stamboul et de Londres, avec la version persane d'al Baqli, l'analyse de son commentaire persan, une introduction critique, des observations, des notes et trois indices In-8°, XXIV — 223 pp. Paris, Geuthner, 1913. Prix 12 fr. 50.

Al-Hallâj est une de ces figures étranges, de ces énigmes insolubles telles qu'on en rencontre parfois dans l'histoire musulmane. Né en Perse un peu après la moitié du IXe siècle (244 / 858), il pénétra encore jeune (864) dans l'intimité des Soûfis célèbres de son pays et ne tarda pas à se familiariser avec leur doctrine, qui est un curieux mélange de Gnosticisme, de Magisme persan, de Mysticisme chrétien et de Panthéisme indien A son tour il voulut faire école et poussa les principes du Soûfisme jusqu'au Panthéisme le plus absolu ; il préconisa l'anéantissement de l'homme en Dieu, ou plutôt l'identification de la creature avec le Créateur. Il se donna lui-même comme l'exemple de cette absorption dans l'essence divine et fit sienne la parole que seul le Fils de Dieu put prononcer sans blasphème. « Je suis la Vérité » (انا الحق) Il prêcha cette doctrine en plusieurs pays et se fit des disciples Dénoncé enfin au caliphe al-Moqtadir, il fut arrêté et dut languir longtemps en prison ; son procès fut longuement instruit et se termina finalement par une condamnation à mort. Al-Hallâj, coupable de blasphème et d'hérésie, subit la peine capitale après des supplices raffinés.

Sa doctrine cependant ne disparut pas avec lui, toute une branche de Soûfis s'en empara, mais en voilant aux yeux de l'orthodoxie musulmane ce qu'elle contenait de trop choquant Les œuvres du maître continuerent à circuler dans l'ombre parmi ses disciples L'auteur du *Fihrist* (éd. Flûgel, p. ١٩٢) en donne une longue liste qui s'ouvre par le livre intitulé كتاب طاسين الازل والجوهر الاكبر والشجره الزيتونية النورية. C'est ce livre que M Louis Massignon, jeune orientaliste déjà très avantageusement connu par ses précédentes publications, a eu la chance de retrouver parmi tant d'autres disparus. Le Ms du British Museum que M. M. publie ne porte pas de titre, mais l'éditeur a retrouvé à Constantinople deux copies du Commentaire persan de Roûzbahân al-Baqlî († 606/1209) sur l'ouvrage de Hallâj, dans le dernier livre de ses Šaṭḥiyât Ce commentaire est intitulé « شرح الطواسين », pluriel de طاسين, titre énigmatique emprunté par Hallâj à l'en-tête de trois sourates du Coran, qui s'ouvrent par les deux lettres magiques طس. A l'aide de ce commentaire presque littéral de l'œuvre primitive, M. Massignon a pu reconstituer en grande partie le texte original et l'ordonnance des chapitres. Avec beaucoup de sagacité, l'éditeur a su présenter au lecteur, en deux colonnes, pour les confronter facilement, le texte arabe plus ou moins mélangé et défiguré et le commentaire de Baqlî. Une longue introduction complète les articles que M. M. a déjà publiés sur Ḥallâj. Vient ensuite un examen critique du texte et de son Commentaire, reproduits tous deux immédiatement après. Ce Commentaire est analysé avec beaucoup de soin et suivi d'observations et de notes explicatives qui révèlent toute la pensée de Ḥallâj et l'ensemble de son système. On y trouve entre autres choses une partie du lexique spécial aux Ṣoûfîs et inintelligible aux simples mortels. A lire ce fatras panthéistique on sent ému de pitié pour tous ces exaltés du Ṣoûfisme, qui, ne pouvant se contenter de la doctrine si froide et du réalisme de l'Islam cherchent un idéal dans l'identification de l'être humain avec l'essence divine. Combien plus consolante et plus réelle est la divinisation du chrétien par la participation à la grâce de J.-C. et à ses sacrements : « divinæ consortes naturæ », 2 Petr. I, 4. Mais les Ṣoûfîs ignorent cette doctrine sublime. Ils montrent, du moins, une fois de plus, par l'ensemble de leurs aspirations, le besoin qu'a l'homme du surnaturel, et ils nous rappellent le mot du poète :

L'homme est un dieu tombé qui se souvient des cieux.

La vocalisation de certains passages nous a paru, par endroits, défectueuse ; faut-il tout mettre sur le compte des manuscrits.. ? Les vers cités à la page 182 comme tirés d'une qaṣîdah d'Aboû al-Ḥasan ʿAlî al Mosaffar ont été publiés en entier par nous dans la Revue *Al-Machriq* (X, p. 606 s.) d'après un Ms de notre Bibl. Orientale, qui les attribue au fameux Ṣoûfî Aboû Ḥâmid al-Ġazzâlî. On les retrouve, avec des variantes, dans l'ouvrage d'Ibn ʿArabî, intitulé محاضرات الأدباء (I, p. 139 de l'éd. lithographique) et, cette fois, attribués à Al-Mosaffar (*Al-Machriq*, X, 670 s.) (1).

Louis Cheikho, s. j.

(1) Le travail de M. Massignon a été analysé de main de maître par le Prof. Ign. Goldziher, dans la revue *Der Islam*, t. IV (1913), pp. 165-69.

TABLE DES MATIÈRES

Lightning Source UK Ltd.
Milton Keynes UK
UKHW03f2112080818
326964UK00007B/524/P

9 781178 152012